헌법입문

남궁승태 · 이철호 共著

 21세기사

머 리 말

헌법은 근대 시민혁명과 자유와 권리를 위한 투정 과정에서 생겨난 역사적 산물이다. 민주주의 사회를 이끌어가는 출발은 사회구성원들의 합의를 기록한 헌법이라 할 수 있다. 따라서 헌법은 사회 구성원이 이해하고 준수해야 할 기초적인 소중한 문서이다.

민주주의 사회의 핵심은 다양성 인정과 절차의 중요성이라 할 수 있다. 다양성이 인정되지 않는 사회는 전체주의이며, 목적을 달성하기 위해 절차를 무시하는 사회 또한 민주주의 사회라 할 수 없다.

국회의 국민대표기관으로서 지위와 입법기간으로서의 지위는 크게 약화되고 있지만, 그 대신 행정부와 사법부를 감시 · 비판 · 견제하는 국정통제기관으로서 지위는 상대적으로 강화되어 중요한 역할을 더해가고 있다. 합의기관인 의회 안에는 다양한 의견이 존재하고, 이를 이성적 토론에 의하여 조정 · 통합하거나 다수결의 원리에 의하여 국가의사가 결정되어야 하므로, 의회는 토론과 타협에 의하여 의회의 의사가 결정되어야 한다.

우리 사회와 국회는 여전히 상대방을 인정하지 않고 나와 다른 생각이나 견해를 가진 사람과 집단을 적으로 간주하려는 분위기가 지배적이다. 이러한 정치문화를 바꾸는 것이 정치발전과 사회통합의 초석이라고 본다.

본서는 기존에 출간된 〈헌법강의〉의 자매 도서이다. 헌법강의는 개정판을 거듭할수록 학계의 학문적 성과를 반영하고, 헌법재판소와 대법원의 최신 판례 등을 반영하는 관계로 책의 분량이 늘어나고 있다.

이 책에서는 초학자(初學者)들이 우리 헌법에 대한 체계를 세우고 기본적인 내용을 가능한 한 쉽게 이해하도록 외국의 이론 등 상세한 설명을 줄이고 말 그대로 입문서로서 집필한 것이다.

본서가 초학자 교재로 이용되어 헌법의식의 고양과 한국법문화 발전에 도움이 되었으면 하는 것이 저자들의 바램이다.

어려운 출판환경에서도 졸저의 출간에 흔쾌히 동의하고, 좋은 책으로 만들어 준 21세기사 이범만 사장님과 편집부 직원분들께 감사드린다.

2014년 1월 15일
공저자

목 차

제1부 헌법서설

제1장 헌법규범론 / 13

제2장 대한민국헌법의 역사 / 31

제3장 국가론 / 43

제4장 한국헌법의 기본구조와 기본원리 / 57

제2장 포괄적 기본권 / 147

제3장 자유권 / 163

제4장 청구권 / 231

제5장 생존권 / 251

제6장 정치적 기본권 / 281

제7장 국민의 기본의무 / 287

제3부 국가권력규범론

제1장 통치구조의 구성원리와 정부형태 / 293

제2장 국 회 / 311

제3장 정 부 / 359

제4장 사법부 / 399

제5장 헌법재판소 / 411

제 1 부
헌법서설

제 1 장 헌법규범론

제 1 절 헌법의 개념과 분류

Ⅰ. 헌법의 개념

1. 헌법의 정의

헌법(Constitution)의 정의는 다양하나, 일반적으로 국가최고기관의 조직과 작용, 국가기관 상호간의 관계, 국가와 국민간의 관계에 관한 기본원칙을 정한 국가의 으로 국가의 통치구조의 원리를 규정하고 국민의 기본권을 보장하는 국가의 최고법이며 기본법이라 할 수 있다.

2. 헌법개념의 이중성

헌법은 한 나라의 권력관계를 나타내는 정치적 측면의 사실을 나타내기도 하고 또 한편으로 그러한 정치적 권력관계를 규율하는 규범적 측면을 가지고 있는 바, 이를 헌법의 이중성이라고 한다.

헌법은 정치적 현실(sein)과 대립하는 관계에 있으면서 징치적 현실을 규제하고 국가생활, 정치생활에서 있어야 할 형태를 실현시키는 당위(sollen)로서의 법규범, 즉 그 형태에 관한 기준을 제시하는 법규범으로 파악하는 입장으로서 켈젠(Kelsen), 케기(Kägi) 등이 이에 속하는 학자이다.

3. 역사적 발전과정에 따른 헌법개념

법규범으로서의 헌법은 역사적 발전과정에 따라 고유한 의미의 헌법, 근대적 의미의 헌법, 현대적·복지주의적 의미의 헌법(현대적 복지국가의 헌법)으로 나누어 볼 수 있다.

(1) 고유한 의미의 헌법(본래적 의미의 헌법)

국가의 통치체제에 관한 기본사항인 국가최고기관의 조직과 권한 및 그 상호간의 관계, 그리고 국가와 국민의 관계에 관한 기본원칙을 정한 기본법, 즉 국가의 기본조직법을 의미하는 것으로, 이는 국가가 존재하는 한 어떤 형태로든 반드시 존재한다.

(2) 근대입헌주의적 의미의 헌법

1) 의 의

입헌주의란 국민의 기본권을 보장하고 권력분립을 규정한 헌법에 의거하여 통치할 것을 요구하는 정치원리를 말하며, 입헌주의적 헌법은 입헌주의를 그 기본원리로 하는 헌법을 말한다. 그러므로 근대입헌주의적 의미의 헌법이란 근세의 시민적 자유주의의 영향하에 국민의 자유와 권리의 보장을 위한 기본권규정과 국가권력을 제한하는 권력분립에 관한 제도를 두고 있는 헌법을 지칭한다. 입헌주의적 의미의 헌법도 고유한 의미의 헌법을 내포하고 있다. 다만, 고유한 의미의 헌법이 국가권력을 조직하는 측면에 중점을 둔 것에 비해, 입헌주의적 헌법은 국가권력을 제한하는 측면에 더욱 중점을 두었다. 근대입헌주의적 의미의 헌법은 근대적 의미의 헌법, 18 · 19C 헌법, 역사적 의미의 헌법, 시민국가의 헌법, 시민적 법치국가의 헌법이라고 지칭하기도 한다.

2) 기본원리

근대입헌주의적 헌법의 기본원리로서는 국민주권 · 기본권보장(자유권 중심) · 권력분립 · 성문헌법과 경성헌법의 원리 · 의회주의(대의제) · 법치주의(형식적) 등을 들 수 있다.

(3) 현대적 복지국가(사회적 법치국가)의 헌법

1) 의 의

근대적 의미의 헌법이 재산권의 신성불가침과 경제활동의 자유에 입각하고 있었는데 반하여, 현대적 · 복지주의적 의미의 헌법은 근대적 · 입헌주의적 의미의 헌법의 기초 위에 사회적 약자의 인간다운 생활을 보장하고 재산권 행사의 공공복리적합성을 의무화하고 경제활동에 관한 규제와 조정을 강조하고 있다. 근대적 의미의 헌법이 자유와 형식적 평등을 강조하였다면 실질적 의미의 평등, 재산권의 상대화 등을 규정하여 복지국가적 이념이 구현된 헌법이 현대적 의미의 헌법이다. 현대적 복지국가의 헌법은 20C 헌법, 현대입헌주의적 헌법, 현대복지주의적 헌법, 사회적 법치국가 헌법 등으로 지칭되기도 한다.

2) 성립배경

자본주의의 성장은 부의 편재, 노사간의 갈등 등의 사회적 문제를 야기하고, 세계 제1·2차 대전을 통한 파시즘, 공산주의 독재에 따른 인종주의의 위기 등을 경험하게 된다. 따라서 자본주의 체제를 보완하고 국민의 생존을 배려하기 위하여 복지국가의 헌법이 등장한다. 초기 복지국가의 대표적 모델이 1919년 Weimar헌법이고, 2차 세계대전 후의 후기 복지국가의 대표적인 헌법은 독일 Bonn 기본법, 1946년 프랑스헌법 등을 들 수 있다.

3) 기본원리

현대적 복지국가 헌법의 기본원리로 들 수 있는 것은 국민주권주의의 실질화(국민투표제도 채택), 실질적 법치주의, 생존권적 기본권의 보장, 헌법재판제도의 강화(권력행사의 통제와 조정), 행정국가화 경향, 사회적 시장경제, 국제평화주의 등이다.

4. 존재형식에 따른 헌법개념

(1) 실질적 의미의 헌법

실질적 의미의 헌법은 그 존재형식이 성문법이든, 불문법이든 불문하고 그 내용이 실질적으로 국민의 기본권을 보장하고 국가의 근본체제를 규정한 근본법, 즉 국가의 조직작용의 기본원칙(헌법사항)을 정한 모든 법을 말한다. 예컨대 정부조직법, 공직선거법도 실질적 의미의 헌법이다.

(2) 형식적 의미의 헌법

법의 내용이 무엇이건 간에 그 존재형식이 성문화된 헌법으로 되어 있는 것으로 헌법전이라는 법전의 형식을 가진 것을 말한다. "영국에는 헌법이 없다"라고 할 때의 헌법은 형식적 의미의 헌법을 의미하는 것이며 실질적 의미의 헌법은 존재한다.

(3) 양자의 관계

형식적 의미의 헌법과 실질적 의미의 헌법은 그 내용이 일반적으로 일치하나 완전히 일치하지는 않는다. 왜냐하면 ⅰ) 실질적 의미의 헌법을 전부 성문화하는 것은 입법기술상 불가능하며, ⅱ) 형식적 의미의 헌법은 그 개정이 곤란하기 때문에 실질적 의미의 헌법에 해당하는 것일지라도 그 개정을 쉽게 하기 위해 미리 제외하는 경우도 있고, ⅲ) 이와 반대로 실질적 의미의 헌법에 해당되지 않는 것일지라도 그 개정을 곤란하게 해둘 필요가 있는 때는 미리 헌법전 속에 삽입하여 두는 경우가 있다.

II. 헌법의 분류

1. 전통적 분류방법

(1) 성문헌법과 불문헌법

헌법전이라는 형식으로 되어 있는 헌법을 성문헌법이라 하고, 이에 대하여 국가조직의 중요 부분이 여러 가지 헌법적 법률 또는 관습법의 형식으로 되어 있는 헌법을 불문헌법이라고 한다. 그러나 주의를 요하는 것은 성문헌법 국가에도 헌법적 관습법이 있고, 불문헌법 국가에도 많은 성문의 헌법적인 문헌을 가지고 있다는 것이다. 따라서 성문헌법과 불문헌법의 구별은 상대적인 것이다. 세계 최초의 근대적 성문헌법은 1776년 Virginia헌법이다.

(2) 경성헌법과 연성헌법

헌법의 개정절차가 일반법률의 개정절차보다도 더 엄격한 절차가 요구되는 헌법을 경성헌법이라 하고, 일반법률의 개정과 같은 절차로도 개정될 수 있는 헌법을 연성헌법이라 한다. 일반적으로 성문헌법은 경성헌법이지만 연성헌법인 경우도 있다.

(3) 흠정 · 민정 · 협약헌법

1) 흠정헌법

제정주체가 원칙으로 군주이고 군주주권의 사상에 기하여 위에서 은혜적으로 부여된 헌법을 말한다. 그 예로는 프랑스헌법(1814년), 일본의 명치헌법(1889년) 등을 들 수 있다.

2) 민정헌법

국민이나 그 대표기관의 의사에 의하여 제정된 헌법으로 그것은 국민주권원칙에 그 사상적 근거를 두고 있다. 그 예로는 1787년 미합중국헌법, 1791년 프랑스헌법 등 오늘날 거의 모든 공화국헌법이 이에 해당한다.

3) 협약헌법

군주와 국민(국민의 대표)의 합의에 의하여 제정되는 헌법을 말한다. 1830년 프랑스헌법, 19세기 후반기의 독일 각지방헌법 등이 이에 속한다.

4) 국약헌법

둘 이상의 국가(연방 · 주)가 연합국가를 구성할 경우 합의에 의하여 제정되는 헌법을 말한다. 전형적인 예로 1867년의 오스트리아·헝가리협약, 1871년 독일제국헌법, 1992년 독립국가연합헌법 등을 들 수 있다. 1787년 미합중국헌법, 1949년 서독헌법도 이에 속한다.

2. 현대적 분류방법

(1) 독창적 헌법과 모방적 헌법

독창적 헌법이란 새로이 창조되고 다른 것에서 유래되지 않는 원천적인 헌법을 말한다. 미국헌법(대통령제), 1793년 프랑스헌법(국민공회정부제), 구소련헌법(평의회제), 1931년 중국헌법(오권분립제), 영국의 의회주권주의헌법 등이 그 예이다. 반면에 모방적(전래적) 헌법이란 외국의 기존헌법을 그 국가의 정치적 현실에 적합하도록 재구성한 헌법으로 오늘날 대부분의 헌법이 이에 속한다.

(2) 규범적·명목적·장식적 헌법

Loewenstein은 헌법규범이 헌법현실에 비추어 보아 일치하면 규범적 헌법(맞춤양복과 같은 것으로 그 국가의 체제에 알맞게 제정된 헌법 : 미국, 독일 등 선진국가의 헌법), 헌법은 이상적으로 만들었으나 헌법현실이 따르지 못하면 명목적 헌법(현실을 규율하지 못하고 교육적인 효과만을 가진 헌법 : 남미, 아시아 등의 대부분 헌법), 헌법이 있으나 외국에 과시하기 위한 것으로 장식에 불과한 경우 장식적(가식적) 헌법(헌법은 있어도 하나의 장식복에 불과한 헌법 : 공산국가나 독재국가의 헌법)으로 구분한다.

Ⅲ. 헌법의 특질과 기능

1. 헌법의 특질

헌법도 일반법률인 민법, 형법 등과 같이 법규범이지만 법의 단계구조에서 최고단계에 위치하고, 정치적·이념적·역사적 사실을 반영한다는 점에서 일반 법률과 구별되는 특성이 있다.

(1) 사실적 측면에서의 특질

1) 헌법의 정치성

헌법의 제정과 개정은 언제나 정치적 성격을 갖는다. 헌법의 제정은 실정법을 초월하는 사실적인 정치행위이고 대통령제인가 의원내각제인가의 정치체제의 선택 역시 실정법의 평가를 벗어나는 정치적 문제이다. 이러한 정치성은 정치적으로 안정된 시기에도 상실되지 않는다. 이러한 특성으로 인해 헌법은 입법기술상 유동적·추상적이고, 개방적 규정이 요구된다.

2) 헌법의 이념성

헌법은 각기 그 특유의 이념과 가치질서를 그 내용으로 한다. 바꾸어 말하면 일정한 이념이나 가치질서를 구현하려고 하는 것이라는 데에 헌법의 본질적 특징이 있다.

3) 헌법의 역사성

헌법이 이념성을 갖는다고 하지만 그 이념은 선험적이거나 보편적인 것은 아니고, 현실의 역사조건과 지배상황에 의해 제약을 받은 역사적인 이념이고 가치이다.

(2) 규범적 측면에서의 특질

1) 최고규범성

헌법은 한 나라의 법체계 중에서 최고 단계에 위치하며 형식적으로 최상의 효력을 갖는 법이다. 헌법의 최고규범성은 헌법이 주권자인 국민에 의하여 제정되었다는 것에 근거를 둔다. 헌법의 최고규범성은 성문헌법에만 인정된다는 것이 통설적 견해이나 불문헌법에도 인정된다는 견해도 있다. 헌법은 최고규범이므로 법률·명령·규칙 등 하위규범의 입법기준이나 해석기준이 되며, 헌법에 위반되는 하위법령 등은 효력이 상실된다. 각국 헌법은 헌법의 최고규범성을 보장하기 위하여 위헌법률심사제도를 두고 있다.

2) 기본권보장규범성

모든 개인은 인간으로서 당연히 누릴 수 있는 기본적인 자유와 권리를 향유하고 있으며 국민의 기본적인 권리와 자유를 보장하는 것이 국가의 의무이고 책임이다. 오늘날 세계의 모든 헌법이 기본권 보장을 선언하고 국가권력을 분산·제한시키는 것도 헌법의 기본권보장규범성에서 나오는 결과이다.

3) 조직·수권규범성

헌법은 국가권력을 조직하고 이들 기관에게 권한을 부여하는 수권규범이다. 따라서 국가기관은 헌법에 의하여 부여된 권한만을 행사할 수 있을 뿐이며, 이를 위반하게 되면 위헌이 된다.

4) 권력제한규범성

헌법은 국가권력을 서로 다른 기관에 분립시킴으로써 국가기관 상호간을 견제하여 그 권한을 제한하는 규범의 역할을 한다.

5) 헌법제정규범성 및 헌법개정규범성

헌법은 헌법제정권력과 헌법개정권력의 주체를 규정하고 이들에게 헌법제정권력과 헌법개정권력을 부여하고 있다. 오늘날 거의 모든 헌법은 국민을 헌법제정권력자로 규정하고 있으며, 따라서 민정헌법이다.

6) 생활규범성

헌법의 생활규범성이란 헌법이 국가의 전 생활영역에서 일정한 이념과 가치를 실현하기 위한 가치규범이며 이를 위해 국민에게 일정한 행동과 생활방식을 요구하는 행동규범이라는 것을 말한다.

7) 자기보장규범성

법률과 명령 등 하위규범과는 달리 헌법은 그 실효성을 확보하거나 그 내용을 직접 강제할 수 있는 기관이나 수단을 구비하고 있지 않으므로, 국가권력 상호간의 통제와 권력적 균형이라는 메커니즘을 통해서 그 실효성을 유지하는 규범이다.

(3) 구조적 측면에서의 특질

헌법의 규범구조는 ⅰ) 규범구조의 간결성·미완결성, ⅱ) 규범내용의 추상성·불확정성·개방성, ⅲ) 규범체계의 불완전성 등의 특징으로 보아 헌법은 개방적 질서를 그 내용으로 하는 개방적 규범구조를 가지고 있다고 하겠다.

2. 헌법의 기능

(1) 정치적 기능

정치적 기능에는 ⅰ) 국가구성적 기능, ⅱ) 국민적 합의기능, ⅲ) 공동체의 안정과 평화유지기능, ⅳ) 국민통합기능, ⅴ) 정치과정합리화기능 등이 있다.

(2) 규범적 기능

규범적 기능에는 ⅰ) 법질서창설기능, ⅱ) 기본권보장기능, ⅲ) 권력통제기능 등이 있다.

Ⅳ. 헌법의 해석

1. 의 의

헌법해석이란 헌법문제를 해결하기 위해 헌법규범의 객관적 의미내용을 확정하는 법인식작용을 말한다. 헌법해석은 헌법재판을 전제로 하는 헌법해석과 이를 전제하지 않는 헌법해석으로 나눌 수 있다. 헌법해석과 일반법률해석의 차이를 든다면 ⅰ) 우선 구조적 특성(추상성·간결성·개방성·불완전성·유동성 등) 때문에 법률해석에 비하여 법의 보충 및 형성의 폭이 크고, ⅱ) 사실적 특성

(이념성·정치성 등) 때문에 정치적 관점(법정책적·정치적·합목적적 고려)이 작용될 필요성 및 가능성이 크며, iii) 인간에 있어 말초신경적 기능을 하는 법률해석에 비하여 사회공동체의 조직형성에 직결되므로 인간의 중추신경적 기능을 지닌다.

2. 헌법해석의 방법

(1) 고전적·해석법학적 방법(전통적 해석방법)

헌법해석이 법률해석과 동일하다는 전제하에 이루어지는 **Savigny**의 4단계 해석방법으로서, 이를 요약하면 다음과 같다.

문리적(문법적) 해석	헌법조문의 문구, 문장의미를 중시하여 조문의 진의를 명백히 하는 해석
논리적·체계적 해석	헌법전 전체의 구성 등을 고려 특정조문을 헌법의 전체계내에서의 논리적 사유 법칙에 따라 해석
목적론적 해석	헌법제정의 목적 등을 고려하여 이에 합치되게 해석
역사적 해석	헌법제정 당시 상황 등을 고려하여 이에 합치되게 해석

(2) 고유한 헌법적 해석방법

헌법이 가지는 규범적 특질을 충분히 고려할 것을 강조하는 해석방법론으로, 고전적 해석론이 '실정법'을 중심으로 하는 데 반하여 '문제'를 중심으로 헌법해석에 접근한다. 이것은 현실기준적 해석방법과 법학적 관점론으로 나누어진다.

(3) 절충적 해석방법

이 방법의 헌법해석은 객관적 이론에 입각한 헌법체계적 방법과 규범 목적적 방법을 주로 하고 법학적 관점론을 보충적으로 참고하여 해석하는 방법이다.

3. 합헌적 법률해석

법률의 합헌적 해석(합헌적 법률해석, 헌법합치적 법률해석)이란 규범통제의 과정에서 주로 문제가 되지만 외형상 법률이 위헌으로 보이는 경우에도 법률에 대한 합헌가능성이 있다면 위헌결정을 해서는 안된다는 법률해석의 원칙을 의미한다. 법률의 합헌해석은 i) 법률의 합헌해석의 가능성이 있다면 법률의 효력을 지속시켜야 된다는 소극적인 의미와, ii) 법률의 위헌적 요소를 헌법정신에 맞도록 법률내용을 제한·보충하여야 된다는 적극적인 의미로 나누어 볼 수 있다.

합헌적 법률해석은 Ogden v. Saunder 사건(1827년)에 관한 미연방대법원 판례를 통해 "법률의 합헌성추정의 원칙"으로 확립된 원칙이다. 오늘날 공식화된 헌법의 일반원리로 인식되고 있다. "입법부에서 법률로 확정되면 그 법률이 헌법을 위반한 것이 합리적으로 의문의 여지가 없는 것으로 밝혀질 때까지는 일단 그 법률의 유효성을 추정하는 것이 입법부의 지혜, 성실성 및 그의 애국심에 대한 경의를 표하는 것이 된다."(Ogden v. Saunder).

제 2 절 헌법의 제정·개정과 변천

I. 헌법의 제정

1. 헌법제정의 의의

헌법의 제정이란 실질적으로 「정치적 통일체의 종류와 형태에 관하여 헌법제정권자가 내린 근본적인 결단을 규범화하는 것」, 즉 헌법제정권자가 행하는 헌법제정행위를 의미하는 것이고, 형식적으로는 헌법사항을 성문헌법으로 법전화하는 것을 말한다.

2. 헌법제정권력

헌법제정권력이란 헌법을 창조하는 힘을 말하지만 단순한 힘을 뜻하는 것이 아니라 그 성격상 국민의 정치적 존재방식에 관하여 근본적인 결단을 내리는 정치적 권력인 동시에 정치적 의사라는 이중성을 갖는다.

시에예스(Siéyès)는 헌법제정권력의 이론을 처음으로 체계화시킨 사람으로서 그는 「제3신분이란 무엇인가」라는 소책자에서 헌법제정권력은 국민(당시는 제3신분)만이 갖는다고 하면서, ⅰ) 헌법제정권력의 시원성, ⅱ) 헌법개정권력과의 구별, ⅲ) 대의제(주체는 제3신분이고 행사자는 선임된 대표인 헌법제정회의) 등을 주장하였다.

칼 슈미트(Schmitt)는 결단주의 헌법관에 입각한 슈미트는 헌법제정권력에 의한 결단의 소산인 절대적 의미의 헌법과 이를 전제로 하는 개개의 규정인 상대적 의미의 헌법을 구별하여 헌법제정권력을 강조하였다. 슈미트에 따르면 헌법제정권력→헌법(절대적 헌법)→헌법개정권력→헌법률(상대적 헌법)→헌법에 의해 만들어진 권력(통치권)이라는 위계질서가 존재한다.

주권재민을 선언한 헌법 제1조 제2항 전단이 「대한민국의 주권은 국민에게 있고」라고 한 것은 민주국가인 우리나라에서 헌법제정권력의 주체가 국민이라는 것을 선언한 규정이다. 전문의 「자유민주적 기본질서를 더욱 확고히 하여」라고 한 것과 제1조 제1항의 민주공화국으로서의 국가형태의 결정은 바로 슈미트가 말하는 헌법제정권력의 주체가 내린 결단이다.

Ⅱ. 헌법의 개정

1. 헌법개정의 의의

헌법개정이란 헌법에 규정된 개정절차에 따라 헌법의 동일성을 유지하면서 의식적으로 헌법전의 내용을 수정·삭제·추가함으로서 헌법의 형식이나 내용에 궁극적인 변경을 가함을 말한다. 헌법개정은 성문헌법과 경성헌법에서 주로 문제된다.

2. 헌법개정의 곤란성과 불가피성

국민의 기본권보장을 영구화하고 빈번한 헌법개정으로 인하여 초래되는 국가기본질서의 불안정을 방지함과 동시에 헌법의 규범력을 고양하기 위해서는 헌법의 성문화와 아울러 그 개정을 곤란하도록 하여야 할 것이다. 그러나 헌법규범과 헌법현실 사이에는 헌법현실의 끊임없는 변화로 인해 항상 간격이 발생하기 마련이다. 결국 헌법개정이야말로 헌법을 살아있는 규범으로 유지시키기 위한 불가결한 수단이라고 보지 않을 수 없다.

3. 헌법개정의 형식

헌법개정의 형식에는 기존의 조항을 그대로 둔 채 개정조항만을 추가하는 증보형식을 취하는 유형(Amendment : 미연방헌법)과 기존의 조항을 수정·삭제·삽입시키는 형식을 취하는 유형(Revision)이 있다. 또한 전면적 또는 부분적인 개정인지의 여부에 따라 전면개정과 부분(일부)개정이 있다.

4. 현행 헌법상의 헌법개정

(1) 헌법개정의 절차

현행 헌법에 있어서 개정절차의 특징은 모든 헌법개정안을 국민투표로 확정되도록 그 절차를 일원화시키고 있으며, 헌법개정요건을 어렵게 함으로써 경직성을 강화시키고 있다고 하겠다.

1) 제안 및 공고

헌법개정은 국회 재적의원 과반수의 찬성 또는 대통령의 발의로 제안된다(제128조 제1항). 제안된 헌법개정안은 대통령이 20일이상의 기간 공고하여야 한다(제129조).

2) 국회의 의결

국회는 헌법개정안(국회의원이 제안한 것이나 대통령이 제안한 것 모두)이 공고된 날로부터 60일 이내에 의결하여야 하며, 재적의원 3분의 2이상의 찬성을 얻어야 한다(제130조 제1항). 이때 수정의결은 인정되지 않으며 역사적인 책임소재를 분명히 하기 위해 기명투표에 의한다.

3) 국민투표

국회가 의결한 후 30일 이내에 국민투표에 붙여 국회의원 선거권자 과반수의 투표와 투표자 과반수의 찬성을 얻어야 확정된다(제130조 2항).

4) 공포

헌법개정안이 국민투표에서 찬성을 얻은 때에는 헌법 개정은 확정되며, 대통령은 즉시 이를 공포하여야 한다(제130조 제3항). 한편 개정된 헌법의 효력발생 시기에 관하여는 공포시설과 20일 경과시설이 대립하나 법률의 효력발생 시기와는 달리 공포시설이 관례이다.

(2) 개정의 한계

현행 헌법은 명문으로 개정의 한계에 관한 규정을 두고 있지 않으나 학설의 일반적 입장은 헌법의 동질성을 유지하기 위한 개정 금지사항을 인정하고 있다. 그러나 그 구체적인 내용이 무엇인가에 대해서는 견해가 대립한다.

(3) 헌법 제128조 제2항

헌법 제128조 제2항은 "대통령의 임기연장 또는 중임변경을 위한 헌법개정은 그 헌법개정 제안 당시의 대통령에 대하여는 효력이 없다"고 규정하고 있다. 동 규정의 성격에 대하여 개정금지조항이라는 견해와 헌법개정효력의 적용대상 제한조항이라는 견해가 대립하나 대통령의 임기연장이나 중임변경을 위한 헌법개정은 대통령의 장기집권을 방지하기 위해 헌법개정제안 당시의 대통령에 대해서만 효력을 배제한다는 헌법개정효력의 적용대상제한조항을 의미한다는 견해가 타당하다.

III. 헌법의 변천

1. 의 의

헌법의 변천이란 헌법현실과 헌법규범에 차이가 생겨서 헌법을 변경하겠다는 직접적인 의사 없이 헌법에 실질적인 내용변화가 생기는 현상을 말한다. 즉, 헌법조항이 개정절차에 따라 의식적으로 변경되는 것이 아니고 조문은 그대로 있으면서 그 의미나 내용만이 실질적으로 변경되는 것을 의미한다.

2. 헌법의 변동과 헌법의 변천

헌법의 변동이란 헌법에 규정된 개정절차에 따르지 않고 헌법이 변경되거나 헌법에 규정된 개정절차에 따르더라도 헌법의 기본적 동일성이 파괴되어 헌법의 개정이라고 할 수 없는 경우를 말한다. 헌법의 변천은 헌법의 변동의 한 유형에 속한다고 볼 수도 있다. 헌법의 변천을 제외한 헌법변동의 유형을 살펴보면 다음과 같다.

(1) 헌법의 파괴

헌법의 파괴란 기존의 헌법전을 전체적으로 소멸시킬 뿐만 아니라 헌법제정권력을 근본적으로 배제하는 경우를 말하며, 이는 바로 협의의 혁명을 뜻한다(1789년 대혁명에 의한 절대군주제 헌법 파괴). 이 경우는 헌법제정권력의 교체가 이루어진다.

(2) 헌법의 폐지

헌법의 폐지란 기존의 헌법전은 소멸되지만 헌법제정권력의 주체는 경질되지 아니하는 경우를 말하며, 쿠데타(coup d'Etat) · 정변 등에 의한 정권의 교체가 그 예이다. 이 경우는 헌법의 교체가 이루어진다.

(3) 헌법의 정지

헌법의 정지란 헌법의 특정조항의 효력을 일시적으로 혹은 일정기간 중단시키는 것을 말한다. 여기에는 헌법이 인정하는 합헌적 헌법정지(유신헌법의 긴급조치)와 위헌적인 헌법정지(5 · 16후 국가비상조치, 1972.10.27 비상조치, 1980.5.17 조치에 의한 헌법정지)가 있다.

(4) 헌법의 침해

이는 위헌임을 알면서도 특정의 헌법조항에 위반되는 명령을 발하거나 조치를 취하는 경우를 말한다. 침해된 헌법조항은 그로 인하여 개정 또는 폐지되는 것이 아니라, 그 조항의 효력은 계속 유지된다. 합헌이라 생각하고 한 명령이나 조치가 위헌인 경우에는 헌법의 침해가 아니라 단순한 헌법위반의 경우이다. 헌법침해행위는 헌법위반이므로 무효로 간주되어야 하고, 헌법침해행위를 한 기관에 대해서는 헌법상의 책임을 물어야 할 것이다.

3. 헌법의 개정과 헌법의 변천

헌법의 개정이 명시적인 헌법의 변경이라면, 헌법의 변천은 묵시적인 헌법의 변경이라는 점에서 양자는 구별되지만, 사회현실과 헌법규범 사이에 갭(Gap)을 해소하는 작용을 한다는 점에서 헌법의 변천은 헌법의 개정과 공통점을 갖는다. 그러나 헌법의 규범력을 유지한다는 측면에서 헌법의 변천을 무제한하게 허용할 수는 없는 것이며, 헌법의 개정을 통한 헌법의 규범력의 제고와 안정된 헌정생활의 유지가 요청되는 것이다. 이러한 관점에서 헌법의 개정은 헌법변천의 한계로서 작용한다고 할 수 있다.

제 3 절 헌법의 보장

Ⅰ. 헌법보장의 의의와 방법

1. 헌법보장의 의의와 유형

(1) 헌법보장의 의의

광의의 헌법보장은 특정국가의 법적·사실적 존재를 내외의 침해에서 보호하는 것을 말하나, 협의의 헌법보장은 국가의 최고규범으로서의 헌법 자체의 효력의 보장을 말한다. 헌법보장제도는 헌법의 규범력과 실효성을 확보하려는데 그 의의가 있다고 하겠다.

(2) 헌법의 보장자(헌법수호자)에 관한 논쟁

누가 헌법의 수호자인가에 대하여 Weimar공화국 시절, 독일에서는 대통령이라는 Schmitt와 대통령, 의회, 헌법재판소(특히 강조)라는 Kelsen의 논쟁이 유명하고, 영국에서도 국왕이라는 케이드(Keith)와 내각이라는 라스키(Laski) 사이의 논쟁이 전개된 바 있다. 그러나 오늘날 최후의 헌법 수호자는 국민이라고 보아야 할 것이다. 왜냐하면 헌법을 수호하고 유지하려는 국민의 법의지(法意志)나 헌법의식이야말로 민주헌법을 지탱하는 원동력이기 때문이다. 결국 최종적인 헌법의 수호자인 국민의 손에는 최종적인 수단으로서 남겨진 저항권이라는 무기가 있다고 하겠다.

2. 헌법보장의 수단과 방법

(1) 정치적 보장방법

권력분립제, 공무원의 정치적 중립성, 법치행정의 원칙, 헌법개정의 국민투표제, 국가긴급권제, 양원제, 의원내각제, 정부불신임제, 국가권력의 지방분권제, 비상사태에 있어서의 헌법보장 등이다.

(2) 사법적 보장방법

위헌위법명령·규칙·처분심사제, 위헌행위를 한 인물의 기본권 상실제, 위헌법률심판제, 탄핵심판제, 위헌정당해산제, 외환·내란죄 등의 처벌 등이다.

(3) 선언적 보장방법

헌법의 최고법규성의 선언, 헌법준수의무의 선언, 경성헌법, 헌법정지나 헌법파괴 금지선언 등이다.

(4) 미조직적 보장방법

헌법에 제도화되지 않은 것으로는 자연법적이고 초헌법적인 방법으로서 국가긴급권의 행사, 저항권의 행사 등을 들 수 있다.

II. 현행헌법상의 헌법보장제도

헌법보장제도는 평상적 헌법보장제도(사전예방적 보장과 사후교정적 보장)와 비상적 헌법보장제도로 나누어 고찰할 수 있다.

1. 정치적 보장방법

정치적 보장방법으로는 ① 권력분립제도(제40조, 제66조 제4항, 제101조 제1항), ② 국무총리와 국무위원해임건의제도(제63조 제1항), ③ 공무원의 정치적 중립성보장(제7조 제2항, 제5조 제2항 후단), ④ 헌법개정의 국민투표(제130조 제2항), ⑤ 국정감사·조사제도(제61조 제1항), ⑥ 국가긴급권제도(제76조, 제77조), ⑦ 정당제도(제8조) 등이 있다.

2. 사법적 보장방법

사법적 보장으로는 ① 위헌위법 명령·규칙·처분의 심사제도(제107조 제2항), ② 공무원 책임제도(제29조 제2항), ③ 국헌문란자의 처벌제도 등이 있다.

3. 헌법재판소에 의한 보장방법

헌법재판소에 의한 보장방법으로는 ① 탄핵심판제도(제65조 제1항, 제111조 제1항 2호), ② 위헌정당해산심판제도(제8조 제4항, 제111조 제1항 3호), ③ 위헌법률심판제도(제107조 제1항, 제111조 제1항 1호), ④ 권한쟁의심판제도(제111조 제1항 4호), ⑤ 헌법소원심판제도(제111조 제1항 5호) 등이 있다.

4. 선언적 보장방법

선언적 보장방법으로는 ① 헌법준수선서의무제도(제66조 제2항, 제69조), ② 헌법의 최고규범성 선언(간접적 선언 : 제107조, 제111조 제1항 1호), ③ 경성헌법제도(헌법 제10장) 등이 있다.

5. 미조직적 보장방법

미조직적 보장방법으로서 ① 국가긴급권(제76조, 제77조), ② 초헌법적인 저항권 등을 들 수 있다.

Ⅲ. 국가긴급권제도

1. 국가긴급권의 의의

국가긴급권이란 전쟁·내란·경제공황·대규모의 자연재해 등과 같이 평상시의 입헌주의적 기구로서는 대처할 수 없는 국가비상사태가 발생한 경우에 국가의 존립과 헌법질서를 보전하기 위하여 특정한 국가기관에 인정되는 긴급한 조치를 취할 수 있는 비상·예외적 권한을 말한다.

이러한 국가긴급권의 법적인 제도화는 양차 세계대전을 전후하여 영국에서 긴급권법(Emergency Powers Act), 국방법 등의 제정으로 비롯되었고, 미국은 입법에 의해서가 아니라 관행에 의해서 강화된 특징이 있다. 그러나 헌법적인 차원에서 제도화는 독일에서 프로이센헌법 제63조와 제111조, 그리고 Weimar헌법 제48조 등에서 규정됨으로써 국가긴급권은 성문화되었다.

2. 국가긴급권의 인정근거

(1) 제도적 긴급권(합헌적 긴급권)의 근거

ⅰ) 평상시의 법치주의기구로서는 국가적 위기에 대응하기 어렵기 때문에 비상사태가 발생한 때에는 예외적인 수단을 인정하지 않을 수 없다. 따라서 ⅱ) 국가긴급권을 헌법에 제도화시킴으로써, 비상사태를 합법적으로 처리할 수 있고 또 헌법의 파괴를 막을 수 있다. 또한 ⅲ) 긴급권의 발동의 조건·기간·형식 등을 헌법에 실정화하였기 때문에 무제한적 긴급권의 남용을 다소라도 방지할 수 있다.

(2) 초헌법적 긴급권(초입헌적 독재, 주권적 독재)

1) 부정설

초헌법적 긴급권은 헌법을 파괴하거나 침해하는 것이므로 어떠한 긴급상황에 의해서도 정당화될 수 없을 뿐만 아니라 그것은 불법이다.

2) 긍정설

극한상황에 있어서의 초헌법적 긴급권의 행사는 법리에 의해서가 아니라 그 독자의 논리에 의해 정당화될 수 있다.

3) 결 어

입헌주의 또는 법치주의를 고집한다면 초헌법적 긴급권은 허용될 수 없을 것이나, 전쟁이 발발한 경우와 같은 극한상황에서 다른 헌법적인 조치를 취한 후 최후적으로 합목적적 관점에서 정당화될 수 있겠다.

3. 국가긴급권의 통제

국가긴급권의 남용을 방지하기 위하여 일정한 제도적 장치가 필요하다. 따라서 긴급권의 목적·조건·내용·절차·효과 등을 헌법이나 법률에 명문화함으로써 긴급권의 발동을 통제할 수 있다. 즉, 의회의 사전승인을 얻게 한다든가 사후에 의회나 법원에 의하여 심사하게 함으로써 긴급권발동이 한계를 벗어난 것일 때에는 그에 관하여 책임을 추궁할 수 있어야 한다. 그러나 가장 중요한 최종적인 통제는 주권을 가진 국민의 감시와 비판 그리고, 호헌의지에 달려 있다고 할 것이다.

4. 현행헌법의 국가긴급권

현행헌법의 긴급명령권과 긴급재정경제처분 및 명령권(제76조), 계엄선포권(제77조)이 있다.

Ⅳ. 저항권

1. 저항권의 의의

저항권이란 입헌주의적 헌법질서를 침해하거나 배제하려고 하는 개인이나 국가기관에 대하여 다른 법적 구제방법이 더 이상 없을 경우에(저항권의 보충성) 주권자로서의 국민이 그 헌법적 질서를 유지하고 회복하기 위한 최후의 비상수단(저항권의 최후수단성)으로서 그 개인이나 국가기관에게 저항할 수 있는 권리를 말한다.

미국에서는 1776년 독립선언과 각주의 권리장전이 저항권에 관한 규정을 두었으며, 프랑스에서는 1789년 권리선언 제2조에서, 독일에서는 1968년 개정헌법에 의하여 저항권 규정을 두고 있다.

우리나라의 경우 전문의 「…불의에 항거한 4·19 민주이념을 계승하고…」라고 하여 간접적인 방법으로 규정하고 있으나 판례는 정면으로 부인하고 있다(1975년 민청학련사건, 1980년 김재규사건). 그러나 공권력의 담당자가 입헌주의적 헌법질서를 근본적으로 침해·파괴하는 경우 헌법질서를 유지·존중하기 위해 헌법상 저항권에 관한 직접적인 명문규정의 유무에 관계없이 국민은 저항권을 최후적으로 행사할 수 있다고 하겠다.

저항권의 본질은 헌법보장을 위한 수단이면서 기본권보장을 위한 기본권이다(다수설). 그리고 기본권으로서의 저항권의 법적 성격에 관해서는 자연법상의 권리로 보는 견해(자연권설)와 실정법상의 권리로 보는 견해(실정권설 : 법실증주의자)가 대립하나 전자로 이해하는 것이 타당하다. 따라서 저항권은 헌법의 명문규정에 상관없이 인정될 수 있다. 저항권은 헌법질서를 유지·수호하기 위해 최후적으로 행사될 수 있다는 점에서 헌법질서의 변혁을 목적으로 하는 혁명권과는 다르다.

2. 저항권 행사의 주체

입헌주의국가 및 국민주권주의국가에 있어서 저항권의 행사주체는 궁극적으로 주권자인 국민이다. 이 때의 국민은 개개의 국민뿐만 아니라 정당(단체) 등도 포함될 수 있으며, 외국인의 경우에는 제약이 있을 것이다.

3. 저항권 행사의 요건

(1) 저항권 행사의 상황

ⅰ) 저항권의 행사는 개개의 헌법조항에 대한 단순한 위반이 아니라, 민주적 기본질서나 기본권보장의 체계에 대한 중대한 침해가 행하여지고 헌법의 존재 자체가 부인되는 경우라야 한다(전면적 부인). ⅱ) 저항권을 행사할 수 있기 위해서는 국가공권력의 행사가 불법이라는 것이 객관적으로 명백한 경우라야 한다(불법의 객관적 명백성). ⅲ) 다른 구제 수단이 없어, 민주적 기본질서를 재건하기 위한 최후로 남겨진 수단이어야 한다(보충성 내지 예비성, 최후수단성). ⅳ) 저항권의 행사를 성공의 가능성이 있는 경우에만 허용되어야 한다(성공가능성).

(2) 저항권 행사의 목적

저항권행사의 궁극적 목적은 인간의 존엄성 존중을 그 이념으로 하는 입헌주의 헌법체제를 유지·수호하는데 있어야 한다. 따라서 사회적·경제적 체제를 개혁하기 위한 수단으로는 이용될 수 없다.

(3) 저항권 행사의 방법

저항권의 행사방법은 미리 법으로 정할 수는 없지만, 저항권을 행사하는데 있어서 가장 평화적인 방법을 선택하여야 한다(평화적 방법). 그러나 평화적인 방법에 의해 집권자의 불법·위헌을 시정할 수 없는 경우에 한하여 민주적 기본질서를 유지·재건하기 위하여 필요한 한도 내에서 모든 실력을 행사할 수 있다고 하겠다.

4. 저항권 행사의 효과

저항권행사는 외형상 공무집행방해죄를 구성할 뿐 아니라 이로 인한 여러 가지의 범죄구성요건에 해당하는 경우가 있어, 저항권행사의 행위가 공무집행방해죄 등으로 소추당할 수 있다. 그러나 불법적인 명백한 공권력행사에 대한 정당한 국민의 권리행사에 대하여 유죄라고 볼 수 없는 바, 저항권행사에 있어서 위법성조각의 문제가 발생한다.

제 2 장   대한민국헌법의 역사

제 1 절   대한민국헌법의 제정과정

1. 대한민국임시정부헌법

1919년 3 · 1독립운동의 역사적 산물로 탄생한 대한민국임시정부는 국제법상 망명정부가 아니라 문자 그대로 임시정부였다고 볼 수 있으며(형식적으로는 망명정부적 성격을 지닌 임시정부), 대한민국임시정부의 헌법은 5차에 걸쳐 개정되면서 그 명칭도 대한민국임시헌법 → 대한민국임시약헌 → 대한민국임시헌장순으로 변경되었다.

2. 5 · 10 총선거의 실시와 제헌헌법 제정

1947년 3월 17일 당시 미군정법령 제175호에 의하여, 미군정청에서 설치한 임시입법의원에서 채택한 국회의원선거법을 공포하여 5 · 10선거가 실시되었다. 5 · 10선거로 198명의 국회의원이 1948년 5월 31일 우리나라에서 처음으로 국회를 구성하였다. 동 6월 3일 헌법기초위원 30명과 전문위원 10명을 위촉하여 헌법기초위원회를 구성하였다.

이 위원회에서는 즉시 헌법기초에 착수하였는데 당시 유진오 교수안을 중심으로 하고 권승열씨 안을 참고하여 불과 16차 회의 끝에 기초를 완료, 6월 23일 국회본회의에 상정하였다.

그런데 이때 유진오 교수원안에는 ⅰ) 양원제국회, ⅱ) 의원내각제, ⅲ) 위헌법률심사권의 대법원 부여가 포함되어 있었으나 당시 이승만의 요청으로 단원제국회, 대통령중심제, 위헌법률심사권의 헌법위원회 부여로 변경되었다. 제헌국회는 동년 7월 12일 제3독회를 마치고 1948년 7월 17일 당시 이승만 국회의장이 서명, 이를 전 세계에 선포, 즉일로 발효케 하였다. 그리고 동헌법에 의거하여 대통령과 부통령이 선출되었고, 국무총리와 대법원장이 국회의 인준을 받아 정부가 수립되고 1948년 8월 15일 역사적인 대한민국정부수립 선포식이 거행되었다.

3. 제헌헌법의 구성과 내용

전문, 제10장, 제103조로 구성된 제헌헌법은 제1장 총강, 제2장 국민의 권리·의무, 제3장 국회, 제4장 정부, 제5장 법원, 제6장 경제, 제7장 재정, 제8장 지방자치, 제9장 헌법개정, 제10장 부칙의 순으로 배열되었다.

제헌헌법은 구일본제국헌법과 바이마르헌법을 어느 정도 모방한 것으로 자유권을 법률유보 하에서 보장하고 생존권적 기본권도 상당히 보장하였다. 권력구조면에서는 국가권력의 분립을 규정하고 단원제국회를 두었으며, 대통령중심제에 의원내각제적 요소를 가미하였다. 대통령은 국회에서 간선되고 임기 4년에 1차 중임제였으며, 지방자치를 규정한 것이 특색이다. 경제조항은 통제경제의 면을 강력히 나타내고 있었다.

주요 내용을 보면 ⅰ) 사기업에 있어서 근로자의 이익분배 균점권, ⅱ) 단원제 국회, ⅲ) 대통령과 부통령을 임기 4년(1차에 한하여 중임)으로 국회에서 선출, ⅳ) 대통령의 법률안거부권 및 법률안제출권, ⅴ) 부서제도, ⅵ) 국무총리는 국회의 승인을 얻어 대통령이 임명, ⅶ) 국무원, ⅷ) 가예산제도, ⅸ) 통제경제를 주축으로 함, ⅹ) 헌법개정은 국회의 의결로 가능함, ⅺ) 헌법위원회, ⅻ) 탄핵재판소, ⅹⅲ) 자연자원의 원칙적 국유화 등이다. 다만 정당조항과 통일조항은 없었다.

제 2 절   대한민국헌법의 개정과정

우리나라 헌법은 제정된 지 65년 동안에 12차례 개헌안이 제출되었고, 이중 9차에 걸쳐 개헌이 이루어졌다.

개헌과정에서 나타난 특징을 살펴보면 ① 개정의 빈도가 잦았고, ② 대통령의 임기나 선출방법에 관한 것이 주된 내용이며, ③ 절차의 위헌성이 많았고, ④ 국민투표로서 확정지었다는 점 등이 있다. 다만 현행헌법(제9차 개정헌법)은 헌정사에 있어서 여·야간의 합의로 이룩된 헌법이란 점에서 큰 의의가 있다.

1. 제1차 헌법개정(1952.7.7 발췌개헌)

(1) 개정과정

제헌 이래 1952년 7월 제1차 개헌이 있기까지 3번 개헌안이 제출되었으나 제3차 개헌안이 비로소 통과되었다.

1) 제1 · 2차 개헌안제출과 부결

1950년 2월 헌법제정 후 1년 반 만에 한민당이 의원내각제 개헌안을 제출하였으나 부결되고 말았다.

이승만은 임기 4년이 다가옴에 따라 국회에서의 간선으로 대통령에 재선되기에는 어려움이 있을 것을 알고 1951년 11월 30일 당시 정부안으로 정 · 부통령 직선제와 상 · 하원제 개헌안을 국회에 제출하였으나 부결되었다.

2) 제1차 헌법개정

부산임시수도에서 정부개헌안에 반대한 국회의원 123명은 그 여세로 1952년 4월 15일 의원내각제 개헌안을 국회에 제출했다. 그런데 이승만 정부측에서 갑자기 5월 14일 지난번에 부결된 정 · 부통령 직선제, 양원제 개헌안을 다시 국회에 제출했다. 그리하여 이들 양 개헌안이 국회에서 충돌하게 되었다. 여기에 공포분위기를 만들어 놓은 1952년 7월 4일 심야 국회에서 기립공개투표로 직선제(야당측의 국무원불신임제와 barter)발췌개헌안을 통과시켰다.

(2) 제1차 헌법개정의 내용

제1차 헌법개정은 ⅰ) 정 · 부통령의 직선제, ⅱ) 양원제국회, ⅲ) 국회의 국무원 불신임제도 도입, ⅳ) 국무위원 임명에 국무총리의 제청권 등을 채택하였다.

2. 제2차 헌법개정(1954.11.29 사사오입개헌)

(1) 개정경과

제3대 국회의원선거에 의한 다수의석 확보로 이승만은 3선 개헌이 가능하게 되자 1954년 9월 8일 제5차 개헌안을 제출하게 되었다. 이 3선 개헌안은 1954년 11월 27일 민의원에서 표결 결과, 찬성 135표로 2/3선인 136표에 1표 부족으로 그 부결이 선포되었다. 그러나 29일에는 사사오입이론을 적용하여 자유당만으로 가결을 선포하였다. 따라서 제2차 헌법개정을 사사오입개헌이라고도 한다.

(2) 제2차 헌법개정의 내용

제2차 개헌의 중요한 내용은 ⅰ) 공포 당시(초대 대통령)의 중임제한을 철폐, ⅱ) 주권의 제약 또는 영토변경에 대한 국민투표제 도입, ⅲ) 국무위원에 대한 개별적 불신임안제 채택(연대책임의 폐지), ⅳ) 대통령 궐위시의 부통령의 대통령 승계의 제도, ⅴ) 특별법원(군법회의)에 대한 헌법적 근거 부여, ⅵ) 자유시장경제체제로의 전환, ⅶ) 국무총리제의 폐지, ⅷ) 헌법개정의 한계에 대한 명문규정의 설정, ⅸ) 국민발안제 명시 등이다.

3. 제3차 헌법개정(1960.6.15 의원내각제 개헌)과 제2공화국의 성립

(1) 제2공화국의 성립 및 개정경과

1960년 4월 19일 학생혁명으로 이승만의 독재정권은 1960년 4월 26일 무너지고 허정을 내각수반으로 하는 과도정부가 동년 5월 2일 구성되었으며, 국회에는 개헌을 위한 헌법개정기초위원회가 구성되었다. 9명의 기초위원과 3명의 전문위원들로 구성된 이 개헌기초위원회의 임무는 4월 혁명의 정신에 따라 「제2공화국」의 헌법적 기초를 마련하는 것이었다. 동기초위원회에서 기초한 개헌안(6차 개헌안)은 국회의원 175명의 제안으로 동년 5월 10일, 국회본회의에 상정되고, 동일부로 공고되었다. 이 개헌안은 동년 6월 15일, 국회본회의에서 재적의원 218명 중 가 208표, 부 3표, 결석 7명이라는 압도적 다수로써 통과되고, 동일부로 공포되었다. 이것이 제2공화국헌법, 즉 1960년헌법(제3차 개정헌법)이다.

(2) 제3차 헌법개정의 내용

제3차 헌법개정은 ⅰ) 기본적 인권보장을 강화하였다. 즉, 자유권에 대한 유보조항을 많이 삭제하고 제28조에 통일적으로 규정하였다. ⅱ) 정당해산을 헌법재판소의 판결에 의하도록 하는 정당보호규정을 두었으며, 복수정당제도를 보장하였다. ⅲ) 공무원의 신분보장과 정치적 중립화를 보장하고, ⅳ) 완전한 의원내각책임제로 하여 대통령은 실권없는 의례적·형식적 지위에 두었다. ⅴ) 종래의 헌법위원회와 탄핵재판소를 없애고 헌법재판소를 두었다. ⅵ) 대법원장과 대법원판사는 법관의 자격을 가진 자들로 구성된 선거인단에 의하여 선출케 하였다. ⅶ) 헌법기관으로서 중앙선거관리위원회를 두었다. ⅷ) 지방자치단체의 장을 원칙적으로 직선케 했다.

4. 제4차 헌법개정(1960.11.29 소급입법 부칙개헌)

(1) 개정경과

1960년 10월 7일 서울지방법원의 반민주행위자에 대한 판결이 너무 관대하다고 하여 1960년 10월 11일에는 4·19혁명 부상학생들이 중심이 되어 민의원 의사당 의장석까지 난입, 선거원흉을 처벌할 근거법 마련을 강요하게 되었다. 그래서 국회는 헌법 제23조의 형벌불소급의 원칙을 깨고 예외규정으로 헌법부칙에 반민주행위자 처벌을 위한 특별입법의 근거를 마련하게 되었다. 이것이 1960년 11월 29일에 확정된 부칙개헌이다.

(2) 제4차 헌법 개정의 내용

제4차 헌법 개정은 형벌불소급의 원칙에 대한 예외로서 3·15부정선거의 주모자들을 처벌하기 위한 헌법적 근거를 마련하기 위한 것이었다.

헌법 부칙에 신설된 내용을 보면 ⅰ) 3·15부정선거에 관련된 자와 4·19혁명을 탄압하기 위하여 살상 기타 부정행위를 자행한 자를 처벌할 특별법 제정근거, ⅱ) 4·26(이승만대통령의 하야) 이전의 반민주행위자의 공민권을 제한할 수 있는 특별법 및 4·19 이전의 부정축재자 처리를 위한 특별법 제정근거, ⅲ) 위에 관련된 형사사건을 처리하기 위한 특별재판소와 특별검찰부 설치 등의 근거를 그 내용으로 하고 있다.

5. 제5차 헌법개정(1962.12.26 대통령제 개헌)과 제3공화국의 성립

(1) 제3공화국의 성립 및 개정경과

일부 몰지각한 군인은 1961년 5월 16일 새벽 3시 군사쿠데타를 감행한 후, 즉시 국가재건최고의회를 구성하고, 동년 6월 6일에 국가재건비상조치법이 제정·공포되었으며, 구헌법은 국가재건비상조치법에 저촉되지 않는 범위 내에서 효력을 가지게 되었다. 제5차 개정헌법은 국가재건최고회의의 의결을 거쳐 국민투표에 의하여 확정되고, 1962년 12월 26일에 공포되었다. 이것이 제3공화국헌법, 즉 1962년 헌법이다.

제3공화국 헌법의 성립과정을 보면 1962년 7월 11일 국가재건최고회의안에 헌법심의위원회를 발족시켰다. 헌법심의위원회에서는 10월 23일 헌법요강을 확정함에 앞서 8월 23일부터 30일까지 전국 12개 지역에서 22개 항목에 걸쳐 공청회와 좌담회를 가졌다. 1962년 11월 5일에는 국가재건최고회의가 헌법개정안을 발의하여 즉일로 대통령이 공고하였다. 그런데 1962년 12월 26일에 공포된 헌법은 부칙규정에 따라 국회가 개원한 1963년 12월 17일에 효력을 발생하였다. 이리하여 1962년의 헌법개정은 사실상 제5차 헌법개정이 되었으며, 제3공화국헌법으로서는 전면개정이다.

(2) 제5차 개정헌법의 내용

제3공화국헌법의 주요내용으로는 ⅰ) 헌법전문이 최초로 개정됨(4·19와 5·16이념 추가)(제5차, 7차, 8차, 9차 개헌 때도 개정됨), ⅱ) 인간의 존엄권 조항이 신설됨, ⅲ) 대통령제로의 환원, ⅳ) 단원제 국회, ⅴ) 헌법재판소 폐지, 위헌법률심사권을 대법원에 부여함, ⅵ) 극단적인 정당국가를 지향(指向)하고 정당의 추천이 없으면 대통령, 국회의원에 출마할 수 없었고, 당적을 변경하면 의원직을 상실케 함, ⅶ) 법관의 임명을 법관추천회의의 제청에 따르게 하였고, ⅷ) 헌법 개정에 국민투표제·국민발안제 도입, ⅸ) 탄핵심판위원회 설치, ⅹ) 경제과학심의회의와 국가안전보장회의의 신설 등을 들 수 있다.

6. 제6차 헌법개정(1969.10.21 삼선개헌)

(1) 개정경과

1969년 8월 7일 민주공화당은 대통령의 계속 집권을 가능하게 하기 위하여 삼선금지규정을 완화하는 개헌안을 제출하였는데, 여야간의 대립 끝에 9월 14일의 심야국회는 이를 변칙 처리하였다.

공고기간이 끝난 뒤 10월 17일 국민투표에서 제6차 헌법개정은 확정되었다.

(2) 제6차 헌법개정의 내용

제6차 헌법개정은 ⅰ) 대통령의 계속 재임을 3기로 연장, ⅱ) 대통령에 대한 탄핵소추의 정족수를 가중(재적의원 1/2 이상 → 2/3 이상으로), ⅲ) 국회의원 정수의 상한을 250명으로 늘렸고, ⅳ) 국회의원의 국무위원겸직을 허용하는 것 등을 내용으로 하고 있다.

7. 제7차 헌법개정(1972.12.27 유신개헌)과 제4공화국의 성립

(1) 제4공화국의 성립 및 개정경과

박정희 대통령은 1971년 12월 27일 「국가보위에 관한 특별조치법」을 제정하였는 바, 이 법은 초헌법적인 국가긴급권의 행사를 가능케 한 것이었으며, 1972년 10월 17일에는 국가보위에 관한 특별조치법에 의거하여 비상조치를 단행하였다(소위 10·17 비상조치). 10·17 비상조치로 국회가 해산되었고 정치활동이 금지되었으며, 동시에 전국적인 비상계엄이 선포되어 일시적인 헌정중단을 가져왔다. 또한 이 조치에서 박대통령은 10일 내에 헌법개정안을 작성하여 국민투표로써 확정하도록 하였다.

1972년 10월 27일 비상국무회의에서 의결된 헌법개정안이 공고되었고 11월 21일 국민투표에서 가결되었다. 이 헌법은 1972년 12월 23일 통일주체국민회의에서 선출된 박대통령 취임일인 동년 12월 27일에 공포되어 시행되었다. 이것이 이른바 유신헌법(프랑스 제5공화국 헌법에 영향받음), 즉 제4공화국헌법이다.

(2) 제7차 헌법 개정의 내용

유신헌법의 주요 내용으로는 ⅰ) 전문개정으로 평화적 통일을 강조하였으며, ⅱ) 주권의 행사방법을 처음으로 규정하였고, ⅲ) 기본권을 실정권으로 약화시키고, 각종 기본권보장을 제한·축소시킴(구속적부심제도폐지, 임의성 없는 자백의 증거능력 부인조항 삭제, 재산권의 수용 등에 따른 보상을 법률에 위임함, 군인·군무원 등의 이중배상청구를 금함, 노동삼권의 범위를 크게 제한함), ⅳ) 통일주체국민회의를 신설하여 대통령과 국회의원 1/3을 선출하도록 하였고, 국회가 제안한 개헌안을 의결토록 함. ⅴ) 대통령은 임기 6년이며, 중임이나 연임제한규정을 두지 아니하였고, ⅵ) 대통령은 긴급조치권, 국회해산권, 국회의원 정수의 1/3의 추천권, 국민투표부의권, 모든 법관의 임명권을 행사할 수 있도록 하였고, ⅶ) 국회의 회기단축, 국정감사권을 부인하였고, ⅷ) 법관을 징계처분에 의하여도 파면할 수 있도록 하였고, ⅸ) 헌법 재판권을 헌법위원회에 부여하였고, ⅹ) 헌법개정을 이원화하였으며(대통령이 제안한 경우에는 국민투표로, 의원이 제안한 경우에는 통일주체국민회의의 의결로 확정토록 함), ⅺ) 지방의회의 구성을 조국통일이 이루어질 때까지 구성하지 않음으로써 지방자치를 유명무실하게 한 것 등을 들 수 있다.

8. 제8차 헌법개정(1980.10.27)과 제5공화국의 성립

(1) 제5공화국의 성립 및 개정경과

1979년 10월 26일 18년간 장기집권한 박정희 대통령 살해로 비상계엄이 선포되었으며(10. 26사태), 같은 해 11월 10일의 최규하 대통령권한대행의 담화로 새로운 헌법질서가 모색되기 시작하였다. 국회·정부·학계 등에서는 헌법개정의 기운이 일어나고 많은 개헌안이 발표되던 중 5·17사태로 국회·정당·정치활동은 금지되고 헌법개정은 국회에서 정부의 손으로 넘어가게 되었다. 개헌작업은 정부의 헌법심의위원회를 중심으로 이루어졌고 헌법심의위원회에서는 국회안과 각계안을 참작하여 헌법심의회안을 확정하였고, 그 안은 국무회의에서 의결되어 9월 29일에 공고되고 10월 22일에 국민투표가 실시되었다. 국민투표에서는 유권자 중 95.48%가 투표하였고 투표자 중 91.6%가 찬성하여 헌법개정안은 확정되어 1980년 10월 27일 공포와 동시 시행되었다. 이것이 제8차 개정헌법인 제5공화국헌법이다.

(2) 제8차 헌법 개정의 내용

제5공화국헌법의 주요 내용으로는 ⅰ) 전통문화의 창달, 재외국민보호, 정당보조금지급, 국군의 사명조항을 신설하였고, ⅱ) 기본권 조항은 대체로 제3공화국 헌법으로 복귀하였고, 연좌제금지, 사생활비밀, 행복추구, 환경권, 적정임금 조항이 신설되었고, 구속적부심사제의 부활, 언론·출판의 사회적 책임, 평생교육, 형사피고인의 무죄추정이 규정되었다. ⅲ) 통일주체국민회의를 폐지하고 대통령을 선거인단에 의한 간선제로 하였고, ⅳ) 대통령의 권한을 유신헌법에 비하여 대폭 축소하였고(긴급조치권을 비상조치권으로 변경하고 남용방지책을 둠), 임기를 7년 단임으로 함, ⅴ) 전직대통령의 예우조항, 국정자문회의, 평화통일정책자문회의를 둠, ⅵ) 국정조사권을 신설, ⅶ) 일반법관의 임명을 대법원장이 하도록 하였고, ⅷ) 대법원에 전담부 설치근거 및 행정심판의 헌법적 근거를 명시하고 아울러 징계처분에 의한 법관면직 규정을 삭제함, ⅸ) 경제 질서에 대한 공법적 규제를 확대(독과점의 규제와 조정, 소비자보호, 국가표준제도, 중소기업의 보호·육성, 농·어민·중소기업의 자조조직의 정치적 중립성 선언), ⅹ) 헌법 개정의 절차를 일원화(국민투표로만 확정시킬 수 있다) 등을 들 수 있다.

제 3 절   현행 헌법의 성립과 특색

1. 제9차 헌법개정(1987.10.29)과 제6공화국의 성립

1983년 이후 대통령직선제로의 헌법 개정이 요구되었다. 특히 1985년 2월 12일 총선에서는 직선제개헌이 선거구호로 되었고 신생야당이 많은 득표를 얻게 되었다. 여당은 처음에는 개헌에 응하지 않다가 의원내각제로의 헌법 개정을 시도하였으나, 국민과 야당들의 투쟁에 의하여 직선제개헌은 불가피하게 되었다. 1987년 6월 10일 국민대행진을 계기로 국민의 민주화 요구에 굴복한 6·29선언에 의하여 여당도 직선제개헌을 받아들이게 되었다. 1987년 9월 18일에는 직선제헌법개정안이 국회에서 발의되고 10월 12일에는 국회에서 의결하고 10월 27일에는 국민투표로서 제9차 헌법 개정이 확정되어 10월 27일에 공포되었다. 이것이 헌정사상 최초로 정상적인 여야간의 합의개헌에 성공한 현행헌법인 제6공화국헌법이다.

2. 현행헌법의 특색

전문, 본문 10장, 130조, 부칙 6조로 구성된 현행헌법의 주요내용은 ⅰ) 기본권 보장의 강화, ⅱ) 대통령의 국민 직접선거제 채택, 임기 5년 단임, ⅲ) 대통령의 권한 축소(국회해산권을 삭제하고 비상조치권을 긴급명령권〔긴급재정·경제처분 및 명령권〕으로 변경하였다), ⅳ) 국회의 지위와 권한을 강화(국정감사권을 부활, 회기제한을 삭제, 정기회를 100일로 연장, 임시회의 소집을 쉽게 하였다), ⅴ) 헌법위원회를 폐지하고 헌법재판소의 설치 등을 들 수 있는데 그 자세한 내용의 특색은 다음과 같다.

(1) 헌법전문과 제1장 총강의 특색

① 전문(前文)에서 상해임시정부의 법통을 승계하고 있음을 명시하였고, 4·19의 저항정신을 존중하고 있음을 선언하고 있다.

② 재외국민의 보호에 대한 국가의무를 규정하였다(제2조 제2항).

③ 국가의 통일정책의 수립·추진에 관한 조항을 신설하였다(제4조).

④ 국군의 정치적 중립성을 선언하였다(제5조 제2항).

⑤ 정당의 조직·활동뿐만 아니라 목적까지도 민주적일 것을 추가하였고, 위헌정당의 해산을 헌법재판소에 제소할 수 있도록 하였다(제8조 제4항).

(2) 기본권 규정의 특색(헌법 제2장)

국민의 인신의 자유를 대폭 강화하기 위한 절차보장을 확대하고, 표현의 자유를 강화하였으며,

새로운 유형의 생존권들을 신설하고 있다.

① 인간의 존엄권

기본적 인권의 자연권성을 강조하고, 불가침성을 재천명하였다(제10조).

② 자유권적 기본권

ㄱ 신체의 자유를 대폭 강화하여 보안처분의 요건을 강화하고(제12조), 신체를 구속할 때에는 본인에게 이유를 고지하고, 가족에게 이유, 일시, 장소를 통지하게 하였다(제12조 제5항).
ㄴ 구속적부심사의 범위를 확대(제12조 제6항)
ㄷ 표현의 자유에 대한 허가제나 검열제의 부인(제21조 제2항)
ㄹ 과학기술자의 권리보호를 규정(제22조 제2항)
ㅁ 재산권의 수용시 정당한 보상을 규정(제23조 제3항)

③ 정치적 기본권

선거권과 공무담임권을 규정하면서 선거권자 연령은 입법사항으로 격하하였다(제24조).

④ 생존권적 기본권

ㄱ 최저임금제의 실시(제32조 제1항)
ㄴ 근로자의 노동3권의 확대보장(제33조 제2항)
ㄷ 여자·노인·청소년·생활무능력자의 복지향상의 보장(제34조 제3·4·5항)
ㄹ 국가의 재해예방노력의무를 신설(제34조 제6항)
ㅁ 쾌적한 주거환경권의 신설(제35조 제3항)
ㅂ 모성보호규정을 신설하였다(제36조 제2항).

⑤ 청구권적 기본권

ㄱ 형사피해자의 진술권 신설(제27조 제5항)
ㄴ 형사보상제도의 범위 확대(제28조)
ㄷ 형사피해자에 대한 국가구조제도의 신설(제30조)
ㄹ 민간인의 군사법원의 재판관할에서 군사시설에 관한 죄를 삭제하고(제27조 제2항), 군법회의를 군사법원으로 개칭하였고, 비상계엄하의 군사재판의 단심제 중 사형을 선고하는 경우를 제외하였다(제110조 제4항).

(3) 통치구조의 특색

현행헌법은 권력분립주의를 택하고 있으나, 어느 때보다 국회의 권한을 강화하였으며, 정부형태는 기본적 대통령제에 의원내각제가 가미된 변형된 대통령제이다.

① 국 회

　ㄱ 임시회 소집요구권을 국회의원 재적 3분의 1에서 4분의 1로 완화시켰다(제47조 제1항).

　ㄴ 정기회의 회기를 90일에서 100일로 연장하고 연간개회일수 제한규정을 삭제시켰다(제47
조 제2항).

　ㄷ 국정감사권을 부활하였다(제61조).

　ㄹ 국회의 국무총리·국무위원에 대한 해임의결권을 해임건의권으로 변경하였다(제63조 제
1항).

② 정부(대통령)

　ㄱ 대통령의 선거를 국민직선제로 하고(제67조 제1항), 임기를 5년 단임제로 하였다(제70
조).

　ㄴ 대통령후보자가 1인일 때에도 선거권자 총수의 1/3 이상의 득표를 얻어야 당선되며(제67
조 제3항), 헌법규정상 5년 이상의 국내거주요건을 삭제하였으나 공직선거법에 규정을
두고 있다.

　ㄷ 대통령의 비상조치권을 긴급명령권이나 긴급재정·경제처분 및 명령권으로 축소하였다
(제76조).

　ㄹ 국가원로자문회의(제90조), 민주평화통일자문회의(제92조)를 개칭하여 두고, 국민경제자
문회의(제93조)를 신설하였다.

③ 법 원

　ㄱ 대법관의 임명에 국회의 동의를 얻도록 하고(제104조 제2항),

　ㄴ 대법관이 아닌 법관은 대법원장이 임명하되, 대법관회의의 동의를 얻도록 하였다(제104
조 제3항).

④ 헌법재판소

　ㄱ 헌법재판소를 신설(제6장),

　ㄴ 기관소송, 헌법소원제를 새로이 규정하였다(제111조).

(4) 지방자치

　지방자치는 과거에 통일 이후에 실시한다는 유보조항이 있었으나, 현행헌법에서는 그러한 유보조
항을 폐지하고 제117조와 제118조에서 완전한 지방자치를 보장하고 있다. 다만, 지방자치단체의회
의원의 선거만 실시하고 자치단체장의 선거는 연기하다가 1994년 3월 공직선거및선거부정방지법

(부칙 제7조)에서 지방자치단체장의 선거와 임기만료에 의한 지방의회의원선거를 1995년 6월 27일에 실시하도록 규정하여 현재 지역주민에 의해 자치단체장 및 지방의회의원이 선출되어 지방자치를 시행하고 있다.

(5) 경제

자본주의적 자유시장질서를 근간으로 하되, 농지소작제의 원칙적 금지, 농·어촌종합개발과 계획의 수립·시행(제123조 제1항), 균형있는 지역경제발전(제123조 제2항), 농수산물의 수급균형, 유통구조 개선, 가격안정의 도모(제123조 제4항), 중소기업 및 농·어민 보호(제123조 제5항), 과학기술의 혁신, 정보·인력개발(제127조 제1항) 등을 통하여 경제민주화의 실현을 도모하고 있다.

제3장 국가론

제1절 국가형태론

1. 국가의 본질

(1) 국가의 개념

국가의 개념은 다의적이나 일반적으로 국가란 일정한 지역을 기초로 하여 존립하는 조직적 단체이며 권력적 지배관계를 기초로 한다. 즉, 「일정한 지역을 지배하는 최고권력에 의하여 결합된 인간의 집단」을 의미한다. 일반적으로 국가는 국민, 주권, 영토를 그 구성요소로 한다(Jellinek의 국가 삼요소설). 이러한 국가는 경찰국가에서 법치국가, 야경국가에서 복지국가로 발전되어 왔다.

(2) 국가의 기원 및 본질에 관한 학설

1) 국가 성립에 관한 학설

국가의 성립에 관한 학설에는 ① 국가는 자연적 생성물 인간존재 그 자체가 정치적 관계없이는 성립할 수 없다고 보는 국가원시존재설과 ② 가족은 씨족을 형성하고 씨족이 부족을 형성하며 부족이 국가를 형성한다고 보는 가족설, ③ 신의 후예가 국가를 창조하였으며 지배권력의 정당성은 신의에 있다고 보는 신의설, ④ 국가성립은 강자가 약자를 지배하는 데서 이루어진다고 보는 실력설(정복설), ⑤ 경제적으로 유력한 계급이 빈약한 계급을 억압·착취하기 위한 수단이 국가라고 보는 계급설, ⑥ 국가는 상호 보호 및 질서의 유지를 위한 계약 체결로 국가를 창설한다고 보는 계약설 등이 있다.

2) 국가 본질에 관한 학설

국가 본질에 관한 학설에는 ① 인류의 도덕을 완성하기 위한 제도로 「국가는 윤리적 이념의 실현이며 객관적 정신의 최고의 발전단계」(Hegel)라고 보는 도덕설, ② 국가는 강자가 약자를 억압하는 지배형태 즉 유산계급이 무산계급을 억압·착취하는 지배형태라고 보는 착취설, ③ 국가는 독립된 법률상의 인격체인 공법인이라고 보는 법인설, ④ 국가는 치안유지를 목적으로 하는 부분사회. 즉, 국가는 모든 사회를 포함하는 전체사회가 아니고, 노동조합, 학교 등의 사회단체와 같은 부분적 사회라고 보는 다원적 국가론, ⑥ 국가와 국민의 관계를 생물학상의 유기체와 세포의 관계에 비유하여, 국가는 개개의 국민을 그 구성요소로 하지만, 개개의 국민의 단순한 총화와는 상이한 독립된 의사를 가진 단체라고 보는 유기체설이 있다.

2. 국가의 형태

(1) 의의

국가의 형태란 국가의 전체적 성격 내지 기본적 가치질서를 기준으로 한 국가의 유형을 말한다.

(2) 국가형태의 분류

1) 전통적 국가형태론

플라톤은 군주국과 민주국으로 양분하였고, 마키아벨리는 군주론(君主論)에서 군주국과 민주국(공화국)으로 이분하였다. 엘리네크는 국가의사가 구성되는 방법에 따라 1인에 의하여 구성되는 군주국과 그렇지 않은 공화국으로 나누었다. 렘(Rehm)은 국가권력의 최고 담당자가 누구냐에 따라 국가형태를 나누어 군주국, 귀족국, 계급국, 민주국으로 나누고, 국가권력의 최고행사자가 누구냐에 따라 정부형태를 민주정, 공화정, 입헌정으로 분류하였다.

2) 현대적 국가형태론

(가) 군주국과 공화국

국체에 의한 구분은 주권의 소재에 따른 분류로서 군주국은 주권이 군주 개인에게 있는 국가형태를 의미하였으나, 국민주권이 확립된 오늘날에는 주권이 군주 개인에게 있는 국가가 아니라, 형식상 군주(또는 왕) 제도가 존재하는 나라를 의미한다(영국, 스페인 등). 공화국은 주권이 국민에게 있고, 통치권의 주체가 국민인 국가로서 국가원수인 군주가 없는 제도의 국가를 말한다.

(나) 민주공화국과 전제공화국

정체에 따른 구분은 주권의 행사방법에 따른 분류로서 민주적 공화국(입헌정체)은 국가권력의 행사가 헌법에 의해서 제한되고 있는 정체를 말하는 바, 여기에는 대통령제, 의원내각제, 집정부제 등의 제도가 있다. 전제적 공화국(전제정체)은 국가권력의 행사가 일정한 구속을 받지 않고 행사되어지는 정체로서 이에는 인민공화제나 신대통령제 등의 형태가 있다.

(다) 단일국가와 연방국가

단일국가는 국가의 통치권을 중앙에 집중·통일시키는 중앙집권적인 국가를 말하고, 연방국가는 통치권을 각 지방(지분국)에 분산시키는 분권주의에 입각하여 분할된 지분국이 결합하여 하나의 전체적 국가를 형성한다. 연방국가에서의 지분국의 성질에 관하여 지분국은 주권을 갖지 않았으며 이 점에서 본래의 국가와 구별된다는 견해와 지분국은 주권과 헌법을 가진 국가이며 외교권만 연방에 위탁하였다고 보는 견해의 대립이 있다.

(3) 대한민국의 국가형태

1) 헌법 제1조 제1항

헌법 제1조 제1항은 "대한민국은 민주공화국이다"라고 규정하여 국호가 「대한민국」이라는 것과 대한민국의 국가형태가 민주공화국임을 규정하고 있다. 여기에서 민주공화국의 구체적인 법적 성격 및 내용이 무엇이냐에 관하여는 견해가 나누어져 있다.

2) 학 설

(가) 국체·정체설

민주공화국에서의 민주는 정체를 의미하고 공화국은 국체를 의미한다는 입장이다. 이 견해에 의하면 제2항(국민주권의 원리)은 제1항을 구체적으로 부여한 것이 된다.

(나) 정체설

민주공화국에서의 민주는 민주정체를, 공화국은 공화정체를 의미한다는 입장이다. 이 견해에 의하면 민주공화국이 모두 정체만을 의미하고, 제2항의 규정이 우리나라의 국체를 민주국체로 보는 근거규정이다.

(다) 국체설

국체와 정체의 구별을 부인하면서 민주공화국의 규정 자체가 우리나라의 국가형태를 공화국이라 규정한 것으로 본다. 민주공화국의 민주는 공화국의 정치적 내용이 민주주의적으로 형성될 것을 요구하는 공화국의 내용에 관한 규정으로 본다.

3) 민주공화국의 법적 성격

(가) 공화국

공화국이란 군주제도의 도입을 허용치 않는 비군주국이라는 의미이다.

(나) 민 주

공화국의 내용에 관한 규정으로서의 민주의 의미는 자유민주주의, 사회민주주의, 민족적 민주주의 등 여러 민주주의 상위 개념이다. 그러나 헌법 전문(…자유민주적 기본질서를 더욱 확고히 하고…)과 헌법 제4조(…자유민주적 기본질서에 입각한 평화적 통일정책…) 등에 비추어 자유민주주의에 보다 비중을 두고 있는 것이 현행 헌법의 태도라고 하겠다.

(다) 민주공화국

공화국의 내용이 민주적이기 때문에 우리의 국가형태는 자유국가, 국민국가, 반 독재국가이다. 따라서 소극적으로는 대한민국에 있어서는 전체주의적 내지 독재적 국가형태가 배제되어야 하고, 적극적으로는 대한민국의 국가질서가 자유국가적, 국민국가적 질서라야 한다는 것을 의미한다.

4) 규범성

헌법 제1조 제1항은 헌법제정권자의 기본적 결단이며, 우리 헌법의 핵이므로 헌법개정의 대상이 될 수 없다. 민주공화국으로서의 성격을 보장하기 위하여 제8조 제4항에서 정당의 목적이나 활동이 민주적 기본질서에 위배될 때는 해산할 수 있도록 하였다.

5) 민주공화국의 내용

우리나라는 대의제 민주정치를 기본으로 하면서 직접민주정치를 가미하고 있다. 또한 정당제 민주정치를 도입하는 동시에 위헌정당 해산제도를 둠으로서 방어적 민주주의를 채택하고 있다.

제 2 절   대한민국의 구성요소

국가란 일정한 지역과 국민을 구성원으로 하고 시원적 지배력으로서의 국가권력을 갖는 집단을 의미한다. 따라서 국가는 국가권력, 국민, 영역을 구성요소로 하고 있다(국가3요소설 : Jellinek).

1. 국가권력

어떠한 정치적 통일체가 국가이기 위해서는 주권과 함께 통치권이 필요하다. 주권과 통치권을 합하여 국가권력이라고 한다.

(1) 주권

주권이라 하면 국가조직을 유지하고, 국가의 의사를 전반적·최종적으로 결정할 수 있는 최고의 권력을 의미한다. 주권은 대내적으로 최고이며 대외적으로 독립된 권력으로서 시원성·단일불가분성·불가양성·항구성 등을 본질로 한다.

주권의 소재에 대하여 국민주권설, 국가주권설, 군주주권설의 대립이 있지만, 오늘날 현대 민주국가에 있어서는 국민이 주권의 주체일 수밖에 없다.

(2) 통치권

통치권이라 하면 국가조직을 유지하고, 국가의 목적을 구체적으로 실현하기 위한 현실적 권력으로서의 포괄적 지배권을 말한다.

통치권은 주권과 같은 의미로 사용되기도 한다. 그러나 통치권은 주권에서 연원하고 주권에 의하여 조직된 권력이며 구체적인 국가의 목적을 실현하기 위하여 주권이 위임한 권력이라는 점에서 주권과 통치권은 구별해야 된다. 통치권은 입법부·집행부·사법부에 분할 귀속되며, 권한의 위임에 의하여 양도가 가능하고, 규정된 절차와 한도 내에서만 행사가 가능하다. 주권의 주체는 국민임에 반하여 통치권의 주체는 국가이다.

(3) 대한민국의 국가권력

헌법은 제1조 제2항에서 대한민국의 주권은 국민에게 있고 모든 권력은 국민으로부터 나온다고 규정하고 있다. 여기서 전단의 주권은 본래의 의미의 주권을 의미하고 후단의 권력은 통치권을 의미한다. 헌법 제60조 제1항은 국회는 주권의 제약에 관한 조약의 체결·비준에 대한 동의권을 갖는다고 하여 주권의 제한이 가능함을 전제로 한 규정을 두고 있다.

현행 헌법은 입법권은 국회(제40조)에, 행정권은 대통령을 수반으로 하는 정부(제66조)에, 사법권은 법관으로 구성된 법원(제101조)에 있다고 함으로서 3권분립에 의한 통치권의 분리를 규정하고 있다.

(4) 북한의 헌법상 지위

북한지역에도 대한민국의 주권이 미치는지와 북한의 헌법상 지위에 관해서는 학설과 판례가 대립되고 있다. (가) 국가설의 입장은 국제법우위론을 주장하는 국제법학자들은 남북한이 UN에 동시 가입하였기 때문에 북한에도 주권이 있다고 하여 독립국가로 인정하고 있다(1민족 2국가론). (나) 반국가단체설은 국내법우위론을 주장하는 거의 대부분 국내법학자들은 북한에는 주권이 없고 대한민국만이 유일합법국가이고 북한은 영토를 참절한 반국가단체라고 한다. 대법원과 헌법재판소의 판례는 북한을 반국가단체로 보고 있다.

대법원은 "우리 정부가 북한당국자의 명칭을 쓰면서 남북국회회담과 총리회담을 병행하고 정상

회담을 도모하며 유엔동시가입을 추진하는 등 한다 하여 북한이 국가보안법상의 반국가단체가 아니라 할 수 없다(1994.5.24. 대판 94도930). 그리고 대법원은 북한지역 역시 대한민국의 영토에 속하는 한반도의 일부를 이루는 것이어서 대한민국의 주권이 미친다고 한다."(1996.11.12. 대판 96누1221).

헌법재판소는 "북한을 명시적으로 국가보안법상의 반국가단체라 한 결정은 보이지 않지만 개정전 국가보안법 제7조, 제9조 등의 위헌성을 판단함에 있어서 그 소정의 행위가 국가의 존립·안전을 위태롭게 하거나 자유민주적 기본질서에 위해를 줄 명백한 위험이 있을 경우에만 축소 적용되는 것으로 해석하는 한 헌법에 위반되지 않는다고 함으로써 북한의 지위에 관한 한 종전의 확고한 대법원 견해와 같은 입장이라고 보여진다(1993.7.29. 92헌바78)."

UN동시가입은 국제사회에서 북한을 국가로 인정한다는 것일 뿐(남북합의서나 동·서독간의 기본조약에서도 서로를 특수한 관계로만 보고 있는 것처럼) 한반도 내에서 남북한을 국가와 국가의 관계로 보는 것은 무리라고 본다. 동·서독간의 기본조약체결과 UN동시가입이 서독이 동독을 국가로 승인한 것은 아니라는 연방헌법재판소의 결정과 마찬가지로 북한을 국가로 인정하지 않고 통일을 향한 민족공동체로 보되, 국제관계에서 볼 때 하나의 사실상 정부로 인정하고 있다고 보겠다.

2. 국 민

국민이란 국가에 소속하여 통치권에 복종할 의무를 가진 개개의 자연인을 의미한다. 국민은 법적 개념인 점에서 혈연을 기초로 한 자연적·문화적 개념인 민족과 구별되며, 국가적 질서와 대립되는 사회적 개념으로서 사회의 구성원을 의미하는 인민과도 구별된다.

국민이 되기 위해서는 그 나라의 국적을 취득해야 한다. 국적이란 국민이 되는 자격을 말한다. 국적에 관한 입법례로는 국적헌법주의, 국적민법주의, 국적단행법주의가 있으나 우리나라는 법률로써 정하도록 하여(헌법 제2조 제2항) 국적단행법주의를 취하고 있다. 국적법에서 국적에 관한 일반원칙은 부모양계혈통주의를 취함으로써 국적에 있어서 남녀평등의 원칙을 실현하고 여성과 아동의 국적선택권을 보장하고 있다.

(1) 국적의 취득

선천적 취득은 출생에 의한 국적의 취득으로, 우리나라는 혈통주의(속인주의)를 원칙으로 하고 있으며, 예외적으로 출생지주의(속지주의)를 채택하고 있다(부모가 분명하지 않거나 대한민국에서 발견된 기아 : 국적법 제2조). 혈통주의에 의하는 경우에도 부계주의와 모계주의가 있으나, 현행 국적법은 부모양계 혈통주의를 취하고 있다(국적법 제2조).

후천적 취득은 출생 이외의 사실에 의한 국적취득을 말한다. 여기에는 ⅰ) 혼인(자동취득 삭제하고 남녀 모두 귀화 거쳐 국적취득 : 국적법 제6조 제2항), ⅱ) 인지(대한민국민법에 의하여 미성년이고, 출생한 당시에 그 부 또는 모가 대한민국의 국민이어야 하는 자로서 대한민국의 국민인 부 또는 모가 인지한 자 :국적법 제3조), ⅲ) 귀화(일반귀화, 간이귀화, 특별귀화가 있으며 법무부장관

의 허가사항 : 국적법 제5조, 제6조, 제7조), ⅳ) 타인의 국적취득에 수반하는 국적취득(대한민국민법에 의하여 미성년인 자는 그 부 또는 모가 귀화허가신청시 함께 국적취득신청 가능 : 국적법 제8조), ⅴ) 국적의 회복(국적상실자가 법무부장관의 허가를 얻어 취득 : 국적법 제9조), ⅵ) 국적의 재취득(대한민국 국적을 취득한 외국인이 6월내에 외국 국적을 포기하지 않아 대한민국 국적을 상실한 자가 그 후 1년내에 그 외국 국적을 포기한 때에는 법무부장관에게 신고함으로써 국적 재취득 가능 : 국적법 제11조) 등이 있다.

(2) 국적의 상실

우리나라 국민은 다음의 경우에 국적을 상실한다. ⅰ) 자의로 외국국적을 취득한 때(국적법 제15조 제1항), ⅱ) 외국인과 혼인하여 그 배우자의 국적을 취득한 때, ⅲ) 외국인의 양자로서 그 국적을 취득한 때, ⅳ) 외국인인 부 또는 모에게 인지되어 그 부 또는 모의 국적을 취득한 때, ⅴ) 외국국적을 취득하여 대한민국의 국적을 상실하게 된 자의 배우자 또는 미성년의 자로서 그 외국의 법률에 의하여 함께 그 외국국적을 취득한 때(국적법 제15조 제2항), ⅵ) 이중국적자로서 외국국적을 선택하고자 하는 자의 법무부장관에게 국적이탈 신고한 때(국적법 제14조) 등이다.

국적을 상실한 자는 국적을 상실한 때부터 국민만이 향유할 수 있는 권리를 향유할 수 없는데, 이 권리 중 국민이었을 때 취득한 것으로서 양도 가능한 것은 그 권리와 관련된 법령이 따로 정한 바가 없는 한 3년내에 국민에게 양도하여야 한다(동법 제18조).

(3) 외국국적포기의무와 국적선택의무

(가) 국적취득자의 외국국적 포기의무 : 대한민국의 국적을 취득한 외국인으로서 외국국적을 가지고 있는 자는 대한민국의 국적을 취득한 날로부터 1년 내에 그 외국국적을 포기하여야 하며, 이를 이행하지 아니한 자는 그 기간이 경과한 때에 대한민국의 국적을 상실한다(국적법 제10조). 국적취득자 중 ① 혼인관계를 유지 중인 결혼이민자, ② 한국에 특별한 공로가 있거나 우수 외국 인재로 특별 귀화한 자, ③ 국적회복 허가를 받은 자로서 특별한 공로가 있거나, 우수 외국인재로 인정되는 자, ④ 성년이 되기 전에 해외에 입양 돼 외국국적을 취득한 후 한국 국적을 회복한 자, ⑤ 재외동포로 65세 이후 영주 귀국해 한국 국적을 회복한 자, ⑥ 본인의 뜻에도 불구하고 외국의 법률이나 제도로 인해 외국국적 포기 의무를 이행하기 어려운 자로서 대통령령으로 정하는 자 등은 우리 국적 취득 후 국내에서 외국 국적을 행사하지 않는다는 뜻을 법무부장관에게 서약만 하면 한국 국적을 유지할 수 있다(국적법 제10조 제2항).

(나) 복수국적자의 국적선택제도 : 출생 기타 국적법의 규정에 의하여 만 20세가 되기 전에 대한민국의 국적과 외국국적을 함께 가지게 된 자는 만 22세가 되기전까지, 만 20세가 된 후에 복수국적자가 된 자는 그 때부터 2년내에 국적선택절차(법무부장관에게 신고 : 국적법 제13조) 및 국적이탈절차(법무부장관에게 신고 : 국적법 제14조)에 의하여 하나의 국적을 선택하여야 한다. 다만, 병

역의무의 이행과 관련하여 대통령령이 정하는 사유에 해당하는 자는 그 사유가 소멸된 때부터 2년 내에 하나의 국적을 선택하여야 한다(국적법 제12조 제2항). 복수국적자로서 국적 선택기간 내에 대한민국 국적을 선택하려는 자는 외국 국적을 포기하거나 법무부장관이 정하는 바에 따라 대한민국에서 외국 국적을 행사하지 아니하겠다는 뜻을 서약하고 법무부장관에게 대한민국 국적을 선택한다는 뜻을 신고할 수 있다(국적법 제13조 제1항). 복수국적자로서 규정된 기간 후에 대한민국 국적을 선택하려는 자는 외국 국적을 포기한 경우에만 법무부장관에게 대한민국 국적을 선택한다는 뜻을 신고할 수 있다. 다만, 현역·상근예비역 또는 보충역으로 복무를 마치거나 마친 것으로 보게 되는 경우에 해당하는 자는 그 경우에 해당하는 때부터 2년 이내에는 제1항에서 정한 방식으로 대한민국 국적을 선택한다는 뜻을 신고할 수 있다(국적법 제13조 제2항). 복수국적자로서 기본 국적 선택기간 이후에 대한민국 국적을 선택하려는 자(국적법 제13조 제2항)와 출생 당시에 어머니가 자녀에게 외국국적을 취득하게 할 목적으로 외국에서 체류한 상태에서 출생한 자는 외국국적을 포기한 경우에만 우리 국적을 선택한다는 뜻을 신고 할 수 있다(국적법 제13조 제3항). 이는 국적선택 제도의 실효성을 확보하면서 복수국적 허용에 따른 부작용을 최소화하기 위한 것이다.

(4) 국적의 회복 및 국적의 재취득

대한민국의 국민이었던 외국인은 법무부장관의 국적회복허가를 얻어 국적을 취득할 수 있다(국적법 제9조 제1항). 단, ⅰ) 국가 또는 사회에 위해를 끼친 사실이 있는 자, ⅱ) 품행이 단정하지 못한 자, ⅲ) 병역을 기피할 목적으로 대한민국의 국적을 상실하였거나 이탈하였던 자, ⅳ) 국가안전보장·질서유지 또는 공공복리를 위하여 법무부장관이 국적회복을 허가함이 부적당하다고 인정하는 자 등에 대하여서는 국적회복을 허가하지 아니한다(국적법 제9조 제2항).

대한민국의 국적을 취득한 외국인으로서 국적법이 정한 기간내에 외국국적을 포기하지 않거나 대한민국에서 외국 국적을 행사하지 아니하겠다는 뜻을 서약하고서도 이를 이행하지 아니하여 대한민국의 국적을 상실한 자는 그 후 1년 내에 그 외국국적을 포기하면 법무부장관에게 신고함으로써 대한민국의 국적을 재취득할 수 있다(국적법 제11조 제1항).

(5) 재외국민의 보호

헌법은 제2조 제2항에서 국가의 재외국민 보호의무를 명시하였다. 재외국민이란 대한민국국적을 가진 자로서, 외국의 영주허가를 가지거나 장기간 외국에 체류하는 자를 의미한다. 국가는 재외국민이 재유국으로부터 부당한 대우를 받을 때에는 이를 보호할 재외국민 보호권을 가진다. 학설로서는 재외국민의 부재자투표권과 일정범위의 참정권 행사도 인정하여야 한다는 견해가 있다.

3. 영 역

(1) 의 의

영역이란 법적으로 국법이 적용되는 공간적 범위를 의미하지만, 또한 국가적 지배의 물적 대상을 의미하기도 한다. 따라서 영역은 국가의 영토고권이 배타적으로 행사되는 공간을 말하며 영토, 영해, 영공을 포함한다.

(2) 영역의 범위

1) 영 토

영토는 토지로서 성립하는 국가영역으로서의 육지를 말한다. 영토를 헌법상 명시하는 국가(예 : 우리 나라)도 있으나, 그렇지 아니한 나라도 있다(예 : 미국헌법). 헌법 제3조에서 우리 영토는 한반도와 그 부속도서로 한다고 규정하고 있다.

2) 영 해

영해는 그 나라의 주권이 미치는 해역으로 육지에 접속한 해면의 일정부분이다. 그 범위는 국제법에 의하여 정하여지나, 12해리가 일반적이다. 우리의 영해법 제1조는 12해리로 규정하고 있다(다만, 대한해협의 경우 일본과의 관계를 고려하여 잠정적으로 3해리로 하고 있다).

3) 영 공

영공은 영토와 영해의 수직 상공을 말한다. 영공의 범위는 무한대라는 설도 있으나, 일반적으로는 지배 가능한 상공에 한정된다고 보고 있다(실효적 지배설). 그 이상의 상공인 우주권에 대해서는 새로운 국제법적 규제가 필요할 것이다.

(3) 대한민국헌법 제3조의 의의

1) 헌법 제3조의 해석

헌법 제3조는 "대한민국의 영토는 한반도와 그 부속 도서로 한다"고 규정하고 있다. 이 조항의 해석을 두고 대한민국이 유일한 합법정부이며 휴전선 이북의 영역은 인민공화국이 불법적으로 점령한 미수복지역이라고 해석하는(반국가적 불법단체 : 미수복지역론, 유일합법정부론) 것이 종래의 통설적 견해였다. 이에 따르면 대한민국의 헌법과 법률은 휴전선 이북의 지역에서도 적용되고 조선민주주의 인민공화국의 지배체제를 찬양하거나 지지하는 자는 국가보안법위반으로 처벌받게 된다(국가보안법의 근거로서의 헌법 제3조). 그런데 실질적으로 북한지역에 통치권이 미치지 못하는 것은 규범성과 타당성은 있으나 실효성이 없기 때문이라고 볼 수 있다.

2) 판례의 입장

㉠ 북한괴뢰집단은 우리 헌법상 국가로 볼 수 없으나, 간첩죄의 적용에 있어서는 북한괴뢰집단을 국가에 준하여 취급하여야 한다(1983.3.22. 대판 82도3036). ㉡ 헌법 제3조는 "대한민국의 영토는 한반도와 그 부속도서로 한다"고 규정하고 있어 법리상 이 지역에서는 대한민국의 주권과 부딪치는 어떠한 국가단체도 인정할 수가 없는 것이므로 비록 북한이 국제사회에서 하나의 주권국가로 존속하고 있고, 우리 정부가 북한 당국자의 명칭을 쓰면서 정상회담 등을 제의하였다하여 북한이 대한민국의 영토고권을 침해하는 반국가단체가 아니라고 단정할 수 없다(1990.9.25. 대판 90도1451).

(5) 통일조항(제4조)과 헌법상 문제

(가) 통일조항의 연혁

1948년 헌법은 한반도전역에 효력을 가지고 있다는 것을 영토조항에서 규정하고 남북통일에 관한 특별규정을 두지 아니하였고 암묵적으로 무력북진통일을 목표로 삼았다. 그런데 남북공동성명 이후 1972년 유신헌법이 평화통일조항을 전문 등에 규정한 이래 평화통일조항을 계속 규정해 오고 있다. 특히 현행헌법의 경우는 평화통일정책조항과 영토조항이 병존하고 있어 그 관계가 헌법해석상 특히 문제로 되고 있다.

(나) 영토조항과의 관계

"대한민국의 영토는 한반도와 그 부속도서"라고 명시한 영토조항(헌법 제3조)은 북한을 반국가단체로 규정하는 근거가 된다. 그런데 남북대화의 진행 및 1990년의 남북교류협력에 관한 법률의 제정 등은 북한을 대화의 상대로 다루고 있을 뿐만 아니라 1991년 남북한 유엔동시가입의 실현과 정부의 국가연합-연방-정치통합이라는 3단계통일방안을 제시 등으로 인하여 북한의 법적성격 및 남북관계의 성격이 특히 문제로 되고 있다.

판례는 일관되게 북한을 국가보안법상의 반국가단체로 규정하고 있으나 북한지역에 대한 경찰권의 행사는 국제법상 전쟁으로 다루어질 가능성이 크고 헌법 자체가 평화통일정책을 내세우고 있으므로 북한지역에 대한 경찰력의 행사를 배제하고 있다. 이 점에서 남북관계는 국가간의 외교관계가 아니라 민족내부의 특수관계라고 봄이 지배적 견해이다(남북기본합의서). 특히 헌법재판소는 「헌법이 지향하는 통일이 평화적 통일이기 때문에 북한집단과 접촉·대화 및 타협하는 과정에서 자유민주적 기본질서에 위해를 주지 않는 범위 내에서 때로는 그들의 주장을 일부 수용하여야 할 경우도 나타날 수 있다」고 판시한 바 있다(1990.4.2. 89헌가113).

(다) 남북교류 협력에 관한 법률의 합헌성 여부 및 남북기본합의서의 법적 성격

① 남북교류 협력에 관한 법률의 합헌성 여부

대한민국은 헌법을 개정하지 않고 1991년 북한과 UN 동시가입을 단행하였고 남북기본
합의서를 체결하여 북한을 사실상의 정부로 인정하고 있다. 남북간의 교류·협력의 증진
을 위하여 「남북교류 협력에 관한 법률」이 제정되었다. 이러한 남북기본합의서나 남북교
류협력법에 대해 위헌·합헌의 견해대립이 있으나 헌재(1993.7.29. 92헌바48)나 대법원
은 이를 합헌으로 보고 있다.

② 남북기본합의서의 법적 성격(남북사이의 화해와 불가침 및 교류협력에 관한 합의
서)

1991년 남북간에 채택된 남북사이의 화해와 불가침 및 교류·협력에 관한 합의서는 상대
방체제의 존중, 내부문제불간섭, 비방·중상의 중지, 파괴·전복행위의 금지, 현 정전상
태의 평화상태로의 전환, 국제무대에서의 대결과 경쟁중지 등에 관한 원칙을 담고 있다.
이 남북기본합의서의 법적 성격에 관하여 이를 조약으로 보고 비준하기 전에 국회의 동
의를 거쳐야 하다는 견해와 이를 조약으로 보지 아니하고 특수관계의 잠정협정으로 보고
국회의 동의를 얻을 필요가 없다는 견해가 대립한 바 있으나, 남북기본합의서는 국회의
동의를 거치지 아니한 상태에서 이미 발효되었다.

4. 국민의 헌법상 지위

국민의 헌법상 지위에 관하여 19세기 독일 법학자 옐리네크(Jellinek)는 국가에 대하여 국민이 갖
는 지위를 ⅰ) 적극적 지위, ⅱ) 소극적 지위, ⅲ) 능동적 지위, ⅳ) 수동적 지위의 4가지로 나누어
설명하고 있으나 이는 주권자로서의 국민을 인정하지 않는 입장이다. 옐리네크는 국민의 국가에
대한 소극적 지위에서 자유권이, 적극적 지위에서 수익권이, 능동적 지위에서 참정권이, 수동적 지
위에서 국민의 의무가 나온다고 설명하였다. 우리나라에서도 국민의 지위를 위와 같이 설명하려는
학자가 있으나, 이는 국가주권설에 입각한 것이기 때문에 국민주권설을 규정하고 있는 우리 헌법에
서는 타당하지 않으며, 국민주권설의 입장에서는 ⅰ) 주권자로서의 국민, ⅱ) 국가기관으로서의 국
민, ⅲ) 기본권향유자로서의 국민, ⅳ) 의무주체로서의 국민으로 분류한다.

(1) 주권자로서의 국민(전체국민)

1) 의 의

주권자로서의 국민은 정치적·이념적 통일체로서 국민의 총체이다. 비록 조직화되지 않고 고정
화되지 않고, 유동적인 크기라 하더라도 어떤 때나 구체적인 정신적 통일체로서 현존한다. 주권의
보유자로서의 국민은 국적을 가진 국민의 이념적 통일체로서의 국민을 말한다. 따라서 주권자인 국

민은 개인이 아니며 이념적 통일체로서 모든 국가권력의 연원이 되고 정당성의 근거가 된다.

2) 범 위

주권자로서의 국민에는 연령, 성별, 사회적 지위 등에 관계없이 또 선거권이 있느냐에 관계없이 모든 국민이 포함된다. 여기서의 국민에는 자연인의 이념적 통일체를 의미하므로 외국인과 법인은 제외된다. 국민의 자격에 관해서는 국적법에 구체적으로 규정하고 있다.

(2) 국가기관(주권행사기관)으로서의 국민

1) 의 의

주권자로서의 국민은 전체국민인 데 반하여, 주권행사기관(국가기관)으로서의 국민은 주권을 직접 행사하는 유권자의 총체를 말한다. 국가기관으로서의 국민은 선거권자, 투표권자, 공무담임권자로서 구성된 기관이라고 하겠다.

2) 국가기관으로서의 국민의 권한

국민이 직접 주권을 행사하는 경우는 국민투표와 선거의 경우에 유권자 전체가 주권을 행사한다. 국가기관으로서의 국민은 헌법상 국가기관으로서 국민투표권과 국민대표선거권을 가진다. 우리 헌법상 인정된 것으로는 헌법개정에 관한 국민투표권(필수적 국민투표 : 제130조 제2항), 국가의 중요 정책에 관한 국민투표권(임의적 국민투표 : 제72조), 대통령선거권(제67조 제1항), 국회의원선거권(제47조 제1항) 등이 있다.

3) 국가기관으로서의 국민의 범위

국가기관으로서의 국민은 법률이 정하는 바에 의하여 선거권과 투표권을 가진 자연인, 국민의 총체이다. 즉, 선거권자의 총체를 말한다. 따라서 모든 국민이 주권행사기관은 아니고, 선거권이 있는 국민 전체가 선거기관으로서 국가기관의 지위를 가진다.

(3) 기본권향유자(기본권주체)로서의 국민

기본권 향유자로서의 국민 또는 기본권주체로서의 국민은 개인으로서의 국민을 말한다. 이는 우리나라 헌법 제10조의 「모든 국민은 인간으로서의 존엄과 가치를 가지며 행복을 추구할 권리를 가진다. 국가는 개인이 가지는 불가침의 기본적 인권을 확인하고 이를 보장할 의무를 진다」라고 할 때의 국민 개개인을 말한다.

기본권의 향유주체로서의 국민은 모든 국민 개개인을 말한다. 이에는 미성년자나 금치산자 등도 포함된다. 다만, 참정권의 주체로서는 일정한 선거연령 또는 피선거연령에 도달하고, 법률에 의하여 그 권리가 박탈당하지 아니한 자라야 한다. 외국인과 법인도 기본권의 성격에 따라 그 향유주체가 될 수 있다.

(4) 의무주체(피치자)로서의 국민

의무주체로서의 국민은 피치자로서의 국민, 통치대상자로서의 국민, 국가구성원으로서의 국민을 의미한다. 이 경우의 국민은 국가권력에 의하여 지배되는 개인으로서의 의무주체이다. 즉, 납세의 의무(제38조), 국방의 의무(제39조), 근로의 의무(제32조 제2항), 환경보전의 의무(제35조 제1항) 등 이 있다.

이 때의 국민 중에는 자연인 외에 때로는 법인이 포함된다. 국민은 아니지만 치외법권을 누리지 아니하는 외국인도 납세의무라든가 경찰법상의 의무를 진다는 의미에서, 피치자 중에는 포함된다.

제 4 장   한국헌법의 기본구조와 기본원리

제 1 절   헌법전문

Ⅰ. 헌법전문의 의의

1. 의 의

헌법전문(Preamble)이라 함은 헌법의 본문 앞에 쓰여진 문장으로서, 헌법의 지도이념 등이 구체화된 헌법전의 일부를 구성하고 있는 헌법서문을 말한다. 이 전문에는 대체로 헌법제정의 역사적 과정 및 목적, 헌법의 기본원리 내지 근본사상 등을 명시하고 있다. 또한 헌법전문은 인간의 자유와 권리와 같은 사회조직의 기본원리를 엄숙하게 선언하고 있는 인권선언과 같은 기능도 행하고 있다.

전문은 모든 헌법에 일률적으로 두고 있지는 않다. 제2차 세계대전을 전후하여 새로 제정한 헌법에는 대체로 전문을 두는 경향이 있다.

Ⅱ. 헌법전문의 법적 성격과 효력

1. 법적 성격

헌법전문의 내용이 규범적 효력을 갖는가에 대하여는 부정설과 긍정설로 대립된다. 효력부정설은 헌법제정의 역사적 설명, 제정유래와 목적 또는 제정에 있어서 국민의 의사 등을 선언한 것에 불과하다고 보는 견해로서, 19세기 독일 공법학자, Wheare, Corwin, 미연방대법원, Kelsen, Jellinek, Chatelain을 들 수 있다. 효력긍정설의 입장은 헌법전문은 헌법제정권력의 소재를 밝히고 국민의 이념적 합의로서 헌법의 본질적 부분을 내포하고 있다고 보는 견해로서, 전문은 형식적으로는 헌법의 일부를 구성하고 실질적으로는 헌법규범의 단계적 구조 중에서 가장 기초적이고 최상위규범이라는 입장이다. 이 견해를 주장하는 학자로는 Schmitt, Kägi, Smend, Hesse, Leibholz, Maunz, 독일연방헌법재판소, Burdeau, Vedel, 일본, 한국(헌법재판소) 등을 들 수 있다.

전문은 헌법제정권력의 소재와 헌법의 근본이념 및 원리를 규정한 것이므로 최고규범성을 가진 것으로서 헌법의 본질적 부분을 이루는 것이며 헌법 개정의 한계가 된다고 본다. 단, 전문의 핵심원리를 파괴하지 않는 범위 내에서 자구수정 등은 가능하다.

2. 법적 효력

(1) 최고규범성

헌법전문은 국내 모든 법질서에 있어서의 최고규범으로서 헌법본문을 비롯한 모든 법령에 우월한 효력을 가지며, 그 내용을 한정하고 그 타당성의 근거가 된다. 헌법재판소도 "헌법전문에 선언한 내용은 우리 헌법의 최고원리로서 국가가 입법을 하거나 법을 해석하고 집행함에 있어 따라야 할 기준이다"라고 판시한 바 있다(1989.1.25. 88헌가7).

(2) 헌법 및 법령의 해석기준

헌법전문은 최고규범이므로 헌법본문을 비롯한 모든 법령의 해석기준이 되며, 특히 헌법본문의 각 조항이 상호 저촉하는 경우 무엇이 헌법의 진정한 의미인가를 판단할 수 있는 해석지침이 된다.

(3) 헌법 개정의 한계

헌법전문의 핵심적인 내용은 헌법제정권력자의 근본결단이며 국민적 합의인 헌법의 지도이념·지도원리를 내용으로 하고 있기 때문에 헌법 개정에 있어서도 자구수정의 정도를 넘어선 핵심적인 내용의 폐기나 전면개정은 헌법 개정의 한계를 벗어난 것이라고 하겠다.

(4) 재판 규범성

전문의 법적성격을 긍정하는 견해라 하더라도 전문이 직접 구체적 사건의 재판에 적용될 수 있는가에 관하여 학설의 대립이 있으나 긍정설이 타당하다. 긍정설이 내세우는 이유는 다음과 같은 점을 들 수 있다.

첫째, 전문의 내용이 추상적이고 본문 각 조항의 내용이 구체적이라고 하나 전문의 추상성과 본문의 구체성의 차이는 상대적이므로, 이를 가지고 전문의 재판규범성(법규범성과 다름)을 부정하는 것은 곤란하다.

둘째, 헌법규정에서 재판규범이 아닌 것이 많이 있으나, 그래도 헌법이 법규임에는 틀림없으므로, 그것을 가지고 전문의 재판규범성을 부인하는 것은 곤란하다.

셋째, 헌법재판소도 국가보안법 제7조의 해석과 관련하여 동법규정이 사용하고 있는 개념들이 헌법전문과 양립되기 어려운 문제점이 있다고 보고 축소제한해석을 하는 것이 헌법전문에 합치된다고 본 예가 있다(1990.4.2. 89헌가113). 따라서 헌법전문을 구체적 사건에서 직접 적용할 수 있는 재판규범성을 인정함이 타당하다고 본다.

Ⅲ. 현행 헌법 전문의 내용

전 문

유구한 역사와 전통에 빛나는 우리 대한국민은 3·1운동으로 건립된 대한민국 임시정부의 법통과 불의에 항거한 4·19민주이념을 계승하고, 조국의 민주개혁과 평화적 통일의 사명에 입각하여 정의·인도와 동포애로써 민족의 단결을 공고히 하고, 모든 사회적 폐습과 불의를 타파하며, 자율과 조화를 바탕으로 자유민주적 기본질서를 더욱 확고히 하여 정치·경제·사회·문화의 모든 영역에 있어서 각인의 기회를 균등히 하고, 능력을 최고도로 발휘하게 하며, 자유와 권리에 따르는 책임과 의무를 완수하게 하여, 안으로는 국민생활의 균등한 향상을 기하고 밖으로는 항구적인 세계평화와 인류공영에 이바지함으로써 우리들과 우리들의 자손의 안전과 자유와 행복을 영원히 확보할 것을 다짐하면서 1948년 7월 12일 제정되고 8차에 걸쳐 개정된 헌법을 이제 국회의 의결을 거쳐 국민투표에 의하여 개정한다.

[1987년 10월 29일]

위에서 보는 바와 같이 우리 헌법의 전문에는 제정과 개정과정에 관한 역사적 서술뿐만 아니라 (절차적 내용), 국가적 이념과 국가적 질서를 지배하는 근본적인 이념 및 기본적 결단 등이 규정되어 있다(실질적 내용).

1. 절차적 내용

국민이 헌법제정권의 주체임을 선언(헌법제정과정의 서술)하고 있으며, 국회의결과 국민투표에 의한 헌법개정을 선언(헌법개정과정의 서술)하고 있다. 따라서 헌법의 제정과 개정의 주체가 모두 국민임을 명백히 하고 있다. 또한, 건국헌법과의 관계를 서술하고 있다.

2. 실질적 내용

대한민국의 건국이념(대한민국 임시정부의 법통을 계승, 불의에 항거한 4·19민주이념 계승, 국민주권주의(「…국민투표에 의해 개정한다」고 규정), 자유민주적 기본질서의 확립, 국제평화주의(조국의 평화적 통일지향), 정의로운 복지국가의 실현, 기본권보장주의(「각인의 기회균등, 국민생활의 균등한 향상」), 민족단결과 정의·인도·동포애의 실현(민족주의) 등을 포함하고 있다.

제 2 절   헌법의 기본원리

I. 서 설

1. 의 의

헌법의 기본원리란 정치적 존재형태와 기본적 가치질서에 관한 국민적 합의, 헌법제정권력자가 내린 근본결단 또는 사회적 통합을 위한 근본적 가치지표 내지 원리를 의미한다. 즉, 헌법의 이념적 기초인 동시에 헌법을 총체적으로 지배하는 지도원리를 의미한다.

우리 헌법은 이러한 기본원리들을 일괄해서 명시적으로 직접 규정하지는 않지만 헌법의 전문과 총강을 비롯한 헌법의 여러 곳에 규정하고 있으며 또한 헌법개정 금지대상 규정으로부터 추론할 수 있다.

2. 기본원리의 기능

헌법의 기본원리는 형식적·선언적인 것이 아니라 실질적·구속적인 것이다. ① 헌법조항 및 모든 법령의 해석기준, ② 입법과 정책결정의 방향제시, ③ 국가기관, 공직자 및 모든 국민의 행동지침, ④ 헌법개정의 개정금지대상(한계사항)을 들 수 있다.

II. 국민주권의 원리

1. 개 념

헌법 제1조 제2항에서 「대한민국의 주권은 국민에게 있고, 모든 권력은 국민으로부터 나온다」고 하여 주권이 국민에게 있음을 명백히 선언하고 있고, 헌법전문에도 헌법의 제정 및 개정의 주체가 국민임을 선언하고 있다. 이는 최종·최고의 결정권력으로서의 주권이 대한민국 국민전체에 귀속된다는 원리를 선언한 것이다. 따라서 국민주권의 원리란 모든 국가권력의 정당성의 근거가 국민에게 있다는 것과 국가의 최고의사를 결정할 수 있는 원동력인 주권을 국민이 가진다는 원리를 말한다.

역사적으로 Bodin과 Hobbes의 군주주권론에 대항하여 Althusius가 주장한 이래 Locke의 위임 (신탁)계약설을 거쳐 Rousseau의 사회계약설로 완성되었으며, 이 국민주권의 원리를 미국의 독립선언(1776년)과 프랑스의 인권선언(1789년)을 비롯하여 현대민주국가의 헌법들이 예외없이 선언하고 있다. 우리 헌법도 제헌헌법이래 계속적으로 국민주권주의를 선언하고 있다.

2. 국민주권의 법적 성격

국민주권은 통치작용의 정당성을 국민에 두고 국민이 통치작용에 참여하여야 한다는 내용으로서 헌법질서의 출발점이 되는 원리이므로 단순한 정치적 선언이 아니라 ⅰ) 법규범으로서 헌법의 최고규범에 해당되며, ⅱ) 모든 법령의 해석기준 및 헌법개정의 한계를 이루게 된다.

헌법재판소도 「우리 헌법의 전문과 본문에 담겨있는 최고이념은 국민주권주의와 자유민주주의에 입각한 입헌민주헌법의 본질적 기본원리에 기초하고 있다. 기타 헌법상의 여러 원칙도 여기에서 연유되는 것이므로 이는 헌법전을 비롯한 모든 법령해석기준이 되고 입법형성권 행사의 한계와 정책결정의 방향을 제시하며, 나아가 모든 국가기관과 국민이 존중하고 지켜가야 하는 최고의 가치규범이다」라고 판시한 바 있다(1989.9.8. 89헌마194).

3. 국민주권의 내용

(1) 주권의 의미

주권은 일반적으로 ⅰ) 국가권력의 최고·독립성, ⅱ) 국가의사를 결정하는 최고원동력(주권=헌법제정권력), ⅲ) 국가권력 그 자체인 통치권(주권=통치권)을 의미하는 것으로 사용되고 있다. 이러한 주권은 대외적 독립성·대내적 최고성을 본질적 특성으로 하면서 시원성·항구성·단일불가분성·불가양성·자율성 등과 같은 속성을 가진 권력이라고 하겠다.

(2) 국민의 의미

국민주권에서 국민의 의미에 대해서는 대체로 ⅰ) 전국민으로 이해하는 입장(국민전체설), ⅱ) 사회계약참가자의 총체로서의 인민으로 이해하는 입장(유권자전체설, 인민주권설), ⅲ) 유권자 및 전국민의 양자로 이해하는 입장(국민전체 및 유권자전체설)으로 견해가 다르다.

국민전체설의 입장은 정당의 근거로써의 국민주권의 기능을 중시하고(국민개념이념설; 이념적 주권자), 그리고 국민전체 및 유권자 전체설의 입장은 양기능을 모두 중시한다. 따라서 국민주권의 원리에 있어서 국민을 전체국민으로 간주하는 경우에는 국민은 이념적 주권자를 의미하며, 국민을 유권적 시민의 집단으로 간주하는 경우에는 국민은 현실적 주권자를 의미한다고 볼 수 있지만 국민주권이 국가권력의 정당성이 국민에게 있고, 국가 내의 모든 통치권력의 행사를 이념적으로 국민의 의사에 귀착시킬 수 있다는 것을 의미하므로 이념적 주권자로서의 국민으로 이해하는 것이 타당하다고 본다.

4. 국민주권원리의 제도적 구현

국민주권원리를 제도적으로 구현하기 위한 방법으로는 ⅰ) 국민주권선언(헌법전문 제1조 제1항), ⅱ) 국민대표제(대의제 : 제41조 제1항, 제67조 제1항), ⅲ) 직접민주제의 가미(제72조, 제130조 제2항), ⅳ) 기본권보장, 특히 공무원선거권(제24조), ⅴ) 정당제도(제8조), ⅵ) 직업공무원제(제7조),

vii) 지방자치제(제117조, 제118조) 등이 있다.

Ⅲ. 자유민주주의

1. 개념

자유민주주의란 자유주의(개인의 자유와 자율을 옹호·존중)와 민주주의(국민에 의한 지배)가 결합된 정치원리로서, 모든 폭력적·자의적 지배를 배제하고 그때그때의 다수의 의사와 자유·평등에 의거한 국민의 자기결정을 토대로 하는 법치국가적 통치질서를 내용으로 한다.

2. 자유민주주의의 구현

헌법은 자유민주주의의 실현을 위해 ① 전문(자유 민주적 기본질서를 더욱 확고히 하여), ② 제4조(자유 민주적 기본질서에 입각한 평화적 통일정책을 수립하고 추진), ③ 제8조 제4항(위헌정당해산), ④ 기본적 인권의 존중(인간존엄성존중을 기본원칙), ⑤ 책임정치의 원칙(국무총리·국무위원 국회출석답변요구, 해임건의, 탄핵소추), ⑥ 행정의 합법률성의 원칙(대법원의 명령·규칙·처분심사권), ⑦ 기타 구현방법으로 권력분립의 원칙, 의회제도, 사법권의 독립, 복수정당제와 정당활동의 자유보장, 민주적 선거제도, 사유재산과 시장경제를 골간으로 한 경제 질서 등을 규정하고 있다.

Ⅳ. 복지국가주의

1. 개 념

복지국가란 모든 국민에게 생활의 기본적 수요를 충족시켜줌으로써 건강하고 문화적인 생활을 할 수 있도록 하는 것이 정부의 책임인 동시에 국민의 권리로서 인정되고 있는 국가를 말한다. 복지국가의 원리는 사회정의를 구현하기 위하여 법치국가적 방법으로 모든 국민의 복지를 실현하려는 국가적 원리를 의미하며, 이 원리는 실질적 법치국가를 실현목표로 하고 사회적 시장경제질서에 의하여 보장된다는 점에서 사회적 법치국가의 원리와 표리의 관계에 있다고 하겠다.

2. 복지국가원리의 내용

복지국가는 ⅰ) 산업사회에서 발생하는 계층간의 대립과 갈등을 극복하기 위하여 사회적 계급이나 집단들을 융합하는 일련의 조치(사회개량정책)를 통하여 해결하려는 국가로서 실질적인 자유와 평등을 실현하고(사회정의의 이념에 입각하여 사회개량을 실현), ⅱ) 소극국가(야경국가)에 머무는 것이 아니라 기존의 경제 질서와 법체계의 테두리 안에서 새로운 질서를 형성하기 위하여 적극적으로 정책을 개발하며 개인적 생활영역에 개입하고(적극국가), ⅲ) 개인적 생활에 대한 국가적 책임과 개인의 사회에 대한 책임까지도 강조하는 국가를 의미하는데, 복지국가원리를 구현하기 위해서 헌법은 ① 헌법전문(사회정의실현, 기회균등, 국민생활의 균등한 향상 선언), ② 제10조(인간의 존엄과 가치의 보장, 행복추구권), ③ 제34조(인간다운 생활을 할 권리와 국가의 사회보장, 사회복지 증진에의 노력의무 규정), ④ 제31조∼제36조(사회적 기본권의 보장), 제37조(공공복리), ⑤ 현대적 성격의 의무(근로·교육·환경보전의무, 교육제도의 내실화, 재산권의 사회적 기능 강조), ⑥ 제9장 경제(사회적 시장경제질서, 소비자보호운동 등) 등을 규정하고 있다.

V. 문화국가주의

1. 개념

문화국가(Kulturstaat)란 국가로부터 문화의 자유가 보장되고 국가에 의하여 문화가 공급(문화에 대한 국가적 보호·지원·조정 등)되어져야 하는 국가를 말한다. 여기서 헌법이 지향하는 문화국가에서 문화란 교육·학문·예술·양심·종교·언론 등 인간의 정신적·창조적 활동의 영역이라 할 수 있다(문화헌법). 우리나라는 1948년 헌법이래 문화국가원리를 헌법의 기본원리로 채택하고 있는데, 특히 전통문화의 계승발전과 민족문화창달의무는 1980년헌법에서 명문으로 규정되어 현행헌법에 계승되어 있다.

2. 문화국가원리의 내용

헌법은 문화국가원리를 구현시키기 위해 전문에서 「유구한 역사와 전통에 빛나는 … 문화의 영역에서 각인의 기회를 균등히 하고」라고 규정한 것 외에 제9조에서 전통문화의 계승·발전과 민족문화의 창달을 위한 국가의 노력을 규정하여 문화국가의 원리를 나타내고 있다. 또 제69조의 대통령의 민족문화의 창달 책무, 제31조의 국가의 평생교육진흥의무도 문화국가의 원리를 구현하기 위한 규정으로 국가의 문화책임을 강조하고 있다고 볼 수 있다. 그 이외에 ⅰ) 인간으로서의 존엄성 존중과 인간다운 생활보장(이념적 규정), ⅱ) 정신적 자유권보장(양심·사상·종교·언론·출판·집회·결사·학문·예술의 자유 : 실현하기 위한 보장), ⅲ) 교육을 받을 권리와 교육제도의 보장(방법적 기초), 그리고 ⅳ) 건강하고 쾌적한 환경문화유산의 조성 및 문화재보호(역사적 문화환경권), 창작물 등의 보호 등을 들 수 있다.

VI. 권력분립주의

권력분립주의는 국민의 기본권 보장을 위해 국가의 통치작용을 입법·집행·사법으로 분할하고 이들 작용을 각각 타기관에 귀속시켜 상호 견제와 균형 관계를 유지하게 하여 어떤 기관도 국가의 전기구를 지배할 수 없게 하려는 원리를 말한다. 헌법은 입법권은 국회에(제40조), 집행(행정)권은 정부에(제66조 제4항), 사법권은 법원(제101조 제1항)에 귀속시켜 서로 견제와 균형을 이루게 하고 있다.

Ⅶ. 기본권존중주의

근대입헌주의 헌법의 특색 중의 하나가 국민의 기본권 보장이다. 우리 헌법도 국민의 기본권을 최대한 보장할 것을 선언하고 있다. 헌법은 기본권 보장을 위하여 헌법전문에서 기본권 보장을 선언하고 있으며, 제10조에서 기본권 보장의 대원칙을, 제37조에서는 기본권의 존중과 제한의 일반원칙을 선언하고 있다. 헌법 제2장에서는 전문과 제10조에서 선언된 기본권보장의 원칙을 구체화한 기본권을 개별적으로 보장하고 있다.

Ⅷ. 국제평화주의

헌법은 전문에서 국제평화주의를 선언하고 있으며, 그 구체적 표현으로 제5조에서 침략전쟁의 부인, 제6조에서 국제법 존중주의와 외국인의 법적 지위의 보장을 규정하고 있다. 이는 우리나라가 국제적인 문제 뿐 아니라 한반도 문제에 대해서도 평화주의를 채택하고 있다고 해석된다.

Ⅸ. 법치주의

1. 법치주의의 의의

‘법치주의’라 함은 국가가 국민의 자유와 권리를 제한하거나 국민에게 새로운 의무를 부과하려 할 때에 반드시 의회가 제정한 법률에 의하거나 또는 그 근거가 있어야 한다는 원리를 말한다. 그러므로 법치주의의 목적은 국민의 자유와 권리의 보장에 있고, 그 기초는 권력분립, 그 내용은 법률의 우위, 법률에 의한 행정, 법률에 의한 재판 등을 의미한다.

법치주의의 기능은 ⅰ) 적극적으로 국가권력발동의 근거로서의 기능(모든 국가), ⅱ) 소극적으로 국가권력을 제한하고 통제하는 기능(자유민주국가에서만), ⅲ) 정치과정의 안정화 기능, ⅳ) 국가작용의 합리성 보장기능 등을 들 수 있다.

법치주의를 국가권력의 구성원리로 볼 것인가 아니면 국가권력의 제한원리로 볼 것인가에 대해서 견해의 대립이 있다. ① 제한적 원리(소극적 원리)는 법치주의를 선재하는 국가권력으로부터 국민의 자유와 권리를 보호하기 위한 방어적·투쟁적 원리로 이해(비정치적·법기술적인 원리)하는 입장이다. ② 법치주의원리를 국가의 구조적 원리로 이해하면서 법치국가원리에 의해서 국가의 정치질서가 비로소 자유·평등·정의의 실현형태로 창설 내지 형성(정치적·헌법적 원리)된다고 보는 견해이다.

2. 법치주의의 역사적 발전

(1) 영·미에서의 법의 지배

영국에서의 법의 지배는 왕권에 대한 법의 우위를 의미하는데, 이 법의 우위는 지배자의 전단적인 권력행사를 억제할 목적으로 중세 이래 영국헌정사를 지배한 원칙으로 명예혁명에 의하여 제도적으로 확립되었으며 Dicey에 의하여 이론적으로 체계화되었다.

Dicey에 의하면 법의 지배는 "영국헌법아래서 개인의 권리에 부여된 보장"이라고 하면서 3가지 원칙을 제시하고 있다. 즉, ⅰ) 전제권력의 불인정과 보통법의 절대적 우위의 원칙(결국 의회주권주의), ⅱ) 법 앞의 평등으로서 국가에 대한 소송은 특별재판소(행정재판소)가 아닌 보통재판소의 심리를 받는다는 원칙, ⅲ) 영국의 헌법은 권리의 원천이 아니고 그 결과이므로 법원은 이들 권리의 내용이나 범위를 정하고 이를 집행하는 것이다. 즉, 영국에서의 법의 지배는 개인의 자유와 권리를 보다 효율적으로 확보하기 위한 실질적, 절차법적인 측면에 중점을 두는 법원리이다. 이와 같이 영국에서 발달한 법의 지배는 미국에서 성문·경성헌법에 규정된 기본권보장을 중심으로 법원에 의한 위헌법률심사제 내지 사법권 우위의 원리로 전개되었다.

(2) 독일에서의 법치국가론

1) 형식적 법치주의

형식적 법치주의는 국가권력을 제한하고 국민의 자유와 권리를 보장하기 위한 비정치적·기술적·방어적 원리로 인식하여, 국가작용이 법률(형식)에 기속될 것만을 요구하고 그 법률의 내용이나 목적에 대한 기준은 문제 삼지 않는 형식적 합법성의 원칙을 의미한다.

2) 실질적 법치주의

바이마르공화국의 형식적 법치주의는 Nazis의 독재체제하에서 법이 억압의 수단으로 이용되자 제2차 대전 후 법치국가이론은 국가작용은 법률에 의하여야 할 뿐 아니라 그 법률의 내용이 자유·평등·정의 등에 합치될 것을 요구하는 실질적 법치주의로 내체되었다(사회적 법치국가 : 사회국가의 요청). 즉, 형식적 법치주의는 통치의 합법성을 특징으로 하는데 반하여, 실질적 법치주의는 통치의 정당성(실질적 정의)을 특징으로 한다.

3. 법치주의의 구성요소와 구현방법

법치주의의 목적은 국민의 자유와 권리의 보장이고, 그 제도적 기초는 권력의 분립이며, 그 내용은 법률의 우위·법률에 의한 행정·법률에 의한 재판이다.

현행헌법은 법치주의에 관한 명문규정은 없지만 법치주의 구성요소와 그 구현방법으로 ⅰ) 성문헌법주의, ⅱ) 헌법에 있어서 기본권과 적법절차의 보장 그리고 사법적 권리구제제도의 완비, ⅲ)

권력분립, ⅳ) 위헌법률심사제의 채택, ⅴ) 집행부에 대한 포괄적 위임입법의 금지, ⅵ) 행정의 합법률성과 그에 대한 사법적 통제, ⅶ) 공권력행사에 대한 예측가능성의 보장과 신뢰보호의 원칙·소급효금지의 원칙, ⅷ) 비례의 원칙(과잉금지원칙) 등을 들 수 있다.

4. 법치주의의 예외

(1) 국가긴급권에 의한 제한

헌법은 국가적 위기나 비상사태 하에서는 대통령으로 하여금 긴급명령, 긴급재정·경제처분 및 그 명령(제76조)이나 계엄선포(제77조)를 할 수 있게 함으로써 일정한 범위 내에서 법치주의가 제한될 수 있음을 규정하고 있다.

그러나 국가적 위기 하에서도 법치주의는 극히 한정된 경우에 제한될 수 있고 그것도 헌법적 질서를 유지하기 위한 최소한에 그쳐야 한다는 견해가 지배적이다.

(2) 특수신분관계의 문제

전통적 견해는 법치주의의 적용이 배제되었으나, 오늘날에는 특수신분관계에서도 법치주의는 원칙적으로 적용되며, 다만 상대적으로 제한될 뿐이다.

제 5 장 한국헌법의 기본질서

제 1 절 민주적 기본질서

I. 헌법규정

현행 헌법은 '민주' 또는 '민주주의 · 자유민주주의'라는 표현을 여러 곳에서 사용하고 있다. 전문의 '민주이념', '민주개혁', '자유민주주의적 기본질서', 제1조 제1항의 '민주공화국', 제4조의 '자유민주적 기본질서', 제8조 제2항의 '민주적인 정당의 조직과 활동', 동조 제4항의 '민주적 기본질서', 제32조 제2항의 '민주주의 원칙', 제9장의 '경제의 민주화'(제119조 제2항) 등이다.

II. 민주주의의 본질

민주주의는 크게는 생활의 실천원리로서의 민주주의와 특정의 정치원리로서의 민주주의로 볼 수 있는 바, 전자는 역사적이고 보편적 개념으로서의 민주주의이고, 후자에 있어서는 정치형태설과 정치이념설이 대립하고 있다.

1. 민주주의를 정치형태(정치제도)로 보는 입장

이는 민주주의를 정치형태로 보는 견해로서 민주주의를 국민에 의한 통치로 본다. 이에 의하면 국민에 의한 지배이기만 하면 국민의 이익과 배치되는 결과가 나타나더라도 민주정치라고 하여야만 하는 단점이 있다.

2. 민주주의를 정치이념(정치목적)으로 보는 입장

이는 민주주의를 실현되어야 할 이념이나 목적으로 보는 입장으로 이 견해에 의하면 국민의 이익을 위하기만 하면, 어떠한 수단(폭력적 지배)을 사용하더라도 민주정치라고 하여야 하는 단점이 있다.

3. 소 결

양자를 택일해야 하는 경우에는 민주주의를 정치형태로 보는 견해(정치형태설)가 타당하다고 본다. 민주주의를 정치이념으로 파악하기보다는 정치형태로 보는 것은 위험을 내재하는 최선보다 위험이 없는 차선이 더 안전하기 때문이다.

Ⅲ. 민주적 기본질서의 개념과 성립배경

1. 민주적 기본질서의 개념

민주적 기본질서란 독일연방헌법재판소의 판결에 따르면 모든 폭력적 지배와 자의적 지배를 배제하고, 그때그때의 다수의 의사와 자유 및 평등에 의거한 국민의 자기결정을 토대로 하는 법치국가적 통치질서를 의미한다고 볼 수 있다.

2. 민주적 기본질서의 성립배경

독일 바이마르 헌법하에서 민주주의를 가치상대주의, 치자와 피치자의 동일성이론, 단순 다수결의 원리로 파악함으로써 민주주의 그 자체를 부정하는 사고를 허용하게 되었고 그 결과 바이마르 공화국 자체가 붕괴된 바 있다. 이에 대한 반성으로 가치상대주의의 극복과 단순 다수결의 원칙의 배격이 나타나게 되었다.

3. 자유민주적 기본질서와 사회민주적 기본질서

민주적 기본질서는 곧 자유민주적 기본질서를 의미하는 것으로 보는 견해가 일반적이지만, 자유민주적 기본질서와 사회민주적 기본질서를 함께 포함하고 있다고 보는 경우도 있다.

(1) 자유민주적 기본질서

자유민주적 기본질서는 민주적 기본질서의 내용 외에 법치적 기본질서가 가미된 것인데, 서구적 민주정치에 있어서는 법치주의가 민주적 기본질서의 필수적 요소로 간주되고 있으나, 이러한 자유민주적 기본질서하의 법치주의는 형식적 법치주의에 입각하고 있을 뿐이다.

(2) 사회민주적 기본질서

사회민주적 기본질서는 자유주의를 배격하는 것이 아니고 사회적 정의의 실현, 사회복지의 실현을 위하여 자유에 어느 정도의 제한을 인정하는 것으로, 법치주의에 있어서 사회적 법치주의의 원리가 강조되고 있다(실질적 법치주의에 입각).

(3) 헌법질서 등과의 관계

민주적 기본질서는 헌법질서의 하나로서 사회민주주의와 자유민주주의를 비롯하여 모든 민주주의를 그 내용으로 포괄하는 공통분모적 상위개념이다.

Ⅳ. 현행헌법상의 민주적 기본질서

1. 헌법상의 민주적 기본질서와 자유민주적 기본질서

헌법에서 민주주의와 관련된 조항들을 종합적으로 검토하면 현행헌법의 정치적 기본질서는 민주적 기본질서인데, 이 민주적 기본질서의 핵심은 자유민주적 기본질서를 의미한다고 보는 경우가 지배적인 견해이다.

우리 헌법재판소는 국가보안법 제7조의 한정합헌결정에서 「자유민주적 기본질서」에 관하여 「국민의 자치·자유·평등의 기본원칙에 의한 법치주의적 통치질서 등」이라고 보고 있다(1990.4.2. 89헌가113). 즉, "자유민주적 기본질서에 위해를 준다 함은 모든 폭력적 지배와 자의적 지배, 즉 반국가단체의 일인독재 내지 일당독재를 배제하고 다수의 의사에 의한 국민의 자치·자유·평등의 기본원칙에 의한 법치주의적 통치질서의 유지를 어렵게 만드는 것이고, 이를 보다 구체적으로 말하면 기본적 인권의 존중, 권력분립, 의회제도, 복수정당제도, 선거제도, 사유재산과 시장경제를 골간으로 한 경제질서 및 사법권의 독립 등 우리의 내부체제를 파괴·변혁시키려는 것으로 풀이할 수 있을 것이다".

2. 민주적 기본질서와 제8조 제4항 및 제37조 제2항과의 관계

(1) 헌법 제8조 제4항의 민주적 기본질서

헌법 제8조 제4항의 민주적 기본질서를 자유민주적 기본질서와 사회민주적 기본질서까지 포함한다는 견해와 자유민주적 기본질서로 보는 견해(통설)가 대립한다. 생각건대 정치질서가 자유민주적 기본질서라고 해서 사회복지를 배제하는 것은 아니며, 자유민주적 기본질서가 오늘날 신축성 있는 개념으로 이해한다면 민주적 기본질서는 자유민주적 기본질서로 이해해야 할 것이다. 그런데 제1조 제1항의 「민주」의 개념은 자유민주주의와 사회민주주의를 포함한다고 보아야 할 것이다.

(2) 민주적 기본질서와 헌법 제37조 제2항

민주적 기본질서를 ⅰ) 국가안전보장의 개념 속에 포함시키는 견해, ⅱ) 질서유지에 포함시키는 견해, ⅲ) 국가안전보장과 질서유지를 광의의 질서유지로 파악하고 이에 포함시키는 견해, ⅳ) 제37조 제2항의 국가안전보장·질서유지 또는 공공복리는 어디까지나 헌법의 민주적 기본질서를 전제로 한 것이지 그 자체가 민주적 기본질서를 포함하는 것이 아니라는 견해가 있다. 또 우리 헌법상 민주적 기본질서는 헌법유보의 내용이 되는 것이고, 제37조 제2항의 국가안전보장과 질서유지는 법률유보의 내용이 되는 것으로서 양개념은 차원을 달리하는 것이라고 보는 견해가 있다.

4. 민주적 기본질서의 법적 성격

우리 헌법의 민주적 기본질서는 대한민국의 근본이념이며 원리이다. 즉, 헌법의 최고규범으로서, 최고의 효력을 지닌다. 따라서 헌법개정금지 대상이다.

민주적 기본질서는 모든 법해석의 기준이 되며, 나아가 모든 국가작용의 타당성의 근거가 된다. 또한, 민주적 기본질서는 헌법상 기본권의 한계로서의 역할을 한다.

5. 민주적 기본질서 내용

(1) 기본권존중주의

민주주의의 이념은 사유, 평등을 중심으로 하는 기본권보장이며, 이는 자유민주적 기본질서의 내용상 특성이다. 우리 헌법은 전문 및 제2장 국민의 권리와 의무에서 평등권, 자유권, 생존권, 청구권, 참정권 등을 보장하고 있다.

(2) 국민주권주의

제1조 제2항 · 제41조 · 제67조의 간접민주제, 제72조 · 제130조 제2항의 직접민주제 규정 등을 들 수 있다.

(3) 권력분립주의

권력분립의 원리는 민주주의의 본질적 요소가 아니라 하더라도, '국민의 의사'라는 미명하에 자의적인 폭력적 지배를 예방하는 수단으로 중요한 의미를 갖는다.

(4) 법치주의

법치주의는 국민의 의사의 표현인 법에 의한 지배를 말하는 것으로 헌법과 법률에 의한 국가권력의 제한을 의미하는데, 오늘날 법치주의는 법률의 내용까지도 정의에 합치할 것을 요구하는 실질적 법치주의를 의미한다(사회적 법치주의 가미).

(5) 사법권의 독립

기본권의 사법적 보장은 법치주의의 요소이며, 따라서 사법부는 독립되어야만 한다. 헌법은 제101조 제1항에서 사법부의 독립을, 제103조에서 재판의 독립을, 제106조에서 법관의 신분보장을 규정하고 있다.

(6) 정부의 책임성

정부가 국민에 대하여 책임을 지는 것은 민주정치의 한 요청이다. 이는 국가권력기관이 그 정당성을 제공해 준 국민에게 책임을 져야 한다는 뜻이다. 해임건의(제63조), 탄핵소추(제65조)가 그 예이다.

(7) 복수정당제

민주주의는 의견과 이익의 다양성 위에 존재하고 있으므로, 국가정당제나 단일정당제는 민주주의 원칙에 위배된다. 복수정당제란 단일정당제를 부인하는 정당제도로서 적어도 둘 이상의 정당이 존립하고 활동할 수 있는 제도이다.

(8) 경제적 · 사회적 민주주의

민주주의는 정치적 영역에서 뿐만 아니라 경제적 · 사회적 영역에서도 보장되어야 하는 바, 이 사회적 정의와 사회안전에 관한 원리를 사회국가 원리라고 한다. 이는 사회민주적 기본질서의 요소가 되고 있다. 현행 헌법은 제10조 · 제34조 · 제119조 등에서 이를 구체화하고 있다.

(9) 국제평화주의

국제사회에서 민주주의를 확보하기 위하여 국제평화주의가 요청된다. 민주주의는 국제적 차원에서 전쟁의 금지와 평화유지 없이는 존립할 수 없기 때문이다. 현행 헌법은 제5조 1항과 제6조에서 이를 구체화하고 있다.

6. 민주적 기본질서의 침해와 보장

국가기관(대통령, 국회 등)으로부터의 침해시에는 위헌법률심사제도와 탄핵제도에 의하여 보장하거나 최종적으로 저항권을 행사할 수 있다.

정당으로부터의 침해시에는 제8조 제4항에 의해 정부의 제소를 받은 헌법재판소의 심판에 의해 당해 정당을 해산시킬 수 있다.

국민으로부터 침해시에는 형법, 국가보안법 및 각종 법규에 의하여 민주적 기본질서를 보장하도록 규정하고 있다.

V. 방어적 민주주의

1. 개념과 전개

방어적 민주주의는 민주주의의 이름으로 민주주의 그 자체를 파괴하거나 자유의 이름으로 자유의 체계 그 자체를 말살하려는 민주적 · 법치국가적 헌법질서의 적에 대항하여 자기방어적 · 자기

수호적 민주주의를 의미한다. 방어적 민주주의는 아무리 다수결의 원리라 하더라도 민주주의 자체를 부정하는 민주주의는 용서할 수 없다는 사상에 근거하고 있다.

방어적 민주주의의 이론은 독일에서 민주주의의 형식논리 악용에 의하여 바이마르공화국이 몰락하고 Nazis 독재정권이 탄생될 수 있었던 역사적 경험으로 서독기본법 탄생과 함께 처음으로 방어적 민주주의 이론이 성립되었다. 즉, 민주주의가 스스로의 존립을 유지하기 위해 민주주의의 가치상대주의적 관용을 지양하고 민주주의 자신을 수호하기 위한 방어책을 강구하여야 할 필요성에 따라 주창되었다.

제2차 대전 후 독일은 방어적 민주주의의 구체적 수단으로 기본권상실제도와 위헌정당강제해산제도를 규정하였다.

2. 방어적 민주주의의 기능과 한계

가치관적 헌법하에서만 수용할 수 있는 이론(민주주의와 기본권의 본질을 수호하는 기능; 가치구속적·가치지향적 민주주의관의 산물)으로, 헌법수호를 위한 수단으로서 기능(사전예방적), 다수의 횡포로부터 소수자보호, 현대적 권력분립의 한 요소인 동시에 권력남용통제기능을 가지고 있다.

방어적 민주주의는 진정한 민주주의를 수호하기 위하여 대두된 이론이므로 방어적 민주주의의 이름으로 민주주의 본질을 침해해서는 아니된다. 방어적 민주주의의 이름하에 헌법원리인 국민주권·법치국가·사회국가 등의 기본원리를 침해 또는 파괴해서는 안된다.

방어적 민주주의는 소극적·방어적 성격을 지녀야 하고 적극적·공격적인 성격을 지녀서는 아니되므로 방어적 민주주의의 적용은 과잉금지의 원칙에 따라 필요최소한에 한정되어야 한다.

3. 현행헌법과 방어적 민주주의

현행헌법에서의 민주주의는 전문(자유민주적 기본질서, 제1조(민주공화국 : 국가형태), 제4조(한반도 통일정책) 등으로 보아서 방어적 민주주의로서의 성격을 가지는 것이라 해석할 수 있으며, 특히 제8조(위헌정당강제해산제도)는 방어적 민주주의를 강조한 규정이라고 하겠다. 또한 기본권을 제한할 수 있는 일반적 법률유보규정인 헌법 제37조 제2항은 개인 또는 단체가 민주주의를 부정하는 경우 기본권의 제한을 정당화할 수 있는 근거가 되기도 한다. 헌재와 법원은 국가보안법위반사건에서 자유민주주의를 헌법의 최고이념으로 규정하면서 방어적 민주주의를 인정하고 있다. 대법원은 "북한이 자유민주적 기본질서에 대한 위협이 되고 있음이 분명한 상황에서, 국가보안법이 북한을 반국가단체로 보는 것은 헌법상 사상의 자유와 평화통일의 원칙, 국제평화주의 원칙과 모순되는 법률이라고 볼 수 없다"고 판시하였으며(1992.8.18. 대판 92도1244 등), 헌재도 "국가보안법은 자유민주적 기본질서에 위해를 줄 명백한 위험성이 있는 경우에 적용하는 한 헌법에 위반되지 아니한다"고 하여 방어적 민주주의를 인정하는 결정을 내린 바 있다(1990.4.2. 89헌가113 등).

제 2 절 사회적 시장경제질서

Ⅰ. 헌법과 경제질서

민주적 기본질서가 정치적 공동체로서의 대한민국의 기본질서라면 사회적 시장경제질서는 경제적 공동체로서의 기본질서라 볼 수 있다. 근대헌법은 정치중심의 헌법으로 정치적 문제가 주된 관심사였으나, 현대에 있어서는 경제문제가 중대한 헌법사항으로 간주되고 있다. 헌법적 입장에서 볼 때 경제질서는 대개 초기 자본주의적 자유시장 경제질서에서 수정자본주의적 경제질서를 의미하는 사회적 시장경제질서로 변화하거나 아니면 사회복지 및 사회정의를 실현시키기 위한 범위 내에서 사회주의적 계획경제질서로 대체되었다. 이러한 새로운 질서가 등장하게 된 배경은 초기자본주의가 고도화함에 따라 나타난 모순과 폐해, 즉 부의 편재로 인한 근로자 계급과 자본가 계급 대립, 실업과 독점, 공황 등의 악순환 등을 극복하기 위함이다. 이리하여 경제민주화에 관한 통제·간섭을 위한 규정이 헌법 속에 규정되게 되었고, 이러한 것을 경제헌법이라 한다. 경제질서에 관하여 헌법에 규정한 최초의 것은 1919년 바이마르헌법이다.

Ⅱ. 경제질서의 유형

1. 자본주의적 자유시장경제질서

개인주의·자유주의를 토대로 자본주의는 자유방임적 경제질서로서 헌법상의 경제조항은 존재하지 못하고, 다만 자유권적 기본권으로 국민의 재산권을 보장하고 이를 위한 사유재산제를 보장하였다. 즉, 재화의 생산·유통·소비 등을 전적으로 개인의 자유에 맡기고 경제에 관한 국가의 관여는 치안의 유지와 같은 최소한의 질서유지를 위해서만 허용되는 경제를 말한다.

자본주의적 자유시장경제질서의 특징으로는 ⅰ) 사유재산제, ⅱ) 이윤추구의 원리, ⅲ) 직업선택의 자유, ⅳ) 시장경제와 가격기구, ⅴ) 노동의 상품화 등을 늘 수 있다.

2. 사회적 시장경제질서

1919년 바이마르헌법이 최초로 규정한 것으로 자유주의적 자본주의 경제질서를 원칙으로 하면서 사회적 정의를 실현하기 위하여 사회적 계획경제, 통제경제를 가미한 경제질서를 말한다. 사회적 시장경제질서는 구체적으로 사유재산제의 보장, 시장경제의 유지, 부분적 사회화를 내용적 특징으로 하는 혼합경제질서를 말한다.

사회적 시장경제질서는 법치주의를 토대로 하여 경제적 자유와 정치적 안정 및 사회적 공정성의 동시조화적 보장을 지향하는 경제질서로서 모든 개인에게 생존을 보장해 줌으로써 실질적인 자유와 평등을 누릴 수 있도록 사회정의를 실현하자는 것이다.

사회적 시장경제질서의 내용적 특징으로는 ⅰ) 사유재산제의 보장, ⅱ) 자유경쟁을 원칙으로 하는 시장경제질서의 유지, ⅲ) 사회정의의 지향, 즉 경제민주화 등을 들 수 있다.

사회적 시장경제질서는 법치국가의 원리·대의제의 원리·균형있는 경제발전의 원리 등 일정한 현대복지국가적 헌법원리에 위반되어서는 아니된다.

3. 사회주의적 계획경제질서(사회주의국가)

사회주의적 계획경제질서는 자본주의적 경제질서에 대한 전면적 부정에서 출발하여, "인간에 의한 인간의 경제적 착취의 배제와 전체 인민의 복리와 수요의 충족을 이념으로 한 경제질서, 즉 모든 생산수단의 사회화와 중앙집권적 계획경제, 생산·분배·소비 등 모든 경제과정에 대한 전면적인 국가적 통제, 직업선택의 자유와 거주이전의 자유의 박탈, 사유재산제도의 부인, 이윤추구의 불인정, 공동생산·공동분배 등을 특징으로 하는 경제질서이다. 1990년 이전의 소련헌법과 공산주의국가의 경제질서이다. 현재 러시아, 중앙인민공화국 등은 사회주의적 계획경제를 사실상 포기하고 사회주의적 시장경제로 전환되고 있다.

Ⅲ. 현행헌법상의 경제질서

1. 현행헌법상의 경제조항

1948년의 제헌헌법은 과도한 독점 등을 억제하기 위해 광범위한 국유화와 사회화를 규정하였으나 제2차 개헌에서(1954년) 경제질서를 자유주의 경제체제로 전환 후, 그 기본구조가 현행헌법까지 기본적으로 계속 유지되어 오고 있다. 현행헌법에 있어서 경제질서에 관한 직접적인 규정으로는 제9장, 제23조 제1항(재산권 일반의 보장), 제15조(직업선택의 자유), 제22조 제2항(무체재산권의 보장)을 들 수 있고, 간접적인 규정으로는 헌법전문, 제32조 제1항(근로의 권리), 제33조(근로3권), 제76조 제1항 등이 있다.

2. 경제질서에 관한 기본원리

(1) 사유재산제의 보장

헌법 제23조 제1항은 재산권을 보장하고, 제22조 제2항에서는 지적소유권인 무체재산권까지 보장함으로 우리 경제질서는 전통적인 사유재산제를 바탕으로 한다. 그러나 제23조 제2항에서는 재산권행사의 공공복리 적합의무를 규정하고, 제122조에서는 국토에 대한 권리의 제한과 의무의 부과를 규정함으로써 법치주의에 입각한 사회적 구속성(사회적 유보)을 명시하고 있다.

(2) 자유경쟁적 시장경제

헌법은 제119조 제1항에서 「대한민국의 경제질서는 개인과 기업의 경제상의 자유와 창의를 존중함을 기본으로 한다」라고 규정하고 있어 기본적으로 자유시장경제를 원칙으로 하고 있으나 근로조건의 인간존엄성에의 합치, 적정임금의 보장(제32조), 노동3권(제33조)의 보장, 환경보전의 의무 등을 규정함으로써 자유시장 경제질서에 대한 수정을 가하고 있다.

(3) 사회정의와 경제민주화의 지향

헌법상 경제질서는 자유시장경제를 근간으로 하지만, 모든 국민의 기본적 수요를 충족시키기 위하여, 즉 사회정의를 구현하기 위한 필요한 범위 내에서 국가가 경제에 대하여 규제와 조정을 행한다(제119조 제2항).

(4) 사회적 시장경제질서

헌법은 제9장 경제에서 헌법 전문의 경제질서의 기본정신을 이어 받아 제119조 제1항에서 「대한민국의 경제질서는 개인과 기업의 경제상의 자유와 창의를 존중함을 기본으로 한다」라고 하여 자본주의적 자유시장경제의 원칙을 선언하고 있으면서도, 제2항에서는 「국가는 균형 있는 국민경제의 성장 및 안정과 적정한 소득의 분배를 유지하고, 시장의 지배와 경제력의 남용을 방지하며, 경제주체간의 조화를 통한 경제의 민주화를 위하여 경제에 관한 규제와 조정을 할 수 있다」고 규정하여 경제에 관한 국가적 규제와 조정을 인정하고 있다. 따라서 현행 헌법상의 경제질서는 「사회적 시장경제질서」를 기본으로 한다고 볼 수 있다. 헌법재판소와 대법원도 우리 경제체제가 사회적 시장경제질서라고 밝히고 있다.

3. 사회적 시장경제를 위한 기본정책

현행헌법은 사회적 시장경제를 경제질서의 기본으로 하면서, 사회적 시장경제질서를 위한 기본정책으로서 ① 자연자원 등의 사회화 및 개발이용(제120조 제1항), ② 부분적 경제계획(제120조 제2항, 제123조 제1항), 총체적 경제계획(119조 제2항), ③ 대외무역의 규제·조정(제125조), ④ 경자유전 및 농지소작제도의 금지와 임대차 등(제121조), ⑤ 국토 등의 개발이용(제122조), ⑥ 농어촌종합개발, 지역간균형발전과 지역경제육성, 중소기업의 보호·육성·농수산물의 가격안정도모(제123조 제1항·제2항·제3항·제4항), ⑦ 농어민의 자조조직의 육성(제123조 제5항), ⑧ 소비자보호운동의 보장(제124조), ⑨ 사영기업의 보장(제126조), ⑩ 과학기술의 혁신·정보 및 인력의 개발과 국가 표준제도(제127조 제1항·제2항), ⑪ 과학기술을 위한 자문기구(제127조 제3항) 등의 규정을 두고 있다.

4. 경제영역에 대한 국가적 개입의 한계

헌법이 경제에 대한 국가적 개입과 경제촉진 등의 방법을 예견하고 있더라도 사회주의적 경제원리, 즉 계획경제를 도입하는 데는 일정한 한계가 있다고 본다. 따라서 ① 국가가 경제에 대한 규제와 조정을 함에는 자본주의적 자유시장경제질서의 본질적 내용인 사적자치의 기본은 유지되어야 하고, ② 경제에 관한 규제와 조정은 법치국가적 방식에 따라 행하고 재산권의 침해는 정당한 보상을 전제로 하여야 하며, ③ 전면적인 국가관리경제를 의미하는 계획경제는 용납될 수 없다.

제 3 절 국제질서

Ⅰ. 국제질서에 관한 헌법원칙

1. 국제평화주의의 개념과 연혁

국제평화주의란 국제적 차원에서 평화공존·국제분쟁의 평화적 해결·각 민족국가의 자결권존중·국내문제불간섭 등을 핵심내용으로 하면서, 국제협조와 국제평화의 지향을 그 이념적 기반으로 하는 국가적 원리를 의미한다.

1·2차 세계대전을 겪은 인류는 전쟁을 방지하고 평화를 유지하기 위해 각별한 노력을 기울여 여러 국제조약과 자국 헌법에 평화주의를 선언하고 침략전쟁을 금지하는 내용의 평화선언을 적극적으로 규정하기 시작하였다. 그 최초의 예는 1791년의 프랑스헌법이었다.

2. 우리 헌법상의 국제평화주의

(1) 침략적 전쟁의 금지

우리 헌법은 침략적 전쟁만을 금지하고 있다(제5조 제1항). 침략적 전쟁이란 자위전쟁과 반대되는 것으로, 영토의 확장이나 채권의 확보 등의 국가목적을 위한 전쟁을 말한다. 또한 전쟁은 아니더라도 실질적으로 전쟁으로 볼 수 있는 대외적 군사행동도 금지된다. 따라서 단순한 경찰력의 행사는 포함되지 않는다. 헌법 제5조 제2항에서의 국군의 사명은 자위전쟁에 국한된다. 이외에 제74조의 국군통수권, 제39조의 국방의무, 제27조의 군사법원, 제91조의 국가안전보장회의에 관한 규정도 자위전쟁의 경우만을 전제로 한 것이다.

(2) 조국의 평화적 통일의 지향

헌법에서 천명하고 있는 평화주의는 국제문제 뿐 아니라 한반도에 관한 문제에도 적용된다. 헌법은 전문(조국의 평화적 통일 사명)을 비롯하여 헌법 제66조 제3항(대통령 의무), 제69조(대통령의 선서), 제92조(민주평화통일자문회의) 등에서 조국의 통일을 국가적 과제로 천명하면서 그 방법을 평화적인 수단에 의할 것을 선언하고 있으며, 특히 제4조에서는 통일정책에 관한 규정을 신설하여 국가의 통일의지를 강화시키고 있으며, 평화적이고 민주적인 통일정책의 수립과 시행을 부과하고 있다.

Ⅱ. 국제질서존중주의

1. 의 의

국제질서는 기본적으로 국제법규와 조약으로 형성되므로, 이를 준수 이행하는 것이 국제질서를 존중하는 것이 된다. 헌법은 제6조 제1항에서 『헌법에 의하여 체결·공포된 조약과 일반적으로 승인된 국제법규는 국내법과 같은 효력을 가진다.』고 규정함으로써 국제법 존중의 의사를 밝히고 있다.

2. 국제법과 국내법과의 관계

국제법과 국내법과의 관계를 어떻게 볼 것인가에 관하여 견해가 대립된다. 국제법과 국내법을 하나의 통일된 법질서로 보는 일원론과 양자를 서로 다른 차원의 것으로 보는 이원론이 그것이다. 일원론은 다시 국제법우위론과 국내법우위론으로 나뉘어지는데 현행헌법은 명백한 입장을 밝히고 있지 않으나 헌법 제6조 제1항 및 제60조 제1항 등의 해석론상 상호간에 하나의 통일된 법질서로 이해하는 일원론의 입장이며, 국내법우위론(헌법우위론)을 취하는 것이 다수설이다.

3. 국제법의 국내법적 효력

(1) 국제법규의 존중

1) 일반적으로 승인된 국제법규의 의의

일반적으로 승인된 국제법규라 함은 세계의 대다수 국가가 승인하고 있어서 세계 각국에 보편적 규범으로서 일반적으로 인정된 것을 말한다. 이는 조약과 달리 특별한 수용절차(국회의 동의) 없이 직접 국내법으로 편입된다. 어떤 국제규범이 일반적으로 승인된 국제법규인지의 그 확정은 법원과 헌법재판소가 행한다.

2) 종 류

(가) 국제관습법

전쟁법의 일반원칙, 대사나 공사의 법적지위에 관한 원칙, 조약준수의 원칙, 민족자결의 원칙 등을 들 수 있다.

(나) 성문의 국제법규

UN헌장 일부, 포로에 관한 제네바협약(1949년), Genocide(집단학살)금지협정(1948년), 不戰조약(1928년), 세계우편연맹규정 등을 들 수 있다.

3) 효 력

일반적으로 승인된 국제법규는 법률과 그 형식적 효력이 동일하다. 따라서 국제법규와 법률이 충돌할 경우에는 국내법률 상호간에 충돌이 있는 경우처럼 신법과 특별법이 우선한다고 한다.

일반적으로 승인된 국제법규에도 단계구조가 있음을 이유로 모든 국제법규가 법률효력을 가지는 것이 아니라, 헌법률(유엔헌장의 기본원칙), 법률, 명령, 규칙 등과 같은 효력을 가진다는 유력한 견해도 있다.

4) 사법심사

일반적으로 승인된 국제법규가 헌법·법률에 저촉되는가가 재판의 전제가 되는 경우, 법관은 1차적으로 일반적으로 승인된 국제법규인가를 조사한 다음 2차적으로 헌법에의 저촉여부를 심사하여야 할 것이다. 그 결과, 일반적으로 승인된 국제법규의 국내법적 효력을 부인하거나 그 위헌심판을 헌법재판소에 제청하여야 한다.

(2) 조 약

1) 조약의 의의

조약이란 협의의 의미에서는 조약의 명칭을 가진 국가간의 합의를 말하며 광의의 의미에서는 조약·협약·협정·의정서 등 그 명칭 여하에 불문하고 관계국가를 구속하는 문서에 의한 국가간의 합의를 말한다. 헌법 제6조 제1항 전문이 말하는 조약은 일반적으로 승인된 국제법규와 달리, 우리나라가 체결·공포한 조약에 국한된다.

2) 조약의 성립절차

(가) 조약의 체결과 비준

조약의 체결·비준은 대통령의 권한이다(제73조). 대통령은 조약을 체결·비준함에 앞서 국무회의의 심의를 거쳐야 한다(제89조 제3호). 조약의 체결이라 함은 대통령이 임명한 전권위원이 조약내용에 대한 기본방침에 서명하는 것을 말하며, 조약의 비준이란 조약체결권자인 대통령이 임명한 전권위원이 서명한 조약이 국제법상 유효함을 확인함으로써 국가의무를 발생케 하는 행위를 말한다.

(나) 국회의 동의를 요하는 조약

헌법 제60조 제1항에 규정된 조약의 체결은 국무회의 심의를 거쳐 사전에 국회의 동의를 얻어야 한다(어업조약과 무역조약은 제외). 여기에서 사전의 의미는 기명 조인전이라는 뜻이다. 국회의 동의없이 대통령이 체결·비준한 조약은 국제법상 유효하나 국내법상 효력은 발생하지 않는다. 다만, 국회의 동의에는 수정권이 포함되지 않는다. 행정협정의 체결·비준에는 국회동의를 필요로 하지 않는다.

헌법 제60조 제1항에서 상호원조 또는 안전보장에 관한 조약, 중요한 국제조직에 관한 조약, 우호통상항해조약, 주권의 제약에 관한 조약, 강화조약, 국가나 국민에게 중대한 재정적 부담을 지우는 조약 또는 입법사항에 관한 조약의 체결·비준에 대한 사전 동의를 얻도록 규정하고 있다.

대통령의 비준에 대한 국회의 동의는 대통령의 비준행위를 합법화(정당화)시키는 동시에 조약의 국내법적 효력 발생요건의 성질을 지니고 있다(조약=법률과 동일한 효력).

3) 조약의 효력

유효하게 성립하고 공포된 조약은 국내법과 동일한 효력을 가지게 된다(헌법 제60조 제1항 조약). 조약과 「헌법」이 충돌할 경우에 어느 것이 우선하는가에 관해서는 조약우위설과 헌법우위설이 대립하고 있는데, 헌법우위설이 우리나라의 통설이다.

조약과 법률이 저촉할 경우에는 조약이 헌법 제60조 제1항에 열거된 조약에 해당할 경우에는 법률과 동일한 효력을 갖지만 행정협정은 대통령령과 동일한 효력을 가질 뿐이다. 따라서 법률과 동일한 효력을 가지는 조약과 법률이 저촉할 경우에는 신법우선의 원칙과 특별법우선의 원칙에 따라야 할 것이다.

4) 조약과 사법심사

비준이 없거나 의결이 없는 경우에는 성립절차에 흠이 있는 경우로서 무효가 되며 내용이 위헌인 경우에는 대외적 효력은 영향이 없으나 대내적 효력은 무효로 본다(헌법 우위설). 조약으로 헌법을 개정할 수 없기 때문이다. 즉, 법률과 동일한 효력을 가진 조약은 헌법재판소에서 담당하며 그 조약이 위헌으로 판결되면 결정이 있는 날부터 국내적인 효력이 상실하고(일반적 효력 부인설), 명령과 동일한 효력을 가진 조약은 각급 법원이 심사하며, 그 조약이 위헌·위법으로 결정되면 당해 사건에 한해 적용이 배제된다(개별적 효력 부인설).

Ⅲ. 외국인의 법적 지위의 보장

외국인(무국적자 포함)의 보호에 관한 입법례로는 상호주의(대다수 국가)와 평등주의(미국, 일본)가 있는데, 헌법은 제6조 제2항에서 「외국인은 국제법과 조약이 정하는 바에 의하여 그 지위가 보장된다」라고 규정하고 있는 바, 상호주의를 원칙으로 하고 있다. 그런데 기본권보장과 관련하여 인간의 존엄성존중조항의 적용은 물론 행복추구권, 평등권 같은 인간으로서의 권리는 외국인에 대해서도 보장된다고 본다(통설).

Ⅳ. 헌법상 대외정책

외교정책에 있어서 대통령은 외국에 대하여 국가를 대표하고(제66조 제1항), 조약을 체결·비준하며 외교사절을 신임·접수·파견을 한다(제73조). 그리고 국방·군사정책에 있어서도 선전포고와 강화는 국회의 동의를 얻어 대통령이 하고(제60조, 제73조), 국군의 외국파견, 외국군대의 주유(駐留)도 국회의 동의를 얻어 대통령이 행한다(제60조 제2항).

제6장 한국헌법의 기본제도

제1절 정당제도

Ⅰ. 서 론

1. 정당국가로의 구조변화

19세기의 의회제 민주주의(대의제민주정치)에서 현대의 대중민주주의(정당제민주정치)로 변모함에 따라 국민 대중에게 정치적 활동의 능력을 부여하기 위한 조직이 필요한데, 오늘날 이러한 기능을 담당하는 가장 중요한 집단이 정당이다.

2. 정당의 개념

헌법 제8조 제2항에는 「정당은 그 목적·조직과 활동이 민주적이어야 하며 국민의 정치적 의사형성에 참여하는 데 필요한 조직을 가져야 한다.」라고 규정하여 정당의 개념에 관한 헌법상의 명문 규정은 없으나 정당법 제2조는 이를 구체화하여 「정당이라 함은 국민의 이익을 위하여 책임 있는 정치적 주장이나 정책을 추진하고, 공직선거의 후보자를 추천 또는 지지함으로써 국민의 정치적 의사형성에 참여함을 목적으로 하는 국민의 자발적 조직을 말한다.」라고 하여 정당의 개념에 대한 정의를 내리고 있다.

3. 정당에 관한 헌법규정

(1) 정당에 대한 헌법적 규제의 변천

정당은 현대의 대중적 민주국가에서 필수불가결의 존재임에도 불구하고 종래의 각국의 헌법은 정당의 규제나 보호규정을 두지 않았다. 이러한 정당에 대한 각국의 헌법 내지 국법의 태도의 변화·과정을 트리펠(Triepel)은 다음과 같이 단계화시켰다. ⅰ) 적대시단계(루소, 미국헌법제정자들) → ⅱ) 무시 및 무관심단계 → ⅲ) 승인 및 합법화단계(1919년 바이마르헌법하의 국회법) → ⅳ)

헌법에의 편입단계 내지 헌법상의 정당제도보장(제2차 대전 후).

(2) 우리 헌법상 정당제도의 변천

우리 헌법상 정당제도의 변천과정을 살펴보면, 1948년 제헌헌법에는 정당규정이 존재하지 않았다. 1960년 헌법(제3차 헌법개정)이 최초 정당규정 명문화(최초 위헌정당해산제)하였다. 1962년 헌법(제5차 헌법개정)은 정당국가화(정당탈당·해산시 자격상실)를 규정하여 대통령·국회의원 입후보의 필수적 정당추천제를 도입하였다. 1972년 헌법은 정당국가화 경향이 후퇴(무소속 허용)되었고, 1980년 헌법은 정당의 국고보조금제도 신설를 신설하였다.

현행헌법은 정당의 조직과 활동뿐만 아니라(1980년헌법) 목적도 민주적이어야 한다는 내용을 추가하였다.

II. 정당의 헌법상 지위와 법적 형태

1. 정당의 헌법상 지위

(1) 정당의 헌법상 지위에 관한 학설

1) 헌법기관설

Leibholz, Ferri 등에 의해 주장된 견해로서 정당은 헌법에 의하여 편입됨으로써 헌법기관으로 인정하자는 견해이다.

2) 중개적 기관설

국가와 국민의 정치적 의사 형성에 중개적 역할을 하는 기관(권력)으로 보는 견해로서 우리나라 헌법재판소결정, 독일판례(1992년)의 입장이다.

3) 사법적 결사설

Jellinek, Forsthoff, Krüger 등에 의해 주장된 견해로서 본질적으로 국가조직 외부에 존재하는 자유로운 조직에 불과하다는 입장이다.

(2) 소 결

정당은 국민의 의사와 국가의 의사를 중개하는 중개체로서의 지위를 갖는 것이라고 본다. 즉, 현행 헌법상에는 정당의 설립의 자유가 보장되고, 복수정당제가 보장되며 정당의 존립이 보장되는 동시에 당운영비의 국고보조 등 국가의 보호를 받는 면에서 국민의 정치적 의사를 중개하는 기능을 가진 중개적 기관설이 타당하다고 본다.

2. 정당의 법적 형태

(1) 학설과 판례

정당의 법적 형태 내지 법적성격에 관하여 학설은 ⅰ) 사적·정치적 결사설, ⅱ) 민법상의 법인격 없는 사단설, ⅲ) 헌법제도와 사적 결사의 혼성체설로 나뉘어 진다.

정당의 법적형태 문제는 정당간의 분쟁이나, 정당 내의 분쟁(가입·탈퇴·당비징수 등)이 발생한 경우 그 분쟁해결을 공법상의 절차로 할 것인가 아니면 사법상의 절차로 할 것인가의 문제와 직결된다. 법원의 판례는 정당을 사법상의 사단으로 해석하여 사법심사의 대상으로 본 경우도 있고(1979.9.8 신민당총재단 직무집행정지가처분결정), 정치활동을 목적으로 하는 자치적 정치단체로 해석하여 사법심사의 대상에서 제외한 경우도 있다(1987.7.30 의장직무행사정지가처분결정). 그런데 헌법재판소는 정당의 재산귀속관계에 있어서는 정당을 「법인격 없는 사단」으로 본다. 즉, 정당의 법적지위는 적어도 그 소유재산의 귀속관계에 있어서는 법인격 없는 사단으로 보아야 하고, 중앙당과 지구당의 복합적 구조에 비추어 정당의 지구당은 단순한 중앙당의 하부조직이 아니라 어느 정도의 독자성을 가진 단체로서 역시 법인격없는 사단에 해당한다(1993.7.29. 92헌마262).

(2) 소 결

정당은 국민의 정치적 의사형성을 담당하는 점에서 헌법 및 정당법에 의하여 특별한 지위를 갖는 것은 타당하나, 그 법적형태는 당원들에 의하여 자발적으로 구성된 단체로서 민법상 법인격 없는 사단의 일종으로 보는 것이 타당하다고 본다.

3. 헌법 제8조의 성격

헌법 제8조는 일반결사에 관한 헌법 제21조에 대한 특별법적 규정이며, 복수정당제보장(제도적 보장), 자유로운 정당결성권의 보장 및 정당가입·탈퇴자유 보장, 개정금지 대상(복수정당제보장은 자유민주적 기본질서의 핵심요소)이다.

Ⅲ. 정당의 특권과 의무

1. 정당의 특권 및 권리

(1) 설립·활동·존립의 특권

정당은 일반결사에 비하여 설립(정당법 제9조 제2항), 활동(정당법 제30조), 존립(헌법 제8조 제4항)에 있어서 특권을 누린다. 정당은 그 목적이나 활동이 민주적 기본질서에 위배되고 헌법재판소의 심판에 의하지 아니하고는 해산되지 아니하므로 일반결사가 법령위반을 이유로 행정처분에 의해 해산되는 점과 비교해 볼 때 정당은 특권을 갖는다고 볼 수 있다.

(2) 정치적 특권

정당은 공직선거에 참여하거나 여론형성을 주도하는 방법으로 적극적으로 국민의 정치적 의사형성에 참여할 권리(헌법 제8조 제2항), 균등한 경쟁기회를 보장받을 권리(헌법 제116조 제1항)를 보장받고 있다.

(3) 정당운영자금보조 등 재정적 특권

정당은 선거에 관한 경비를 원칙적으로 부담하지 않을 권리를 가지며(헌법 제116조 제2항), 법률이 정하는 바에 따라 정당의 운영에 필요한 자금을 국가로부터 보조받을 수 있다(헌법 제8조 제3항). 정당에 대한 국고보조는 제5공화국 헌법(제8차 개헌)에서 신설된 것으로 현행 정치자금에 관한 법률에 의하면 정치자금을 당비, 후원금, 기탁금(지정기탁금제 폐지), 국고보조금으로 한정하고 있다.

(4) 기타의 권리

정당은 각종 공직선거의 후보자 및 각급 선거관리위원회 위원의 추천권을 가지며 참관인의 지명권을 가진다. 그리고 정당이 수령하는 기부나 찬조 기타 재산상의 출연에 대한 면세특혜, 정당대표자예우 등의 특권이 있다.

2. 정당의 의무

(1) 국가 및 민주적 기본질서를 긍정의무

정당은 국가 및 민주적 기본질서를 긍정(肯定)하여야 한다.

(2) 목적 · 조직 · 활동의 민주화 의무

정당은 일정한 조직을 갖추어야 하며, 그 목적 · 조직과 활동이 민주적이어야 한다. 따라서 정당의 내부조직, 당의사의 결정, 공직선거의 후보자추천, 당원의 활동이 민주주의의 원칙하에 이루어져야 한다(당내민주주의).

(3) 재원의 공개의무

정당은 그 재원을 공개할 의무가 있다. 재원공개의 원칙에 따라 정당의 중앙당 · 지구당 및 후원회와 국회의원 또는 국회의원 후보자의 회계책임자는 정당의 재산상황 및 정치자금의 수입 · 지출에 관한 내역과 결산내역을 관할선거관리위원회에 보고하여야 하며, 보고시에 자체감사기관의 감사의견서와 공인회계사의 감사의견서(정당의 중앙당 및 그 후원회의 경우)를 첨부하여야 한다(정치자금에관한법률 제2조 제2항·제3항 및 제24조).

Ⅳ. 정당의 조직과 등록취소 및 해산

1. 정당의 성립과 조직

정당은 중앙당이 중앙선거관리위원회에 등록함으로써 성립한다(정당법 제4조 제1항). 정당의 등록에는 법정시·도당수 및 시·도당의 법정당원수의 요건을 구비하여야 한다(정당법 제4조 제2항). 정당의 법정시·도당수는 5 이상의 시·도당을 가져야 한다(정당법 제17조). 시·도당은 1천인 이상의 당원을 가져야 한다(정당법 제18조 제1항). 당원은 당해 시·도당의 관할구역 안에 주소를 두어야 한다(정당법 제18조 제2항).

정당의 창당활동은 중앙당의 경우에는 200인 이상의, 시·도당의 경우에는 100인 이상의 발기인으로 구성한다(정당법 제6조).

2. 정당의 등록취소

(1) 등록취소의 요건

정당의 등록취소는 ⅰ) 제17조(법정시·도당수) 및 제18조(시·도당의 법정당원수)의 요건을 구비하지 못하게 된 때(다만, 요건의 흠결이 공직선거의 선거일 전 3월 이내에 생긴 때에는 선거일 후 3월까지, 그 외의 경우에는 요건흠결시부터 3월까지 그 취소를 유예한다), ⅱ) 최근 4년간 임기만료에 의한 국회의원선거 또는 임기만료에 의한 지방자치단체의 장선거나 시·도의회의원선거에 참여하지 아니한 때, ⅲ) 임기만료에 의한 국회의원선거에 참여하여 의석을 얻지 못하고 유효투표 총수의 100분의 2 이상을 득표하지 못한 때는 당해 선거관리위원회는 그 정당의 등록을 취소한다(정당법 제44조 제1항). 정당의 등록을 취소한 때에는 당해 선거관리위원회는 지체없이 그 뜻을 공고하여야 한다(정당법 제44조 제2항).

(2) 등록취소의 효과

등록을 취소한 당해 선거관리위원회는 그 뜻을 지체없이 공고하여야 한다(동법 제47조 제2항). 이처럼 등록취소에 의해 해산된 정당의 잔여재산은 당헌이 정하는 바에 따라 처분하고, 처분되지 아니한 잔여재산은 국고에 귀속된다(동법 제48조). 등록취소에 의한 정당해산의 불복은 행정심판·행정소송절차에 의한다. 등록취소에 의해 해산된 정당은 대체정당 설립이 가능하다.

3. 위헌정당의 해산

정당의 해산에는 대의기관의 결의로 하는 자진해산(동법 제45조)과 헌법재판소 심판에 의한 강제해산의 두 가지 경우가 있다.

(1) 정당해산의 의의

헌법 제8조 제4항은 「정당의 목적이나 활동이 민주적 기본질서에 위배될 때에는 정부는 헌법재판소에 그 해산을 제소할 수 있고, 정당은 헌법재판소의 심판에 의하여 해산된다」라고 하고 있다. 이 조항은 정당존립의 특권을 보장한 것이면서 동시에 정당활동의 자유에 대한 한계를 설정한 조항으로 직접 적용될 수 있는 직접효력 규정으로 보는 것이 우리나라의 통설이다.

(2) 정당해산의 실질적 요건

1) 정 당

정당의 목적이나 활동이 민주적 기본질서에 위배되어야 한다. 해산의 대상이 되는 정당은 등록을 마친 기성정당에 한하며, 정당의 방계조직이나 위장조직은 여기서 제외된다. 이는 헌법 제21조의 일반결사로서 행정처분으로 해산이 가능하다. 정당의 하부조직(각 지구당, 전문위원회, 청년부, 정당훈련원)은 정당의 보호대상에 속한다.

2) 목적과 활동

정당의 목적이나 활동에 의한 것이어야 한다. 정당의 목적을 인식할 수 있는 자료는 당의 강령, 기관지, 당헌, 당수나 당간부의 행동이나 연설 등이 포함된다.

3) 민주적 기본질서

정당의 목적이나 활동이 민주적 기본질서에 위배되어야 한다. 이때의 민주적 기본질서에 관하여 학설의 대립이 있으나 자유민주적 기본질서만을 의미하는 것으로 제한적인 해석을 하여야 한다고 본다.

(3) 정당해산의 절차적 요건

1) 정당해산의 제소

실질적 요건이 성립되면 정부는 국무회의 심의를 거쳐(헌법 제89조 14호) 헌법재판소에 그 해산을 제소할 수 있다. 어떤 정당의 위헌성이 인정될 경우 정부는 반드시 제소를 해야 하는지 아니면 정부의 재량사항인지가 문제되는데, 정치적 재량에 속하는 문제로 자유재량으로 보는 견해와 특정정당에 대한 위헌여부의 제1차적 판단은 정부의 권한이고 의무이므로 반드시 제소해야 하는 기속재량으로 보는 견해가 대립한다. 그런데 헌법 제8조 4항에 「… 제소를 할 수 있다」고 규정하고 있는 바, 정부의 자유재량으로 보는 견해가 타당하다고 본다.

2) 해산의 결정

헌법재판소는 9인의 재판관 중 6인 이상의 찬성을 얻어, 정당의 해산을 명하는 결정을 내릴 수 있다(헌법 제113조). 위헌정당이 아니라는 결정이 내려진 경우에는 동일 정당에 대해 동일한 사유로 다시 제소할 수 없다(헌법재판소법 제89조). 정당해산심판에는 헌법재판소법에 특별한 규정이 있는 경우를 제외하고는 민사소송에 관한 법령과 행정소송법을 준용한다(동법 제40조).

3) 결정의 집행

헌법재판소의 심판이 있으면 그 결정서의 등본을 정부와 당해 정당의 대표자에게 송달하여야 하고 중앙선거관리위원회와 국회에 통지한다. 이때 중앙선거관리위원회는 정당의 등록을 말소하고 그 뜻을 공고하여야 한다(정당법 제47조). 해산결정의 선고를 받은 정당은 선고와 동시에 불법결사가 된다.

(4) 정당해산의 효과

㉠ 헌법재판소의 해산심판이 있으면 그 때부터 그 정당은 모든 특권을 상실한다(창설적 효력). 따라서 중앙선거관리위원회의 해산 공고는 확인적 효력밖에 없다. ㉡ 대체정당의 설립이 금지되며 동일한 정당의 명칭 사용도 금지된다. ㉢ 해산된 정당의 잔여 재산은 국고에 귀속된다(동법 제48조 제2항). ㉣ 소속의원의 자격도 상실되는가에 관하여 ⓐ 상실된다는 견해, ⓑ 무소속국회의원으로 남는다는 견해가 있다. 무소속의원으로 남는다는 견해의 근거로는 정당해산으로 인하여 소속의원직을 상실시키는 것은 국민에 의해 직접 선출된 대표가 존재하지 않는 경우(공직선거법 제201조의 경우)도 있어 대의제도 정신에 어긋나므로 무소속의원으로 남는다는 것이 타당하며, 또한 전국구국회의원의 경우만 소속정당의 합당·해산 또는 제명 외의 사유로 당적을 이탈·변경하거나 2이상의 당적을 가지고 있는 때에 퇴직하도록 규정하여 해산에 있어서도 의원직을 유지하게 하고 있는 것을 들고 있다(동법 제192조 제4항). 의원직이 상실된다고 보는 견해는 방어적 민주주의를 근거로 들고 있다.

헌법 제8조 제4항에 규정된 정당의 해산은 민주주의의 자기보호와 관련된다는 점에서 헌법적대적 정당 반민주적 정당의 구성원이 계속해서 정치활동을 하는 것을 금지한다고 할 것이다. 왜냐하면 그러한 정당의 구성원이 국민의 대표로서 계속하여 정치활동을 하도록 허용한다면 실질적으로는 그 정당이 계속 활동하고 있는 것과 같아서 헌법 제8조 제4항의 정당해산은 그 의미를 상실하게 될 것이기 때문이다. 따라서 해산된 정당의 소속의원은 의원직을 상실하는 것으로 해석되어야 한다.

제 2 절 선거제도

Ⅰ. 선거의 의의와 정치적 기능

1. 선 거

선거는 다수의 선거인에 의하여 국가기관의 구성원을 선임하는 집합적 합성행위를 말하는 것이지, 선거인단의 구성원이 행하는 개개의 투표행위를 말하는 것은 아니다. 또한 위로부터 선임행위인 공무원의 임명행위와도 구별된다. 따라서 선거는 단순한 지명행위라는 점에서 위임행위와 구별된다.

선거는 합의에 의한 정치를 구현하기 위하여 국민의 대표자를 선출하는 것으로서 선거제도의 올바른 운영은 민주정치의 성쇠를 결정하는 중요한 요소가 된다. 또한 선거제도는 국민의 참정권을 실현시킴으로써 국가권력의 창설과 국가 내에서 행사되는 모든 권력의 최후적 정당성을 국민의 정치적인 공감대에 귀착시키게 하는 통치기구의 조직원리라는 점에서 국민의 참정권과 불가분의 관계에 있다.

2. 선거의 정치적 기능

ⅰ) 선거는 대표자를 선출함으로써 국민주권의 원칙을 실현하고 대표자를 교체하여 집행부와 입법부의 쇄신을 기할 수 있고(국가권력의 정당성 기초형성), ⅱ) 정권의 담당자를 국민이 교체시킴으로써 민의에 의한 정치를 가능케 하며(국가질서통합), ⅲ) 통치기관에 신탁을 부여하는 기능을 하며, ⅳ) 민의에 반하는 지배를 방지하여 폭력혁명이나 쿠데타를 예방할 수 있다. 그러나 선거가 국민의 무관심·금력·폭력 등의 개입으로 공정성이 상실될 경우에는 지배자의 지배를 정당화시켜 주는 도구로 전락할 우려도 있다.

3. 선거의 법적 성격(선거인과 피선거인과의 관계)

선거인과 대표자 사이에 법적 유대관계를 인정할 것인가의 문제로 이에 관하여 ⅰ) 양자간의 관련을 부정하는 견해(관계부정설), ⅱ) 선거인과 대표자의 결합관계를 1차 국가기관과 2차 국가기관으로 설명하여 법적 관계를 인정하는 견해(강제위임관계설 ; 법정 대표관계설 Jellinek), ⅲ) 대표자는 정치적 대표관계로 보는 견해(정치적 대표관계설), ⅳ) 그 밖에 헌법적 대표관계로 보는 견해가 있다. 대표자와 선거인 사이에 법적 유대관계는 무기속위임을 원칙으로 하므로, 법적 관계가 아니라 대표자에게 선거인의 의사를 존중하여야 한다는 정치적 책임을 지우는 정치적 대표관계에 지나지 않는 것으로 본다.

Ⅱ. 선거권과 피선거권

1. 선거권

선거권이라 함은 선거에 참여할 수 있는 권리, 자격 또는 지위를 말하는데 그 법적 성질에 관하여는, ⅰ) 선거권을 개인을 위한 주관적 공권으로 보는 개인적 권리설(Locke), ⅱ) 국가목적을 위하여 국가가 부과한 공무의 수행으로 보는 공의무설, ⅲ) 선거인의 권한 또는 자격으로 보는 권한·자격설(Jellinek), ⅳ) 공무수행인 동시에 공권의 행사로 보는 이원설의 견해가 있는데 이원설이 다수설이며 타당하다고 본다.

2. 피선거권

피선거권이라 함은 선거에 의하여 대통령·국회의원·지방의회의원·지방자치단체의 장 등 일정한 국가기관의 구성원으로서 선출될 수 있는 자격을 말한다. 피선거권의 요건은 그 성질상 선거권의 경우보다 엄격하다. 연령제한을 보다 높이고 결격사유도 확대하고 있으며, 그 외에도 겸직의 금지를 규정하는 등 제약조건이 많다(공직선거법 제16조, 제19조, 제53조 참조). 그러나 이러한 제약도 선거권과 마찬가지로 합리적인 것이 아니면 안된다.

Ⅲ. 선거의 기본원칙

헌법은 명문으로 보통·평등·직접·비밀선거 등 4대 기본원칙으로 규정하고 있으나 자유선거를 합하여 일반적으로 선거의 5대 원칙이 인정되고 있다.

1. 보통선거

보통선거라 함은 제한선거에 대응하는 제도로서 선거인의 사회적 신분이나 재산·지위·성별·교육 등에 관계없이 일정연령에 다다른 모든 사람에게 선거권을 인정하는 제도이다. 또한 피선거권에 있어 과도한 기탁금을 요구하거나, 지나친 추천자의 서명을 요구하는 것도 보통선거에 반한다.

2. 평등선거

평등선거란 차등선거에 대응하는 제도로서 1인 1표를 원칙으로 하고 또한 선거인의 투표가치가 평등하게 취급되는 제도이다. 이 평등선거는 투표의 표면가치의 평등만을 요구하는 것이 아니라 투표의 결과가치의 평등도 함께 요구한다(One man, One vote, One value). 특히 오늘날 문제가 되는 것은 인구비례라든가 선거구획정과 의원정수배분의 불균형에서 생기는 불평등의 문제이다(투표가치의 등가성 문제).

평등선거는 모든 선거참여자 및 정당에게 모든 선거절차에서의 균등한 기회가 보장되어야 한다. 왜냐하면 선거에서 모든 정당에게 균등한 기회가 주어지는 것은 민주정치실현을 위해 중요한 의미를 갖기 때문이다. 또한 무소속후보자나 비정당정치단체도 선거절차에서 불리한 대우를 받아서는 아니된다. 특히 피선거권의 측면에서 무소속입후보자나 비정당적 단체를 정당과 차별하여서는 아니된다. 그러나 국가공권력이 합리적이고 불가피한 이유로 차별대우하는 것은 허용된다. 예컨대, 군소정당의 난립방지 및 정국불안요인을 해소하기 위해(의회안정세력을 확보하기 위하여) 선거법에 저지조항(봉쇄조항)을 두어 일정률 이상의 득표를 한 정당에게만 비례대표제에 의한 의석배분을 하고 선거운동경비를 보상하는 것 등은 기회균등의 원칙에 반한다고 볼 수 없다.

3. 직접선거

직접선거란 간접선거에 대응하는 제도로서 선거인이 직접 후보자를 뽑는 제도이다. 중간선거인을 선출하여 대표자를 선출하는 것은 선거인의 의사가 왜곡될 수 있기 때문이다. 특히 직접선거에서 문제가 되는 것은 비례대표제하에서의 구속명부제이다. 이 구속명부제가 실질적으로 정당에 의한 간선의 결과가 되기 때문이다.

4. 비밀선거

비밀선거란 공개선거에 대응하는 제도로서 선거인이 누구에게 투표하였는지를 모르는 제도이다. 비밀선거를 보장하기 위해서 무기명투표, 투표의 비밀보장, 투표용지관급제, 투표내용에 관한 진술거부제 등이 보장되고 있다.

5. 자유선거

자유선거란 강제선거에 대응하는 제도로서 어떠한 압력없이 자유롭게 투표가 행해지는 제도를 말한다(기권가능). 따라서 법률이 선거권의 행사를 구속력있는 의무적인 것으로 하는 것은 자유선거의 원칙과 합치되지 않는다.

Ⅳ. 대표제와 선거구

1. 대표제

대표제는 의원정수의 결정방법을 말한다. 여기에는 일반적으로 다수대표제, 소수대표제, 비례대표제 및 직능대표제 등을 들 수 있다.

(1) 다수대표제

다수대표제라 함은 대표의 선출을 그 선거구에 있는 다수자의 의사에 따르게 하는 방법으로 다수자만이 대표자를 낼 수 있고, 소수자는 대표제를 내는 것이 거의 불가능한 제도이다. 즉, 유효투표 중 최다수표를 얻은 자를 당선자로 하는 제도이다. 일반적으로 소선거구제와 결부되므로 소수표를 얻은 정당에서는 한 사람의 의원도 낼 수 없어 다수당에 유리하다. 따라서 소수자는 대표자를 내는 것이 거의 불가능하다(일반적으로 소선거구제와 연결).

다수대표제에는 상대다수대표제(영·미)와 절대다수대표제(프랑스)가 있다. 전자는 상대적 다수를 얻은 후보자가 당선되는 것이며, 후자는 투표자의 과반수 이상의 표를 얻은 자가 당선되는 것이다. 또한 다수대표제에는 대선거구연기제와 소선거구단기제가 있다. 전자는 1표라도 많은 정당의 후보자 전원이 당선되며 1표라도 적은 정당의 후보자는 전원이 낙선되는 것이며, 후자는 1개의 의석을 단순 다수결로 결정하는 것이다.

다수대표제의 장점으로는 양당제도의 확립 및 다수세력의 형성에 유리하다는 것이다. 반면 단점으로 소수세력 소외, 선거구분할의 불균형, Bias현상 발생 가능이 있다는 점이다.

(2) 소수대표제

소수대표제라 함은 한 선거구에서 2인 이상의 대표자를 선출하는 방법이다. 즉, 소수득표로도 당선될 수 있다. 이는 다수대표제의 결함인 소수의견의 무시를 보정하여 소수파에게도 득표수에 상응하는 수의 대표를 내게 하려는 제도로서 중·대선거구제를 전제로 한다.

ⓐ 의원수보다 약간 적은 수의 투표를 하게 하는 제한연기투표제, ⓑ 완전연기제를 전제로 하여 의원정수에 맞추어 연기투표를 하되 기입의 순위에 따라서 가치를 체감시키는 체감연기투표제(순서체감투표제), ⓒ 상이한 후보자만을 연기할 필요없이 동일인을 의원 정수만큼 연기할 수도 있는 누적투표제, ⓓ 제한연기투표제·누적투표제를 결합하여 일부를 동일인에게 누적투표할 수 있는 누적제한투표제, ⓔ 대선거구에서 선거인이 한 후보자에게 단기투표만을 허용하는 대선거구 단기투표제(단기비위양식투표제) 등이 있다.

소수당에게도 최소한 대표를 보장할 수 있다는 장점은 있으나, 절차가 너무 복잡하여 실시하기 곤란하다.

(3) 비례대표제

비례대표제는 소수대표제나 다수대표제의 문제점을 시정하기 위하여 고안된 제도로 각 정당의 득표수에 비례하여 당선자를 결정하는 선거제도이다. 이 제도는 각 정당의 유효득표수에 비례하여 의원수를 공평하게 배정하는 제도로서 사표를 방지하여 소수대표를 보장하고, 득표수와 당선의원수와의 비례관계를 합리화하려는데 목적이 있다.

정당제도의 발달에 힘입어 1919년 바이마르헌법에서 표본적인 유형을 찾을 수 있는데, 우리나라는 제5차 개정헌법에서 비례대표제가 처음으로 도입된 이후 현재까지 계속 채택하고 있다(국회의원·광역의회의원선거).

비례대표제의 장점으로는 ⅰ) 선거인의 의사를 정확하게 반영한 대표자를 선출(투표가치의 평등실현 가능), ⅱ) 민주정치의 요체인 정당정치에도 적합, ⅲ) 소수당에게도 의석을 배분(소수자보호 : 다수의사 횡포방지)할 수 있다는 점이다. 반면 ⅰ) 다당제 내지 군소정당의 난립으로 정국불안을 초래할 위험(의원내각제와 갈등), ⅱ) 불안정한 정치상황의 초래, ⅲ) 기술적 곤란성과 절차적 복잡성을 수반, ⅳ) 선거인과 대표자 사이가 소원해짐, ⅴ) 선거의 직접성 원칙에 모순(후보자명부의 정당작성 : 정당간부의 횡포 가능)이 발생할 수 있는 단점이 있다.

(4) 직능대표제

직능대표제란 지역대표제에 반대되는 제도로서 직능 또는 직업단체를 단위로 하여 대표를 선출하는 방법이다(정치의 경제화). 이 직능대표제는 직능별 전문인을 대표로 선출할 수 있는 장점이 있지만, 오늘날 복잡한 직역의 분별과 거기에 따른 대표자의 할당이 가장 큰 문제가 되고 있다.

2. 선거구제도

선거구란 국회의원을 선출하는 단위인 지구를 말한다. 즉, 선거인단을 나눈 지역을 말한다.

(1) 소선거구제

한 선거구에서 1인을 선출하는 제도, 즉 의원정수가 1인인 선거구를 소선거구제라 하는 바, 이 경우 선거인은 반드시 1인에게만 투표하고 다수표를 얻은 자를 당선자로 하므로 단기투표법과 다수대표제가 적용된다.

소선거구제의 장점으로는 ⓐ 2대정당의 육성이 이루어져 정국의 안정을 기할 수 있으며(양대정당제), 정책이 유사한 정당이 형성될 수 있다. ⓑ 의원과 선거민의 유대가 밀접하여 선거인이 의원을 감시하는 것이 용이하다. ⓒ 선거운동이 쉽고, 선거비용이 적게 든다. ⓓ 선거인이 입후보자의 경력이나 인물식별에 정통하여 그 적부판단이 용이하다.

소선거구제의 단점으로는 ⓐ 소수당의 사표가 많아 정당별로 득표수에 상응하는 대표를 낼 수 없는 결점이 생겨 다수당에게만 유리하다(득표율과 의석배분 불균형). ⓑ 선거구에 밀접한 연고관계가 없는 사람은 유능하더라도 당선되기 어렵고, 지방적 소인물이 당선되기 쉽다(정책입안에 지방적 편견 가능). ⓒ 의원과 선거구와의 관계가 밀접한 나머지 정실인연이 이루어지기 쉽다(부패가능성이 큼). ⓓ 게리맨더링(Gerrymandering)의 위험성이 가장 크다.

(2) 중선거구제

중선거구제란 1선거구에서 2~4명의 대표자를 선출하는 방법이다.

(3) 대선거구제

한 선거구에서 5명 이상의 대표자를 선출하는 제도를 말한다. 대선거구제는 소수대표제와 연결되는데 단기 또는 연기투표방법을 채택한다. 특히 연기투표시에는 다수대표제와도 관련이 있다. 대선거구제의 장·단점은 소선거구제의 장·단점과 반대로 생각하면 된다.

대선거구제의 장점으로는 ⓐ 사표방지 및 소수당에 유리, ⓑ 전국적 인물 선출가능(국민대표에 적합한 후보자 선택, ⓒ 선거부정방지(선거공정 확보), ⓓ 정책중심의 선거(후보자·유권자 수준 향상), ⓔ 비례대표의 이상 구현에 도움이 된다는 점이다. 반면 ⓐ 군소정당의 난립(정국불안정), ⓑ 선거비용지출의 과다, ⓒ 유권자와 후보자 관계가 소원(인물파악곤란), ⓓ 보궐·재선거 곤란, ⓔ 투표기권 증가 등의 단점이 있다.

V. 우리나라의 선거제도

1. 국회의원 선거제도

① 국회의원은 국민의 보통·평등·직접·비밀선거에 의하여 선출되는 지역구 국회의원과 비례대표제에 의하여 선출되는 전국구국회의원으로 구성되어 있다.

② 1선거구에서 1명이 선출되는 소선거구제와 다수대표제를 채택하고 있으며, 선거구는 지역구와 전국구로 되어 있다(무투표당선이 인정되고, 최고득표자가 2인 이상일 경우에는 연장자순). 국회의 의원정수는 지역구국회의원과 비례대표국회의원을 합하여 299인으로 하되, 각 시·도의 지역구 국회의원 정수는 최소 3인으로 한다. 다만, 세종특별자치시의 지역구국회의원 정수는 1인으로 한다(공직선거법 제21조 제1항).

③ 공직선거법은 지역구 선거에서 5석 또는 유효투표총수의 100분의 3 이상을 얻은 정당(의석할당정당)에게 전국구의석 배분을 허용하고 있는 바, 각 정당이 얻은 득표비율에 따라 전국구의석(46석)을 배분한다. 정당이 지역구 선거에서 유효투표총수의 3/100 이상 5/100 미만을 득표한 각 정당에 대하여는 1석씩 우선 배정한다(제189조 제1항).

④ 국회의원총선거는 임기만료일 전 50일 이후 첫번째 수요일, 보궐신거 또는 재선거는 전년도 10월 1일부터 3월 31일까지의 사이에 그 선거의 실시사유가 확정된 때에는 4월중 마지막 수요일에 실시하고, 4월 1일부터 9월 30일까지의 사이에 그 선거의 실시사유가 확정된 때에는 10월중 마지막 수요일에 실시한다(제34조, 제35조).

⑤ 기탁금은 후보자사퇴, 등록무효(당적이탈, 변경, 당원자격상실, 소속정당으로부터의 제명 등으로 인한 등록무효 포함), 후보자의 득표수가 유효투표총수를 후보자수로 나눈 수의 1/2의 득표미달인 경우에는 국고에 귀속된다(제57조 제2항).

⑥ 정당원의 후보자는 선거일 공고일로부터 후보자등록 마감일까지 소속정당으로부터 탈당, 당적변경, 제명된 경우에는 당해선거에 후보자로 등록될 수 없다(제49조).

2. 대통령 선거제도

① 대통령은 국민의 보통·평등·직접·비밀선거에 의하여 선출하는데 최고득표자가 2인 이상인 때에는 국회에서 선출하되, 재적의원 과반수가 출석한 공개회의에서 다수표를 얻은 자를 당선자로 한다(헌법 제67조 제1항·제2항).

② 대통령후보자가 1인인 경우에도 선거를 하며, 선거권자 총수의 3분의 1 이상의 득표를 얻어야 당선된다(헌법 제67조 제3항). 이는 대통령에게만 민주적 정당성을 부여하기 위함이다.

③ 대통령선거는 임기만료일전 70일 이후 첫번째 수요일, 궐위로 인한 경우는 사유발생 이후로부터 60일 이내에 후임자를 선출한다(공직선거법 제34조, 제35조). 선거일은 늦어도 선거일 전 50일까지 대통령 또는 대통령권한대행자가 공고하여야 한다.

④ 기탁금은 후보자사퇴, 등록무효(당적이탈, 변경으로 인한 등록무효 포함), 득표수가 유효득표총수의 100분의 10에 미달된 경우에는 국고에 귀속된다(공직선거법 제57조 제2항).

3. 지방자치단체장과 지방의회의원 선거제도

① 지방의회의원 및 지방자치단체장 선거는 임기만료일 전 30일 이후 첫번째 수요일에 실시하며(동법 제34조), 지방의회의원 및 지방자치단체의 장의 보궐선거·재선거, 지방의회의원의 증원선거는 전년도 10월 1일부터 3월 31일까지의 사이에 그 선거의 실시사유가 확정된 때에는 4월중 마지막 수요일에 실시하고, 4월 1일부터 9월 30일까지의 사이에 그 선거의 실시사유가 확정된 때에는 10월중 마지막 수요일에 실시한다. 또한 지방자치단체의 설치·폐지·분할 또는 합병에 의한 지방자치단체의 장 선거는 그 선거의 실시사유가 확정된 때부터 60일 이내에 실시하되, 선거일은 관할선거구선거관리위원회위원장이 해당 지방자치단체의 장(직무대행자를 포함한다)과 협의하여 선거일 전 30일까지 공고하여야 한다.

② 기탁금은 지방의회의원의 경우에는 후보자의 득표수가 유효투표총수를 후보자수로 나눈 수의 2분의 1 미만인 경우, 후보자 사퇴, 등록무효의 경우 당해 지방자치단체에 귀속되며, 지방자치단체장의 경우에는 유효투표총수의 100분의 10에 미달된 경우에 지방자치단체에 귀속된다(동법 제57조 제2항).

③ 지방자치단체의 장 및 지방의회의원은 최고득표자가 2인 이상일 때에는 연장자순으로 당선자를 결정하며(동법 제190조·제191조), 지방의회의원선거에서는 후보자가 1인인 경우에는 무투표당선이 허용된다(동법 제190조).

④ 광역자치단체의 장 선거에서는 후보자가 1인인 경우라도 선거를 하며, 그 득표가 투표자총수의 3분의 1 이상을 얻어야 당선된다.

4. 선거운동

(1) 선거운동의 원칙

헌법은 제116조에서 선거운동의 원칙으로서 기회균등과 선거경비국고부담을 원칙으로 하는 선거공영제를 규정하고 있다.

(2) 선거운동의 규제

공직선거 및 선거부정방지법 등의 규정에 의하여 금지되거나 제한되지 아니한 선거운동은 모두 허용하는 선거운동의 자유를 확대하였으나 다음과 같은 제한이 있다. ⅰ) 선거운동은 후보자의 등록이 끝난 때부터 투표 전일까지에 한한다(시간상의 제한). 사전운동과 선거당일의 운동은 금지된다. 입후보를 위한 준비운동은 사전운동이 아니다. ⅱ) 일정한 범위의 사람들에게는(선거사무관계자·일반직공무원·교육자(예외 있음)·미성년자) 이른바 제3자운동이 금지되고 있다(인적 제한). ⅲ) 선거운동을 위한 호별방문·서명운동·음식물제공·기부행위·비방 등이 금지되고 있다(방법상의 제한). ⅳ) 선거의 부패를 방지하기 위한 비용의 액수와 출납책임의 법정, 수입 및 지출의 보고와 공개 등을 규정하고 있다(비용의 제한).

Ⅵ. 선거에 관한 쟁송

1. 선거소청

지방의회의원 및 지방자치단체의 장의 선거에 있어서 선거의 효력에 관하여 이의가 있는 선거인·정당(후보자를 추천한 정당에 한함) 또는 후보자는 선거일로부터 14일이내에 당해 선거구선거관리위원회 위원장을 피소청인으로 하여 지방의회의원선거 및 자치구·시·군의 장선거에 있어서는 시·도선거관리위원회에 시·도지사선거에 있어서는 중앙선거관리위원회에 소청할 수 있다(공직선거법 제219조 1항).

당선의 효력을 다투는 경우에는 정당 또는 후보자는 당선인 결정일로부터 14일이내에 당선인 또는 당해 선거구선거관리위원회위원장을 피소청인으로 하여 소청할 수 있다(동법 제219조 제2항).

위의 소청을 접수한 중앙 또는 시·도선거관리위원회는 소청을 접수한 날로부터 60일이내에 그 소청에 대한 결정을 하여야 하며(동법 제220조 제1항), 선거소청에 관해 다른 규정이 없으면 행정심판법을 준용한다(동법 제221조).

2. 선거소송과 당선소송

선거소송은 선거의 전부 또는 일부 무효를 주장하는 소송으로, 선거의 효력에 이의 있는 자(선거인, 정당, 후보자)가 원고가 된다. 피고는 관할선거구선거관리위원회 위원장이다(대통령선거는 중앙선거관리위원회 위원장이 된다). 대통령선거와 국회의원선거소송은 선거일로부터 30일 이내에 기타는 10일 이내(소청결정서를 받은 날로부터)에 제소해야 한다.

당선소송은 선거 자체는 유효하나, 당선인 결정의 위법 다툼을 하는 소송이다. 당선소송은 일정한 자만이 가능하다. 대통령선거와 국회의원선거소송은 당선결정일로부터 30일 이내에 기타는 10일 이내(소청결정서를 받은 날로부터)에 제소해야 한다.

3. 재정신청

유권자매수죄와 이해유도죄 또는 공무원의 선거범죄 등에 대하여 고소 또는 고발한 후보자와 정당의 중앙당은 검사로부터 공소를 제기하지 아니한다는 통지(불기소처분)를 받은 날로부터 10일 이내에 그 검사 소속의 고등검찰청에 대응하는 고등법원에 그 불기소처분의 당부에 관한 재정신청을 할 수 있다(동법 제273조).

제 3 절   공무원제도

I. 공무원의 의의와 범위

1. 헌법규정

헌법 제7조는 공무원의 지위·책임·신분과 정치적 중립의 보장 등에 관하여 일반적·원칙적 규정을 둔 외에 제5조 제2항은 국군에 대해 특별한 규정을 두고 있다. 제33조 제2항은 공무원의 노동3권을 제한하고, 제29조 제1항 단서는 공무원의 변상책임을, 제65조는 공무원의 탄핵소추를 규정하고 있다. 공무원 관계에 관한 일반법으로서 국가공무원법과 지방공무원법이 있다.

2. 공무원의 의의와 범위

공무원이란 직접 또는 간접적으로 국민에 의하여 선출되거나 임용되어 국가 또는 공공단체와 공법상의 근로관계를 맺고 공공적 업무를 담당하고 있는 자를 의미한다(1992.4.28. 90헌바27-34 등). 선거에 의한 공무원을 제외하고는 공무원의 실질적 임명권은 대통령이 가진다(헌법 제78조).

공무원은 ① 국가공무원과 지방공무원, ② 경력직 공무원과 특수경력직 공무원 등으로 분류할 수 있다. 그러나 공무원의 개념과 범위는 그것을 규정하고 있는 헌법 조항에 따라 반드시 같지 아니하다.

Ⅱ. 공무원의 헌법상 지위

1. 국민전체에 대한 봉사자

공무원이 주권자인 국민전체의 이익을 위한 봉사자이어야 하고 국민의 일부나 특정정당·계급의 이익을 위한 봉사자이어서는 안된다는 뜻이다. 이 때의 공무원은 모든 공무원을 말한다. 따라서 일반직 공무원은 물론 특수경력직 공무원, 군인, 공무원의 신분은 가지지 않지만 일시적으로 공무를 위탁받아 이에 종사하는 모든 자도 여기서 말하는 공무원에 포함된다(최광의의 공무원).

공무원과 국민의 관계에는 ⅰ) 이념적(윤리적) 대표설과, ⅱ) 헌법적 대표설이 있는데 이념적 대표설이 다수설이다. 이념적 대표설은 공무원은 국민의 법적 대표가 아니라, 이념상 국민전체의 수임자이므로 충성·성실 등을 내용으로 하는 정신적·윤리적 봉사관계를 의미한다.

2. 국민에 대한 책임

헌법 제7조 제1항 후단 "국민에 대하여 책임을 진다"는 규정에 관하여 그 책임의 성질을 ⅰ) 법적 책임으로 보는 견해, ⅱ) 정치적·윤리적 책임으로 보는 견해가 대립된다. 생각건대 공무원에 대한 국민소환제도가 인정되지 않는 것을 볼 때 법적 책임은 인정하기 어렵다(다수설 : 정치적·윤리적 책임). 단, 헌법이 명문으로 규정하고 있는 경우(제29조의 국가배상책임)에는 법적 책임으로 볼 수 있다.

헌법은 국민소환제도 같은 직접적인 책임추궁을 하는 규정은 없으나, 간접적으로 공무원의 책임을 물을 수 있다. 즉 ⅰ) 각종 선거를 통한 책임, ⅱ) 탄핵이나 해임건의를 통한 책임, ⅲ) 국가배상책임·징계책임, ⅳ) 공무원에 대한 파면청원 등을 통하여서 책임을 물을 수 있다. 이를 정치적·법적책임으로 나눈다면, 정치적 책임으로는 ⅰ) 선거를 통한 책임추궁, ⅱ) 해임건의, ⅲ) 청원에 의한 추궁 등을 들 수 있고, 법적 책임으로는 ⅰ) 탄핵제도, ⅱ) 국가배상제도, ⅲ) 형사책임, ⅳ) 행정책임의 추궁(징계, 해임·파면 등) 등을 들 수 있다.

Ⅲ. 직업공무원제도

1. 의 의

직업공무원제는 정권교체와 상관없이 행정의 독립성을 유지하고 공무원의 신분을 보장하는 제도를 말한다. 이는 엽관제도(Spoil system), 정실인사 등을 배제하고 정권교체에 관계없는 직업공무원제의 확립을 위한 것이다. 직업공무원제의 확립을 위해서는 ⅰ) 직무의 종류와 책임의 정도에 상응한 과학적 직급제의 확립, ⅱ) 공무원의 임면·승진·전임제 등의 민주적 운영, ⅲ) 공무원의 독립성의 보장과 능력본위의 실적주의의 확립, ⅳ) 인사의 공정성 등의 확보가 필요하나 헌법 제7조 제2항에 규정된 신분보장과 정치적 중립성의 확보가 더 중요하다.

직업공무원제는 ⅰ) 민주주의와 법치주의를 실현하기 위한 기능을 수행하고, ⅱ) 통치권행사의 절차적 정당성을 확보하며, ⅲ) 공무원의 지위와 권리를 보호함과 더불어 국가통치차원에서 정치적 안정의 유지에 기여(기능적 권력분립의 한 메커니즘으로 기능)하며, ⅳ) 국민의 헌법상 권리를 실현시키기 위한 제도적 기초의 기능과 공무담임권을 실질적으로 보장하는 기능을 한다.

2. 직업공무원제도의 구체적 내용

(1) 정치적 중립성

직업공무원제에서 기본적으로 요구하는 것은 공무원의 정치적 중립성이다. 여기서 정치적 중립성이라 함은 정당국가에 있어서 그 정당의 영향으로부터 독립된 의미의 중립, 정당에 대한 불간섭·불가담을 뜻하는 소극적 의미의 중립을 의미한다.

(2) 공무원의 신분보장

공무원의 신분보장이라 함은 정권교체에 의하여 좌우되지 않으며, 동일한 정권하에서도 그의 의사에 반하여 불이익한 처분을 받지 아니하는 것을 말한다. 국가공무원법 제68조는 일반직 공무원에 대하여 "형의 선고, 징계처분 또는 이 법에 정하는 사유에 의하지 아니하고는 그 의사에 반하여 휴직, 강임 또는 면직을 당하지 아니한다"고 하여 명시적인 규정을 두어 공무원의 신분보장을 구체화하고 있다.

(3) 성적주의

성적주의란 인사행정에 있어 정치적 또는 정실적인 요인을 배제하고 자격이나 능력을 기준으로 하여 공무원을 임용하는 원칙을 의미한다.

3. 직업공무원의 범위

신분의 보장을 받고 정치적 중립성이 요구되는 직업공무원의 범위는 일반직·특정직·기능직 공무원과 같은 경력직 공무원, 즉 협의의 공무원만을 의미한다(통설). 따라서 정치적 공무원인 정무직 공무원과 별정직·전문직 공무원 그리고 고용직 공무원은 여기에 포함되지 않는다.

Ⅳ. 공무원의 임면과 권리의무

1. 임 면

대통령은 헌법과 법률이 정하는 바에 의하여 공무원을 임면한다(헌법 제78조). 임면은 임명권과 면직권을 그 내용으로 하며, 임명에는 보직·전직·휴직·징계처분이 포함된다.

2. 공무원의 기본권제한

공무원에 대해서는 국민전체에 대한 봉사자로서의 지위확보와 직무의 공정한 수행 그리고 정치적 중립성을 보장하기 위하여 일반국민에게는 인정되지 않는 기본권제한이 인정되고 있다.

(1) 정치활동의 제한

경력직 공무원은 정치적 중립성을 보장하기 위하여 정당에 가입할 수 없으며, 정치적 활동이 광범위하게 제한되고 있다(국가공무원법 제65조).

(2) 노동3권의 제한

공무원인 근로자는 법률이 정하는 자에 한하여 단결권·단체교섭권·단체행동권을 가진다(헌법 제33조 제2항). 국가공무원법 제66조에서는 공무원 노동운동 기타 공무 이외의 일을 위한 집단적 행위를 금지하면서, 국회규칙·대법원규칙·헌법재판소규칙·중앙선거관리위원회규칙 또는 대통령령으로 범위를 정하는 사실상 노무에 종사하는 공무원은 여기서 제외하고 있다.

(3) 특수신분관계에 의한 제한

공무원은 국가와의 사이에 공법상 특수신분관계(공법상 특수법률관계)에 있으므로, 질서를 유지하고 특수신분관계의 목적을 달성하기 위하여 필요한 범위 내에서 일반 국민과 다른 기본권의 제한을 받는다. 그러나 이 경우의 기본권 제한은 반드시 헌법·법률의 근거가 있어야 한다.

(4) 기본권 제한의 한계

공무원의 기본권제한이 인정된다고 하더라도 기본권제한의 일반원칙(헌법 제37조 제2항)은 존중되어야 한다. 따라서 공무원의 기본권제한은 합리적인 범위 내에서 필요최소한에 그쳐야 한다.

3. 공무원의 권리·의무

공무원은 국가와 공법상 근무관계를 맺고 있기 때문에 공무원법이 규정한 권리·의무를 가진다. 즉, 봉급·연금 기타 재산상의 권리와 직무상 관련된 각종의 권한을 가지는 반면에, 직무전념의무·법령준수의무·비밀엄수의무·복종의무·품위유지의무 등 여러 의무가 있다.

V. 국군의 정치적 중립성 준수

1961년 5·16 쿠데타 이후 대한민국 헌정사 20여년은 군부가 정치과정의 중심에 위치하였다는 것을 부인할 수 없는 사실이다. 군의 정치적 중립론이 계속적으로 강조되었던 바, 현행헌법 제5조에서는 군의 정치적 중립성 준수조항이 명문화되기에 이르렀다. 따라서 군이 국민의 의사에 반하여 정치활동을 하거나 정치에 개입할 수 없다.

제 4 절   지방자치제도

Ⅰ. 지방자치의 일반론

1. 지방자치제의 의의

(1) 개 념

지방자치제도는 지방자치단체가 그 지역 내의 공동관심사를 그 자치기구에 의해서 스스로의 책임하에 처리함으로써 민주정치와 권력분립의 이념을 실현시키는 자유민주적 통치기구의 중요한 조직원리이다. 따라서 지방자치라 함은 일반적으로 일정한 지역을 기초로 하는 (지방자치)단체나 일정한 지역의 주민이 지방적 사무(자기사무)를 자신의 책임하에 자신이 선출한 기관에 의해 처리하는 제도를 말한다. 이러한 관념은 민주주의(주민자치 : 정치적 자치)와 지방분권(단체자치 : 법률적 자치)이라는 두 가지 요청을 기반으로 한다.

1) 주민자치(정치적 의미의 지방자치)

지방행정을 지역주민 자신의 의사와 책임으로 처리하는 것을 말한다. 주민자치제는 국민자치의 사상이 지배한 영·미에서 발달한 제도로 인민자치라고도 하며 정치적 의미의 지방자치라고도 한다. 주민자치는 ⓐ 지방자치단체의 기관은 국가의 지방행정청이며, ⓑ 지방행정청은 의결기관인 동시에 집행기관이며, ⓒ 지방자치단체를 국회가 감독하는 데 특징이 있다.

2) 단체자치(법률적 의미의 지방자치)

일정한 지역을 기초로 한 지방주민의 단체가 국가 밑에서 독립된 인격과 자치권을 인정받아 자체의 기관을 가지고 자주적으로 단체의 의사를 결정하며 그 사무를 처리하는 것을 말하며 법률적 의미의 지방자치라고도 한다. 이는 주로 불·독 등에서 절대국가(전제군주시대)를 배경으로 성립하였다. 단체자치는 ⓐ 지방자치단체가 국가로부터 독립되고 그 단체의 집행기관과 의결기관이 분리되어 있으며, ⓑ 고유사무와 위임사무의 구별이 명확하고, ⓒ 지방자치단체에 대한 중앙행정기관의 감독권이 강한 것이 특징이다.

(2) 지방자치제의 유형

지방자치단체의 조직형태는 직접민주제형과 간접민주제형(대표제형)이 있다. 이러한 요소를 어떻게 배합하는가에 따라 주민이 직접 그 지방적 사무를 처리하는 주민총회형(스위스), 주민은 지방의회의 의원만을 선출하고 지방의회가 자치단체의 장을 선거하는 의원내각제형, 지방의회의 의원은 물론 자치단체의 장까지도 주민이 선출하는 수장제형(대통령제형) 등 여러 가지 형태가 있다.

(3) 지방자치의 이념 및 기능

제임스 브라이스(James Bryce)가 '지방자치는 민주주의의 원천인 동시에 그 교실'이라고 한 바와 같이 지방자치의 이념은 민주주의의 정신과 상통한다. 즉, 지방자치는 아래로부터의 민주주의(풀뿌리 민주주의)를 고무하고 중앙집권주의를 견제하기 위한 지방분권주의를 실현함을 그 이념으로 한다. 또한 지방자치는 권력의 억제기능, 민주주의의 학교로서의 기능, 주민의 기본권을 실현하는 기능, 지역개발과 지역발전을 촉진시키는 기능, 경제·사회·문화정책 등을 분업적으로 집행하는 기능 등을 수행한다.

2. 지방자치제의 본질과 법적 성격

지방자치단체는 그의 자치권을 가지고 있는 바, 자치권의 본질에 대해서는 이를 지역주민이 국가 성립 이전부터 보유한 고유의 권리라고 보는 자치고유권설과 국가가 허용하는 한도 내에서만 행사할 수 있는 위임된 권리라고 보는 자치권위임설이 대립하고 있다. 오늘날 국가제도론의 관점에서 볼 때 자치권위임설이 타당하다(통설).

자치고유권설(기본권보장설)은 지방자치단체는 국가의 기원과 별개의 기원을 가지는 자연적 현상이며 또한 자치권은 개인이 국가에 대하여 가지는 천부적인 자연권과 같은 기본권의 일종이라는 견해이다. 제도보장설은 역사적·전통적으로 형성된 제도의 일종으로서 입법에 의하여 그 본질적 내용을 폐지 또는 유명무실화할 수 없는 헌법상의 제도라고 보는 입장이다(통설).

3. 지방자치제의 내용과 통제

(1) 지방자치제의 내용

지방자치가 이루어지기 위해서는 지방자치단체의 자치기능과, 자치단체의 존립과 보장, 지방자치단체가 그 지역과 관련된 업무는 지방자치단체의 업무로 보장해야 한다.

(2) 국가의 통제

지방자치단체는 국가와 독립된 별개의 법인격을 가지므로 국가는 지방자치의 본질상 자치행정에 관한 사항에 관해서는 가능한 한 관여하지 않는 것이 바람직하나 지방자치도 국가적 법질서 내에서만 인정될 수 있고, 지방행정도 국가행정의 일부이므로 어느 정도 국가적 감독·통제를 받는 것은 불가피하다고 하겠다. 국가가 지방자치단체를 감독하는 방법은 입법적 통제, 행정적 통제, 사법적 통제로 구분된다.

지방자치제의 자주성과 독립성의 본질적 내용을 침해할 수 있는 정도의 포괄적·후견적 감독은 금지된다. 국가는 지방자치단체의 기능을 보완해 주는데 중점을 두어야지 국가의 하부기관으로 흡수해서는 안된다.

II. 우리 헌법상 지방자치제

1. 헌법규정

헌법 제8장에서 지방자치라는 독립된 장을 두어 지방자치의 기본원칙을 명시하고 있다. 헌법 제117조는 지방자치제의 제도적 보장, 지방자치단체의 권능, 지방자치단체의 종류의 법정주의를 규정하고, 제118조는 지방자치단체의 기구와 그 구성방법을 규정하고 있다. 지방자치에 관한 일반법으로서 지방자치법이 있다.

2. 우리나라의 지방자치제

지방자치법은 지방자치단체를 법인으로 규정하고 있으며, 집행과 의결기관을 분리시킨 이원적 기관구성과 지방자치단체에 대한 국가의 감독 등을 규정한 점으로 보아 원칙적으로 단체자치를 하면서 주민자치를 결합한 혼합형으로 조직형태는 대통령제형을 취하고 있다.

3. 지방자치단체의 개념 및 종류

(1) 지방자치단체의 개념

지방자치단체라 함은 지방자치의 주체가 되는 단체, 즉 국가 내의 일정한 지역을 기초로 하고 그 지역의 주민을 구성원으로 하여 국가로부터 부여된 자치권에 기초하여 지방적 행정을 담당하는 지역적 권력단체를 말한다.

(2) 지방자치단체의 종류

지방자치단체의 종류는 법률에 유보되어 있는 바(헌법 제117조 제2항), 지방자치법에 의하면 일반지방자치단체로는 광역지방자치단체로서 특별시와 광역시 및 도가 있고, 기초지방자치단체로서 시와 군 및 자치구가 있다(지방자치법 제2조 제1항, 제3조 제2항). 광역지방자치단체와 기초지방자치단체는 각각 대등한 법인이며, 상·하복종관계에 있는 것은 아니다. 그리고 일반지방자치단체 외에 별도의 특별지방자치단체를 설치할 수 있으며, 이 특별지방자치단체의 설치·운영을 위하여 필요한 사항은 대통령령으로 정한다(동법 제2조 제3항·제4항). 이에는 지방자치단체조합이 있다(동법 제149조~154조).

4. 지방자치단체의 기관과 권한

(1) 지방자치단체의 기관

일반지방자치단체에는 의결기관인 지방의회와 집행기관인 지방자치단체의 장이 있다.

1) 지방의회

헌법상 지방의회는 필수적 기관이며(제118조 제1항), 지방의회 의원은 반드시 그 지역주민의 선거에 의하여야 한다. 다만, 그 선거방법만을 법률에 위임하고 있다(제118조 제2항).

지방의회의원 후보자는 관할구역에서 90일이상 거주한 자로서 25세 이상이어야 하며, 후보자는 선거일전 13일부터 2일 이내에 등록을 하여야 하며, 지방의회의원의 선거는 그 임기만료일전 30일 이후 첫번째 수요일에 실시한다. 의원의 임기는 4년이다. 의원에게 수당, 여비 외에도 매월 의정활동비를 지급한다.

지방의회의 정기회는 매년 시·도는 11월 20일에 시·군·자치구는 11월 25일에 집회한다. 임시회는 지방자치단체의 장이나 재적의원 3분의 1 이상의 요구로 소집된다. 정기회의 회기는 시·도의회의 경우 40일, 시·군 및 자치구의회의 경우 35일로 하고, 임시회의 회기는 15일 이내로 하며, 합하여 시·도에서는 120일, 시·군·자치구는 80일을 초과할 수 없다(동법 제38조, 제39조, 제41조).

지방의회는 조례의 제정 및 개폐, 예산의 심의·확정, 결산의 승인, 기금의 설치·운영 기타 주민부담에 관한 사항의 심의와 의결권을 가지며(동법 제35조 : 제한적 열거주의에 의한 의결권), 지방자치단체의 행정사무조사·감사권(동법 제36조)·행정사무처리상황을 보고받을 권한과 질문권(동법 제37조 : 출석답변요구권)을 갖는다. 이외에 자주조직권(선출권), 자율권, 청원수리·처리권 등이 있다.

2) 지방자치단체의 장

지방자치단체의 장은 당해 지방자치단체를 대표하고 그 사무를 총괄한다(동법 제92조). 특별시에는 특별시장, 광역시에는 광역시장, 도에는 도지사, 시에는 시장, 군에는 군수, 자치구에는 구청장을 둔다(동법 제85조).

지방자치단체의 장은 주민의 직접선거에 의하여 선출한다(동법 제86조). 임기는 4년이다(동법 제87조). 지방자치단체장의 피선거권은 당해 지역에 90일 이상 거주한 자로 25세 이상의 자에 부여된다(공직선거법 제16조 제3항). 지방자치단체의 장의 선거는 그 임기만료일전 30일 이후 첫번째 수요일에 실시한다. 자치단체의 부단체장은 시·도지사의 제청으로 행정안전부장관을 거쳐 대통령이 임명하며, 시·군·구의 부단체장은 당해 자치단체의 장이 임명한다(지방자치법 제101조 제3항·제4항).

지방자치단체장의 권한으로는 지방의회의 의결사항에 대한 재의요구권, 선결처분권을 갖는다. 또한 사무의 관리 및 집행권이 있고, 사무의 일부를 보조기관에 위임할 수 있으며, 소속직원의 임면권, 지휘·감독·징계권 등이 있다(동법 제94조 내지 제100조 등).

3) 지방의회와 지방자치단체장과의 관계

(가) 재의요구권

지방자치단체장은 의회의 의결이 월권, 법령에 위반, 공익을 현저히 해하고 또는 예산상 집행할 수 없는 경비가 포함된 의결일 때에는 20일 이내에 이유서를 첨부하여 재의를 요구할 수 있고, 의회가 재적과반수 출석과 출석 3분의 2 이상의 찬성으로 재의결하면 그 의결은 확정된다. 그러나 재의결된 사항이 법령에 위반된다고 인정되는 경우에는 20일 이내에 대법원에 소를 제기할 수 있다(동법 제98조, 제99조). 재의결된 사항이 법령에 위반된 경우에 자치단체의 장이 제소하지 않으면 행정안전부장관 또는 시·도지사는 자치단체장에게 제소를 지시하거나 직접제소 및 집행정지결정을 신청할 수 있다(동법 제159조).

(나) 선결처분권

지방자치단체장은 지방의회가 성립되지 아니한 때(의원의 구속 등의 사유로 의결정족수가 미달하게 된 때)와 지방의회의 의결사항 중 주민의 생명과 재산보호를 위하여 긴급하게 필요한 사항으로서 의회를 소집할 시간적 여유가 없거나 의회에서 의결이 지체되어 의결되지 아니한 때에는 선결처분할 수 있다. 이 경우 선결처분은 지체없이 지방의회에 보고하여 승인을 얻어야 한다. 승인을 얻지 못하면 그 때부터 효력을 상실한다(동법 제100조).

4) 지방교육자치기구

지방교육자치에관한법률은 광역자치단체인 시·도에만 지방교육자치를 시행하도록 하였다. 의결기관으로 교육위원회를, 집행기관으로 교육감을 두도록 했다. 의결기관인 교육위원회는 기초자치단체인 각 시·군·구의회가 2인씩 추천한 사람 중에서 광역자치단체인 시·도의회가 선출하는 교육위원으로 구성된다.

(2) 지방자치단체의 권한

1) 자치조직권

지방자치단체는 자기 단체의 조직을 스스로 결정할 수 있는 권한을 갖는다. 지방자치법은 광범위한 자치조직권을 인정하고 있다.

2) 자치행정권

자치단체의 사무에는 고유사무, 단체위임사무, 기관위임사무가 있다.

고유사무는 지방자치단체의 존립목적이 되는 사무(주민의 복지증진에 관한 사무가 핵심)로써 자신의 의사와 책임하에 처리하고 이 사무처리 경비는 자치단체가 전액부담하며 국가는 사후에 합법성감독만 할 수 있다.

단체위임사무는 법령의 특별한 규정에 의하여 국가 또는 상급지방자치단체로부터 위임된 사무를 말한다(동법 제9조 제1항). 단체위임사무라 하더라도 자치단체에 위임된 이상 국가의 소극적 감독(사후·합법·합목적)만 허용되고 소요경비는 국가와 분담하며 국정감사는 배제된다. 단체위임사무로는 예방접종사무, 국세징수사무, 국유하천의 점용료 등의 징수사무, 생활보호사무, 보건소·농촌지도소 운영사무 등이 있다.

기관위임사무는 전국적으로 이해관계가 있는 사무로서 국가 또는 상급지방자치단체로부터 지방자치단체의 장, 기타 집행기관에 위임된 사무를 말한다. 이 사무를 위임받은 집행기관은 국가의 하급기관과 동일한 지위에서 사무를 처리하며, 이 기관위임사무에서는 국가가 사전감독할 수 있고 경비는 전액을 국고에서 부담하는 것이 원칙이며 국정감사가 허용된다(사전예방적·교정적·합법성·합목적성 감독). 이 기관위임사무로는 병사, 호적, 주민등록, 민방위, 선거, 경찰, 소방, 지적 등의 사무를 들 수 있다.

3) 자치재정권

지방자치단체는 재산을 관리하며, 자치단체의 경비를 지불하기 위한 필요한 세입을 확보하고, 지출을 관리하는 권한을 갖는다.

4) 자치입법권

지방자치단체는 법령의 범위 안에서 자치에 관한 규정을 제정할 수 있다(헌법 제117조 제1항). 자치입법에는 지방자치법상의 조례와 규칙 그리고 교육법상의 교육규칙이 있다.

지방자치단체는 법령의 범위 안에서 그 사무에 관하여 조례(條例)를 제정할 수 있다. 다만, 주민의 권리제한 또는 의무부과에 관한 사항이나 벌칙을 정할 때에는 법률의 위임이 있어야 한다(지방자치법 제15조). 형식적 효력은 법률·법령보다 하위에 있으며, 그 규정사항도 법률과 명령에 위반하는 것이어서는 아니 된다. 즉, 지방자치단체는 법령의 범위 안에서 자치에 관한 규정을 제정할 수 있다.

지방자치단체의 장은 법령 또는 조례가 위임한 범위 안에서 그 권한에 속하는 사무에 관하여 규칙을 제정할 수 있다(동법 제16조). 지방자치단체의 장의 권한에 속하는 자치사무와 위임사무의 집행에 관하여 제정할 수 있다. 규칙의 효력은 법률·명령·조례보다 하위이다.

조례의 경우 법령의 범위 내에서 제정되어야 하며, 규칙의 경우 법령·조례의 범위 내에서 제정되어야 한다. 시·군 및 자치구의 조례와 규칙은 각각 시·도의 조례나 규칙을 위반하여서는 아니된다(동법 제17조).

5) 주민투표권

지방자치단체의 장은 지방자치단체의 폐치·분합 또는 주민에게 과도한 부담을 주거나 중대한 영향을 미치는 지방자치단체의 주요 결정사항 등을 주민투표에 붙일 수 있다.

5. 지방자치단체에 대한 국가의 통제

(1) 통제의 방법

1) 입법적 통제

국회가 입법(법률)을 통하여 지방자치단체의 조직을 정하거나, 또는 그 권한의 범위와 운영방법 등의 규정을 통한 통제방법이다.

2) 행정적 통제

중앙행정기관이 명령·인가·허가·검사·취소·임명 등의 방법으로 자치단체를 통제한다.

3) 사법적 통제

선거쟁송, 기관소송, 조례·규칙 등의 위헌·위법 심사 등을 통한 법원의 통제방법과 헌법소원 등을 통한 헌법재판소의 통제방법이다.

(2) 통제의 정도

㉠ 위임사무는 위헌사무 뿐만 아니라 부당사무에 대한 감독도 인정되며 고유사무에 대한 것보다 감독권이 강하게 미친다. ㉡ 고유사무는 위법사무에 대한 감독이 인정되나, 부당사무에 대한 감독은 제외된다.

제 5 절　교육제도

Ⅰ. 헌법규정

헌법 제31조 제4항은 「교육의 자주성·전문성·정치적 중립성 및 대학의 자율성은 법률이 정하는 바에 의하여 보장된다」고 하여 교육제도에 관한 기본원칙과 대학의 자치제를 보장하고, 동조 제6항에서는 「학교교육 및 평생교육을 포함한 교육제도와 그 운영, 교육재정 및 교원의 지위에 관한 기본적인 사항은 법률로 정한다」고 하여 교육제도의 법정주의를 규정하고 있다.

Ⅱ. 교육제도의 보장

1. 교육제도의 의미

교육제도란 교육에 관한 법제를 의미하지만, 그것은 구체적으로 교육의 이념과 기본방침·교육담당기관·교육내용·교육관리 행정기구 등에 관한 법체계를 그 내용으로 한다.

우리나라의 교육제도는 외형상으로는 미국의 그것에 유사한 지방분권제적인 것이나 실질적으로는 프랑스류의 중앙집권제적인 것이 되고 있다.

2. 교육제도에 관한 기본원칙

(1) 교육의 자주성

교육내용과 교육기구가 교육자에 의하여 자주적으로 결정되어야 하고 행정기관에 의한 교육통제가 배제되어야 한다는 의미이다. 이러한 교육의 자주성을 확보하기 위해서는 최소한 교사의 교육시설 설치자, 감독권자로부터의 자유보장, 교육행정기관의 교육내용에 대한 권력적 개입의 배제, 교육관리기구 등의 공선제가 실현되어야 할 것이다.

(2) 교육의 전문성

되도록이면 교육전문가가 교육정책이나 그 집행을 담당하거나 적어도 그들의 참여하에 이루어져야 함을 의미한다.

(3) 교육의 정치적 중립성

국가적 권력이나 정치적·사회적·종교적 세력 등이 교육의 본질에 위반되는 영향을 주는 것을 배제한다는 의미이다. 따라서 국가는 교육의 정치적 중립성을 침해하는 법률을 제정할 수 없고, 교원과 학생도 학내에서는 정치적 활동을 할 수 없다.

교육법(제78조)과 교육공무원법(제44조 제2항)은 교육의 정치적 중립성을 위하여 대학의 총장·부총장·학장·부학장·교수·부교수·조교수를 제외하고 교육공무원의 정치적 활동을 금지하고 있다.

Ⅲ. 교육제도의 법정주의

헌법 제31조 제6항은 교육제도·교육재정·교원의 법적 지위 등의 법정주의를 규정하고 있는데 이는 국가에 의한 교육의 자의적인 규제를 배제하기 위한 것이다. 교육제도에 관한 기본적인 법률로는 교육법과 교육공무원법이 있다.

Ⅳ. 대학자치제

헌법은 제31조 제4항에서 「… 대학의 자율성은 법률이 정하는 바에 의하여 보장된다.」고 하여 우리나라의 헌법사상 최초로 헌법의 차원에서 대학의 자율성 내지 대학의 자치제(自治制)를 보장하는 조항을 신설하였다.

대학자치란 대학 본연의 임무(연구와 교육)를 달성하는데 필요한 사항은 가급적 자치 내지 자율을 존중하여야 한다는 의미이다.

대학자치의 주체가 누구냐에 대해서는 교수 기타 연구자의 조직이라는 견해와 학생을 포함한 대학의 모든 구성자라는 견해가 대립되고 있다. 학생들의 자치활동에 대해서는 학생회가 그 주체가 되어야 할 것이나 대학자치의 주체는 교수 등 연구자라 봄이 타당하다고 본다.

대학자치는 ① 인사에 관한 자주결정권, ② 대학의 관리 및 운영에 관한 자주결정권, ③ 학사관리에 관한 자주결정권을 그 주된 내용으로 한다.

대학내에서의 경찰권의 행사에 관하여 대학 스스로가 자주적인 가택권과 질서유지권 및 징계권을 갖는 것이 자유롭고 창조적인 연구와 교육활동을 위해서 바람직하다. 따라서 대학 내에서 문제가 발생한 경우에는 원칙적으로 대학이 연구와 교육의 차원에서 스스로 그에 대처하여야 하고 만일 대학이 가지는 능력의 한계를 벗어나는 것이라고 판단될 경우에 비로소 경찰권이 개입하여야 할 것이다. 물론 이때의 판단은 대학측에 우선권을 부여하여야 할 것이다.

대학이라고 해서 헌법상의 절대적 자유권을 누린다고 할 수는 없다. 왜냐하면 대학이 치외법권이 인정되는 성역은 아니기 때문이다. 그러나 헌법이 대학자치를 하나의 제도로 보장하고 있으므로 대학자치의 본질적 내용을 침해하는 것은 허용되지 아니한다.

제 6 절 혼인제도와 가족제도

Ⅰ. 헌법규정

헌법 제36조 제1항은 「혼인과 가족생활은 개인의 존엄과 양성의 평등을 기초로 성립되고 유지되어야 하며, 국가는 이를 보장한다.」고 하여 민주적인 혼인제도와 가족제도를 보장하고 있다.

Ⅱ. 제36조 제1항의 법적 성격

헌법 제36조 제1항은 직접적(제1차적)으로는 민주적인 혼인제도와 가족제도를 보장하는 원칙규범(개인의 존엄과 양성의 평등을 기초로 하여 성립되고 유지되어야 한다는 헌법원리의 선언)이요 제도적 보장에 관한 규정이다. 따라서 그 자체만으로 모든 국가기관을 직접 구속하는 효력을 가지는 직접효력규정이다.

Ⅲ. 내 용

(1) 혼인은 개인의 존엄, 양성의 평등, 자유로운 합의를 기초로 하는 것이라야 한다. 따라서 축첩이나 인신매매적 결혼, 지나친 조혼, 강제결혼 등은 인정되지 아니한다. 다만 현행법상 ⅰ) 미성년자인 자가 혼인할 경우에는 부모의 동의를 얻게 하고(민법 제808조), ⅱ) 중혼이 금지되며(동법 제810조), ⅲ) 여성에 대하여 재혼금지기간을 설정하고(동법 제811조), ⅳ) 합리적인 범위 내에서 근친혼을 제한하고 있는데 이러한 금지나 제한은 일부일처제라든가 여성의 생리학적 내지 우생학적 근거에서 그 합리성이 인정되는 것이므로 위헌은 아니라고 본다.

(2) 가족생활도 개인의 존엄과 양성의 평등을 기초로 하는 것이라야 하므로 가족생활에 있어서 기본관계를 의미하는 부부관계, 친자관계 등은 각자의 인격을 존중하는 것이라야 하고 또 부부의 평등이 유지되는 것이라야 한다.

제 2 부

기본권론

제1장 기본권 총론

제1절 기본권보장의 역사

Ⅰ. 각국의 인권선언과 기본권의 역사

1. 영국에서의 인권선언

영국의 여러 장전들 속에서 보장되는 자유와 권리는 영국인의 기존의 자유와 권리를 재확인한 것에 불과하다는 점에서 천부적 인권의 불가침을 선언한 미국이나 프랑스의 경우와 다르다. 구체적으로 국왕이 귀족에 대해서 그들이 전통적으로 누려온 신분적 특권과 자유와 관습을 보장하는 것을 주요내용으로 하는 1215년의 대헌장(Magna Carta)이 제정되었으며, 1628년의 권리청원에서는 의회의 승인없는 과세를 금지하고 인신의 자유 등 일련의 인권을 보장하였고, 1679년의 인신보호법에서는 인신보호영장제에 의한 구속적부심사를 제도화하였다. 또한 1689년의 권리장전에서는 청원권, 의회에 있어서 언론의 자유, 일정한 형사절차의 보장 등을 선언하였다.

2. 미국에서의 인권선언

미국에서는 버지니아 권리장전(1776년 6월 12일)에서 천부적 불가침의 자연권으로서 생명과 자유를 누릴 권리, 재산의 소유와 저항권 등이 규정되었다. 이 장전은 국민주권의 원리와 더불어 생래적인 여러 권리를 규정함으로써 근대적 인권목록을 제시한 것이었다. 미국독립선언(1776.7.4)은 생명, 자유 및 행복추구권의 권리를 천부의 권리라고 선언하였으나 개별적 인권은 제시하지 않았다. 1787년의 미연방헌법에는 권리장전이 포함되지 않았으나 1791년의 수정헌법에서 노예제와 강제노역의 폐지(제13조), 제5조의 적법절차 조항을 주에도 적용하도록 한 것(제14조), 인종에 따른 참정권의 차별금지(제15조), 부인참정권의 인정(제19조) 등 10개조의 인권조항을 추가시켰다.

3. 프랑스에서의 인권선언

1789년의 프랑스의 인간과 시민의 권리선언은 제1조에서 「인간은 자유와 권리에 있어서 평등하게 태어나고 생존한다. 사회적 차별은 공동이익을 위해서만 가능하다.」고 규정하고 제17조에서는 소유권을 '신성하고 불가침의 권리'로 규정하였다. 그 밖에 신체의 자유, 종교의 자유와 표현의 자유도 규정되었다. 이 인권선언은 1791년헌법에 수용되었다.

4. 독일에서의 인권선언

독일에서는 오랫동안 절대군주의 지배체제가 계속되었다. 그리하여 인권의 헌법적 수용에는 많은 시간이 필요하였고 그것도 자생적인 것이 아니고 타율적인 것이었다. 이 점에서 영국·미국·프랑스에서 자유주의 인권사상이 인권선언을 통하여 기본권으로 수용되는 것과 다르다. 1849년 제정된 독일제국헌법에서 처음으로 인권조항을 두었으나 헌법은 시행되지 못하고 말았고 그 후에 만들어진 헌법(1850년 프로이센헌법, 1871년 비스마르크헌법)은 인권보장에 관해 매우 소극적인 태도를 취하였다. 그러다가 1919년의 바이마르헌법은 고전적인 자유권과 참정권 이외에 사회적 기본권을 최초로 규정하게 되었다.

5. 사회주의적 인권선언

사회주의 국가의 헌법에서는 사회권의 현실화를 위하여 자유권을 명목적인 것이 되게 하는 사회주의적 인권선언을 규정하게 되었다. 그리하여 1918년 소련에서는 '근로하고 착취당하는 인민의 권리선언'이 채택되고 이것이 1918년의 소련헌법에 수용되었다. 동헌법에서는 노동권과 그 밖의 사회적 기본권을 다수 포함하고 있다. 또한 1936년의 Stalin헌법은 노동의 양과 질에 상응하는 보수가 보장되는 노동권, 노령·질병 등의 경우에 물질적 보상을 받을 권리 등과 같은 사회적 기본권을 규정하였다. 그 뒤 1977년 신헌법이 채택 시행되었으나 1990년 3월 13일 헌법개정으로 대통령제가 채택되고 이로써 공산당 지배원칙이 폐기되었으며 기본권 조항에도 일부수정이 가해지게 되었다.

Ⅱ. 기본권보장의 현대적 특색

1. 인권선언의 사회화(사회적 기본권의 등장)

사회권을 최초로 규정한 것은 1919년의 바이마르헌법이었다. 동헌법 제153조 제3항은 「소유권은 의무를 수반한다. 그 행사는 동시에 공공복리에 이바지하여야 한다」고 하여 소유권의 절대성에 중대한 수정을 가하였다. 또 제159조는 근로자 단결의 자유를 보장하고 제156조 제1항은 사기업의 사회화를 규정하였다. 이와 같은 바이마르헌법에서 처음 등장한 사회적 기본권은 제2차 대전 후의 이탈리아헌법(1948년), 독일기본법(1949년), 포르투갈헌법(1976), 스페인헌법(1978년) 등에 수용되었다.

2. 자연권사상의 부활과 기본권보장에 대한 자연법사상의 영향

현대적 인권보장의 또 하나의 특색은 자연권사상의 부활과 기본권 보장에 대한 자연법사상의 영향이다. 1948년 12월의 세계인권선언은 '인간의 존엄과 평등 그리고 불가양의 권리'를 확인함으로써 전통적인 천부인권론의 이념을 부활시켰다. 이 이념은 전후에 제정된 각국의 헌법에 그대로 계승되었다. 특히 독일기본법(1949년) 제1조 제1항은 「인간의 존엄성은 불가침이다. 이를 존중하고 보호하는 것은 모든 국가권력의 의무이다」라고 규정하여 인권의 전국가적·초실정법적 자연권성을 확인하고 있다.

3. 국제적 인권선언(인권선언의 국제화)

제2차 대전 이후에 있어서는 국제적 차원에서의 인권보장이 보편화되고 있다. 그래서 UN헌장이 인권사상을 선언하고 있고 세계인권선언(1948.12.10)은 전통적인 자유권과 참정권, 망명자 보호청구권, 국제적 평등 보호청구권 등 여러 가지 청구권과 사회권 등을 보장하고 있다. 또 유럽인권 협약(1950.11.4)에는 각종 인권을 열거하고 유럽회의 구성국간에 이를 존중하고 보장하기 위한 절차까지 규정하고 있다. 세계인권선언에 규정된 기본적 인권의 실효성을 뒷받침하기 위하여 1966년 제4차 UN총회에서 국제연합 인권규약이 채택되었는데 이는 경제적·사회적 및 문화적 권리에 관한 규약(A규약)과 시민적 및 정치적 권리에 관한 규약(B규약) 그리고 B규약 선택의정서로 구성되어 있다.

4. 정보화사회와 기본권보장

정보화사회로 인하여 그 기술이 인간사회에 미치는 영향이 증대되고 있는 바(정보의 양적거대화, 정보의 독점화, 정보유통의 불균형, 정보유통에 수반되는 인권침해 문제 등), 개인의 사생활침해 등 기본권이 침해될 가능성이 많아지고 있다. 정보화사회에서 가장 큰 문제가 되는 것은 ⅰ) 정보에 대한 자기결정권, ⅱ) 인격권과 사생활비밀에 관한 권리, ⅲ) 통신비밀에 관한 권리, ⅳ) 유체·무체재산권 등이다. 따라서 정보화사회는 실업문제나 정보화시대의 적응실패 또는 인간소외와 같은 부작용을 수반할 가능성이 있으므로, 정보화사회의 부작용을 극소화하는 보완대책(직업교육·재교육 등)이 마련되도록 헌법이론적·헌법정책적 대응책을 적극 모색하여야 한다.

5. 기본권의 직접적 효력에 대한 인식증대

제2차 세계대전에 의한 인권유린을 경험한 인류는 국제적으로는 각종 인권선언과 인권규약을 통해서 인권의 중요성을 강조하고, 국내적으로는 기본권규정이 갖고 있는 직접적 효력과 국가권력을 기속하는 힘에 대한 새로운 인식이 나타나기 시작했다. 또한 기본권규정의 적용범위를 사인 상호간의 관계에까지 확장함으로써 기본권의 대국가적 효력뿐만 아니라 제3자적 효력까지 인정하는 이론이 등장하여 제3자적 효력을 보편적으로 긍정하는 바, 앞으로 제3자적 효력은 더욱 확대될 것으로 보인다(공·사법구별의 상대화 내지 사법의 공법화 현상).

Ⅲ. 대한민국의 기본권보장의 역사

1. 제1공화국헌법(제헌헌법)

최초의 민주헌법을 의미하는 1948년의 제헌헌법은 제2장에서 평등의 원칙과 신체의 자유를 비롯한 고전적 기본권을 보장하는 한편, 법률유보에 의한 자유권적 기본권의 제한을 규정하였다. 즉, 기본권을 천부인권으로 보지 않고 실정헌법상의 권리로 보고 있다. 그 밖에 근로삼권과 사기업에 있어서 근로자의 이익분배균점권, 생활무능력자의 보호, 혼인의 순결과 가족의 건강보호 등 일련의 사회적 기본권을 규정하였다. 이러한 사회적 기본권에 관한 규정과 더불어 재산권의 상대화와 경제질서에 있어서 농후한 사회국가적 경향은 다분히 바이마르헌법의 영향을 받은 것이었다.

2. 제2공화국헌법

1960년 제2공화국헌법의 성립은 장기간에 걸친 독재적 지배에 항거하여 궐기한 4·19민주화운동의 결과인 만큼, 그 특징은 기본권보장의 확대·강화에서 나타났다. 제28조에서 일반적 법률유보를 규정하는 대신 그 때까지의 자유권에 관한 개별적 유보조항은 전부 삭제하였고, 자유권적 기본권의 자연권적·천부인권적 성격이 강조되었다. 특히 언론·출판·집회·결사 등, 민주정치실현에 불가결한 정치적 자유에 대해서는 사전허가나 검열제가 명문으로 금지되었고, 질서유지와 공공복리를 위하여 기본권을 제한하는 경우에도 자유와 권리의 본질적 내용은 훼손할 수 없게 하였다.

3. 제3공화국헌법

5·16군사쿠데타의 결과, 전면적으로 개정된 1962년 헌법에서는 인권보장의 기본적 이념이라 할 수 있는 인간의 존엄과 가치(제8조) 및 인간다운 생활권(제30조)의 존중에 관한 조항이 신설되었다. 구헌법에 규정되었던 공무원파면청원권, 근로자의 이익분배균점권 등은 삭제되었고 직업선택의 자유를 명문화하였다.

4. 제4공화국헌법(유신헌법)

1972년의 유신헌법은 집행권의 안정과 강화를 위하여 기본권보장을 후퇴시킨 것이 특징이라 할 수 있다. 그 몇 가지 예로서, 대통령의 긴급조치로써 국민의 기본권이 제한될 수 있었을 뿐 아니라 구속적부심사제의 폐지, 자백의 증거능력제한규정의 삭제, 국가배상청구에 있어서 군인·군속·경찰공무원 등에 대한 특례, 근로자의 단체행동권 등에 대한 제한, 그리고 기본권의 본질적 내용의 훼손 금지조항을 삭제하고 국가안전보장을 위하여 필요한 경우에도 기본권을 제한할 수 있었다.

5. 제5공화국헌법

국민의 기본권을 대폭 신장시켜 인권보장규범으로서의 특질을 뚜렷이 하고 있다. 특히 기본권 조항에 대한 개별적 법률유보조항을 삭제하고 그 본질적 내용의 침해를 금지하였다. 신설된 기본권으로서는 행복추구권(제9조), 언론・출판의 기본권침해에 대한 배상(제20조), 사생활의 비밀보호(제16조), 연좌제 금지(제12조), 구속적부심사청구권(제11조 제5항), 불리한 자백의 유죄증거 금지(제11조 제6항), 유죄판결전의 무죄추정(제26조 제4항), 환경권과 환경보전노력(제33조), 소비자보호운동(제125조), 평생교육, 적정임금의 보장 등이 있다. 자유권의 보장은 크게 신장되었으나, 생존권은 평생교육, 적정임금, 환경권을 제외하고는 별로 추가되지 않았다.

6. 제6공화국헌법

현행헌법은 기본권조항이 보다 신설・강화되고 보완되었다. 그 주요 내용은 다음과 같다. 법률과 적법절차, 체포・구속에 대한 통지의무(제12조), 언론・출판・집회・결사에 대한 허가나 검열금지, 통신・방송시설기준(제21조), 발명가・과학기술자 보호(제22조), 재산권의 수용・사용・제한에 정당보상(제23조), 형사피해자의 재판절차에서 진술(제27조 제5항), 불기소처분을 받은 형사피의자보상(제28조), 타인의 범죄행위로 입은 피해의 국가구조(제30조), 대학의 자율성 보장(제31조 제4항), 최저임금제(제32조 제1항), 여자・연소자 특별보호(제32조 제4항・제5항), 주요방위산업체 근로자의 단체행동권제한(제33조 제3항), 여자・노인・신체장애자 이익보호(제34조 제3항・제4항・제5항), 국가의 주택개발(제35조 제3항), 모성보호(제36조 제2항) 등이다.

제 2 절 기본권의 의의와 법적 성격

Ⅰ. 기본권의 의의

1. 인 권

인권 또는 인간의 권리란 인간이 인간이기 때문에 당연히 갖는 권리, 즉 생래적이며 기본적인 권리이다. 이러한 인권의 개념은 계몽주의적 자연법론과 천부인권론 등에 사상적 기초를 두고 18세기에 와서 형성되었고, 버지니아 권리장전과 1789년 프랑스 인권선언에서 최초로 헌법적 문서로 되었다.

2. 기본권

Virginia권리장전과 프랑스 인권선언에서 인권 또는 인간의 권리로 표현된 것이 독일에서는 기본권(Grundrecht)이란 말로 사용되고 있다. 기본권 중에는 생리적인 권리도 있으나 국가내적인 권리가 포함되어 있으므로 생래적이며 천부적 권리인 인권과는 내용상 완전히 일치하지 않는다. 그러나 기본권은 인권사상을 바탕으로 하여 인권(인간의 권리)을 실현시키려고 하는 것으로 양자를 동일시하더라도 무방하다.

Ⅱ. 기본권의 특질

1. 기본권의 보편성

기본권은 인종·성별·사회적 신분 등에 구애되지 아니하고, 모든 인간이 보편적으로 누릴 수 있는 권리이다. 특히 현대에 와서는, 인권의 보장이 국제적 관심사가 됨으로써 기본권의 보편화현상이 두드러지게 나타나고 있다.

2. 기본권의 고유성

기본권은 인간이 인간으로서 생존하기 위하여 당연히 누려야 할 인간에게 고유한 권리이지, 국가나 헌법에 의하여 창설된 권리가 아니다. 기본권의 천부성·초국가성을 주장하는 이유도 그 고유성에 기인한다.

3. 기본권의 항구성

기본권은 일정기간에만 보장되는 권리가 아니라 영구히 박탈당하지 아니하는 권리이며, 현재의 국민은 물론 장래의 국민에게도 인정되는 항구적 권리이다. 기본권은 헌법개정절차에 의해서도 폐지될 수 없다.

4. 기본권의 불가침성

기본권은 개인이 가지는 불가침의 권리이므로, 모든 국가권력은 기본권을 최대한으로 존중하고 보장할 의무를 지며, 기본권의 본질적 내용은 집행권과 사법권은 물론 입법권에 의해서도 침해될 수 없다.

Ⅲ. 기본권의 법적 성격

1. 주관적 공권성

기본권은 개인이 자기 자신을 위하거나 타인과 결부를 전제로 하는 개인적 권리 또는 국가에 대하여 부작위나 작위를 요청할 수 있는 개인의 권리를 말한다. 따라서 기본권은 개개인을 위한 주관적 공권성을 갖는다. 이와 같이 기본권(자유권·청구권 등)은 직접적 효력을 갖는 권리이나 생존권적 기본권은 그에 관한 구체적 입법이 있는 경우에만 비로소 현실적 권리가 될 수 있는 추상적 권리이다.

2. 자연권성

기본권에 대하여 헌법에서 비로소 인정되는 실정권이라는 견해와 헌법 이전의 전국가적 권리로 보는 자연권설이 있는 바, 후설이 타당하다.

우리 헌법은 제10조에서 「국가는 개인이 가지는 불가침의 기본적 인권을 확인하고…」라고 규정하고 있는 바, 이는 자연권설을 나타내고 있다. 또한 헌법에 열거되지 아니한 기본권도 제37조 제1항에서 「경시되지 아니한다」라고 규정하여 이는 자연권의 포괄성을 선언하고 있다고 해석함이 타당하고, 동조 제2항 단서의 「…본질적 내용을 침해할 수 없다」는 규정도 자연권설에 의하여만 해석이 가능하다.

3. 기본권의 이중적 성격

기본권은 국민 한 사람 한 사람의 '주관적 공권(권리)'로서의 성격과 국가의 '기본적 법질서(객관적 질서)'로서의 성격을 다 함께 가지고 있다(통합주의적 헌법관). 기본권주체가 기본권을 임의로 포기할 수 없는 것은 바로 기본권의 이와 같은 이중적 성격 때문이다. 예컨대 「법앞의 평등」의 헌법적 보장은 개개인이 국가권력에 대하여 평등한 대우를 요구할 수 있는 「개인을 위한 주관적 권리」인 평등권을 보장한 것이면서, 동시에 국가권력에 의한 「자의적 불평등처우의 금지와 같은 법치국가적 이념 또는 민주사회의 균일화 원칙」을 의미하는 일반적 평등의 원칙을 객관적으로 확인한 것이다(긍정설). 따라서 헌법에 규정된 기본권에 대해서는 주관적 공권과 객관적 법질서로서의 성격(기본권의 양면성)을 긍정하는 것이 타당하다고 본다.

제 3 절 기본권의 분류와 체계

Ⅰ. 기본권의 분류

1. 주체에 따른 분류

(1) 인간의 권리와 국민의 권리

1) 인간의 권리

이는 내·외국인을 막론하고 모든 인간에게 귀속되는 권리로서 대체로 초국가적·자연법상 권리가 이에 해당하지만, 반드시 초국가적·자연법상 권리에 한하는 것은 아니다. 실정법상 권리일지라도 입법자가 그것을 모든 인간의 권리로 규정할 수 있기 때문이다.

2) 국민의 권리

이는 그 나라의 국적을 가진 자만이 누릴 수 있는 권리로서 실정법에 의하여 비로소 보장된 권리이다. 즉, 외국인에게는 원칙적으로 인정되지 아니하는 권리이다.

(2) 자연인의 권리와 법인의 권리

기본권의 주체는 원칙적으로 자연인이지만, 기본권에 따라서는 법인(法人)도 그 주체가 될 수 있는 것이 없지 않다. 이를테면 법 앞의 평등, 재산권, 직업선택의 자유, 표현의 자유, 거주·이전의 자유, 통신의 자유, 집회·결사의 자유, 재판을 받을 권리 등은 법인도 그 주체가 될 수 있다.

2. 성질에 따른 분류

(1) 초국가적 기본권과 국법상 기본권

1) 초국가적 기본권

이것은 자연법사상에서 나온 것으로 천부적 인권이며 모든 인간의 권리이다. 초국가적 기본권은 국가에 의하여 창설된 것이 아니고, 국가에 의하여 제한되거나 박탈될 수도 없으며 내재적 제약은 별도로 하고 모든 인간에게 귀속되는 권리이다. 행복추구권, 생명권과 인격권, 법 앞의 평등, 신앙과 양심의 자유, 사생활의 비밀과 자유, 표현의 자유, 집회 및 결사의 자유, 학문과 예술의 자유, 수면권, 일조권, 국가권력의 위헌적 행사에 대한 저항권 등이 이에 속한다.

2) 국법상 기본권(국가내적 기본권)

국가에 의하여 비로소 창설된 권리로서, 그 내용이 국법에 의하여 확정되고 입법자에 의하여 제한될 수 있는 권리이다. 이를 실정법상의 기본권이라고도 한다. 상속권을 포함한 재산권, 정당결성권, 선거권, 공무담임권, 청원권, 재판청구권, 생존권, 교육을 받을 권리 등이 이에 해당한다.

(2) 절대적 기본권과 상대적 기본권

1) 절대적 기본권

절대적 기본권은 어떤 경우에도 또 어떤 이유로도 제한되거나 침해될 수 없으며, 절대적으로 보장되는 기본권이다. 내심의 작용으로서의 신앙·무신앙의 자유, 종교선택 및 개종의 자유, 양심상 결정과 침묵의 자유, 연구와 창작의 자유 등이 이에 해당한다. 따라서 초국가적 기본권과 절대적 기본권은 그 내용이 반드시 일치하는 것은 아니다. 왜냐하면 전자는 내재적 제약에 따르지만, 후자는 그 성질상 내재적 제약에도 따르지 아니하는 것이기 때문이다.

2) 상대적 기본권

상대적 기본권은 국가적 질서나 국가적 목적을 위하여 제한이 가능한 기본권으로 내심의 작용을 내용으로 하지 아니하는 모든 자유와 권리를 말한다. 따라서 종교의 자유에 있어서도 선교와 종교적 결사 및 집회, 양심의 자유에 있어서도 양심상 결정을 외부에 표현하거나 실천하려는 행위, 학문과 예술의 자유에 있어서도 연구나 창작의 내용을 외부에 표현하는 행위는 내심의 작용 그 자체가 아니기 때문에, 헌법유보나 법률유보로써 제한될 수 있다. 그러나 자유민주주의 국가에서는 그 본질적 내용까지 침해할 수는 없다.

(3) 진정한 기본권과 부진정한 기본권(비진정한 기본권)

진정한 기본권이란 실질적 권리로서, 국가에 대하여 작위·부작위를 청구할 수 있는 개인의 권리로서 주관적 공권을 의미한다. 부진정한 기본권은 헌법이 일정한 제도를 두고 있는 결과 반사적으로 어떠한 권리를 누리게 되는 경우의 권리를 말한다(교육제도에 기인한 교육시설이용권 및 평등교육수혜권, 문화시설이용권, 경제질서에 기인한 독과점 거부권 등). 즉, 객관적인 질서의 보장이다.

3. 효력에 따른 분류

(1) 현실적 기본권, 방침적 기본권, 추상적 기본권

1) 현실적 기본권

현실적 기본권은 입법권·집행권·사법권 등 모든 국가권력을 직접구속하는 효력을 가진 기본권을 말한다. 생존권에 대해서는 직접적인 효력을 부인하려는 학설이 있다.

2) 방침적 기본권(Programm적 기본권)

프로그램적 기본권은 입법의 방향이나 방침을 규정한 결과 누리게 되는 기본권으로서, 구체적인 입법에 의하여 비로소 현실적 권리가 되는 것을 말한다. 방침적 기본권은 입법자에 대하여 입법의 방향만을 지시할 뿐 집행권과 사법권에 대해서는 직접 구속력이 없다고 한다.

3) 추상적 기본권

입법에 의하여 비로소 구체적·현실적 권리가 되는 기본권으로서 입법자에 대하여 입법의 의무만을 부과하는 것일 뿐 행정권과 사법권에 대하여는 직접구속력이 없는 기본권을 말한다. 생존권은 추상적 기본권으로 이해하는 것이 다수설이다.

(2) 대국가적 기본권과 제3자적 기본권(대사인적 기본권)

대국가적 기본권은 국가에 대해서만 구속력(효력)을 가지는 기본권을 말하고, 제3자적 기본권은 국가 뿐만 아니라 제3자, 즉 사인에 대해서도 효력을 갖는 기본권을 말한다. 어떠한 기본권이 제3자적 효력을 갖는 기본권이냐 하는데 대해서는 견해가 갈라지고 있지만 몇 가지만을 예시하면 인간의 존엄과 가치, 행복추구권, 남녀 평등권, 사생활의 비밀과 자유, 자유로운 의견발표, 노동3권, 환경권 등은 대사인적 기본권으로 보고 있다.

4. 내용에 따른 분류

내용을 기준으로 할 때, 기본권은 차별적 대우를 받지 아니하는 것을 내용으로 하는 평등권, 국가의 부작위를 내용으로 하는 자유권, 참정이나 정치적 활동을 내용으로 하는 정치적 기본권(참정권), 기본권 보장을 위한 일정한 청구(국가적 행위의 요구)를 내용으로 하는 청구권, 인간다운 생활의 보장을 내용으로 하는 사회권 등으로 분류할 수 있다. 그런데 학자에 따라 다양하게 분류하나 본서에서는 분류와 체계는 편의상 다음과 같이 나누어 서술한다.

포괄적 기본권		1) 인간의 존엄과 가치·행복추구권(제10조) 2) 평등권(제11조)
자유권적 기본권 (자유권) -소극적 지위-		1) 신체의 자유권(제12조, 제13조) 2) 사회·경제적 자유권 　㉠ 거주·이전의 자유(제14조) 　㉡ 직업선택의 자유(제15조) 　㉢ 주거의 자유(제16조) 　㉣ 사생활의 자유(제17조) 　㉤ 통신의 자유(제18조) 　㉥ 재산권의 보장(제23조) 3) 정신적 자유권 　㉠ 양심의 자유(제19조) 　㉡ 종교의 자유(제20조) 　㉢ 언론·출판·집회·결사의 자유(제21조) 　㉣ 학문과 예술의 자유(제22조)
수익권 (적극적지위)	사회권적 기본권 (생활권·생존권· 사회권)	㉠ 교육을 받을 권리(제31조) ㉡ 근로의 권리(제32조) ㉢ 근로삼권(제33조) ㉣ 인간다운 생활을 할 권리(제34조) ㉤ 환경권(제35조) ㉥ 혼인·가족·모성보호에 관한 권리(제36조)
	청구권적 기본권 (기본권 보장을 위한 기본권)	㉠ 청원권(제26조) ㉡ 재판청구권(제27조) ㉢ 형사보상청구권(제28조) ㉣ 국가배상청구권(제29조) ㉤ 국가에 대한 구조청구권(제30조)
정치적 기본권 (참정권) -능동적 지위-		㉠ 선거권(제24조) ㉡ 공무담임권(제25조) ㉢ 국민투표권(제72조, 제130조 제2항)
의　　무 -수동적 지위-		㉠ 재산권 행사의 공공복리 적합의 의무(제23조 제2항) ㉡ 교육을 받게 할 의무(제31조 제2항) ㉢ 근로의 의무(제32조 제2항) ㉣ 납세의 의무(제38조) ┐ ㉤ 국방의 의무(제39조) ┘ 고전적 의무 ㉥ 환경보전의 의무(제35조 제1항) : 권리대응적 성격이 강함

Ⅱ. 헌법에 열거되지 아니한 자유와 권리

헌법 제37조 제1항은 「국민의 자유와 권리는 헌법에 열거되지 아니한 이유로 경시되지 아니한다.」라고 규정하고 있다. 모든 기본권보장의 궁극적 목적조항인 헌법 제10조 제1문 전단은 「모든 국민은 인간으로서의 존엄과 가치를 가지며」라고 하고 있지만, 「인간으로서의 존엄과 가치」는 그 실현을 위한 수단조항인 제11조~제36조에 규정된 기본권만의 보장으로는 완전무결하게 실현되지 않는다. 제11조~제36조에 규정되지 아니한 자유와 권리일지라도 인간으로서의 존엄과 가치를 존중하고 실현하는 데 불가결한 것이 있다면, 그것도 실정헌법의 규정 여부에 관계없이 보장되는 것으로 보아야 할 것이다.

한국헌법의 경우는 다행히 제37조 제1항에서 「국민의 자유와 권리는 헌법에 열거되지 아니한 이유로 경시되지 아니한다.」라고 하여, 자유와 권리의 전국가성과 포괄성을 명문으로 확인(선언)하고 있다. 따라서 한국헌법의 구조에 있어서는 헌법에 열거되지 아니한 자유와 권리도 넓은 의미의 기본권으로서 보장된다고 보아야 한다. 구체적으로 헌법에 열거되지 아니한 자유와 권리로서 경시되어서는 아니될 자유와 권리는 제10조와 제37조 제1항의 통합적 해석을 통하여 규명되어야 하는데, 자기결정권, 생명권, 신체불훼손권, 평화적 생존권, 일반적 행동의 자유, 소비자의 단결·단체교섭 및 불량상품불매운동과 같은 소비자기본권, 일조권, 휴식권, 수면권, 스포츠권, 저항권 등을 들 수 있다.

제 4 절   기본권의 주체

기본권의 주체란 헌법이 보장하고 있는 기본적 인권의 향유자를 의미한다. 향유자로서 자연인·외국인·법인이 논의될 수 있는데, 각 기본권의 종류와 성격에 따라 인정여부에 있어 차이가 있다.

Ⅰ. 국 민

1. 일반국민

헌법에 규정된 기본권은 모든 국민에게 보장됨이 원칙이다. 기본권을 보유할 수 있는 능력을 기본권 보유능력이라 하고, 기본권을 행사할 수 있는 능력을 기본권 행사능력이라 한다. 이것은 민법상 권리능력, 행위능력과 비슷하지만 기본권 보유능력은 민법상 권리능력보다도 광범하여 반드시 일치하지 않는다. 즉, 태아, 사자에게도 기본권능력은 인정되나 민법상 권리능력은 부정되고 있다. 그러나 외국인의 경우에는 기본권능력이 민법상의 권리능력보다 좁게 인정될 경우도 있다. 그런데 기본권 행사능력은 법률의 규정에 따라 다르므로 개개의 기본권에 따라 달리 고찰되어야 한다.

헌법재판소는 배아가 인간으로서 기본권의 주체가 될 수 있는지 문제와 관련하여, 초기배아는 수정이 된 배아라는 점에서 형성 중인 생명의 첫걸음을 떼었다고 볼 여지가 있기는 하나 아직 모체에 착상되거나 원시선이 나타나지 않은 이상 현재의 자연과학적 인식 수준에서 독립된 인간과 배아 간의 개체적 연속성을 확정하기 어렵다고 봄이 일반적이라는 점과 수정 후 착상 전의 배아가 인간으로 인식된다거나 그와 같이 취급하여야 할 필요성이 있다는 사회적 승인이 존재한다고 보기 어려운 점 등을 들어 기본권 주체성을 부인하고 있다(2010. 5. 27, 2005헌마346).

2. 특수신분관계에 있는 국민

특수신분관계란 특별한 법적 원인에 의하여 성립되고, 공법상의 특정한 행정목적을 달성하기 위하여 필요한 범위 안에서 포괄적인 지배권을 설정하고 상대방이 그 지배권에 복종할 의무를 지는 공법상 특수한 법률관계를 말한다. 현대에서는 법치주의가 특수신분관계에 있는 모든 자에게도 적용된다. 따라서 특수신분관계에 있는 일부 국민의 기본권을 제한하는 법률에 그 근거가 있어야 함은 물론 그 근거가 있는 경우에도 합리적으로 필요한 범위 내에서만 제한할 수 있다. 이때에도 기본권의 본질적 내용을 침해할 수 없음은 물론이다. 헌법은 공무원의 정치활동, 근로3권, 군인·군무원의 재판청구권을 제한하고 있다.

Ⅱ. 외국인

외국인(무국적자를 포함)도 헌법 제2장의 기본권을 누릴 수 있는가에 관하여는 견해의 대립이 있지만, 외국인도 일정한 범위 내에서 기본권의 주체가 될 수 있다고 하는 것이 통설이다. 즉, 성질상 국민의 권리가 아니고 인간의 권리로 볼 수 있는 것은 외국인에게도 보장된다.

1. 학 설

헌법 제2장의 표제에서 「국민의 권리와 의무」라고 규정하고 있으므로 외국인은 제외된다는 부정설(법실증주의, 통합주의)과 성질상 인정될 수 있는 것이면 일정한 범위내에서는 외국인도 인정된다는 긍정설이 있는데 긍정설이 통설이다(권리성질설).

2. 외국인에게 인정되는 기본권

① 인간으로서의 존엄과 가치·행복추구권(제10조)은 인정된다.
② 평등권
    인간의 권리로 보는 이상 외국인에게도 당연히 인정되나 정치적 평등이나 재산권 보장에서는 합리적 차별이 인정된다.

③ 자유권적 기본권

외국인에게 당연히 인정되나 직업선택의 자유, 거주·이전의 자유, 언론·출판·집회·결사의 자유 등은 좀 더 많은 제한을 받는다. 출·입국의 자유와 망명권에 관하여, 외국인에게 입국의 자유는 인정되지 않으나, 입국이 허용된 외국인에게 출국의 자유는 허락된다고 본다(통설). 다만 외국인에게 정치적 비호청구권(망명권)을 인정할 것인가에 관하여는 명문규정이 없음을 근거로 부정하는 견해와, 인권의 보편성과 인권보장의 국제화 추세에 비추어 긍정하자는 견해로 나뉘어져 있는데 Bonn기본법, 프랑스헌법, 세계인권선언 등에서는 명문으로 인정하고 있다.

④ 사회권적 기본권

이는 국민의 권리이므로 원칙적으로 인정되지 않는다. 다만, 환경권이나 보건권 등은 제한된 범위 내에서 인정된다.

⑤ 청구권적 기본권

외국인에게 보장된 기본권(헌법 제10조, 제11조, 제12조, 제27조 등)과 결부된 청구권적 기본권은 외국인에게도 인정된다(재판청구권, 형사보상청구권 등).

⑥ 정치적 기본권(참정권)

국민의 권리이므로 인정되지 아니한다.

Ⅲ. 법   인

1. 서

기본권의 주체는 자연인임을 원칙으로 한다. 그러나 법인도 법에 의하여 권리능력을 부여받고 있을 뿐만 아니라 법인의 활동은 궁극적으로 자연인의 이익을 목적으로 하는 것이므로, 성질상 가능한 한 법인에게도 기본권 주체성이 인정된다.

성질상 법인에게 적용되지 않는 것이 명백한 것은 정신 및 육체의 결합된 기본적 인권(인간의 존엄과 가치, 행복추구권, 양심·신앙의 자유, 학문의 자유, 신체의 자유와 같은 자유권), 참정권, 사회권 등이다.

2. 법인의 기본권주체성 인정여부

(1) 부정설

결단주의는 기본권은 천부적·전국가적 성격을 가지는 것이므로 실정법질서에 의하여 비로소 창설되는 법인에게는 당연히 기본권의 주체가 될 수 없다고 본다.

법인의제설은 법인의 활동은 궁극적으로 자연인의 것으로 환원되므로 자연인의 인권보장으로 충분하다는 입장으로 법인은 어떠한 독립적 실체도 가지지 않는다고 보는 입장이다.

법실증주의는 공권력의 주체인 공법인은 기본권 보장주체이므로 당연히 주체성이 부정된다. 그렇지만 Jellinek는 지방자치단체에게 「독자적 결정권」이라는 소극적 지위를 인정함으로서 제한된 범위 내에서 공법인의 기본권 주체성을 긍정한다.

(2) 긍정설

법실증주의는 자연인과 사법인은 구체적인 법질서에 의해서 형성된 규범적 일원이므로, 자연인과 마찬가지로 사법인에게 기본권주체성을 인정할 수 있다. 그러나 권리능력 없는 사단(정당·노동조합·종친회 등)은 법질서에 의해 형성된 것이 아니므로 기본권의 주체가 된다고 보기 어렵다(부정).

법인실재설의 입장은 법인은 자연인과는 별개의 실체를 가지고 있는 현대사회의 구성요소이므로 독자적인 기본권의 주체가 될 수 있다.

통합주의입장은 법인은 사법인이건 공법인이건 생활공동체의 구성부분임에 틀림없고 개개인의 인간이 동화되고 통합되어가는 과정에서 형성되는 동화적통합의 형식과 수단이므로 법인(정당포함)에게 기본권 주체성을 인정한다.

우리 헌법재판소는 "우리헌법은 법인의 기본권 향유능력을 인정하는 명문의 규정을 두고 있지 않지만, 본래 자연인에게 적용되는 기본권 규정이라도 언론·출판의 자유, 재산권의 보장 등과 같이 성질상 법인이 누릴 수 있는 기본권은 당연히 법인에게도 적용하여야 할 것으로 본다"(1991.6.3. 90헌마56).

(3) 소결

법인의 기본권주체성을 긍정하는 논거는 법인은 거기에 속해 있는 자연인의 기본권행사를 편리하게 해 주거나 촉진시켜 주고, 또한 법인의 활동은 궁극적으로 자연인의 이익을 목적으로 하므로 성질상 가능한 범위 내에서 법인의 기본권 주체성이 인정되어야 한다.

3. 기본권주체로서의 법인의 범위

(1) 사법인

사법상의 법인에 포함되는 ⅰ) 주식회사 등 사단법인, ⅱ) 각종재단법인, ⅲ) 권리능력없는 사단, ⅳ) 기타 법인격 없는 종교적·정치적 결사 등은 모두 기본권주체성이 인정된다. 우리 헌법재판소도 영화법 제12조 등에 대한 헌법소원 결정에서 영리법인·비영리법인, 사단법인·재단법인을 가리지 아니하고 더 나아가 법인 아닌 사단·재단도 기본권 향유능력이 있다고 판시하였다. 그러나 이 결정에서 한국영화인협회 감독위원회는 단체소속 분과위원회에 불과하여 헌법소원심판청구능력이 없다고 하였다(1991.6.3. 90헌마56).

(2) 공법인

공법인(국가, 지방자치단체 등)은 기본권을 보장해야 하는 주체이므로 공법인은 기본권의 주체가 될 수 없다는 것이 원칙이다. 그러나 예외적으로 학문의 자유, 언론의 자유 등 기본권에 의하여 보장될 수 있는 영역에 속하는 공법인은 기본권의 주체성이 인정된다. 헌법재판소도 「서울대학교는 공법상의 영조물로서 공권력의 행사주체임과 동시에 학문의 자유와 대학의 자율권의 주체이기도 하다」고 판시한 바 있다(1992.10.1. 92헌마68·76병합).

(3) 정당

정당은 단순한 시민도 아니고 국가기관도 아니지만 국민과 국가간의 정치적 의사형성의 중개기관이라는 특수한 지위를 가지고 있으므로 선거에 있어서의 평등권, 표현의 자유, 재판청구권 등은 인정된다고 하겠다. 우리 헌법재판소도 구지방의회의원선거법 제36조 제1항에 대한 헌법소원사건에서 정당의 선거에 있어서의 기회균등권이라는 기본권주체성을 인정하고 있다(1991.3.11. 91헌마21).

4. 법인에게 인정되는 기본권의 유형과 범위

법인이 일반적으로 기본권의 주체가 될 수 있는 가능성을 의미하는 「일반적·추상적 기본권주체성」과 당해 법인에 대하여 개별적 기본권을 인정할 것인가의 「개별적·구체적 기본권주체성」을 구별할 필요가 있으므로 기본권기준설과 법인기준설을 각각 적용하여 판단할 수밖에 없는 바, 법인은 그 목적·기능·활동 등에 의하여 제한을 받는다.

제 5 절   기본권의 효력

기본권의 효력에 관하여는 논란이 많은데 주요 쟁점은 ⅰ) 기본권이 국가권력을 구속하는가 구속한다면 그 범위는 어디까지인가의 여부, ⅱ) 기본권이 사인에게도 효력을 갖는가 등이다.

Ⅰ. 대국가적 효력

1. 기본권규정의 직접적 효력성

헌법적 근거에 관하여는 제10조, 제37조 제2항 및 제111조, 제27조, 제103조 등이 근거가 된다는 설이 있으나, 기본권의 직접적 효력의 근거규정은 헌법 제10조에서 찾아야 한다. 왜냐하면 헌법 제

10조는 국가의 존립목적이 국민의 불가침의 기본권보장에 있음을 천명하고 있을 뿐만 아니라 기타의 개별조항은 헌법 제10조의 개별화·구체화로 보기 때문이다.

2. 국가권력일반에 대한 효력

기본권은 원칙적으로 모든 국가작용을 직접 구속한다. 명문규정이 없는 우리 헌법의 경우에도 기본권은 입법, 사법, 행정 및 헌법개정과 같은 모든 국가권력을 구속한다. 따라서 입법권은 기본권보장에 반하는 입법을 제정할 수 없고, 사법권도 기본권 보장에 반하는 판결을 내릴 수 없다. 집행권도 기본권에 반하는 행정처분(권력적 행위)을 행할 수 없으며, 헌법개정권력도 인간의 존엄과 가치에 구속되므로 기본권을 존중하는 방향으로만 행사되어야 한다고 하겠다.

기본권은 원칙적으로 모든 국가권력을 구속하나, 사회적 기본권(생존권)의 경우 우리나라의 다수설은 추상적 권리로 보기 때문에 구체적인 입법이 행하여지지 않는 경우에 사법적 구제를 청구할 수 없으나, 침해배제청구권은 인정된다고 보고 있다.

3. 비권력행위에 대한 효력

기본권이 권력행위 이외의 관리행위나 국고행위와 같은 비권력행위에도 미칠 것인가에 관하여 학설이 대립된다.

전통적인 행정법이론에 의하면 기본권의 효력은 권력적인 공권력 행사에만 미치고 관리행위나 국고행위와 같은 비권력행위에는 미치지 않는다고 본다. 왜냐하면 이들은 사법의 형식으로 이루어지는 것이기 때문이다.

반면, 관리행위나 국고행위와 같은 비권력행위에도 기본권 규정이 적용된다고 보고 있다. 그 근거로 기본권의 제3자적 효력이 인정되고 있으며, 기본권 보장의 주체가 국가라면 그것이 권력작용의 주체이든 비권력작용의 주체이든 구별할 필요가 없다는 것 등을 들고 있다(통설, 헌재).

Ⅱ. 대사인적 효력(제3자적 효력)

1. 기본권 규정의 효력확장이론

과거의 통설은 국민의 기본권이 국가권력에 대한 방어권으로서 인정된 것이므로 사인간의 관계에는 미치지 못하는 것으로 보았다. 그런데 사회가 발전함에 따라 국민의 기본권은 국가권력 이외의 사회 제세력들에 의하여도 침해되는 현상이 나타나게 되었고(현실적 배경), 따라서 기본권의 효력이 국민의 대국가적 관계에만 미치는지 아니면 국민의 대사인적 관계에도 미칠 것인가가 문제되었다. 이것이 곧 기본권의 대사인적(제3자적) 효력의 문제이다. 기본권규정의 적용범위를 사인간의 법률관계에까지 확장하려는 이른바 기본권의 제3자적 효력의 문제는 위와 같은 사회적 배경에서 등장하였다.

2. 독일에서의 이론

(1) 효력부인설(무관계설)

헌법에 기본권을 규정하는 것은 사인이 국가권력으로부터 침해받지 않기 위한 보장수단이며, 사인 상호간에는 직접 효력이 미치지 않는다는 설이다(Weimar헌법하에서 다수설). ① 기본권은 대국가적 방어권이고, ② 사적자치의 원칙에 따라 자신들의 기본권을 제한하는 것은 헌법상 부당하다고 볼 수 없고, ③ 기본권에 대한 사인의 침해는 일반 법률로써 구제가 충분하다는 것을 근거로 든다.

이러한 근거는 오늘날 국가 이외의 거대한 사회세력에 의하여 기본권이 침해되고 있는 사회적 상황에 비추어 보아 타당하다고 볼 수 없으며, 기본권규정과 사법규정이 하나의 헌법질서에 포섭될 수 있음을 경시한 이론이라고 볼 수 있다.

(2) 직접적용설(직접적 효력설)

모든 기본권 규정이 모든 사인간의 법률관계에 직접적용되어야 한다는 절대적 직접적용설(주관적 공권+주관적 사권)을 취하는 경우는 없고, 기본권의 제3자적 효력을 일반적으로 확장하지 아니하고 특수한 기본권에 한하여 한정적으로 인정하는 견해이다. 이를 한정적 직접적용설이라고 한다(니퍼다이, Leisner, 연방노동법원). ① 헌법이 공동체의 생활질서에 관한 최고의 가치질서를 규정한 것이므로 사인 상호간의 관계도 헌법규정에 위반할 수 없으며, ② 개인의 사회적 지위가 보장되지 않으면 헌법의 기본권 보장은 유명무실하게 되며, ③ 기본권이 직접 국가권력을 구속한다는 독일기본법 제1조 제3항은 사인까지도 구속한다는 점 등을 근거로 든다. 그러나 개인의 사적자치나 계약자치가 부인되게 되어 공·사법의 이원체계를 혼란에 빠뜨린다는 비판이 있다.

또한 사인간의 법률관계는 원칙적으로 대등한 기본권주체의 법률관계이기 때문에 국민과 공권력간의 법률관계에서처럼 어느 일방만의 기본권이 다른 쪽을 완전히 기속할 수 있는 관계가 아니라는 점을 간과하고 있다는 점에서 비판을 받는다.

(3) 간접적용설(공서양속설; 간접적 효력설)

이 설은 Dürig가 대표적 학자로서 기본권 규정을 사인간(사법관계)에 직접 적용하지 아니하고, 사법의 일반조항(신의성실, 권리남용, 공서양속 등)에 관한 해석이나 불확정개념의 구체적인 내용에 관하여 판단하는 경우에 헌법의 기본권의 존중·보장의 원리에 따라 결론을 도출하려고 한다. 따라서 법관이 사인의 일정한 행동이 신의성실, 공서양속 등과 같은 일반원칙의 요청에 어긋나는지를 판단할 때 기본권적 가치가 필수적인 해석기준이 되어야 하며, 만약에 이러한 해석기준을 도외시한 판결은 기본권을 침해한 것이 되고 시민은 헌법소원을 제기할 수 있다(독일 연방헌법법원).

이 설에서는 ① 공법·사법의 법체계를 혼란시키지 않고, ② 사적자치의 기본원리를 유지하면서, ③ 사법관계에 있어서까지 인권을 존중하려는 장점(모든 생활영역에 방사효과·파급효과)을 보여 주는 이론으로 다수설이다(우리나라, 독일 등). 그러나 ① 모든 기본권을 사법의 일반원칙에 따라 의미충전적 해석을 하는 경우 법적 안정성을 기하기 어려우며, ② 법관에게 지나치게 많은 재량권을 인정하게 되는 것이며, ③ 순수한 사법원리에 의해서만 규율될 수 없는 법분야(노동법, 정당법, 환경법, 언론법)의 경우 사법상의 일반조항을 통하여 간접적용된다는 견해 등에서 문제점이 있다. 따라서 전면적인 간접적용설은 부정되는 것이 타당하다.

3. 미국의 이론

미국에서도 사정부이론의 관점에서 사인의 행위를 국가행위화하는 판례이론을 정립하여 헌법규정을 사법관계에 직접 적용하는 이론구성을 하여 왔는데 이를 국가유사설(theory of looks-like-government), 국가행위의제설(State-action-doctrine), 국가관여설, 정부동시설이라 한다.

(1) 국유재산의 이론

국가적 시설을 임차한 자가 그 시설을 이용하여 개인의 기본권을 침해한 경우에는 그 침해행위를 국가행위와 같이 본다는 것이다(1962년의 Turner v. City of Memphis).

(2) 국가원조의 이론

국가로부터 재정적 원조, 조세감면을 받은 개인의 행위를 국가행위와 동일시하여 이에 헌법의 기본권규정을 적용한다는 것이다(시로부터 재정적 원조를 받는 사립학교가 흑인에 대하여 행한 차별대우를 국가가 한 것으로 본다. Norris v. Mayor and City Council of Baltimore).

(3) 통치기능의 이론

정당, 사립대학 등 국가적인 통치작용과 유사한 사실상의 지배가 행하여진 경우에 이를 국가적 행위로 보는 것이다(정당이 예비선거에서 흑인의 투표를 거부한 경우에 그 정당을 주의 통치행위를 대리하는 것으로 본다. 1944년 Smith v. Allwright, 1946년 Marsh v. Alabama, 1953년 Terry v. Adams).

(4) 사법적 집행의 이론

사인간에 기본권 침해가 발생하여 재판상의 문제가 되었을 때에 법원의 판결에 의하여 그것이 유효한 것으로 집행된 경우에는 그 집행을 위헌적인 국가행위라고 하는 이론이다(흑인에게 부동산 매매를 금하는 주민간의 계약을 합법이라고 판결한 경우 그 판결과 집행을 통하여 법원이 위헌행위를 한 것이 된다. 1948년 Shelly v. Kraemer사건).

(5) 특권부여이론

국가로부터 특정의 특권을 부여받아, 그 한도 내에서 국가의 광범한 규제를 받으면서 국가와 밀접한 관계에 있는 사적 단체의 행위를 국가행위와 동일시하는 이론이다. 시에서 특정한 특권을 인정받은 전차·Bus회사의 인종차별은 국가행위로 보아 위헌이라고 판결하였다(1952년 Public Utilities Commission v. Pollak).

(6) 미국판례이론의 비판

미국판례이론은 국가가 어떠한 형태로든지 관여한 사법행위에만 기본권의 효력이 미친다고 보나, 그 한계설정이 애매모호하고 경우에 따라서는 현대사회에서 거의 모든 사적행위가 국가와 긴밀한 관련을 맺고 있기 때문에 헌법의 인권규정 범위가 무한히 확대될 가능성이 있다는 점에서 비판을 받고 있다(기본권의 주관적 공권성의 확대).

4. 우리 헌법과 기본권의 제3자적 효력

(1) 직접적용되는 경우

명문의 규정이 있거나 또는 명문의 규정이 없을지라도 권리의 성질상 직접적용되는 기본권으로는 인간의 존엄과 가치, 행복추구권(제10조), 노동조건의 기준(제32조 3항), 여자와 연소근로자의 보호(제32조 4항·5항), 노동3권(제33조), 언론·출판의 자유, 참정권 등을 든다.

(2) 간접적용되는 경우

성질상 사법관계에도 적용될 수 있는 기본권으로서, 평등권(제11조), 사생활의 비밀(제17조), 양심·신앙·표현의 자유(제19조, 제20조, 제21조) 등 대부분의 기본권은 사법상의 일반원칙(민법 제2조, 제103조, 제750조 등)을 통하여 간접적으로 적용된다고 본다.

(3) 제3자적 효력을 전혀 인정할 수 없는 경우

기본권의 성질상 사인이 전혀 관여할 수 없고 원칙적으로 국가권력만을 구속하며 사인간에 적용될 수 없는 기본권으로 주로 사법절차적 권리가 이에 해당되는 바, 죄형법정주의, 이중처벌금지원칙, 사전영장주의, 연좌제금지, 자백의 증거능력제한, 무죄추정의 원칙, 고문을 받지 아니할 권리 및 불리한 진술거부권, 영장제시요구권, 체포·구속이유를 알 권리, 변호인의 도움을 받을 권리, 구속적부심사청구권, 재판을 받을 권리, 군사법원재판의 거부권, 신속한 공개재판을 받을 권리, 형사보상청구권, 소급입법에 의한 참정권제한과 재산권박탈금지, 청원권, 국가배상권, 범죄피해자구조청구권, 형사피해자의 공판정진술권 등을 들 수 있다.

5. 기본권의 갈등

(1) 의 의

헌법의 기본권규정들은 어떠한 형태로든 상호간에 관련을 가지고 있으며, 경우에 따라서는 기본권 상호간에 마찰과 모순을 드러내는 경우도 있는데, 이 마찰과 모순으로부터 야기되는 모든 문제를 기본권의 갈등(경합 = 경쟁 + 충돌 = 상충)이라 한다. 기본권의 경쟁문제는 동일한 기본권의 주체를 전제로 한 개념이나, 기본권의 상충문제는 상이한 기본권의 주체를 전제로 한 개념이라는 점에서 양자는 구별되지만 기본권의 경쟁(경합)문제와 상충(충돌)문제는 ① 그 성질상 기본권의 해석에 관한 문제인 동시에, ② 기본권의 효력에 관한 문제이며, 또한 ③ 이러한 갈등을 해소하기 위해서는 결국 헌법이 예정한 기본권제한의 원칙(이론)을 문제해결의 기준으로 삼을 수밖에 없다는 점에서 궁극적으로는 기본권의 제한에 관한 문제라고 할 수도 있다.

(2) 기본권의 경합

1) 기본권경합의 의의

하나의 기본권 주체의 여러 기본권 영역이 공권력작용에 의해서 동시에 침해를 받아서 그가 동시에 둘 이상의 기본권의 효력을 주장하는 경우에 헌법이 그들 기본권의 제한가능성과 제한정도를 각각 다르게 정하고 어느 기본권의 효력을 얼마만큼 인정할 것인가의 문제가 제기되는데 그 기본권 상호간에 발생하는 것이 기본권의 경합이다. 즉, 동일의 기본권주체가 국가에 대하여 동시에 여러 기본권의 적용을 주장하는 경우를 의미한다.

2) 기본권경합의 유형

ⅰ) 집회나 시위에 참가하려는 사람을 체포·구속한 경우 신체의 자유와 집회의 자유를 동시에 주장하는 경우, ⅱ) 정치적 단체에 가입하였다는 이유로 교사를 파면한 경우 결사의 자유·직업수행의 자유·수업권 등을 동시에 주장하는 경우, ⅲ) 신문수송용 자동차를 압수한 경우 언론의 자유와 재산권을 동시에 주장하는 경우 등을 들 수 있다.

3) 기본권경합의 해결원칙

기본권이 경합할 경우의 해결원칙으로는 헌법상 제한의 가능성과 제한의 정도가 가장 큰, 즉 가장 약한 성질의 기본권이 우선되어야 한다는 최약효력설(소수설), 헌법상 제한의 가능성과 제한의 정도도 가장 작은, 즉 가장 강력한 기본권이 우선되어야 한다는 최강효력설(다수설), 특정사안과 가장 직접적인 관계가 있는 기본권을 중심으로 최강효력설에 따라 해결하여야 한다는 견해 등이 주장되고 있다.

(3) 기본권의 충돌

1) 기본권충돌의 의의

상이한 기본권주체가 서로 상충하는 이해관계로 인하여 각각 상이한 기본권의 효력을 주장하는 경우에 발생하는 것을 기본권의 충돌이라고 한다. 즉, 상이한 기본권의 주체가 서로 충돌하는 권익을 실현하기 위하여 국가에 대해 각기 대립되는 기본권의 적용을 주장하는 경우를 의미한다.

2) 기본권충돌의 유형

기본권충돌은 기본권의 대사인적 효력문제에서 출발하여 궁극적으로는 대립된 기본권주체와 국가권력의 3각관계의 문제라고 말할 수 있는데, 현대국가로 발전할수록 개인적·집단적·지역적 이기주의 등으로 다양하게 발생하는 이러한 유형은 ⅰ) 문학작품에서 개인의 사생활 사항을 구체적으로 언급함으로써 작가의 예술의 자유와 개인의 사생활자유권이 충돌하는 경우, ⅱ) 언론기관이 특정인의 과거의 범죄사건을 보도함으로써 언론기관의 보도의 자유와 범인의 인격권이 충돌하는 경우, ⅲ) 기업주가 공해사업을 운영함으로써 기업주의 직업의 자유(재산권)와 인근주민의 건강권(환경권)이 충돌하는 경우, ⅳ) 종교단체가 거리에서 종교적 집회를 함으로써 종교단체의 종교의 자유와 시민의 교통권이 충돌하는 경우, ⅴ) 한의사와 약사의 분쟁의 경우 등 다양하다.

3) 기본권충돌의 해결원칙

기본권의 충돌관계가 발생한 경우 이익형량에 의한 해결방법과 규범조화적 해석에 의한 해결방법이 있다.

(가) 이익형량에 의한 해결방법

기본권이 충돌하는 경우 기본권들의 법익을 비교형량하여 결정하는 방법이다.

ⓐ 이익형량의 전제조건

기본권이 충돌하는 경우 이익형량이 행해지기 위해서는 ㉠ 무제한의 기본권을 고집하지 말아야 하고(타인과 공존하기 위한 행동양식으로서의 기본권, ㉡ 기본권향유의 균등한 기회보장), 기본권 상호간에 일정한 위계질서가 존재한다는 가설이 전제되어야 한다(이익형량의 기준의 합리적인 판단기준 정립).

ⓑ 이익형량의 기준

㉠ 상하기본권간 충돌의 경우

상위기본권우선의 원칙에 따라 상위기본권에 우선적 효력을 인정하여야 한다. 독일연방헌법재판소는 상위기본권인 태아의 생명권을 하위기본권인 임산부의 개성신장의 자유보다도 우선적 효력을 인정했다.

㉡ 동위기본권간에 충돌하는 경우

기본권충돌 사례의 대부분은 동위기본권간의 충돌의 경우라고 볼 수 있는데, 이 경우에는 인격적 가치우선의 원칙(재산적 가치보다 인격적 가치를 우선시)과 자유우선의 원칙(평등의 실현보다도 자유의 실현을 우선시)에 따라 해결한다.

(나) 규범조화적 해석에 의한 해결

규범조화적 해석은 두 기본권이 충돌하는 경우에도 이익형량에 의하여 어느 하나의 기본권만을 다른 기본권에 우선시키지 아니하고 헌법의 통일을 유지하기 위하여 이러한 견해는 충돌하는 기본권 모두가 최대한으로 그 기능과 효력을 나타낼 수 있는 조화의 방법을 찾으려는 견해이다.

ⓐ 과잉금지의 방법(비례성 · 필요성 · 적합성의 존중을 통한 조화)

충돌하는 기본권 모두에게 일정한 제약을 가함으로써 두 기본권 모두의 효력을 양립시키되 두 기본권에 대한 제약은 필요한 최소한에 그치도록 하는 방법을 말한다. 이러한 방법은 독일연방헌법법원이 Mephisto판결(인간의 존엄성과 예술의 자유가 충돌), Lebach판결(인격권과 보도의 자유가 충돌)에서도 채택하였으며, 우리 헌법재판소도 언론피해자의 정보보도청구권과 보도기관의 언론의 자유가 충돌한 경우에 규범조화적 해석방법에 따른 과잉금지의 방법을 그 해결책으로 제시한 경우도 있다.

ⓑ 대안식 해결방법

충돌하는 기본권의 효력을 동시에 인정할 수 있는 조화점을 발견하기 어려운 경우에 충돌하는 기본권을 다치게 하지 않는 대안 내지 절충안을 마련하여 기본권충돌관계를 해결하려는 방법을 말한다. 자의 생명을 구하는 길이 수혈 뿐인데도 부모의 종교적인 양심 때문에 자에 대한 수혈을 동의할 수 없는 부모에게 구태여 그 동의를 강요하는 것보다는 후견법원이나 친족회의 동의를 얻어 수혈시키는 방법을 모색하는 것이 그 예이다.

ⓒ 최후수단의 억제방법

대안식 해결방법에 의해서도 충돌하는 기본권을 조화시킬 수 없는 경우에 그 해결방법으로 유리한 위치에 있는 기본권의 보호를 위해서 필요한 수단이더라도 그 모든 수단을 최후의 선까지 동원하는 것만은 삼가하려는 방법을 말한다(극단적 수단에 의한 보호배제).

(다) 소 결

기본권의 충돌문제를 해결하기 위해서는 이익형량에 의한 해결방법과 규범조화적 해석에 의한 해결방법만으로는 모든 충돌하는 문제를 무리 없이 해결하기 어려우므로 이익형량과 규범조화적 해석방법을 모두 동원하여 다각적으로 모색하여야 할 것이다.

제 6 절   기본권의 제한

Ⅰ. 기본권제한의 일반이론

1. 기본권제한의 의의

헌법은 인간의 존엄과 가치 및 행복추구권(제10조)을 비롯하여 개별적 기본권을 보장하고 있으며, 국가에게 국민의 기본권을 최대한으로 보장할 의무를 부과하고 있다. 그러나 헌법에 규정된 기본권이라 하여 아무런 제한없이 절대적으로 보장될 수는 없으며 국가의 존립이나 「타인의 권리, 헌법적 가치질서」의 보호를 위하여 필요한 경우에는 기본권을 제한할 수 있는 방법을 규정하고 있다. 그러므로 기본권을 보장하기 위해서는 기본권의 최대한 보장의 원칙뿐만 아니라 기본권의 최소한 제한의 원칙도 동시에 요구된다.

2. 기본권제약의 유형

(1) 기본권의 구성요건 또는 규범영역

기본권은 기본권의 내용이 어떠한 것인가 하는 기본권의 구성요소의 문제이다. 이러한 구성요소의 의미를 개념적으로 확정함으로써 그 효력 범위가 제한된다.

(2) 기본권내재적 한계(암묵적 제약성)

표현의 자유와 같은 초국가적 기본권도 제한할 수 있는데, 그것은 이러한 기본권에도 일정한 내재적 한계가 있기 때문이다. 즉, 기본권은 헌법에 명문의 규정이 없는 경우에도 절대적·무제약적으로 보장되는 것은 아니며 기본권 그 자체에 내재하는 한계에 의하여 암묵적으로 제약된다. 기본권의 내재적 한계요인으로 프랑스 1789년 인권선언은 "자유란 타인을 침해하지 아니하는 한도 내에서 모든 것을 할 수 있는 자유이다"라고 하여 타인의 존재로 인한 자유의 한계를 명시하고 있으며, 독일기본법도 제2조 제1항에 타인의 권리·도덕률·헌법질서를 규정하고 있다. 현행헌법도 언론·출판의 자유에 관하여 「타인의 명예나 권리 또는 공중도덕이나 사회윤리를 침해해서는 아니된다」(제21조 제4항)고 하여 내재적 한계를 명문화하고 있고, 또 정당의 목적과 활동에 관하여 「민주적 기본질서에 위배되어서는 아니된다」(제8조 제4항)고 규정하고 있어 그 내재적 한계를 확인하고 있다고 볼 수 있다.

그러므로 개인의 자유의 영역은 전국가적이지만 전사회적인 것은 아니며, 순수한 내심의 작용을 제외한 그 밖의 자유와 권리는 헌법유보나 법률유보가 없다고 하여 무제한적으로 행사될 수 있는 것은 아니다. 자유와 권리는 그 내재적 한계 내에서만 행사될 수 있고 내재적 한계 내에서만 보장된다.

(3) 헌법유보(헌법직접적 기본권제약)

1) 의 의

기본권에 당연히 내재하는 한계성을 명문화한 것이든 새로운 제한을 창설한 것이든, 헌법이 명문의 규정을 가지고 직접 기본권을 제한(할 수 있는 것을 기본권제한에 관한 헌법유보라 한다.

2) 기능과 효과

기본권의 헌법직접적 제한은 ⅰ) 입법권자에 대한 방어적 기능(기본권제한의 한계 명시), ⅱ) 기본권남용에 대한 경고적 기능(기본권남용 방지), ⅲ) 헌법의 통일성 유지를 위한 헌법정책적 기능(기본권의 규범조화적 실현) 등을 하고 있다.

3) 유 형

(가) 일반적 헌법유보

기본권 일반에 대하여 헌법이 직접제약을 규정하는 것을 일반적 헌법유보라고 하는데, 우리헌법에는 독일기본법 제2조 제1항과 같은 일반적 헌법유보에 해당하는 규정이 없으나 일본헌법(제12조)에는 규정되어 있다.

(나) 개별적 헌법유보

특정의 기본권에 한하여 제한을 헌법이 직접 명문으로 규정하는 것을 말한다. 이에 대한 구체적인 예로서는 현행헌법 제8조 제4항(정당해산), 제21조 제4항(언론·출판의 자유에 대한 제한), 제23조 제2항(재산권행사의 공공복리적합의무), 제29조 제2항(군인 등의 국가배상청구권 제한), 제33조 제2항(공무원의 근로3권 제한) 등을 들 수 있다.

(4) 법률유보(헌법간접적 기본권제약)

1) 의 의

법률유보에 의한 제한이란 국민의 기본권을 제한하고자 할 때 입법권자가 제정한 법률에 의하도록 하는 것이다. 즉, 기본권 제한의 방법으로 '법률의 형식'을 요구하는 것을 말한다. 이에는 개별적 법률유보와 일반적 법률유보가 있는데 우리나라는 전자를 채택하고 있지만 원칙적으로는 후자의 방법을 채택하고 있으며 독일기본법은 전자의 방법만을 채택하고 있다.

2) 순기능과 역기능

법률유보에는 순기능과 역기능이 있는데, 순기능은 법률유보가 기본권보장을 강화하는 기능을 하며(법률유보; 기본권제한의 한계), 역기능은 법률유보가 기본권보장을 약화하는 기능을 한다(법률유보 : 기본권제한의 수권).

입법권자에 대한 신뢰를 밑바탕으로 하는 법률유보를 순기능적으로 이해하는 입장은 ⅰ) 영국의 의회주권사상, ⅱ) Rousseau의 일반의사론, ⅲ) Schmitt의 의지론, ⅳ) Kelsen의 사상적 세계 등이다.

3) 유 형

(가) 일반적 법률유보

기본권 일반이 법률의 규정에 의해 제한되는 경우이다(헌법 제37조 제2항). 기본권제한의 일반원칙을 말한다.

(나) 개별적 법률유보

개별적 기본권을 법률이 정하는 바에 따라 제한할 수 있음을 명시한 규정이다. 현행헌법 제12조 제1항(신체의 자유), 제23조 제3항(재산권의 수용·사용 및 제한), 제33조 제3항(단체행동권의 제한) 등이 그 예이다.

Ⅱ. 기본권제한의 일반원칙

1. 헌법 제37조 제2항의 의의

현행 헌법은 제37조 제2항에서 기본권제한의 일반원칙을 규정하고 있다. 「국민의 모든 자유와 권리(대상)는 국가안전보장·질서유지 또는 공공복리를 위하여(목적) 필요한 경우에 한하여(정도) 법률로써 제한할 수 있으며(형식), 제한하는 경우에도 자유와 권리의 본질적인 내용을 침해할 수 없다(한계)」고 규정하고 있다. 제37조 제2항은 일반적 법률유보에 해당하며(통설), 개별적 법률유보와의 관계는 양자가 일반법과 특별법의 관계에 있다.

2. 법률유보에 의한 기본권제한

(1) 유 형

법률유보의 유형은 일반적으로 다음과 같이 정리할 수 있다.

기본권 형성적 법률유보	생존권적 기본권(추상적 권리설)
기본권 구체화적 법률유보	참정권, 청구권적 기본권
기본권 제한적 법률유보	자유권, 평등권

일반적 법률유보에는 위와 같이 3가지 유형이 있다. 본래 의미의 법률유보란 기본권의 제한을 의

미하는 기본권제한적 법률유보이며, 헌법 제37조 제2항도 여기에 해당된다.

(2) 법률에 의한 기본권제한(제한의 형식)

기본권은 원칙적으로 법률에 의해서만 제한될 수 있다. 이때의 법률이란 국회의 의결을 거쳐 제정된 형식적 의미의 법률을 의미한다. 국민의 일반의사의 표현인 법률로써 국민의 기본권을 제한하는 것은 국민의 자기 제한이기 때문에 가능하다. 다만 법률의 위임이 있는 경우에 한하여 명령에 의한 예외적인 제한이 인정된다(조약이나 일반적으로 승인된 국제법규에 의한 제한가능).

3. 기본권제한의 대상

법률에 의하여 제한할 수 있는 기본권은 국민의 「모든 자유와 권리」이다. 다만 제37조 제2항이 「모든」 자유와 권리라고 하고 있음에도 불구하고, 실제로 제한의 대상이 되는 기본권은 그 성질상 제한이 가능한 기본권에 한한다. 따라서 기본권 가운데에서도 본질적 내용만으로 구성된 절대적 기본권은 어떠한 경우에도 제한할 수 없다고 본다(양심의 자유, 신앙의 자유 등). 즉, 내심의 작용을 내용으로 하는 절대적 기본권은 그 성질상 제한이 불가능하다. 우리 헌법재판소도 "헌법 제37조 제2항에 의거하여 실제로 제한의 대상이 되는 기본권은 성질상 제한이 가능한 기본권에 한한다"고 하였다(1990.8.27. 89헌가118).

4. 기본권제한의 목적

기본권 제한의 궁극적 목적은 기본권을 최대한으로 존중하면서 헌법적 가치를 전체적이고 통일적으로 실현시키려는데 있으므로 제한불가피성의 원칙하에 국가안전보장·질서유지·공공복리를 위하여 기본권을 제한할 수 있다.

국가안전보장이라 함은 국가의 독립, 영토의 보전, 헌법에 의해 설치된 국가기관의 유지 등과 같은 국가적 안전의 유지를 말한다. 따라서 단순히 사회에 해악을 끼친다는 이유로 기본권을 제한하는 법률을 제정해서는 안된다. 국가안전보장을 위한 기본권을 제한하는 법률로는 형법(내란·외환의 죄)·국가보안법 등을 들 수 있다.

질서유지란 광의의 질서유지에서 국가안전보장을 제외한 질서, 즉 사회의 안녕질서 특히 경찰상의 안녕질서를 의미한다고 본다(시위진압, 마약사범, 보행자단속 등). 협의의 질서유지에는 헌법의 기본질서유지 외에 타인의 권리유지, 도덕질서유지, 사회의 공공안녕질서 등이 포함되어 있다고 보아야 할 것이다. 질서유지를 위한 기본권을 제한하는 법률로는 형법, 집회 및 시위에 관한 법률, 경범죄처벌법, 도로교통법, 소방법, 경찰관직무집행법, 미성년자보호법, 윤락행위등방지법 등이 있다.

공공복리란 국민공동의 공공복리 개념을 말하는 바, 현대적 복지국가의 이념을 적극적으로 실현하는 의미를 갖는 것으로서 인권 상호간의 충돌을 조정하고 각인의 기본권을 최대한으로 보장하는 사회정의의 원리라 할 것이다(사회윤리의 보호, 소비자보호, 강제예방주사, 금융통제). 다만 국민공동의 공공복리개념은 자유권에 대해서는 제한의 사유가 되지만 사회적 기본권에 대해서는 실천목표가 된다고 하겠다. 공공복리를 위한 기본권을 제한하는 중요한 법률로는 농지개혁법, 국토이용관리법, 하천법, 도로법, 토지수용법, 도시계획법, 산림법 등의 이른바 경제법과 사회법을 들 수 있다.

5. 기본권제한의 정도와 한계

(1) 기본권제한의 정도(방법상의 한계)

국민의 기본권을 제한하는 법률의 제정은 국가안전보장·질서유지·공공복리를 위하여 「필요한 경우」에 한한다. 여기서 「필요한 경우」란 그 제한이 불가피한 경우와 그 제한이 최소한에 그쳐야 한다는 것을 뜻한다. 이것을 기본권제한에 있어서의 과잉금지의 원칙이라 한다.

1) 과잉금지(비례)의 원칙

헌법재판소는 비례의 원칙을 과잉금지의 원칙이라고 부르는데, 기본권제한 입법이 헌법 제37조 제2항에 근거를 두고 있는 과잉금지원칙에 위반되지 않으려면 4가지 부분원칙을 충족하여야 한다고 밝히고 있다(1996.12.26. 93헌바17 등).

목적정당성의 원칙	국민의 기본권을 제한하는 입법은 그 목적이 헌법과 법률의 체계 내에서 정당성을 인정받을 수 있어야 한다는 원칙을 말한다.
방법적정성의 원칙	기본권제한의 방법은 입법목적을 달성하기에 수단이 효과적이고 적절(적정)하여야 한다는 원칙(수단상당성의 원칙)이다.
피해최소성의 원칙	기본권의 제한조치가 입법목적달성을 위하여 설사 적절하다 할지라도 가능한 보다 완화된 형태나 방법을 모색함으로써 제한은 필요최소한도에 그쳐야 한다는 원칙이다.
법익균형성의 원칙	입법에 의하여 보호하려는 공익과 침해되는 사익을 비교·형량하여 양자간에 합리적인 균형관계가 성립하여야 한다는 원칙(법익비례성의 원칙 : 배분적정의 실현)이다.

2) 이중기준의 원칙

정신적 자유권과 경제적 기본권을 구별하여, 전자는 후자보다 우월한 것이므로 양자에 대한 제한방법 내지 제한기준도 달리하여야 한다는 이론이다. 즉, 정신적 자유를 예외적으로 제한하는 경우에도 그 규제입법의 합헌성 여부에 대한 판단은 경제적 기본권에 대한 그것보다 엄격해야 한다는 이론이다. 예컨대 표현의 자유의 제한에 관해서는 ⅰ) 사전억제의 금지, ⅱ) 명확성, ⅲ) 명백하고 현존하는 위험성, ⅳ) 합리성 등의 법리가 전개되고 있다.

(2) 기본권제한의 한계(내용상 한계)

오늘날 기본권제한의 필요성이 인정된다고 하더라도 그 제한은 국가권력의 자의에 의하여서는 안되며, 또 기본권의 본질적 내용을 침해하여 사실상 기본권 보장을 유명무실화시키는 결과를 가져와서도 안된다. 따라서 전술한 기본권 제한의 요건이 구비된 경우에도 기본권을 어느 정도까지 제한할 수 있느냐가 문제가 된다.

1) 본질적인 내용의 침해금지

기본권의 본질적인 내용이라 함은 당해 기본권의 핵이 되는 실체를 말하는데, 기본권을 침해하는 경우에도 이 기본권의 본질적인 내용을 침해하여서는 안된다. 기본권의 내용은 포괄적인 데 대하여, 기본권의 본질적 내용은 그 기본권의 근본요소만을 포함한다. 여기서 기본권의 본질적 내용의 침해란 기본권 침해로 말미암아 그 자유나 권리가 유명무실한 것이 되어 버리는 정도의 침해를 말한다. 즉, "침해로 인하여 당해 기본권이 유명무실해지고 형해화되어 헌법이 그 기본권을 보장하는 궁극적인 목적을 달성할 수 없게 되는 지경에 이른 경우를 말한다"(1989.12.22. 88헌가13). 결국 기본권의 본질적 내용은 개별기본권마다 다를 수 있다. 구체적으로는 법원과 헌법재판소의 판례에 의하여 결정된다고 하겠다.

2) 한계를 벗어난 법률

기본권을 제한하는 법률이 그 한계를 넘은 경우로 인하여 기본권이 침해된 경우에는 그 구제절차가 강구되어야 한다. 이에 대한 구제절차로서 위헌법률심판이나 법률에 대한 헌법소원의 형식으로 위헌 여부를 다툴 수 있음은 물론 그 법률의 개폐를 요구하는 청원권을 행사할 수 있다.

III. 기본권의 예외적 제한

기본권의 제한은 헌법 제37조 제2항에 규정된 기본권제한에 관한 일반원칙에 따라 법률로써 하여야 한다. 그러나 국가비상시에는 대통령의 긴급명령 등과 같은 비상적 방법에 의한 기본권 제한이 인정된다.

1. 국가비상시에 있어서 기본권의 제한

(1) 긴급명령, 긴급재정 · 경제명령(헌법 제76조)

대통령은 국가의 안위와 관계되는 중대한 교전상태에 있어서 국가를 보위하기 위하여 긴급한 조치를 할 필요가 있을 때에는 긴급명령을 발할 수 있다. 또한 긴급재정 · 경제처분을 하기 위하여 필요한 때에는 긴급재정 · 경제명령을 발할 수 있다.

긴급명령이나 긴급재정 · 경제명령은 법률의 효력을 가지므로 기본권을 제한하거나 기존의 법률을 개폐할 수 있다. 이는 일반적 법률유보의 중대한 예외가 되며 국민의 기본권에 중대한 제한을 가하게 된다.

(2) 비상계엄(헌법 제77조)

대통령은 국가비상사태에 있어서 병력으로 질서를 유지할 필요가 있다고 판단할 때에는 계엄을 선포할 수 있다. 계엄(비상계엄과 경비계엄)에서 기본권제한과 관련된 것은 비상계엄에 한하는데 비상계엄하에서 제한될 수 있는 기본권은 헌법에 열거된 것에 한한다고 보아야 하겠다(영장제도, 언론·출판·집회·결사의 자유). 따라서 특정한 기본권에 대하여 특별한 조치를 할 수 있을 뿐이다. 여기서의 특별한 조치가 영장제도의 배제를 포함하는가가 문제되고 있는데, 이와 관련하여 제1공화국 헌법위원회는 비상계엄하의 특별한 조치가 영장제도를 완전히 배제하는 것은 아니라고 결정하였다(헌법위원회 1953. 10. 8. 결정). 특히 비상계엄 지역 내에서 군인·군무원이 아닌 민간인도 군사법원의 재판을 받는다(헌법 제27조, 제110조).

2. 특수신분관계에 있어서 기본권의 제한

공무원·군인·군무원·경찰관 등 국가의 특수신분관계에 있는 자들은 일반국민들과는 달리 법률로써 자유와 권리에 일정한 제약이 가해지는 경우가 있고, 또 특별한 의무와 부담이 가해지기도 한다. 이 경우에 기본권의 제한은 헌법 제37조 제2항에 규정된 일반원칙에 의할 것이나, 다만 특수신분관계의 설정목적·성질·종류 등에 따라 기본권 제한의 방법과 정도를 달리할 뿐이다. 헌법상 근로3권제한(제33조 제2항), 국가배상권의 제한(제29조 제2항), 군사법원의 재판(제27조 제2항), 단심제(제110조 제4항) 등이 있고, 법률에 의한 정치활동제한 등은 허용된다. 다만 이 경우의 제한은 어디까지나 필요불가결한 경우 예외적으로 인정되는 것이기 때문에 특수신분관계의 특수성만을 이유로 기본권의 제한을 지나치게 확대해서는 안된다고 본다.

제 7 절   기본권의 침해와 구제

Ⅰ. 국가의 기본권 확인과 기본권 보장의 의무

헌법은 "국가는 개인이 가지는 불가침의 기본적 인권을 확인하고 이를 보장할 의무를 진다"(제10조 제2문)고 규정하고 있다.

1. 불가침의 기본적 인권

불가침의 기본적 인권이란 내심의 작용과 관련된 절대적 기본권만을 의미하는 것이 아니라 인간이 인간으로서 당연히 누려야 할 생래적이고 천부적인 인권으로 보아야 할 것이다.

2. 기본적 인권의 확인

기본적 인권을 확인한다는 의미는 생래적이고 천부적인 인권을 헌법 등에서 재확인하고 보장을 명문으로 규정하여야 한다는 것을 말한다.

3. 국가의 기본권 보장의 의무

이 때의 보장의무는 도의적 의무가 아니라 법적 의무를 의미하므로 ⅰ) 국가의 소극적 침해금지 의무(입법·집행·사법의 기본권 구속성), ⅱ) 국가가 적극적으로 실현시킬 의무, ⅲ) 사인에 의해서도 침해되지 아니하도록 보호할 의무 등을 내포한다고 보아야 할 것이다.

Ⅱ. 기본권의 침해와 구제

1. 기본권의 침해와 구제의 의의

기본권은 헌법에 선언된 것 자체로서는 의미가 없고, 현실로 보장되지 않으면 의미가 없다. 따라서 완전한 의미에서 기본권이 보장되려면, 기본권이 침해되지 않도록 예방적 조치를 하는 것이 강구되어야 하고, 현실적으로 침해되었을 경우에는 그 침해의 배제와 사후의 구제절차가 충분히 정비되지 않으면 안된다. 기본권의 침해는 누가 어떠한 방법으로 침해하는가에 의하여 여러 가지의 태양이 있고 그것에 따른 구제방법도 일률적인 것이 아니다. 보통은 주체에 따라 국가에 의한 침해와 사인에 의한 침해로 나눌 수 있다. 그리고 국가에 의한 침해는 다시 입법기관·행정기관·사법기관에 의한 침해로 세분한다. 이에 대한 헌법상 구제수단으로는 청원권, 행정쟁송제도, 국가배상청구권, 형사보상청구권 등이 있다.

2. 입법기관에 의한 기본권의 침해와 구제

(1) 적극적 입법에 의한 침해와 구제

1) 적극적 입법에 의한 침해

입법기관인 국회가 국민의 기본권을 침해하는 법률을 제정하는 것은 허용될 수 없으며, 그러한 입법은 위헌무효가 될 것이다.

2) 구제방법

적극적 입법의 침해에 대한 구제방법에는 ⅰ) 헌법재판소의 위헌법률심판(헌법 제111조), ⅱ) 헌법소원(헌법 제111조), ⅲ) 기본권을 침해한 입법의 폐지나 개정의 청원(헌법 제26조), ⅳ) 선거에 의한 정치적 책임 추궁, ⅴ) 대통령의 법률안거부권행사 등이 있으며 기타 국민소환, 입법에 대한 국민발안 및 국민투표에 의한 구제도 생각할 수 있으나 우리는 채택하고 있지 않다.

(2) 입법의 부작위에 의한 침해와 그 구제

1) 부작위에 의한 침해

입법자가 입법을 하지 않음으로써 또는 불충분한 내용의 입법밖에 하지 않음으로써 기본권을 침해하는 경우가 있다. 이는 특히 정치적 기본권, 생존권적 기본권이나 청구권적 기본권 등 국가의 적극적 입법이 요구되는 기본권 분야에서 주로 문제가 된다. 이러한 기본권의 구체화 또는 형성을 위해서는 적극적 입법이 있어야 하는데 아직 입법이 없거나 불충분한 입법밖에 없는 경우, 기본권을 침해하게 될 것이다.

2) 구 제

(가) 입법부작위 위헌확인소송·헌법소원의 인정여부

ⓐ 입법이 없거나 불충분한 입법밖에 없는 경우에 그것이 기본권을 침해하게 되는 경우 우리나라에서는 헌법재판제도를 두고 있기 때문에 법원에서는 입법부작위에 대하여서는 입법의 의무이행을 강제할 수는 없을 것이며, 헌재도 불완전입법에 의한 기본권침해의 경우 법령소원의 대상은 되어도 입법부작위 위헌확인소송은 할 수 없다는 입장을 취하고 있으므로 입법(법령)이 불완전·불충분하여 그 보충을 요하는 경우에는 헌법소원을 제기할 수 없다(부진정입법부작위 : 1989.7.28. 89헌마1).   ⓑ 그러나 ㉠ 헌법에서 기본권을 보장하기 위해 명시적인 입법의무를 위임하였음에도 불구하고 입법부작위가 발생한 경우와 ㉡ 헌법해석상 특정인에게 구체적인 기본권이 생겨 이를 보장하기 위한 국가의 작위의무 내지 보호의무가 발생하였음이 명백함에도 불구하고 입법자가 아무런 입법조치를 취하지 않는 경우에만 입법부작위에 대한 헌법소원을 제기할 수 있다(진정입법부작위 : 1989.3.17. 88헌마1). 입법부작위에 대한 헌법소원은 보충성의 원칙의 예외가 적용된다.

(나) 청원 등

입법권의 부작위에 의하여 국민의 기본권이 침해되는 데 대하여 그 구제에 대한 입법을 하여 달라고 청원할 수 있을 것이며, 그래도 국회의원이 이를 받아들이지 않는 경우에는 차기선거에서 낙선시키는 선거권의 행사를 생각할 수 있을 것이다.

3. 행정기관에 의한 기본권의 침해와 구제

(1) 행정기관에 의한 침해

기본권의 침해는 그 대부분이 법을 적용하고 집행하는 단계에서 발생한다. 그 유형에는 첫째, 위헌적인 내용의 명령을 집행함으로써 기본권을 침해하는 경우, 둘째, 합당한 법령이지만 그 해석을 그르쳐서 기본권을 침해하는 경우, 셋째, 행정기관이 적극적으로 법을 어겨 기본권을 침해하는 경우, 넷째, 소극적으로 법령을 집행하지 않음으로써 결과적으로 기본권을 침해하는 경우를 들 수 있다. 기본권침해의 전형적인 사례는 셋째의 경우인 행정기관 특히 수사기관에 의한 경우가 그 대부분이다.

(2) 구제수단

1) 행정기관에 의한 구제

청원, 행정상의 손해배상제도, 행정상의 손실보상제도, 형사보상제도(형사피의자가 불기소처분을 받은 경우 등), 행정절차에 의한 사전적 권리구제(청문제도 등)를 들 수 있다.

2) 사법기관에 의한 구제

행정소송, 명령·규칙의 위헌·위법심사제도, 헌법소원심판, 위헌법률심판(긴급명령, 긴급재정경제명령)에 의해 구제 받을 수 있다.

3) 기타 방법에 의한 구제

탄핵심판(간접적), 민·형사상 책임, 징계책임, 국민고충처리위원회 등의 방법에 의하여 구제받을 수 있다.

4. 사법기관에 의한 기본권의 침해와 구제

(1) 사법기관에 의한 침해

사법기관에 의한 침해로는 ⅰ) 법령해석의 잘못, 위헌법령의 적용, 사실판단의 잘못 등 오판에 의하여 침해하거나, ⅱ) 재판의 지연에 의한 형사피고인 등의 신속한 재판을 받을 권리의 침해, ⅲ) 재판절차에 있어서의 당사자의 진술권과 같은 기본권 침해, ⅳ) 대법원규칙에 의한 기본권 침해 등을 들 수 있다.

(2) 구제수단

사법기관의 침해에 대한 구제수단으로는 ⅰ) 상소(항소, 상고, 항고 및 재항고), ⅱ) 재심, ⅲ) 비상상고, ⅳ) 형사보상청구권, ⅴ) 재판절차에서 형사피해자의 진술기회 요구(헌법 제27조 제5항), ⅵ) 재판을 제외한 법원의 기본권 침해에 대한 헌법소원 제기(헌법재판소법 제68조) 등이 있다. 그 외에 대통령의 사면이나 법관에 대한 탄핵심판도 구제수단이 될 수 있다.

5. 사인에 의한 기본권의 침해와 구제

사인에 의하여 침해된 경우에는 범죄에 대한 형사상 구제(고소·고발), 국가에 대한 범죄피해자 구조청구권 행사, 민사상구제(손해배상·사죄광고·위자료)의 방법이 있다. 또한 위헌적 계약은 소송을 제기하여 법원으로부터 무효선언을 받음으로써 구제될 수도 있다. 그러나 헌법재판소는 사죄광고를 강제하는 것은 양심의 자유에 위반된다고 보고 있다(1991.4.1. 89헌마160).

6. 예외적인 구제방법

(1) 자구행위에 의한 구제

기본권이 헌법에 규정된 방법으로 보장될 수 없는 긴박한 상황에서 자력구제가 가능할 것인가가 문제된다. 헌법에 명문규정은 없지만 불가피한 경우에는 법질서의 통일적인 해석을 위하여 정당방위나 긴급피난과 같은 자력구제가 인정된다 할 것이다(민법 제209조와 형법 제23조 참조).

(2) 저항권의 행사에 의한 구제문제

기본권을 침해하는 국가의 공권력행사에 대하여 실정법상의 수단으로는 그 구제가 불가능한 경우에 국민은 저항권을 행사할 수 있는가가 문제된다. 독일기본법은 1968년부터 저항권에 관한 명문의 규정을 두고 있으며(제20조 제4항), 독일연방헌법법원도 초헌법적인 저항권을 엄격한 요건 하에서 인정하고 있다.

우리나라 대법원은 긴급조치위반 사건에서 저항권에 관하여 부정적 입장을 취하고 있으나(1975.4.8. 대판 74도3323), 현행헌법 전문은 「불의에 항거한 4·19민주이념을 계승」한다고 규정하고 있으므로, 간접적으로 저항권을 인정하고 있다고 볼 수 있다.

(3) 특별한 인권옹호기관에 의한 구제

특별한 인권옹호기관에서의 인권상담(법률상담제도)이라든가 법률구조제도 등의 형태로 쟁송절차를 밟지 아니하고 권리구제를 상담하는 경우가 적지 아니하다. 현재 법률구조법에 따라 정부주도의 대한법률구조공단이 설치되어 있다.

제 2 장   포괄적 기본권

제 1 절   인간의 존엄과 가치

I. 서 론

1. 헌법규정과 연혁

헌법은 제10조에서 "모든 국민은 인간으로서의 존엄과 가치를 가지며"라고 하여 기본권보장의 일반원칙으로서 인간으로서의 존엄과 가치를 선언하고 있다. 이는 독일기본법의 영향을 받은 것으로 처음 1962년 제5차 개정헌법(제3공화국헌법)에서 규정된 이래 현행헌법에서도 규정되어 있다. 이것은 인간존엄성의 논리적 가치와 자연법원리의 헌법화를 의미하고 모든 기본권의 이념적 기초인 동시에 헌법해석의 중요한 가치기준이 되고 있다. 제2차 세계대전중의 독일·이탈리아·일본 등 전체주의·군국주의체제하에서 대량학살·강제노동·고문·테러·인간실험·국외추방 등 비인간적인 만행에 대한 반성으로 대전 이후 국제연합헌장을 비롯한 세계인권선언·유럽인권협약·국제인권규약·고문폐지를 위한 국제앰네스티선언·집단학살금지협정 등 여러 국제헌장과 조약에서 인간의 존엄성존중을 선언하였다.

2. 인간의 존엄과 가치의 의의

(1) 인간의 의미

인간의 의미는 개인주의(고립적·이기적·독립적 인간상), 인격주의(사회에 의하여 구속을 받는 인간상), 전체주의(국가권력의 객체로서의 인간상) 관점에서 각각 달리 볼 수 있으나 우리 헌법이 예상하고 있는 인간상은 고립된 인간도 아니고 또한 독립적 지위를 전혀 갖지 못한 인간도 아닌, 인간의 고유한 가치를 유지하면서 사회에 구속되며 사회와 일정한 관계를 가진 인간을 의미한다(인격주의). 즉, 자주적 인간을 의미한다.

(2) 인간의 존엄과 가치의 의미

인간의 존엄과 가치가 무엇을 의미하는가는 여러 견해가 있으나 인간의 존엄은 「인격성」 내지 「인격주체성」을 의미하고, 이것은 추상적이고 잠재적인 것으로 족하다. 인간의 가치란 이러한 인간에 대한 총체적인 평가를 의미한다. 생각건대, 인간의 존엄과 가치는 「인간의 인격과 평가」라고 보는 것이 타당할 것이다. 그러므로 명예훼손, 노예제도, 인신매매, 고문, 강제노동, 집단학살, 인간실험, 국외추방, 인종차별 등은 인간의 존엄과 가치를 침해한다.

Ⅱ. 인간의 존엄과 가치의 법적 성격

1. 구체적 기본권 여부

헌법 제10조 제1문 전단은 개인의 주관적 공권을 의미하는 구체적·개별적 권리(기본권)를 직접 보장한 것이 아니라, 모든 기본권의 이념적 전제가 되고, 모든 기본권보장의 목적이 되는 헌법적 기본원리를 규범화한 것이다. 즉, 객관적인 헌법의 최고원리를 선언한 것에 불과하다. 따라서 헌법 제10조 제1문 전단과 제11조~제37조 제1항까지는 서로 목적과 수단의 관계에 있다는 의미이다 (1992.4.14. 90헌마82).

2. 전국가적 자연권성의 선언

제10조의 성격에 대하여 기본권의 전국가적·초국가적 권리(천부인권성)의 선언이라는 견해와 실정법상의 권리선언이라는 견해가 대립하는 데에서 인간의 존엄과 가치는 비로소 보장된 것이 아니고 국민이 인간자연에 근거하여 가지는 것이므로 기본권의 전국가적 권리 내지 원리를 선언한 확인적 규정이라고 보는 자연권설이 타당하다고 본다.

3. 최고규범성

제10조는 단순한 프로그램적 규정의 의미를 갖는 것이 아니라 직접적으로 국가권력을 구속하는 국법질서 전체에 걸친 최고의 헌법 구성원리로서의 성격을 가진다. 따라서 ⅰ) 모든 기본권 해석의 가치 기준이 되며, ⅱ) 법규범에 흠결이 있는 경우에 법의 보충원리가 되며, ⅲ) 입법·사법·행정 등의 국가적 활동의 기준이 된다. 또한 ⅳ) 헌법상의 개정절차에 의해서도 폐제될 수 없는 헌법개정의 한계요인을 이룬다. 그러므로 인간의 존엄과 가치의 보장은 헌법이 지향하는 최고의 실천원리이며, 최고의 구성원리인 헌법규범이다.

4. 인격주의의 채택(반전체주의적 성격)

제10조는 개인의 존엄을 존중하고 전체주의를 배격하고 있어 기본권의 인격주의적 성격을 선언

한 것이다. 개인의 존엄과 가치를 존중하는 인격주의는 민주주의 사상의 근간을 이루는 바, 제10조는 이러한 개인의 존엄이나 가치를 부정하는 전체주의·국가주의를 배척하는 것이다. 즉 제10조는 극단적인 개인주의를 의미하는 것이 아니고 인격주의를 채택하고 있다고 보아야 한다.

5. 인간의 존엄·가치와 그 밖의 기본권과의 관계

(1) 인간의 존엄·가치와 헌법에 열거된 기본권과의 관계

헌법 제11조 내지 제36조에 걸쳐 열거된 개별적 기본권은 모든 기본권보장의 궁극적 목적인 인간의 존엄과 가치를 유지하고 구현하기 위한 수단이다. 즉, 인간의 존엄과 가치는 제11조부터 제36조에 걸쳐 열거된 개별적 기본권의 보장에 의하여 실현된다.

우리 헌법재판소도 인간의 존엄·가치와 헌법에 열거된 개별적 기본권과의 관계를 목적과 수단이라는 유기적 관계로 보고 있다(1992.4.14. 90헌마82).

(2) 헌법 제37조 제1항과의 관계

헌법 제37조 제1항에 「국민의 자유와 권리는 헌법에 열거되지 아니한 이유로 경시되지 아니한다.」고 규정하였다. 이 조항은 결국 제10조와 상호보완관계에 있는 포괄적 근본규범이라 할 것이다. 따라서 오늘날 문제가 되고 있는 생명권, 일반적인 행동의 자유, 평화적 생존권, 저항권, 휴식권, 성전환 등도 그것이 '인간으로서의 존엄과 가치'를 누리기 위해서 필요한 것이며, 제37조 제1항에서 말하는 자유와 권리에 해당되고 또한 헌법상 보장된다고 볼 수 있다.

(3) 헌법 제37조 제2항과의 관계

헌법 제37조 제2항은 국민의 모든 자유와 권리는 국가안전보장 등을 위하여 필요한 경우에 법률로써 제한할 수 있다고 하는데, 이 경우의 자유와 권리의 제한도 인간으로서의 존엄과 가치를 침해하는 것이어서는 안된다. 즉, 인간의 존엄과 가치는 제37조에 의한 제한의 한계(최후적 한계 : 기본권의 본질적 내용)를 의미한다.

Ⅲ. 인간의 존엄과 가치의 주체

인간의 존엄과 가치의 향유주체는 모든 국민뿐만 아니라, 외국인 및 무국적자를 포함하는 인간이라고 하겠다. 즉 자연인을 의미하므로 법인은 여기에 포함되지 않는다. 따라서 법인이나 권리능력없는 사단이나 재단은 그 주체가 될 수 없다. 태아(胎兒)나 사자(死者)에게도 인간의 존엄권 및 생명권이 인정된다고 봄이 일반적 견해이다. 사자(死者)에 대하여는 가족관계와의 관련 하에서 제한적으로 인정된다.

Ⅳ. 인간의 존엄과 가치의 내용

인간의 존엄과 가치는 모든 기본권보장의 원칙적인 가치지표를 제시함으로써 포괄적인 성질을 띠고 있으므로 그 내용을 일일이 열거하기란 어렵지만 대표적인 것들만 살펴보기로 한다.

1. 생명권

(1) 생명권의 의의

생명은 순수한 자연적 개념이다. 따라서 생명이란 비생명적인 것 또는 죽음에 대칭되는 인간의 인격적·육체적 존재형식, 즉 생존을 의미한다. 생명은 자연과학적으로 판단하여야 하므로 생명에 관한 사회적·법적 평가는 원칙적으로 불가능하지만 타인의 생명을 부정하거나 둘 이상의 생명이 양립할 수 없는 경우에만 예외적으로 사회적·법적 평가가 허용될 수 있다고 하겠다.

헌법재판소는 태아도 헌법상 생명권의 주체가 되며, 국가는 헌법 제10조에 따라 태아의 생명을 보호할 의무가 있다고 본다.

(2) 생명권의 헌법적 근거

현행헌법은 독일기본법(제2조 제2항)·일본헌법과 달리 명문규정은 없지만 학설과 판례는 생명권을 헌법상의 기본권으로 인정하고 있다. 생명권의 헌법적 근거를 어디서 찾을 것인가에 관하여 견해의 대립이 있다.

ⅰ) 헌법 제10조의 인간의 존엄과 가치에서 찾는 견해, ⅱ) 헌법 제10조, 제12조 제1항, 제37조 제1항에서 구하는 견해, ⅲ) 생명권은 인간의 존엄성과 신체의 자유의 전제라는 견해 등이 있다. 생자의 생명에의 권리는 인간의 본질적 가치에 해당하며 생명을 박탈하는 것은 인간의 존엄과 가치를 침해하는 것이므로 생명권의 헌법적 근거는 헌법 제10조의 인간의 존엄과 가치에서 찾는 것이 타당하다고 본다.

(3) 생명권의 내용

생명권은 국가의 침해에 대한 배제를 요구할 수 있는 자유권적 내용(소극적 생명권)과 국가에 대하여 사회적·경제적 여건을 마련하여 보호해 줄 것을 요구할 수 있는 생존권적 내용(적극적 생명권)을 갖는다. 따라서 우생학적 단종시술이나 안락사·낙태는 원칙적으로 금지되며, 생명을 위협하는 전염병 또는 위급한 상황에 처한 개인이나 집단을 고의로 방치하는 것은 용납되지 아니한다. 특히 사형제도가 문제되나, 사형제도는 다른 생명을 부정하는 불법행위에 대해서만 예외적으로 허용하여야 한다고 본다. 사형제도에 관하여 대법원·헌법재판소와 다수설은 합헌으로 보나, 위헌이라 보는 견해도 있다.

(4) 생명권의 한계와 제한

생명권도 헌법 제37조 제2항에 따라 제한될 수 있으나 그 본질적 내용은 어떠한 경우에도 침해될 수 없다. 따라서 법률에 의한 생명권의 침해는 언제나 다른 생명을 보호하기 위한 불가피한 경우에 과잉금지의 원리에 따라 최소침해의 원칙이 존중되어야 할 뿐 아니라 그 침해방법과 절차의 면에서도 인간의 존엄성을 존중하는 길을 택해야 할 것이다.

생명권의 한계에 관한 문제는 대체로 정당한 이유 없이 타인의 생명을 부정하거나 둘 이상의 생명이 충돌할 경우에 제기된다. 특히 생명권의 박탈과 사형제도·태아의 생명권과 인공임신중절·안락사·전투·정당방위 등에 의한 살인·생명의 포기=죽을 권리 등에서 한계문제가 논의되고 있다.

특별한 임무를 수행하여야 하는 군인·경찰관 등에게 타인의 생명을 구하기 위하여 생명의 희생을 감수하도록 강요할 수 있는지 문제된다. 이러한 강요는 생명의 위협을 무릅쓰고 업무수행에 최선을 다할 국가적 의무(국민의 생명권 보호)에서 유래하는 것이다. 그러나 생명권을 존중하는 한 직무명령을 어긴 공무원에 대한 국가의 형벌권은 인정될 수 없다는 견해도 있다.

2. 일반적 인격권

일반적 인격권이란 일반적으로 자신과 분리될 수 없는 인격적 이익의 향유를 내용으로 하는 권리 내지 인격의 자유로운 발현에 관한 권리로서 인격을 형성·유지 및 보호받을 수 있는 권리를 말한다. 구체적으로 생명·신체·건강·정조·명예·초상·성명·사생활의 비밀 등의 향유를 그 내용으로 하며, 명예권, 성명권, 초상권 등을 개별적 인격권이라고 한다.

현행헌법은 독일기본법과 달리 명문규정이 없으나 그 헌법적 근거에 관해서는 ⅰ) 헌법 제10조 인간의 존엄과 가치·행복추구권에서 찾는 견해와 ⅱ) 인간의 존엄과 가치(헌법 제10조), 사생활의 비밀과 자유(헌법 제17조), 제37조 제1항에 열거되지 아니한 권리 등에 근거한다는 견해의 대립이 있다. 그런데 일반적 인격권은 헌법재판소의 견해처럼 제10조 인간의 존엄성에서 찾는 것이 바람직할 것이다.

인격권을 명확히 한정지어 구체적으로 열거하기는 어려우나 대체로 생명권, 건강에 관한 권리, 정조에 관한 권리, 명예권, 초상권, 성명권, 알 권리, 정정보도청구권, 프라이버시권, 환경권 등 인격의 형성·발전 및 유지에 관한 모든 권리 등이 포함된다고 할 수 있다.

3. 자기결정권

인간의 존엄과 가치·행복추구권에는 자기결정권이 포함된다. 이 자기결정권은 국가권력으로부터 간섭 없이 일정한 사적사항에 관하여 스스로 결정할 수 있는 인격적 자율권이라고 말한다. 헌법재판소는 "헌법 제10조는 개인의 인격권과 행복추구권을 보장하고 있고 개인의 인격권·행복추구권에는 개인의 자기운명결정권이 전제되는 것이고 이 자기운명결정권에 성적 자기결정권이 포함되어 있다"라고 밝히고 있다(1990.9.10. 89헌마82).

자기결정권의 내용으로는 ⅰ) Reproduction의 자기결정권(아이를 가질 것인가에 대한 결정권 : 프라이버시권의 중심), ⅱ) 생명·신체의 처분에 관한 자기결정권(의료거부, 특히 존엄사와 같은 생명·신체의 처분에 관한 자기결정권 : 생명유지의료의 거부권 인정), ⅲ) Life-Style의 자기결정권(흡연·음주·외견·복장·두발형의 자유로운 자기 결정권) 등이 있다. 자기결정권은 본질적 내용을 침해하지 않는 한 법률로써 제한가능하다.

Ⅴ. 인간의 존엄과 가치의 효력

1. 헌법 제10조의 의의와 성격

헌법 제10조 후문은 「국가는 개인이 가지는 불가침의 기본적 인권을 확인하고 이를 보장할 의무를 진다」고 규정함으로서 국가에 기본권보장의 의무를 부과하고 국가의 목적이 국민의 기본권보장에 있음을 천명하였다. 따라서 국가는 개인의 기본권을 침해하지 말아야 한다는 소극적인 의미와 또한 국가는 그것을 보호해야 한다는 적극적인 의미가 포함되고 있다.

그런데 이 규정의 법적 성격에 관하여는 국가권력을 직접적으로 구속하는 직접적 효력규정이라는 견해와 국가권력이 기본권을 최대한으로 보장할 도덕적·윤리적 책임을 진다는 것을 선언한 입법방침규정이라고 보는 설이 있으나 전자가 다수설이다.

2. 국가의 「인간의 존엄과 가치」의 보장의무

인간의 존엄과 가치는 모든 국가작용을 평가하는 기준이 되며 국가활동의 정당성 역시 여기에 근거하는 것이라 할 수 있다. 이와 같이 제10조는 근본규범성을 지니고 있으므로 입법권, 행정권, 사법권 등 모든 국가권력을 구속한다. 따라서 입법권에서는 제10조를 침해하는 법률을 제정할 수 없고, 행정권에서는 행정처분과 경찰권, 검찰권행사에 있어서 제10조를 침해하는 일체의 행위를 해서는 아니 되고, 사법권에서도 국가권력이 부당하게 제10조를 침해하였는가의 여부를 법률과 양심에 따라 공정하게 심판하여야 한다.

3. 사인간에 있어서 인간의 존엄과 가치의 효력

인간의 존엄과 가치가 헌법을 지배하는 최고의 헌법적 원리를 의미한다면 기본권의 침해에 대한 보장은 국가에 의한 침해뿐만 아니라 국가 이외의 사회적 세력으로부터의 침해도 그 보장이 요청되지 않을 수 없다. 따라서 인간의 존엄과 가치는 사법관계에서 공서양속의 내용을 이루는 것이므로 간접적용된다고 본다. 즉, 사법의 일반원칙을 통하여 사인간에도 적용된다고 보아야 한다.

VI. 인간의 존엄과 가치의 침해와 구제

인간의 존엄과 가치에 대한 침해행위는 노예제도, 인신매매, 집단학살, 고문, 인간실험, 거짓말탐지기에 의한 자백강요(상대방 동의와 일정한 조건하에 사용가능 : 1975.5.22. 대판 79도547), 인종차별, 생명에 대한 침해 등이며, 이러한 침해행위는 불법행위를 구성하므로 국가배상이나 손해배상(주체가 사인일 때) 등으로 구제받을 수 있다. 또한 국민은 청원권, 재판청구권, 헌법소원 등의 행사를 통하여 각종 침해에 대한 구제를 받을 수 있다.

제 2 절 행복추구권

I. 서 론

1. 헌법규정과 연혁

현행 헌법은 제10조에 「모든 국민은 … 행복을 추구할 권리를 가진다」고 하여 행복추구권을 인정하고 있다. 이는 1980년 헌법(제5공화국 헌법)에서 신설된 것이다. 입법례로는 1776년 Virginia권리장전, 1776년 미국독립선언, 1946년 일본헌법 등이 있다.

2. 행복추구권의 의의

행복추구권은 매우 다의적이고 주관적인 개념인데, 「고통이 없는 상태·만족감을 느낄 수 있는 상태를 실현하는 권리」로 설명된다. 따라서 행복추구권이라 함은 문자 그대로 행복한 상태를 실현할 수 있는 권리라고 말할 수 있다.

II. 행복추구권의 법적 성격과 타기본권과의 관계

1. 행복추구권의 법적 성격

행복추구권은 헌법상의 원리에 그치는 것이 아니라 주관적인 '권리'이다(다수설, 헌재). 자연법상의 권리와 실정권으로서의 성격을 모두 가진다. 또한 행복추구권은 개별적 구체적 권리가 아니라 인간의 존엄과 가치의 유지를 위해 필요한 모든 자유와 권리를 내용으로 하는 '포괄적 권리'이다(1991.6.3. 89헌마204).

헌법재판소는 행복추구권을 하나의 구체적 권리로 인정하는 입장을 밝히고 있다(1989.10.27. 89

헌마56). 따라서 행복추구권은 독자적 권리성을 갖는 포괄적 권리이다. 끝으로 행복추구권은 소극적·방어적 성질의 권리인 동시에 적극적 성질의 권리이다.

2. 「인간의 존엄과 가치」및 타기본권과의 관계

「인간의 존엄과 가치와 행복추구권」과는 목적과 수단의 관계에 있다. 즉, 행복추구권은 인간으로서의 존엄과 가치의 존중이라는 목적을 실현하기 위한 수단을 의미하고, 그 내용에는 헌법에 규정된 개별적 기본권의 총화에다 인간으로서의 존엄과 가치를 유지하는데 필요한 것임에도 헌법에 열거되지 아니한 자유와 권리까지도 포함되는 포괄적 기본권이다. 구체적인 기본권 보장이 문제된 경우 문제된 당해 기본권 조항이 먼저 적용되고 이러한 규정이 없는 경우에 행복추구권이 적용된다고 본다.

Ⅲ. 행복추구권의 주체와 내용

1. 행복추구권의 주체

행복추구권은 인간의 권리를 의미하므로 내국인 뿐만 아니라 국적에 관계없이 외국인 및 무국적자를 포함한 모든 인간이 그 주체가 된다. 그러나 법인은 주체가 될 수 없다.

2. 행복추구권의 내용

행복이란 정신이나 물질의 어느 한쪽에 편중되지 않으면서 심신의 욕구가 충족되어 조금도 부족감이 없는 상태, 즉 고통 없는 상태의 개인의 주관적인 정신·물질의 만족상태를 말하고 그 내용은 개인에 따라 다를 수 있다.

행복추구권은 발전적으로 형성되어 가고 있는데 포괄성을 가진다고 해석되므로 헌법에서 열거하고 있는 개별적 기본권에다 헌법상 열거되지 아니한 자유·권리를 보충적으로 포섭하게 된다고 하겠다. 따라서 행복추구권의 주요내용으로는 생명권, 신체불훼손권, 일반적 행동자유권과 개성의 자유로운 발현권, 평화적 생존권(평화상태를 향유할 수 있는 권리), 휴식권, 수면권, 일조권, 스포츠권 등을 들 수 있다.

Ⅳ. 행복추구권의 효력 및 제한

1. 행복추구권의 효력

행복추구권은 대국가적 효력과 대사인적 효력을 아울러 가진다. 국가나 사인에 의하여 행복추구권이 침해 내지 방해받을 경우에는, 제1차적으로 개별적 기본권조항에 의하여 구제되어야 하지만, 그것으로 구제될 수 없는 경우에는 제2차적으로 이를 이유로 침해행위배제청구와 침해예방청구에 의해 구제받을 수 있을 것이다. 또 그로 인한 손해배상청구도 가능하다.

2. 행복추구권의 제한

행복추구권은 남용될 수 없다. 행복추구권은 타인의 행복추구권을 방해하거나 헌법질서, 도덕률을 위반하지 않는 한계내에서만 보장된다. 여기에 행복추구권의 내재적 한계가 있다. 행복추구권의 반국가적·반사회적인 형태로 나타는 경우에는 헌법 제37조 제2항에 의하여 제한의 대상이 된다. 그러나 본질적 내용을 침해할 수는 없다.

제 3 절 평등권

Ⅰ. 서 론

1. 헌법규정

헌법은 제11조 제1항에서 국민의 법 앞에서의 평등원칙을 선언함과 함께, 평등에 관한 특별규정으로 ① 사회적 특수계급의 부인(제11조 제2항), ② 영전에 따른 특권 금지(제11조 제3항), ③ 선거에 있어서의 평등(제41조 제1항, 제67조 제1항, 제116조 제1항), ④ 교육의 기회균등(제31조 제1항), ⑤ 혼인과 가족생활에 있어서 양성의 평등(제36조 제1항), ⑥ 지역간의 균형있는 발전(제123조 제2항)을 규정하고 있으며, 헌법전문을 비롯하여 경제조항(제119조 제2항 등)에서 실질적 평등의 구현을 위한 적극적인 규정을 두고 있다.

2. 연혁 및 입법례

중세에서의 「신 앞의 평등」이 근세의 자연법사상의 영향을 받아 「법 앞의 평등」으로 발전하였다. 근대의 평등은 자유의 평등과 형식적 평등에 중점을 두었다면(미국 독립선언, 프랑스 인권선언), 현대의 평등사상은 배분적 정의의 이념에 근거하는 '생존의 평등', '실질적 평등'을 의미한다. 실질적 평등사상은 바이마르헌법에 의하여 확립되었다. 이는 과거의 추상적·형식적 평등의 수정을 의미하며, 복지국가 헌법과 밀접한 관련이 있다. 따라서 현대적인 평등의 개념은 경제적·사회적 평등에 더 중점을 두고 있다.

3. 의의와 기능

평등권이란 국가에 의해 평등하게 취급되고, 또한 국가에 대하여 평등한 취급을 요구할 수 있는 권리를 말한다. 평등권은 기본권실현의 방법적 기초이면서 기본권실현의 방향을 제시해 주는 것으로, 모든 국민에게 여러 생활영역에서 균등한 기회를 보장해 주는 것을 내용으로 한다. 그리고 어떠한 자의적인 공권력의 발동도 용납되지 않는다. 따라서 평등권은 모든 기본권, 즉 자유권·사회권·청구권·참정권과 같은 모든 영역에 적용되고 보장된다. 이런 평등권은 헌법의 기본원리의 하나로서 헌법개정으로도 개정할 수 없다고 하겠다.

Ⅱ. 법 적 성 격

1. 이중적 성격

(1) 객관적 법원칙설

헌법 제11조는 권리를 부여한 것이 아니라, 국민이 생활관계에서 불평등하게 취급당하는 것이 없어야 한다는 기본원리를 선언한 것이며, 위에서 언급한 평등에 관한 헌법상의 특별규정이 개별적인 평등권을 규정하고 있는 것은 불필요한 것이나, 역사적·사회적·경제적 상황 등의 차이에서 오는 구체적인 불평등 상태가 있을 수 있기 때문에 다시 구체적으로 규정한 것으로 본다. 이 견해는 일반적 평등의 원칙과 개별적 평등권을 구별하여 전자는 권리성을 부인하나, 후자는 인정한다.

(2) 주관적 공권설

평등권과 같은 포괄적 기본권을 주평등권과 개별적 평등권으로 구분하여, 평등권은 개인이 국가에 대하여 갖는 주관적 공권임과 동시에 객관적인 법질서로서의 성격을 지닌다고 본다. 따라서 평등권은 불평등한 입법에 대해서는 위헌심사를, 불평등한 행정처분과 재판에 대해서는 행정소송과 상소를 할 수 있는 근거로서 적용할 수 있다.

2. 자연권

평등권은 헌법에 선존하고 헌법에 의해 확인된 전국가적 성질을 가지는 생래적 권리이다.

3. 근본규범성

일반적 평등의 원칙인 헌법 제11조 제1항은 헌법전문, 헌법 제10조의 규정 등과 함께 헌법의 최고원리의 하나로서 헌법의 해석과 입법의 기준이 되는 헌법의 근본규범에 해당되며 헌법개정의 한계 밖에 있다. 헌재는 평등원칙을 기본권보장에 관한 헌법의 최고원리, 기본권 중의 기본권이라고 한다(1989.1.25. 88헌가7).

4. 자유권과의 관계

평등권은 자유권의 일종으로 국가로부터 차별대우를 받지 않는다는 소극적인 의미를 강조하는 견해가 있으나, 평등권은 모든 기본권에 공통적으로 적용되어야 할 기능적·수단적 권리이기 때문에 다른 기본권과 별개로 병존·독립한 기본권이라 보아야 할 것이다(소극적 권리+적극적 권리).

Ⅲ. 주　체

헌법 제11조 제1항은 모든 국민이라고 하고 있지만, 평등권은 자연인뿐만 아니라 법인 또는 법인격 없는 단체에 대해서도 적용된다. 그러나 외국인에게도 적용될 것인가에 대하여 헌법이 국민이라고 규정하고 있으므로 외국인에게는 적용되지 않는다는 견해가 있으나, 평등권은 인간의 권리이기 때문에 외국인에게도 적용된다 할 것이다. 단, 외국인의 경우는 국제법의 규정과 상호주의 원칙에 따라 결정된다. 그러나 한국 국민이 아니고는 누릴 수 없는 정치적 기본권(참정권)과 같은 공권과 일정한 사법상 권리는 외국인에게는 인정되지 아니한다.

Ⅳ. 내　용

1. 법 앞에 평등의 의미

여기에서 법의 의미는 광의의 법의 개념이다. 즉 「법」은 국회에 의하여 제정된 형식적 의미의 법률에 한하지 않고, 불문법·국제법·헌법·명령·규칙 등 모든 법을 말한다. 초실정법으로서의 자연법도 포함한다.

법 '앞에'의 의미, 즉 평등의 원칙에 의하여 구속되는 국가작용의 범위에 대하여는 집행과 사법만을 구속한다는 법적용평등설(입법자비구속설)과 입법작용까지도 구속한다는 법내용평등설(입법자구속설)이 있다. 법의 내용이 불평등한 것이면 그 법을 아무리 평등하게 적용·해석할지라도 그 결과는 불평등하게 되기 때문에 법 앞의 평등이란 입법자까지도 구속한다는 입법자구속설이 통설이다. 입법자구속설에 의할 때 비로소 입법권에 의한 평등원리의 침범을 방지할 수 있으며, 이를 위한 제도적 장치로 위헌법률심판제가 인정되고 있는 것이다. 헌법재판소도 "법 앞에서의 평등의 원칙은 법을 적용함에 있어서 뿐만 아니라 입법을 함에 있어서도 불합리한 차별대우를 하여서는 아니된다는 것을 뜻한다"고 보고 있다(1989.5.24. 89헌가37. 96병합).

법 앞에 '평등'의 의미는 어떠한 경우에도 차별을 금지하는 절대적 평등(평균적 정의)이 아니라, 같은 것은 같게 다른 것은 다르게(합리적 차별이 가능)할 수 있는 상대적 평등(분배적 정의)을 의미한다(판례와 통설). 즉, 합리적인 근거가 없는 차별은 자의적 차별이고, 자의적 차별은 평등의 이념인 정의에 반한다. 그러므로 평등의 의미는 상대적 평등으로 이해하여야 한다. 다만 정치적 영역에서는 절대적 평등이, 사회적·경제적 영역에서는 상대적 평등이 보다 더 중시되어야 한다.

평등을 상대적 평등으로 이해하는 경우에 합리적 차별과 불합리한 차별의 판단기준(독일 : 자의의 금지; 미국 : 합리성)에 관하여 견해가 다르다.

인간존엄성설은 차별이 인간의 존엄과 가치의 존중이라는 인격주의의 이념에 적합한가 위반되는가를 합리적 차별 여부의 판단기준으로 하여야 한다는 견해이다(독일연방헌법법원 판례, Hesse 등). 입법목적설은 차별이 정당한 입법목적을 달성하기 위하여 불가피하고 또 그것이 사회통념상 적정한 것인가 아닌가를 합리적 차별여부의 판단기준으로 하여야 한다 견해이다(미국과 일본의 헌법판례, Leibholz). 합리적 차별여부의 판단은 ⅰ) 인간의 존엄성 존중이라는 헌법의 최고원리와 ⅱ) 정당한 입법목적의 달성, ⅲ) 수단의 적정성이라는 세가지 복합적 요소를 기준으로 하여 판단하여야 한다는 절충설이 있다.

인간존엄성 존중의 원리에 반하지 아니하면서 입법목적에 정당성이 있고 그 달성 수단이 적정하면 합리적 차별이고 이와 반대로 요건이 충족되지 않으면 자의적 차별이므로 합리적 차별의 판단기준은 우리 헌법재판소의 입장처럼 절충설이 타당하다고 하겠다.

2. 차별금지사유

헌법 제11조 제1항은 「누구든지 성별·종교 또는 사회적 신분에 의하여… 차별을 받지 아니한다」고 규정하고 차별금지사유로 든 성별·종교·사회적 신분이 제한적 열거규정이나 예시규정이냐가 문제되는데, 이는 예시규정(통설)으로 그 이외의 사유(학력, 출신, 지역, 언어, 인종 등)으로도 불합리한 차별대우는 금지된다.

(1) 성별에 의한 차별금지

성별(性別)에 의한 차별의 금지는 남녀평등을 의미한다. 따라서 남녀의 성에 관한 가치판단에 의한 차별은 금지된다. 다만 남녀가 사실상의 차이에 의한 차별이나 합리적 이유가 있는 차별은 허용된다(예, 강간죄의 주체를 남성에게만 인정하는 것이나, 여성에게만 생리휴가를 주거나 특별한 근로보호를 하는 것 등은 합리적인 차별로 헌법상 인정). 즉, 여성의 신체적 구조와 생리상의 차이에 따른 합리적 차별은 필요하다. 그러나 남녀간의 임금차별이나 혼인퇴직제는 평등권 위반이다.

헌법재판소는 남성에게만 병역의무를 부과한 것은 헌법상 평등권에 위반되지 않는다고 결정하였다.

(2) 종교에 의한 차별금지

종교 또는 신앙의 유무에 의한 차별금지는 종교평등을 의미하는 것으로서 종교의 자유의 내용을 이루고 있다. 또한 종교는 아니나 '양심·사상'에 의한 차별대우도 부인되어야 할 것이다. 종교 또는 신앙에 의한 차별은 특히 사기업의 근로관계 등에서 문제되고 있다. 또한 우리 헌법 제20조에서는 국교를 인정하지 않으며 종교와 정치는 분리된다고 규정하고 있다.

(3) 사회적 신분에 의한 차별금지

여기서의 사회적 신분은 출생에 의한 선천적 신분(귀화인, 전과자의 자손, 존속·비속지위)이 아니라 선천적 신분은 물론 후천적으로 사회에서 점하고 있는 지위로서 일정한 사회적 평가가 수반되는 것을 의미한다(후천적 신분설 : 다수설). 생각건대 선천적 신분설에 의하면 사회적 신분은 가문 내지 문벌과 다를 것이 없어 너무 협소하고, 후천적 신분설에 의하면 지나치게 넓어져 사회적 신분이 아닌 것이 없게 되어 문제이다. 그러므로 후천적 신분을 제한적으로 해석하고 존속·비속지위와 형법상의 신분을 사회적 신분에 포함시키지 않는다면 후천적 신분설이 타당하다고 본다. 따라서 사회적 신분이란 「사람이 사회에 있어서 일시적이 아니고 장기적으로 차지하고 있는 지위」로 보아 구체적으로는 전과자, 귀화인, 사용인, 노동자, 교원, 공무원, 직업상의 지위, 부자, 빈자, 농민, 어민, 상인, 학생 등이 포함된다고 할 수 있겠다.

3. 차별금지영역

차별이 금지되는 영역은 인간의 모든 생활영역이다(헌법 제11조 제1항).

(1) 정치적 생활영역

정치적 생활영역에서는 선거권, 피선거권, 투표권, 공무담임권 등에 있어서 평등이 보장되어야 한다. 즉, 정치적 권리의 평등을 의미한다. 특히 헌법상 문제가 되는 것은 선거권의 평등과 관련하여 의원정수와 선거인수와의 관계에서 각 선거구에 불균형이 초래되어 각 투표가치의 불평등이 문제된다(미국의 Baker v. Carr사건).

헌법재판소도 평균인구치의 상하 60%정도(전체적으로 4 : 1) 이상이면 위헌이라고 보았으며(원칙은 2 : 1)(1995.12.27. 95헌마224·239 등 병합), 정당추천 후보자와 무소속 후보자의 기탁금을 1 : 2의 차등을 둔 것은 평등권 위반이라고 결정한 바 있다(1989.9.8 88헌가6).

(2) 경제적 생활영역

고용(동일자격의 동일취업)이나 임금(동일노동의 동일임금), 담세율(동일소득의 동일납세) 등에서 차별 대우를 받지 아니한다. 헌법은 제32조 제4항에서 여성의 차별을 금지하고 있으므로 고용이나 취업, 임금 또는 근로조건 등에서 부당한 차별을 할 수 없다. 헌법재판소는 은행의 경매결정에 항고하기 위해서는 경락대금의 절반을 미리 공탁하도록 한 것은 평등권 위반이라는 결정을 내린 바 있다(89헌가37). 또한 경찰공무원 중 경사 계급은 현장수사의 핵심인력으로서 직무수행과 관련하여 많은 대민접촉이 이루어지므로 민사 분쟁에 개입하거나 금품을 수수하는 등의 비리 개연성이 높다는 점 등을 들어 국가경찰공무원 중 경사 계급까지 재산등록의무자로 규정한 공직자윤리법 시행령(동법 시행령 제3조 제4항 제6호)이 헌법상 보장된 기본권인 평등권을 침해하지 아니한다는 취지의 결정을 선고하였다.

(3) 사회적 생활영역

주거·여행·공공시설이용 등에서의 차별대우, 적자와 서자의 차별대우, 혼인과 가족생활에 있어서 남녀의 차별대우를 받지 아니한다. 헌법재판소는 직계존속이나 종·형제자매, 조카 같은 4촌 이내 방계혈족은 중혼(重婚)취소권을 갖게 하면서, 상속권 등 법률적 이해관계가 더 큰 직계비속을 제외한 것은 불합리하며 헌법상 평등권에 어긋난다고 헌법불합치 결정을 하였다.

(4) 문화적 생활영역

교육의 기회균등·문화적 자료이용, 정보에의 접근 등에 있어서의 평등을 말한다. 단, 능력에 의한 차별대우(시험성적에 따른 입학 등)는 허용된다.

4. 평등권의 구현형태

(1) 특권제도의 금지

① 사회적 특수계급제도의 부인

헌법은 귀족제도나 노예제도와 같은 봉건적 제도(사회적 특수계급제도)를 인정하고 있지 않으며 또한 어떠한 형태로도 이를 창설할 수 없다(제11조 제2항). 사회적 특수계급제도의 부인은 고래의 반상계급제도를 타파하기 위한 것이다. 그러나 영전에 따른 보훈제도나 전직대통령에 대한 예우는 특수계급제도에 해당되지 않는다고 하겠다.

② 영전일대의 원칙

헌법 제11조 제3항은 「훈장 등의 영전은 이를 받은 자에게만 효력이 있고, 어떠한 특권도 이에 따르지 아니한다」고 규정하고 있다. 이는 영전의 세습제 등을 방지하기 위한 것으로 훈장에 수반되는 연금이나 유족에 대한 보훈까지 금하는 것은 아니다. 그러나 국가유공자의 자손에게 공무원 특별승진을 하게 하거나, 처벌을 면제하거나 조세를 감면하는 것은 위헌이라고 하겠다.

(2) 개별적 평등권의 제도화

헌법은 제11조 이외에 ① 평등선거의 원칙(제41조 제1항, 제67조 제1항)과 선거운동의 기회균등 보장(제116조 제1항), ② 교육의 기회균등(제31조 제1항), ③ 여성근로자의 차별대우 금지(제32조 제4항), ④ 혼인과 가족생활에서의 남녀평등(제36조), ⑤ 경제적 복지의 평등(제119조) 등을 규정하였다.

V. 효 력

평등권은 입법권·사법권·행정권 등 모든 국가권력을 직접 구속하는 대국가적 효력을 가지며, 또한 사인간에도 사법의 일반규정을 통해 적용함으로써 대사인적 효력을 인정하여야 한다(간접적 용설).

VI. 평등권의 제한 : 합리적 차별

1. 헌법규정에 의한 제한

헌법은 헌법의 개별유보를 통하여 일정한 평등권의 제한을 인정하는 바, ⅰ) 정당의 특권(제8조 제4항), ⅱ) 대통령과 국회의원의 특권과 의무(제83조 내지 85조, 제43조 내지 46조), ⅲ) 군사법원에 의한 제한(제27조 제2항, 제110조 제4항), ⅳ) 공무원과 방위산업체 근로자의 노동3권 제한(제33조 제2항·제3항), ⅵ) 군인·경찰 등의 2중 배상청구금지(제29조 제2항), ⅶ) 현역군인 문관임용 제한(제86조 제3항, 제87조 제4항), ⅷ) 국가유공자의 우선취업 기회보장(제32조 제6항) 등 몇 가지의 예외적 제한이 있다.

2. 법률규정에 의한 제한

법률상의 제한으로 합리성이 인정되는 것은 다음과 같은 것들이 있다. ⅰ) 공무원법에 규정된 공무원의 복무의무와 정당가입제한, 정치활동제한, ⅱ) 군인·군무원의 영내노무, 정치활동제한, ⅲ) 행형법에 규정된 재소자에 대한 서신검열·교화 등 신체의 자유에 대한 제한, ⅳ) 국가공무원법·공직선거법 등에 규정된 전과자에 대한 공무담임권제한, ⅴ) 외국인토지법, 출입국관리법 등에 의한 외국인에 대한 평등권 제한, ⅵ) 교육법에 규정된 피교육자에 대한 평등권 제한 등을 들 수 있다.

3. 기 타

대통령의 긴급명령, 긴급재정경제처분 및 명령(헌법 제76조)에 의해서도 제한될 수 있다.

VII. 평등권 침해 법률에 대한 구제방법의 특수성

평등권을 침해하는 법률은 권리구제절차에 따라 권리구제를 받을 수 있는 것은 당연하지만 대체로 수혜자와 피해자를 동시에 발생시키기 때문에 평등권침해 법률에 대한 위헌결정을 내려 피해자의 권리를 구제하는 경우 그것은 수혜자의 권리(기득권)를 침해하는 결과를 초래할 수도 있다(이와 반대현상도 가능). 따라서 평등권침해에 대한 권리구제는 다른 기본권침해의 경우와 달리 매우 세

심한 주의가 요망된다. 독일연방헌법법원은 평등권침해법률에 대해 위헌결정보다는 입법촉구결정을 자주 내리게 되는 이유도 그 때문이며, 우리 헌법재판소가 헌법불합치결정(입법촉구결정의미 내포)을 내리는 것도 같은 관점에서 이해할 수 있을 것이다.

제3장 자유권

제1절 자유권적 기본권 총론

Ⅰ. 자유권적 기본권의 의의

1. 자유권적 기본권의 개념

자유권적 기본권이란, 타인의 자유와 권리를 침해하지 않는 한, 개인이 그의 자유로운 영역에 관하여 헌법(또는 법률)에 의하지 않고는 국가권력의 간섭을 받지 않을 소극적·방어적 권리를 말한다. 따라서 자유권은 국가의 부작위를 요청할 수 있는 권리일 뿐, 적극적으로 국가의 작위를 요청할 수 있는 권리는 아니다.

2. 자유권적 기본권의 연혁

영국의 대헌장(1215년)·권리청원(1628년)·권리장전(1689년) 등과는 달리 현재 세계 각국의 헌법이 규정하고 있는 자유권은 근대 자연법사상의 자연권과 개인주의·자유주의를 그 바탕으로 하는 것으로 1776년 버지니아주헌법, 1789년 프랑스 인권선언 등에서 규정되었다. 20세기 들어와서 나찌즘, 파시즘하의 전체주의의 만행으로 자유권이 크게 유린되었다. 그 결과 2차 대전 이후 개인주의사상과 자연법사상의 부활에 힘입어 자유권의 천부인권성이 다시 강조된 반면, 특히 바이마르헌법 이후 경제적 자유권에 대한 사회적 제약성도 강조되고 있다.

3. 자유권적 기본권의 법적 성격

(1) 초국가적 자연권성

자유권이 초국가적 자연권이냐 실정법상의 권리냐에 관하여는 견해가 갈리며, 초국가적 자연권설은 다시 법률로써 제한할 수 없다는 절대적 자연권설과 법률로 제한할 수 있다는 상대적 자연권설이 있다. 우리나라에 있어서는 자연권으로서의 자유권도 무제한적인 것이 아니라 국민의 일반의사의 표현인 법률에 의하여 필요한 경우에 제한이 가능한 상대적 자유권으로 본다.

(2) 소극적 · 방어적 공권

자유권은 적극적으로 국가의 행위를 청구하는 권리가 아니라 국가권력으로부터 침해를 배제할 수 있는 소극적 권리이다. 자유권의 이러한 소극성으로 인하여 자유권이 권리인지가 문제되고 있다. 자유권의 권리성을 부정하고 자유권이란 법률이 국가권력의 발동을 억제하는 규정을 두고 있기 때문에 그 결과 얻게 되는 반사적 이익에 불과하다고 하는 견해가 있으나, 자유권은 비록 적극적인 효과는 없고 소극적 효과를 가지더라도 국가권력의 침해가 있을 때 침해의 배제를 요구할 수 있는 힘(국가에 대한 보호청구권)이 있으므로 방어적 · 소극적 공권이라고 보아야 한다.

(3) 포괄성(포괄적 권리성)

자유권은 인간의 천부적 자유를 바탕으로 하는 권리로서 실정법에 존재하는 경우에 한하여 인정되는 개별적 권리가 아니고, 포괄적 권리이다(통설). 헌법 제37조 제1항이 「국민의 자유…는 헌법에 열거되지 아니한 이유로 경시되지 아니한다」라고 규정하고 있는 바, 이는 자유권의 포괄성을 명문으로 선언하고 있는 것이다.

4. 자유권적 기본권의 주체와 효력

(1) 자유권의 주체

자유권은 그 성질상 인간의 권리이므로 국민은 물론 외국인도 그 주체가 된다. 다만 법인은 성질상 사회적 · 경제적 자유권의 주체는 될 수 있어도 자연인의 내심의 작용이나 인신(人身)과 관련된 신체의 자유나 정신적 자유의 주체는 될 수 없다.

(2) 자유권의 효력

자유권은 헌법규정만 가지고 모든 국가기관에 직접 적용될 수 있는 구체적이고 현실적인 권리이다. 따라서 모든 국가기관을 직접 구속하는 직접적 효력을 가지는 권리이다. 자유권은 원래 대국가적 기본권이었으나 사인에 의한 자유권침해가 갈수록 심해지자 대사인적 효력도 주장되어 간접적으로 적용된다고 하겠다.

5. 자유권적 기본권의 구조와 분류

(1) 구 조

자유권을 일반적 · 포괄적 자유권(주자유권)과 개별적 · 구체적 자유권(파생적 자유권)으로 유형화 한다면, 전자는 일반적 행동자유권을 의미하며 후자는 헌법에 규정된 일련의 개별적 자유권을 지칭한다고 한다.

우리 헌법상으로는 헌법 제10조에서 일반적 행동자유권이 인정된다고 보는 견해와 헌법 제10조 및 제37조 제1항에서 구하는 견해가 있다.

(2) 분 류

자유권적 기본권은 여러 가지 기준에 따라 분류되어질 수 있으나, 본서는 내용에 따라 편의상 ① 신체의 자유, ② 사회적·경제적 자유(거주·이전의 자유, 직업선택의 자유, 주거의 자유, 사생활의 비밀과 자유, 통신의 자유, 재산권의 보장), ③ 정신적 자유(양심의 자유, 종교의 자유, 언론·출판의 자유, 집회·결사의 자유, 학문·예술의 자유)로 나누어 설명한다.

제 2 절 신체의 자유

Ⅰ. 서 론

1. 헌법규정과 연혁

우리 헌법은 제12조 제1항에서 「모든 국민은 신체의 자유를 가진다」고 규정한 것 외에, 신체의 자유가 침해되지 않도록 이하에서 자세한 규정을 두고 있다. 즉, 죄형법정주의와 적법절차조항(동조 제1항 2문), 고문금지·불리한 진술의 거부(제2항), 영장주의(제3항), 변호인의 조력을 받을 권리·국선변호인제도(제4항), 구속이유고지제도(제5항), 구속적부심사제(제6항), 자백의 증거능력제한(제7항), 형벌불소급의 원칙(제13조 제1항), 재판청구권(제27조), 형사보상청구권(제28조) 등이 그것이다. 이 중 적법절차보장, 구속이유고지제도, 형사피의자의 형사보상청구권 등은 현행헌법에서 신설된 조항이다.

신체의 자유는 모든 사회적·경제적·정신적 자유의 근간 또는 전제가 되는 기본권으로 연혁상으로도 다른 기본권에 앞서 취급되었다. 신체의 자유의 보장은 1215년 대헌장을 비롯하여 1628년 권리청원을 거쳐 1679년 Habeas Corpus Act(인신보호법), 1689년 권리장전, 1776년 Virginia권리장전, 1789년 프랑스 인권선언 등에 의하여 완성된 후 세계 각국의 헌법이 규정하고 있는 기본권이다.

2. 신체의 자유의 의의와 법적 성격

신체의 자유란 법률이나 적법절차에 의하지 아니하고는 신체의 안전성과 활동의 자율성(임의성)을 제한 또는 침해당하지 아니하는 자유를 말하며, 이를 인신의 자유라고도 한다. 이는 천부적·초국가적 자연권으로서 상대적 자연권이며 소극적·방어적 공권이다. 인간의 권리이므로 외국인도 주체가 될 수 있다. 생명권과 신체의 불훼손권을 신체의 자유에서 그 근거를 구하는 견해와 제10조의 인간의 존엄, 행복추구권 등에서 근거를 구하는 견해의 대립이 있다.

Ⅱ. 신체의 자유의 내용

인신의 자유가 보장되기 위하여 기본적으로 요청되는 것은 헌법 제12조 제1항에 규정된 바와 같이 ⅰ) 불법한 체포·구속으로부터의 자유, ⅱ) 불법한 압수·수색으로부터의 자유, ⅲ) 불법한 심문으로부터의 자유, ⅳ) 불법한 처벌로부터의 자유, ⅴ) 불법한 보안처분으로부터의 자유, ⅵ) 불법한 강제노역의 금지 등이다.

Ⅲ. 신체의 자유의 실체적 보장

신체의 자유의 실체적 보장이란 신체의 자유를 보장하기 위하여 헌법이 일련의 법원칙의 선언과 법률유보 등을 규정하는 방법을 의미한다.

1. 제한에 관한 법률주의

신체의 자유의 제한에 관한 법률주의란 법률에 의하지 아니하고는 신체의 자유를 제한하지 못하게 하는 기본권보장방법을 말하는데, 죄형법정주의도 이 법률주의를 그 전제로 하고 있다.

2. 죄형법정주의

(1) 죄형법정주의의 근거규정

헌법 제12조 제1항에서 「누구든지 법률에 의하지 아니하고는 체포·구속·압수·수색·심문을 받지 아니하며, 법률과 적법절차에 의하지 아니하고는 처벌·보안처분·강제노역을 받지 아니한다」라고 규정하고 있다. 이는 '법률이 없으면 범죄도 없고, 형벌도 없다'라는 죄형법정주의를 선언한 것이다.

(2) 죄형법정주의의 의의와 내용

죄형법정주의는 범죄의 구성요건과 형벌의 종류·형량 등이 법률로서 명확하게 규정될 것을 요구하는 원칙이다. 즉, 이미 제정된 정당한 법률에 의하지 아니하고는 처벌받지 아니한다는 원칙을 의미한다. 이는 국민의 자유와 권리를 행정권과 사법권의 전단에서 보호하려는 데 그 의의가 있다. 죄형법정주의의 파생원칙으로서 ① 관습형법금지(형벌법규법률주의), ② 형벌불소급의 원칙(구법보다 경한 경우 신법적용 : 예외), ③ 유추해석금지, ④ 법규내용명확성의 원칙, ⑤ 절대적 부정기형의 금지 등이 있는데, 헌법 제13조는 제1항에서 형벌불소급의 원칙을 규정하고, 제2항에서 소급입법에 의한 참정권제한이나 재산권의 박탈을 금지하고 있다. 나머지는 형법에서 보장하고 있다.

형벌불소급의 원칙(소급효의 금지)은 죄형법정주의의 일측면으로서, 이에 의하여 소급처벌만이 금지되는 것이 아니고, 사후법에 의하여 행위시보다 중한 처벌을 하거나 형의 가중을 하는 것도 허용되지 않는다고 하겠다.

(3) 벌칙규정의 위임문제

헌법상의 죄형법정주의는 벌칙규정이 형식적 의미의 법률일 것을 요구하지만 모든 구체적이고 개별적인 사항을 법률이 규정할 수는 없으므로 벌칙규정의 하위명령 등에의 위임의 문제가 생긴다. 벌칙규정의 일반적·포괄적 위임은 허용될 수 없으나, 모법이 처벌대상이 되는 행위를 규정함에 있어서 따라야 할 구체적인 기준을 제시하고 형의 종류 및 최고한도를 규정한 것과 같이 구체적으로 범위를 정하여 위임하는 것은 허용된다고 본다. 또한 지방자치법 제20조가 지방자치단체는 조례로 1000만원 이하의 과태료를 정할 수 있다고 규정하므로 조례에 의한 벌칙도 가능하다. 그러나 벌칙을 정할 수 있다고 하더라도 법률의 위임이 있어야 한다(지방자치법 제15조 단서).

3. 일사부재리의 원칙

헌법은 제13조 제1항 후단에서 「동일한 범죄에 대하여 거듭 처벌받지 아니한다」라는 의미의 일사부재리의 원칙을 규정하고 있다. 즉, 일사부재리(이중처벌금지·거듭처벌금지)란 판결이 확정되면 그 기판력(실체적 확정력)에 의하여 동일한 사건을 거듭 심판할 수 없다는 원칙을 말한다. 따라서 무죄판결이 있은 행위와 이미 처벌이 끝난 행위에 대해서는 다시 형사책임을 물을 수 없다. 죄형법정주의의 내용을 이루는 것은 아니나, 그와 이념을 같이하는 것이다. 공소기각의 판결이나 관할위반(管轄違反) 등과 같은 형식재판에 대하여는 일사부재리의 원칙이 적용될 수 없다.

4. 연좌제의 금지

헌법 제13조 제3항은 「모든 국민은 자기의 행위가 아닌 친족의 행위로 인하여 불이익한 처우를 받지 아니한다」고 하여 연좌제(連坐制)의 금지를 규정하고 있다」. 근대형법의 기본적인 자기책임 내지 형사책임개별화의 원칙을 관철하고 있다. 친족의 행위란 민법상의 친족의 행위 뿐 아니라 그 밖의 모든 타인의 행위를 포함하며, 불이익한 처우란 해외여행의 제한이나 공무담임권의 제한 기타 모든 영역에서 국가기관에 의한 모든 불이익한 대우를 포함한다. 다만, 하급자의 행위에 대한 책임을 물어 상급자를 인사조치하는 것은 자기행위(감독태만)에 대하여 책임을 지는 것이므로 연좌제금지에 위배되지 않는다.

Ⅳ. 신체의 자유의 절차적 보장

절차적 보장이란 헌법이 일정한 형사제도나 형사절차를 규정함으로써 신체의 자유를 보장하는 방법을 말한다.

1. 적법절차의 원칙

(1) 헌법규정과 연혁

헌법 제12조 제1항 제2문은 「누구든지 … 법률과 적법한 절차에 의하지 아니하고는 처벌·보안처분 또는 강제노역을 받지 아니한다」라고 하고, 동조 제3항은 「체포·구속·압수 또는 수색을 할 때에는 적법한 절차에 따라 검사의 신청에 의하여 법관이 발부한 영장을 제시하여야 한다」라고 하여 적법절차의 원칙을 규정하고 있다. 적법절차는 현행헌법에서 새로이 추가되었다. 적법절차의 관념은 영국에 확립된 자연적 정의의 법리에서 연원하는 것이지만, 실정법적 규정은 1215년 Magna Carta에서 기원하고 그 후 1628년 권리청원 제4조에서 재확인된 후 미연방헌법(수정 제5조, 제14조)에서 규정됨으로써 2차대전 후 각국헌법(1947년 일본헌법)에 지대한 영향을 미쳤다.

(2) 의 의

적법절차의 원리란 공권력(입법, 사법, 행정)에 의한 국민의 생명, 자유, 재산의 침해는 합리적이고 정당한 법률에 의거해서 정당한 절차를 밟은 경우에만 국민의 기본권을 침해할 수 있는 원칙이다. 즉, 모든 공권력의 행사는 절차상의 적법성을 갖추어야 할 뿐 아니라 공권력행사의 근거가 되는 법률의 실체적 내용도 합리성과 정당성을 갖추어야 한다는 법리가 적법절차의 원리이다.

(3) 적법절차의 내용

헌재는 적법절차를 절차의 적법성뿐만 아니라 절차의 적정성까지 보장하는 것으로 보고 있다.

1) "적", "법", "절차"의 규범적 의미

"적"(due)은 적정한(정당한)이라는 의미이며, "법"(law)은 형식적 의미의 법률은 물론이고 명령·규칙·조례 등을 포함한 모든 법(정의, 윤리, 사회상규 등까지 포함)을 말한다. 또한 "절차"란 원래 권리의 실질적 내용을 실현하기 위하여 채택하여야 할 수단적·기술적 순서나 방법을 의미하지만 여기서는 특히 고지·청문·변명 등 방어기회의 제공절차를 말한다.

2) 적법절차의 적용대상

처벌·보안처분 또는 강제노역은 적법절차의 적용대상을 한정적으로 열거한 것(제한적 열거설)이 아니라 본인에게 신체적·정신적 및 재산적으로 불이익이 되는 일체의 제재에 대해서도 적용되므로 헌법 제12조 1항(처벌·보안처분·강제노역)은 예시적인 것에 불과하다(예시설 : 1992.12.24. 92헌가8).

3) 적법절차의 적용범위

적법절차는 입법·행정·사법절차 등 모든 국가작용에 적용되며, 국가권력에 의한 인권침해의 사례는 형사사건에서 가장 빈번히 발생하므로 형사소추·형사재판절차에서 특별히 존중되어야 한다. 또한 처벌이란 형사상의 처벌뿐만 아니라 본인에게 불이익이 되는 일체의 제재를 의미하고 행정국가화의 경향으로 행정권이 국민의 자유와 권리를 침해할 위험성이 증대하는 현실을 감안할 때 행정처분에 의하여 자유와 권리가 제한되는 경우(전염병예방법상의 강제수용)에도 적법절차의 원칙이 적용되어야 한다고 본다.

4) "적정한 절차" 여부의 판단

법률과 적법한 절차(제12조 제1항)에 따라 처벌·보안처분 또는 강제노역을 과하거나 적법한 절차(제12조 제3항)에 따라 영장으로 체포·구속·압수 또는 수색을 할 경우에 그것이 적법절차의 원칙에 위배되는지 여부는 법원이 심사할 수 있을 뿐 아니라 최종적으로는 헌법재판소가 심판한다.

2. 영장제도의 의한 보장

(1) 의 의

헌법은 제12조 3항에서 「체포·구속·압수 또는 수색할 때에는 적법한 절차에 따라 검사의 신청에 의하여 법관이 발부한 영장을 제시하여야 한다.」고 규정하고 있다. 영장주의(영장제도)란 수사기관이 형사절차에 있어 강제처분을 하는 경우에 법관이 발부한 영장에 의하도록 하는 원칙을 말한다. 이는 인권유린과 신체의 자유의 침해를 억제코자 하는 데 그 취지가 있다. 영장에는 구속할 대상, 압수의 목적물 또는 수색의 장소 등이 구체적으로 명시되어야 한다.

(2) 사전영장의 예외

사전영장이 원칙이나, 예외적으로 ⅰ) 현행범인(준현행범인 포함)인 경우(48시간 내 구속영장 청구), ⅱ) 긴급체포의 경우(장기 3년 이상의 형에 해당하는 죄를 범하고 도피 또는 증거인멸의 염려가 있을 경우)에는 사후영장(48시간 내 구속영장청구)도 가능하다(헌법 제12조 제3항 단서). 또한 ⅲ) 대통령의 비상계엄 선포시에는 영장제도가 일시 제한될 수 있다(헌법 제77조 제3항). 그러나 이 경우에도 영장제도를 배제하는 것은 아니다.

(3) 압수·수색영장

압수·수색절차에도 영장이 요구됨은 물론이다(제12조 제3항). 다만 현행범인의 체포와 긴급체포의 경우에 그리고 체포·구속영장을 집행하는 경우에는 제한된 범위 내에서 압수·수색영장이 없더라도 압수·수색을 할 수 있다(형사소송법 제216조). 또한 공판정에서의 압수·수색에도 영장을 요하지 아니한다(동법 제113조).

(4) 행정절차(행정상 즉시강제)와 영장주의

행정상 즉시강제의 경우에도 영장을 필요로 하는가에 관하여 영장불요설과 영장필요설이 대립되는데, 행정상 즉시강제의 목적과 형사사법의 목적이 경합할 경우에는 영장주의가 적용되어야 한다는 절충설이 타당하다.

3. 체포·구속이유 등 고지제도에 의한 보장

(1) 의 의

헌법 제12조 제5항은 「누구든지 체포 또는 구속의 이유와 변호인의 조력을 받을 권리가 있음을 고지받지 아니하고는 체포 또는 구속을 당하지 아니한다. 체포 또는 구속을 당한 자의 가족 등 법률이 정하는 자에게는 그 이유와 일시·장소가 지체 없이 통지되어야 한다.」라고 새로이 규정하였다. 이는 피의자나 그 가족에게 구속이유고지와 구속 장소 고지를 받을 권리를 보장한 것으로 중요한 의의가 있다(넓은 의미의 Miranda원칙). 이 제도는 영국에서의 구속이유표시제도와 미국에서의 영장제도와 적법절차의 일환으로서 발전하여 온 제도로서, 체포 또는 구속을 당한 경우에 그 이유를 알지 못하거나 변호인의 조력을 받을 권리가 있음을 알지 못한다면, 적절한 방어수단도 강구할 수 없다. 또한 피의자 가족의 입장에서도 체포 또는 구속의 이유 등을 알지 못할 경우에 그 불안함은 극도에 달할 것이다.

(2) 내 용

구 분	고지를 받을 권리(헌법 제12조 제5항 전단)	통지받을 권리(헌법 제12조 제5항 후단)
성 격	체포·구속의 전제조건	사후조치
고지·통지사항	체포·구속의 이유와 변호인의 조력을 받을 권리	그 이유와 일시·장소 등(알 권리)
주 체	체포·구속된 자	체포·구속된 자의 가족과 변호인 등
고지·통지시기	체포·구속 당시(전)	체포·구속후 지체없이(서면)

4. 체포·구속적부심사제에 의한 보장

헌법 제12조 제6항에 「누구든지 체포 또는 구속을 당한 때에는 적부의 심사를 법원에 청구할 권리를 가진다」라고 규정되어 있는 구속적부심사제도는 체포·구속을 받은 자가 그 적부의 심사를 법원에 청구할 수 있는 제도로서 일명 「인신보호영장제도」라 하며 1679년 영국의 인신보호법에서 연원하여 영미법계에 널리 보급된 것이다. 우리나라도 1948년 미군정법령 제176호로 도입되어 제헌헌법이래 이 제도를 규정하였으나, 유신헌법에서는 삭제하였다가, 제5공화국헌법에 국민의 인권보장의 견지에서 법률유보하에 다시 부활시킨 것이다. 그런데 현행헌법에서 법률유보조항을 삭제함으로써 구속적부심사의 범위를 헌법규정상 확대한 측면이 있다.

체포 · 구속적부심사제란 체포 · 구속영장에 의하여 체포나 구속된 피의자 또는 그 변호인 · 가족 등이 관할법원에 체포 또는 구속의 적부심사를 청구할 경우, 법관이 즉시 피의자와 변호인이 출석한 공개법정에서 체포 또는 구속의 이유(도주염려 · 증거인멸 · 주거부정 등)를 밝히도록 하고, 체포 또는 구속의 이유가 부당하거나 적법한 것이 아닐 때에는 법관이 직권으로 피의자를 석방하는 제도를 말한다.

이 제도는 영장발부에 대한 재심사 기회를 줌으로써 인신보호에 만전을 기하기 위함이고, 사후구제책 중 중심이 되는 체포 · 구속적부심사는 영장주의(사전예방책)에 대하여 일종의 보완적 기능을 가진다고 하겠다.

(3) 내 용

① 신청인(주체)	피의자, 변호인, 법정대리인, 배우자, 형제자매, 호주, 가족, 동거인, 고용주 ※ 피고인은 제외된다(부당한 제약으로 개선책이 필요하다).
② 사 유	모든 범죄
③ 심사기관	체포영장 또는 구속영장을 발부한 법관은 제외되나 판사가 1인인 경우는 그러하지 아니하다. * 석방된 피의자는 도망하거나 죄증을 인멸하는 경우를 제외하고는 동일한 범죄사실에 관하여 재차 체포 또는 구속하지 못함(법원의 보석결정으로 석방된 피의자도 동일).
④ 판단시기	영장발부시설, 영장집행시설, 적부심사시설(타당)
⑤ 불복제도	법원의 결정에 검사 · 피의자 모두 항고하지 못함.

V. 형사피의자 · 형사피고인의 인권보장

형사피의자란 범죄의 혐의가 있어 수사기관에 의하여 수사의 대상이 되어 있는 자로서 수사개시 이후 공소제기 이전의 개념을 말하며, 형사피고인이란 검사에 의하여 공소제기를 당한 자로서 공소제기 이후 판결확정 이전의 개념을 말한다.

1. 무죄추정권

헌법 제27조 제4항은 「형사피고인은 유죄의 판결이 확정될 때까지는 무죄로 추정된다」고 규정하여 무죄추정의 원칙을 선언하고 있다. 무죄추정의 원칙이란 형사절차와 관련하여 아직 공소의 제기가 없는 피의자는 물론 공소가 제기된 피고인까지도 유죄의 판결이 확정될 때까지는 원칙적으로 죄가 없는 자에 준하여 다루어져야 하고 그 불이익은 필요최소한에 그쳐야 한다는 원칙이다.

이는 인권의 존중·존엄성을 인식하여 수사과정에서의 신체보호는 물론 보도 등에서 형사피의자와 피고인의 명예훼손을 막기 위한 것이다. 또한 이는 형사절차의 운영에 있어 기본지침으로서 판결 그 자체는 물론 판결의 형성과정에서도 준수되어야 할 헌법상 원칙이다.

공소, 행형절차에서도 존중되어야 한다. 헌법 제27조 제4항에서의 유죄판결이란 실형선고 외에 형의 면제, 형의 집행유예·선고유예의 판결까지 의미한다. 그러나 재판을 형식적으로 종결시키는 면소판결은 여기서 제외된다. 범죄사실의 입증책임은 검사에게 있고, 『의심스러울 때는 피고의 이익으로』 판단하여야 한다. 또한 불구속수사·불구속재판을 원칙으로 하고, 예외적으로 도피우려 내지 증거인멸의 우려가 있는 때에 한하여 구속수사·구속재판이 인정되어야 한다.

2. 고문금지와 묵비권(진술거부권)

헌법 제12조 제2항은 『모든 국민은 고문을 받지 아니하며, 형사상 자기에게 불리한 진술을 강요당하지 아니한다』고 하여 고문(拷問)을 받지 아니할 권리와 묵비권(默秘權)을 규정하였다.

고문이란 자백을 강제하기 위하여 가해지는 폭력을 의미한다. 이 고문의 금지는 절대적 금지이기 때문에 공공의 복리를 이유로 하여서도 고문은 결코 허용되지 않는다. 고문방지의 실효성을 확보하기 위하여 ① 고문에 의한 자백의 증거능력을 제한하며(불법의 과실도 불법), ② 고문행위를 한 공무원을 직권남용죄로 처벌하고, ③ 고문당한 사람에게 공무원의 직무상 불법행위를 이유로 하는 국가배상청구권을 인정하고 있다.

묵비권이란 피고인 또는 피의자가 공판절차 또는 수사절차에서 법원 또는 수사기관의 심문에 대하여 진술을 거부할 수 있는 권리를 의미한다. 묵비권은 영·미의 자기부죄거부의 특권에서 유래되었다. 형사피의자나 형사피고인에게 묵비권이 인정되며(무기대등원칙의 실질적 실현) 동시에 묵비권이 있음을 사전에 고지하여야 한다. 묵비권은 구두진술 뿐 아니라 문서로 제출하는 경우에도 적용된다. 형사상 자기에게 불이익이 될 수 있는 경우이므로 민사·행정상 불이익이 되는 경우는 제외되며, 또한 자기에게 불이익이 되어야 하므로 친구, 친척들에게 불이익이 되는 경우까지는 포함하지 않는다고 하겠다.

3. 변호인의 도움을 받을 권리

(1) 의 의

헌법 제12조 제4항은 『누구든지 체포 또는 구속을 당한 때에는 즉시 변호인의 조력을 받을 권리를 가진다. 다만, 형사피고인이 스스로 변호인을 구할 수 없을 때에는 법률이 정하는 바에 의하여 국가가 변호인을 붙인다』고 규정하고 있다. 변호인의 조력을 받을 권리(변호인의뢰권)란 신체구속(무죄추정을 받는 피의자·피고인)의 상황에서 발생하는 갖가지 폐해를 제거하고 국가형벌권의 일방적 행사로 인한 구속이 악용되지 않도록 하기 위하여 인정된 권리이다.

(2) 변호인접견교통권

헌법 제12조 제4항은 형사피의자이건 피고인이건간에, 공소제기 전 혹은 구류·구금되었을 때에 즉시 전문가인 변호인에 의뢰하여, 자기의 법률지식의 보완과 이익 및 안전의 자유를 보호하고자 하는 것이다. 변호인의 조력을 받을 권리를 실질적으로 보장하기 위하여는 변호인접견교통권(辯護人接見交通權)이 인정되어야 하며, 이는 신체의 구속을 당한 피의자나 피고인의 인권보장과 방어준비를 위하여 필요불가결한 권리로서, 수사기관의 처분이나 법원의 결정으로도 이를 제한할 수 없다. 만일 수사기관이 구속수사중인 피의자 변호인접견을 방해하고 변호인의 조력을 받을 권리를 침해한다면, 이것은 형법상 직권남용에 의한 타인의 권리행사방해죄에 해당된다.

(3) 국선변호인의 조력을 받을 권리

헌법 제12조 제4항 단서에서는 국선변호인의 선임은 형사피고인에게만 인정된다. 국선변호인이란 피고인의 이익을 위하여 법원이 직권으로 선임하는 변호인을 의미한다.

형사소송법상 법원이 직권으로 변호인을 선임하여야 하는 경우로는 피고인이 ⅰ) 미성년자, ⅱ) 70세 이상인 자, ⅲ) 농아자, ⅳ) 심신장애의 의심이 있는 자, ⅴ) 빈곤 기타의 사유로 변호인을 선임할 수 없는 자(이 경우만은 피고인의 청구가 있어야 한다), ⅵ) 사형·무기 또는 단기 3년 이상의 징역이나 금고에 해당하는 자(필요적 변호사건 : 형소법 제282조·제283조), 그리고 ⅶ) 구속적부심사에 있어서 구속된 피의자에게 변호인이 없는 때(형소법 제214조의2 제9항) 등이다.

4. 자백의 증거능력 및 증명력의 제한

헌법 제12조 제7항은 「피고인의 자백이 고문·폭행·협박·구속의 부당한 장기화 또는 기망 기타의 방법에 의하여 자의로 진술된 것이 아니라고 인정될 때 또는 정식재판에 있어서 피고인의 자백이 그에게 불리한 유일한 증거일 때에는 이를 유죄의 증거로 삼거나 이를 이유로 처벌할 수 없다」고 규정하여 자백의 증거능력과 증명력을 제한하고 있는데 이는 자백의 증거능력을 제한함으로서 자백강요를 위한 인신의 침해를 방지하려는데 그 의의가 있다. 즉, 피고인보호의 원칙과 허위배제의 원칙을 기본으로 하면서, 임의성없는 자백의 증거능력 자체를 부정하고 보강증거가 없는 불리한 유일한 자백의 증명력을 제한하여 유죄의 증거로 하지 못하게 함으로써 자백의 독립증거성을 부인하려는 데에 목적이 있다.

'자백'이라 함은 자기의 범죄사실에 대하여 전부 또는 일부를 인정하는 모든 불이익한 진술을 말한다. 자백의 증거능력과 증명력의 제한에 대하여는 형사소송법 제309조와 제310조에 규정되어 있었으나, 헌법은 인권보장의 견지에서 이들 원칙을 특히 규정하고 있다. 임의성(증거수집과정에 위법성이 없는 것) 없는 자백과 보강증거없는 불리한 유일한 자백은 정식재판에서 증거능력 또는 증명력을 가질 수도 없다. 따라서 자백의 증명력의 제한은 정식재판의 경우에만 인정되므로 약식재판(즉결심판 등)에서는 자백만으로도 유죄의 선고를 할 수 있다.

5. 신속한 공개재판을 받을 권리

헌법 제27조 제3항은 「형사피고인은 상당한 이유가 없는 한 지체없이 공개재판을 받을 권리를 가진다」고 하여 신속한 공개재판을 받을 권리를 규정하고 있다.

6. 형사보상청구권과 국가배상청구권

형사피의자 또는 형사피고인으로서 구금되었던 자가 법률이 정하는 불기소처분을 받거나 무죄판결을 받은 때에는 법률이 정하는 바에 의하여 국가에 정당한 보상을 청구할 수 있다(헌법 제28조). 또는 불법적인 수사과정 등으로 손해를 입은 경우 형사피의자 등은 국가에 대하여 정당한 배상을 청구할 수 있다(헌법 제29조 제1항).

7. 형사기록의 열람·복사요구권

형사피의자와 형사피고인은 자신의 피의사실과 관련하여 그 조사절차나 공판절차 등 형사절차에 관하여 자세한 사항의 알 권리를 가지므로, 적어도 자신에 관한 형사소송기록과 소송계속중인 증거서류들을 열람하고 복사하여 주도록 요구할 권리를 가진다(1994.12.29. 92헌바31; 형소법 제55조 및 제292조 참조).

제 3 절 사회적·경제적 자유권

I. 거주·이전의 자유

1. 헌법규정 및 연혁

헌법 제14조는 「모든 국민은 거주·이전의 자유를 가진다」고 하여 거주·이전의 자유를 보장하고 있는데, 이는 1919년 바이마르헌법이 그 효시를 이루고 있다. 오늘날 자본주의경제의 발전에 따라 각국의 헌법에서는 직업선택의 자유, 영업의 자유 외에 별도로 거주·이전의 자유에 관한 규정을 두고 있다.

2. 의의와 기능

거주·이전의 자유란 국민이 자기가 원하는 곳에 주소나 거소(체류지나 거주지)를 설정하고 또 그것을 이전할 자유 및 일단 정한 주소·거소를 그의 의사에 반하여 옮기지 아니할 자유를 말한다.

거주·이전의 자유는 ① 입지적인 관점에서 국민에게 자유로운 생활형성권을 보장하기 위한 기능(그러나 신체의 자유는 주로 국가의 수사권발동으로부터 신체활동의 임의성을 보장하기 위한 기능), ② 경제적인 개성신장의 수단으로서의 기능과 시장경제질서의 활력적인 기초로서의 기능, ③ 정신·문화·건강·정치·사회생활을 자기가 원하는 방향으로 형성해 나가는 것과 밀접한 관계가 있으므로 이들 생활영역을 보호하기 위한 여러 기본권의 실효성증대기능 등을 가지고 있다.

3. 거주·이전의 자유의 주체

거주·이전의 자유는 대한민국의 국적을 가진 모든 자연인과 국내법인이 향유할 수 있는 권리이다. 외국인은 원칙적으로 거주·이전의 자유의 주체가 될 수 없다.

4. 거주·이전의 자유의 내용

(1) 국내거주·이전의 자유

대한민국의 영역 내에서 자유롭게 체류지와 거주지를 설정하고 임의로 변경할 수 있는 자유를 의미한다. 따라서 국내거주·이전의 자유는 직업 내지 영업상의 이유로 인한 거주와 체류는 물론 국내여행의 자유(관광의 자유)도 포함된다. 현행헌법 제3조(영토: 한반도와 부속도서)로 보아 북한지역에도 우리의 주권이 미침이 당연하나, 현실적으로 실효성이 없으므로 국내거주·이전의 자유가 북한지역에로의 거주·이전까지는 포함한다고 할 수는 없다. 따라서 남북교류협력에관한법률에 의하여 통일원장관의 승인을 받지 않고 왕래를 하면(동법 제9조), 국가보안법 제6조에 위반된다(반국가단체의 지배하에 있는 지역에의 잠입·탈출죄).

(2) 국외거주·이전의 자유

국외거주·이전의 자유가 거주·이전의 자유에 포함되는가에 대해 견해대립이 있으나 이를 포함하여야 할 것이다.

1) 국외이주의 자유

대한민국의 통치권이 미치지 아니하는 곳으로의 이주 뿐만 아니라 장기간에 걸친 해외거주도 포함된다. 해외이주법(제6조)은 국외이주를 신고사항으로 규정하고 있어 거주·이전의 자유의 침해라고 할 수 없다.

2) 해외여행의 자유

대한민국의 통치권이 미치지 아니하는 곳으로 여행할 수 있는 자유로서 출국의 자유와 입국(귀국)의 자유를 그 내용으로 한다. 출국의 자유와 관련하여 병역의무자의 출국을 제한하는 것은 거주·이전의 자유의 침해가 아니라고 할 것이다.

여권발급은 사실상 출국의 허가와 다름이 없는 바, 여권발급의 제한은 간접적으로 해외여행의 자유를 제한하는 것이다(여권법 제8조, 출입국관리법 제3조). 따라서 여권제도가 출국허가제의 형식으로 운영되면서 여권발급이 원칙이 아니고 예외로 취급되며 불확정한 법률개념이 여권발급의 제한 사유로 악용되는 경우는 거주·이전의 자유의 침해라 할 것이다.

3) 귀국의 자유

국민은 누구든지 한국을 떠나도록 강요당하지 아니할 권리를 가지는 동시에 한국에 돌아오는 것을 방해받지 아니할 권리를 가지므로 귀국의 자유가 보장된다.

(3) 국적이탈(변경)의 자유

국적이탈의 자유는 국민이 한국국적을 포기하고 외국에 귀화해서 그 국적을 취득할 수 있는 자유를 말한다. 세계인권선언은 국적이탈의 자유를 규정하고 있는데, 우리 헌법은 명문의 규정이 없지만 국제평화주의와 국제협력주의를 기본원리로 하고 있기 때문에 적극적으로 해석하여 거주·이전의 자유중에 국적이탈 내지 국적변경의 자유가 포함된다고 본다(통설). 따라서 국민은 대한민국의 통치권을 완전히 이탈할 자유가 보장된다. 그러나 국적이탈의 자유는 국적변경의 자유를 의미하므로 무국적의 자유는 보장되지 않는다. 왜냐하면 탈세목적 또는 병역기피의 목적 등 범죄목적으로 악용될 소지가 있기 때문이다.

5. 거주·이전의 자유의 제한과 한계

거주·이전의 자유는 국가안전보장·질서유지·공공복리를 위하여 필요한 경우에만 법률로써 제한할 수 있다. 군작전상 필요에 의한 거주·이전의 제한(군사시설보호법, 해군기지법, 공군기지법), 국가안보상의 이유에 의한 북한지역의 여행제한(국가보안법), 비수교국 내지 분쟁지역의 여행 및 이주제한(출입국관리법, 해외이주법, 여권법), 질서유지를 위한 제한(소년법, 보안관찰법), 국민보건상의 필요에 의한 제한(전염병예방법) 등 여러 가지 원인에 기인한 많은 제한법률이 있다.

거주·이전의 자유의 본질적 내용은 법률로써도 제한할 수 없다. 따라서 거주·이전에 대한 허가제 등을 규정하는 법률은 위헌이 될 것이다.

Ⅱ. 직업선택의 자유

1. 헌법규정 및 연혁

헌법 제15조는 「모든 국민은 직업선택의 자유를 가진다」고 규정하여 직업선택의 자유를 보장하고 있다. 1948년 제헌헌법에서는 직업선택의 자유를 따로 규정하지 않아서 거주·이전의 자유에 포함된다는 견해(다수설)와 포괄적인 자유권에서 나온다는 견해의 대립이 있었으나 제3공화국헌법에서 명문규정을 두었고 제4공화국헌법에서는 법률유보를 둔 규정으로 변경되었는데, 제5공화국헌법은 제3공화국헌법처럼 규정된 후 현행헌법에 이르고 있다.

직업선택의 자유는 1919년 바이마르헌법에 최초로 규정되었다. 중세봉건시대에는 신분제와 세습제 등으로 말미암아 직업선택의 자유가 광범하게 제한을 받았으나, 근대시민혁명 이후의 자본주의적 경제질서가 국가와 개인의 관계에 있어서 국가적 간섭과 제한의 배제라는 성격을 띠게 되자, 그 논리적 귀결로서 사경제적 활동의 자유로서 직업선택의 자유 내지 영업의 자유가 널리 인정되게 되었다.

2. 의의

직업이란 생활의 기본적 수요를 충족하기 위한 계속적 활동, 즉 총체적이며 경제적 성질을 가지는 모든 소득 활동을 의미하며, 이러한 내용을 가진 활동인 한 그 종류나 성질을 불문한다 (1993.5.13. 92헌마80). 직업선택의 자유는 그와 같은 사경제적 소득활동을 자기가 원하는 바에 따라 자유로이 선택한 직업에 종사하여 이를 영위할 수 있는 자유를 말한다. 직업의 자유라고도 말할 수 있다. 따라서 직업의 개념적 요소로는 ⅰ) 생활수단성, ⅱ) 계속성, ⅲ) 공공무해성을 들 수 있다. 이상의 요건을 충족하는 한 헌법에 의한 보호를 받는다고 하겠다.

직업선택의 자유는 내국인인 이상 자연인 이외에 법인도 주체가 된다(다만 공법인은 제외). 외국인은 국가정책상 원칙적으로 그 주체가 될 수 없다고 본다.

3. 내 용

직업선택의 자유에는 자신이 종사하고자 하는 직종을 자유로이 선택할 수 있는 직종결정(직업결정)의 자유, 그 직종을 버리고 다른 직종으로 전환할 수 있는 전직의 자유, 원하는 적당한 직종이 발견되지 않을 경우 직업을 가지지 아니할 무직업의 자유, 그리고 영업의 자유 등이 포함된다.

(1) 직업결정의 자유

직업선택의 자유에는 ⅰ) 직종결정의 자유, ⅱ) 전직의 자유, ⅲ) 원하는 직업 내지 직종에 종사하는데 필요한 전문지식을 습득하기 위한 직업교육장을 임의로 선택할 수 있는 직업교육장선택의 자유 등 직업결정의 자유가 포함된다. 문제는 무직업의 자유가 이에 포함되는가인데, 헌법상 근로의 의무는 단순한 윤리적 의무에 불과하므로 무직업의 자유도 인정된다고 본다. 그러나 헌법 제32조의 근로의 의무는 법적 의무이므로 무위도식하는 무직업의 자유는 원칙적으로 인정되지 않는다는 견해도 있다.

(2) 직업수행의 자유

직업수행의 자유란 자신이 결정한 직업 또는 직종을 자신에게 유리하다고 생각되는 방식으로 착수(개업)·계속·종결(폐업)하는 자유, 즉 직업종사의 자유를 말한다. 영업의 자유는 직업수행의 자유의 일부가 된다.

(3) 직업이탈의 自由

직업이탈의 자유는 자신이 수행하고 있거나 종사하고 있는 직업을 언제든지 자유롭게 포기하거나 그 직업에서 이탈할 자유를 말한다.

(4) 자유경쟁의 포함여부(독점의 배제 내지 제한)

직업선택의 자유에 자유경쟁이 포함되는가의 문제에 관해서 견해의 대립이 있으나, 특정인이나 특정기업에 의한 특정의 직업·직종·기업의 독점은 직업선택의 자유와 양립될 수 없다. 따라서 직업선택의 자유의 보장은 「독점」의 배제 내지 그 제한을 의미하고, 독점의 배제 내지 제한은 바로 자유경쟁을 그 전제로 한다. 다만 사회적 시장경제질서 하에서는 경제정책적 견지에서 자유경쟁이 제한되거나 경제의 조정이 행하여질 수 있다.

4. 효 력

직업선택의 자유는 직접적 효력을 가진 권리로서 국가권력에 대해서 구속력을 갖는다. 따라서 국가는 개인에게 특정의 직업을 선택하도록 강제할 수 없고, 특정직업의 종사를 방해할 수 없을 뿐만 아니라 생산수단 등의 국가의 전면적 독점은 직업선택의 자유와 양립되지 아니한다. 제3자적 효력은 제한된 범위 내에서 간접적 효력을 인정한다. 그러나 근로자에게 퇴직 후에도 일정기간 비밀유지 또는 경업금지의무를 부과하는 계약을 체결하는 경우가 많다(영업비밀보호법).

5. 제 한

(1) 제 한

직업선택의 자유는 국가안전보장·질서유지 또는 공공복리를 위하여 필요한 경우에 법률로써 제한할 수 있다(헌법 제37조 제2항). 이 제한에 자격제, 허가제, 신고제 등의 여러 가지 형태가 있다.

국방산업에 관한 것은 국가안전보장을 위해 제한하거나 허가제로 할 수 있으며, 살상무기 제조·판매 등을 제한·금지할 수 있다.

질서유지를 위한 제한으로는 예컨대, 고물상 영업의 허가제, 윤락행위 등의 금지, 마약 취급자의 면허제, 복표 발행의 허가제, 유사의료행위의 금지, 위생업설치장소의 거리제한 등이다.

공공복리를 위한 제한으로는 이는 다시 ⅰ) 공공복리의 유지를 위한 제한(숙박업 · 식품제조업 · 의약품제조업 등의 허가제, 음반제조업자 · 기능자의 등록 등 등록제나 신고제 등), ⅱ) 공공복리의 증진을 위한 제한(예컨대, 연초 · 홍삼 등의 전매 등), ⅲ) 소비자보호 등을 위한 독과점의 규제 등으로 나누어 볼 수 있다.

직업선택의 자유는 「균형있는 국민경제의 성장 및 안정과 적정한 소득의 분배를 유지」하기 위해서도 제한될 수 있어(제119조 제2항), 경제행정상의 제한이 가능하며 또한 특정한 신분에 기한 제한(겸직하거나 사적영업종사 금지)도 가능하다.

(2) 제한의 한계

직업선택의 자유를 국가안전보장 · 질서유지 · 공공복리를 위하여 법률로써 제한하는 경우에도 제한의 수단이 적정하고 합리적인 것이어야 하며, 과잉금지의 원칙에 위배되지 아니할 뿐만 아니라 본질적 내용을 침해해서도 아니된다.

1) 독일의 3단계이론

단계이론은 1958년 약국판결이래 독일연방헌법법원의 판례를 통하여 정립된 이론인데 오늘날 학설 · 판례가 모두 수용하고 있는 이론이다. 이 이론은 직업선택의 자유를 직업수행(행사)의 자유와 직업결정(선택)의 자유로 구분하여 제한의 정도와 한계에 차이를 두어야 한다는 이론이다. 헌재도 "직업선택의 자유에는 직업결정의 자유 · 직업종사(수행 · 행사)의 자유 · 전직의 자유 등이 포함되지만, 직업결정의 자유나 전직의 자유에 비하여 직업수행의 자유는 상대적으로 더욱 넓은 법률상의 규제가 가능하다"고 함으로써 단계이론을 수용하고 있다(1993.5.13. 92헌마80).

구 분	내 용 (한 계)	실 례
제1단계	직업수행(행사)의 자유의 제한 개성신장의 침해가 제일 적은 제한방법으로 직업행사의 자유에 대한 제한의 요건 및 한계는 필요성 · 적합성 · 최소성이므로 이 세 가지 요건에 충족하면 직업행사의 자유에 대한 제한은 합헌이다. 직업선택의 사유에 대한 제한보다는 그 허용의 폭이 크다.	· 영업행위의 규제조치(바겐세일의 횟수와 기간) · 영업방법의 제한(택시의 부제운영 · 합승행위금지 등) · 영업시간의 제한(유흥업소 및 식당의 심야영업 제한 등)
제2단계	주관적 사유에 의한 직업선택(결정)의 자유의 제한 직업선택의 자유를 그 직업이 요구하는 일정한 자격과 결부시켜서 제한하는 경우이다(시험합격 · 교육연수과정이수 등). 즉, 직업의 성질상 일정한 기술성 · 전문성 등이 필요한 경우에 허용되는 제한이다(기본권주체의 노력으로 극복될 수 있는 사유에 의한 제한).	· 법조인직업 · 의료인직업(병원, 약국, 한의사 등) · 영업용택시운전기사업(1종면허 소지자) · 수학능력시험에 의한 대학선택의 제한 등
제3단	객관적 사유에 의한 직업선택(결정)의 자유의 제한 이 제한방법은 기본권주체와 무관한 객관적 사유에 의한 제한으로 직업선택의 자유에 대한 결정적인 제한이 되므로 신	· 화약류 · 아편류의 제조 · 판매 · 운송업 등의 제한 · 일정업종에 대한 적정분포, 기존업체보호,

| 계 | 중을 기하여 공공의 이익에 대한 명백하고 현존하는 위험을 방지하기 위하여 불가피한 경우에만 허용된다(명백하고 현존하는 위험의 요건). 이 제한은 보통 현저하게 중요한 공동체이익에 대한 중대한 위험이 입증될 수 있거나 극도의 개연성을 가진 경우 그 위험을 방어할 목적에 의해서만 정당화될 수 있다. | 동일업종의 수 등을 위한 제한
*제한의 한계를 일탈하는 경우 위헌(변호사의 개업지 제한과 법무사의 직업선택을 사실상 특정집단에게 독점시키는 법무사법시행규칙 제3조 1항) |

2) 본질적 내용의 침해금지

직업선택의 자유를 제한하는 경우에도 그 본질적 내용은 침해할 수 없다. 본질적 내용의 침해란 헌법 제10조의 자주적 인간상의 핵심내용인 개성신장이나 생계유지를 불가능하게 할 정도로 제한하는 경우를 말하므로 단계이론을 무시한 제한이나 모든 영업을 국가가 독점하는 조치는 본질적 내용을 침해하는 것으로 위헌이다.

Ⅲ. 주거의 자유

1. 헌법규정 및 연혁

헌법 제16조는 주거의 자유에 관하여 「모든 국민은 주거의 자유를 침해받지 아니한다. 주거에 대한 압수나 수색을 할 때에는 검사의 신청에 의하여 법관이 발부한 영장을 제시하여야 한다」고 규정하여 주거의 불가침과 법관의 영장에 의한 보호를 규정하고 있다. 이러한 주거의 평온과 불가침은 고대 로마의 주거의 신성사상과 영국의 Common Law상의 주거존중사상 이래 인간의 존엄과 더불어 개인의 자유권으로 요구되었다.

2. 의의와 주체

주거는 현재 거주 여하를 막론하고 사람이 거주하는 설비로서 사생활의 중심이 되는 장소이다. 주거의 안전이 보장되지 아니하고는 사생활의 안전을 기대할 수 없다.

주거의 자유는 불법적인 체포·구금으로부터의 자유와 더불어 인간에게 있어 최소한의 자유이며 모든 자유의 근원이 된다. 따라서 주거의 자유란 자기의 주거를 공권력이나 제3자로부터 침해당하지 않는 것을 내용으로 하는 자유로서 사생활의 비밀·자유를 지키기 위한 불가결의 기초가 된다. 주거의 자유는 사생활의 비밀·자유와 중복되는 것이지만, 후자가 더 넓은 개념이라고 볼 것이다.

모든 국민과 외국인이다. 성질상 법인은 주체가 될 수 없다. 회사, 학교 등에서 주거의 자유의 주체는 원칙적으로 생활공간의 장(사장, 교장 등)이 된다. 주택이나 호텔객실의 경우에는 그 주체가 소유권자가 아니라 현실적인 거주자인 입주자나 투숙객이다.

3. 내 용

(1) 주거의 불가침

여기서 ⅰ) 주거는 현재 거주하고 있는가의 여하를 불문하고 사람이 거주하기 위하여 점거하고 있는 일체의 건조물 및 시설(사무실, 여관방, 연구실, 회사, 기거용 이동차량 등)을 말한다. 그러나 누구든지 출입할 수 있도록 개방되어 있는 상점·영업소 등의 경우 영업시간중에는 주거로 보기 힘들다. 단 출입이 개방되어 있는 장소도 관리자의 명시적인 출입금지의사에 반하여 무리하게 입장하면 주거침입죄를 구성하며, 대학강의실도 일반인에게 공개되어 누구나 자유롭게 출입할 수 있는 곳은 아니어서 주거침입죄의 성립을 인정한다. ⅱ) 침해(침입)는 거주자 또는 점유자의 동의 내지 승낙을 받지 아니하고 또는 그 의사(명시적·묵시적 의사)에 반하여 허가없이 들어가는 것을 말한다. 주거 내의 도청시설도 침입이 된다(사생활의 비밀·자유 및 통신의 자유도 침해). 따라서 정당한 이유에 기하지 않고 주거에 침입하는 것은 형법상 주거침입죄를 구성한다. 그러나 주거 밖에서 도청하는 행위는 사생활의 비밀의 침해는 되어도 주거의 자유에 대한 침해는 아니다.

(2) 영장주의

개인의 주거에 대한 수색이나 물품을 압수하는 때에는 정당한 이유에 기하여 수색할 장소와 압수할 물건을 명시한 영장을 제시하여야 한다(적법한 절차에 의거). 동일한 영장에 의하여 수개의 수색·압수할 장소·물건을 기재하는 일반영장은 금지된다.

현행범인을 체포하거나 구속영장을 집행하거나 긴급체포·구속시에는 피구속자가 그 당시 현존하는 장소를 수색하고 피구속자가 직접 점유하고 있는 물품의 압수는 영장없이 할 수 있다(형사소송법 제216조).

주거의 자유를 침해하는 경우에, 형사절차를 위하여서는 반드시 법관이 발부한 영장이 필요하나, 전염병예방이나 소방을 위한 것과 같은 순수한 행정절차에 있어서는 영장의 발부나 제시가 필요없다고 본다. 그러나 행정강제와 같은 행정절차(조세법위반사건 등)에는 원칙적으로 영장주의가 적용되어야 한다.

4. 제 한

주거의 자유는 국가의 안전보장·질서유지·공공복리를 위하여 필요한 경우 법률에 의하여 제한할 수 있다. 따라서 아무리 긴급을 요하는 경우에도 법률의 근거가 없는 주거침해는 허용되지 아니하며 목적달성을 위해 필요한 최소한의 제한에 그쳐야 한다. 주거의 자유를 제한하는 법률로서는 형사소송법·마약법·관세법·조세범처벌절차법·소방법·전염병예방법·경찰관직무집행법, 풍수해대책법, 국세징수법 등이 있다.

Ⅳ. 사생활의 비밀과 자유

1. 헌법규정 및 연혁

헌법 제17조는 「모든 국민은 사생활의 비밀과 자유를 침해받지 아니한다」라고 하여 사생활의 비밀에 관한 Privacy권리를 명문화하고 있다. 과거에는 사생활의 비밀과 자유는 당연한 것으로 인정되었기에 이에 대한 보호요구가 적었으나 현대의 정보화사회에 있어서는 개인의 사생활이 공개되는 경향이 많아지면서 사생활의 비밀보장이 요구되었다.

연혁적으로 Privacy권리는 Common law상에서 명예훼손, 불법행위 등 민사상 문제로 다루어 왔으나 1890년 Warren & Brandeis의 논문이래로 독립된 권리로 다루어졌으며 미국 판례법상 인정되었다. 독일에서는 일반적 인격권 속에서 Privacy의 권리가 포함되어 있다고 보며, 일본에서는 인간의 존엄과 가치·행복추구권의 한 내용으로서 주장되었다. 우리나라에서도 공공기관의개인정보보호에관한법률이 공포되어 1995년부터 시행되고 있다.

2. 의의와 주체

(1) 의 의

사생활의 비밀과 자유란 사생활의 내용을 부당히 공개당하지 아니할 권리(사생활의 부당한 공개로부터의 자유), 사생활의 자유로운 형성과 전개를 방해받지 않을 권리(개인의 사적 생활의 영위의 자유), 그리고 자신에 관한 정보를 스스로 관리·통제할 수 있는 권리 등을 내용으로 하는 복합적 권리이다. 즉, 사람은 누구나 자신의 삶을 영위해 가면서 사생활의 내용에 대한 외부적 간섭을 원하지 않을 뿐더러, '나만의 영역'을 혼자 소중히 간직하기를 원한다고 하겠다.

(2) 인접개념과의 관계

① 프라이버시권과의 관계

프라이버시권에 관하여 ⅰ) 협의설은 "사생활의 평온을 침해받지 아니하고 사생활의 비밀을 함부로 공개당하지 아니할 권리"로 이해하며, ⅱ) 광의설은 소극적으로는 "사생활을 함부로 공개당하지 아니하고 사생활의 평온과 비밀을 요구할 수 있는 법적 보장"으로 이해하고, 적극적으로는 자신에 관한 정보를 관리·통제할 수 있는 법적 능력으로 이해하며, ⅲ) 최광의설은 프라이버시권을 사생활의 비밀과 자유 및 주거의 불가침·통신의 불가침 등도 포괄하는 개념으로 파악한다. 따라서 프라이버시권을 광의설의 입장에서 이해할 경우에는 헌법 제17조의 사생활의 비밀과 자유는 프라이버시권을 의미한다고 하겠다.

② 인격권과의 관계

인격권이란 권리주체와 분리될 수 없는 인격적 이익, 즉 생명·신체·건강·명예·정조·성명·초상·사생활의 비밀과 자유 등을 포괄하는 권리를 말하므로 사생활의 비밀과 자유도 인격권의 범주에 속하는 권리라고 볼 수 있다(인격권>프라이버시권≧사생활의 비밀과 자유).

(3) 주 체

사생활의 비밀과 자유의 주체는 인간이다. 따라서 내·외국인을 불문하고 그 주체가 되며, 법인 등의 단체는 원칙적으로 주체가 될 수 없다. 다만 법인의 명칭·상호 등이 타인에 의하여 영리목적으로 이용당하거나 법인의 명예가 훼손되는 경우에는 법리의 적용대상이 될 수 있다.

3. 사생활의 비밀과 자유의 내용

(1) 사생활의 비밀의 불가침

사생활의 비밀은 사생활의 내용을 공개당하지 아니할 권리로서 ① 개인에 관한 난처한 사적사항(주로 비밀영역, 일체성의 입증), ② 명예와 신용, ③ 인격적 징표(성명, 초상 등)의 불가침을 그 내용으로 한다.

(2) 사생활의 자유의 불가침

사생활의 자유는 사생활의 자유로운 형성과 전개를 방해받지 아니할 권리로서 개인의 사적생활의 영위의 자유를 그 내용으로 한다(사생활평온의 유지, 원하는 사생활방식의 적극적 형성·전개, 사생활의 자율성 방해 또는 간섭 배제).

(3) 자기정보관리통제권(개인정보자기결정권)

자기정보관리통제권은 자기에 관한 정보를 관리할 수 있는 권리로서 광의로는 자기정보수집·분석·처리배제청구권, 자기정보접근권·자기정보열람청구권, 자기정보정정·삭제청구권, 이의신청권·손해배상청구권을 말하고 협의로는 자기정보의 열람·정정·사용중지·삭제 등을 요구할 수 있는 권리를 말한다.

자기정보관리통제권은 원칙적으로 생존하고 있는 자연인만이 주체가 될 수 있으나 법인도 사회통념상 수인의 한도를 벗어나는 정도로 명예나 신용이 훼손될 때에는 예외적으로 그 권리의 주체가 될 수 있다.

5) 내 용

(가) 자기정보수집·분석·처리배제청구권

정보주체는 행정기관 등의 정보수집이 자신의 기본권을 과도하게 침해할 경우 또는 정보의 이용목적이 불명하거나 자의적인 정보수집의 경우 자신에 관한 정보수집·분석·처리 등 배제할 수 있는 권리를 가진다.

(나) 자기정보열람청구권(자기정보접근권)

자기정보열람청구권은 알 권리의 일환으로서 정보공개청구권으로 보장될 수 있다.

(다) 자기정보정정청구권

정보주체는 자기정보의 열람결과 부정확·불완전한 정보내용의 정정을 요구할 수 있으며, 정보보유기관은 그 내용을 정정하여 정보주체에게 그 사실을 통보하여야 한다. 정보보유기관은 정정요구가 이유없다고 판단되면 거부이유·처분에 관한 불복신청방법을 통지해야 한다(개인정보보호법 제14조).

(라) 자기정보사용중지·삭제청구권

정보보유기관이 의무위반 및 개인정보의 부당이용을 하면, 정보주체는 자기정보의 무단공표·이용금지 내지 사용중지 또는 삭제를 요구할 수 있고, 정보보유기관은 당해 청구에 대하여 타당성여부를 조사·판단하고, 타당성이 인정되면 그 정보의 사용중지·삭제여부의 결과를 통보하여야 한다.

6) 한계와 제한

자기정보관리통제권도 필요한 경우에는 법률로써 제한될 수 있다(헌법 제37조 2항). 다만, 그 제한은 법률에 의하되 그 조건·범위·제한의 내용 등이 명확하게 그리고 한정적으로 규정되어야 하고 과잉금지의 원칙이 존중되어야 한다.

4. 효 력

사생활의 비밀과 자유는 주관적 공권으로서 모든 국가권력을 직접구속하고(대국가적 효력), 사인간의 법률관계에서도 간접적용설에 의해 효력(제3자적 효력)을 갖는다. 다만 가족·친지간에는 합리적인 한도 내에서 예외가 인정된다.

5. 제한과 그 한계

사생활의 비밀과 자유도 국가안전보장·질서유지·공공복리를 위하여 필요한 경우에는 법률로써 제한할 수 있으며, 또 긴급명령에 의해서도 제한될 수 있지만 그 본질적 내용을 침해할 수 없다.

(1) 표현의 자유와의 관계

사생활의 비밀과 자유는 표현의 자유와 가장 충돌하기 쉽다. 즉, 사생활의 부당한 공개를 방지하고 사생활의 자유로운 영위를 보장하기 위한 프라이버시권과 어떠한 사실이나 의견을 공표하는 표현의 자유간에는 적절한 조화가 요구되지만, 국민의 알 권리를 위한 표현의 자유와 사생활의 비밀·자유 중 어느 것을 우선시킬지 이에 대한 해결기준이 제시된다(양법익충돌의 조화이론).

1) 권리포기이론

일정한 사정하에서는 사생활의 비밀과 자유를 포기한 것으로 간주한다는 이론이다(예 : 자살자의 경우). 단점은 본인의 의사와는 관계없이 권리를 포기한 것으로 의제하는 것에서 문제가 있다.

2) 공익의 이론

국민의 알 권리의 대상이 되는 경우 국민에게 알리는 것이 공공의 이익이 되기 때문에 표현의 자유가 우선한다는 이론이다(예 : 공정한 해설, 범죄인 체포·구금, 사이비종교, 범죄피해자의 공개 등).

3) 공적인물의 이론

사회적 지위에 따라 사생활의 비밀·자유의 한계가 결정되어야 한다는 이론, 즉 공적 인물(유명인)은 일반인보다 사생활의 공개에 대해 수인의 정도가 높다는 이론이다(예 : 정치인, 연예인, 운동선수, 범인과 그 가족 등).

4) 소 결

어느 경우이건 간에 양자의 구체적인 상황에 따라 이들 이론을 종합적으로 판단하여야 하며, 양자의 법익을 형량(이익형량)하고 헌법의 통일성을 존중하는 규범조화적 해석방법을 합리적으로 활용해서 사생활을 가장 잘 보호하면서도 형평의 정신에 맞는 해결책을 찾아야 한다.

(2) 범죄수사와의 관계

범죄수사를 위하여 수사·도청·사진촬영 등의 행위를 하는 것이 헌법 제17조와 관련하여 허용될 것인지가 문제되는데 범죄수사는 사생활의 비밀과 자유에 가장 큰 위협이므로, 그 발동에 있어 엄격한 법률의 요건을 지켜야 할 것이며, 필요한 최소한에 그쳐야 할 것이다. 그러나 범행과 관련 있는 사생활의 비밀은 보호가치가 없다고 본다.

(3) 국회의 국정감사·조사권과의 관계

국회는 국정감사·조사권을 발동함에 있어 필요한 경우 법의 규정에 따라 개인의 사생활의 비밀과 자유를 침해할 수 있지만, 그것도 합리적인 범위 내에서 필요한 최소한의 정도에 그쳐야 한다.

국정감사및조사에관한법률 제8조에서 「감사 또는 조사는 개인의 사생활을 침해하거나 계속중인 재판 또는 수사중인 사건의 소추에 관여할 목적으로 행사되어서는 아니된다」라고 규정하고 있다.

(4) 행정법상 의무위반자의 명단공표와의 관계

행정법상 의무불이행이 있는 경우에 그 성명·위반사실 등을 일반에게 공개하는 명단공표는 간접적으로 의무이행을 확보하는 성질을 가지는데, 현재 우리나라는 명단공표를 규정한 법률은 없고 국세청훈령인 국세징수사무처리규정이 고액체납자의 명단공표를 규정하고 있을 뿐이다. 이 경우에는 공표의 필요성과 개인의 프라이버시권 사이에 법익의 균형이 이루어지도록 해야 한다.

6. 침해와 구제
(1) 침해의 유형

입법기관의 위헌적인 법률의 제정으로, 행정기관의 불법적인 가택침입, 도청, 촬영 등, 사법기관의 판결 등으로 사생활의 비밀과 자유가 침해된다. 사인·각종 사설기관 등에 의하여도 침해된다. 즉, 사생활의 비밀과 자유는 국가공권력과 사인에 의한 부당한 공개로 침해된다.

(2) 구제방법

국가공권력의 침해에 대하여는 법률의 위헌심사, 헌법소원, 청원, 손해배상, 관계 공무원의 징계, 상소나 재심 등을 통하여 구제받을 수 있다. 또 공공기관이 개인정보를 침해하는 경우에는 행정심판을 청구할 수 있다(개인정보보호법 제15조). 사인의 침해에 대하여는 원인배제청구, 손해배상(위자료), 형사처벌요구, 정정요구, 사죄광고의 게재(사죄광고강요 : 위헌) 등의 방법으로 구제받을 수 있다. 또 정기간행물의등록등에관한법률 제16조나 방송법 제41조는 사생활의 비밀과 자유가 침해된 자에게 반론보도의 게재 또는 방송을 청구할 권리를 인정하고 있다.

V. 통 신 의 자 유

1. 헌법규정 및 연혁

헌법 제18조는 「모든 국민은 통신의 자유를 침해받지 아니한다」고 규정하여 통신의 비밀의 불가침을 의미하는 통신의 자유를 보장하고 있다. 통신의 비밀을 보장하고 있는 것은 개인의 사생활의 비밀을 보장하며 개인의 인격을 보호하는 것이다. 통신의 자유는 통신의 발달에 즈음하여 그 내용이 확장되어 있다.

2. 의의와 주체

(1) 의 의

통신의 자유, 즉 통신의 비밀의 불가침이란 통신·전화·전신 등의 통신수단에 의하여 개인이 그들의 의사나 정보를 자유롭게 전달·교환하는 경우에 그 내용이 본인의 의사에 반하여 공권력에 의하여 침해당하지 아니하는 자유를 말한다. 통신의 비밀의 보장은 ⅰ) 사생활보호의 수단적 기능을 갖고(주거의 자유와 더불어 사생활의 비밀을 보호하기 위한 불가결의 수단), 개인간에 자유로운 의사형성을 가능하게 하여 사생활의 영역을 넓혀주며, ⅱ) 사회구성원 상호간에 커뮤니케이션이 원활히 이루어질 수 있도록 촉진하는 기능을 하므로 표현의 자유의 성격과도 깊은 관계가 있다.

(2) 주 체

통신의 자유는 자연인뿐만 아니라 법인에게도 보장되며, 내·외국인 모두 그 통신의 자유를 향유할 수 있다.

3. 통신의 자유의 내용

(1) 통신의 개념

통신이란 협의로는 격지자간의 의사전달을 말하고, 광의로는 신서·전화·전신·텔렉스·팩스 그 밖의 우편물 등 체신기관에 의하여 다루어지는 격지자간의 의사전달과 물품의 수수를 말한다.

(2) 통신의 비밀

통신의 자유에서 통신의 개념은 광의로 보아야 하므로, 통신의 비밀은 신서·전화·전신·팩스·기타 우편물 등에 의한 격지자간의 의사전달과 물품수수에 있어서 그 내용·통신의 형태·당사자(발신인과 수신인) 및 그 전달방법(인편, 사서함, 우편 등) 등에 관한 비밀을 말한다. 따라서 통신의 비밀보장의 주요내용은 열람금지·누설금지·정보금지라고 할 수 있다.

(3) 불가침의 의미

통신의 비밀의 불가침이란 통신의 비밀이 본인의 의사에 반해서 공개되는 것을 금지한다는 의미이다. 즉, 신서뿐만 아니라, 전신·전화 등의 검열이나 도청을 금지한 것, 즉 발신에서부터 수신 사이에 비밀이 침해되는 것을 금지하는 것을 말한다. 이러한 의미에서 통신의 불가침은 검열의 금지·누설의 금지·정보의 금지 등을 내용으로 하는데, 그 핵심은 통신에 대한 공권력의 검열제도 금지라고 할 수 있다.

4. 효 력

통신의 자유는 공권력에 대한 자유인 동시에 제3자에 대한 자유를 의미하므로 사인이 통신의 비밀을 침해하는 경우에도 적용되어 사인적 효력을 인정한다(다수설). 사인에 의하여 통신비밀이 침해된 경우는 형법상 비밀침해죄(제316조)로 처벌받거나, 통신비밀보호법(제16조)에 따른 처벌대상이 되며, 민법상 불법행위의 책임을 진다.

5. 한계와 제한

(1) 한 계

1) 전화의 역탐지

전화의 역탐지란 전화의 발신장소·발신인 등을 탐지하는 것으로, 이는 전화를 통한 협박행위의 현행범에 관하여 수사기관 또는 피해자의 요청이 있으면 영장없이도 허용된다. 발신장소도 개인의 비밀에 속하지만, 헌법 제12조 제3항 단서의 취지에 비추어 현행범체포에 필요한 한도 내에서 현행범인의 기본권이 침해되는 것은 부득이하다. 따라서 현행범인의 발신장소에 대한 역탐지는 영장없이도 가능하다고 하겠다.

2) 업무취급 도중에 알게 된 범죄사실

전화교환수가 업무상 행위의 일환으로서 감화 도중 전화에 의한 협박이나 도박행위 등을 청취한 경우에는 현행범에 관한 이론구성에 의하여 수사기관에 통보하더라도 통신의 자유를 침해하지 않는다. 왜냐하면 의무의 상충관계가 발생하지만 역시 범죄예방을 위한 수사기관에의 고지의무가 누설금지의무보다 우선하기 때문이다.

(2) 제 한

1) 헌법 제37조 2항에 의한 제한

통신의 자유도 절대적인 것이 아니므로, 국가의 안전보장·질서유지와 공공복리를 위하여 필요한 경우에 법률로써 제한할 수 있다(제37조 제2항). 이에 해당되는 법률로는 통신비밀보호법(우편물 검열, 전기통신감청, 대화의 녹음·녹취), 국가보안법(반국가단체와의 통신금지), 형사소송법(피고인관련 우편물의 검열·제출명령·압수처분 등), 파산법(파산관리인의 파산자 우편물 개피허용), 형의 집행 및 수용자의 처우에 관한 법률(교도관의 검열하에 서신수발), 전파관리법 등이 있다.

2) 통신의 자유와 영장주의

통신의 자유를 정당하게 제한하는데 영장주의가 적용되는가에 대하여 헌법에는 명문의 규정이 없으나, 형사소추를 위하여 통신의 비밀을 제한하는 경우에는 압수·수색에 관한 영장주의가 적용되어야 한다고 하겠다. 통신비밀보호법은 범죄의 실행을 저지하거나 범인의 체포 또는 증거의 수집이 어려운 경우에 한하여 지방법원의 허가를 얻어 검열이나 감청을 할 수 있다고 규정하고 있다(동법 제5조, 제6조). 통신의 제한조치는 2월을 초과할 수 없으며 허가를 받지 아니한 제한조치로 얻은 정보는 증거능력이 없다. 정보수사기관의 장은 국가안전보장에 대한 위해를 방지하기 위하여 이에 관한 정보수집이 특히 필요한 경우에는 내국인(일방 또는 쌍방당사자)에 대하여는 고등법원 수석부장판사의 허가를 받거나, 외국인인 경우에는 대통령의 승인을 얻어 통신제한조치를 할 수 있다. 통신제한조치는 4월을 초과할 수 없다(통신비밀보호법 제7조). 검사와 사법경찰관은 법이 요구하는 절차를 거칠 수 없는 긴급한 사유가 있는 때에는 법원의 허가없이(정보수사기관의 장의 경우에는 소속 장관의 승인을 얻어) 통신제한 조치를 할 수 있으나 36시간 이내에 허가(정보수사기관의 장의 경우에는 대통령의 승인)를 받아야 한다(동법 제8조).

3) 도청(감청)의 문제

(가) 개 념

도청이란 전기통신에 대하여 당사자의 동의없이 전자장치·기계장치 등을 사용하여 통신의 음향·문언·부호·영상을 청취하거나 공독하여, 그 내용을 지득 또는 채록하거나 전기통신의 송·수신을 방해하는 것을 말한다(통신비밀보호법 제2조 7호). 전화선에 의한 도청이건 전자장치에 의한 도청이건 모두 통신의 자유에 대한 제한이고 동시에 사생활의 비밀의 침해가 되거나 경우에 따라서는 주거의 자유의 침해가 되기도 한다. 도청은 법률의 근거가 있는 경우에 한하여 허용된다(통신비밀보호법 제5조, 제6조).

(나) 감청의 예외적 허용요건

다음과 같은 요건이 구비된 경우에는 예외적으로 감청(監聽) 등 통신제한조치가 허용된다. ⅰ) 전기통신 등이 통신비밀보호법 제5조 제1항 각호에 규정된 범죄목적에 이용되는 것이 확실한 경우, ⅱ) 범죄를 계획 또는 실행하고 있거나 실행하였다고 의심할 만한 충분한 이유가 있는 경우, ⅲ) 다른 방법으로는 범죄의 저지나 범인의 체포 또는 증거의 수집이 어려운 경우, ⅳ) 감청의 종류·목적·대상·범위·기간 및 청구이유 등을 기재한 서면으로 검사·사법경찰관이 법원에 청구하고, ⅴ) 이에 관하여 법원으로부터 허가서를 발부받은 경우 등이 그것이다(통신비밀보호법 제5조, 제6조). 불법검열에 의하여 취득한 우편물이나 그 내용 및 불법감청에 의하여 지득 또는 채록된 전기통신의 내용은 재판 또는 징계절차에서 증거로 사용할 수 없다(동법 제4조, 제14조).

VI. 재산권의 보장

1. 헌법규정 및 연혁

(1) 헌법규정

헌법은 「① 모든 국민의 재산권은 보장된다. 그 내용과 한계는 법률로 정한다. ② 재산권의 행사는 공공복리에 적합하도록 하여야 한다. ③ 공공필요에 의한 재산권의 수용·사용 또는 제한 및 그에 대한 보상은 법률로써 하되, 정당한 보상을 지급하여야 한다.」(제23조)고 하여 재산권(유체재산권)의 보장과 사회적 제약성을 규정하고, 「모든 국민은 소급입법에 의하여 재산권을 박탈당하지 아니한다.」(제13조 제2항)고 또 다시 보장하고 있다. 그리고 제22조 제2항은 「② 저작자·발명가·과학기술자와 예술가의 권리는 법률로써 보호한다」고 하여 무체재산권을 보장하고 있으며, 헌법 제9장의 경제조항(제119조~제127조)은 특수재산권을 보장하고 있다.

(2) 연혁 및 입법례

근대 초기의 서구사회는 개인주의 내지 자유방임주의사상을 배경으로 발전하면서 재산권은 신성불가침적 권리로 인정되었다(프랑스 인권선언 제17조). 이러한 재산권의 절대시는 계약자유의 원칙과 결합되어 근대법의 기본원리로 형성되었다. 근대 시민적 법치국가에 있어서 재산의 보장은 재산권의 사회적 기능을 완전히 무시하면서 자유의 보장과 함께 국가의 가장 중요한 임무로 간주되었다.

그러나 20세기에 들어와서 자본주의의 발전과정에서 야기된 부익부·빈익빈의 사회적 모순은 심각한 사회문제로 대두되어 이를 해결하기 위해서는 재산권의 절대불가침의 원리와 계약자유의 원칙은 수정을 받지 않을 수 없게 되었다. 그리하여 바이마르헌법(제153조)에 최초로 재산권의 의무와 그 행사의 공공복리적합성을 규정하게 되었다. 그 결과 재산권은 그 성격이 자연권에서 실정권으로 격하되었고, 국가도 국민경제에 대하여 불간섭주의에서 간섭주의로 전환하게 되었다.

제2차 세계대전 후 각국헌법은 예외없이 재산권의 사회적 성격을 규정하고 있다. 여기에 현대헌법은 사유재산제를 원칙으로 인정하면서 사회전체의 복리를 위해 재산권의 사회적 제약성을 가하는 사회적 법치국가의 원리를 채택하고 있다.

2. 재산권보장의 의의와 기능

(1) 의 의

재산권이란 경제적 가치가 있는 모든 공·사법상의 권리를 뜻하고, 그 재산가액의 다과를 불문한다(1992.6.26. 90헌바26). 따라서 헌법상의 재산권은 민법상의 소유권보다 넓은 개념이다. 재산권의 보장은 사유재산에 대한 임의적 처분권 및 그 침해에 대한 방어권이라는 주관적 공권과 객관적 가치질서로서 사유재산제를 제도로서 보장하는 것이다.

(2) 기 능

재산권보장은 ⅰ) 국민의 경제적인 개성신장의 수단으로 자유로운 사회생활의 물질적인 터전을 확보하는 기능을 가지며(생활의 물질적인 기초확보와 재산권의 자유보장 기능), ⅱ) 개인의 경제상의 자유와 창의를 존중함을 그 바탕으로 하는 자본주의적 자유시장경제질서의 이념적 기초인 동시에 그 전제조건이며(자본주의경제질서의 기초), ⅲ) 사회국가 실현을 위한 이념적 바탕인 동시에 그 수단이 되는 기능(자율적 생활설계의 자유의 전제로서 사회국가실현의 수단), ⅳ) 직업이 요구하는 창의적인 활동과 직업이 갖는 개성신장의 수단으로서의 기능, 즉 직업의 자유의 기능적이고 이념적인 전제조건(직업의 활력소로서 직업의 생활수단적 기능) 등의 기능을 가지고 있다.

3. 재산권보장의 주체와 객체

(1) 재산권향유의 주체

재산권의 주체는 모든 국민(자연인, 법인포함)이며, 국가와 지방자치단체도 주체가 된다. 그런데 외국인은 헌법 제23조에 의하여 당연히 재산권을 보장받는 것이 아니라 국제법과 조약이 정하는 바에 따라 그 보장 범위가 결정된다(상호주의).

(2) 재산권의 객체(범위)

재산권이라 함은 공·사법상 경제적 가치가 있는 모든 권리를 의미한다. 따라서 민법상의 일체의 재산권, 즉 물권·채권·무체재산권(지적재산권) 등은 물론, 광업권·어업권·수렵권 등과 같은 재산적 가치 있는 특별법상의 권리나 수리권·하천점유권·연금청구권과 같은 공법상의 권리도 여기서의 재산권에 포함된다(상속권도 포함). 다만 법적 지위나 단순한 경제적 기회·기대되는 이익·법의 반사적 이익은 재산권보장의 객체에 포함되지 않는다고 하겠다.

(3) 재산권범위의 확대원인

재산권의 범위가 재산적 가치가 있는 모든 사법상의 권리 뿐만 아니라 공법상의 권리까지 확대되는 이유는 무엇보다도 생활양식 및 사회경제구조의 변화 그리고 사회국가의 경향(현상) 때문이라고 하겠다.

4. 재산권보장의 내용

(1) 사유재산제도의 보장

「재산권은 보장된다」함은 재산권이 사유재산제도로서 보장된다는 것을 말한다. 사유재산제도를 보장한다는 것은 생산수단의 사유를 허용하는 제도의 보장을 의미하는 것으로 이는 구체적 사유재산권의 전제가 된다. 모든 생산수단의 전면적인 국유화나 공유화는 허용될 수 없으며, 상속제도를 부인하는 입법조치도 허용되지 않는다. 또한 전면적인 계획경제체제의 도입도 인정될 수 없다고 하겠다.

(2) 구체적 재산권(사유재산권)의 보장

1) 사유재산권보장의 기본적 내용

헌법이 개인을 위하여 구체적 재산권을 보장한다는 것은 개개인에게 그 재산을 소유·상속하게 할 뿐만 아니라, 그것을 사용·수익·처분할 수 있는 자유의 보장이므로 사유재산제도를 그 이념적인 전제조건으로 한다. 즉, 사유재산권은 사유재산제도의 바탕 위에서 사유재산을 임의로 이용·수익·처분할 수 있는 주관적 공권이다. 이 의미에서 재산권의 보장은 국가에 대한 소극적·방어적 자유권으로서의 성격을 갖는 것이다. 이 구체적 재산권을 침해할 경우에는 반드시 법률적 근거가 있어야 하고 그 법률은 헌법에 위배되지 않아야 한다. 이 의미에서 재산권을 보장한 제23조 제1항은 집행·사법은 물론 입법까지 포함한 모든 국가권력을 구속한다고 하겠다(국가의 자의적인 과세권행사금지).

2) 소급입법에 의한 재산권 박탈금지

헌법 제13조 제2항은 소급입법에 의한 재산권 박탈을 금지함으로써 재산권보장에 철저를 기하고 있다. 이는 죄형법정주의 원칙상 당연한 것이지만 4·19민주화운동과 5·16군사쿠데타 이후에 제정했던 부정축재처리법 등에 의한 소급적인 재산권 침해의 재현을 방지하려는데 그 목적이 있다.

3) 무체재산권의 보장

재산권의 범위는 경제적 가치를 지닌 일체의 권리를 의미하므로 무체재산권도 재산권의 범위에 포함되어 당연히 보장된다. 그러나 헌법은 제22조 제2항에서 따로 보호규정을 두고 있다. 예컨대 이미 발표된 저작물을 공공의 목적을 위해서 학교의 교과서 등에 발췌·수록하는 것은 저작권의 침해라 볼 수 없지만(저작권법 제23조 제1항), 이 경우 저작자가 일정한 대가를 요구하는 것을 금지할 수는 없다고 할 것이다.

4) 헌법 제9장에 규정된 재산권보장의 내용

제119조	① 대한민국의 경제질서는 개인의 경제상의 자유와 창의를 존중함을 기본으로 하되 ② 국가는 균형 있는 국민경제의 성장 및 안정과 적정한 소득의 분배를 유지하고 시장의 지배와 경제력의 남용을 방지하며, 경제주체간의 조화를 통한 경제의 민주화를 위하여 경제에 관한 규제와 조정을 할 수 있다.
제120조	광물, 천연자원의 국유를 전제로 한 특허제도

제121조	① 국가는 농지에 관하여 경자유전의 원칙이 달성될 수 있도록 노력하여야 하며, 농지의 소작제도는 금지하되 ② 농업생산성의 제고와 농지의 합리적인 이용을 위하거나 불가피한 사정으로 발생하는 농지의 임대차와 위탁경영은 법률이 정하는 바에 의하여 인정된다.
제122조	국토의 이용제한과 의무(국민 모두의 생산 및 생활의 기반이 되는 국토의 효율적이고 균형있는 이용·개발과 보전을 위해)
제123조	① 국가는 농업 및 어업을 보호 육성하기 위하여 농·어촌종합개발과 그 지원 등 필요한 계획을 수립·시행하여야 하며, ② 지역간의 균형있는 발전을 위하여 지역경제를 육성할 의무를 지며, ③ 국가는 중소기업을 보호·육성하고, ④ 농수산물의 수급균형과 유통구조의 개선에 노력하여 가격안정을 도모함으로써 농·어민의 이익을 보호하고, ⑤ 농·어민과 중소기업의 자조조직을 육성하여야 하며, 그 자율적 활동과 발전을 보장한다.
제124조	국가는 건전한 소비행위를 계도하고 생산품의 품질향상을 촉구하기 위한 소비자보호운동을 법률이 정하는 바에 의하여 보장한다.
제125조	대외무역의 육성, 규제와 조정
제126조	국방상 또는 국민경제상 긴절한 필요로 인하여 법률에 정하는 경우를 제외하고는, 사영기업을 국유 또는 공유로 이전하거나 그 경영을 통제 또는 관리할 수 없다.
제127조	과학기술의 발전과 국가표준제도 확립

5. 재산권의 한계(사회적 기속성)

(1) 의의와 기능

헌법 제23조 제2항은 「재산권의 행사는 공공복리에 적합하도록 하여야 한다」고 하여 재산권행사의 공공복리적합성(재산권의 사회적 기속성 = 사회적 구속성 = 사회적 의무성)을 규정하고 있다. 이것은 바이마르헌법 제153조에서 최초로 규정하기 시작하였다. 재산권의 사회적 기속성이란 공공복리를 위하여 재산권의 주체가 그 재산에 관하여 보상 없이 일반적이고 적절한 그리고 기대가능한 갖가지 제한을 받게 되고 또 받을 수 있음을 말한다. 따라서 재산권의 사회적 기속성은 사유재산제도에 관한 것이 아니고 사유재산제도를 전제로 하는 사유재산권에 관한 것이다. 결국 사회적 기속성의 강조는 재산권의 무제약적 행사로 말미암아 초래되는 사회적 폐단을 최소화하고 사유재산제의 기본이념을 수호하려는 것이며 사유재산제의 유지·존속을 위한 최소한의 자기희생 내지 양보를 의미하는 것이다(1989.12.22. 88헌가13).

재산권의 사회적 기속성은 ⅰ) 생존보장의 실효성을 확보해 주는 기능, ⅱ) 사익과 공익의 적절한 조화점을 모색하는 수단으로서 기능, ⅲ) 사회정의의 실현 내지는 동화적 통합과 불가분의 이념적 상호관계로서의 기능, ⅳ) 경제조항(제9장)에 내포된 재산권제한의 특수 형태를 정당화시켜주는 이념적 기초로서의 기능 등을 가지고 있다.

(2) 사회적 기속성의 법적 성격

헌법 제23조 제2항의 재산권행사의 공공복리적합의무는 구체적인 재산권의 한계를 명시한 조항으로 보지만, 이 조항의 법적 성격에 관해서는 ⅰ) 단순한 윤리적 의무로 볼 것이 아니라 헌법적 의무로 보는 견해, ⅱ) 재산권 행사의 헌법적 한계로 보는 견해, ⅲ) 20세기 헌법의 재산권에 당연히 수반되는 내재적 제약인 헌법원리설 등 견해의 대립이 있다.

우리 헌법재판소는 "재산권행사의 공공복리적합의무는 헌법상의 의무로써 입법형성권의 행사에 의해 현실적인 의무로 구체화되고 있다"(1989.12.22. 88헌가13)고 판시하고 있는 바와 같이 재산권형성적 법률유보는 헌법적 의무를 구체화한 것이라고 보아 재산권행사의 공공복리적합의무는 법적 의무설(헌법적 의무포함)로 보는 것이 타당하다.

(3) 사회적 기속성의 한계

재산권의 사회적 기속성의 한계설정, 다시 말해서 보상이 필요없는 사회적 기속성과 보상이 요구되는 재산권침해의 구별기준에 관해서는 ⅰ) 재산권의 침해를 받는 자가 특정되어 있는가의 여부를 기준으로 하는 형식설(개별행위설과 특별희생설)과, ⅱ) 재산권의 보상을 요하는 제한의 구별을 당해 제한의 성질·정도를 기준으로 하는 실질설의 대립이 있는데 이를 정리하면 다음과 같다.

학설		내용
형식설	개별행위설	공권력의 주체가 공익을 위한 개별행위에 의하여 특정인에게 특별한 손실을 가한 경우에 보상을 요하는 재산권의 제한으로 본다(바이마르헌법하에서 판례상 정립된 견해).
	특별희생설	공익을 위하여 특정인 또는 특정다수인에 대하여 다른 자에게는 요구되지 아니하는 희생을 불평등하게 부과하는 경우, 그러한 재산권의 침해·제한행위의 보상을 요하는 공용수용행위로 본다.
실질설	사회기속이론	공익에 대한 위험을 방어하기 위한 방어적인 행위로서의 재산권의 제한의 경우는 단순한 사회적 제약에 해당하지만(보상필요없음), 다른 특정한 공적 목적을 위한 능동적인 행위로서의 재산권의 제한은 재산권의 공용수용에 해당하므로 보상이 필요하다고 본다.(예 : 광견병에 걸린 개를 보상없이 살해, 공해업소의 조업정지, 밀수용선박 보상없이 몰수 등)
	기대가능성이론 (수인기대 가능성설)	제한의 진지성에 비추어 재산권의 주체에게 그 제한의 수인을 기대할 수 있는 정도면 재산권의 단순한 사회적 제약이고(보상필요없음), 그렇지 않으면 보상을 요하는 제한에 해당한다(개인의 주관적 사정을 고려).
	사적유용성이론	재산권이 제한된 상태에서 아직 사적 유용성이 유지되고 있으면 단순한 사회적인 제약이고(보상필요 없음), 완전히 다른 목적을 위해 제공되고 있으면 보상하여야 하는 제한에 해당한다.
	상황기속이론	토지 등에 관한 제한이 그 자연적인 현상(입지조건)을 고려하여 현재상태로 보전하기 위한 것일 때에는 단순한 사회적인 제약으로서 보상이 필요없지만, 그렇지 않은 경우에는 보상을 요하는 제한에 해당한다(예 : 지금까지 농경지나 임야로만 이용되던 토지를 Green Belt로 지정한 경우)
소결 : 단순한 사회적인 제약과 보상을 요하는 재산권의 제한과의 한계는 각 구체적인 경우에 관련되는 여러 가지 판단기준을 고려하여 종합적으로 평가하여야 할 것이다. 즉 보상여부의 결정에 있어서는 형식적 기준과 실질적 기준을 상호 보완적으로 적용하여 구체적으로 판단하여야 한다고 생각한다(과잉금지원칙의 존중).		

6. 재산권의 제한과 그 한계

(1) 재산권의 제한(침해와 보상)

헌법 제23조 제3항은 「공공필요에 의한 재산권의 수용·사용 또는 제한 및 그에 대한 보상은 법률로써 하되, 정당한 보상을 지급하여야 한다」고 하여 재산권 침해의 요건과 보상을 규정하고 있다.

1) 침 해

(가) 재산권의 침해

재산권의 침해란 공권력에 의하여 개인의 기득재산권을 제한하거나 이것을 박탈하는 행위를 말한다. 따라서 불법적인 침해는 배제되며 합법적인 침해는 인정된다.

(나) 목 적

헌법 제37조 제2항의 국가안전보장, 질서유지, 공공복리와 제23조 제3항의 공공필요를 위한 경우에 인정되는데, 이때 공공필요는 제37조 제2항의 공공복리의 개념보다 더 넓고 적극적인 개념으로 이해하여야 한다. 따라서 공공필요란 공공이익을 위한 공익사업을 시행하거나 공공복리를 달성하기 위하여 재산권의 제한이 불가피한 경우를 말한다고 하겠다.

(다) 형 식

ⅰ) 형식적 의미의 법률로써만 제한할 수 있다. 다만 헌법 제76조(대통령의 긴급명령, 긴급재정·경제명령), 제77조(비상계엄)의 예외가 있다. ⅱ) 명령이나 조례로는 재산권의 제한을 할 수 없다고 본다(다수설). 이에 대하여 명령으로는 제한할 수 없으나 조례의 경우 지방의회가 제정한 규범이므로 공공필요로 부득이한 경우에 사용권만을 일정한 범위 내에서 일시적으로 제한하는 것이 허용된다는 견해도 있다.

(라) 유 형

① 수 용 : 개인의 비대체적인 특정의 재산권을 법률에 의하여 강제적으로 취득하는 것으로 공공수용 또는 공용징수를 말한다.

② 사 용 : 개인의 재산권을 법률에 의하여 일시적·강제적으로 사용하는 것을 말한다(공공사용).

③ 제 한 : 개인의 특정한 재산권에 과해지는 공법상의 제한으로 수용·사용의 정도에 이르지 않은 물적 공용부담의 일종이다(공용제한).

④ 특수한 제한 : 국토의 효율적·균형있는 이용·개발과 보전을 위해 필요한 제한과 의무를 부과(제122조), 국방상 또는 국민경제상 긴절한 필요로 인한 사영기업의 국·공유화(제126조)

2) 보 상

(가) 손실보상의 의의

손실보상이란 위법한 침해에 대한 손해배상과는 달리 공공필요에 의하여 적법하게 공권력을 행사하여 재산권을 침해한 경우 그 손실을 보상하는 제도를 말한다.

(나) 제한과 법적 성격

손실보상의 이론적 근거로는 특정인의 재산권에 가해진 특별한 희생을 공평의 견지에서 전체의 부담으로 보상하는 것이 정의와 형평에 맞는다고 하는 특별희생설이 타당하며(다수설), 실정법적 근거로는 헌법 제23조 3항을 들 수 있다. 문제는 헌법 제23조 제3항의 법적 성격인데 이 내용을 요약하면 다음과 같다.

방침규정설	제23조 제3항을 프로그램적 규정으로 보아 보상을 정하는 법률의 근거가 있어야 보상이 가능하다.
직접효력설	법률규정이 없어도 헌법조항 자체를 근거로 보상이 가능하다(다수설).
위헌무효설	보상청구를 하려면 법률의 근거를 필요로 한다는 점에서 방침규정설과 같으나, 보상규정이 없는 재산권 침해 법률은 위헌무효라는 견해이다.
대법원판례	제3공화국(직접효력설), 제4공화국(방침규정설)

(다) 기 준

손실보상청구권은 ⅰ) 개인의 재산이, ⅱ) 공공필요를 위하여, ⅲ) 적법한 공권력의 침해로 말미암아, ⅳ) 특별한 희생을 당하여야 성립하는데, 그 보상지급기준에 관하여 완전(시가)보상설, 상당보상설, 절충설(원칙은 완전보상, 특별한 경우 예외적으로 상당보상 가능) 등이 대립되나, 현행헌법은 「보상은 법률로써 하되, 정당한 보상을 지급하여야 한다」고 규정하고 있으므로, 정당한 보상은 완전보상을 의미하므로 시가보상을 지급하여야 한다고 본다(완전보상설 : 헌재).

이 정당한 보상은 사회적 정의의 원칙에 합치되게 경제적 약자에게는 시가 이상의 보상을 해주고, 사회경제적 필요가 우월하는 경우 경제적 강자의 이익은 어느 정도 제한될 수 있는 보상을 말한다고 주장하는 견해도 있다.

(라) 방 법

보상방법에는 ⅰ) 금전보상이냐 현물보상이냐, ⅱ) 선불이냐 후불이냐(지급시기), ⅲ) 개별불이냐 일괄불이냐(지급방식), ⅳ) 일시불(전액불)이냐 분할불이냐(지급횟수) 등이 있는데, 금전보상·선불·개별불·일시불이 원칙이다. 그런데 구체적인 방법은 구체적인 사정에 따라 합리적인 판단하에 개별적인 법률로 정해진다.

산정시기는 사업인정고시일 당시의 공시지가를 기준으로 하되, 재결시까지의 지가변동률 등을 참작한 적정가격으로 한다(토지수용법 제46조 제2항).

(마) 보상에 대한 불복

보상결정에 대한 이의가 있는 경우에 행정분쟁조정절차를 거쳐 불복신청을 할 수 있는데, 개별법이 손실보상에 대한 행정쟁송절차를 규정하고 있으면 이에 따라야 한다. 그러나 특별규정이 없으면 행정소송의 당사자소송으로 구제받을 수 있으나 대법원은 민사소송의 방법에 의하고 있다(1969.12.30. 대판 69다9 등).

(2) 제한의 한계

재산권을 제한하는 경우에도 일정한 한계가 있다. 따라서 본질적 내용을 침해할 수 없고, 과잉금지의 원칙에 반해서도 안된다. "재산권의 본질적 내용을 침해하는 경우란 그 침해로 말미암아 사유재산권이 유명무실해지고 사유재산제가 형해화되어 헌법이 재산권을 보장하는 궁극적 목적을 달성할 수 없게 되는 지경에 이르는 경우라고 할 것이다. 사유재산제도(상속제도)의 전면적 부정·재산권의 무상몰수·소급입법에 의한 재산권의 박탈 등이 재산권의 본질적 침해가 된다"(1989.12.22. 88헌가13). 따라서 재산권의 사회기속성과 국가의 재산권형성적법률유보를 지나치게 확대적용함으로써 재산권이 갖는 사회기속성의 한계를 너무 넓게 잡는 것은 결과적으로 무보상 침해를 허용하는 것이기 때문에 그 자체가 재산권의 본질적 내용의 침해가 된다고 하겠다. 왜냐하면 재산권의 사회적 제약 내지 사회기속성을 강조하는 것은 사유재산제도의 유지존속을 위한 사유재산제도의 최소한의 자기희생 내지 양보이기 때문이다(1989.12.22. 88헌가13).

7. 위법한 재산권침해와 그 구제

위법한 재산권의 침해경우, 즉 ⅰ) 공공필요에 의하지 아니하거나, ⅱ) 보상규정이 없는 법률에 의하거나, ⅲ) 법률에 근거하지 않거나, ⅳ) 과잉금지의 원칙에 위배되는 재산권의 침해 등은 적절한 구제책이 필요하다. 이 경우 고의·과실이 없는 위법한 재산권침해에 대해서는 공법상의 손실보상이론을 확대·적용하여 "재산권수용유사침해이론"(준수용적재산권침해이론)에 따라 손실보상을 해주어야 할 것이다. 그리고 고의·과실이 있는 위법한 재산권침해에 대해서는 공무원의 직무상 불법행위로 인한 손해배상청구권과 재산권수용유사침해의 이론에 따른 보상청구권 등도 함께 인정되어야 할 것이다. 또한 사실행위에 의한 재산권침해의 경우에도 재산권수용유사침해의 이론에 따라 손실보상을 해주어야 한다.

Ⅷ. 소비자의 권리

1. 소비자권리의 개념 및 연혁

소비자의 권리란 소비자가 인간다운 생활을 영위하기 위하여 공정한 가격으로 양질의 상품 또는 용역을 적절한 유통구조를 통하여 적절한 시기에 구입·사용할 수 있는 권리를 의미한다. 우리나라에서는 제8차 개헌에서 최초로 소비자보호운동에 관한 규정을 두었으며 소비자보호법(1980년)도 제정되었다.

2. 헌법적 근거

소비자권리의 헌법적 근거는 ⅰ) 헌법 제10조를 이념적 근거규정으로 하고, ⅱ) 제124조(소비자보호운동)를 부분적인 직접적 근거규정으로 하며, ⅲ) 제37조 제1항을 보완적 근거규정으로 하면서, ⅳ) 제23조 제1항(재산권의 보장), 제26조(청원권), 제30조(범죄피해자구조청구권), 제36조 제3항(보건에 관한 권리) 등을 간접적 근거규정으로 하여 헌법상 보장된다고 해석할 수 있으므로 새로운 유형의 현대형 인권으로서 다측면성을 가진 복합적 기본권이라고 하겠다.

3. 법적 성격 및 주체

소비자권리의 법적 성격에 관해 ⅰ) 자유권적 기본권설, ⅱ) 사회적 기본권설, ⅲ) 복합적 기본권설 등의 견해가 대립되어 있으나 소비자권리는 여러 가지 성격을 지닌 복합적 기본권(자유권적·재산적·청구권적·사회적 기본권)이라고 말할 수 있겠다. 또한 소비자권리의 주체는 모든 소비자(외국인·법인 포함)이다.

4. 소비자권리의 내용

소비자권리의 내용으로는 ⅰ) 소비자 안전의 권리, ⅱ) 소비자의 알 권리, ⅲ) 소비자의 자유로운 선택권, ⅳ) 소비자의 의견반영권, ⅴ) 소비자의 피해보상청구권, ⅵ) 소비자의 교육을 받을 권리, ⅶ) 소비자운동권(단결권 등), ⅷ) 소비자단체의 국고보조금을 받을 권리 등이 있다.

5. 소비자권리의 효력

소비자권리는 모든 국가권력을 구속하며, 그 상대방으로서 사업자를 필연적으로 전제하고 있으므로 사인간에도 직접적용된다고 하겠다.

6. 소비자권리의 침해와 그 구제

소비자권리가 ⅰ) 국가공권력에 의하여 침해된 경우에는 청원권, 행정소송, 국가배상청구, 헌법소원 등으로 구제받을 수 있으며, ⅱ) 개인의 소비자권리가 사업자 등 사인에 의하여 침해된 경우에는 그 피해의 구제를 한국소비자원에 청구할 수 있으며(소비자보호법 제39조 제1항). 또한 민사소송도 제기할 수 있다.

제 4 절 정신적 자유권

Ⅰ. 양심의 자유

1. 헌법규정 및 연혁

헌법 제19조는 「모든 국민은 양심의 자유를 가진다」라고 규정하며 양심의 자유를 보장하고 있다. 종래는 양심의 자유를 종교자유의 일부에 속하는 것으로 생각하여 왔다. 종래의 미국 또는 서구의 경우에는 신앙과 양심의 자유를 합하여 '종교의 자유'로 규정(프로이센헌법)하였지만, 바이마르헌법에서는 양심의 자유를 독립적으로 규정하였다. 우리나라 제3공화국헌법 이전에는 양심의 자유를 종교의 자유와 함께 동일조문에 규정하였으나, 제3공화국헌법 이후에는 독자적인 조문에서 별도로 규정하고 있다.

2. 양심의 자유의 의의와 기능

(1) 양심의 자유의 의의

1) 양심의 자유의 개념

양심의 자유는 각 개인의 판단이다. 가치관으로서의 확신을 외부에 표명하도록 강제되지 않고, 양심에 반하는 행위를 강요당하지 않을 자유를 말한다. 이 양심의 자유는 모든 자유의 근원이 되므로 이른바 최상급 기본권이라고 한다. 이는 자연법상의 절대적 기본권이고 일신전속적 권리이다.

2) 양심의 의미

양심의 의미에 대해서는 ⅰ) 종교적 확신과 동일한 개념으로 보는 종교적 신앙설, ⅱ) 도덕적 의무의 자각 또는 도덕적·윤리적 판단으로 인식하는 도덕적 윤리설, ⅲ) 세계관·인생관과 같은 일반적 신조로 이해하는 일반적 신조설, ⅳ) 내심의 요청을 포괄하는 것으로 이해하는 정신적 관조설 등이 있는데, 우리 헌법재판소도 헌법 제19조의 양심이란 세계관·인생관·주의·신조 등은 물론 이에 이르지 아니하여도 보다 널리 개인의 인격형성에 관계되는 내심에 있어서의 가치적·윤리적 판단도 포함된다고 보고 있으므로(1991.4.1. 89헌마160), 양심의 개념을 넓게 해석하여 모든 정신활동의 기본이 되는 내심의 관조로 파악하는 정신적 관조설이 타당하다고 하겠다.

3) 양심과 신앙 및 사상과의 관계

양심은 종교적 확신을 의미하는 신앙보다 넓은 개념이다. 그런데 제3공화국헌법 이후 종교의 자유가 별도로 규정되어 있으므로 신앙의 자유는 양심의 자유에 포함되지 않고 종교의 자유에 포함되어 보장받고 있다. 또한 직업적 양심에 해당하는 헌법 제46조 제2항(국회의원의 양심에 따른 직무수행)과 제103조(법관의 양심에 따른 재판)의 양심은 "양심의 자유"의 양심과는 구별된다.   양심이 윤리적 차원의 사고라면 사상은 논리적 차원의 사고라는 점에서 양자는 동일한 개념은 아니지만(사상>양심), 윤리적 범주로서의 양심은 세계관적 확신을 의미하는 사상과 밀접한 관계를 가지므로 양심의 자유는 특수한 형태의 사상의 자유라고 하겠다. 사상도 단지 사실에 관한 지식에 머무는 것이 아니라 어떠한 가치관에 입각한 체계적인 신념(세계관, 주의, 주장 등)을 의미한다는 점에서 양심과 불가분의 관계에 있다(일체관계). 현행헌법에는 사상의 자유에 관한 명문규정이 없으므로 사상의 자유는 양심의 자유에 포함되어 보장된다고 하겠다(윤리적 양심설이 아닌 사회적 양심설 : 통설). 따라서 양심의 자유는 내심의 자유를 말하며 윤리적 양심뿐만 아니라 정치적 양심, 사회적 양심 등 사상의 자유까지도 포함한다고 본다.

(2) 양심의 자유의 기능

양심의 자유는 자유민주적 기본질서를 창설하는 기능, 즉 ⅰ) 국가의 독점적인 선악결정권을 배제시킴으로써 사회공동체가 풍요로운 정신적인 성숙을 하는데 뒷받침해 주는 기능(사회정신성숙촉진기능), ⅱ) 다수화 될 수 없는 양심(본래 Konsens가 불가능한 특성을 지님)과 다수결원리의 조화로서 민주주의정치질서 내에서 중요한 동화적 통합의 기능, ⅲ) 자유인의 자유로운 합의의 바탕 아래 자유민주적 기본질서를 정당화시키는 기능, ⅳ) 합법을 가장한 불법적 통치권력의 출현을 방지하는 예방적 기능 등을 갖는다.

3. 양심의 자유의 법적 성격

양심의 자유는 인간의 권리·자연법상 권리로서 개인의 내면적·정신적 자유의 근원인 최상급 기본권이다. 양심의 자유는 주관적 공권인 동시에 정의와 자결의 원리에 바탕을 둔 사회공동체를 형성하고 지탱시켜 주는 객관적 가치질서로서 이중적 성격을 지닌다. 양심의 자유는 내심의 작용으로 머무는 한 절대적 자유권이다.

4. 주 체

양심의 자유의 향유주체는 자연인, 즉 모든 국민과 외국인(무국적자 포함)이며, 성질상 법인은 제외된다.

5. 양심의 자유의 내용

(1) 양심결정(양심형성)의 자유

양심결정이란 자신의 도덕적·논리적 판단에 따라 무엇이 옳다 그르다 하는 확신에 도달하는 것을 말한다. 이러한 양심상의 결정의 자유는 절대적으로 보장되므로 양심상의 결정과정에 국가권력이나 타인이 관여하거나 그 결정을 방해하거나 일정한 양심상의 결정을 하도록 강제할 수 없다(사상 및 양심의 형성과정).

(2) 침묵의 자유

침묵의 자유란 인간의 내면세계에서 결정·형성된 양심을 외부에 직접·간접으로 표명하도록 강제되지 않는 자유를 의미한다. 이 침묵의 자유로부터 양심추지의 금지와 양심에 반하는 행위의 강제금지가 파생한다.

그런데 소수설은 「양심을 지키는 자유」라는 포괄적인 개념을 사용하면서, 양심을 언어에 의하여 표명하도록 강제당하지 않는 자유를 「침묵의 자유」로, 일정한 행동에 의하여 간접적으로 표명하도록 강요되지 않는 자유를 「양심추지의 금지」로, 그리고 「양심에 반하는 작위의무로부터의 해방」 등을 그 내용으로 하고 있다.

1) 양심추지의 금지와 충성선서

양심추지란 물리적 압력을 가하여 내면의 양심을 일정한 행동으로써 간접적으로 표명하도록 강제하고 그 행동을 가지고 내면의 양심을 추정하는 것을 의미하며, 충성선서란 공직자의 재직요건 또는 임용요건으로서 헌법이나 국가에 대한 충성을 선서하게 하거나 그들의 반국가성을 심사하여 임용을 거부하거나 공직을 박탈하는 것을 의미한다. 따라서 십자가 밟기나 충성선서 등의 외부적 행위를 하게 함으로써 양심을 추정하는 것은 금지된다. 그런데 공직자의 헌법에 대한 충성선서와 국가에 대한 충성선서는 공직자가 국민전체에 대한 봉사자라는 점에 비추어 당연하므로 헌법상 문제가 없다고 하겠다. 또한 사상전향서 작성과정에서 강제수단이 사용되는 사상전향제도도 사상과 양심의 자유를 침해한 것이라고 할 수 있다.

2) 양심에 반하는 행위의 강제금지

(가) 증언의 거부

단순한 사실에 관한 지식은 양심에 해당되지 않으므로, 증인의 증언거부는 침묵의 자유에 해당되지 않는다. 그러나 형사절차에서 증인이 피의자 또는 피고인 등 일정한 경우에는 형사상 불리한 진술의 거부는 물론 증언거부권까지 인정한다.

(나) 취재원비닉권

언론사의 기자가 취재원에 관하여 묵비할 수 있는가가 문제되는 데, 양심의 자유에 포함되지 않는다고 하겠다(다수설).

(다) 사죄광고문제

사죄광고의 위헌성 여부가 문제된다. 위헌설에 의하면, 단순한 사죄광고를 명하는 판결은 합헌이지만 양심에 비추어 승복할 수 없는 경우에 이를 강제집행하는 것은 양심의 자유를 침해하는 것이라고 본다. 헌법재판소는 동아일보사가 청구한 '사죄광고의 위헌여부에 관한 헌법소원'에서 사죄광고를 명하는 것은 타인의 명예를 훼손하여 비행을 저질렀다고 믿지 않는 자에게 본심에 반하여 사죄의 의사표시를 강요하는 것이어서 양심도 아닌 것이 양심인 것처럼 표현할 것의 강제로 인간양심의 왜곡·굴절로서 침묵의 자유의 파생인 양심에 반하는 행위의 강제금지에 저촉되는 것이며 따라서 양심의 자유의 제약이고 인격권에도 큰 위해가 되는 것이므로 민법 제764조의 "명예회복의 적당한 처분"에 이를 포함시키는 것은 위헌이라고 결정하였다(1991.4.1. 89헌마160).

(라) 양심적 집총거부

양심상의 결정을 이유로 집총을 거부할 수 있는가가 문제된다(국민개병제를 채택한 나라에서만 문제됨). 「크리스트인의 "양심상의 결정"으로 군복무를 거부한 행위는 응당 병역법의 규정에 따른 처벌을 받아야 하며, 소위 "양심상의 결정"은 헌법 제19조에서 보장한 양심의 자유에 속하는 것이 아니다」라고 판시하여 이를 인정하지 않고 있으나(1969.7.22. 대판 69도934 등), 독일과 같이 군수용대체의무를 시키자는 견해도 있다. 독일기본법은 양심적 집총거부권을 인정하고 있으며(제4조 제3항), 미국·영국·프랑스 등도 이를 인정하고 있는 바, 이들 나라에서는 양심적 병역거부자에게는 병역을 면제해 주고 대신 민간대체역무를 부과하고 있다. 다만 독일연방헌법법원은 특정한 전쟁만을 거부하는 상황조건부 병역거부는 인정하지 않으며, 미국판례도 "전쟁일반이 아니라 특정의 전쟁만을 반대하는 자에게는 양심적 병역거부가 부인된다"고 하고 있다(Gillette v. U.S 1971).

(3) 양심실현의 자유(양심결정표현의 자유)

양심실현의 자유를 빼버린 양심의 자유는 큰 의미가 없으므로 양심의 자유에는 양심을 실현할 자유도 포함된다는 견해도 있으나 양심의 자유를 인간의 내면적 자유에 국한시킴으로써, 양심상의 결정을 실현시키거나 구체적인 행동을 할 자유를 양심의 자유에서 제외시켜야 한다는 입장(부정설)이 다수설·판례이다.

6. 효 력

양심의 자유는 대국가적 효력과 기본권의 중핵이라는 의미에서 간접적용설에 입각한 제3자적 효력을 갖는다. 다만 기업활동목적이 본질적으로 일정한 정치신조와 결부되어 있는 경향기업에 있어서는 특정한 사상·신조를 고용의 조건으로 할 수는 있을 것이다. 그러나 기업가가 채용결정에 있어 근로자의 사상, 신조를 조사하고, 이에 관한 사항을 신고하게 하는 것은 바람직한 것이라고는 할 수 없다.

7. 제한과 그 한계

(1) 학설의 대립

양심의 자유가 어떠한 경우에 어느 정도로 보장되는가에 관해서 견해의 대립이 있다. ① 내재적 한계설(내심한계설)은 양심이 외부에 표명되지 아니하고 내심의 작용으로 머물러 있는 경우에도 일정한 한계가 있다고 보는 견해이며, ② 내면적 무한계설(다수설, 판례)은 양심이 외부에 표명되면 일정한 제한이 따르지만 내심의 작용으로 머물러 있는 이상 제한을 받지 않는다는 견해이다. ③ 절대적 무제약설은 양심이 내심의 작용에 머물러 있는 경우뿐만 아니라 외부에 표명되는 경우에도 제한을 받지 않는다고 보는 입장이다.

내면적 자유로서의 양심의 자유는 법률로써도 제한할 수 없겠지만, 양심표명과 양심실현의 자유는 양심의 자유의 내용에 포함되는 것이 아니라 표현의 자유 또는 행동의 자유에 해당하므로 헌법유보와 법률유보에 의하여 제한될 수 있다.

(2) 제한과 그 한계

1) 양심의 자유의 제한

양심의 자유도 외부적인 표현인 경우에는 일반적 법률유보(제37조 제2항)에 의하여 제한될 수 있으나, 제한되더라도 양심의 자유의 본질적 내용은 침해할 수 없고 헌법의 통일성에 입각한 규범조화적 해석에 의해서 필요한 최소한의 범위 내에서 제약하는데 그쳐야 할 것이다.

2) 양심의 자유의 본질적 내용과 제한의 한계문제

양심의 자유는 그 본질적 내용만으로 구성되어 있기 때문에 양심결정의 자유와 양심에 관하여 침묵할 자유는 그 제한이 불가능하여 침해할 수 없어 어떠한 경우에도 제한할 수 없는 절대적 자유라고 보는 것이 다수설이다. 그러나 소수설은 그 본질적 내용에 대하여 국가권력이 모든 국민에게 외형적인 복종을 요구할 수 있어도 복종의 당위성에 관한 내적인 확신을 강요할 수는 없다는 데 있다고 보고 있다. 사실상 제한이 불가능한 인간의 내심의 영역을 대상으로 하는 인간내심의 자유는 국가권력이 어떠한 경우에도 제한할 수 없다고 보는 다수설이 타당하다고 하겠다.

양심의 실현과 관련하여 양심의 자유에 대한 제한의 한계는 구체적인 경우에 개별적으로 결정할 수밖에 없겠으나 그 제한에 있어서는 '명백하고 현존하는 위험의 원칙'이 원용되어야 하는 바, 우리 헌법재판소도 국가보안법 제7조 제5항의 이적표현물소지죄의 규정이 양심의 자유를 침해할 가능성이 있음을 인정하고 이를 국가의 존립·안전이나 자유민주적 기본질서에 현실적 침해를 줄 명백한 위험성이 있는 경우에 처벌되는 것으로 축소·제한해석해야 한다고 판시하고 있다(한정합헌 : 1990.6.25. 90헌가11).

3) 양심범의 문제

양심의 자유를 내면적인 자유만으로 보지 않고 양심실현의 자유를 인정할 경우 내심의 자유와 국가 형벌권간에 갈등이 일어나는데 이때 문제되는 것이 양심범의 문제이다. 이른바 양심범은 학문적으로 확립된 개념이거나 법률적으로 규정이 가능한 개념이 아니다. 대법원은 보안사령부의 민간인 정치사찰을 폭로하는 양심선언을 하기 위하여 군무를 이탈한 행위에 대하여 정당방위나 정당행위에 해당하지 않는다고 판시하였다(1993.6.8. 대판 93도766). 따라서 양심을 외부에 표현하거나 실현하려고 하는 경우에는 표현의 자유에 관한 제한이론이 여기에도 적용된다고 하겠다.

4) 양심의 실현과 타인의 권리

양심의 표현에 의해서 부득이 타인의 권리가 침해되는 경우 이른바 기본권의 상충관계가 성립되는 바, 이를 해결하기 위하여 합리적인 이익형량과 헌법의 통일성에 입각한 규범조화적 해석방법을 적용하여 다원적인 해결책을 모색해야 할 것이다. 예컨대, 여호와의 증인을 믿는 부모가 종교상의 양심 때문에 의학적으로 꼭 필요한 자에 대한 수혈을 거부함으로써 자를 사망케 한 경우에는 자의 생명의 희생에도 불구하고 부모의 양심이 보호되어야 한다는 견해도 있다. 그러나 대법원은 여호와의 증인 신도인 모가 그 종교적 신념 때문에 의사가 최선의 치료방법으로 권한 수혈을 거부하고 방해하여 그로 인해 딸이 사망한 경우 유기치사죄에 해당한다고 판시하였다(1980.9.24. 대판 79도1387).

5) 양심의 실현과 기본권의 경쟁관계

양심을 표현하는 경우 종종 다른 기본권, 즉 표현의 자유 등을 실현시키는 경우 이른바 기권의 경쟁관계가 성립되는 바, 이를 해결하기 위해서는 최강력한 효력을 띠는 기본권을 중심으로 하여 융통성있는 해결책을 모색해야 할 것이다(최강력 효력설 적용).

Ⅱ. 종교의 자유

1. 헌법규정 및 연혁

헌법 제20조는 「① 모든 국민은 종교의 자유를 가진다. ② 국교는 인정되지 아니하며 종교와 정치는 분리된다」고 하여 종교의 자유와 정교분리의 원칙을 규정하고 있다.

헌법 제20조 제1항이 규정하고 있는 종교의 자유에는 신앙에 대한 침묵을 뜻하는 소극적인 신앙고백의 자유와 자신의 종교적인 확신에 반하는 행위를 강요당하지 아니하는 소극적인 종교행위의 자유 및 종교교육의 자유 등이 포함된다. 종교의 자유는 양심의 자유 등과 더불어 우리 헌법이 최고의 가치로 상정하고 있는 도덕적 · 정신적 · 지적 존재로서의 인간의 존엄성을 유지하기 위한 기본조건이고 민주주의체제가 존립하기 위한 불가결의 전제로서 다른 기본권에 비하여 보다 고도로 보장되어야 한다.

종교의 자유는 근대국가성립초기에 있어서 교회의 권위와 결합된 국가권력에 대한 투쟁을 통하여 획득한 자유권적 기본권으로 모든 정신적 자유의 근원을 이루는 것이며 초국가적 성질을 가지는 자연권 개념의 성립에 원동력이 되었다. 이러한 종교의 자유는 영국의 1649년 국민협정 중에서 이미 언론의 자유와 함께 주장되었고, 1689년의 권리장전에서도 인정되었으며, 1791년 미국수정헌법 (제1조) · 1789년 프랑스 인권선언(제10조) · 바이마르헌법(제135조) 등을 비롯하여 각국헌법에서 채택되었다.

2. 의 의

종교란 인간의 상념의 세계에서만 존재할 수 있는 신이나 절대자의 존재 등 초인적인 것을 신봉하고 그것에 귀의하는 것을 말하므로, 종교의 자유란 자기가 원하는 종교를 자기가 원하는 방법으로 신봉할 자유를 말한다. 기본권의 역사상 가장 오래된 기본권인 종교의 자유는 절대자에 대한 귀의 또는 신과 피안에 대한 내적인 확신의 자유를 말한다.

역사적으로 보면 양심의 자유는 내면적인 종교의 자유의 의미로, 종교의 자유는 외면적인 종교의 자유의 의미로 규정되었다(양심 · 종교의 동일한 규정의 경우도). 그러나 우리 헌법은 종교의 자유와 양심의 자유를 분리하여 규정하고 있으므로 종교의 자유(제20조)는 종교에 관한 내면적 · 외면적인 모든 자유를 의미하고, 양심의 자유(제19조)는 종교사항이 아닌 윤리적 사항 내지 기타사항에 대한 사상 내지 신념에 관한 내심의 자유만을 의미한다고 하겠다.

3. 법적 성격과 주체

종교의 자유는 정신적 자유의 근원이 되는 권리로서 국가권력에 대한 방어권으로서 주관적 공권의 성격과 국가의 종교적 중립성의 근거가 되는 객관적 가치질서의 성격도 가진다.

종교의 자유는 인간의 정신적 자유를 의미하는 까닭에, 그것은 자연인만이 누릴 수 있는 고유한 권리로서 외국인(외국선교사)에게도 인정된다. 다만 법인에 대하여는 성질상 그것이 인정되지 않으나 종교결사, 특히 교회의 경우 선교의 자유, 예배의 자유 등은 인정된다고 본다.

4. 종교의 자유의 내용

(1) 신앙의 자유

신앙이란 신과 피안에 대한 인간의 내적 확신을 말한다. 신앙의 자유는 종교의 선택 · 개종 · 무종교의 자유, 신앙고백의 자유(적극적), 신앙침묵의 자유(소극적 신앙고백의 자유), 신앙 또는 무신앙으로 인해 특별한 불이익을 받지 않을 자유 등을 포함한다. 여기서 문제가 되는 것은 신앙침묵의 자유인데, 이 자유가 보장되므로 공직취임시에 특정종교의 신앙을 취임조건으로 하거나 종교적 시험을 과할 수 없다(미연방헌법 제6조 단서). 따라서 종교의 자유 중 신앙의 자유는 인간의 내심의 작용이므로 어떠한 이유로도 제한될 수 없는 절대적 자유이다.

(2) 종교적 행사의 자유

종교적 행사(행위)의 자유는 예배·기도·독경·예불·의식·축제·행사·포교·선전·교육 등의 종교적 행위를 각 개인이 임의로 할 수 있는 자유와 그러한 행위를 할 것을 강제당하지 않는 자유를 말한다.

(3) 종교적 집회·결사의 자유

종교적 집회의 자유란 종교적 목적으로 동신자들이 집회(회합)하는 자유이며, 종교적 결사의 자유란 종교적 목적으로 동신자가 종교단체를 결성하는 자유를 말한다. 종교적 집회·결사의 자유는 일반적 집회·결사의 자유(헌법 제21조)에 대한 특별관계이므로 더 특별한 보호(광범위한 보장)를 받는다.

(4) 선교와 종교교육의 자유

종교의 자유에는 자신이 신봉하는 종교를 선전할 수 있는 자유와 신자를 규합하기 위한 선교의 자유가 포함된다. 선교의 자유에는 다른 종교를 비판하거나 다른 종교의 신자에 대하여 개종을 권고할 수 있는 자유가 포함된다. 또한 종교의 자유에는 종교를 위한 교육을 실시할 수 있는 종교교육의 자유가 문제된다. 종교적 재단이 설립한 학교에 있어서의 종교교육은 인정되며, 국·공립학교에 있어서는 일반적인 종교교육은 허용되나 정교분리원칙에 따라 특정한 종교교육은 금지된다(교육법 제5조 제2항).

종교 재단이 설립한 학교에 있어서의 종교교육이 인정되지만, 종립학교가 「고등학교 평준화 정책」에 따라 학생 자신의 신앙과 무관하게 입학하게 된 학생들을 상대로 종교적 중립성이 유지된 보편적인 교양으로서의 종교교육의 범위를 넘어서서 학교의 설립이념이 된 특정의 종교교리를 전파하는 종파교육 형태의 종교교육을 실시하는 경우에는 그 종교교육의 구체적인 내용과 정도, 종교교육이 일시적인 것인지 아니면 계속적인 것인지 여부, 학생들에게 그러한 종교교육에 관하여 사전에 충분한 설명을 하고 동의를 구하였는지 여부, 종교교육에 대한 학생들의 태도나 학생들이 불이익이 있을 것을 염려하지 아니하고 자유롭게 대체과목을 선택하거나 종교교육에 참여를 거부할 수 있었는지 여부 등의 구체적인 사정을 종합적으로 고려하여 사회공동체의 건전한 상식과 법감정에 비추어 볼 때 용인될 수 있는 한계를 초과한 종교교육이라고 보이는 경우에는 위법성을 인정할 수 있다.

5. 종교의 자유의 효력

종교의 자유는 국가로부터의 침해와 간섭을 부정하는 국가에 대한 개인의 주관적 공권이지만, 대사인간에도 민법 제103조(공서양속규정)를 통하여 간접적으로 적용되어 제3자적 효력을 인정한다. 따라서 사용자가 근로자의 신앙을 이유로 근로조건에 관하여 차별대우를 해서는 아니된다. 그러나 종교단체 내부에서까지 종교적 관용이 요구되는 것은 아니므로 교단이 교직자나 신도에 대하여 교단의 교율에 따르게 하거나 그에 위반한 경우에 징계권을 행사하는 것은 무방하다.

6. 종교의 자유와 제한과 그 한계

신앙의 자유는 정신적 내면의 문제이므로 법률로써도 제한할 수 없으나, 종교적 행위 및 집회·결사 등 외부적 행동은 헌법 제37조 제2항에 의하여 법률로 제한할 수 있다. 왜냐하면 이러한 행동은 외부적 표현이기 때문에 표현의 자유로서 제한을 받게 된다. 그렇지만 이러한 종교적 표현의 자유는 정치적 표현의 자유보다도 훨씬 관대하게 취급된다. 종교의 자유를 제한하더라도 그 본질적 내용은 침해할 수 없고, 이익형량하여 제한하여야 하며 명백하고 현존하는 위험의 원칙과 과잉금지의 원칙에 반해서도 아니 된다. 따라서 종교의 자유는 인간의 정신세계에 기초를 둔 것이므로 이에 대한 지나친 제한은 정신적 존재로서의 인간의 존엄과 가치 및 행복추구권을 침해하는 것이 된다.

7. 국교부인과 정교분리의 원칙

(1) 의 의

헌법은 국교불인정과 정교분리의 원칙을 천명하고 있다(국가의 종교적 중립성의 원칙). 국교부인 원칙이란 국가가 특정의 종교를 국교로 지정하는 것을 금지하는 것이며(국가의 비종교성), 정교분리 원칙이란 정치(국가)와 종교의 결별은 물론 국가나 정치에 대한 종교의 중립과 국가에 의한 모든 종교의 동등한 처우를 의미한다. 종교의 자유는 국교불인정과 정교분리의 원칙을 당연히 포함한다는 견해가 있으나 국교불인정과 정교분리의 원칙은 종교의 자유의 필수적 전제조건이기는 하나 당연히 포함되는 것은 아니다.

(2) 내 용

1) 종교의 정치간섭금지

종교가 정치에 간섭하거나 종교단체가 정치활동을 하는 것은 허용되지 않으며, 또한 종교단체의 정치목적이 주가 되는 활동도 금지된다. 그러나 종교인의 개인적 차원에서 정치활동을 하거나 종교단체와는 별개로 결사를 조직하여 정치활동을 하는 것은 허용된다.

2) 국가에 의한 종교교육·종교활동금지(국교부인)

국교부인의 결과 국가는 특정한 종교를 국교로 지정할 수 없으며, 국가는 특정의 종교교육 내지 종교활동을 할 수 없다. 국·공립학교에서 일반적인 종교교육은 가능하지만 국가나 지방자치단체는 그 소속공무원에 대하여 종교적 행위를 강제하거나 특정종교의 가입·탈퇴를 강요할 수 없으며 공직취임시에 특정종교의 양식에 따르는 선서를 요구할 수도 없다.

3) 국가에 의한 특정종교우대와 차별금지

국가는 특정한 종교를 위하여 특히 보호하거나 특권을 부여하여 재정적·경제적 우대를 할 수 없다. 모든 종교에 대하여 동일한 재정적 지원을 하는 것도 무종교의 자유를 고려하여 모든 종교단체에 국한된 특별보호는 부당한 것으로 본다. 그런데 크리스마스와 석가탄신일의 공휴일제도는 추석이나 설날처럼 특별한 종교적 의미가 퇴색한 습속으로 인정되고 있기 때문에 무방하다.

헌법재판소는 "종교법인·종교시설·성직자 등 종교의 자유의 행사와 관련된 행위에 대한 조세나 부담금의 면제 등 각종 우대조치는 특정한 집단의 부담을 다른 일반 국민의 부담으로 떠넘기는 결과를 가져와 평등원칙과 배치되는 점이 있으므로, 특히 정책목표달성이 필요한 경우에 요건을 엄격히 하여 극히 한정된 범위에서 예외적으로만 허용되어야 한다. 헌법 제20조 제1항이 보장하고 있는 종교의 자유는 국민을 종교와 관련된 공권력의 강제와 개입으로부터 보호하지만, 이로부터 종교를 이유로 국민이 일반적으로 적용되는 조세나 부담금을 부과하는 법률적용의 면제 등 적극적인 우대조치를 요구할 권리가 직접 도출된다거나 적극적인 우대조치를 할 국가의 의무가 발생하는 것은 아니다"라고 보고 있다. 또한 종교에 대한 각종 우대조치는 특히 정책목표달성이 필요한 경우에 요건을 엄격히 하여 극히 한정된 범위에서 예외적으로만 허용되어야 한다. 종교의 자유에서 직접 적극적 우대조치를 구할 권리가 도출된다고는 보기 어렵고, 중립적이고 일반적으로 적용되는 법률에 따른 기반시설부담금은 종교시설에 제한을 가하기 위한 입법목적으로 제정되었다거나 종교시설의 건축행위에만 부담을 주는 것이 아니고, 헌법 제20조 제2항에서 종교를 이유로 한 면제조항을 두지 않은 것에 대한 헌법적 정당화 사유를 찾을 수 있다고 한다.

Ⅲ. 언론·출판의 자유

1. 헌법규정 및 연혁

헌법 제21조는 「① 모든 국민은 언론·출판의 … 자유를 가진다. ② 언론·출판에 대한 허가나 검열 … 인정되지 아니한다. ③ 통신·방송의 시설기준과 신문의 기능을 보장하기 위하여 필요한 사항은 법률로 정한다. ④ 언론·출판은 타인의 명예나 권리 또는 공중도덕이나 사회윤리를 침해하여서는 아니된다. 언론·출판이 타인의 명예나 권리를 침해한 때에는 피해자는 이에 대한 피해의 배상을 청구할 수 있다」고 하여 언론·출판의 자유, 언론·출판의 허가·검열의 금지, 통신·방송의 시설기준 등의 법정주의, 언론·출판의 내재적인 한계 및 사후책임을 규정하고 있다.

정신적 자유의 하나인 언론·출판의 자유는 1649년 영국의 국민협정에서 최초로 규정되었으며, 1695년 검열법의 폐지에 의해 확립되었다. 그 후 1776년 버지니아 권리선언, 1789년 프랑스 인권선언(제11조), 1791년 미연방헌법(수정 제11조) 등에서 이 자유가 규정된 이래 오늘날 각국헌법에서 정도의 차이는 있으나 모두 자유권의 하나로 규정하고 있다.

2. 의의와 기능 및 법적 성격

(1) 의 의

1) 개 념

언론이란 구두에 의한 표현을, 출판이란 인쇄물에 의한 표현을 말하지만, 고전적(일반적)으로 언론·출판의 자유란 자기의 사상·양심 및 지식·경험 등을 표현하는 모든 수단, 즉 언어·문자·도형·방송·그림·사진 등으로 불특정 다수인에게 발표하는 자유를 말한다. 이에 대하여 현대적 의미에서의 언론·출판의 자유란 사상이나 의견을 발표하는 자유 외에 알 권리·액세스권·반론권·언론기관설립권, 언론기관의 취재의 자유와 편집·편성권 및 그 내부적 자유까지 포괄하는 의미로 사용된다.

2) 다른 기본권과의 관계

(가) 집회·결사의 자유와의 관계

집회·결사의 자유는 언론·출판의 자유와 함께 표현의 자유에 속한다. 언론·출판의 자유는 원칙적으로 개개인의 표현의 자유를 의미하는 데 대하여, 집회·결사의 자유는 개인간의 결합을 전제로 한 집단적 표현의 자유를 의미한다.

(나) 양심·종교·학문·예술의 자유와의 관계

양심·종교·학문·예술의 자유는 언론·출판의 자유에 대하여 특별법적 관계에 있으므로 양심·종교·학문·예술의 외부적 표현에 관하여는 제19조·제20조·제22조가 우선적으로 적용된다고 보고 있는 견해가 있는 반면에 종교상 외부적 표현의 경우만 제20조 제1항이 우선적으로 적용되고 그 외의 외부적 표현행위는 언론·출판의 자유의 규정이 적용된다는 견해도 있다.

(다) 사생활의 비밀과 자유 및 통신의 자유와의 관계

언론·출판은 개인의 사상·의견을 불특정다수인을 상대로 표현하는 행위이므로, 개인간의 일상적인 회화나 통신은 표현의 자유로서 보호받는 것이 아니라 통신의 자유 또는 그것을 내포로 하는 사생활의 비밀 자유로서 보호받는다.

(2) 기 능

언론·출판의 보장은 사상 또는 의견을 자유로이 발표함으로써 개인의 자유로운 인격발전을 이룩하고 인간으로서의 존엄과 가치를 유지시켜 주는 기능을 한다(인간존엄성에 필요한 개성신장의 수단). 민주정치는 정치적 사상의 자유로운 형성과 그 전달에 의하여 비로소 가능하기 때문에 언론·출판의 자유는 사회공동체를 동화시키고 통합시키는 수단으로서 민주정치에 있어서의 필수불가결한 자유이다. 따라서 정치적 사상을 구체적으로 실현하기 위한 자유로운 사상전달의 수단과 기회가 보장되지 않으면 안된다. 그러므로 언론·출판의 자유는 민주국가 질서형성의 전제요 기초가 되는 적극적인 권리로서의 기능을 한다(사회통합을 위한 여론형성의 촉진수단과 민주적 통치질서의 전제조건). 결국 언론·출판의 자유는 민주주의를 실현시키기 위한 방법적 기초인 동시에 민주정치의 창설적인 전제를 뜻하기 때문에 언론·출판의 자유가 보장되지 않는 곳에는 국민의 가치적인 공감대에 바탕을 둔 민주정치를 기대하기 어렵다. Smend가 언론의 자유를 모든 기본권질서의 가장 핵심적인 것으로 평가하는 이유도 바로 이 때문이다.

(3) 법적 성격

언론·출판의 자유의 법적 성격에 관해서는 자유권설·청구권설·제도적 보장설 등이 대립하고 있다. 자유권설은 국가권력의 간섭이나 방해를 받지 않고 자유롭게 사상·의견을 발표할 수 있어야 한다고 보는 입장이며, 청구권설은 개인의 인격발현과 정치적 의사형성을 위해서 널리 정보를 수집·청구할 수 있어야 한다는 견해이다. 제도적 보장설은 민주적·법치국가적 질서를 형성하고 유지하기 위한 자유로운 여론형성과 여론존중이 보장되어야 한다고 보는 견해이다. 또한, 주관적 공권(자유권+청구권)인 동시에 객관적 가치질서 내지 제도적 보장, 결국 언론·출판의 자유는 자유권·청구권·제도보장의 성격을 아울러 가지고 있다고 보는 견해도 있다.

3. 주 체

언론·출판의 자유의 주체는 모든 국민이며 외국인도 원칙적으로 포함된다(단, 외국인의 경우 정치적 표현의 자유는 제한가능). 법인(신문사, 방송사 등)에게도 보도의 자유 등이 인정되며 그 존립이 보장된다. 다만, 정기간행물의등록등에관한법률과 방송법은 외국인의 신문발행 및 방송국경영을 금지하고 있다.

4. 언론·출판의 자유의 내용

(1) 사상·의견의 표명 및 전달의 자유

1) 의 의

의사표현의 자유(고전적 의미에서의 언론·출판의 자유)란 자기의 사상이나 의견을 외부에 표명하거나 전달하는 자유를 말하므로 언론·출판의 자유에는 의사·의견의 표명과 전달의 자유가 포함된다. 의사를 표명하고 전달하는 형식에는 아무런 제한이 없다.

2) 의사개념과 보도의 자유와의 관계

의사의 개념과 관련하여 평가적인 의사와 단순한 사실을 구별하여 전자만을 의사의 개념에 포함시키려는 견해(평가적 의사설)와 단순한 사실보도도 의사에 포함시키려는 견해(사실전달 포함설)가 대립하고 있다. 현실적으로 확연히 구별하기가 어려운 경우가 있는 것은 사실이나 개인의 주관적인 판단이 전혀 개입할 여지가 없는 단순한 사실의 전달을 의사의 개념에서 배제시키는 것이 타당하다고 하겠다.

의사표현의 자유는 말하는 자의 사상을 존중하는 면에 중점이 있다면, 보도의 자유는 의사를 표현하고 단순한 사실의 전달을 통하여 국민의 알 권리를 충족시켜 주고 의사형성의 자료를 제공해 줌으로써 여론형성에 간접적으로 이바지하는데 그 의의가 있다. 이러한 점에서 보도의 자유와 의사표현의 자유는 구별된다(보도의 자유는 의사표현의 자유의 특별한 형태).

(2) 알 권리

1) 의의와 등장배경

알 권리란 일반적으로 접근할 수 있는 정보원으로부터 의사형성에 필요한 정보를 자유롭게 수집하고, 수집된 정보를 취사, 선택할 수 있는 자유를 말한다. 의견표명·전달의 자유가 주는 쪽의 자유라면 알 권리란 주로 받는 쪽의 자유를 말한다. 알 권리의 개념이 등장하게 된 사회적 배경은 ⅰ) 국민생활전반에 걸친 정보가 정부·특정기업·언론기관에 집중 내지 독점관리로 인한 정보에의 접근·수집의 부자유 ⅱ) 일반국민이 정보수집의 중요성을 인식한 결과 정보수집욕구가 증대되었고(주관적 조건), ⅲ) 알 권리는 민주주의와 상호불가분의 관계를 가지고 있다는 점이다.

알 권리는 ⅰ) 의사표현을 위한 선행조건으로서의 기능, ⅱ) 국민주권원리에 입각한 민주적 의사형성과정에서 건실적인 여론형성에 기여하는 침정권적인 기능, ⅲ) 행복추구의 전제조건을 보장하는 기능, ⅳ) 소비자의 권리, 인간다운 생활 등을 보장하기 위한 현대인의 생활권적인 기능 등을 가진다.

2) 헌법적 근거와 법적 성격

알 권리는 세계인권선언, 독일기본법 등에서 명문으로 규정하고 있고 미국에서는 1966년에 "정보자유법(The Freedom of Information Act)"이 제정되었다. 현행헌법에서는 명문으로 규정되어 있지 않은 알 권리의 헌법적 근거에 관해서는 ⓐ 헌법 제21조 제1항의 언론·출판의 자유에 포함된다는 견해(독일), ⓑ 헌법 제10조의 인간의 존엄성, 행복추구권에서 찾는 견해(미국), ⓒ 헌법 제21조 제1항을 비롯하여 헌법 제1조의 국민주권원리, 제10조, 헌법 제

34조 제1항의 인간다운 생활을 할 권리 등에서 구하는 견해 등이 있다. 우리 헌법재판소도 언론·출판의 자유(제21조)의 한 내용으로 보면서 국민주권주의(제1조), 제10조, 인간다운 생활권(제34조 제1항)과 관련이 있다고 보고 있는 바(1989.9.4. 88헌마22 등), 알 권리의 헌법적 근거는 복합적으로 구하는 것이 타당하다.

알권리의 법적 성격은 크게 복합적 성격과 구체적 권리성으로 파악할 수 있다. 알 권리는 소극적으로 국가의 방해배제를 요구할 수 있는 '자유권적 성격'과 적극적으로 국가의 정보공개를 요구할 수 있는 '청구권적 성격'을 공유하고 있는데 알 권리의 핵심은 국민의 정부에 대한 정보공개청구권이라고 하겠다(1991.5.13. 90헌마133). 헌법재판소는 알 권리의 헌법적 근거 역시 위에서 본 바와 같이 복합적으로 보면서도 헌법 제21조를 더 강하게 내세우고 있는 것으로 보인다. 헌법재판소는 "알 권리의 실현을 위한 법률이 제정되어 있지 않다고 하더라도 그 실현이 불가능한 것은 아니고 헌법 제21조에 의하여 직접 보장될 수 있다"라고 하여 알 권리의 구체적 권리성을 인정하고 있다(1991.5.13. 90헌마133).

3) 내 용

(가) 정보의 수령·수집에 대한 방해의 배제

알 권리는 국민개인 또는 언론기관이 정보를 수령하거나 수집하는 데 있어서 헌법과 법률에 의하지 아니하고는 국가권력의 방해를 받지 않을 자유를 포함하므로 공권력에 의한 부당한 보도통제는 알 권리의 중대한 침해인 것이다.

(나) 국가기관에 대한 정보공개청구권

열린 정부를 실현하기 위해서는 국민이 국가기관에 대하여 공공문제에 관한 정보의 공개를 청구할 수 있는 권리(국가기관에 대한 정보공개청구권)는 알 권리의 핵심적인 내용이다. 이에 대한 입법으로 1996년 12월 31일 제정된 「공공기관의정보공개에관한법률」이 있다.

우리 헌법재판소도 "타인의 사생활의 비밀이나 기밀 등 공익을 침해하지 않는 한 국가는 정보공개의무가 있다"라고 하며 정보공개청구권이 알 권리의 핵심이라고 판시하였다(1989.9.4. 88헌마22). 또한 헌법재판소는 정부공문서규정 제36조 2항이 국민의 알 권리를 실현시키는 것으로, 특히 직접의 이해관계가 있는 자에 대하여서는 의무적으로 공개하여야 한다고 하고, 또 검찰의 수사기록에 대한 복사신청을 거부한 행위는 알 권리의 침해라고 선언하였다(1989.9.4. 88헌마22).

(다) 사인간의 알 권리

사인간의 알 권리에 대해서 문제가 되는 것으로 ⅰ) 언론기업의 정보독점·왜곡의 폐단(알 권리실현의 역기능 측면)을 시정하기 위하여 국민의 언론매체에 대한 접근권을 알 권리의 내용에 포함시킬 필요가 있으며(언론매체에 대한 접근권), ⅱ) 환경권이나 소비자보호 등과 관련하여 관련대상기관에 대한 이해관계자들의 자료청구권도 알 권리의 내용으로 인정할 필요가 있다(소비자보호법 제12조 참조). 그리고 ⅲ) 원시적 표현행위(집단행위 등)는 단순한 표현의 자유뿐 아니라 국민의 알 권리의 대상으로도 중요하다고 하겠다.

4) 제한과 그 한계

알 권리도 헌법유보(헌법 제21조 제4항) 등에 의한 일정한 한계가 있고 일반적 법률유보(헌법 제37조 제2항)에 의하여 제한될 수 있으나 그 제한은 표현의 자유의 우월적 지위와 그 제한원리의 특수성을 충분히 고려하여야 할 것이다. 따라서 알 권리의 행사에 방해되는 행위는 배제되어야 하고 국가에게는 적극적으로 정보공개의 의무를 가능한 한 책임져야 한다고 본다. 다만 이는 구체적인 사안에 비추어 이익형량의 원칙에 따라 결정되어야 하므로 국가기밀은 예외적으로 비밀누설에 대한 규제가 행해질 수 있다고 본다(형법, 국가보안법, 군사기밀보호법, 국가안전기획부법 등).

우리 헌법재판소도 알 권리의 제한은 "알 권리의 본질적 내용을 침해하지 않는 범위 내에서 최소한도에 그쳐야 하고, 제한에서 오는 이익과 알 권리 침해라는 해악을 비교형량하여 그 제한의 한계를 설정하여야 할 것이다"라고 판시하였다(1989.9.4. 88헌마22).

(가) 국가기밀

알 권리가 국가기밀과의 관계에서 어느 정도로 제한될 수 있는가는 알 권리의 실현에 이어서 실천적으로 가장 중요한 문제인데, 이에 관련하여 국가기밀의 한계는 헌법의 수호와 자유민주적 기본질서의 유지에서 찾아야 할 것이다. 국가기밀에 대한 알 권리는 형법(제113조, 제127조), 국가보안법, 군사기밀보호법, 국가정보원법 등에 의하여 제한받고 있는데 이익형량의 원칙과 명백하고 현존하는 위험의 원칙에 따라 법을 해석할 필요가 있다. 우리 헌법재판소는 '국가보안법 제7조에 대한 위헌심판'에서 "(제7조 제5항의 경우) (그) 문언대로라면 북한을 비롯한 공산국가 발행의 서적이라면 민주주의체제를 전복하고 공산화를 획책하기 위한 수단이 아닌 것까지도 이적표현물이 되어 이에의 접근이 무제한하게 금기가 될 위험이 있으므로 … 국가보안법 제7조 제1항 및 제5항은 각 소정행위가 국가의 존립·안전을 위태롭게 하거나 자유민주적 기본질서에 위해를 줄 명백한 위험성이 있는 경우에(만) (축소)적용된다"고 판시하였다(1990.4.2. 89헌가113).

그런데 대법원은 "반국가단체인 북한공산집단의 활동에 동조하고 이를 이롭게 할 목적으로 계급투쟁론적 입장에서 폭력혁명을 강조하는 한편 계급혁명의 합법칙성을 찬양하는 내용을 담은 작품인 '꽃파는 처녀' 상, 하를 제작한 행위는 이적표현물제작죄에 해당하며 이는 표현의 자유나 알 권리를 침해한 것이라 할 수 없다"라고 판시하였다(1990.12.11. 대판 90도2328). 그러나 대법원이 최근에 국가기밀의 개념에 관한 판례를 바꾸었다. 국가보안법상의 국가기밀을 국가안전에 위험을 초래할만한 실질적인 가치가 있는, 일반인에게 알려지지 않은 것으로 제한한 것이다. 이는 법원이 국가기밀을 해석하면서 이적성(利敵性)여부에 초점을 맞추었던 종전의 입장을 바꾸어 인권보호쪽에 더 무게를 둔 것으로 중요한 의미가 있다.

다만 공지(公知)의 사실이라도 탐지 수집 확인 등의 노력을 한 경우와 사소하지만 안보에 불이익이 될 것이 명백한 경우에도 국가기밀에 해당한다고 본 것은 헌법재판소의 결정보다 다소 보수적이라는 차이가 있다. 또 헌법재판소는 "군사기밀의 범위는 국민의 알 권리의 대상영역을 최대한 넓혀줄 수 있도록 필요한 최소한도에 한정되어야 할 것이며 따라서 군사기밀보호법 제6조 등은 '군사상의 기밀'이 비공지의 사실로서 적법절차에 따라 군사기밀로써의 표지를 갖추고 그 누설이 국가의 안전보장에 명백한 위험을 초래한다고 볼 만큼의 실질적인 비밀가치를 지닌 것으로 인정되는 경우에 한하여 적용되는 것으로 한정해석해야 할 것"이라고 판시하였다(1992.2.25. 89헌가104).

(나) 사생활의 비밀·자유

알 권리는 사생활의 비밀·자유와 상충할 가능성이 있어 그 적정한 조화가 요구된다. 이 문제는 역시 기본권상충의 해결방법인 규범조화적 해석과 이익형량의 원칙에 따라 구체적인 경우에 개별적인 그 해결책을 찾아야 할 것이다. 우리 헌법재판소의 소수의견도 형사기록열람청구권을 일반적으로 인정할 경우 피고인, 피의자, 기타 진술인 등의 사생활을 침해할 가능성이 있다며 다수의견에 반대한 바 있다(1991.5.13. 90헌마133). 따라서 개인의 사생활을 보호해야 할 필요성도 증대되고 있으므로 공중의 정당한 관심사는 보도적·교육적·정치적 가치가 있는 사실에 국한시켜야 할 것이다.

(3) Access權

1) 의 의

엑세스권이란 자신의 사상이나 의견을 발표하기 위해 언론매체에 자유로이 접근하여 이용할 수 있는 권리를 의미한다. 즉, 언론매체접근이용권을 말한다. 현행헌법에는 이에 대한 명문규정은 없지만 알 권리와 마찬가지로 헌법상 보장된다고 하겠다. 언론기관이 독과점되고 있는 현실에 비추어 그 보장이 특히 중요시되고 있다. Access권에는 넓은 의미로는 자신의 의사표현을 mass media를 통해 이용할 수 있는 권리를 말하며, 좁은 의미로는 자기와 관계가 있는 보도에 대한 반론 내지 해명의 기회를 요구할 수 있는 반론권 및 해명권을 말한다.

2) 기 능

1967년 미국의 Barron이 헌법상의 권리로서 주장한 매스미디어에 대한 Access권은 ⅰ) 모든 민주시민의 당연한 권리로서 공정한 여론형성에 기여하는 기능을 하며, ⅱ) 보도기관에 대한 강력한 통제수단으로서의 기능 등을 갖는다. 이 Access권은 국민과 국가와의 관계에서 발생하는 문제가 아니라 국민과 보도기관 사이에서 발생하는 문제이다.

3) 법적 근거

Access권의 헌법적 근거에 대하여 ⅰ) 제21조 제1항·제10조·제34조 제1항 등에서 찾는 견해 (반론권의 경우 : 제21조 제4항), ⅱ) 언론·출판의 자유의 객관적 가치질서로서의 성격에서 찾는 견해, ⅲ) 언론의 사회적 책임을 규정한 헌법 제21조 4항에서 찾는 견해 등이 대립한다. 한편 엑세스권을 인정하고 있는 법률로는 ⅰ) 공직선거및선거부정방지법상의 후보자 등의 방송연설·토론·신문광고 등의 규정(제70조~제74조), ⅱ) 정기간행물등록등에관한법률과 방송법상의 반론보도청구권·추후보도청구권, ⅲ) 상법 제289조 제3항(회사의 공고) 등이 있다.

4) 법적 성격

고전적 의미에서 표현의 자유는 국가권력의 부작위를 요구하는 소극적 자유권임에 반하여 Access권은 표현의 자유를 실행하기 위하여 국가권력의 발동을 적극적으로 요청하는 청구권적 성격의 권리이다. 또한 Access권은 국민주권의 원리를 실질적으로 보장하기 위한 기본권으로서의 성격과 정보유통에의 협동을 통한 형성적 협동권을 의미하므로 민주주의 체제의 객관적 가치질서의 기본요소의 성격도 지닌다는 견해도 있다.

5) 내 용

Access권은 그 내용이 명확하게 구체화되어 있지 않으나 특히 문제가 되는 것은 의견광고와 반론권이라 하겠다.

(가) 의견광고

의견광고란 광고주의 주의·주장 등 의견을 광고의 형식을 통하여 전하는 것으로서, 언론매체가 광고주에게 매입을 바라고 개방한 광고란 또는 광고시간을 광고주가 대가를 지불하고 이용하는 것을 의미한다. 의견광고는 대가를 지불한다는 점에서 순수한 언론과 구별된다. 즉, 어떤 비판을 받고 그것을 반론하려 할 때 일정한 요금을 지불하고 의견광고를 내게 된다(계약자유의 원칙 존중). 그러나 언론매체측의 계약자유의 원칙이 상품광고와는 그 성질이 다른 의견광고, 즉 국민의 정치적 표현의 자유에 직접 관계되는 광고의 경우에도 똑같이 타당할 수는 없다고 본다. 오늘날 새로운 권력으로 등장한 거대 매스미디어가 국민의 정치적 의사표현인 의견광고 게재여부를 스스로의 자의적 기준에 따라 일방적으로 결정하고 차별한다면 이는 국가권력이 검열을 하는 것과 다를 바 없기 때문에 이 경우에는 계약자유의 원칙이 일정한 제한을 받아야 하고, 의견광고게재와 의견방송요구를 거절하는 이유로서 제시되는 각 언론매체의 내부 기준이 공공성과 합리성이 결여되어 있다면 그 기준은 결국 헌법위반이 된다고 할 것이다.

(나) 반론권

반론권이란 신문·방송 등 언론매체의 공표된 사실적 주장 등의 기사에 의해 피해를 입은 자가 이에 대한 반론을 게재 또는 방송하도록 당해 언론사에 요구할 수 있는 권리를 말하는데 사실에 대한 반박을 반박권, 논평에 대한 반론을 반론권이라고 하여 구별하기도 하나 넓은 의미의 반론권은 양자를 포함하는 개념으로 본다. 우리나라는 정기간행물의등록등에관한법률과 방송법에서 반론보도청구권과 추후보도청구권을 규정하여 반론권을 인정하고 있으며, 또한 종합유선방송법에서도 반론보도청구권과 추후보도청구권을 규정하여 반론권을 인정하고 있다. 우리 헌법재판소도 정정보도청구권(현재의 반론보도청구권)은 반론권을 의미하는 것으로써, 인격권, 사생활의 비밀과 자유, 언론의 책임을 규정한 헌법 제21조 제4항에서 반론권의 헌법적 근거를 찾을 수 있다고 판시하였다(1991. 9.16. 89헌마165).

6) 한 계

반론권의 행사는 언론기관의 보도의 자유와 상충관계가 성립될 수 있고 의견광고의 행사는 언론기관의 영업의 자유와 상충관계가 성립될 수 있으므로 Access권은 일정한 한계를 갖게 된다. 양자의 적절한 조화를 위해 기본권의 상충이론에 따라 해결해야 하는데 인격적 가치의 침해에 대한 반론권은 우선적으로 보호되어야 하며, 민주적인 여론형성과 관계가 큰 Access권은 그 보호의 필요성과 진지성도 더 커진다고 하겠다. 우리 헌법재판소도 반론보도청구권 제도는 언론의 자유와는 비록 서로 충돌하는 면이 없지 아니하나 전체적으로 상충되는 기본권 사이에 합리적 조화를 이루고 있어 합헌이라고 판시하였다(1991.9.16. 89헌마165).

(4) 언론기관의 자유

언론·출판의 자유는 언론기관(신문사, 방송사, 통신사, 정기간행물사 등)을 자유로이 설립할 수 있는 언론기관설립의 자유, 신문·잡지 등 인쇄물 또는 라디오·텔레비전 등 전파매체에 의해 의사를 표현하고 사실을 전달함으로써 여론형성에 참여할 수 있는 보도의 자유 등까지 포함하는 것을 내용으로 한다.

1) 언론기관의 설립의 자유

언론·출판의 자유는 언론기관을 자유롭게 설립할 수 있는 자유를 포함하는데, 헌법 제21조 제3항은 「통신·방송의 시설기준과 신문의 기능을 보장하기 위하여 필요한 사항은 법률로 정한다」라고 하여 언론기관의 시설기준법정주의를 새로이 신설하였다.

법인이 아니면 일간신문이나 일반주간신문 또는 통신을 발행하거나 방송을 행할 수 없고(정간법 제9조 제2항, 제6조 제5항), 특정인에 대해서는 언론인·발행인·편집인 또는 방송국의 장이 될 수 없도록 하는 제한규정을 두고 있으며(정간법 제9조 제1항), 국가는 일반기업

과 마찬가지로 언론기업의 독과점화를 방지하기 위해 신문·통신·무선방송 또는 종합유선
방송 중 2종 이상을 함께 겸영할 수 없도록 금지하고 있다(정간법 제3조 제1항, 방송법 제7
조 제1항).

2) 보도의 자유

보도의 자유란 출판물이나 전파매체에 의해 의사를 표현하고 사실을 전달함으로써 여론형성
에 참여할 수 있는 자유를 의미한다. 앞에서 본 바와 같이 이 보도의 자유는 '의사(평가적인
의사표현)' 뿐만 아니라 '단순한 사실'의 전달을 포함하고 있으며, 출판물·전파매체를 이용
한 『의사표현의 자유』의 특수형태라고 볼 수 있다. 또한 보도의 자유는 ⅰ) 동화적 통합을
촉진하는 기능, ⅱ) 국가권력을 감시·통제하는 기능을 수행한다. 보도의 자유는 언론기관
의 보도에 대한 국가권력의 간섭을 배제할 수 있는 방어권에 그치지 않고 객관적 가치질서
로서의 성격이 특히 강하여, 보도의 자유를 특히 제도적 보장의 측면에서 이해하여야 한다.
사실상 사회내에 공존하는 여러 이해계층의 다양한 의견이 언론매체를 통해서 표출되고 전
파될 수 있는 자유언론제도의 보장은 보도의 자유의 가장 본질적인 내용이다. 보도의 자유
는 출판물(신문, 잡지)에 의한 보도의 자유와 전파매체(TV, 라디오)에 의한 보도의 자유를 말
하는데 구체적으로는 ⅰ) 보도·논평의 자유, ⅱ) 취재의 자유, ⅲ) 보급의 자유, ⅳ) 출간시
기·편집활동 등의 보조활동의 자유 등이 포함된다. 가장 대표적인 것은 신문·전파매체에
의한 보도·편집의 자유이다.

3) 언론기관의 내부적 자유

오늘날에는 보도기관의 대기업화·독과점화·상업화·보수화가 되면서 경영자의 경영권이
편집권에 관여하고 통제를 가함으로써 국가권력에 의한 간섭 못지않게 언론의 자유를 침해
하는 현상이 나타나고 있으므로 편집권의 경영권으로부터의 독립문제가 제기되고 있다. 따
라서 비록 명문의 규정은 없지만, 언론기관의 내부적 자유로서 편집·편성의 자유가 보장되
어 편집권의 경영권으로부터의 독립이 요청된다고 하겠다.

4) 언론기관의 책임과 의무

언론기관은 ⅰ) 인간의 존엄과 가치 및 민주적 기본질서를 존중하여야 하고, ⅱ) 민주적 여
론형성에 기여하여야 하며, ⅲ) 타인의 명예나 권리 또는 공중도덕이나 사회윤리를 침해하
여서는 아니될 책임을 부담하며(방송법 제4조 참조), 진실보도를 하여야 할 의무를 지고 있
다. 보도의 자유의 한계문제로써 보도의 자유에는 허위·비진실 등을 보도할 자유가 일반적
으로 포함되지 않는다고 본다(학설, 판례). 따라서 고의·중과실에 의한 허위보도의 경우에
는 보호를 받을 수 없으나 경미한 과실에 의한 경우에는 관용이 기대될 수 있다(형사상 책임
면제).

5. 효 력

언론·출판의 자유는 모든 공권력기관을 구속한다(대국가적 효력). 또한 사인간에도 적용된다는 데 대해서는 이설이 없지만, 사법상의 일반조항을 통하여 간접적으로 적용된다는 견해, 헌법 제21조 제4항에 의해 직접적인 대사인적 효력을 가진다고 보는 견해, 헌법 제10조에 따라 직접 적용된다는 견해 등의 대립이 있다. 생각건대 언론·출판의 자유의 존재가치(기능)와 그 객관적 가치질서로서의 성격 특히 사회적 책임 등에 비추어 볼 때 사인간에도 직접적용된다고 보는 것이 타당하다고 하겠다.

6. 한계와 책임

헌법 제21조 제4항에서 「언론·출판은 타인의 명예나 권리 또는 공중도덕이나 사회윤리를 침해하여서는 아니된다」라고 규정하여, 언론·출판의 자유는 표현의 자유로는 인정될 수 없는 한계를 명시하고 있다. 이 조항에 관하여는 ⅰ) 내재적 한계를 명시한 것으로 보는 견해, ⅱ) 사인간의 기본권효력을 명시한 것으로 보는 견해가 대립한다. 그러나 이 규정은 언론·출판의 남용은 표현의 자유로는 인정되지 않는 내재적 한계로 해석하는 것이 타당하다고 하겠다. 언론과 출판이 내재적 한계를 벗어나 남용되는 전형적인 경우로는 ⅰ) 타인의 명예훼손(비방·개인적인 모욕포함), ⅱ) 타인의 사생활의 비밀과 자유의 침해, ⅲ) 공중도덕 또는 사회윤리의 위배(특히 외설), ⅳ) 선동(범죄나 공공질서의 교란 또는 국가질서파괴의 선동) 등을 들 수 있다.

7. 제 한

(1) 사전통제금지

언론·출판의 자유는 국가안전보장·질서유지 또는 공공복리를 위하여 필요한 경우에는 법률로써 제한할 수 있으나 사전제한은 금지되어야 한다. 현행헌법은 언론·출판의 사전검열·허가의 금지를 명시하고 있지만(제21조 제2항), 비상계엄시에는 언론·출판에 대하여 특별한 조치를 할 수 있으므로 검열제는 가능하다(제77조 제3항). 그리고 등록제나 신고제는 사전허가나 사전검열이 아니므로 허용된다.

1) 허가제의 금지

언론에 대한 허가제는 원래 자연적 자유에 속하는 언론의 자유를 일단 일반적으로 금지한 연후에 특정한 경우에 한하여 그 금지를 해제하여 주는 행정처분이다. 그러므로 언론에 대한 허가제는 언론의 자유의 본질적 내용을 침해하는 것이므로 허가제는 금지된다. 따라서 신문·통신·출판사 등의 시설기준을 너무 엄격히 하여 언론·출판에 대한 등록제가 실질적으로 허가제와 같은 제한을 의미할 때에는 위헌이 될 것이다.

우리 헌법재판소도 등록제는 합헌이지만 다만 등록요건으로서의 인쇄시설을 자기소유라고 해석하는 한 위헌이라고 판시하였고(1996.6.26. 90헌가23), 음반에 관한 법률상의 등록제와 시설요건에 관해서도 동일한 취지로 판결하였다(1993.5.13. 91헌바17).

그런데 현행 방송법(제2조 3호)·전파법(제4조)은 방송국의 설립에 대해 허가제를 규정하고 있어 이들 법규정들이 헌법 제21조 제2항에 위반하지 않는가의 의문이 생길 여지가 있으나 전파의 물리적 한계와 공공성 등을 근거로 전파사용의 허가제는 일반적으로 인정되고 있다.

2) 검열제의 금지

검열의 주된 대상은 출판물·영화 등 객체화된 표현물인데, 검열이란 이러한 사상·의견 등의 표현물이 발표되기 이전에 국가기관이 내용을 심사·선별하여 일정한 사상이나 의견의 표현을 사전에 억제하는 제도(사전검열)를 의미한다. 따라서 비상계엄이 선포되어 예외적으로 검열제가 가능한 경우를 제외하고는 언론·출판에 대한 검열제는 금지된다. 한편, 교육법은 교과서 국정제 및 검·인정제도를 규정하고 있어(제157조 제1항) 이에 대해서 검열여부와 관련하여 위헌의 논란이 있으나, 우리 헌법재판소는 교과서 국정제나 검·인정제도는 연구결과를 일반 저작물로 출판하는 것 자체를 금지하는 것이 아니고 출판물을 교과서로 사용할 수 없도록 할 뿐이므로 검열이 아니라고 한다(1992.11.12. 89헌마88).

(2) 사후통제

헌법 제37조 제2항에 의하여 언론·출판의 자유도 국가안전보장·질서유지·공공복리를 위하여 필요한 경우 법률로써 제한할 수 있다. 단, 예외적인 방법에 의한 제한으로서 대통령의 긴급명령·비상계엄에 따른 제한을 들 수 있다. 그러나 언론·출판의 자유의 제한에 있어서 그 본질적 내용은 침해할 수 없다.

(3) 언론규제입법의 합헌성 판단기준

1) 이중기준의 원칙

언론·출판의 자유 등 정신적 자유권의 가치가 경제적 자유에 비하여 우월하므로, 그 제한방법과 제한기준을 달리해서 정신적 자유에 대한 규제입법의 합헌성 판단은 경제적 자유의 규제입법에 관한 합헌성판단의 기준보다 엄격히 해야 한다는 원칙이다.

2) 막연하기 때문에 무효이론(명확성의 이론)

언론·출판의 자유를 제한하는 법률규정은 명확해야 하고 법률의 의미내용이 불명확한 경우에는 무효라는 원칙이다(막연하기 때문에 무효이론). 결국 지나치게 막연하고 넓은 범위의 내용을 담은 법률은 법원의 판단을 기다릴 필요도 없이 문언상 무효가 된다고 하겠다. 또한 표현의 자유의 우월성을 인정하는 이상, 특히 형벌규정에 있어서는 죄형법정주의와 결부하여 한층 더 엄격하게 적용된다.

3) 명백하고 현존하는 위험의 원칙

(가) 의의 및 연혁

이 원칙은 표현의 자유를 사후적으로 제약하는 경우에도 명백하고 현존하는 위험(clear and present danger)이 있지 않으면 안된다는 원칙이다. 즉, 표현의 자유의 우월성을 보장하는 법리인 명백하고 현존하는 위험의 원칙은 어떤 표현을 단순한 위험한 경향을 가진다고 하여 규제하는 것보다는 훨씬 엄격한 기준이다. 이 원칙은 1919년 미국연방대법원 Holmes 대법관이 United States 사건에서 주장한 원칙으로 그 뒤 법령의 합헌성판단기준으로 발전되어 오늘날 대부분의 국가에서 학설·판례에 의해 인정되고 있다. Thornhil v. Alabama(1940년)의 판결이후 이 원칙은 1925년 Gitlow v. New York사건에서 위험(해로운) 경향의 원칙으로 후퇴하였다가, 언론의 자유의 우월적 지위론과 결부되어 큰 역할을 수행한 1951년의 Dennis v. U.S. 사건에서 해악이 중대할 경우 그 위험이 절박하지 않아도 언론을 억제할 수 있다는 방향으로 수정되었다.

(나) 내 용

명백하고 현존하는 위험의 원칙에서 명백(Clear)이란 표현과 해악의 발생사이에 밀접한 인과관계가 존재함을 말하고, 현존(Present)이란 해악의 발생이 시간적으로 근접하고 있는 경우를 말하며, 위험(Danger)이란 공공의 이익에 대한 해악의 발생개연성을 말한다. 즉, 이 원칙은 자유로운 언론으로 말미암아 중대한 해악이 발생할 개연성이 있고, 언론과 해악의 발생사이에 밀접한 인과관계가 존재하며, 또 해악의 발생이 목전에 절박한 경우에 다른 수단으로는 이를 방지할 수 없으면 언론을 제한하는 것이 정당화된다는 이론이다.

(다) 판례 및 평가

Holmes 대법관은 Schenck 사건(징병제반대를 주장하는 문서를 반포한 자가 방첩법 위반으로 기소)에서 "본건 문서 중의 표현은 피고들이 평상시에 한 것이라면 헌법상의 권리로서 보장받을 것이다. 그러나 모든 행위는 어떤 상황에서 행하여졌는가에 따라 성격이 규정된다. 언론의 자유가 최대한으로 보장된다고 하여 극장 안에서 거짓으로 "불이야"라고 외쳐 혼란을 야기하는 사람까지 보호하지는 않을 것이다. 항상 문제가 되는 것은 어떤 표현이 법률상 금지된 실질적인 해악을 초래할 명백하고 현존하는 위험을 야기시킬 상황에서 행하여지는가 하는 점이다. 그것은 근접성과 정도의 문제라고 할 수 있다. 국가가 전시에 처한 때에는 평상시같으면 할 수 있는 표현도 전쟁수행에 방해가 되므로 허용되지 아니하며, 법원도 그것을 헌법상의 권리로서 보호할 수 없다." 이 원칙은 언론자유의 제한을 합리화하는 역할을 함과 동시에 언론의 자유를 최대한 보장하는 역할도 한다. 이 원칙의 기준은 단순히 위험한 경향이 있다는 이유만으로 규제하는 해로운 경향의 원칙보다 엄격한 기준이라 할 수 있다. 그러나 이 원칙의 기준은 위험의 근접성과 정도가 문제되는 주관적 기준이어서 이 기준에서 오는 불확정성을 숨길 수는 없을 것이다. 따라서 행정청이 사전에 표현의 자유를 규제함에 있어서 이를 판단의 기준으로 삼기에는 부적합하나 사법절차에서 사후적으로 이 원칙을 합헌성판단의 기준으로 적용할 경우에는 상충하는 이익형량이 요구된다.

4) 법익형량(비교형량)의 원칙

표현의 자유에 의해 얻어지는 이익·가치와 표현의 자유의 규제에 의해 달성될 이익·가치를 형량하여 언론·출판의 자유라는 법익보다 더 큰 이익을 유지하기 위해 필요한 경우에만 규제의 폭과 방법을 결정하여야 한다는 원칙을 말한다.

5) 과잉금지의 원칙(보다 덜 제한적인 대체조치의 원칙 : Less Restrictive Alterna-tive, LRA)

언론·출판의 자유의 제한은 필요최소한에 그쳐야 한다는 원칙이다. 즉, 보다 덜 제한적인 선택 가능한 수단을 채택해야 한다는 원칙이다(비례의 원칙). 따라서 위법한 표현행위를 규제할 수 있는 보다 완곡한 제재방법이 있음에도 불구하고 과중한 제재를 과하는 입법은 자유로운 표현을 질식시키는 사회적 효과를 가져 옴으로 위헌이다.

6) 규제입법의 합헌성추정배제원칙 등

그 외에도 언론규제입법의 합헌성판단의 기준으로는 ⅰ) 규제입법의 합헌성추정배제원칙, ⅱ) 거증책임전환이론, ⅲ) 당사자적격요건의 완화이론, ⅳ) 사전억제금지이론 등 여러 가지가 있으나, 어느 기준이든 절대적인 것이라 할 수는 없다고 하겠다.

8. 침해와 구제

음란문서나 반체제출판물의 경우 형법이나 국가보안법상의 처벌을 받고 발행정지, 등록취소 등의 제재를 받게 되며, 또한 헌법 제21조 제4항은 "··· 언론·출판이 타인의 명예나 권리를 침해한 때에는 피해자는 이에 대한 피해의 배상을 청구할 수 있다"라고 규정하여 개인의 명예와 권리를 침해하는 경우 언론기관의 사후책임과 피해구제를 명문화하고 있다. 정기간행물의등록등에관한법률과 방송법은 피해에 대한 구제제도로서 반론보도청구권 및 추후보도청구권을 규정하고 있다.

(1) 반론보도청구권

반론보도청구권이란 피해자가 원문보도에 대하여 주장하는 반론내용의 게재를 요구하는 권리를 말하며, 원문보도가 허위일 것을 요하지 아니하므로 진실한 원문보도내용에 대하여도 반론보도청구가 인정된다. 헌법재판소도 정정보도청구권의 위헌여부와 관련 이는 '반론권'을 뜻하는 것으로 인격권, 사생활의 비밀과 자유 및 언론의 책임을 규정한 헌법 제21조 제4항에 그 근거를 두고 있고 자유의 본질적 내용을 침해하는 것이 아니라고 판시하였다(1991.9.16. 89헌마165).

정기간행물과 방송에 공표된 사실적 주장으로 피해를 입은 자는 그 사실보도가 있음을 안날로부터 1월 이내에 서면으로 정기간행물의 발행인·편집인 또는 방송국의 장이나 편성책임자에게 반론보도의 게재 또는 방송을 청구할 수 있다(정간법 제16조, 방송법 제41조). 반론보도청구에 관한 분쟁을 중재하고 정기간행물의 게재내용에 의한 침해사항을 심의하기 위하여 언론중재위원회를 두고 있으므로 법원에 반론보도청구심판을 청구하려면 언론중재위원회의 중재를 거쳐야 한다(정간법 제17조·제19조, 방송법 제41조·제42조).

(2) 추후보도청구권

정기간행물과 방송에 의하여 범죄혐의가 있다거나 형사상 조치를 받았다고 보도 또는 방송된 자는 그에 대한 형사절차가 무죄판결 또는 이와 동등한 형태로 종결된 때에는 그 날로부터 1월 이내에 서면으로 발행인·편집인 또는 방송국의 장이나 편성책임자에게 이 사실에 관한 추후보도의 게재나 추후방송을 청구할 수 있다(해명권). 그 청구·중재 및 법원의 심판절차에 관해서는 반론보도청구권에 관한 규정이 준용된다(정간법 제20조, 방송법 제42조).

(3) 기타의 구제수단

권리가 침해된 경우에는 그 피해에 대한 기타 구제방법으로서, ⅰ) 손해배상청구권, ⅱ) 명예회복에 적당한 처분(민법 제764조 : 사죄광고 등), ⅲ) 가처분신청·사전유지, ⅳ) 부작위 청구·침해배제 청구·형사고소(고발) 등에 의한 구제방법 등을 생각할 수 있다. 그러나 이 중 사죄광고의 강제에 대해서는 양심의 자유를 침해한다는 이유로 우리 헌법재판소가 위헌으로 선언한 바 있다(1991.4.1. 89헌마160).

Ⅳ. 집회·결사의 자유

1. 헌법규정 및 연혁

헌법 제21조는 「① 모든 국민은 … 집회·결사의 자유를 가진다. … 집회·결사에 대한 허가는 인정되지 아니한다」라고 하여 집회·결사의 자유를 보장하고 제3공화국헌법 당시의 허가제 금지규정을 부활하였다. 입법례로는 집회의 자유와 결사의 자유를 동일조항에서 규정하는 방식(미국, 일본)과 별개의 조항에서 규정하는 방식(서독, 이탈리아)이 있다. 현행헌법은 제21조에서 함께 규정하고 있지만, 집회와 결사의 자유에 대한 법적 규제는 각기 별도로 하고 있다.

2. 의의와 기능 및 법적 성격

(1) 의 의

집회·결사의 자유라 함은 다수인이 공동의 목적을 가지고 회합하고 결합하는 자유를 의미한다. 이는 언론·출판의 자유와 같은 개인적 권리의 성질보다는 다른 사람과의 접촉을 통하여 집단적인 의사표명을 하며 집단적 형태로 공동의 이익을 추구함으로써 민주정치실현에 기여하는 집단적 권리의 성질을 띤 기본권이다. 따라서 집회·결사의 자유는 언론기관이 독과점되거나 국가권력의 제약에 의하여 제구실을 못할 때 언론·출판의 자유를 집단적 측면에서 보완하는 보충적 보장기능을 가지며 소수자의 이익·안전보호에도 중요하다.

(2) 기 능

집회의 자유란 다수인이 공동의 목적을 위하여 일시적 회합을 할 수 있는 자유를 말하며, 결사의 자유는 이러한 목적을 위하여 계속적인 단체를 결성할 수 있는 자유를 말한다.

집회의 자유는 다음과 같은 기능을 한다. ⅰ) 집단적 의사표현에 의한 개인의 인격실현과 개성신장을 촉진하는 기능을 하며 동화적 통합을 촉진하는 기능을 한다. ⅱ) 의사표현의 input기능을 증대시켜 주며, 의사표현의 메커니즘이 효능저하될 때 보완해 주는 기능을 한다(의사표현의 실효성 증대). ⅲ) 대의기능이 약화된 경우에 직접민주주의의 수단으로서의 기능을 한다. ⅳ) 소수자의 의견을 국정에 반영함으로써 소수자를 보호하는 기능 등을 수행한다.

결사의 자유는 ⅰ) 개성신장의 수단 및 사회공동체의 동화적 통합기능, ⅱ) 자유로운 사회집단구성을 가능케 하는 소수자의 보호기능 및 기회균등기능, ⅲ) 의사형성의 수단인 동시에 의사를 정리·여론화시키는 수단으로서의 기능(의사정리기능) 등을 갖는다.

(3) 법적 성격

그 법적 성격에 관하여는 ⅰ) 집회 및 결사의 자유가 자유권과 제도보장이 결합된 것으로 보는 견해, ⅱ) 집회의 자유와 결사의 자유의 공권으로서의 성격만 인정하고 제도보장의 성격을 부인하는 견해, ⅲ) 집회의 자유에 대하여는 공권으로서의 성격만 인정하는 견해, 결사의 자유에 대하여는 공권과 제도보장이 함께 인정된 것으로 보는 견해, 그리고 결사의 자유에 대해서 공권으로서의 성격만 인정하는 견해 등 그 다툼이 크다. 또한 집회·결사의 자유는 주관적 소극적·방어권 및 정치적 기본권으로서 국가에 대한 권리이며 동시에 공동체의 객관적 가치질서로서의 성격도 지닌다.

3. 주 체

집회·결사의 자유의 주체는 자연인뿐만 아니라 법인도 인정된다. 외국인에 대해서는 학설이 대립되나, 인정된다고 보는 것이 타당하다.

4. 집회·결사의 자유의 내용

(1) 집회의 자유

1) 집회의 개념

집회라 함은 불특정다수인(3인 이상)이 일정한 장소를 전제로 하여 특정한 공동의 목적을 위해 일시적으로 회합하는 행위를 말하며, 집단적인 시위(이동하는 집회)나 행진도 집회에 해당된다(주최자·주관자가 없는 우발적인 집회 포함가능).

집회의 개념적 요소는 ⅰ) 다수인(인적요건 : 최소한 3인 이상 다수설), ⅱ) 공동목적(목적적 요건), ⅲ) 일시적 회합(집회형식적 요건 : 평화적 집회인 한 집회형식 불문)이다.

2) 집회의 종류

집회는 ⅰ) 장소에 따라서 옥내집회와 옥외집회로, ⅱ) 목적에 따라 정치적 집회와 비정치적 집회로, ⅲ) 공개여부에 따라 공개집회와 비공개집회(비밀집회)로, ⅳ) 시간에 따라 주간집회와 야간집회 등으로 구분된다. 현행 집회및시위에관한법률은 옥외집회와 시위에 대해서 특별히 광범위한 제한을 가한다(신고제의 대상).

3) 집회의 자유의 구체적 내용

집회의 자유에는 적극적으로 ⅰ) 집회를 주최(개최)하는 자유, ⅱ) 집회를 사회 또는 진행하는 자유, ⅲ) 집회에 참여하는 자유와, ⅳ) 소극적으로 집회를 주최하지 않을 자유와 집회에 참여하지 않을 자유가 포함된다. ⅴ) 집회에서 연설, 토론하는 것도 집회의 자유에 포함된다는 견해와 언론의 자유에 포함된다는 견해 있다.

4) 집회의 자유의 효력

집회의 자유는 모든 국가기관을 구속하며, 사인에 의하여 집회의 자유가 침해된 경우에도 간접적 용설에 따라 보호받을 수 있다(다수설 ; 집시법 제3조 제1항).

5) 집회의 자유의 한계와 제한

(가) 한 계

집회·시위는 평화적·비폭력적·비무장이라야 하며, 또한 타인의 권리·헌법질서·도덕률 등에 위배되지 않아야 한다. 평화적 집회여부의 판단기준으로 ⅰ) 심리적 폭력설(심리적 폭력만으로 족함)과 물리적 폭력설(물리적 폭력이 없는 한 평화적 집회 : 다수설)이 있는데 물리적 폭력설이 타당하다(집시법 제12조 참조 : 교통소통을 저해하는 경우 금지 또는 제한).

「집회 및 시위에 관한 법」은 절대로 금지되는 집회·시위로서 ⅰ) 헌법재판소의 결정에 의하여 해산된 정당의 목적을 달성하기 위한 집회 또는 시위, ⅱ) 집단적인 폭행·협박·손괴·방화 등으로 공공의 안녕질서에 직접적인 위협을 가할 것이 명백한 집회 또는 시위를 규정하고 있다(제5조 제1항).

(나) 제 한

집회·시위에 대한 사전허가제는 헌법 제21조 2항에 따라 금지되나 행정상 참고를 위한 신고제는 사전제한이 아니므로 허용된다.

집시법의 제한에 관련된 주요내용은 다음과 같다. ⅰ) 옥외집회 또는 시위를 주최하고자 하는 자는 목적, 일시, 장소, 주최자·연락책임자·질서유지인·연사의 주소·성명·직업·연제, 참가예정단체·예정인원과 시위방법을 기재한 신고서를 48시간 전에 관할경찰서장 등에게 제출하여야 한다. ⅱ) 신고서의 미비사항이 있을 때에는 보완을 명할 수 있다(접수증 교부시로부터 8시간 이내에 12시간의 기한). ⅲ) 신고서 기재사항의 보완통고에도 불구하고 기재사항을 보완하지 아니한 때, 또는 질서유지인이 없는 경우 교통소통을 위해 금지할 집회·시위라고 인정될 때에는 신고서를 접수한 때부터 48시간 이내에 집회 또는 시위의 금지를 주최자에게 통고할 수 있다. ⅳ) 집회 또는 시위의 주최자는 금지통고를 받은 때로부터 72시간 이내에 당해 경찰관서의 행정구역을 관할하는 서울특별시장·광역시장·도지사에게 이의신청할 수 있다. 이의신청을 받은 서울특별시장·광역시장·도지사는 접수시로부터 24시간 이내에 재결하여야 한다. 위의 재결에 불복하는 이의신청인은 재결서를 송달받은 날로부터 10일 이내에 재결청의 소재지를 관할하는 고등법원에 행정소송을 제기할 수 있다. ⅴ) 일출시간 전 또는 일몰시간 후에는 옥외집회 또는 시위가 제한되지만 주최자가 질서유지인(18세 이상)을 두고 미리 신고한 경우에는 허용된다. ⅵ) 국회의사당·각급법원·헌법재판소·국내주재의 외국의 외교기관, 대통령관저·국회의장공관·대법원장공관·헌법재판소장공관·국무총리공관·국내주재외국의 외교사절의 숙소 등의 경계지점으로부터 100m 이내의 장소에서는 옥외집회 또는 시위가 제한되지만 행진의 경우는 예외로 한다(동법 제11조). 그러나 학문·예술·체육·종교·의식·친목·오락·관혼상제 및 국경행사에 관한 집회는 이를 금지하거나 제한할 수 없다(동법 제15조). ⅶ) 경찰관은 주최자에게 통보하고 집회·시위의 장소에 정복을 착용하여 출입할 수 있으나, 옥내집회 장소의 출입은 직무집행에 있어서 긴급성이 있는 경우에 한한다(동법 제19조).

(2) 결사의 자유

1) 결사의 개념

결사라 함은 다수인이 일정한 공통된 목적을 위하여 계속적인 단체를 형성하고 조직적 의사에 복종하는 것을 말한다. 가입과 탈퇴의 자유가 인정되는 자의적 단체에 한한다. 결사의 개념적 요소는 ⅰ) 결합, ⅱ) 계속성, ⅲ) 자발성, ⅳ) 조직적 의사에의 복종, ⅴ) 공동의 목적 등이다. 다만, 여기서의 결사는 일반적인 결사를 의미하므로 정치적 목적, 종교적 목적, 학문적 목적, 근로조건의 향상

목적 등을 위하여 조직된 결사는 헌법 제21조의 적용을 받지 아니한다.

2) 결사의 종류

결사는 ⅰ) 목적에 따라 정치적 결사·경제적 결사·학문적 결사·예술적 결사·사회적 결사로, ⅱ) 비밀성 여부에 따라 비밀결사와 공개결사로, ⅲ) 적용법규(성립근거 내지 활동규제) 등에 따라 공법상의 결사와 사법상의 결사 등으로 나눌 수 있다.

3) 결사의 자유의 내용

결사의 자유에는 적극적으로 ⅰ) 단체결성의 자유, ⅱ) 단체존속의 자유, ⅲ) 단체활동의 자유, ⅳ) 결사에의 가입·탈퇴·잔류의 자유가 포함된다. 소극적으로 ⅴ) 단체에 가입하지 않는 자유도 인정되는가에 대하여는 사법적 결사에는 인정되나 공법적 결사(의사회·상공회의소·변호사회 등)에는 공공복리를 위하여 자동가입 등이 인정된다는 것이 다수설과 판례(1996.4.25. 92헌바47)이다.

4) 결사의 자유의 효력

결사의 자유는 국가권력을 구속하고 사인에 대해서도 간접적으로 적용된다.

5) 결사의 자유의 한계와 제한

(가) 한 계

결사의 자유는 국가의 존립을 위태롭게 하거나 헌법적대적이거나 자유민주적 기본질서에 위반하는 것이어서는 아니 된다.

(나) 제 한

결사의 자유는 헌법 제37조 제2항에 따라 법률로써 제한할 수 있지만, ⅰ) 단체결성 자체를 전면적으로 금지하는 허가제는 결사의 본질적 내용을 침해하므로 어떠한 이유로도 인정되지 아니한다(헌법 제21조 제2항). 그런데 행정상의 편의를 위해 등록제나 신고제는 무방하다. 그러나 "사회단체등록신청에 형식상의 요건 불비가 없는데 등록청이 이미 설립목적 및 사업내용을 같이 하는 선등록단체가 있다 하여 등록신청을 반려하였다면 그 반려처분은 결사의 자유에 역행하는 것이며 평등의 원칙에도 위반"되므로 등록접수를 거부할 수는 없다. 따라서 등록없이도 활동할 수 있다(1989.12.26. 대판 87누308). 또한 ⅱ) 일반적 단체결성은 원칙적으로 자유이지만 헌법적대적 또는 그밖의 불법적 목적과 성격을 가진 단체의 결성은 원칙적으로 금지된다(국가보안법 제3조의 반국가단체, 형법 제114조의 범죄단체). ⅲ) 합법적으로 결성된 단체일지라도 법령에 위반되는 활동을 할 경우에는 국가 감독적 조치에 따라서 비례와 최소한 제한의 원칙을 존중하면서 단체의 해산 또는 그 재산의 압류도 할 수 있다.

V. 학문과 예술의 자유

1. 헌법규정 및 연혁

헌법 제22조는 「① 모든 국민은 학문과 예술의 자유를 가진다, ② 저작자·발명가·과학기술자와 예술가의 권리는 법률로써 보호한다」라고 하여 학문과 예술의 자유를 보장하고 지적재산권의 보호를 규정하고 있다. 학문과 예술은 각각 진리와 미를 탐구하는 행위로서 서로 밀접한 관련을 가지는 것이기 때문에, 독일기본법과 마찬가지로 양자를 동일조항에서 규정한 것이다. 그리고 제31조 제4항은 「교육의 자주성·전문성·정치적 중립성 및 대학의 자율성은 법률이 정하는 바에 의하여 보장된다」고 규정하고 있으며, 나아가 제9조에서는 「국가는 전통문화의 계승·발전과 민족문화의 창달에 노력하여야 한다」라고 하고 있으므로 적어도 전통문화·민족문화와 관련된 학문분야와 예술분야는 종래보다 고도로 보장받게 되었다.

2. 학문의 자유

(1) 학문의 자유의 의의와 기능 및 법적 성격

1) 의 의

학문이란 자연과 사회의 변화·발전에 관한 법칙이나 진리를 탐구하고 인식하는 행위를 말하며, 학문의 자유란 그러한 학문적 활동에 관하여 간섭이나 방해를 받지 아니할 자유를 말한다. 학문의 자유는 연혁적으로 볼 때 독일의 대학의 자유에서 유래한다고 할 수 있으나, 오늘날 학문의 자유는 대학의 기본권일 뿐만 아니라 모든 국민의 기본권으로 발전하고 있다.

2) 기 능

학문 및 예술의 자유는 ⅰ) 정신·문화생활영역에서의 개성신장의 수단, ⅱ) 문화적인 공동생활을 실현시키는 수단(문화국가실현의 수단), ⅲ) 학문과 예술의 다양성을 보장하는 수단, ⅳ) 국가간의 문화교류와 국제사회에서의 문화적인 지위향상을 꾀하는 수단으로서 기능 등을 갖는다.

3) 법적 성격

사상형성의 자유의 전제로 인정된 학문의 자유는 주관적 방어권으로서의 성격과 객관적인 자유권으로서의 면과 대학의 자치제도를 제도적으로 보장하고 있는 양면이 있다(결합설). 따라서 학문의 자유와 제도보장은 상호 배타적인 것이 아니라 공존한다고 보아야 하므로 학문의 자유는 주관적 방어권으로서의 성격과 객관적인 가치질서(보장)로서의 성격을 갖는다.

(2) 학문의 자유의 주체

학문의 자유의 주체는 대학의 교수나 연구원뿐만 아니라, 모든 국민과 외국인이다. 대학 이외의 연구단체도 주체가 될 수 있다고 본다.

(3) 학문의 자유의 내용

학문의 자유는 협의로는 연구의 자유와 강학의 자유를 의미하며, 광의로는 연구와 강학의 자유 외에 연구결과 발표의 자유, 학문을 위한 집회·결사의 자유 등도 포함하며, 그리고 최광의 학문의 자유는 대학의 자유(자치)까지도 포함되므로 학문의 자유는 최광의로 이해하는 것이 타당하다.

1) 연구의 자유

학문연구의 자유는 학문적 연구 대상의 선택·연구 방법·연구 과정에서 국가권력의 간섭을 받지 아니할 자유, 즉 진리탐구의 자유를 의미한다. 학문연구는 양심 및 신앙의 자유와 같이 내면적·정신적 자유이기 때문에 이는 법률로써도 제한할 수 없는 성질을 갖는 자유로서 학문의 자유의 본질적 부분(중핵)이다.

2) 연구결과 발표의 자유

학문연구의 결과를 발표하는 자유를 의미한다. 자유로운 발표와 비판·토론은 학문 발전을 위하여 불가결한 것이다. 연구발표의 자유는 외부적인 표현이기는 하나 학술단체나 강의실에서 발표하는 경우에는 거의 절대적으로 자유가 보장되어야 한다(학설의 자유). 따라서 연구결과발표의 자유는 표현의 자유에 대하여 특별법적 지위를 가지므로 표현의 자유보다 고도로 보장받게 된다. 그런데 연구결과발표의 자유에 대한 제한의 정도는 발표내용의 학문성에 따라 정해진다는 견해와 발표장소(대상)와 상황에 따라 정해진다는 견해가 대립되어 있는데, 종합적으로 판단하여야 된다고 생각한다.

3) 교수의 자유(강학의 자유)

학문 연구의 결과를 교수하는 자유를 의미한다. 교수는 학문의 보급과 발전을 위하여 필수불가결한 것으로 누구의 지시나 감독에도 따르지 아니하고 독자적으로 결정하며, 강의실에서는 학문적 견해를 자유로이 발표할 수 있다(학설의 자유). 특히 대학에서의 교수의 자유가 그 핵심이다.

4) 학문을 위한 집회·결사의 자유

학문을 연구하거나 발표하기 위하여 집회하거나 단체를 결성하는 자유를 의미한다. 「사회단체신고에관한법률」에서도 학술단체에 대해서는 신고를 요구하고 있지 않다(동법 제2조 4호). 따라서 학문적 집회·결사의 자유는 일반적 집회·결사의 자유(제21조)에 대하여 특별법적 지위를 갖는다.

5) 대학의 자치

(가) 의 의

학문의 연구는 복수의 연구자의 상호협력과 비판을 통하여 행해지며, 이는 주로 대학을 기초로 하여 행해지고 있기 때문에 대학에 있어서의 교수의 인사나 시설 등에 관하여 대학자체에게 자주적으로 결정·운영하게 하는 대학의 자치가 요청된다. 이는 학문의 자유의 중추를 이루고 있기 때문이다. 따라서 대학의 자치란 연구와 교육이라는 대학 본연의 임무를 달성하는 데 필요한 사항은 가능한 한 대학의 자율에 맡겨야 함을 의미한다. 그러므로 학문의 자유가 확보되려면 「대학의 자유」, 「대학의 자치」가 보장되어야 한다.

(나) 헌법적 근거

대학의 자치의 헌법적 근거를 ⅰ) 제22조 제1항의 학문의 자유에서 찾는 견해(허 : 대학의 자율성보장은 대학의 자치의 근거규정이 아니라 보완규정), ⅱ) 제31조의 교육제도의 자율성보장에서 찾는 견해, ⅲ) 양자를 통일적으로 파악하여 대학의 자치가 보장된다고 보는 견해(대학의 자율성보장은 대학의 자치를 재확인한 것에 불과)가 대립하고 있다. 생각건대, 대학의 자치는 학문의 자유의 한 내용이고 또한 대학의 자율성보장은 학문의 자유의 확실한 보장수단이므로 양자를 통일적으로 파악하는 견해가 타당하다고 하겠다.

(다) 주 체

대학자치의 주체에 대해서 교수와 연구자의 조직이 주체라는 교수주체설과 학생을 포함한 대학의 구성원이 주체라는 구성원주체설이 대립되어 있는데, 대학의 자치는 교수회에 의한 자치로 인정되며 제한된 범위내에서 학생의 자치에의 참여가 인정되고 있다(원칙 : 교수주체설).

(라) 내 용

대학자치의 주요내용으로는 ⅰ) 교원의 인사에 있어서 자주결정권, ⅱ) 시설관리, 운영에 있어서 자주결정권, ⅲ) 학사관리에 있어서 자주결정권, ⅳ) 연구교육의 내용 및 방법에 있어서 자주결정권, ⅴ) 예산관리에 있어서 자주결정권(재정고권내) 등이 포함된다.

(마) 한계와 제한

오늘날 대학의 자치에는 상당한 제한이 행해지고 있는데, 특히 대학자치와 경찰권행사의 관계에 대해서는 어려운 문제가 대두되고 있다. 자유롭고 창조적인 연구와 교육활동을 위해서는 대학이 자주적인 가택권과 질서유지권 및 징계권을 가져야 하므로 경찰권의 개입이 필요한 경우에도 대학이 가지는 대처능력의 한계를 벗어난 경우인지 여부의 판단은 대학측이 하여야 한다. 다만, 집회및시위에관한법률에 따르면 대학의 총학장의 요청없이도 경찰권이 개입할 수 있도록 규정하고 있는 바 대학내에서의 경찰권행사는 신중을 기하여야 할 것이다(동법 제17조 참조).

(4) 학문의 자유의 한계와 제한

학문의 자유 중 연구의 자유는 내심의 자유로서 법률에 의하여도 제한될 수 없는 절대적 자유권으로 보아야 하므로 신앙이나 양심의 자유에 준할 정도로 고도의 헌법적 보장을 받게 된다. 여타의 연구발표의 자유나 교수의 자유 그리고 학문을 위한 집회·결사의 자유는 헌법 제37조 제2항에 의하여 국가안전보장·질서유지 또는 공공복리를 위하여 필요한 경우에 법률에 의하여 제한된다. 다만, 제한하는 경우에 있어서도 극히 제한적으로 이루어져야 하며, 학문과 예술의 자유의 본질적인 내용을 침해하여서는 아니된다.

3. 예술의 자유

예술의 자유란 일반적으로 미를 추구할 자유를 의미한다. 예술은 자기목적적인 성질을 지니고 있는데 그 특색이 있고, 예술작품은 그 주안점이 표현에 있지 전달에 있지 않다는 점에서 전달에 주안점이 있는 표현의 자유와 구별된다. 이 예술의 자유에는 ⅰ) 예술창작의 자유, ⅱ) 예술표현의 자유, ⅲ) 예술적 집회·결사의 자유를 포함한다.

이 예술의 자유 중 예술창작의 자유는 법률로써도 제한할 수 없는 절대적 자유이나 예술표현의 자유나 예술적 집회·결사의 자유 등은 법률로써 제한이 가능한 상대적 자유라고 하겠다. 영화·연극 등에 대하여는 그 대중성·오락성·직접성 때문에 질서유지를 위하여 다른 활동보다 더 강한 규제를 받는다.

4. 저작자·발명가·과학기술자·예술가의 권리보호

헌법 제22조 제2항은 「저작자·발명가·과학기술자와 예술가의 권리는 법률로써 보호한다」고 규정하여 무체재산권·지적재산권을 보호하고 있다. 이들 권리는 자유권은 아니나 국가가 정신적·문화적·기술적 창작자들의 권리를 법률로써 특히 보호함으로써 문화적인 창작을 장려하기 위한 것이다. 이러한 지적재산권은 저작권법, 발명진흥법, 특허법, 문화예술진흥법, 국가기술자격법, 과학기술진흥법, 공연법 등에 의하여 보호되고 있다.

제4장 청구권

제1절 청구권적 기본권의 의의와 법적 성격

Ⅰ. 청구권적 기본권의 의의와 법적 성격

1. 청구권적 기본권의 개념

청구권적 기본권이라 함은 국가에 대하여 일정한 행위를 적극적으로 청구할 수 있는 국민의 주관적 공권을 말하는데, 수익권, 권리보호청구권, 수익권적 기본권, 구제권적 기본권, 기본권보장을 위한 기본권 등으로 불리어지고 있다. 헌법에 규정된 손실보상청구권(제23조 제3항), 청원권(제26조), 재판청구권(제27조), 형사보상청구권(제28조), 국가배상청구권(제29조)과, 범죄피해자구조청구권(제30조) 등이 이에 해당한다. Jellinek는 기본권을 자유권·참정권·수익권으로 나누는데, 청구권적 기본권은 전체 수익권 중 오늘날의 생존권적 기본권에 해당하는 것을 제외한 나머지의 것을 의미한다.

2. 청구권적 기본권의 법적 성격

청구권적 기본권 ⅰ) 공권성(반사적 이익과의 차이), ⅱ) 적극적 공권성(자유권과의 차이), ⅲ) 실정권적·국가내적인 권리로서의 성격, ⅳ) 고전적·직접적 효력성(생존권과의 차이), ⅴ) 절차적·수단적 기본권성(실체적 기본권과의 차이) 등의 성질을 가지는 것으로서 국가적 행위나 국가적 급부를 청구함을 내용으로 하는 기본권이다. 또한 청구권적 기본권은 그 행사절차에 관한 구체적 입법이 있을 경우에 비로소 행사할 수 있는 "불완전한 의미의 구체적 권리"라고 주장하는 견해도 있다.

Ⅱ. 타기본권과의 비교

1. 자유권과 청구권과의 관계

청구권은 자유권과 달리 국가에 대한 요구를 의미하는데 대하여 자유권은 국가로부터의 자유를 의미한다. 자유권이 방어적인 권리로서 소극적 성질을 갖는 데 대하여 청구권은 다른 권리나 이익을 확보하기 위하여 일정한 국가적 행위를 요구할 수 있는 적극적 성질을 갖는다.

2. 생존권과 청구권과의 관계

청구권은 자유권과 더불어 기본권보장의 역사에 있어서 가장 오래된 기본권 중의 하나이나, 생존권은 자본주의경제의 고도의 발전단계에 대응하여 등장한 권리로서 사회국가적 원리를 반영한 20세기적 헌법에서 볼 수 있는 새로운 유형의 기본권이다. 생존권은 추상적 권리로서의 성격을 가지는 데 대하여 청구권은 그에 관한 헌법규정에 의하여 직접 효력이 발생하는 현실적 권리이다. 또한 헌법이 생존권과 청구권에 대하여 법률유보 조항을 두고 있는데, 청구권은 권리의 형성 자체는 헌법에 의하여 직접 발생하나 그 구체적인 절차나 방법 등을 법률로써 구체화시키는 기본권구체화적 법률유보인 데 반해 생존권은 기본권형성적 법률유보이다.

3. 참정권과 청구권과의 관계

참정권은 국민이 직접·간접으로 국가의 의사형성에 참여하거나 공무를 담임할 수 있는 능동적 권리를 말하는데 대하여, 청구권은 국가에 대하여 일정한 행위나 급부 또는 보호를 요구할 수 있는 적극적 권리를 말한다. 즉, 청구권의 내용은 국가적 행위나 급부의 청구인데 대하여, 참정권의 내용은 국가의 의사형성에의 참여 또는 공무의 담임인 점에서 양자는 구별된다.

Ⅲ. 청구권적 기본권의 효력

입법권은 헌법이 보장한 청구권규정에 구속되며, 헌법이 정한 범위 내에서 그 청구권을 구체화·개별화해야 하는 것이며, 비록 입법이 없는 경우라도 헌법의 규정에서 직접 소구할 수 있는 권리가 나오므로 대국가적 효력이 있으며, 또한 일정한 범위 내에서는 대사인적인 효력을 인정할 수 있다(간접적용).

제 2 절   청구권적 기본권의 내용

Ⅰ. 청원권

1. 헌법규정과 연혁

헌법 제26조는 「① 모든 국민은 법률이 정하는 바에 의하여 국가기관에 문서로 청원할 권리를 가진다. ② 국가는 청원에 대하여 심사할 의무를 진다」고 하여 국민의 청원권을 보장하고 있다. 또한 헌법 제89조 제15호에서 「정부에 제출 또는 회부된 정부의 정책에 관계되는 청원의 심사는 반드시 국무회의의 심의를 거쳐야 한다」고 규정하고 있다. 일반법으로는 청원법에, 특별법으로는 국회법과 지방자치법에 청원에 관한 규정이 있다. 청원에 관한 최초규정은 영국의 1215년 Magna Carta(제61조)이고 국민의 권리로서 명문화한 문헌은 1628년의 권리청원과 1689년의 권리장전이다. 그 후 청원권은 미연방헌법, 스위스헌법, 바이마르헌법 등에 규정되었다.

2. 의의와 기능 및 법적 성격

(1) 의 의

헌법상 보장된 청원권이란 공권력과의 관계에서 일어나는 여러 가지 이해관계, 의견, 희망 등에 관하여 적법한 청원을 한 모든 국민에게 국가기관이 청원을 수리할 뿐만 아니라 이를 심사하여 청원자에게 그 처리결과를 통지할 것을 요구할 수 있는 권리를 말한다(1994.2.24. 93헌마213-215병합).

오늘날 사법제도의 확립·의회제도의 발달·언론자유의 보장 등으로 청원권의 고전적인 효용은 소멸되어가고 있음을 부인할 수 없으나 아직도 국정에 대한 국민의 희망을 개진하는 수단으로서 그 중요성은 있다.

(2) 기 능

청원권은 ⅰ) 국민적 관심사를 국가기관에 표명할 수 있는 수단으로서의 기능(직접민주주의적 기능), ⅱ) 특히 국회와 국민의 유대를 지속·강화시켜 주는 수단으로서의 기능, ⅲ) 국회의 국정통제의 기초를 마련해 주고 이를 뒷받침 해주는 기능, ⅳ) 제한적이긴 하지만 비정상적인 권리구제 수단으로서의 기능(옴부즈만제도, 국민고충처리위원회) 등을 가진다.

(3) 법적 성격

청원권의 법적 성격에 관해서는 ⅰ) 자유권설, ⅱ) 청구권설, ⅲ) 참정권설, ⅳ) 이중적 성격설 (자유권과 청구권의 성격), ⅴ) 이중적 성격설(참정권과 청구권의 성격), ⅵ) 복합적 성격설이 대립하고 있다. 청원권은 공권력의 침해를 배제요구하는 자유권처럼 보이나 청원의 수리·심사라는 행위를 국가기관에 의무지우는 것으로 자유권이 아니고 청구권이라고 보아야 할 것이다.

3. 청원권의 내용

(1) 주체와 객체

청원권은 자연인뿐만 아니라 법인도 그의 주체가 될 수 있으며, 외국인에게도 청원권이 인정된다. 다만, 공무원·군인·수형자와 같은 특수신분관계에 있는 자에게는 직무에 관련된 청원과 집단적인 청원만은 원칙적으로 할 수 없다.

헌법은 국가기관이라고 명시하고 있지만, 청원을 제출할 수 있는 국가기관은 입법·사법·행정기관뿐만 아니라 지방자치단체의 기관이나 그 밖의 공공단체를 포함한다고 본다(청원법 제2조, 지방자치법 제65조 등).

(2) 청원사항

청원사항에 관하여 헌법은 직접규정하지 않고 입법사항으로 하여 청원법 제4조가 규정하고 있다(예시규정). 즉, ⅰ) 피해의 구제, ⅱ) 공무원의 비위의 시정 또는 공무원에 대한 징계나 처벌의 요구, ⅲ) 법률·명령·규칙의 제정·개정 또는 폐지, ⅳ) 공공의 제도 또는 시설의 운영, ⅴ) 기타 공공기관의 권한에 속하는 사항 등이 청원사항이다.

(3) 청원금지사항

ⅰ) 재판에 간섭하거나, ⅱ) 국가원수를 모독하는 것이나, ⅲ) 타인을 모해할 목적으로 허위의 사실을 적시하는 청원은 할 수 없으며(청원법 제5조 및 제10조), ⅳ) 누구든지 동일내용의 청원서를 동일기관에 이중청원 할 수 없다(동법 제8조). 또한 국가기관을 모독하는 청원도 할 수 없다(국회법 제123조 제3항).

(4) 방법과 절차

청원은 청원인의 성명·직업·주소(또는 거소)를 기재하고, 서명날인한 문서로써 하여야 한다(동법 제6조 제1항). 또한 청원서에는 청원의 이유와 취지를 명시하고, 필요한 경우에는 서류 기타의 참고자료를 첨부하여야 한다(동법 제6조 제3항). 국회나 지방의회에 대한 청원은 의원의 소개가 있어야 청원서를 제출할 수 있다(국회법 제123조 제1항 및 지방자치법 제65조).

4. 청원의 효과

헌법 제26조 제2항은 청원의 수리(접수)와 심사할 의무만을 규정하고 있으나, 청원법 제9조 4항은 청원서를 접수하여 성실·공정·신속히 이를 심사·처리하고, 그 결과를 통지하여야 한다고 규정하여 국가기관의 통지의무까지도 명시하고 있다. 그러나 재결이나 결정할 의무까지 지는 것은 아니며 또한 법률에 특별한 규정이 없는 한 그 처리이유까지 밝혀야 할 의무는 없다고 하겠다.

청원법 제11조는 모든 국민은 청원을 하였다는 이유로 차별대우를 받거나, 불이익을 강요당하지 않는다는 것을 보장하고 있다. 또한 동법 제12조 제2항에서 청원을 하였다는 이유로 공무원이 청원인을 차별대우 하거나 불이익을 주는 때에는 처벌을 받는다고 규정되어 있다.

5. 제한과 그 한계

청원권도 헌법 제37조 제2항에 따라 제한할 수 있으나(청원금지사항·이중청원금지 등) 청원권의 본질적인 내용(청원서의 수리·심사를 원칙적으로 거부하는 입법조치)을 침해하거나 과잉금지의 원칙에 위반할 수 없다.

Ⅱ. 재판청구권

1. 연혁과 헌법규정

재판을 받을 권리는 1215년 영국의 Magna Carta(배심제도) 이후 권리청원 등에서 그 시원을 찾아 볼 수 있지만, 헌법적 차원에서 이를 성문화한 것은 1791년 프랑스헌법이며 이후 미연방헌법(수정 제6조) 등 각국헌법에서 예외없이 채택하고 있다.

현행헌법 제27조는 재판청구권을 규정하고 있으며, 이 밖에도 제13조(형벌불소급의 원칙, 이중처벌의 금지, 소급입법의 금지), 제12조(불리한 진술의 강요금지 ; 변호인의 조력을 받을 권리 등) 등도 재판을 받을 권리와 깊은 관련성을 가지고 있다. 또한 사법권에 관한 법원, 위헌법률심판권·헌법소원 등에 관한 헌법재판소의 규정들은 재판청구권의 보장을 위한 전제가 되고 있다.

2. 재판청구권의 의의와 법적 성격

(1) 의의

재판청구권이란 국민이 헌법과 법률에 정한 법관에 의하여 법률에 의한 재판을 국가에 청구하는 권리를 말한다. 즉, 독립된 법원에 의하여 정당한 재판을 받을 권리를 의미한다. 국민의 자유와 권리가 확실히 보장되도록 하기 위해서는 기본권이 침해되었을 때 사후 구제절차가 완비되어야 한다. 따라서 재판청구권은 모든 국민에게 기본권 침해에 대한 사후 구제절차를 보장하는 하나의 수단으로서 국민의 자유와 권리를 보장하고 있다.

(2) 법적 성격

재판청구권은 국민이 가지는 주관적 공권으로서 소송적 기본권이라 할 수 있으며, 다른 기본권을 보장해 주기 위한 보조적·형식적 기본권의 성격을 가진다.

재판청구권의 법적 성격에 관해서는 청구권설, 청구권과 자유권의 이중적 성격설, 실체적 권리(제소권 내지 재판청구권)와 인신보호를 위한 사법절차적 기본권의 이중적 성격 등이 있다. 그런데 재판청구권은 국민의 주관적 공권으로서 소송적 기본권이라고 할 수 있으며, 사법절차에 있어서 다른 기본권을 보장해 주기 위한 보조적 기본권이라고도 말할 수 있다.

3. 주 체

자유와 권리의 주체가 될 수 있는 자는 누구나 재판청구권의 주체가 된다. 따라서 재판청구권은 자연인 뿐만 아니라 법인에게도 보장되며, 국민 외에 외국인도 그의 주체가 될 수 있다. 또한 부분적인 권리능력밖에 없는 사법상의 결사도 주체가 될 수 있다.

4. 재판청구권의 내용

재판청구권은 국민이 헌법과 법률에 정한 법관에 의하여 법률에 의한 재판을 국가에 청구하는 권리이며(적극적인 면), 헌법과 법률에 정한 법관이 아닌 자의 재판 및 법률에 의하지 아니한 재판을 받지 아니할 권리(소극적 면)를 포함한다.

(1) 「헌법과 법률이 정한 법관」에 의하여 재판을 받을 권리

헌법과 법률이 정한 법관이라 함은 ⅰ) 헌법 제101조 제3항에 의하여 제정된 법원조직법에 정한 법관의 자격을 구비하고, ⅱ) 헌법 제104조 및 법원조직법 제42조에 정한 절차에 따라 법원을 구성하기 위하여 임명되고, ⅲ) 사법권의 독립을 위하여 헌법 제105조와 제106조에 정한 임기·신분이 보장되고, ⅳ) 헌법 제103조에 의하여 직무상 독립이 보장된 법관을 의미하고, ⅴ) 제척 기타의 사유로 법률상 그 사건의 재판에 관여하는 것이 금지되지 아니한 법관을 의미한다. 따라서 국민은 자격과 신분이 보장되지 아니한 자에 의한 재판을 원칙적으로 거부할 권리를 가진다. 여기서 문제가 되는 것은 다음 몇 가지가 있다.

1) 군사재판

현역군인의 군판사에 의한 재판이 헌법과 법률이 정한 법관에 의한 재판원칙에 위배되는가가 문제된다. 그러나 관할하는 군사재판을 특별법원(예외법원)으로서 군사법원을 명시한 헌법 제110조에 명문규정이 있고, 상고심은 대법원에서 관할하기 때문에 위헌이 아니다(통설).

2) 배심재판

배심원이 사실심 뿐만 아니라 법률심까지 참여하면 위헌이 되지만 사실인정에만 관여하면 합헌이다(통설).

3) 통고처분

국세청장·세무서장·관세청장 또는 재정경제원장관 등이 재정범에 대한 벌금·과료·몰수 등의 통고처분이나, 교통범칙자에 대한 경찰서장의 통고처분은 당사자의 임의의 승복을 발효요건으로 하고, 당사자가 이에 응하지 않으면 정식재판의 절차가 보장되므로 재판청구권에 위배되지 않는다(통설).

4) 즉결심판·가사심판·보호처분·약식절차 등

즉결심판이나 가사심판·보호처분 등은 각각 시군법원, 가정법원·지방법원 소년부에 의한 재판이므로 헌법과 법률이 정한 법관에 의한 재판이다. 약식절차 역시 공판전 간이소송절차로서 이에 불복할 경우 정식재판을 청구할 수 있으므로, 재판청구권에 위배되지 않는다(통설).

5) 행정심판

행정심판이 재판청구권의 침해로서 그 위헌성 여부가 문제될 수 있었으나, 현행헌법 제107조 제3항에 그 근거규정을 두고 있기 때문에 위헌문제는 발생할 여지가 없다. 다만 행정심판의 절차는 법률로 정하되 사법절차가 준용되어야 한다.

6) 특허심판

특허심판에서 법관이 아닌 사람이 재판하는 것(특허법 제186조 제1항)은 헌법에 합치되지 아니한다. "특허청의 심판절차에 의한 심결이나 보정각하결정은 특허청의 행정공무원에 의한 것으로서 이를 헌법과 법률이 정한 법관에 의한 재판이라고 볼 수 없으므로 특허법 제186조 제1항은 법관에 의한 사실확정 및 법률적용의 기회를 박탈한 것으로서 헌법상 국민에게 보장된 법관에 의한 재판을 받을 권리의 본질적 내용을 침해하는 위헌규정이다"(1995.9.28. 92헌가11, 93헌가8·9·10병합).

(2) 「법률에 의한」 재판을 받을 권리

국민은 법관에 의하여 법률에 정한 내용과 절차에 의거한 재판을 받을 권리를 가진다. 여기서 법률에 의한 재판이라 함은 실체법과 그 절차에 관한 절차법이 합헌적인 법률로서 정해진 재판을 의미한다. 법률이라 함은 형사재판에 있어서는 죄형법정주의의 원칙이 적용되어 형법이나 형사소송법과 같은 형식적 의미의 법률을 의미하지만, 민사재판·행정재판 등에 있어서는 민법·상법·민사소송법·행정소송법 등과 같은 형식적 의미의 법률 외에도 이와 저촉되지 아니하는 일체의 성문법과 불문법을 포함한다.

(3) 「재판」을 받을 권리

재판을 받을 권리란 소극적으로는 「헌법과 법률이 정한」 재판 이외의 재판을 받지 아니할 권리를 말하며(민간인의 군사재판의 거부권), 적극적으로는 국가에 대하여 재판을 청구할 수 있는 권리를 말한다(각종 재판을 받을 권리). 각종 재판을 받을 권리에는 민사재판, 형사재판, 행정재판, 헌법재판 등이 있다. 헌법과 법률이 정한 재판 이외에는 거부할 수 있다. 즉, 일반 민간인은 헌법 제27조 2항의 경우 외에는 군사재판을 받지 않을 권리가 있다.

(4) 신속하고 공정한 공개재판을 받을 권리

헌법 제27조 제3항은 모든 국민이 신속하게 재판을 받을 권리와 형사피고인이 상당한 이유가 없는 한 지체 없이 공개재판을 받을 권리를 보장하고 있다.

재판청구권은 재판절차를 규율하는 법률과 재판에서 적용될 실체적 법률이 모두 합헌적이어야 한다는 의미에서의 법률에 의한 재판을 받을 권리뿐만 아니라, 비밀재판을 배제하고 일반 국민의 감시하에서 심리와 판결을 받음으로써 공정한 재판을 받을 수 있는 권리를 포함하고 있다. 이 공정한 재판을 받을 권리 속에는 신속하고 공개된 법정의 법관의 면전에서 모든 증거자료가 조사·진술되고 이에 대하여 피고인이 공격·방어할 수 있는 기회가 보장되는 재판, 즉 원칙적으로 당사자주의와 구두변론주의가 보장되어 당사자가 공소사실에 대한 답변과 입증 및 반증하는 등 공격·방어권이 충분히 보장되는 재판을 받을 권리가 포함되어 있다(1994.4.28, 93헌바26).

신속은 재판의 생명이므로 지연된 재판은 아무리 정당한 절차에 의하더라도 당사자에게는 승소한들 무용지물이 되게 된다. 공개재판이란 재판의 공정을 보장하기 위하여 재판의 심리와 판결을 이해관계가 없는 자에게도 공개하는 것을 말한다. 다만, 심리는 국가의 안전보장 또는 안녕질서를 방해하거나 선량한 풍속을 해할 염려가 있을 때는 법원의 결정으로 공개하지 않을 수 있는 예외를 인정하고 있다(헌법 제109조 단서). 그러나 선고(판결)는 반드시 공개하여야 한다.

(5) 형사피고인의 무죄추정

헌법 제27조 제4항은 「형사피고인은 유죄의 판결이 확정될 때까지는 무죄로 추정된다」라고 규정하고 있는데, 이는 제5공화국헌법에서 신설되었다. 헌법은 형사피고인에 대해서만 명시적으로 인정하고 있으나, 형사피의자에게도 당연히 인정되는 것으로 보는 것이 헌법정신에 부합된다. 따라서 무죄추정의 원칙으로 인하여 불구속수사·불구속재판을 원칙으로 하고 예외적으로 피의자 또는 피고인이 도피할 우려가 있거나 증거를 인멸할 염려가 있는 때에 한하여 구속수사 또는 구속재판이 허용될 따름이다(1992. 4.14. 90헌마82).

(6) 형사피해자의 공판정진술권

헌법 제27조 제5항은 「형사피해자는 법률이 정하는 바에 의하여 당해 사건의 재판절차에서 진술할 수 있다」고 규정하여 형사피해자의 공판정진술권을 인정한 것으로서 현행헌법에서 신설된 내용이다. 헌법이 공판정진술권을 신설한 이론적 근거는 ⅰ) 실체적 진실발견을 용이하게 하기 위하여, ⅱ) 검사의 기소편의주의의 남용을 억제하기 위하여, ⅲ) 유·무죄와 양형의 판단에 참고하기 위하여, ⅳ) 국가구조 여부의 판단자료로 활용하기 위한 것 등이다. 본조의 형사피해자는 범죄 때문에 법률상 불이익을 받게 되는 자이므로 헌법 제30조의 국가에 구조를 청구할 수 있는 형사피해자보다 넓은 개념이다. 왜냐하면 헌법 제30조의 형사피해자는 생명과 신체에 대한 피해를 받은 자로 한정하고 있기 때문이다. 한편 범죄로 인한 피해자이므로 검사의 불기소처분에 대해서는 고소인만이 헌법소원을 제기할 수 있고, 고발인은 형사피해자가 아니므로 헌법소원을 제기할 수 없다(1989.12.22. 89헌마145).

5. 재판청구권의 제한

(1) 상고의 제한

대법원에의 상고제한은 원칙적으로 헌법 제101조 제2항에 위배되며, 또한 재판청구권에도 위배된다. 헌법 제110조 제4항의 비상계엄하에서 사형선고의 경우 이외의 단심제규정은 대법원에의 상고를 제한한 것이라는 점에서 재판을 받을 권리에 대한 중대한 제한이 된다고 하겠다. 그러나 헌법에 규정된 이상 위헌의 문제는 야기되지 않는다. 또한 사실심(양형부당, 사실의 오인)의 상고제한은 합리적인 이유가 있는 한 위헌이 아니라고 보고 있으나(1987.4.14. 대판 87도350), 법령위반을 이유로 한 법률심의 상고제한은 재판청구권에 위배되어 위헌이라 하겠다(1989.12.15. 대판 88카75).

(2) 제소기간의 제한

행정소송에서는 제소기간을 한정하고 있는데, 이것은 재판청구권에 대한 중대한 제한이 된다. 그러나 행정소송에 있어서 제소기간의 제한은 공법관계의 안정을 보장하기 위한 합리적인 이유가 있는 제한에 해당하므로 재판청구권에 대한 침해는 아니다. 그러나 제소기간과 같은 불변기간은 국민의 기본적인 재판을 받을 권리행사와 직접관련되기 때문에 명확성이 결여된 법률은 위헌이다(1993.12.23. 92헌바11 등).

(3) 군사법원에 의한 제한

군인·군무원은 군사법원에 의한 재판을 받게 되는 바, 이는 재판청구권의 중대한 제한이다. 그러나 일반 국민도 헌법 제27조 제2항의 경우에는 군사법원에서 재판을 받는다.

(4) 예외적 제한

긴급권(긴급명령과 비상계엄)에 의한 제한과 군인·군무원의 특수신분관계에 의한 제한 등이 있다.

Ⅲ. 형사보상청구권

1. 헌법규정과 연혁

헌법 제28조는 『형사피의자 또는 형사피고인으로 구금되었던 자가 법률이 정하는 불기소처분을 받거나 무죄판결을 받은 때에는 법률이 정하는 바에 의하여 국가에 정당한 보상을 청구할 수 있다』고 하여 형사보상청구권을 인정하고 있다. 또한 제4공화국헌법과는 달리 정당한 보상을 강조하고 있으며 제5공화국헌법과 달리 형사피의자에 대하여도 형사보상청구권을 보장하고 있다. 이에 관한 법률로는 형사보상법이 있다. 형사보상청구권에 대한 규정은 1848년 독일 Frankfurt헌법이 효시를 이루고 있다.

2. 의의와 본질 및 법적 성격

(1) 의 의

형사보상청구권이라 함은 형사피의자 또는 형사피고인으로 구금되었던 자가 불기소처분을 받거나 확정판결에 의한 무죄판결을 받은 경우에 그가 입은 정신적·물질적 손실의 보전을 국가에 대하여 청구할 수 있는 권리를 의미한다.

(2) 형사보상의 본질

1) 손해배상설

고의·과실과 같은 주관적 요건은 결여되어 있더라도 부당한 구속영장이나 판결은 객관적으로 위법이므로, 국가가 객관적인 위법행위에 대한 배상책임을 져야 한다는 설이다.

2) 손실보상설

적법한 구속을 했다 하더라도 불기소처분이나 무죄판결을 받은 경우에는 공법상의 절차적 공평보상의 견지에서 손실을 보상해 주는 무과실손실보상책임을 말한다(통설).

3) 이분설

형사보상을 『오판에 의한 보상』과 『피의자·피고인의 구금에 대한 보상』으로 이분하여 전자는 손해배상으로, 후자는 손실보상으로 본다.

(3) 법적 성격

헌법 제28조에 법률유보조항으로 규정되어 있어 형사보상법의 제정없이는 형사보상을 청구할 수 없다는 프로그램규정설이 있으나, 형사보상청구권은 청구권의 하나이고, 청구권은 그 본질상 헌법규정만으로 직접효력을 발생한다고 보는 직접적 효력규정설이 지배적인 견해다. 즉, 청구권은 법률이 정하는 바에 따라 행사되는 것이지만 그것은 청구절차나 범위에 관한 것이고 청구권 그 자체는 헌법규정에 의하여 직접효력을 발생한다.

3. 형사보상청구권의 주체

형사보상청구권의 주체는 형사피의자와 형사피고인이지만, 본인이 청구하지 아니하고 사망 또는 사형집행의 경우에는 상속인이 형사보상을 청구할 수 있다(형사보상법 제2조). 또한 외국인도 청구할 수 있다.

4. 형사보상청구권의 내용

(1) 형사보상청구권의 성립요건

1) 형사피의자나 형사피고인

헌법 제28조는 검사에 의해 공소를 제기당한 형사피고인 외에 공소제기전에 구금되었다가 불기소처분을 받은 형사피의자에게도 형사보상청구권을 인정하였다. 여기서 형사피의자란 범죄의 혐의가 있다고 인정되나 기소단계에 이르지 아니한 자를 말하며, 형사피고인이란 검사에 의하여 공소를 제기당한 자를 말한다.

2) 구금될 것

여기의 구금은 미결구금(형의 집행이나 노역장유치의 집행을 위한 구치)과 형의 집행을 말한다. 따라서 불구속이었던 자(형사피의자, 형사피고인)는 형사보상을 청구할 수 없다.

3) 법률이 정하는 불기소처분(피의자보상)

불기소처분(협의의 불기소처분, 기소중지, 기소유예) 중에서 기소유예나 기소중지의 경우에는 형사보상을 청구할 수 없다. 왜냐하면 기소중지처분이나 기소유예처분은 범죄혐의가 있음에도 기소편의주의에 따라 제반상황 때문에 기소를 중지하거나 유예한 처분이기 때문이다. 그러므로 협의의 불기소처분의 경우에만 형사보상을 청구할 수 있다. 그러나 협의의 불기소처분이라 하더라도 ⅰ) 허위자백으로 인한 구금의 경우, ⅱ) 구금기간 중에 다른 사실에 대하여 수사가 행하여지고 그 사실에 관하여 범죄가 성립한 경우, ⅲ) 보상하는 것이 선량한 풍속에 반하는 경우에는 형사보상청구를 기각할 수 있다(형사보상법 제26조 2항).

4) 무죄판결(피고인보상)

무죄판결은 당해절차에 의한 무죄판결만이 아니고, 재심 또는 비상상고 절차에 의한 무죄판결, 군사법원에서 무죄판결을 받은 경우도 포함된다. 또한 면소나 공소기각의 재판을 받은 자도 면소 또는 공소기각의 재판을 할 만한 사유가 없었더라면 무죄의 재판을 받을 만한 현저한 사유가 있었을 때에는 국가에 대하여 구금에 대한 보상을 청구할 수 있다(동법 제25조 ; 실질설=효과설). 다만, 무죄판결의 경우에도 ⅰ) 형사미성년자 또는 심신장애자(심신상실자)의 행위라는 이유로 무죄판결이 행해진 경우, ⅱ) 본인이 수사 또는 심판을 그르칠 목적으로 허위의 자백을 한 경우, ⅲ) 경합범의 경우 범죄의 일부에 대해서만 무죄판결이 내려진 경우에는 형사보상청구를 기각할 수 있다(동법 제3조).

5) 무과실책임

형사보상책임은 무과실의 결과책임이므로 국가기관의 고의·과실을 요하지 아니한다. 이 점에서 고의·과실을 요건으로 하는 공무원의 불법행위로 인한 손해배상청구와 구별된다.

(2) 형사보상청구의 절차 및 결정

형사보상청구는 ① 불기소처분의 고지나 통지를 받거나(피의자보상) 무죄판결이 확정된 날로부터(피고인보상) 1년 이내에, ② 불기소처분을 한 검사가 소속하는 지방검찰청(지청)의 피의자보상심의회 또는 무죄판결을 한 법원에 하여야 하며, ③ 보상청구서에 불기소처분의 사실을 증명하는 서류(형사피의자) 또는 재판서의 등본과 재판확정증명서(형사피고인)를 첨부하여 보상심의회나 법원에 제출하여야 한다(동법 제6조, 제7조, 제8조 제1항, 제27조).

형사보상청구에 대한 결정은 피의자보상심의회 또는 법원합의부가 행한다. 피의자보상의 청구에 대한 피의자보상심의회의 결정에 대하여는 법무부장관의 재결을 거쳐 행정소송을 제기할 수 있으며, 피고인보상의 경우에는 법원의 보상결정에 대하여는 불복할 수 없으나 청구를 기각한 결정에 대하여는 즉시항고를 할 수 있다(동법 제13조 제1항, 제19조, 제26조 제3항, 제27조 제4항).

(3) 형사보상의 내용

1) 정당한 보상

형사보상액은 정당한 보상이어야 한다. 이는 형사보상청구권자가 입은 손실액의 완전한 보상을 말한다. 형사보상법은 구금에 대한 보상은 1일 5000원 이상으로 대통령령이 정하는 금액 이하의 비율에 의한 보상금을 지급한다(동법 제4조 제1항). 사형집행에 대한 보상금은 집행전 구금에 대한 보상금 외에 3천만원 이내에서 모든 사정을 고려하여 법원이 상당하다고 인정하는 액을 가산 보상한다(동법 동조 제3항). 또한 수사과정과 형사절차상의 위법 또는 오판에 관계공무원의 고의나 과실이 있는 경우에는 보상을 받은 자라 할지라도 그 밖의 손해배상을 청구할 수 있다(동법 제5조 제1항). 그러나 이중보상은 금지된다.

2) 형사보상결정의 공시제도

보상결정을 받은 사람의 명예회복을 위한 최소한의 배려를 위하여, 법원은 보상결정의 확정 후 2주일 내에 보상결정의 요지를 관보에 게재하여 공고해야 하는데, 보상결정을 받은 사람은 관보공시 이외에 2종 이상의 일간신문에 지정하여 공시하도록 신청할 수 있고, 이 경우 신청일로부터 30일 이내에 그 신문에 공시해야 한다(동법 제24조 제1항).

(4) 군사법원에서의 준용

형사보상법의 규정은 군사법원에서 무죄의 재판을 받거나 군사법원검찰부 검찰관으로부터 공소를 제기하지 아니하는 처분을 받은 자에 대한 보상에 대하여 이를 준용한다(동법 제28조 제2항).

Ⅳ. 국가배상청구권

1. 헌법규정과 연혁

(1) 헌법규정

헌법 제29조는 「① 공무원의 직무상 불법행위로 손해를 받은 국민은 법률이 정하는 바에 의하여 국가 또는 공공단체에 정당한 배상을 청구할 수 있다. 이 경우 공무원 자신의 책임은 면제되지 아니한다. ② 군인·군무원·경찰공무원 기타 법률로 정하는 자가 전투·훈련 등 직무집행에 관련하여 받은 손해에 대하여는 법률이 정하는 보상 외에 국가 또는 공공단체에 공무원의 직무상 불법행위로 인한 배상은 청구할 수 없다」고 하여 국가배상청구권을 인정하고, 특정한 손해에 관하여 결정보상만을 인정하고 있다. 국가배상에 관한 법률로는 국가배상법이 있다.

(2) 연 혁

영·미법계에서는 원래 공무원 개인의 책임만을 인정하고 국가는 책임을 지지 않는 것이 원칙이었다. 그러나 1940년대에 와서 공무원이 무자력의 경우 구제가 불가능하게 되자, 미국에서는 1946년 연방불법행위배상청구권법을 제정하였고, 영국에서는 1947년 국왕소추법을 제정함으로써 비로소 국가배상책임을 인정하게 되었다. 독·불법계에서는 1873년 프랑스 국참사원(Conseil d'Etat)의 Blanco판결을 통하여 판례중심으로 발전되어 왔고, 이후 1919년 독일 바이마르헌법이 제일먼저 국가배상책임을 인정하였다. 우리나라는 건국헌법이래 계속 국가배상책임제도를 헌법에서 규정하고 있다.

2. 의의와 이념적 기초 및 법적 성격

(1) 의 의

국가배상청구권이란 국민이 공무원의 직무상 불법행위로 손해를 입은 경우에 그 손해를 국가나 공공단체에 배상해주도록 청구할 수 있는 권리를 말한다. 국가배상청구권은 공무원의 국민에 대한 책임과 법치국가의 실현에 중요한 기본권이다. 이러한 권리는 정의·공평의 이념에 따라 국가에게도 불법행위의 책임을 지우는 것이며, 공무원 개인의 책임만으로는 충분한 손해배상을 기대하기 어렵기 때문에 인정되는 것이다. 그런데 현행 국가배상법은 헌법이 명시한 「공무원 직무상 불법행위로 인한 국가배상」 외에 일종의 무과실책임인 영조물의 설치·관리상의 하자로 인한 국가배상」도 규정하고 있는데(동법 제5조), 본서에서는 헌법에서 명시한 전자의 국가배상만을 기술한다.

(2) 국가배상책임의 이념적 기초

국가배상책임은 ⅰ) 국가무배상책임사상으로부터 국가배상책임사상의 지향(절대국가사상과·군권절대주의사상을 극복), ⅱ) 국가의 사회에 대한 Output과정에서 생기는 불법행위를 의미(국가와 사회의 이원론), ⅲ) 국민의 보호가치있는 생활영역의 인정(불법행위로부터 보호받을 만한 가치 인정), ⅳ) 사회공동체의 동화적 통합을 위한 일정한 책임윤리(국가는 국민의 기본권적 가치를 실현시켜야 할 수임자로서 책임윤리) 등을 그 이념적인 기초로 하고 있다.

(3) 법적 성격

국가배상청구권은 헌법의 규정만으로도 효력이 발생하는 직접효력규정이다. 따라서 거기에 규정된 권리도 현실적 권리이다. 또한 국가배상청구권은 헌법 제23조의 재산권과는 구별되는 청구권적 기본권의 성격을 가진 개인을 위한 주관적 공권이다. 결국 국가배상청구권은 헌법 제29조에서 직접효력을 발생하는 재산가치를 가지는 권리구제를 위한 공권적인 청구권이라고 하겠다. 그리고 국가배상청구권과 국가배상법은 각각 공권과 공법으로 보지만, 판례는 사권과 사법으로 본다.

3. 주체와 객체

(1) 주 체

국가배상청구권의 주체는 국민으로 자연인이거나 법인을 불문한다. 그러나 군인·군무원·경찰공무원 등은 이중배상청구가 금지되어 있다. 외국인은 상호의 보증이 있는 때에 한하여 그 주체가 될 수 있다(국가배상법 제7조). 그리고 우리나라에 주둔하는 미합중국 군대의 구성원·고용원 또는 한국증원부대구성원(카튜샤)의 공무집행중의 행위로 피해를 받은 자도 국가배상법에 정한 바에 따라 대한민국정부에 배상을 청구할 수 있다(한미행정협정 제23조 제5항).

(2) 객 체

국가배상청구의 객체에 대하여 헌법은 국가 또는 공공단체로 규정하고 있는데, 여기서 국가는 국가기관을 말하고 공공단체는 널리 국가에 의하여 그 존립의 목적을 부여받은 공법인을 의미하고 지방자치단체·공공조합·영조물법인 등이 포함된다. 그런데 국가배상법은 국가 또는 지방자치단체로 규정하고 있으므로 헌법상 규정보다 국가배상법상의 규정이 국가배상청구의 객체를 좁게 인정하고 있어 위헌성 여지가 있다.

4. 국가배상청구권의 내용

(1) 국가배상청구권의 유형

국가배상법상의 국가배상청구의 유형에는 ⅰ) 공무원의 직무상의 불법행위로 인한 손해발생의 경우와, ⅱ) 영조물의 설치·관리의 하자로 인한 손해발생의 경우의 두 가지가 있다. 여기서는 전자의 경우만 설명한다.

(2) 국가배상청구권의 성립요건

국가배상청구권이 성립하기 위해서는 네가지 요건 즉 ⅰ) 공무원의 행위, ⅱ) 직무상의 행위, ⅲ) 불법행위, ⅳ) 타인에게 손해발생 등의 요건이 충족되어야 한다.

1) 공무원의 행위

일반적으로 공무원이란 국가공무원법과 지방공무원법이 정한 공무원뿐만 아니라 널리 공무를 위탁받아 실질적으로 공무에 종사하는 자를 포함한다. 즉 공무원인지의 여부는 그 신분에 따르지 않고(신분설), 그 실질적인 담당업무에 따라 판단해야 한다(업무설). 이 경우 공무원은 기관구성원인 자연인을 의미하지만 기관자체도 포함된다고 하겠다.

2) 직무상의 행위

(가) 직무의 범위

직무의 범위를 권력작용만 뜻한다는 입장(협의설), 관리작용까지 포함한다는 입장(광의설), 그리고 국가의 사경제작용까지 포함한다는 입장(최광의설)으로 나뉘어진다. 광의설이 타당하다고 본다. 왜냐하면 국가의 사경제작용으로 인한 손해에 대한 책임은 민사책임을 지면 되기 때문이다.

(나) 직무를 집행함에 당하여(국가배상법상)

직무의 집행행위 그 자체는 물론 객관적으로 직무집행으로서의 외형을 갖추고 있는 경우를 말한다.

3) 불법행위

불법행위라 함은 공무원의 고의 또는 과실로써 법령에 위반하는 행위를 말한다. 여기서 법령이란 엄격한 의미의 법령 외에 인권존중·권리남용금지·신의성실·공서양속 등도 포함된다. 불법행위는 작위뿐만 아니라 부작위·행위의 지체에 의해서도 발생될 수 있다. 입증책임은 피해자에게 있다. 국가배상청구권은 불법행위를 요건으로 한다는 점에서, 불법행위를 요건으로 하지 아니하는 형사보상청구권과 구별된다. 또 영조물의 설치·관리의 하자로 인한 손해의 배상책임은 과실의 존재를 필요로 하지 않기 때문에 공무원의 직무상 불법행위로 인한 손해에 대한 국가배상책임과는 구별된다.

4) 타인에게 손해발생 등

타인이란 가해자인 공무원과 그 직무상의 불법행위에 가세한 자 이외의 모든 사람을 지칭한다. 손해란 피해자가 입은 모든 불이익으로서 가해행위와 상당인과관계에 있는 모든 손해를 말한다. 즉, 이 손해는 재산적·정신적·적극적·소극적 손해를 불문한다.

(3) 국가배상책임의 본질

1) 자기책임설

국가의 배상책임은 민법상 법인의 불법행위책임과 같이 자신의 기관인 공무원의 행위라는 형식을 통하여 국가가 직접 부담하는 책임이다.

2) 대위책임설

배상책임이 원칙적으로는 공무원 개인의 것이나 국가가 대신하여 부담하는 책임이라는 견해이다.

3) 절충설(중간설)

원칙적으로 자기 책임이지만(경과실의 경우-), 공무원의 불법행위가 고의나 중과실에 기인한 경우에는 대위책임이라는 견해이다.

4) 결 어

복잡한 현대사회에서 공무원의 불법행위의 가능성이 증대해 가고 있는 상황에 비추어, 국민의 권리구제에 만전을 기하고 손해의 사회적 분담을 꾀해야 한다는 의미에서 공무원개인의 주관적 사정을 묻지 않는 자기책임설이 타당하다. 즉, 국가가 공무원의 불법행위에 대하여 배상책임을 지는 것은 국가의 기관에 해당하는 공무원의 행위에 대한 일종의 위험부담으로서의 자기책임을 지는 것으로 국가배상책임은 국가 자신의 위험책임으로 이해하는 것이 타당하다.

(4) 국가배상청구의 상대방

국가에 대해서만 청구할 수 있다는 설(대국가적 청구권설)과 국가와 공무원 모두에게 청구할 수 있다는 설(선택적 청구권설)이 있다. 전자가 타당하며 다수설이다. 즉, 국가배상책임의 본질을 자기 책임으로 이해한다면 배상책임자는 마땅히 국가가 되고 국민은 국가에 대해서만 배상청구를 할 수 있다. 왜냐하면 손해배상에 만전을 기하고 공무원의 경과실인 경우에는 구상권을 인정하지 않고 있기 때문이다.

(5) 배상책임자와 구상권

공무원의 직무상 불법행위로 인하여 타인에게 손해를 가했을 때에는 국가나 지방자치단체는 그 배상책임을 진다. 이 때에 공무원의 선임감독자와 비용부담자가 다를 경우에는 피해자는 어느 쪽에 대하여도 선택적 청구가 가능하다(국가배상법 제6조 제1항). 손해를 배상한 자는 내부관계에서 그 손해를 배상할 책임이 있는 자(선임·감독자로 보는 것이 다수설)에게 구상권을 가진다(동법 제6조 제2항). 예를 들면 가해공무원에게 고의나 중과실이 있으면 가해공무원에게 구상권을 행사할 수 있다(경과실은 제외).

(6) 배상청구의 절차와 배상의 범위

배상청구의 절차는 ⅰ) 행정절차의 형식에 의하는 경우는 결정전치주의(決定前置主義)에 의해 소제기에 앞서 배상심의회의 결정을 거쳐야 한다. 다만 배상결정에 불복이 있거나 신청 후 3개월이 경과한 때에는 법원에 제소할 수 있다(동법 제9조). ⅱ) 사법절차의 형식에 의하는 경우에는 일반 법원에서는 민사소송절차에 의하거나 행정소송과 병합하여 청구할 수 있다(행정소송법 제10조).

헌법은 정당한 배상(제5공화국 헌법부터)을 규정하고 있으므로, 배상의 범위는 공무원의 가해행 위와 상당인과관계에 있는 모든 손해이다. 다만, 국가배상법은 생명·신체에 대한 손해와 물건의 멸실·훼손으로 인한 손해에 대하여는 일정한 배상기준을 정하고 있다(동법 제3조). 동법 제3조는 라이프니쯔식 계산방법을 따르고 있으며 배상기준은 배상의 상한선을 제시한 것이 아니라 단순한 하나의 기준을 제시한 것으로 보아야 한다(다수설; 1970.1.29. 대판 69다1203).

5. 국가배상청구권의 제한과 그 한계

(1) 이중배상청구의 금지

헌법 제29조 제1항은 군인·군무원·경찰공무원 등에 대해서는 특정한 손해에 관하여 법정보상 만을 인정하여 국가배상청구권을 부인하고 있다. 이는 제3공화국헌법 하에서 국가배상법이 위헌판 결을 받게 되자 국가배상법을 개정하지 않고 제7차 개헌(유신헌법)에서 직접 헌법에 신설되었던 내 용으로 현행헌법까지 계속 규정되어 오고 있다.

(2) 법률에 의한 제한

국가배상청구권은 헌법 제37조 2항에 의하여 필요한 경우에 한하여 법률로써 제한될 수 있으며, 기타 철도법 제4장, 우편법 제5장, 우편물운송법시행령 제10조, 공중전기통신사업법 제90조 등은 국가배상책임의 범위를 제한하고 있는 법령규정의 예이다. 그러나 제한은 필요한 최소한도에 그쳐야 하고 평등의 원칙에 적합하게 모든 피해 국민에게 평등하게 제한되어야 한다. 또한 국가배상책임은 전면적으로 부인하거나 국가배상청구권의 본질적 내용을 침해하여도 아니된다(배상기준을 지나치게 낮추는 입법조치 금지).

(3) 예외적 제한

국가긴급시에 예외적으로 긴급명령 등에 의하여 제한될 수 있다.

Ⅴ. 범죄피해자구조청구권

1. 헌법규정

범죄피해자구조청구권을 헌법에 명문으로 규정한 나라는 없는데, 우리나라가 최초로 제6공화국 헌법에 반영하였다. 헌법 제30조는 「타인의 범죄행위로 인하여 생명·신체에 대한 피해를 받은 국민은 법률이 정하는 바에 의하여 국가로부터 구조를 받을 수 있다」라고 하여 범죄피해자구조청구권을 신설하였으며, 이 규정에 따라 범죄피해자구조법이 제정되었다.

2. 의의와 본질 및 법적 성격

(1) 의 의

범죄피해자구조청구권이란 본인의 귀책사유가 없는 타인의 범죄행위로 인하여 생명·신체에 피해를 입은 국민이 국가에 대하여 유족구조 또는 장해구조를 청구할 수 있는 권리를 의미한다.

(2) 본질

국가책임설은 국가는 범죄발생의 예방진압의 책임이 있으며 피해를 입은 국민에게 배상책임을 지는데, 그 배상책임은 무과실의 자기책임이라는 입장이다. 사회분담설은 범죄피해구조는 세금에 의한 보험의 형태를 통하여 국가가 범죄로 인한 피해를 사회구성원에게 분담시킨다는 입장이다. 사회보장설은 범죄로 인한 피해를 피해자 개인에게 전담시킨다는 것은 사회국가의 이념에 위배되므로 국가는 사회보장적 차원에서 범죄피해를 구조해야 한다는 입장이다. 사회보장으로서의 성격과 국가책임으로서의 성격을 가진다는 입장이다.

(3) 법적 성격

범죄피해자구조청구권은 국가가 범죄발생을 예방하지 못한 데 대한 국가배상청구권이 아니라 사회보장적 원칙에서 범죄피해자를 보호해주기 위한 것이다. 따라서 이는 피해자의 생계유지곤란 등의 경우에 인정되므로 생존권적 기본권의 성격을 띤 청구권적 기본권으로 보아야 할 것이다.

3. 주 체

범죄피해자구조는 우리나라 주권이 미치는 영역내에서 발생한 범죄행위로 인한 피해자만이 그 주체가 될 수 있는데(범죄피해자구조법 제2조 제1항), 피해자가 사망한 경우에는 그 유족이, 중장해를 당한 경우에는 원칙적으로 본인이 청구한다. 그리고 외국인에 대해서는 상호보증주의가 적용된다(동법 제1조, 제10조). 이 때의 유족은 피해자의 사망 당시 피해자의 수입에 의하여 생계를 유지하고 있던 자로서 ① 배우자와 자, ② 부모, ③ 손, ④ 조부모, ⑤ 형제자매이다(동법 제5조 제1항). 태아는 유족의 범위를 적용함에 있어 이미 출생한 것으로 본다(동법 제5조 제2항).

4. 범죄피해자구조청구권의 내용

(1) 범죄피해자구조청구권의 성립요건

1) 타인의 범죄행위로 인한 피해의 발생

타인의 범죄행위로 인한 피해이어야 한다. 여기서 범죄행위는 사람의 생명 또는 신체를 해하는 행위로서 폭행·상해·살인 등 폭력을 수단으로 하는 모든 행위를 말한다. 구조청구권의 발생요건에는 다음과 같은 제척사유가 있다. 즉 ⅰ) 가해자와 피해자 사이에 친족관계가 있거나, ⅱ) 피해자가 범죄행위를 유발했거나, 범죄피해의 발생에 귀책사유가 있는 경우, ⅲ) 유족이 피해자를 고의로 사망케 한 경우, ⅳ) 정당행위·정당방위 또는 과실에 의한 행위에 기한 피해가 발생한 경우, ⅴ) 사회통념상 구조금 지급이 부적당하다고 인정되는 경우 등이다. 생명이나 신체에 대한 피해이어야 하며 명예나 재산 등에 가해진 피해는 제외된다. 그리고 그 피해는 피해자의 사망 또는 중장해를 당한 경우에 국한된다.

2) 가해자의 불명·무자력과 피해자의 생계유지곤란

여기서 불명이란 가해자의 신원이나 소재가 불명인 경우는 물론 체포가 현저히 곤란한 경우를 말하며(동시행령 제3조), 무자력이란 자신과 동거의 친족이 필요한 생계에 위협을 받지 아니하고는 피해배상을 할 수 없는 상태를 말한다. 가해자가 불명 또는 무자력의 사유로 피해자가 배상을 받지 못하고 생계유지가 곤란하여야 한다. 즉, 피해자도 생계유지가 곤란하여야 한다(보충성의 원칙). 다만 수사단서의 제공·재판에 있어서의 증언 등과 관련하여 피해자가 된 때에는 생계유지의 곤란여부와 관계없이 범죄피해자구조청구권을 행사할 수 있다(보충성의 예외).

(2) 범죄피해자구조청구권의 내용과 보충성

구조청구권의 내용은 구조금의 청구와 지급이다. 구조금은 유족구조금(사망시)과 장해구조금(중장해자)으로 구별된다(동법 제4조 제1항). 구조금의 금액은 피해자 또는 유족의 생계유지 상황과 장해정도를 참작하여 대통령령으로 정한다(동법 제9조). 국가배상법 기타 법령에 의한 급여를 지급받을 수 있는 경우에는 구조금을 지급하지 아니한다(동법 제7조). 범죄피해를 원인으로 손해배상을 받은 경우에는 그 금액의 한도내에서 구조금을 삭감할 수 있다(동법 제8조 제1항). 구조금을 지급한 경우에는 유족이나 중장해자가 청구할 손해배상청구권을 국가가 대위한다(동법 제8조 제2항). 따라서 범죄피해자는 결과적으로 가해자가 불명하거나 자력이 없기 때문에 피해의 전부 또는 일부를 배상받지 못하고, 그로 인하여 생계유지가 곤란한 사정이 있는 경우에 한해서 보충적으로 구조금을 청구할 수 있다(동법 제3조 제1항).

5. 구조금의 지급방법과 절차

구조금의 지급방법은 일시불을 원칙으로 한다(동법 제4조 제1항). 사망자의 유가족이나 피해자는 주소지·거주지 또는 범죄발생지를 관할하는 지방검찰청 소속의 범죄피해구조심의회에 신청한다. 구조금의 지급신청은 범죄피해의 발생을 안 날로부터 1년 또는 당해 범죄피해가 발생한 날로부터 5년 이내에 하여야 한다(동법 제12조). 구조금의 지급을 받을 권리(구조금수령권)는 양도 또는 담보로 제공하거나 압류할 수 없으며, 2년간 행사하지 않으면 시효로 소멸한다(동법 제17조·제18조).

제5장 생존권

제1절 생존권적 기본권의 구조와 체계

Ⅰ. 생존권적 기본권의 의의와 법적 성격

1. 생존권적 기본권의 의의와 헌법규정

생존권적 기본권이란 국민이 인간다운 생활을 위한 필요한 제조건을 국가권력의 적극적인 관여에 의하여 확보해 줄 것을 요청할 수 있는 권리를 말한다. 이는 학자에 따라 생존권, 생활권·사회권, 생활권적 기본권, 사회적 기본권, 사회국가적 기본권, 수익권 등 명칭이 다양하다.

이 생존권은 국민의 자유를 확보하기 위하여 국가권력의 불간섭을 요청하는 자유권과 구별된다. 현대국가에서 생존권은 개인에게 최저한도의 생활보호를 목적으로 하는 것으로 국가권력의 적극적인 관여로 보장된다. 따라서 생존권적 기본권을 보장하는 것은 국가권력의 의무인 동시에 국가권력의 내용이 되고 있다. 이 생존권은 주생존권인 「인간다운 생활을 할 권리」와 주생존권의 개별화된 파생적 권리들(교육의 권리, 근로의 권리 등)로 구성되어 있으며, 이 파생적 권리들은 인간다운 생활의 목직 실현을 위한 수단이라고 본다.

헌법은 제34조 제1항에서 「모든 국민은 인간다운 생활을 할 권리를 가진다」고 선언함으로써 생존권적 기본권보장의 대원칙을 규정하고 있다. 그리고 제31조는 교육을 받을 권리, 제35조는 환경권 및 주거생활에 관한 권리, 제36조는 혼인과 가족생활에서의 양성평등과 보건·모성에 관하여 국가의 보호를 받을 권리 등을 규정함으로써 생존권적 기본권의 내실화를 기하고 있다.

2. 생존권적 기본권의 연혁

18·19세기의 각국 인권선언이나 헌법에 규정된 것은 거의가 자유권에 관한 규정이었다. 이 자유권의 보장은 민주주의의 발전과 자본주의 경제의 발전에 지대한 영향을 미쳤으나, 사회적인 모순, 즉 부의 편재(부익부 현상), 빈곤의 확대(빈익빈 현상), 실업자의 범람 등을 초래하게 되었다. 따라서 생존 그 자체에 위협을 받는 대중에게는 자유권은 공허화하게 되었다. 그래서 사회구성원의 실

질적 평등을 실현하고 국민 각자에게 인간다운 최저한도의 생활을 영위케 하기 위한 경제적·사회적 기본권으로서 생존권적 기본권이 등장하게 되었다. 교육을 받을 권리·근로의 권리·생활무능력자의 국가보호를 받을 권리 등 국민의 생존을 유지하거나 생활을 향상시키기 위하여 국가에 대해 적극적 배려를 요구할 수 있는 권리를 생존권이라 하며 고전적 수익권과 구별하기 시작하였다. 이와 같은 생존권 사상은 Fichte나 Anton Menger 등의 사상가들에 의하여 주장되었으며 1919년 바이마르헌법에 최초로 실정화되었다.

3. 생존권적 기본권의 법적 성격

종래에는 프로그램적 권리설이 지배적이었으나 최근에는 법적 권리설 중 추상적 권리설과 구체적 권리설이 대립되어 학자들의 견해가 다양한 바, 생존권의 성격이 어느 하나에 속한다고 단정하는 것은 부적절하다고 생각된다.

(1) 프로그램적 권리(규정)설

이 견해는 헌법규정상의 생존권적 기본권은 현실적·구체적인 권리를 부여한 것이 아니고, 입법자에게 입법의 방침을 지시하는 프로그램적 규정(입법방침규정)이라고 한다. 자본주의경제체제를 유지하고 있는 국가에서는 법률·예산의 뒷받침이 있어야 비로소 헌법상의 보장이 구체화될 수 있다는 것을 근거로 한다. 또한 이 설에 의하면 국가의 사회보장의무는 법적 의무가 아니라 도의적 의무에 지나지 않으므로 국민은 국가에 대해 그 의무의 이행을 재판상 청구할 수 없게 되는 단점이 있다.

(2) 법적 권리설

헌법에 「…권리를 가진다」고 규정하고 있어 헌법의 생존권 규정은 국민의 국가에 대한 실정법적 권리를 규정한 것이며, 따라서 국가는 개개 국민에게 법적 의무를 지고 있다고 하는 견해이다. 이 입장을 취하는 경우에도 논자에 따라 견해가 다르다.

1) 추상적 권리설

국민은 국가에 대하여 입법 기타 필요한 조치를 요구할 수 있는 추상적 권리를 가지고 있으며 국가는 이에 대하여 입법 기타 국법상 필요한 조치를 강구할 추상적 의무를 지고 있다는 견해이다(다수설). 다만, 구체적 입법이 없으면 생존권을 재판상 청구할 수 없다는 점에서 프로그램적 규정설과 큰 차이가 없다.

2) 구체적 권리설

이 견해에 따르면, 생존권에 관한 헌법규정은 그 규정을 구체화하는 입법이 존재하지 않는 경우에도 구체적·현실적 효력을 지니므로 국가에 대하여 생존권규정의 실현을 적극적으로 요구할 수 있고, 국가는 이에 적극적으로 응할 의무가 있다는 견해이다. 따라서 국가가 구체적 입법을 하지 않아 권리가 침해된 경우 입법부작위위헌확인소송·헌법소원 또는 의무이행소송(의무화소송)을 제기할 수 있다고 보는 것이다.

3) 불완전한 구체적 권리설

생존권을 불완전하나마 구체적 권리로 인식하려는 이유는 ⅰ) 모든 헌법규정은 재판규범이다. ⅱ) 절대빈곤층과 사회적 빈곤층에게는 생존권의 실질적 보장이 더욱 절실하다. ⅲ) 사회국가원리를 구현하면서 생존권을 추상적 권리로 보는 것은 논리적 모순이다. ⅳ) 헌법재판소의 헌법불합치·입법촉구결정으로 구제가 가능하기 때문이다. 따라서 생존권은 자유권처럼 직접효력을 가지는 완전한 의미에서의 구체적 권리일 수는 없다 하더라도, 적어도 일부 청구권이나 참정권과 동일수준의 불완전하나마 구체적인 권리로서의 성격을 가진다.

(3) 소 결

헌법은 헌법소원제도를 인정하고, 공권력의 불행사에 대한 헌법소원도 인정하므로(헌법재판소법 제68조) 공권력의 불행사인 생존권적 기본권에 관한 입법부작위에 의하여 국민의 생존권이 침해된 경우에도 헌법소원을 통하여 입법부작위위헌확인과 권리구제를 받을 수 있기 때문에(1989.3.17. 88헌마1), 생존권적 기본권은 단순한 추상적 권리가 아니고 구체적 권리의 측면도 가지고 있고 재판규범으로서의 측면도 가진다고 보겠다.

4. 생존권적 기본권의 실현방법

생존권의 법적 성격이 구체적 권리의 성질을 가질 때 생존권의 헌법소송적 실현방법은 ⅰ) 국가가 적극적으로 생존권을 침해한 경우에는 헌법소원(권리구제형, 위헌심사형)이나 위헌법률심판 또는 행정소송을 통하여 구제를 받을 수 있다. ⅱ) 국회의 명시적 입법의무가 있는데도 불구하고 의무를 이행하지 않은 경우(진정입법부작위)에는 헌법소원을 제기하여 구제받을 수 있다(권리구제형 헌법소원). ⅲ) 생존권을 구체화하는 법률은 존재하지만 그 입법이 불완전·불충분한 경우(부진정 입법부작위)에는 당해 법률에 대한 위헌법률심판 또는 헌법소원을 통하여 구제받을 수는 있으나, 입법부작위를 이유로 한 헌법소원은 제기할 수 없다. ⅳ) 구체적이고 충분한 내용을 가진 법률이 존재하는 경우(행정청의 급부거부처분 또는 부작위를 한 경우)에는 행정소송, 명령·규칙의 위헌위법성심사(사건전제), 법규명령에 대한 헌법소원(권리구제형)을 제기하여 구제받을 수 있다.

Ⅱ. 생존권적 기본권과 자유권적 기본권과의 관계

1. 양기본권의 대립관계

이에 대한 구체적인 차이점을 정리하면 다음과 같다.

구 분	자유권적 기본권	생존권적 기본권
이념적 기초	개인주의적·자유주의적 세계관, 시민적 법치국가(형식적 평등)	단체주의적 세계관, 사회적 법치국가·복지국가(실질적 평등)
법적 성격	소극적·방어적 권리 전국가적·초국가적인 자연권	적극적 권리 국가내적인 실정권
주 체	자연인(원칙), 법인(예외) ※ 인간의 권리	자연인 ※ 국민의 권리
내 용	국가권력의 개입이나 간섭배제	국가적 급부나 배려요구
효 력	보든 국가권력구속, 재판규범인정, 대사인적 효력(원칙)	입법조치문제(추상적 권리설), 재판규범의 성격이 약함, 대사인적 효력(예외)
법률유보	권리제한적 법률유보	권리형성적 법률유보
법률기준	국가안전보장·질서유지·공공복리에 의한 제한(예전에는 주로 소극적 목적)	주로 공공복리(적극적 목적)

2. 양기본권의 보완·조화관계

자유와 평등이 상호대립관계에 있는 것처럼 자유권적 기본권과 생존권적 기본권은 상호대립·갈등관계에 있다. 즉, 인간의 자유를 강조하는 자유권적 기본권과 실질적 평등을 강조하는 생존권적 기본권은 상호 대립·갈등관계에 있으며, 한쪽이 강조되면 다른 한쪽이 약화될 수밖에 없다. 그러나 진정한 자유란 생존으로부터의 위협과 공포가 제거되어야만 비로소 가능하므로 생존권적 기본권은 자유권적 기본권에 대하여 보완관계에 있으며, 인간의 존엄과 가치·행복추구권의 존중과 인격의 발현이라는 헌법이념의 관점에서 볼 때 이 양자는 상호보완·조화된다고 하겠다. 따라서 현대국가에서 가장 중심적인 과제는 자유권과 생존권을 상호보완·조화시키는 문제이다.

제 2 절 인간다운 생활을 할 권리

Ⅰ. 헌법규정과 연혁

1. 헌법규정

헌법 제34조는 「① 모든 국민은 인간다운 생활을 할 권리를 가진다. ② 국가는 사회보장·사회복지의 증진에 노력할 의무를 진다. ③ 국가는 여자의 복지와 권익의 향상을 위하여 노력하여야 한다. ④ 국가는 노인과 청소년의 복지향상을 위한 정책을 실시할 의무를 진다. ⑤ 신체장애자 및 질병·노령 기타의 사유로 생활능력이 없는 국민은 법률이 정하는 바에 의하여 국가의 보호를 받는다. ⑥ 국가는 재해를 예방하고 그 위험으로부터 국민을 보호하기 위하여 노력하여야 한다」고 하여 인간다운 생활을 할 권리와 그의 보호를 위한 국가의 의무 등을 규정하고 있다.

2. 연 혁

인간다운 생활을 할 권리가 헌법에 최초로 규정된 것은 1919년 바이마르헌법 제151조 제1항의 「경제생활의 질서는 모든 사람에게 인간다운 생활을 보장하기 위하여 정의의 원칙에 합치하지 않으면 안된다」라고 하는 조항에서 유래한다. 그 후 세계인권선언, 국제인권규약을 비롯한 각국 헌법 등에서 그에 관한 규정을 두고 있다. 우리나라도 제5차 개정헌법(1962년)에서 최초로 규정하기 시작하여 현재에 이르고 있다.

Ⅱ. 의의와 기능 및 법적 성격

1. 의 의

인간다운 생활을 할 권리란 물질적인 최저생활의 보장만을 의미하는 것이 아니라 인간의 존엄성에 상응하는 최저한도의 건강하고 문화적인 생활을 할 권리를 말한다. 인간다운 생활을 할 권리는 생존권 중에서도 그 근간이 되는 권리이다. 이는 헌법 제31조 이하의 일련의 생존권에 관한 총칙적 규정이라 하겠다. 그 밖의 생존권은 인간다운 생활을 할 권리를 실현하기 위한 구체적 수단이 되는 권리이다. 따라서 인간다운 생활을 할 권리는 제10조의 「인간으로서의 존엄과 가치」에 관한 규정과 더불어 헌법상 최고의 가치를 가진다고 하겠다.

2. 기 능

인간다운 생활을 할 권리는 ⅰ) 우리 헌법의 가치적 핵인 인간의 존엄성을 실현시키기 위한 최소한의 방법적 기초를 의미하며, ⅱ) 우리 경제질서의 가치지표로서의 의의를 가지며(경제정책과 불가분의 함수관계), ⅲ) 사회국가실현의 국가적 의무를 제시하는 헌법상의 기능을 갖는다.

3. 법적 성격

프로그램적 규정설, 추상적 권리설, 구체적 권리설의 대립이 있으나 추상적 권리설이 다수설이다. 인간다운 생활을 할 권리의 보장이 「인간으로서의 존엄과 가치」를 유지하는데 불가결한 전제가 되므로 인간다운 생활이 불가능한 국민에게는 이 인간다운 생활을 할 권리가 구체적 권리가 될 수 있도록 적극적인 이론구성을 하여야 할 것이다.

Ⅲ. 주 체

인간다운 생활을 할 권리의 주체는 오로지 국민에 한한다. 또한 이 권리는 법인과 외국인에게는 인정되지 않는다. 그러나 국가의 재정범위 내에서 외국인에게도 가능한 한 생활보호와 사회보장을 해주는 것이 바람직하다.

Ⅳ. 인간다운 생활을 할 권리의 내용

1. 인간다운 생활의 의미와 그 보장

인간다운 생활이란 인간의 존엄성에 상응하는 건강하고 문화적인 생활을 의미하지만 그 내용은 불확정적·추상적 개념으로 그 구체적 수준은 특정의 시점에서 각 국가마다 다를 수 있어 이론적으로 결정되어야 한다. 따라서 그 수준은 결코 예산의 유무에 의하여 좌우될 것이 아니라 그 구체적인 수준이 예산편성을 지도하고 지배하여야 할 것이다.

헌법은 인간다운 생활을 보장하는 방법으로서 사회보장수급권 등 일련의 사회적 기본권들을 보장하고 제119조 제2항 등에서 경제에 관한 규제와 조정 등을 규정하고 있다.

2. 사회보장을 받을 권리(사회보장수급권; 사회보장권)

사회보장은 모든 국민이 인간다운 생활을 할 수 있도록 최저생활을 보장하고 국민 개개인이 생활의 수준을 향상시킬 수 있도록 제도와 여건을 조성하여, 그 시행에 있어 형평과 효율의 조화를 기함으로써 복지사회를 실현하는 것을 기본이념으로 한다(사회보장기본법 제2조). 그러므로 사회보장이라 함은 질병·장애·노령·실업·사망 등의 사회적 위험으로부터 모든 국민을 보호하고 빈곤을 해소하며 국민생활의 질을 향상시키기 위하여 제공되는 사회보험·공공부조·사회복지서비스 및 관련복지제도를 말한다(동법 제3조). 따라서 사회보장수급권이란 사회적 위험으로 말미암아 보호를 요하는 상태에 있는 개인이 인간의 존엄에 상응한 인간다운 생활을 영위하기 위하여 국가에 일정한 내용의 적극적 급부를 요구할 수 있는 권리를 말한다.

(1) 사회보험

사회보험이란 국민에게 발생하는 사회적 위험을 보험방식에 의하여 대처함으로써 국민건강과 소득을 보장하는 제도를 말한다(동법 제3조). 즉, 사회보험이란 국민의 생활안정 등을 목적으로 운영되는 공공적 보험제도를 의미한다. 이에는 의료보험, 산업재해보상보험, 퇴직연금보험 등이 있다.

(2) 공공부조=공적 부조(생활보호를 받을 권리)

공공부조란 국가 및 지방자치단체의 책임하에 생활유지능력이 없거나 생활이 어려운 국민의 최저생활을 보장하고 자립을 지원하는 제도를 말한다(동법 제3조). 다시 말하면 공적 부조란 자조적인 생활유지의 능력이 없는 자에게 국가가 최저한의 생계보호를 하는 제도이다. 즉, 노령·질병 기타 사유로 생활능력을 상실하여 자기 생활을 유지할 능력이 없는 사회적·경제적 약자는 국가에서 보호할 의무가 있는데, 이를 위하여 생활보호법이 있다. 이 생활능력상실자에 대해서는 생활보호법·의료보호법에 의해 생활보호를 받을 권리를 보장하고 있다.

(3) 사회복지 서비스를 받을 권리

사회복지서비스란 국가·지방자치단체 및 민간부문의 도움을 필요로 하는 모든 국민에게 상담·재활·직업소개·지도·사회복지시설이용 등을 제공하여 정상적인 사회생활이 가능하도록 지원하는 제도를 말한다(동법 제3조). 즉, 사회복지서비스란 일부 특별한 국민(여자, 노인, 청소년)의 건강유지와 구호를 위한 제도로써 양로원, 고아원, 조산원, 무료진료소, 직업훈련원 등과 같은 사회구호시설의 혜택을 받을 수 있는 제도이다. 헌법은 제34조 제2항·제3항·제4항·제6항 등에서 이에 관하여 규정하고, 이 밖에 아동복지법, 노인복지법, 사회복지사업법 등 관계 법률이 있다.

(4) 관련복지제도의 혜택을 받을 권리

관련복지제도란 보건·주거·교육·고용 등의 분야에서 인간다운 생활이 보장될 수 있도록 지원하는 각종 복지제도를 말한다(동법 제3조).

3. 국가의 재해예방의무

헌법 제34조 제6항은 "국가는 재해를 예방하고 그 위험으로부터 국민을 보호하기 위하여 노력하여야 한다"고 하여 국가의 재해예방의무를 신설하고 있다. 여기서 재해라 함은 자연재해 뿐만 아니라 인공적 원인에 의한 재해까지 포함한다. 이와 관련하여 재해구호법이 제정되어 있다.

헌법재판소는 '화재로 인한 재해보상과 보험가입에 관한 법률'이 4층 이상의 건물에 대해 보험가입을 강제하는 것은 재해를 예방하고 그 위험으로부터 국민을 보호할 수 있는 합리적이고 실효성이 있는 사회보장책으로 배려된 입법으로 보기 어렵기 때문에 헌법 제34조 제6항에 의하여 정당화될 수 없다고 결정한 바 있다(1991.6.3. 89헌마204).

V. 효 력

인간다운 생활을 할 권리는 직접적으로 국가권력(주로 입법권)에 대하여 구속력을 가지며, 사인 간에도 간접적으로 제3자적 효력이 인정된다.

VI. 침해와 구제

인간다운 생활의 기준이 최저한도의 건강하고 문화적인 생활에 미치지 못하여 인간의 존엄과 가치가 침해된다고 인정되는 경우에는 그를 규정한 해당 법률 내지 위임입법에 대하여 위헌법률심판·위헌법령심사를 청구할 수 있다. 또한 당해 법률이 국회에서 입법되지 않았거나, 개폐되었기 때문에 생존권이 침해되었을 경우에는 그것을 이유로 입법부작위에 대한 헌법소원도 제기할 수 있다고 하겠다.

제 3 절 교육을 받을 권리

I. 헌법규정과 연혁

헌법 제31조 「① 모든 국민은 능력에 따라 균등하게 교육을 받을 권리를 가진다 ② 모든 국민은 그 보호하는 자녀에게 적어도 초등교육과 법률이 정하는 교육을 받게 할 의무를 진다. ③ 의무교육은 무상으로 한다. ④ 교육의 자주성·전문성·정치적 중립성 및 대학의 자율성은 법률이 정하는 바에 의하여 보장된다. ⑤ 국가는 평생교육을 진흥하여야 한다. ⑥ 학교교육 및 평생교육을 포함한 교육제도와 그 운영, 교육재정 및 교원의 지위에 관한 기본적인 사항은 법률로 정한다」고 하여, 교육을 받을 권리 및 교육을 받게 할 의무, 의무교육의 무상, 교육의 자주성·전문성·정치적 중립성·대학의 자율성보장, 국가의 평생교육진흥의무, 교육제도의 법률주의 등을 규정하고 있다.

II. 의의와 기능 및 법적 성격

1. 의 의

교육할 권리(교육권, 수업권)에 대응하는 교육을 받을 권리(학습권, 수업권, 수학권)는 성별·종교·사회적 신분 등에 의하여 차별 없이 능력과 자질에 따라 균등하게 교육을 받을 수 있도록 국가의 적극적인 배려를 요구할 수 있는 권리(생존권적 측면)를 의미한다. 또한 교육을 받을 권리에 교육받는 것을 국가로부터 방해받지 않을 권리(자유권적 측면)가 포함된다고 하겠다.

2. 기 능

교육을 받을 권리는 ① 능력개발을 통한 개성신장의 수단, ② 문화국가실현의 수단, ③ 민주국가실현의 수단, ④ 사회국가실현의 수단으로서 기능을 가지고 있다. 또한 교육을 받을 권리는 ① 공민권성, ② 생활권성, ③ 학습권성을 가지고 있으므로 헌법재판소도 교육을 받을 권리를 보장하는 것은 헌법이 지향하는 민주국가·문화국가·사회복지국가의 이념을 실현하고 모든 국민이 인간으로서의 존엄과 가치를 가지며 인간다운 생활을 영위할 수 있도록 하기 위한 것이다라고 밝히고 있다(1994.2.24. 93헌마192).

3. 법적 성격

프로그램적 규정설, 추상적 권리설(다수설), 구체적 권리설, 불완전한 구체적 권리설, 총합적 기본권설(자유권+생존권) 등이 대립하고 있지만, 교육을 받을 권리는 자유권이 아니고 생존권이며, 특히 어린이의 학습권을 보장하기 위한 것이기 때문에 적극적·구체적 청구권을 수반하는 문화적 생존권이라고 하겠다. 이와 관련하여 헌법재판소는 무상초등교육을 받을 권리는 구체적 권리라고 보나, 무상중등교육을 받을 권리는 추상적 권리로 보고 있다(1991.2.11. 90헌가27).

III. 주 체

교육을 받을 권리는 국법상의 권리이므로 국민에게만 보장되고 외국인에게는 인정되지 아니한다. 국민 중에서도 권리의 성질상 자연인에 대해서만 인정되고 법인은 포함되지 아니한다. 수학권의 주체는 개개인이고, 교육기회제공청구권의 주체는 학령아동의 부모이다.

IV. 내 용

1. 능력에 따라 균등하게 교육을 받을 권리

여기서 능력이란 정신적·육체적 능력의 일신전속적인 능력이므로 재력·가정·성별 등의 비전속적인 능력에 의한 차별은 허용되지 않는다. 능력에 따른 교육이란 정신적·육체적 능력에 상응한 적절한 교육을 말한다. 따라서 공개경쟁시험 등은 위헌이 아니나, 그렇다고 능력이 부족한 자에 대한 교육을 경시하거나 무시해도 좋다는 뜻은 아니다.

균등하게 교육을 받을 권리란 모든 국민이 정신적·육체적 능력 이외에 성별·사회적 지위·신앙에 의하여 취학의 기회가 차별되어서는 안된다는 것(교육의 기회균등)에 한정되지 아니하고, 모든 국민이 균등하게 교육을 받을 수 있도록 국가가 제정책(교육시설의 확장, 장학금 지급)을 시행하여야 한다는 적극적인 의미로 보아야 한다. 헌법재판소도 합리적 차별사유없이 교육을 받을 권리를 제한하지 아니함과 동시에 모든 국민이 균등한 교육을 받을 수 있도록 적극적인 정책을 실현해야 한다고 결정한 바 있다(1994.2.24. 93헌마192).

권리의 대상이 되는 교육이란 학교교육, 가정교육, 사회교육, 공민교육을 포함한 광의의 교육을 의미하나, 학교교육이 가장 중요하다. 그리고 교육을 받을 권리는 오늘날 국민의 학습권·수학권·수업권으로서 파악되며 교육을 시킬 권리(교육권·수업권)와 대응된다. 헌법재판소는 수학권을 통상 국가에 의한 교육조건의 개선·정비와 교육기회의 균등한 보장을 적극적으로 요청할 수 있는 권리로 이해되고 있다고 하였다(1992.11.12. 89헌마88).

2. 교육을 받게 할 의무

교육을 받게 할 의무란 보호하는 자녀를 일정한 학교에 취학시킬 의무를 의미한다. 따라서 교육을 받게 할 의무의 주체는 학령아동의 친권자·후견인이다. 자녀가 불구·폐질·병약한 경우에는 교육을 받게 할 의무가 면제된다. 이 의무교육제를 실시하기 위하여 국가나 지방자치단체는 필요한 학교의 설립과 운영은 물론 필요한 교재와 경비를 부담할 의무를 진다. 의무교육은 현행교육법상 6년의 초등교육과 3년의 중등교육이 규정되어 있는데, 법률이 정하는 중등교육은 대통령령에 따라 순차적으로 실시하게 되어 있다(교육법 제8조의2). 여기서 말하는 법률은 형식적 의미의 법률뿐만 아니라 그러한 법률의 개별적·구체적 위임(확대실시의 시기 및 방법)에 근거하여 제정된 대통령령도 포함하는 실질적 의미의 법률로 해석된다(1991.2.11. 90헌가27).

3. 의무교육의 무상

의무교육의 실효성을 거두기 위하여 의무교육은 무상으로 한다고 헌법은 규정하고 있는데, 이 무상의 범위에 대해서는 수업료 면제만을 의미한다는 수업료무상설(교육법 제86조 제1항)과, 국가의 재정이 허용하는 경우에는 학용품을 비롯한 급식의 무상까지도 포함한다는 취학필수비무상설, 무상범위법정설 등이 있다. 취학필수비무상설이 타당하며 다수설이다. 단, 사립초등학교에서 수업료를 받은 것은 무방하다.

V. 교육제도의 보장

1. 교육의 자주성·전문성·정치적 중립성의 보장

교육의 자주성(교육기관의 자유보장)·전문성(교육의 자유)·정치적 중립성(교육환경의 자유)이 보장되지 않는 경우에는 특정한 정치세력에만 영합하는 교육을 할 우려가 있기 때문에 헌법은 이를 특히 보장하고 있다. 또한 이는 행정권의 자의에 의해 교육의 일관성이 오도될 위험성을 방지하기 위해서 보장되고 있다.

2. 대학자율성의 보장

대학의 자율성이란 대학의 문제를 외부의 영향을 받지 않고 대학 스스로 결정·집행하여 그 결과에 대하여 책임을 지는 것을 의미한다. 우리 헌정사상 최초로 헌법의 차원에서 대학의 자율성 내지 대학의 자치제를 신설하였다.

3. 평생교육의 진흥

국가는 평생교육을 진흥하여야 한다(국가의 평생교육진흥의무). 평생교육이란 학교교육 이외에 사회교육·성인교육·직업교육 등을 망라한 넓은 의미의 교육으로 일평생 살아가면서 배우는 것을 말한다. 평생교육에 관한 법률로 사회교육법이 있다.

4. 교육제도 등의 법률주의

교육을 받을 권리를 실효성 있게 보장하기 위하여 교육제도·재정 및 교원의 지위 등은 법률로 정한다(교육제도법정주의). 이에 따라 교육법·교육공무원법·사립학교법 등이 제정되어 있다.

VI. 효 력

교육을 받을 권리의 생존권적 측면은 국가나 지방자치단체에 대해서만 효력을 가지지만, 자유권적 측면은 제3자(사립학교 등)에 대하여 효력을 가진다.

제4절 근로의 권리

Ⅰ. 헌법규정

헌법 제32조 「① 모든 국민은 근로의 권리를 가진다. 국가는 사회적·경제적 방법으로 근로자의 고용의 증진과 적정임금의 보장에 노력하여야 하며, 법률이 정하는 바에 의하여 최저임금제를 시행하여야 한다. ② 모든 국민은 근로의 의무를 진다. 국가는 근로의 의무의 내용과 조건을 민주주의 원칙에 따라 법률로 정한다. ③ 근로조건의 기준은 인간의 존엄성을 보장하도록 법률로 정한다. ④ 여자의 근로는 특별한 보호를 받으며 고용·임금 및 근로조건에 있어서 부당한 차별을 받지 아니한다. ⑤ 연소자의 근로는 특별한 보호를 받는다. ⑥ 국가유공자·상이군경 및 전몰군경의 유가족은 법률이 정하는 바에 의하여 우선적으로 근로의 기회를 부여받는다.」고 하여 근로의 권리·의무에 관하여 규정하고 있다.

이 근로의 권리는 17·18세기에는 인간의 천부적 권리(근로의 자유)로서 파악되어 국가권력은 이를 침해할 수 없었으나(소극적 의미의 자유권), 자본주의의 발달에 따른 실업의 증가와 근로자의 빈곤 등이 심화된 19세기 말엽부터는 적극적 의미의 생존권적 기본권의 하나로 파악되었다. 근로의 권리는 1919년 바이마르헌법에 의해 최초로 헌법에 규정되었다.

Ⅱ. 의의와 기능 및 법적 성격

1. 의 의

근로의 권리는 근로자가 자신의 적성·능력·취미에 따라 일(근로)의 종류·장소 등을 선택하고 타인의 방해 없이 일을 계속하는 권리를 말하는 동시에 가장 유리한 조건으로 노동력을 제공하여 얻는 대가로 생존을 유지하며, 근로의 기회를 얻지 못하면 국가에 대하여 이를 요구할 수 있는 권리를 말한다. 즉, 근로의 권리는 일할 능력의 임의적인 상품화보장과 생활수단적 경제활동보장을 의미한다.

2. 기 능

근로의 권리는 ⅰ) 일을 통한 개성신장의 기본적인 조건을 뜻하므로 자주적인 인간의 불가피한 생활수단으로서의 기능, ⅱ) 일할 능력의 임의적인 상품화를 통해 생활의 기본적 수요의 자조적 충족수단으로서의 기능, ⅲ) 자본주의 경제질서의 이념적·방법적 기초로서의 기능, ⅳ) 생활의 기본적인 수요를 자조적으로 충족시킬 수 있는 기회를 열어 주므로 생활무능력자에 대한 국가의 보호의무를 경감시켜 주는 기능, ⅴ) 국가의 고용·노동·사회정책의 원칙적인 방향지표로서의 기능 등을 갖는다.

3. 법적 성격

(1) 자유권설

이 견해는 개인이 자유롭게 근로의 기회를 얻음에 있어서 국가가 이를 침범하지 못한다는 것을 보장한 소극적인 자유권의 하나인 근로의 자유, 즉 취업의 자유를 의미한다고 본다(취업방해배제권).

(2) 생존권설

근로의 권리는 균등한 생활을 보장하고 경제적 약자인 근로자의 인간다운 생활을 보장하기 위한 것을 내용으로 하는 생존권적 기본권의 하나로서 국가가 적극적으로 개입함으로써 보다 그 보장의 내실을 기할 수 있다는 관점에서 자유권과는 본질적으로 다르다는 견해로 타당하다. 또한 그것은 구체적 권리가 아니라 입법에 의해서 비로소 그 권리의 내용이 구체화되는 추상적 권리라고 보는 설이 있다. 그러나 근로의 권리는 국가에 대하여 근로의 기회나 그에 갈음하는 생활비까지 청구할 수 있는 구체적 권리로 이해하여야 한다. 따라서 구체적인 법적 권리로 보장해 주기 위한 입법이 필요하다.

Ⅲ. 주   체

근로의 권리는 국민의 권리이기 때문에 외국인에 대해서는 근로의 권리가 보장되지 아니한다. 여기서 말하는 국민도 자연인만을 의미하고, 법인은 포함되지 아니한다.

Ⅳ. 내   용

1. 기본적 내용

근로의 권리는 생존권적 기본권의 하나로 파악하는 경우에도 그 구체적인 내용이 무엇인가에 따라 견해가 다르다. ⅰ) 국가에 대해 근로의 기회의 제공을 요구할 권리라는 근로기회제공청구권설과, ⅱ) 국가에 대해 근로기회를 요구하고 그것이 불가능할 때는 생활비 지급을 청구할 수 있다는 생활비지급청구권설이 대립하고 있으나 근로의 권리를 구체적 권리로 이해한다면 생활비지급청구권설이 타당하다고 하겠다.

2. 보충적 내용

(1) 국가의 고용증진의 의무

헌법은 제32조 제1항 제2문 전단에서 「국가는 사회적·경제적 방법으로 근로자의 고용의 증진과
… 노력하여야 하며」라고 규정하고 있다. 따라서 국가는 사회·경제정책을 통해서 일반근로자가
사기업이나 공공기업에 취업하여, 완전고용상태가 실현되도록 노력해야 한다. 이러한 방법으로써
고용정책기본법, 직업안정및고용촉진에관한법률, 장애인고용촉진등에관한법률, 고령자고용촉진법
등이 제정되어 있다.

(2) 해고의 자유의 제한

1) 해고의 자유의 인정여부

근로의 권리의 보장이 사용자의 해고의 자유를 제한하는 근거가 될 수 있는지가 문제된다. 해고
란 징계해고·정리해고이든 사용자가 일방적으로 근로계약 내지 근로관계를 종료시키는 단독행위
를 의미한다. ⅰ) 근로의 권리는 국가와 국민의 관계에 관한 것이지 사용자와 근로자의 개별적 근
로관계에 관한 것은 아니라는 이유로 이를 부정하는 부정설과, ⅱ) 헌법 제32조는 국가와 국민간에
서 뿐만 아니라 개별적 노사관계에도 적용된다는 것을 논거로 이를 긍정하는 긍정설이 대립한다.
그런데 정당한 사유가 없는 해고는 위헌·무효가 된다고 하겠다. 근로기준법 제30조 제1항도 해고
의 일반적 제한으로서 "사용자는 「정당한 이유」없이 근로자를 해고하지 못한다"고 규정하고 있다.

2) 해고의 정당한 사유

해고의 정당한 사유는 ⅰ) 근로자의 일신상의 사유로서 직무능력의 결여·성격상의 부적격성·
질병·경쟁기업과의 긴밀한 관계 등을, ⅱ) 근로자의 행태상의 사유로서 무단결근·근로의 거부·
하자있는 근로의 거부·범법행위·부정행위 등을, ⅲ) 긴박한 경영상의 필요(동법 제31조 : 해고
조정) 등을 들 수 있다.

3) 해고조정

사용자가 경영상의 이유에 의하여 근로자를 해고하고자 하는 경우에는 긴박한 경영상의 필요가
있어야 한다. 사용자는 해고를 피하기 위한 노력을 다하여야 하며 합리적이고 공정한 해고의 기준
을 정하고 이에 따라 그 대상자를 선정하여야 한다. 사용자는 해고를 피하기 위한 방법 및 해고의
기준 등에 관하여 당해 사업 또는 사업장에 근로자의 과반수로 조직된 노동조합이 있는 경우에는
그 노동조합, 근로자의 과반수로 조직된 노동조합이 없는 경우에는 근로자의 과반수로 대표하는 자
(근로대표자)와 성실하게 협의하여야 한다(동법 제31조). 그러나 제31조(해고조정)의 규정은 공포
일로부터 2년이 경과한 날로부터 시행한다(부칙 제1조).

(3) 적정임금의 보장

헌법은 제32조 제1항 제2문 전단에서 「국가는 사회적·경제적 방법으로 … 적정임금의 보장에

노력하여야 하며」라고 규정하고 있다. 따라서 국가가 임금의 수준을 근로자들이 인간의 존엄성에 상응하는 건강하고 문화적인 생활을 영위하는데 필요한 정도의 것이 되도록 입법조치 또는 그 밖의 정책을 수립하고 실시하도록 노력의 의무를 지게 되었다.

(4) 최저임금제의 시행

헌법은 제32조 제1항 제2문 후단에서 「국가는 …, 법률이 정하는 바에 의하여 최저임금제를 시행하여야 한다」라고 하여 근로자에게 최소한의 생활급을 직접 헌법의 수준에서 보장하려는 의도에서 규정되었다. 최저임금제란 국가가 법적 강제력을 가지고 임금의 최저한도를 획정하여 그 이하의 수준으로는 사용자가 근로자를 고용하지 못하도록 함으로써 상대적으로 불리한 위치에 있는 근로자를 보호하려는 제도를 말한다. 이 헌법규정에 따라 제정된 법률이 최저임금법이다.

(5) 근로조건의 법정주의

헌법 제32조 제3항은 「근로조건의 기준은 인간의 존엄성을 보장하도록 법률로 정한다」라고 하여 근로조건에 대한 배려까지 규정하고 있다. 여기서 근로조건이란 근로계약내용의 제조건, 즉 보수와 그 지불방법, 근로시간, 휴식시간, 고용기간, 안전 및 위생시설, 재해보상 및 해고방법 등 근로계약에 의하여 근로자가 근로를 제공하고 임금을 수령하는 데 관한 조건들을 말한다. 이는 경제적 약자인 근로자를 보호하려는 것으로, 이를 위하여 근로기준법이 제정되어 있다. 근로조건은 최저기준이므로 근로관계당사자는 그 기준을 이유로 근로조건을 저하시킬 수 없으며(동법 제2조), 이 법은 상시 5인이상의 근로자를 사용하는 모든 사업 또는 사업장에 적용된다(동법 제10조 제1항).

(6) 무노동·무임금의 원칙

이른바 무노동·무임금의 원칙이 헌법상 어떠한 의미를 가지는가가 문제된다. 무노동·무임금의 원칙이란 파업기간 또는 근로시간중의 노조활동이나 노조전임자에 대하여는 임금을 지급하지 아니한다는 원칙을 의미한다. 사용자는 쟁의행위에 참가하여 근로를 제공하지 아니한 근로자에게는 그 기간 중의 임금을 지급할 의무가 없고 임금관철을 목적으로 한 쟁의행위는 금지 및 처벌된다(노동조합 및 노동관계조정법 제44조, 제90조). "쟁의행위로 인하여 사용자에게 근로를 제공하지 아니한 근로자는 일반적으로 근로의 대가인 임금을 청구할 수 없다 할 것이지만, 구체적으로 임금청구권을 갖지 못하는 임금의 범위는 임금 중 사실상 근로를 제공한 데 대하여 받는 교환적 부분과 근로자로서의 지위에서 받는 생활보장적 처분 중 전자만에 국한된다"(1992.3.27. 대판 91다36307). 그러나 대법원은 1995년 12월 21일 종전의 「무노동 부분임금」의 판례를 변경하여 「무노동완전무임금」설을 택하였다(1995.12.21. 대판 94다2671).

(7) 여자와 연소자의 근로특별보호

헌법 제32조 제4항과 제5항은 「여자의 근로는 특별한 보호를 받으며, 고용·임금 및 근로조건에 있어서 부당한 차별을 받지 아니하며, 연소자(年少者)의 근로는 특별한 보호를 받는다」고 규정하고 있다.

여자와 소년은 생리적으로 성년 남자보다 약할 뿐만 아니라, 모성과 청소년 보호의 사회적·인도적 견지에서 특별한 보호가 필요한 바, 헌법규정에 근거한 근로기준법 제5장은 ① 15세 이상 18세 미만자의 근로시간은 1일에 7시간, 1주일에 42시간을 초과하지 못한다. 단, 당사자간의 합의에 의하여 1일에 1시간, 1주일에 6시간을 한도로 연장가능, ② 15세 미만자의 원칙적인 근로자로 사용 금지, ③ 여자와 18세 미만자의 도덕성·보건상 유해·위험한 사업장에의 근로금지 그리고 야업금지(원칙), ④ 여자에 대해서는 생리휴가 및 산전·산후의 요양기간 등을 규정하고 있다. 또한 근로관계에 있어 여성에 대한 차별을 금지하고 있는 바, 이에 관련된 법으로는 남녀고용평등법과 근로기준법이 있다. 최근에는 영유아보육법이 제정되어 직장여성의 영·유아보육을 위해 일정한 규모의 사업장의 사업주에 대해 보육시설을 설치할 의무를 부과하고 있다(동법 제7조 제3항).

(8) 국가유공자 등의 우선 취업기회보장

"국가유공자·상이군경 및 전몰군경의 유가족은 법률이 정하는 바에 의하여 우선적으로 취업할 기회를 부여 받는다"라고 규정한 헌법 제32조 제6항은 국가유공자 등의 유가족을 우대하는 정책적 규정이다. 이에 관한 법률이 '국가 유공자 예우 등에 관한 법률'이다.

V. 효   력

근로의 권리는 대국가적 효력 뿐 아니라 사인 상호간에 있어서도 간접적으로 대사인적 효력을 가진다. 다만, 여자와 연소자의 근로의 특별 보호를 규정한 헌법 제32조 제4항과 제5항이 사인간에 간접적 효력을 미친다는 견해도 있으나, 사용자인 제3자에게도 직접적 효력을 미친다는 긍정설이 타당하다고 하겠다.

제 5 절   근로자의 노동3권

I. 헌법규정과 연혁

헌법 제33조 「① 근로자는 근로조건의 향상을 위하여 자주적인 단결권·단체교섭권 및 단체행동권을 가진다. ② 공무원인 근로자는 법률로 인정된 자에 한하여 단결권·단체교섭권 및 단체행동권을 가진다. ③ 법률이 정하는 주요방위산업체에 종사하는 근로자의 단체행동권은 법률이 정하는 바에 의하여 이를 제한하거나 인정하지 아니할 수 있다」라고 하여 근로자의 노동3권을 보장하고, 한계와 제한을 명백히 규정하고 있다.

Ⅱ. 의의와 기능 및 법적 성격

1. 의 의

노동3권이란 근로조건의 향상을 위하여 근로자가 자유로이 단결하고(단결권), 단체이름으로 교섭하며(단체교섭권), 교섭이 원만하게 타결되지 않을 경우 단체행동을 할 수 있는 권리(단체행동권)를 의미한다. 즉, 노동3권이란 단결권, 단체교섭권, 단체행동권을 말한다.

2. 기 능

근로자에게 노동3권을 보장해 주는 것은 ⅰ) 일할 환경에 관한 권리의 실효성을 보장해 주기 위한 수단으로서의 기능, ⅱ) 인간다운 생활을 보장해 주기 위한 제도적인 장치로서의 기능, ⅲ) 사회평화와 사회정의 실현에 이바지하기 위한 수단으로서의 기능, ⅳ) 실질적인 노사평등의 실현 수단으로서의 기능을 갖는다.

3. 법적 성격

(1) 자유권설

노동3권은 근로자가 단결권과 단체행동권을 국가권력으로부터 부당한 방해나 간섭을 받지 아니한다고 하는 국가에 대한 근로자의 소극적인 자유권이라고 보는 견해이다.

(2) 생존권설

노동3권은 자본주의사회에서 경제적 약자인 근로자가 인간다운 생활을 확보하기 위하여, 국가는 근로3권의 장해를 제거하고 적극적으로 권리행사를 보장해 주도록 요구할 수 있는 생존권의 하나라는 견해이다.

(3) 혼합권설

노동3권은 근로3권의 행사를 국가가 부당한 방해·간섭해서는 안된다는 자유권적인 측면과 사용자에 의하여 근로3권이 침해될 때 국가에 대하여 적극적인 개입과 대책을 요구할 수 있는 생존권적인 측면을 모두 갖는 견해이다.

(4) 결 어

노동3권은 사용자에 대한 근로자의 지위를 강화함으로써 근로자가 사용자와 대등한 노사계약을 할 수 있도록 헌법에서 보장하고 있는 점에서 근로자의 생존권이라 할 수 있으나, 노동3권은 근로자가 노동3권을 행사하는 것을 국가가 방해해서는 안된다는 자유권적 측면도 내포하고 있으므로 복합적인 성질의 기본권이라고 할 수 있어 다수설이 타당하다.

Ⅲ. 주 체

1. 근로자

노동3권의 주체로서 근로자라 함은 직업의 종류를 불문하고 노동력을 제공하여 그 대가인 임금·급료 기타 이에 준하는 수입에 의하여 생활하는 자를 말한다(노동조합및노동관계조정법 제2조의 1호). 해고된 자가 노동위원회에 부당노동행위의 구제신청을 한 경우에는 중앙노동위원회의 재심판정이 있을 때까지는 근로자로 해석하여야 한다(동법 제2조 4호 라 단서). 근로자 개인뿐만 아니라(개인적 단결권) 집단에게도(집단적 단결권) 이 권리가 인정된다고 하겠다. 임시 실업중에 있는 자라도 노동력 제공의 의사와 능력이 있는 한 노동3권의 주체에 포함되며, 공무원·외국인도 근로자에 포함된다. 그러나 소작농, 자작농, 어민, 상인, 개인택시운전사 등은 근로자가 아니다. 다만, 공무원인 근로자는 법률이 정하는 자에 한하여 단결권·단체교섭권 및 단체행동권을 가진다.

2. 사용자

노동3권은 사용자를 제외한 노동자만의 권리를 의미하므로 사용자는 노동3권의 주체가 될 수 없다. 다만 근로자의 노동3권에 대항하여 이에 맞설 수 있는 직장폐쇄권이 사용자에게 인정되는가가 문제인데, 노동조합및노동관계조정법은 노동조합의 쟁의행위를 개시한 이후에만 직장폐쇄를 인정하고 있다(동법 제46조).

Ⅳ. 노동3권의 내용

1. 단결권

단결권이란 근로자들이 근로조건의 유지·개선을 목적으로 사용자와 대등한 교섭력을 가지기 위한 단체를 자주적으로 구성할 수 있는 권리를 말한다. 이러한 단체는 일시적인 단체를 포함하나 주로 계속적인 단체, 즉 노동조합을 의미한다. 일반결사는 구성원 각자가 할 수 있는 것을 단체의 형태로 행하는 것이지만 노동조합의 구성원 각자가 할 수 없는 것을 단체의 힘으로 행한다는 점에서 노동조합과 일반결사는 구별된다.

근로자는 노동조합과 같은 단체를 결성하거나 이에 가입함에 있어서 국가나 사용자의 부당한 간섭 또는 개입을 받지 아니한다. 사용자에 의한 단결권의 침해는 부당노동행위가 된다(노동조합및노동관계조정법 제81조). 단체의 결성이나 가입을 이유로 해고시키거나, 단체 불가입 또는 탈퇴를 조건으로 하는 이른바 황견계약(Yellow-Dog Contract)의 체결이나 단체의 결성이나 가입을 이유로 한 해고는 위법이다(동법 동조 1호·2호). 소극적 단결권, 즉 단체에 가입하지 아니할 권리를 인정할 것인가에 대해서는 논란이 있으나 인정되는 것이 타당하다.

ⅰ) 국가가 근로자의 단결권을 침해하는 것은 위헌·위법이므로 불법행위를 형성하게 되면 배상책임을 면할 수 없다. ⅱ) 사용자가 단결권 등을 침해하는 것은 부당노동행위에 해당하므로 이에 대한 제재와 구제가 인정되고 있다(동법 제82조~제85조).

2. 단체교섭권

단체교섭권이란 근로조건의 향상(유지 또는 개선)을 위하여 근로자의 단체가 단결체의 이름으로 사용자(단체)와 자주적으로 교섭할 수 있는 권리를 말한다. 다시 말하면 경제적 약자인 근로자가 1대 1로 고용주와 교섭해서는 항상 불리한 근로조건에 굴복하게 되므로 단체(노동조합)를 배경으로 하여 단체의 대표자가 고용주와 교섭할 수 있는 권리이다. 노사간에 단체협약의 체결이 불가능해지면 노동위원회의 조정·중재를 거쳐 근로자는 단체행동을 할 권리를 갖게 된다. 단체교섭을 하는 경우에는 근로기준법·노동조합및노동관계조정법·근로자참여및협력증진에관한법률 등과 같은 노동법이 적용되게 된다.

근로조건의 향상과 관계없는 사항은 단체교섭대상에서 배제되므로 사용자가 독점적으로 보유하는 경영권·인사권·이윤취득권 등에 속하는 사항은 원칙적으로 단체교섭의 대상이 될 수 없다. 또한 노동조합은 단체교섭을 요구할 수 있는 권리를 가지므로 사용자는 이에 응할 의무가 있다. 그 결과 사용자가 정당한 이유 없이 단체교섭을 거부하면 그것은 부당노동행위가 된다(동법 제81조 3호). 따라서 불법행위의 책임을 발생시키고 근로자의 단체행동을 정당화시키는 사유가 된다. 단체교섭의 결과인 단체협약은 규범적 효력을 가지므로 국법상 보호를 받는다(동법 제33조). 그리고 단체교섭권의 정당한 행사에는 민·형사상 책임이 면제된다(동법 제3조·제4조).

3. 단체행동권

(1) 개 념

단체행동권이란 투쟁권으로서 노동쟁의가 발생한 경우에 쟁의행위를 할 수 있는 권리를 말한다. 노동쟁의란 「임금·근로시간·복지·해고 기타 대우 등 근로조건에 관한 주장의 불일치로 인하여 발생한 분쟁상태」를 말하고, 쟁의행위란 「파업·태업·직장폐쇄 기타 노동관계 당사자가 그 주장을 관철할 목적으로 행하는 행위와 이에 대항하는 행위로서 업무의 정상적인 운영을 저해하는 행위」를 말한다(노동조합및노동관계조정법 제2조). 이 단체행동권은 단체적 투쟁에 있어서 가장 본질적인 권리라고 말할 수 있다.

단체행동권의 주체는 1차적으로는 개개인이지만 실질적으로는 조직된 단체(노동조합)나 근로자단체이다.

(2) 내 용

단체행동권은 단체교섭내용을 관철시키기 위한 집단적인 실력행사(쟁의권)를 그 내용으로 하는데, 이러한 쟁의권의 구체적인 방법은 다음과 같다.

1) 근로자의 쟁의행위

ⅰ) 동맹파업(strike)은 집단적으로 노동력의 제공을 거부하는 것이고, ⅱ) 태업(sabotage)은 작업능률을 고의적으로 떨어뜨리는 집단행동을 말하며, ⅲ) 불매운동(boycott)은 사용자 또는 그와 관계있는 자의 상품을 사지 않거나 그들과의 근로계약의 체결을 거절할 것을 호소하는 집단행동을 말하고, ⅳ) 감시행위(picketting)는 파업효과를 높이기 위해서 근로희망자들의 사업장 출입을 저지하고 파업에 협력할 것을 구하는 시위행위를 말하며, ⅴ) 생산관리란 사용자의 의사에 반하여 근로자단체가 생산수단을 점유해서 기업경영을 스스로 행하는 실력행사를 말한다.

2) 사용자측의 쟁의행위

사용자측의 쟁의행위로는 직장폐쇄 외에 임금공제나 근로자들의 위법한 쟁의행위에 대하여 책임추궁 등을 들 수 있다. 직장폐쇄란 집단적 분쟁에 있어 사용자가 그 주장을 관철할 목적으로 근로자들이 취업상태에 있지 못하도록 사업장을 봉쇄하는 행위를 말한다. 그런데 근로자의 단체행동권 행사에 대항하여 사용자측이 직장폐쇄 등의 투쟁조치를 취할 경우에 그것이 합헌인가가 문제된다. 헌법 제33조는 주체를 근로자라고 명시하고 있어 사용자는 이에 포함되지 않으므로 직장폐쇄 등 사용자측의 단체행동권을 인정할 것은 아니며 원칙적으로 헌법이 인정하지 않는 것이라 하여 위헌설을 제기한다. 그러나 사용자의 직장폐쇄 등 쟁의행위도 노사균형론의 관점에서 허용되어야 하며, 그 헌법적 근거는 재산권을 보장한 헌법 제23조 제1항과 기업의 경제상 자유를 규정한 헌법 제119조 제1항이라고 보아 합헌설(소유권설과 노사균형론 관점)을 제기한다. 현행 노동조합및노동관계조정법(제2조 5호, 제46조)이 사용자의 직장폐쇄를 쟁의행위에 포함시키는 것도 같은 취지라고 생각한다. 따라서 직장폐쇄는 예외적으로 근로자의 쟁의행위에 대한 수동적・방어적 수단으로 행하는 최후의 불가피한 경우에는 타당하다고 하겠다(동법 제46조).

(3) 정상적인 쟁의행위의 효과

정당한 근로자의 단체행동에 대하여는 ⅰ) 형사책임을 소급당하지 아니하며(동법 제4조), ⅱ) 민사상 손해배상책임도 소급당하지 아니한다(동법 제3조). ⅲ) 단체행동에 참가하였다는 이유로 근로자가 해고나 기타 불리한 처우를 받지 아니한다(동법 제43조 및 제81조 5호). 단, 사용자는 쟁의행위기간중의 근로자 대체제도를 매우 제한적으로 운용할 수 있다(당해 사업 내 대체근로 허용 ; 동법 제43조).

(4) 한 계

근로자가 단체행동을 함에 있어서는 그 목적·수단·방법·절차상의 한계를 존중하여야 한다. 이러한 한계와 관련하여 단체행동의 정당성문제가 제기된다.

1) 목적상의 한계(정치적 파업의 문제)

단체행동권은 구체적인 작업환경의 유지·개선(근로조건의 향상)을 목적으로 행사되어야 한다. 따라서 명백한 정치적 목적의 파업은 인정될 수 없다(다수설). 노동조합및노동관계조정법은 "주로 정치목적으로 하는 경우"는 노동조합으로 보지 아니한다(동법 제2조 제4호 마). 그러나 최저임금법의 제정, 노동관계법령의 개폐 등과 같이 근로자의 지위 등에 직접 불가분의 상호관계에 있는 국가의 경제정책 내지 산업정책 사항을 쟁점으로 하는 산업적 정치파업은 인정된다.

2) 수단상의 한계(생산관리의 문제)

근로자가 생산수단을 지배하는 생산관리는 사용자측의 사유재산제를 정면으로 부정하는 쟁의수단이므로 쟁의행위로 보장되는 한계를 일탈한 것이다.

3) 방법상의 한계

쟁의행위로서의 실력행사는 사업장시설을 해치지 않는 비파괴·비폭력적인 방법으로 행해져야 한다. 즉, 폭력이나 파괴행위 또는 생산 기타 주요업무에 관련되는 시설과 이에 준하는 시설로서 대통령령이 정하는 시설을 점거하는 형태와 사업장의 안전보호시설에 대한 정상적인 유지·운영을 정지·폐지·방해하는 행위 등은 쟁의행위의 방법으로 사용할 수 없다(동법 제4조 단서, 제42조). 따라서 쟁의행위는 그 수단·방법이 지극히 다양하여 일반적인 기준을 제시하기 쉽지 않으므로 개별적·구체적으로 판단할 수밖에 없을 것이다.

4) 절차상의 한계

단체행동권은 단체교섭권을 통해서 목적달성을 도저히 할 수 없는 최후순간에 한하여 행사되어야 정당화될 수 있다. 따라서 조정·중재 등의 조정절차를 먼저 거쳐야 하고(동법 제45조, 제5항), 조정기간(조정신청 후 일반사업은 10일, 공익사업 15일, 1차례 연장가능) 내지 중재기간(중재회부 후 15일간) 등 냉각기간의 전심절차를 반드시 거쳐야 한다(동법 제54조, 제63조).

V. 효   력

노동3권이 국가권력에 대하여 직접효력을 갖는다는 데에는 의문이 없다(대국가적 효력). 문제가 되는 것은 제3자적 효력이다. 노동3권의 사인간 효력에 관해서는 직접효력설과 간접효력설이 대립하고 있다. 원칙적으로 헌법상의 기본권 규정은 대사인간에 있어서는 간접적으로 적용된다고 볼 것이나, 권리의 내용상 근로자 대 사용자라고 하는 차원에서 사인간의 관계에 관한 것이 명백한 노동3권은 직접 적용되는 현실적·구체적 권리의 성격을 가진다. 이 점에서 노동3권은 사용자의 재산권 등 자유권에 대해 우월적 지위를 가지고 있다고 할 수 있다. 따라서 노동3권은 대국가적 효력 이외에 사인간에 직접 적용되는 대사인적 효력을 갖는 헌법상의 대표적인 권리라고 할 수 있겠다.

VI. 제   한

1. 헌법 제33조 제2항에 의한 제한

공무원인 근로자는 법률로 인정된 자를 제외하고는 단결권·단체교섭권 및 단체행동권을 가질 수 없는데(동조 제2항), 그 논거로 공무원의 국민전체 봉사자설, 직무성질설, 특별권력관계설 등을 들고 있다. 직무성질설이 타당하다고 하겠으나, 헌법재판소는 국민전체봉사자설과 직무성질설을 함께 인정하고 있다(1993.3.11. 88헌마5). 특히 교원은 공교육을 담당한다는 직무의 특수성 때문에 공·사립을 묻지 아니하고, 그 근로관계는 일반근로자의 그것과 본질적인 차이가 있으므로 노동법 원리가 그대로 적용될 수 없다.

국가공무원법 등은 사실상 노무에 종사하는 공무원, 즉 정보통신부 및 철도청 소속의 현업기관과 국립의료원의 작업현장에서 노무에 종사하는 기능직 공무원 및 고용직공무원으로서 서무·인사·기밀업무에 종사하는 자, 경리·물품출납사무에 종사하는 자, 보안목표시설의 경비업무에 종사하는 자, 승용차의 운전에 종사하는 자를 제외한 자(고용원)에 한하여 근로3권을 인정한다(동법 제66조, 공무원복무규정 제28조, 지방공무원법 제58조). 지방공무원법은 사실상 노무에 종사하는 공무원의 범위를 조례로써 정하도록 하고 있다.

헌법재판소는 모든 공무원에 대하여 단체행동권을 전면적으로 금지한 구 노동쟁의조정법 제12조 제2항에 대하여는 헌법불합치결정을 내린 바(1993.3.11. 88헌마15), 새로운 노동조합및노동관계조정법 제41조 제2항에서는 구 노동쟁의조정법 제12조 제2항에서 모든 공무원에 대하여 단체행동권을 전면적으로 부인한 규정을 삭제하고 있다.

2. 헌법 제33조 제3항에 의한 제한

법률이 정하는 주요방위산업체에 종사하는 근로자의 단체행동권은 법률이 정하는 바에 의하여 이를 제한하거나 인정하지 아니할 수 있다(동조 제3항). 방위산업체라 함은 방위산업물자(군용으로 제공되는 물자로 지정된 것)를 생산하는 업체로서 정부의 지정을 받은 산업체를 말한다. 여기에 근무하는 근로자의 단체행동권의 제한은 국방상의 이유와 개별이익에 대한 전체이익의 우선에 그 목적이 있다고 하겠다.

3. 헌법 제37조 제2항에 의한 제한

근로3권은 국가안전보장·질서유지 또는 공공복리를 위하여 필요한 경우에 한하여 법률로써 제한할 수 있다(다수설). 그러나 제한하는 경우에도 자유와 권리의 본질적인 내용을 침해하여서는 아니된다. 근로3권을 제한하는 법률로는 노동조합및노동관계조정법, 노동위원회법, 근로자참여및협력증진에관한법률, 사립학교법 등이 있다.

4. 예외적 제한

긴급명령이나 비상계엄시의 특별한 조치에 의해서 노동3권(단체행동권)이 제한될 수 있다.

제 6 절 환경권

Ⅰ. 헌법규정과 연혁

헌법 제35조 「① 모든 국민은 건강하고 쾌적한 환경에서 생활할 권리를 가지며, 국가와 국민은 환경보전을 위하여 노력하여야 한다. ② 환경권의 내용과 행사에 관하여는 법률로 정한다. ③ 국가는 주택개발정책 등을 통하여 모든 국민이 쾌적한 주거생활을 할 수 있도록 노력하여야 한다」고 하여 환경권을 보장함과 동시에 국가와 국민의 환경보전의무를 규정하고 있다.

20세기 후반에 이르러 대량생산·대량소비에서 야기되는 공해문제가 심각하게 대두되었다. 이러한 상황에서 환경권이 헌법상 생존권의 하나로서 규정하게 된 것은 우리나라가 선구적이라 할 수 있다(제8차 개헌에 신설). 이에 관련된 법률로는 환경정책기본법, 대기환경보전법, 수질환경보전법, 소음·진동규제법, 유해화학물질관리법, 환경오염피해분쟁조정법 등이 있다. 또한 외국의 예는 환경권의 권리장전이라 할 수 있는 1969년 미국의 국가환경정책법을 비롯하여 1972년 독일기본법의 개정, 일본의 공해대책기본법과 자연환경보전법 등이 있다. 그리고 환경보호를 위한 국제적 노력으로는 1972년 스웨덴의 스톡홀름에서 개최된 UN인간환경회의에서 유엔상설기구로 유엔환경계획(UNEP)을 설치하고, 1992년 브라질의 리우데자네이루에서 개최된 UN환경개발회의(UNCED)에서 리우선언과 국제환경법제의 기본원칙인 의제 21(Agenda 21)이 채택된 바 있다.

II. 의의와 특성 및 기능

1. 의의와 특성

환경권은 오염되거나 불결한 환경으로부터 건강을 훼손당하지 아니할 권리와 더불어 깨끗한 환경에서 건강하고 쾌적한 생활을 누릴 수 있는 권리를 말한다(넓은 의미). 즉, 인간다운 환경 속에서 생존할 수 있는 권리를 말한다.

환경권은 ⅰ) 환경 그 자체는 권리의 대상이 될 수 없고, 환경에 미치는 인간의 행위를 규제함으로써 그 실효성을 거둘 수 있기 때문에 타기본권의 제한을 전제로 하고 있는 기본권이라는 점, ⅱ) 다른 기본권보다 의무성이 강하므로 환경보전의무의 이행, 상린관계의 존중 등을 통해서만 비로소 실현될 수 있는 기본권이라는 점, ⅲ) 산업발전을 억제하거나 산업체활동을 제약하는 장애요인으로 기능할 수 있는 기본권이라는 점(그러나 환경권과 산업발전은 적대적이 아닌 우호협력관계), ⅳ) 현재 살고 있는 현존세대만의 기본권이 아니라 미래세대의 기본권적인 성격도 지닌 항구성 있는 기본권이라는 점 등의 특성을 갖고 있다.

2. 기 능

환경권은 특히 ⅰ) 경제생활에 관한 기본권행사의 한계로서의 기능, ⅱ) 환경오염을 자제·규제하겠다는 국제협조적인 환경보호정책선언적 기능, ⅲ) 기술집약적인 환경산업의 경제발전 및 환경보호의 입법기능의 전문화촉진효과 기능 등을 가진다.

III. 법적 성격

환경권의 법적 성격에 관해서는 ⅰ) 인간의 존엄과 가치·행복추구권에서 파생된 기본권으로서 생존권적 기본권에 포함되지만 양면성을 가진 권리, 즉 자유권적 성격과 생존권적 성격을 아울러 가진다는 견해, ⅱ) 인간의 존엄성 존중을 그 이념적 기초로 하면서 여러 가지 성격을 가진 불완전한 구체적 권리로 보는 견해, ⅲ) 기본권의 전제조건을 보장하는 기본권으로서의 성질과 기본권의 헌법적 한계로서의 성질을 함께 가지는 종합적인 기본권이면서도 제도보장의 성질도 내포하고 있다는 견해 등이 있다. 그러나 환경권은 인간의 존엄성 존중을 그 이념적 기초로 하면서 행복추구권, 생존권적 기본권 등의 성격을 아울러 가지고 있는 총합적 기본권으로서의 구체적 권리로 보아야 할 것이다.

IV. 주   체

환경권은 성질상 자연인에게만 인정된다. 환경소송의 원고적격은 오염된 환경과 관련 있는 모든 자가 포함된다고 본다. 또한 환경권은 미래의 자연인에게도 환경보호청구권이 인정된다고 보는 견해도 있다. 헌법전문은 "우리들과 우리들의 자손의 안전과 자유와 행복"을 추가하고 있기 때문에 미래의 세대에게도 주체성을 인정하는 것이 타당하다고 하겠다.

V. 내　용

1. 환경권의 대상으로서의 환경

환경권의 대상이 되는 환경을 환경정책기본법에서는 자연환경과 생활환경으로 구분하고 있다. 자연환경이란 지하·지표 및 지상의 모든 생물과 이를 둘러싸고 있는 비생물적인 것을 포함한 자연의 상태를 의미하고, 생활환경이란 대기·물·폐기물·소음·진동·악취 등 사람의 일상생활과 관련되는 환경을 의미한다(동법 제3조). 오늘날 환경권은 넓은 의미로 이해하므로 환경권의 대상으로서의 환경에는 ① 자연적 환경(토양·물 등) 뿐만 아니라 문화적·사회적 환경(문화유산, 도로·공원과 같은 인공적 환경 등)까지 포함하는 것으로 이해하여야 할 것이다.

2. 환경권의 구체적인 내용

(1) 국가의 환경침해에 대한 방어권

환경권은 국가작용(권력·관리·국고·사실작용)으로 말미암아 발생하는 각종 환경오염행위(예컨대, 국영기업에서 발생하는 연기나 폐수로 인한 환경오염, 오물수거과정·처리에서 발생하는 환경오염, 행정기관의 스피커 등에서 나오는 소음공해 등)에 대한 방어권이다. 따라서 이 방어권은 사회공동생활에서 감수해야 되는 수인의 한도를 넘는 침해의 경우에만 행사할 수 있다.

(2) 공해배제청구권

공해배제청구권은 국가 이외의 사인 등의 행위로 인하여 발생하는 공해나 환경오염을 국가가 방지하고 배제하여 주도록 요구할 수 있는 권리를 의미한다. 이 권리가 환경권의 내용이 되는 것은 국가의 환경보전의무가 있어 당연하다.

(3) 생활환경조성청구권

환경권은 "국가에 대하여 건강하고 쾌적한 생활환경을 조성하고 보전해 줄 것을 요구할 수 있는 생활환경조성청구권을 그 내용으로 한다. 쾌적한 주거생활권도 여기에 포함된다고 볼 수 있으나 우리 헌법은 제35조 제3항에 이를 별도로 규정하고 있다.

생활환경조성청구권이란 국가에 대하여 건강하고 쾌적한 생활환경을 조성하고 보전해 줄 것을 요구할 수 있는 권리를 말한다(향상된 생활의 질을 위한 환경급부적인 생존배려요구권). 여기에는 자연환경·인공환경(도로·교량 등)과 쾌적한 주거환경을 조성하고 보전하는 것까지 포함된다고 할 수 있다. 그런데 생활환경조성청구권은 국가의 환경조성계획 확대로 인한 국민의 자유영역을 좁히는 방법으로 역기능 할 수도 있다. 따라서 생활환경조성지역의 이해관계인들에게 그 계획수립과정의 참여권을 보장하여 생활침해를 최소화 하는 방향으로 이루어져야 할 것이다.

3. 환경보전을 위한 국가와 국민의 의무

국가와 국민은 환경보전을 위하여 노력하여야 하며, 또한 국가는 주택개발정책 등을 통하여 모든 국민이 쾌적한 생활환경을 누릴 수 있도록 노력하여야 한다. 즉, 국가는 문화적 주택을 개발하고 공급할 노력의무까지 지고 있다. 이에 관한 법률로는 도시저소득주민의주거환경개선을위한임시조치법 등이 있다.

Ⅵ. 효   력

1. 대국가적 효력

환경권은 국가에 대하여 환경을 침해하지 말아 달라고 요구(환경침해배제청구권)하는 측면과 국가에 대하여 환경을 개선·보호해 달라고 요구(환경보호보장청구권)할 수 있는 두 측면이 있다(자유권과 생존권의 양면성). 또한 환경에 관련된 근본적 결정사항은 위임이 금지되어야 한다. 예컨대 핵발전시설의 설치여부, 발전소의 위치, 발전시설의 용량, 안전수칙에 관한 사항 등은 반드시 법률로 정해야 할 것이다. 그리고 집행부와 사법부는 환경입법에 위반하여 환경권을 침해하는 처분이나 재판을 하여서는 아니 된다. 특히 행정관청은 각종 정책을 수립하고 추진함에 있어 반드시 환경영향평가를 하여야 하고 환경훼손행위를 예방 및 규제하여야 한다.

2. 대사인적 효력

환경권도 그것이 사기업에 의한 공해에서 보호받을 권리를 내포하기 때문에 사인간에 대해서도 효력을 갖는다고 하겠다. 따라서 사인에 의해서 환경권이 침해된 경우 국가에 대하여 그 배제청구를 할 수 있을 뿐만 아니라 사인에 대하여도 오염배제청구나 손해배상청구를 할 수 있다.

Ⅶ. 한계와 제한

1. 환경권의 한계

환경권은 다른 기본권과의 조화 내지 다른 기본권의 제한을 전제로 하는 상린관계적 기본권이므로, 합리적 이유와 경미한 침해인 경우에는 이를 수인하고 감수하여야 한다.

2. 환경권 제한의 한계

환경권은 헌법 제37조 제2항에 의하여 공공복리 등을 위하여 필요한 경우에 법률로써 제한할 수 있지만 본질적 내용을 침해하거나 과잉금지의 원칙에 반할 수는 없다. 따라서 인명이나 신체에 결정적인 위협을 주는 제한은 허용되지 아니하며, 필요이상의 제한을 가하는 것도 허용되지 아니한다.

Ⅷ. 침해와 구제

1. 국가권력에 의한 침해와 구제

국가권력에 의하여 환경권이 침해된 경우에는 국가에 대하여 청원권의 행사, 행정소송·헌법소원에 의한 구제, 손실보상·국가배상청구에 의한 침해구제, 행정개입청구 등을 할 수 있다.

2. 사인에 의한 침해와 구제

공해기업 등 사기업이 시민의 환경을 침해하는 경우가 많다. 이에 대한 사법상의 침해구제방법으로는 손해배상청구권, 침해배제청구권, 가처분에 의한 공해배출업소의 조업정지뿐만 아니라 사권적 구제방법으로서 유지(중지)청구 등의 소송이 인정되어야 할 것이다.

3. 환경권 침해에 대한 구제의 특수성

(1) 조화적 해결방법

환경권보호를 위해서 기업활동 등을 배제·중지시키는 권리구제방법보다는 공해방지를 위한 환경산업을 육성하고 장려하면서 피해자에게는 적절한 배상을 해주는 방향으로의 조화적인 권리구제가 바람직하나, 사전예방적 보호를 위해서 환경산업육성이 최선의 권리보호라고 하겠다.

(2) 원고적격의 완화

공해로 인한 피해의 광역성으로 인하여 피해자의 범위, 즉 원고적격의 범위를 어느 선까지 정할 것이냐가 문제된다. 피해자 범위를 너무 넓게 인정하면 전통적인 소권의 한계를 벗어나 민중소송으로 발전할 문제점은 있지만 환경소송에서는 오염지역주민의 원고적격을 광범위하게 인정하여 원고적격은 오염된 환경과 관련이 있는 모든 자로 확대하는 것이 바람직하다고 생각된다(1978.12.26. 대판 77다2228 등). 따라서 환경분쟁의 경우 피해자가 다수인 경우가 많으므로 미국의 집단소송제도(Class Action)나 독일의 단체소송제도의 도입이 강조되고 있다.

(3) 수인한도론

수인한도란 가해자측의 사정과 피해자측의 사정 및 지역적 특성 등을 비교형량하여 피해가 일반인으로 하여금 통상 견딜 수 있는 한도를 말하며, 이러한 한도를 넘는 피해가 있는 경우에 위법성이 인정된다는 이론을 수인한도론이라 한다(1991.7.23. 대판 89다1275).

(4) 입증책임의 전환과 개연성이론

공해소송에 있어서는 피해자가 가해자가 누구인지, 침해와 손해발생의 인과관계, 손해의 정도 등의 입증에 있어서 어려운 점이 많으므로 입증책임을 가해자에게 전환시키려는 이론이 주장되고 있다. 이러한 인과관계의 입증의 어려움을 완화하기 위해 개연성이론이 학설과 판례의 지지를 받고 있다(1984.6.12. 대판 81다558). 즉, 개연성이론이란 환경분쟁에 있어서 인과관계의 증명은 과학적으로 엄밀한 증명을 요하지 아니하고, 침해행위와 손해발생 사이에 인과관계가 존재한다는 상당한 정도의 개연성이 있음을 입증함으로써 족하고, 가해자는 이에 대한 반증에 성공한 경우에만 인과관계의 존재를 부인할 수 있다는 이론을 말한다.

(5) 환경피해분쟁조정제도

전통적인 소송에 의해서는 원인유형의 다양성, 인과관계입증의 곤란성, 피해분쟁의 복잡성 등으로 환경분쟁구제의 한계가 있으므로, 이러한 한계를 극복하고 국민의 권리구제를 보다 효율적인 것으로 하기 위하여 1991년 시행된 환경오염피해분쟁조정법에 따라 환경피해분쟁조정제도가 시행되고 있다.

제 7 절   혼인 · 가족 · 모성 · 건강에 관한 권리

Ⅰ. 헌법규정과 연혁

헌법 제36조 「① 혼인과 가족생활은 개인의 존엄과 양성의 평등을 기초로 성립되고 유지되어야 하며, 국가는 이를 보장한다. ② 국가는 모성의 보호를 위하여 노력하여야 한다. ③ 모든 국민은 보건에 관하여 국가의 보호를 받는다」고 규정하고 있다.

Ⅱ. 혼인제도와 가족제도의 보장

1. 의 의

오늘날 혼인과 가족제도는 개인의 존엄과 양성의 평등을 기초로 하여 남녀의 자유로운 합의에 의한 일부일처제를 원칙으로 하여야 하며, 축첩·인신매매혼·강제결혼·지나친 조혼·차별적인 부부재산제도 등은 인정되지 아니한다. 혼인과 가족생활의 주체는 국민뿐만 아니라 외국인에게도 인정된다고 주장하는 경우와 부정하는 경우도 있다.

2. 법적 성격

혼인제도와 가족제도의 제도보장일 뿐만 아니라 국가의 보장의무를 명시한 것으로 보아 국민의 혼인의 자유, 양성의 평등, 가족제도의 보호를 규정한 생존권인 주관적 공권으로서 직접효력규정이라고 하겠다.

3. 혼인과 가족생활의 내용

(1) 혼인의 순결과 자유

혼인은 인간의 존엄과 양성의 평등을 기초로 하여 성립될 것이 요구될 뿐 아니라 혼인의 순결도 보장되어야 하는데, 혼인의 순결은 혼인의 자유를 그 내용으로 한다. ⅰ) 혼인여부, 혼인의 상대방·시기·방식 등에 관하여 자율적으로 결정할 수 있는 혼인결정의 자유, ⅱ) 혼인관계의 형성·유지 및 이혼의 자유, ⅲ) 축첩제도나 중혼제도를(인신매매적 혼인, 지나친 조혼, 강제혼 내지 약탈혼 부정) 부정하고 일부일처제를 의미하는 혼인의 순결 등을 내용으로 한다. 혼인의 자유의 예외적 금지나 제한은 일부일처제라든가 여성의 생리학적 근거 내지 우생학적 근거에서 그 합리성이 인정된다.

(2) 개인의 존엄과 양성평등에 기초한 가족생활

ⅰ) 부부관계는 각자의 독립적 인격을 상호존중하고 부부평등이 유지되어야 하며, ⅱ) 친자관계도 개인의 존엄과 양성의 평등에 기초하여야 한다. 또한 헌법은 보호하는 자녀의 교육의무(제31조 제2항)를 규정하고, 민법도 부모의 공동친권을 규정하면서 부양의무·친권상실선고제도를 두고 있다.

Ⅲ. 모성의 보호

헌법 제36조 제2항은 모성보호를 규정하고 있는데, 이는 제6공화국에서 신설된 조항이다. 국민은 모성의 보호를 받을 권리를 가진다. 여기서 모성이란 모든 여성을 지칭하는 것이 아니고 자녀를 가진 여성만을 의미한다. 국가적 보호의 내용은 비단 건강만이 아니고 제2세 국민을 생산하고 양육할 신성한 사명을 완수하기에 필요한 경제적·사회적 여건 등도 그 중에 포함된다. 이에 관한 법률로서 모자보건법·모자복지법 등이 있다. 모성보호의 구체적 내용으로는 ⅰ) 모성의 건강을 특별히 보호하여야 하며, ⅱ) 모성으로 인한 불이익의 금지, ⅲ) 모성에 대한 적극적 보호 등이 있다.

Ⅳ. 보건권

1. 의의와 법적 성격

헌법 제36조 제3항은 보건에 관한 권리를 규정하고 있는데, 이는 국가에 대하여 적극적인 보건행정의 실시를 요청할 수 있는 권리, 즉 국민이 자신과 가족의 건강을 유지하는 데 필요한 국가적 급부와 배려를 요구할 수 있는 권리를 말한다. 보건권은 인간의 존엄과 가치를 건강생활영역에서도 존중하기 위한 구체적인 표현인 바, 생명권·행복추구권·인간다운 생활권·환경권 등과 이념적으로 불가분의 상호관계에 있다. 보건권은 국가의 적극적인 보호의무를 수반하는 국민의 권리(주관적 공권)로서 양면성을 띠고 있으며 또한 방어적 성격(자유권적 성격)과 사회권적 성격도 지니는데 주된 성격은 사회적 기본권성이다. 따라서 보건권에 대해 입법자의 형성재량을 넓게 인정하고 있다.

2. 보건권의 내용

보건권의 주체는 국민이며 외국인이나 법인은 제외된다. 보건권의 보호대상은 가족만의 건강이 아니라 모든 국민의 건강이다. 국민의 보건에 대한 국가의 보호의무는 국민이 질병의 공포로부터 해방되기 위하여 국가에 대하여 보건의 보호를 받고 나아가 적극적인 보건행정의 실시를 요구할 수 있는 권리로서 국가는 무료진료를 하거나, 전염병 예방을 위하여 예방접종을 실시하고, 건강진단, 소독의 실시, 깨끗한 상수도 유지 등 적극적으로 노력해야 할 의무를 지고 있다. 국민의 보건에 관한 법률에는 국민건강증진법, 공중위생법, 전염병예방법, 의료법 등이 있으며, 건강보험제도를 실시하고 있다. 한편 보건권은 모든 국가권력을 직접구속하고 사인간에도 간접 적용된다.

제6장 정치적 기본권

제1절 민주정치와 정치적 기본권

Ⅰ. 정치적 기본권의 개념

좁은 의미의 정치적 기본권은 전통적 의미의 참정권을 말하는 것으로서 국민이 국가기관의 구성과 국가의 정치적 의사형성 과정에 직접 또는 간접으로 참여할 수 있는 권리를 말하지만, 넓은 의미의 정치적 기본권은 참정권 뿐만 아니라 국민이 정치적 의견을 자유로이 표명하거나(정치적 자유) 그 밖의 방법으로 국가의사형성에 협력하는 일련의 정치적 활동권을 총칭한다.

Ⅱ. 정치적 기본권의 유형

정치적 기본권은 국정운영이나 정치과정과 관련하여 볼 때, 정치적 자유 → 참정권→ 정치적 기본권으로 그 내용이 확대되었다고 볼 수 있다.

1. 정치적 자유

정치적 자유란 정치적인 언론·출판의 자유, 정치적인 집회·결사의 자유를 말한다(대국가적 방어권). 헌법 제21조 제1항에서 정치적 자유를 보장한다.

2. 참정권

참정권이라 함은 피치자인 국민이 치자의 입장에서 주권자로서 국정에 참여할 수 있는 기본권, 즉 국민이 국가기관의 구성원으로서 국가의 공무에 참여할 수 있는 권리를 말한다.

3. 기타 정치적 활동권

정치적 활동권이란 고전적 의미의 정치적 표현의 자유와 참정권뿐만 아니라 현대적 상황에서 특히 요청되는 보다 적극적이고 포괄적인 정치적 활동 일반에 관한 정치적 권리를 말한다. 즉 ⅰ) 정당에 관련한 권리, ⅱ) 투표나 선거에 관련한 권리, ⅲ) 주민운동권(소비자보호, 공해추방 등), ⅳ) 시민운동권과 저항권 등을 들 수 있다.

제 2 절   참정권

Ⅰ. 참정권의 의의와 법적 성격·주체

1. 참정권의 의의

참정권이라 함은 피치자인 국민이 치자의 입장에서 주권자로서 국정에 참여할 수 있는 기본권, 즉 국민이 국가기관의 구성원으로서 국가의 공무에 참여할 수 있는 권리를 말한다.

2. 참정권의 기능

이러한 참정권의 행사에 의하여 국가권력을 창설하고, 국가의사를 형성하고, 국민의 정치적 의사가 국정에 직접 반영됨으로써 국민에 의한 정치가 행해진다. 즉, ⅰ) 국가권력 창설기능(국가권력 정당성부여적 기능), ⅱ) 국민의 정치적인 공감대를 형성하는 기능, ⅲ) 국민여론 등을 input하는 수단으로서의 기능을 갖는다.

3. 참정권의 법적 성격 및 주체

(1) 법적 성격

① 참정권은 전국가적 자연권이 아니고 국가내적 권리이다. ② 참정권은 양도나 대리행사가 금지된 일신전속적인 권리이다. ③ 참정권은 의무성을 수반하는가에 관하여 견해가 대립되나, 우리나라에서 투표의 자유, 기권의 자유가 인정되고 있으므로 법적 의무로 보기는 어렵다.

(2) 주 체

참정권은 국민의 권리이며, 실정법상의 권리이다. 그러나 참정권을 행사하려면 일정한 연령에 달하여야 한다. 또한 국민의 권리이기 때문에 외국인은 그 주체가 될 수 없다.

Ⅱ. 참정권의 내용

본서에서는 편의상 간접참정권과 직접참정권으로 나누어 기술한다.

1. 간접참정권

국민이 국가기관의 구성에 참여하거나, 국가기관의 구성원으로 선임될 수 있는 권리를 간접참정권(선거권, 공무담임권)이라 한다.

(1) 선거권

1) 헌법규정 및 의의

헌법 제24조는 「모든 국민은 법률이 정하는 바에 의하여 선거권을 가진다」고 규정하여 국민의 선거권을 보장하고 있다. 이 선거권이란 국민이 선거인으로서 각종 공무원을 선출하는 권리를 말한다. 그러므로 국민은 국회의원·대통령·지방의회의원 및 지방자치단체의 장 등을 선거할 권리를 가진다. 현행헌법은 선거연령에 관한 규정을 삭제하고 선거연령을 법률에 위임하고 있다(공직선거법 제15조).

선거권의 법적 성격에 대해 ⅰ) 자연권설(로크, 몽테스키외, 루소), ⅱ) 국가가 목적을 위해 국민에게 부여한 공무라고 보는 공무설(기능설), ⅲ) 국가기관의 선임행위인 선거에 참가하는 선거인단의 권한이라고 보는 권한설, ⅳ) 개인을 위한 주관적 공권인 동시에 공무로서의 성격을 아울러 가진 것이라고 보는 이원설이 있다.

2) 내 용

국민의 선거권에는 대통령선거권(헌법 제67조 제1항), 국회의원선거권(제41조 제1항), 지방자치단체의 장과 지방의회의원선거권(제118조 제2항) 등이 있다.

3) 제 한

선거일 현재 다음에 해당하는 자는 선거권이 제한된다(공직선거법 제18조 제1항). ⅰ) 금치산선고를 받은 자, ⅱ) 금고 이상의 형의 선고를 받고 그 집행이 종료되지 아니하거나 그 집행을 받지 아니하기로 확정되지 아니한 자, ⅲ) 선거범으로서, 100만원 이상의 벌금형의 선고를 받고 그 형이 확정된 후 5년 또는 형의 집행유예의 선고를 받고 그 형이 확정된 후 10년을 경과하지 아니하거나 징역형의 선고를 받고 그 집행을 받지 아니하기로 확정된 후 또는 그 형의 집행이 종료되거나 면제된 후 10년을 경과하지 아니한 자(형이 실효된 자도 포함한다), ⅳ) 법원의 판결에 의하여 선거권이 정지 또는 상실된 자이다.

(2) 공무담임권

1) 헌법규정 및 의의

헌법 제25조는 「모든 국민은 법률이 정하는 바에 의하여 공무담임권을 가진다」고 규정하고 있다. 여기서 공무담임권이라 함은 입법·행정·사법 및 지방자치단체 그 밖의 공공단체 등에서 모든 직무를 담당할 수 있는 권리를 말한다. 따라서 공무담임권은 선거에 의해서 국가기관의 구성원이 될 수 있는 자격인 피선거권보다 넓은 개념이다.

2) 법적 성격 및 내용

공무담임권은 국민이 현실적으로 공무에 취임하는 권리가 아니라 권리의 주체가 될 수 있는 자격 및 지위요건에 불과하며, 국민은 공무담임의 의무를 가지는 것이 아니다(예외 : 국방의 의무). 따라서 헌법이 공무담임권을 보장하고 있더라도 모든 국민이 직접 공무를 담당할 수 없어 법률이 정하는 바에 따라 선거에서 당선되거나, 시험에 합격하거나 기타 임명에 필요한 자격 등을 구비하여야만 한다. 이 공무담임권 중에서도 선거직 공무원에 있어서 피선거권을 가지는 것이 가장 중요하다고 하겠다. 법률은 공무담임권 내지 피선거권(예컨대 대통령은 40세, 국회의원, 지방의회 의원, 시장·군수·구청장, 광역시장·도지사는 25세가 되어야 피선거권이 있다)에 관하여 자격과 결격사유를 규정하고 있다(공직선거법 제16조, 제19조, 제266조).

3) 제 한

피선거권이 제한되는 자와 선거범죄로 인한 공무담임이 제한되는 경우는 공직선거법 규정은 다음과 같다.

ㄱ 제19조〔선거권이 없는 자〕 선거일 현재 다음 각호의 1에 해당하는 자는 피선거권이 없다. ⅰ) 제18조(선거권이 없는 자) 제1항 제1호·제3호 또는 제4호에 해당하는 자, ⅱ) 금고 이상의 형의 선고를 받고 그형이 실효되지 아니한 자, ⅲ) 법원의 판결 또는 다른 법률에 의하여 피선거권이 정지되거나 상실된 자

ㄴ 제266조〔선거범죄로 인한 공무담임 등의 제한〕 다른 법률의 규정에 불구하고 제230조(매수 및 이해유도죄) 내지 제234조(당선무효유도죄)·제237조(선거의 자유방해죄) 내지 제255조(부정선거운동죄)·제256조(각종제한규정위반죄) 제1항 및 제2항·제257조(기부행위의 금지제한 등 위반죄) 내지 제259조(선거범죄선동죄)의 죄를 범함으로 인하여 징역형의 선고를 받은 자는 그 집행을 받지 아니하기로 확정된 후 또는 그 형의 집행이 종료되거나 면제된 후 10년간, 형의 집행유예의 선고를 받은 자는 그 형이 확정된 후 10년간, 100만원 이상의 벌금형의 선고를 받은 자는 그 형이 확정된 후 5년간 각 다음 각호의 1에 해당하는 직에 취임하거나 임용될 수 없다. ⅰ) 제53조(공무원 등의 입후보) 제1항 각호의 1에 해당하는 직〔같은 조 같은 항 제5호의 경우 각 조합의 조합장 및 의료보험법 제12조(보험자) 제1항 중 지역의

료보험조합의 상임 대표이사·직원과 같은 법 제27조(의료보험연합회)의 의료보험연합회의 상임 임·직원을 포함한다〕, ⅱ) 제60조(선거운동을 할 수 없는 자) 제1항 제6호 또는 제7호에 해당하는 직, ⅲ) 공직자윤리법 제3조(등록의무자) 제1항 제10호 또는 제11조에 해당하는 기관·단체의 임·직원, ⅳ) 사립학교법 제53조(학교의 장의 임면) 또는 같은 법 제53조의 2(학교의 장이 아닌 교원의 임면)의 규정에 의한 교원, ⅴ) 방송법 제12조(구성 등)의 규정에 의한 방송위원회의 위원.

2. 직접참정권

(1) 의 의

직접참정권이라 함은 국민이 국가의 의사형성에 직접 참여할 수 있는 권리로 간접민주제의 단점을 보완하는 기능을 한다. 이에는 국민표결제(국민투표제)·국민발안제·국민소환제·일반적 신임투표제 등이 있는데, 우리나라에서는 국민표결의 일종인 국민투표제만이 인정되고 있다(헌법 제72조 및 제130조).

(2) 국민투표제

국민투표제는 국민표결제라고도 하는데 대의정치, 즉 간접민주정치에서 주권자의 대표기관의 의사와 주권자인 국민의 의사가 배치되는 경우에 국민의 최종적 의사를 결정하기 위하여 사용된다. 헌법상 인정되는 국민투표로서는 다음의 2가지가 있다.

1) 국가안위에 관한 중요정책에 관한 국민투표

헌법 제72조는 「대통령은 필요하다고 인정할 때에는 외교·국방·통일 기타 국가안위에 관한 중요정책을 국민투표에 붙일 수 있다」고 규정하고 있다. 이는 대통령이 임의로 국민투표에 붙일 수 있는 것이나, 이 투표 결과에는 기속된다고 본다.

2) 헌법개정안에 대한 국민투표

헌법 제130조는 「헌법개정안은 국회가 의결한 후 30일 이내에 국민투표에 붙여 국회의원선거권자 과반수의 투표와 투표자 과반수의 찬성을 얻어야 한다」고 규정하고 있다.

3) 지방자치단체의 주요 결정사항에 대한 주민투표

헌법에 규정된 제도는 아니지만 지방자치법 제13조의 2는 「지방자치단체의 장은 지방자치단체의 폐치·분합 또는 주민에게 과도한 부담을 주거나 중대한 영향을 미치는 지방자치단체의 중요 행정사항 등에 대하여 주민투표에 붙일 수 있다」고 규정하고 있다.

Ⅲ. 참정권의 제한

1. 소급입법에 의한 제한금지

헌법 제13조 제2항은 「모든 국민은 소급입법에 의하여 참정권의 제한을 받거나 재산권을 박탈당하지 아니한다」고 규정하여 소급입법에 의한 참정권 제한의 금지는 현대 민주국가에서는 보편적인 원칙이다. 그러나 반민족행위자처벌법(제헌국회), 반민주행위자에 대한 공민권제한법(4·19혁명), 정치활동정화법(5·16군사쿠데타), 정치풍토쇄신을 위한 특별조치법(1980년) 등에 의하여 일부 국민의 참정권이 소급입법에 의하여 제한된 전례가 있으므로, 이의 반복과 악순환을 방지하기 위하여 헌법이 이 규정을 두고 있는 것이다.

2. 법률에 의한 제한

참정권은 국가내적인 권리로 법률이 정하는 바에 따라 보장되고 있으므로 법률에 의하여 형성되는 권리라고 할 수 있다. 참정권의 보장은 평등하여야 하며 그 제한은 국가안전보장과 질서유지, 공공복리를 위하여 필요한 경우에 한하여 법률로써 할 수 있다(헌법 제37조 제2항). 그러나 제한하는 경우에도 그 본질적 내용은 제한할 수 없고 과잉금지의 원칙이 존중되어야 한다. 공직선거법이 참정권을 행사할 수 있는 연령을 제한하고 있으며, 선거권 및 피선거권의 결격자를 규정하고 있다(동법 제15조 내지 제19조, 제266조 등).

3. 긴급명령 등에 의한 제한

대통령의 긴급명령에 의하여 참정권 그 자체를 제한할 수 없지만, 긴급명령 등에 의해 선거의 실시가 연기될 경우에는 선거권이나 피선거권의 행사가 지연된다는 점에서 간접적인 제한을 받게 된다고 하겠다.

제7장 국민의 기본의무

제1절 국민의 기본의무의 의의와 법적 성격

I. 국민의 기본의무의 의의

국민은 헌법상 「주권자로서의 국민」·「주권행사기관(국가기관)으로서의 국민」·「기본권주체로서의 국민」·「통치권대상으로서의 국민(의무주체로서의 국민)」의 지위를 가지는데, 이 중 통치대상으로서의 국민은 국가의 통제에 복종하는 국가의 합법적 명령강제에 복종하여야 할 의무를 지는데, 이를 국민의 공의무 또는 헌법상 의무라 한다. 따라서 국민의 기본의무란 국민이 통치대상자로서의 지위에서 부담하는 기본적 의무를 말한다.

우리 헌법은 납세의 의무(제38조), 국방의 의무(제39조), 교육을 받게 할 의무(제31조 2항), 근로의 의무(제32조 2항) 등의 4대 의무와 재산권행사의 공공복리적합의무(제23조 2항), 환경보전의 의무(제35조) 등을 규정하고 있다.

II. 연혁과 입법례

근대국가에 있어서 국민의 의무가 입법사항이 된 것은 영국에서 의회승인에 의한 과세와 징병의 원칙에서 확립되었으며, 그 후 1789년 프랑스 인권선언(제13조 : 납세의무)·1791년과 1795년 프랑스헌법에서 납세·국방의무가 규정되기 시작하였다. 그리고 20세기에 들어와서 바이마르공화국헌법 등에서 생존권 등에 대응하는 교육·근로의 의무 등이 추가 규정되게 되었다.

III. 고전적 의무와 현대적 의무

1. 고전적 의무

고전적 의무에는 국가질서의 유지를 목적으로 한 납세의 의무와 국방의 의무가 있다. 이 의무가 일찍부터 헌법에 규정된 것은 국민의 자유권을 보장하기 위한 소극적 수단으로서였다. 즉, 군주의 일방적인 강제징수로부터 국민의 재산을 보호하고, 군주의 일방적인 징병·징용으로부터 국민의 생명·신체를 보호하기 위하여 납세 및 국방의 의무를 부과하는 것은 국회의 승인 내지 법률에 의해서만 가능하도록 하게 할 필요가 있었으므로 국민의 의무라기보다는 국민의 재산과 신체의 자유를 보장하기 위하여 국가권력의 남용을 억제하고 국가권력의 발동을 제한한다는 의미를 가졌다.

2. 현대적 의무

20세기의 헌법에서 비로소 등장한 새로운 의무로서 국민의 생존을 확보하기 위한 사회적 기본권과 관련되어 발생한 것이며 현대 문화국가 또는 복리국가·사회국가의 한 특징으로 나타난 것이다. 이에는 교육의 의무, 환경보전의 의무, 근로의 의무, 재산권행사의 공공복리적합의무 등이 있다.

Ⅳ. 법적 성격

국민의 기본의무의 성질을 사회복지를 향상시키기 위한 전국가적 인간의 의무로 볼 것인가 아니면 국가의 존립을 유지하고 보위하기 위한 국민의 실정법상의 의무로 볼 것인가가 문제된다. 국민의 의무는 헌법과 법률에서 의무를 규정한 것만이 법적 의무이고, 국민의 기본의무도 국가적 공동체를 형성하고 유지하기 위하여 헌법이 국민에게 부여한 실정법상의 의무로 보는 것이 타당하다.

제 2 절   국민의 기본의무의 내용

Ⅰ. 납세의 의무

납세의 의무란 국가 활동에 필요한 경비를 충당하기 위하여 국민이 조세를 납부할 의무를 말한다. 납세의 의무의 주체(납세의무자)는 국민이며, 법인도 당연히 포함된다. 조약에 특별한 합의가 없는 한 외국인도 국내에 재산이 있거나 과세대상이 되는 행위를 할 때에는 조세를 부담한다.

납세 의무는 근대 입헌군주시대까지는 국민의 재산권을 보장하려는 소극적 성격을 가지고 있던 것이 20세기 헌법에 있어서는 주권자인 국민이 국가를 운영하는데 필요한 재정적 경비를 분담한다는 적극적 성격을 띠게 되었다.

여기서 납세라 함은 조세를 납부하는 것을 말하는데, 이때 조세라 함은 그 명칭 여하를 막론하고 보상 없이 국가나 지방자치단체가 과하는 일체의 강제적·일방적인 경제적 부담을 말한다. 따라서 무상 혹은 일방적 부과가 아닌 사용료 및 수수료의 징수·전매품판매·공채발행 등은 이에 해당되지 않는다. 이러한 납세의 의무는 국민의 능력 및 조세법률주의의 원칙에 따라 평등하게 과세되어야 한다.

Ⅱ. 국방의 의무

헌법은 "모든 국민은 법률이 정하는 바에 의하여 국방의 의무를 진다."(헌법 제39조 제1항)고 규정하고 있다.

국방의 의무란 외국의 침략으로부터 국가의 독립을 유지하고 영토를 보전하기 위한 국토방위의 의무를 말한다. 이 의무는 국토방위에 필요한 신체적·물질적 의무인 것이다. 헌법 제5조 제1항은 외국에 대한 침략전쟁을 금지하고 있으므로 국방의 의무는 어디까지나 국토의 방위 의무라는 소극적인 자위의무에 한한다고 본다. 이 국방의 의무의 주체는 대한민국 국민에 한하며, 외국인은 국방의 의무를 지지 않는다. 다만 방공의 의무는 외국인도 부담한다는 주장도 있다.

국방의무는 적극적 성격·소극적 성격뿐만 아니라 타인에 의한 대체적 이행이 불가능한 일신전속적 성격도 지니고 있다.

국방의 의무의 범위에 관하여 견해가 대립된다. 국방의 의무는 병력제공의 의무만을 의미한다는 견해가 있으나, 병력제공 뿐만 아니라 방공·방첩·전시근무 등 국방에 필요한 모든 의무를 포함한다고 보는 견해가 타당하다.

헌법 제39조 제2항은 병역의무의 이행으로 인하여 불이익한 처우를 받지 아니할 권리를 보장하고 있는데, 이것은 병역의무의 이행을 확보하기 위한 것이라고 보겠다.

Ⅲ. 교육을 받게 할 의무

교육을 받게 할 의무란 친권자나 보호자가 그의 보호 하에 있는 자녀에게 적어도 초등교육과 법률이 정한 교육을 받도록 취학시킬 의무를 말한다. 이 교육을 받게 할 의무의 성격에 관하여 윤리적 의무설과 법적 의무설이 대립하나 법적 의무설이 타당하다고 본다(교육법 제164조 참조). 또한 교육을 받게 할 의무의 주체에 대해서 국가나 지방자치단체를 주체로 보는 견해가 있으나, 헌법의 명문규정에 따라 취학할 어린이의 친권자나 보호자로 보는 것이 타당하다.

교육을 받게 할 의무의 대상이 되는 교육은 "적어도 초등교육과 법률이 정하는 교육"인데, 교육법은 6년간의 초등교육과 3년의 중등교육을 의무교육으로 규정하고 있다(동법 제8조). 단, 3년의 중등교육에 대한 의무교육은 대통령령이 정하는 바에 의하여 순차적으로 실시하도록 하고 있다(동법 제8조의2).

의무교육은 헌법 제31조 제3항에 무상으로 한다고 하였는데, 「무상교육」이란 수업료의 무상은 물론 교과서·교재 기타 학교생활에 필요한 모든 비용까지도 국가가 부담하여야 할 것이다(취학필수비무상설).

Ⅳ. 근로의 의무

근로의 의무란 근로의 능력이 있음에도 불구하고 근로하지 아니하는 자에 대해서는 윤리적·도덕적 비난이 가해져야 한다는 의미를 말한다.

근로의 법적 성격에 대해서는 이를 법적 의무로 파악하는 견해와 윤리적 의무로 파악하는 견해가 대립되어 있다.

직업 선택의 자유(헌법 제15조) 중에 무직업의 자유도 포함되고 있으며, 법률상 근로의 강제는 있을 수 없고, 따라서 헌법상의 의무는 문화국가·사회국가를 지향함에 있어서 균등한 국민생활의 발전을 기하기 위한 윤리적 성격을 띤 의무라고 보는 것이 타당하다고 하겠다. 또한 근로의무의 주체는 대한민국 국민이다.

근로의 의무는 법률로써 정하여야 하며, 국민의 자유와 권리를 침해하지 않도록 예외적인 경우에만 부과되어야 하고, 특히 그 내용과 조건은 민주주의원칙에 따라 정하여야 한다.

Ⅴ. 환경보전의 의무

헌법은 제35조 제1항 후단에서 「국가와 국민은 환경보전을 위하여 노력하여야 한다」라고 함으로써 국민에 대해서도 환경보전의 의무를 규정하고 있다. 특히 환경보전의 의무는 국가와 국민 모두에게 의무를 부과하고 있음이 특색이다. 환경보전의무는 인류의 의무이기 때문에 그 주체는 법인을 포함한 모든 인간이다(외국인 포함).

그 성격에 관하여는 「단순히 노력하여야 한다」라고 규정하였으므로 윤리적·도덕적 의무로 보는 견해도 있으나 헌법상 규정된 의무이며 법률로써 강제할 수 있는 법적 의무로 보아야 한다.

Ⅵ. 재산권행사의 공공복리적합의무(사회구속성)

헌법 제23조 제2항은 「재산권의 행사는 공공복리에 적합하도록 하여야 한다」라고 규정하고 있다. 이는 1919년 Weimar헌법 이후 재산권의 사회적 의무성을 규정한 것으로서 사회전체의 이익을 고려하려는 단체주의적 내지 사회적 법치국가사상을 헌법에 도입한 것이다. 이 규정을 납세의무나 국방의무처럼, 재산권 행사에 관한 법적 의무를 규정한 것으로 보는 견해가 없지 않지만, 이 조항은 법적 의무라기보다 재산권행사에 당연히 내재하는 사회적 제약성(사회적 구속성)을 명문화한 것으로, 납세의무나 국방의무와 같은 차원에서 이해하여서는 아니 될 것이다. 즉, 이는 재산권의 한계·제한의 문제로 보는 것이 타당하다고 하겠다.

제 3 부
국가권력규범론

제1장 통치구조의 구성원리와 정부형태

제1절 통치구조의 구성원리

Ⅰ. 국민주권주의

국민주권주의라 함은 국가의사를 최종적·전반적으로 결정할 수 있는 최고권력자가 국민이라고 하는 주권재민의 원리를 의미한다.

현행헌법은 대표제와 국민투표제에 의하여 국민주권주의를 구현하는 방식을 규정하고 있다. 국민주권주의는 현행헌법에서 최고의 헌법원리인 동시에 통치구조의 기본적인 조직원리를 의미하므로 국가기관의 구성과 국가권력의 행사는 항상 국민주권주의에 일치해야 한다.

Ⅱ. 국민대표주의(대의제)

1. 국민대표주의의 의의

(1) 국민대표주의의 개념

주권자인 국민이 주권을 직접 행사하는 직접민주정치제도가 가장 이상적인 제도라 하겠으나 이는 현대국가에서 도저히 채택할 수 없는 제도로 되고 말았다. 직접민주제를 이상으로 하면서도 루소는 대표민주제를 인정하지 않을 수 없었다. 국민대표주의란 주권자인 국민이 직접 국가의사를 결정하지 아니하고 그들의 대표를 선출하고, 선출된 대표자로 하여금 국민을 대신하여 국가의사를 결정하게 하는 원리를 의미한다. 이 제도는 1791년 프랑스헌법을 시발로 하여 영·미·일 및 독일기본법 등에서 채택하고 있다.

(2) 국민대표의 의의

1) 국민대표의 개념

국민대표의 개념은 국민대표기관의 행위가 국민의 행위로 간주되고 국민의 행위로써의 효과를 가지며, 이 국민대표기관이 직무를 행하는데 있어서 개별 국민으로부터 어떠한 구속을 받지 않고 완전히 독립이라는 것을 뜻한다.

2) 국민대표의 본질

국민대표의 본질은 치자와 피치자의 구별을 전제로 하여 국민은 국가기관구성과 이에 대한 통제권만을 유보하고, 국가의사결정권(정책결정권)과 그 책임은 국민대표자에게 일임한다. 국민은 선거를 통하여 국민대표기관을 구성하는 것이 원칙이다. 이 때 국민과 국민대표기관과의 관계는 강제적 위임관계가 아니라 자유위임관계이므로 국민의 의사와 국민대표기관의 의사는 일치하지 않을 수도 있다. 그러나 이 경우에도 국민대표기관의 결정은 국민의 의사로 간주된다.

3) 국민대표의 기능

국민대표의 기능은 ㉠ 국민에 의하여 선출된 대표가 국민을 대신하여 국가의사를 결정하는 대의기능, ㉡ 복수의 대표자가 합의에 의하여 국가의사를 결정한다는 합의기능, ㉢ 합의를 통해 공감대적 가치를 향하는 사회적 통합을 촉진시키는 사회적 통합기능, ㉣ 국가의사의 정당성을 위한 Mechanism으로서 그 기능은 제한적·한시적이고, 정책결정과정이 공개됨으로써 통치권이 순화되고 정당화되는 제한정치·공개정치를 실현하는 기능, ㉤ 치자와 피치자의 분리를 본질로 하는 국민대표주의는 직접민주주의에 비해 엘리트에 의한 정치를 가능하게 하는 전문정치의 실현기능 등이 있다.

2. 국민대표주의의 법적 성격

국민대표기관의 행위가 국민의 행위로 귀속되는 이론적 근거의 문제는 국회의 국민대표성 여부를 중심으로 전개된다. 국민대표주의에 있어서 국민과 대표기관의 관계가 어떠한 성질을 갖는가에 대하여 견해가 대립된다.

(1) 법적 대표관계부인설

1) 정치적 대표설

국민대표는 법적 대표가 아니고, 단지 정치적 대표성에 지나지 않는다고 한다. 그 근거로는 국민과 국회의원 또는 그 밖의 공무원간에는 명령적 위임관계가 존재하고 있지 않고, 출신구민의 의사에 반하는 활동을 하더라도 법적 책임을 지지 않으며, 다만 차기선거에서 정치적 책임만 진다는 것을 들고 있다.

2) 정당대표설

종래의 자유주의적·대의제적 민주주의가 현대 정당국가적 민주주의로 변질됨에 따라 정당이 의

회를 대신하여 국민을 대표하는 역할을 할 뿐이므로 의회 등 대표기관은 국민을 대표하지 못한다고
보는 견해이다.

(2) 법적 대표관계인정설

1) 법적 위임관계설(위임대표설)

일반 국민은 선거에 의해 주권 내지 입법권을 국회에 위임하여, 국회로 하여금 입법권 등의 권한
을 행사하게 함으로써 간접적으로 입법권 등을 행사한다. 따라서 국회는 국민의 위임에 의하여 권
한을 행사하는 국민의 법적 대표기관이 된다는 견해로 여기서의 위임은 강제위임이 아니라 대표위
임이다.

2) 법정대표설(법적 효과설)

대표기관의 의사가 법적으로 국민의 의사로 간주됨으로써 대표기관과 국민사이에는 법정대표 관계
가 있다. 이 설을 주장한 옐리네크(Jellinek)에 의하면 국민은 선거를 통해 국회를 조직하는 제1차 국
가기관, 국회는 국민의 의사를 대신 표시하는 제2차 국가기관이라 하였다. 이 경우 제1차 국가기관은
제2차 국가기관을 통해서만 그 의사를 표시할 수 있다는 견해이다.

3) 헌법적 대표설

대표기관과 국민 사이에는 어떤 위임관계도 존재하지 않으며 국민으로부터의 권리이양도 없다.
따라서 국민대표기관의 권리는 국민의 위임행위에서 오는 것이 아니라 헌법에서 직접 나오는 것이
라고 보는 견해이다.

(3) 소 결

"대표관계의 법적 성격에 관한 학설대립에 대하여" 대표기관의 성질을 제대로 이해하지 못한데서
비롯된 것으로서 논의의 실익이 없다고 보는 견해도 있으나, 오늘날 국민과 국회의원·대통령간에는
명령적 위임관계가 존재하지 않으므로 대표자는 국민의 의사에 반하는 정책결정을 한다 할지라도 국
민에 대하여 전혀 법적 책임을 지지 아니하며, 다만 국회의원·대통령은 국민전체의 이익을 위하여
활동하여야 한다는 의미에서 정치적·도의적 의무를 지며, 국민은 차기선거에서 정치적 책임을 추궁
할 뿐이므로 정치적 대표설이 타당하다.

3. 국민대표주의의 현대적 의의

(1) 서 설

고전적 대표이론은 대표자가 국민을 대표한다는 이름하에 국민의사와 다른 자유로운 결정을 내

렸으나, 현대적 대표이론은 대표자의 행위와 피대표자의 의사간에 합치를 요구하고 있다. 오늘날의 국민대표제는 고전적 대표제도가 국민의 의사를 충분히 반영하지 못하였기 때문에 국민이 직접통치할 수 있는 제도(국민발안, 국민표결, 국민소환 등)가 도입되어 반대표제를 채택하고 있다. 이 제도의 채택은 고전적 대표제도를 보완하는 수단이 되고 있다.

(2) 현대국가에서의 국민대표제의 위기원인과 극복방안

1) 국민대표주의의 위기원인

공개적 토론의 소외현상, 엘리트정치의 타락현상, 대표기관의 대표성 약화현상, 의원의 정당에의 귀속·원내교섭단체에 귀속·이익단체의 정치자금의 정당예속결과 초래·정당해산시 소속의원의 의원직상실 등으로 인한 무기속위임의 원칙에 대한 위협현상, 대의기관이나 정당 등이 적절한 기능을 못하기 때문에 국민들의 정책에 대한 직접적인 의사표현으로 집단항의, 장외 반대운동, 서명운동 등 다양한 형태로 나타나고 있는 국민의 직접참정욕구의 증대현상, 국민의 무능과 정치적 무관심의 증대현상 등을 들 수 있다.

2) 국민대표주의의 위기 극복방안

공정하고 자유로운 선거 및 공개토론회의 활성화, 대의기관은 국민이 알아야 할 정보의 제공, 국민의 높은 정치의식에 따른 행동, 대의기관이 국민의 의사를 존중하면서 집행을 통제, 정당간 권력통제기능의 수행증시 등을 들 수 있다.

4. 현행헌법과 국민대표주의

현행헌법은 제1조 제2항 전단에서 국민주권의 원리를 선언하고 있으면서, 그 후단에서는 "모든 권력은 국민으로부터 나온다"라고 하여, 국민에 의하여 선출된 국민대표가 국민으로부터 위임받은 국가권력을 국민을 대신하여 행사한다는 국민대표제에 관한 근거규정을 명백히 두고 있다. 이러한 국민대표제에 대한 보완책으로서 헌법은 국민의 헌법개정확정권, 중요정책에 대한 표결권 등 직접민주제의 요소를 채택하여 현대적 국민대표주의에 입각하고 있다.

다시 말해서, 현행헌법상 국민대표주의는 고전적 의미의 국민대표주의가 아니라, 정당국가적 이념과 직접민주제의 요소를 가미한 현대적 국민대표주의 형태를 취하고 있다. 이에 관한 구체적인 내용을 보면 ⅰ) 국민대표주의는 대의기관의 독자적인 책임과 판단에 의해 행해질 수 있도록 한 규정(헌법 제41조 제1항, 제67조 제1항 등), 국회의원의 자유위임적인 의원활동을 뒷받침해주기 위한 규정(헌법 제43조, 제45조, 제46조, 제64조), 공개정치를 실현시키기 위한 규정(헌법 제50조, 제61조, 제62조), 책임정치를 확립하기 위한 규정(헌법 제63조, 제65조), 권력분립에 관한 규정, 각종 선거제도에 관한 규정 등을 통하여 국민대표주의의 이념을 구현할 수 있는 장치를 마련하고 있다. ⅱ) 정당국가의 이념은 복수정당제(헌법 제8조) 및 정당관련조항을 통해서 실현할 수 있도록 규정하고 있으며, ⅲ) 직접민주제는 현행헌법에 중요정책에 관한 임의적인 국민투표(헌법 제72조)와 헌법개정안에 대한 필수적 국민투표제도(헌법 제130조 제2항)에 의해서 실현된다. 그러나 현행헌법은 국민발안제·국민소환제는 인정하고 있지 아니한다.

Ⅲ. 권력분립주의

1. 권력분립주의의 의의와 특성

(1) 권력분립주의의 개념

권력분립주의란 국가권력을 행정·입법·사법으로 분리하고 그 각각을 독립된 기관에 분립시킴으로서 기관상호간의 견제·균형을 유지하도록 하여 국가권력의 집중과 남용을 방지하고 국민의 자유와 권리를 보장하기 위한 자유민주적 통치구조의 조직원리를 말한다.

(2) 권력분립주의의 특성

권력분립주의는 적극적으로 국가권력활동의 능률을 증진하기 위한 원리가 아니라, 국가권력의 배분에서 오는 불가피한 마찰에 의하여 국가권력의 남용 내지 자의적 행사를 방지하고 국민의 기본권을 보호하기 위한 소극적인 원리이다. 그러나 국가권력의 적극적인 창설원리라고 보는 견해도 있다.

권력분립주의는 국가권력을 행사하는 인간에 대한 회의적이고 비관적인 인간관에 근거하고 있다. 또한, 권력분립주의는 국가권력의 조직원리인 동시에 국가작용의 원리이다.

2. 권력분립론의 발전

권력분립론은 고대 플라톤, 아리스토텔레스 등이 국가철학에서 주장한 국가권력제한론에 기원한다고 보고 있으나, 근대적 의미의 권력분립이론은 로크와 몽테스키외에 의하여 이론적으로 체계화되었다.

(1) 로크의 권력분립론

근대국가의 통치구조의 조직원리로서 권력분립론을 가장 먼저 주장한 사람은 로크(Locke)이다. 로크는 시민정부이론(Two treatises on civil Government, 1690)에서 국가에는 입법권·집행권·동맹권(연합권·외교권)의 3권이 있으며, 집행권과 동맹권은 거의 분리될 수 없으며 동시에 다른 사람의 수중에 둘 수 없다고 하면서 2권분립론을 주장하였다.

로크의 2권분립론의 특징은 첫째, 집행권과 동맹권에 대한 입법권의 우위를 강조하였고, 둘째, 권력의 분리는 강조되어도 권력의 견제와 균형에까지는 미치지 못하였다. 셋째, 사법권에 대한 언급이 없다는 점이다.

(2) 몽테스키외의 권력분립론

삼권분립론을 체계화한 몽테스키외(Montesquieu)는 그의 <법의 정신(De l'esprit des lois, 1748)>에서 모든 국가에는 3종의 권력이 있어 국가권력을 입법권·집행권·사법권으로 분립할 것을 주장하였다. 그는 로크와는 달리 엄격한 3권분립론에 입각하여 각 기관의 상호견제와 균형을 확립하려고 하였다. 이러한 몽테스키외의 엄격한 3권분립론의 특징은 첫째, 입법·행정·사법의 3권을 각각 독립기관에 담당하게 하여 견제와 균형을 통하여 국민의 자유를 보장하기 위한 목적으로 주장되고, 둘째, 3권을 동등하게 분립하고 특히 사법권을 독립시킨 점을 들 수 있다. 이러한 몽테스키외의 3권분립론은 미국의 헌정에 영향을 미쳐 대통령제로 발전하였다.

(3) 레벤슈타인의 권력분립론

로크와 몽테스키외의 권력분립론은 정태적 분류였음에 반하여 레벤슈타인(Loewenstein)은 국가권력의 분립은 국가기능의 배분을 의미하는 것이므로, 국가권력의 분립이라는 개념 대신에 국가기능의 분리라는 개념을 사용해야 한다고 하여 동태적 권력분립론을 제시하고 있다. 즉, 그는 국가권력을 정책결정권, 정책집행권, 정책통제권으로 구분하고 있다. 이러한 기능적 권력분립론에서 가장 핵심적인 기능을 하는 것은 정책통제권이다.

정책결정권이란 정치적인 기본결단을 내리거나 정책을 결정하는 권한을 말한다. 이러한 정책결정의 권한은 비교적 소수에게 위임되고 있으며, 대부분의 경우 국민과 국회·정부 등의 합동작업을 요청하고 있다. 정책집행권은 결정된 정책을 집행하는 권한을 말하는데, 주로 시행법률의 형식으로 입법화되고 이 법에 따라 집행된다. 정책집행의 본질은 행정인데, 이는 정책결정을 집행하고 법률의 일반적인 규범을 개별적인 사건에 적용하여 집행하며, 사법도 시행법률을 개별적인 사건에 적용하여 집행한다. 따라서 행정과 사법의 본질적인 구분은 할 필요가 없다. 정책통제권은 정책의 결정과 집행을 상호간 통제하는 권력으로서 정부형태에 따라서 각기 다르게 나타난다. 그러나 일반적인 것으로서는 국회와 정부의 견제·균형, 사법부의 위헌법률심사권, 대통령의 법률안거부권, 국회의 정부에 대한 불신임권, 정부의 국회에 대한 해산권, 국회의 법관에 대한 탄핵소추권 등을 들 수 있을 것이다.

3. 권력분립의 제도화와 유형

(1) 권력분립의 제도화

권력분립의 사상은 18세기말의 미국과 프랑스의 근대혁명에 있어서 그 지도이념이 되었을 뿐 아니라, 혁명의 성공 후에는 권력분립제가 실정제도로서 가국 헌법에 널리 채택되었다. 시민의 사적 자치의 영역에 국가권력이 개입하는 것을 반대한 시민계급은 권력분립제야말로 자유와 권리를 수호하는데 불가결한 제도로 인식하였기 때문이다. 권력분립제를 채택한 전형적인 헌법은 1787년의 미연방헌법이며, 프랑스의 경우 1789년 인권선언 제16조를 반영한 1791년헌법도 이를 채택하였으

며, 독일도 바이마르헌법에 대한 반성으로 Bonn기본법에서는 권력분립의 원리를 채택하여 제도화
하였다.

(2) 권력분립의 유형

1) 입법부와 행정부와의 관계에서 본 분류

입법부와 행정부와의 관계를 중심으로 권력분립의 형태를 분류하면, 엄격분립형, 균형형, 입법부
우위형, 행정부우위형으로 나눌 수 있다.

엄격분립형은 입법·행정의 각 작용을 원칙적으로 각각 입법부·행정부에 귀속시키고 있는 체제
중에서 양부간의 분립이 비교적 강한 것이 특색이다.

균형형은 의원내각제를 채택하고 있는 나라에서 볼 수 있는 것으로 입법부와 행정부는 분립되
어 있으나, 엄격히 분립되어 있는 것이 아니고 그간에 협력관계가 되어 있으며 일방이 타방에 대하
여 종속되어 있지 않는 균형체제를 말한다.

입법부우위형은 일반적으로 입법부와 행정부간에 권력분립이 존재하지 않고 행정부가 입법부에
전면적으로 종속하는 체제라고 할 수 있다. 행정부우위형은 일반적으로 입헌군주제에서 볼 수 있으
며 국가원수에 입법권과 행정권을 귀속시키면서 입법권의 행사에 예외적으로 민선의회의 협찬을
인정하는 형태이다.

2) 입법부와 사법부와의 관계에서 본 분류

입법부와 사법부와의 관계를 중심으로 권력분립형태를 구분하면, 입법부우위형, 균형형, 사법부우
위형으로 나눌 수 있다.

입법부우위형은 영국과 같은 나라로 법률에 대한 사법심사제도가 없는 경우를 말한다. 영국에서
는 경성헌법이 없기 때문에 위헌입법심사제도는 부인되고 행정소송만이 인정된다. 균형형은 미국과
같은 나라를 들 수 있는데, 사법부는 구체적인 행정쟁송을 재판함으로써 행정부통제를 할 수 있으
며 입법에 대하여서도 법률의 위헌성을 심사할 수 있다. 경성헌법이 있고 헌법의 최종해석권이 사
법부에 있으므로 사법권의 우위가 존재한다고 보나, 사법부는 위헌법률을 무효선언할 수 없는 점에
서 실질적으로 균형되어 있다고 볼 수 있다. 사법부우위형은 사법부가 헌법재판권을 가지고 있는
나라로 추상적 규범통제권을 통하여 입법부에서 통과한 법률을 위헌 무효로 선언할 수 있다.

4. 권력분립론의 위기와 변화

(1) 권력분립제의 위기

18세기에 개인주의와 자유주의 사상을 배경으로 하여 성립한 전통적 권력분립이론은 19세기에
입헌주의의 보급과 더불어 각국 헌법에 반영되어 국가권력의 집중과 남용을 막아 줄 것으로 기대하

였다. 그러나 20세기에 들어와 권력분립의 사상적 배경이 된 개인주의와 자유주의는 점차 퇴조하기 시작하여 입헌주의와 의회민주주의가 위기에 처하게 되었다. 이러한 위기로 말미암아 전통적 권력분립이론은 동요되어 비판의 십자포화를 받기 시작하였으므로 전통적 권력분립이론은 변질될 수밖에 없는 상황에 처해 있다.

(2) 권력분립제의 현대적 변용

오늘날 고전적 권력분립이론이 위기를 맞은 것은 사실이지만 3권분립 중 사법권의 독립은 아무런 변화 없이 민주국가의 철칙으로 되어 있으며, 오늘날 권력분립원리의 수정도 국민의 복리증진이라는 합리적 범위 내에서만 이루어져야 하며, 권력분립의 원리는 자유민주주의 국가에서는 영원히 타당한 진리로서 그 근간은 반드시 유지·존속되어야 한다.

그런데 현대적 상황에 맞는 합리적인 권력분립이론을 재구성할 필요가 있다고 하여 레벤슈타인은 '기능적 권력분립론'을 주장하여 정책통제기능을 중시하고, 베르너 케기(W.Kagi)는 국가기능에 의한 권력분립을 전제로 한 '포괄적 권력분립론'을 주장하고, 듀베르제(Duverger)는 결정권, 집행권, 자문권, 결정 후의 통제권으로 재구성하고(4권분립)있다.

5. 우리나라의 권력분립제도

(1) 권력분립제도의 변천

1948년 제헌헌법을 비롯하여 1960년헌법, 1962년헌법, 1972년헌법, 그리고 1980년헌법은 모두가 권력분립제를 규정하였다. 그러나 권력분립의 정도와 내용은 반드시 동일한 것이 아니었다. 제헌헌법은 비교적 집행부 우위의 권력분립제를, 1960년헌법은 비교적 균형이 유지된 권력분립제를, 1962년 헌법은 미국식인 완전한 권력분립제라고는 할 수 없으나 실제적으로는 집행부 우위의 권력분립제를 규정하였다, 그리고 1972년 헌법은 집행부의 절대적 우위를 내용으로 하는 권력분립제를 규정하였다. 1980년 헌법은 1972년헌법의 권력집중적 대통령제에 대한 반발로 권력분산적 대통령제를 채택하였지만, 대통령의 3권에 대한 우월적 지위는 어느 정도 유지되고 있었다.

(2) 현행헌법의 권력분립제도

현행헌법은 제5공화국헌법보다 국회의 권한을 강화하고 대통령의 권한을 약화하여 3권분립원칙에 더 충실하다고 할 수 있다. 대통령의 국회해산권을 삭제하고 비상조치권을 법률적 효력을 가지는 긴급재정·경제명령권 및 긴급명령권으로 바꾸었고, 국회에 국정감사권을 새로이 부여하였다.

Ⅳ. 법치주의

법치주의란 국가가 국민의 자유와 권리를 제한하거나 국민에게 새로운 의무를 부과할 때는 반드시 의회가 제정한 법률에 의하거나 그에 근거가 있어야 한다는 원리를 말한다.

법치주의는 '인의 지배'가 아닌 '법의 지배'를 의미한다. 이러한 법치주의는 법률의 우위, 행정의 합법률성, 법률에 의한 재판으로 구현된다.

제 2 절   정부형태

Ⅰ. 정부형태의 의의

1. 정부형태의 개념

정부형태란 권력분립의 원리가 국가권력구조에 있어서 어떻게 적용되고 있느냐는 것을 말한다. 이는 정부제도라고도 한다. 정부형태를 권력분립의 형태로 파악하는 경우에 광·협의의 두 개념으로 사용되는데, (1) 광의의 정부형태란 국가권력이 삼부에 어떻게 배분되어 있고, 그들 사이의 국가권력의 행사는 어떠한가, 특히 입법부와 집행부의 관계가 어떠한가에 관한 것이다. (2) 협의의 정부형태란 집행부만을 지칭하는 것으로써, 집행부의 조직·작용의 형태가 어떠한가를 말하는 것이다. 여기서는 광의의 정부형태를 그 대상으로 한다.

2. 정부형태의 구분

정부형태는 전통적인 분류방법에 의하면 의원내각제와 대통령제로 나눌 수 있는데, 오늘날에는 의회정부제(회의제)·이원정부제(이원집정부제) 등이 추가되고 있다. 또한, 뢰벤슈타인의 분류방법으로 국가권력이 집중적으로 행사되느냐 분립적으로 행사되느냐에 따라 전제주의와 입헌주의로 분류하는 방법도 있다.

Ⅱ. 대통령제

1. 대통령제의 의의

대통령제는 엄격한 권력분립이 이루어지고 권력상호간의 독립이 보장됨으로써 대통령이 독립하여 행정권을 행사하는 정부제도를 말한다. 미국 대통령제는 대통령제의 순수한 형태로서 엄격한 권력분립주의에 입각하여 행정부의 수반인 대통령이 국민에 의해 선출되고 임기동안 의회에 대하여 책임을 지지지 아니하며 의회로부터 완전히 독립된 지위를 갖는다. 의원내각제가 영국에서의 역사적·정치적 관습의 사물인데 반하여, 대통령제는 독립전쟁 이후에 미국이 인위적으로 만들어낸 새로운 정부형태로서 많은 나라가 미국의 대통령제를 모방하고 있다.

2. 대통령제의 연혁

미국 대통령제는 역사적·정치적 관습인 영국 의원내각제의 부정적인 면을 극복하기 위하여 제한된 정부의 책임정치를 실현하고자 자유민주주의이념에 근본을 두고 탄생된 독창적인 정부형태라 할 수 있다.

미국 대통령제는 13개의 영국식민지가 본국(영국)으로부터 독립한 후 미국헌법의 아버지라고 불리우는 55인(필라델피아 헌법제정회의)이 인위적으로 만들어낸 독창적인 발명품으로서, 미국연방헌법은 헌법사에서 연방국가헌법의 효시로 간주되고 있다. 이 55인은 식민지시대의 교훈, 몽테스키외의 권력분립론, 영국보통법의 기본원리 및 명예혁명의 자유주의정신 등을 바탕으로 하는 독창적인 정부형태인 대통령제를 창안해냈다.

3. 대통령제의 특색

첫째, 입법부와 행정부는 상호 독립되어 있다. ⅰ) 구성면에서 분리되어 있으므로 장관이 국회의원 겸직이 금지된다. ⅱ) 입법부의 행정부에 대한 간섭이 원칙적으로 금지되므로, 의회가 정부를 불신임할 수 없다. ⅲ) 행정부의 입법부에 대한 간섭이 원칙적으로 금지된다. 따라서 행정부는 의회해산권, 법률안발안권, 의회·출석발언권 등이 없다.

둘째, 입법부와 행정부는 상호간의 견제와 균형을 이루고 있다. 행정부와 입법부는 병렬적으로 독립되어 있어 서로 견제함으로써 균형을 이루고 있다. 대통령은 법률안거부권·법률안공포권을 가지며, 상원은 정부의 고급공무원 임명 및 조약비준에 대한 동의권을 가진다. 셋째, 행정부의 일원적 구조가 특징이다. 대통령은 내각의 결정에 구속되지 않으며, 국가원수이자 행정권의 수반이다. 국무총리가 없고, 부통령제가 있다. 넷째, 일반적으로 하원의 전횡을 막기 위하여 양원제를 채택하고 있다. 다섯째, 그 밖의 특색으로는 국무원(국무회의)은 법률상 기관으로 임의적 기관이며 자문기관이다. 그리고 대통령과 의회가 모두 대의기관이기 때문에 민주적 정당성의 기초가 이원적이다.

4. 대통령제의 유형

(1) 고전적 대통령제

이것은 미국식대통령제를 뜻하는 것으로 완전한 삼권분립형 대통령제를 말한다. 미국의 대통령은 행정권의 수반으로서 국민에 의해 4년의 임기로 선출된다. 대통령은 임기동안 의회에 대하여 책임을 지지 아니하며, 또한 각부장관을 자유로이 임명할 수 있고, 법률안거부권을 가지고 있다. 그러나 의회해산권은 갖지 아니한다. 의회는 정부불신임권을 행사할 수 없다. 이러한 정부형태를 뒤베르제 (Duverger)는 고전적 대통령제라 칭하였다.

(2) 의원내각제에 유사한 대통령제(반대통령제)

이것은 남미의 칠레, 베네수엘라 등에서 행해지고 있는 제도로서, 대통령제에 의원내각제적 요소를 가미한 것을 말한다. 반대통령제라는 개념은 폰 바이메(Beyme), 뒤베르제(Duverger), 벨로프 (Beloff) 등이 사용하였으나, 아직까지도 명확한 개념규정은 없다.

폰 바이메에 의하면 반대통령제란 공화국에 전제군주제의 기능을 도입한 정부형태라고 한다. 그는 반대통령제에 있어서 대통령은 모든 것을 지배하는 지위에 있고, 절대군주와 같이 대권을 행사하며, 간선제로 선출되며, 그 지위는 불가침성·무책임성이고 임기는 장기성을 특징으로 한다고 한다. 프랑스 제2·5공화국, 라틴아메리카의 몇 몇 국가 등이 이에 속한다.

그러나 뒤베르제에 의하면 반대통령제란 대통령제와 의원내각제를 변용한 것이지만 의원내각제의 성격을 더 많이 가지고 있으며 집행권의 구조가 이원화되어 있는 정부형태를 말한다. 반대통령제에 있어서 행정부는 국가원수인 대통령과 수상을 정점으로 하는 내각으로 구성되는데, 대통령에게 의회해산권, 의회에게 내각불신임권이 각각 인정된다고 보았다. 바이마르공화국, 1958~1962년의 프랑스, 오스트리아, 핀란드, 아일랜드 등의 정부형태가 이에 해당한다.

(3) 후진국의 대통령제(신대통령제)

이것은 필리핀 등지에 있어서의 대통령제를 말하며, 고전적 대통령제와 거리가 먼 카리스마적 권위주의 대통령제를 말한다. 형식적으로는 권력분립적인 형태를 유지하고 있으나 실질적으로는 집행권이 절대적으로 우월한 권위주의적인 정부형태이다. 대통령은 국가원수인 동시에 행정부수반이며, 의회나 사법부에 대하여 절대적으로 우월한 지위에서 국가권력을 독점한다. 또한 권력의 인격화와 사이비민주주의로서 폭력적 지배를 은폐하려는 제도이다. 나세르정권의 이집트헌법, 티우정권의 월남헌법, 미르코스정권의 필리핀헌법, 우리나라의 1972년 유신헌법 등이 이 유형에 속한다.

5. 대통령제의 장·단점

대통령제의 장점으로는 ⅰ) 대통령의 임기동안 행정부가 안정되고, ⅱ) 국가정책의 계속성 보장, ⅲ) 국회의 졸속입법방지, ⅳ) 강력한 행정권 행사로 소수자의 이익보호 등을 들 수 있다.

반면에 단점으로는 ⅰ) 대통령의 독재화 경향을 막을 수 없고, ⅱ) 책임의 소재가 불분명하고, ⅲ) 국정의 통일적 수행이 어려우며, ⅳ) 입법부와 행정부를 각기 다른 정당이 차지한 경우에는 그 대립이 심각하고 조정수단이 없어 국정이 장기간 마비될 가능성 등을 들 수 있다.

Ⅲ. 의원내각제

1. 의원내각제의 의의

의원내각제는 집행부가 이원적 구조로 대통령과 수상으로 구성되며, 입법부와 행정부가 공화·협력관계를 유지하며 공존하는 제도를 말한다. 이 제도는 권력분립의 요청에 의하여 입법권과 행정권을 서로 독립시킴과 동시에 민주주의의 요청에 따라 행정권을 민주적으로 통제할 수 있도록 구성된 제도이다. 의원내각제는 18세기 영국에서 군주와 의회간에 권력투쟁이 격화되는 과정에서 성립된 제도이며 오늘날 각국에 널리 보급된 지배적인 권력구조이다.

2. 의원내각제의 연혁

영국의 정치적 발전 과정상 국왕과 의회의 항쟁(17~18세기)과정에서 성립된 제도이다. 1640년 장기의회에 의해서 확립된 의회우위의 회의정부제(Assembly Government)가 의원내각제의 기원이라고 하겠다. 절대군주시대에 국왕과 의회간에 권력투쟁이 격화되어 마침내 명예혁명(1688)을 계기로 국왕과 의회의 권력관계는 역전되어 입헌군주제로 변질되었던 바, 본래 절대군주에 대항하는 법수호기관으로서 기능하던 의회가 정치기관으로 탈바꿈하였다. 그 후 1832년부터 시작된 여러 차례의 선거제도개혁을 통해 선거권의 확대와 의회주권이 확립되어 의원내각제라는 정부형태로 발전하게 되었다.

3. 의원내각제의 특색

(1) 입법부와 행정부의 평등과 균형

의원내각제하에서 정부는 의회를 해산함으로써, 그리고 의회는 정부를 불신임함으로써, 권력상호간에 균형을 이루고 있다. 또한 국가의 기본정책의 수립과 집행에 공동으로 참여하고 있다.

(2) 입법부와 행정부의 협동·공화관계

의원내각제에 있어서 입법부와 행정부의 밀접한 공화관계는 내각의 성립과 존속이 의회에 의존한다는 사실에 기인한다. 내각은 의회의 다수당에 의하여 구성되므로 내각구성원은 의원이어야 한다는 원칙이 성립되어 그 결과 내각 구성원은 국회에 출석하여 발언할 수 있고 정부도 법률안제출권이 인정된다.

(3) 행정부의 이원적 구조

의원내각제하에서 행정부는 대통령과 내각의 두 구조로 구성되는 이원적 구조가 특징이다. 대통령제에 있어서는 대통령이 국가의 원수인 동시에 행정부의 수반인데 대하여, 의원내각제에 있어서는 대통령은 국가의 대표자로서 의례적·형식적 권한을 가지며 행정권은 의회의 다수당에 의하여 구성되는 내각(수상)에 속함이 원칙이다.

4. 의원내각제의 유형

(1) 고전적 의원내각제

의회는 정부에 대한 불신임권을 행사했으나 정부는 의회해산권이 있더라도 의회를 해산하지 않았고 이것이 관계가 되어 강한 의회, 약한 정부로 되어 정국이 불안정해졌다. 이 경우 집행권은 대통령과 내각에 나누어져 있으나 사실상은 수상이 행정을 맡고 있고 대통령은 의례적 권한만을 가진다. 레즈로브(Redsolb)는 영국처럼 내각이 의회해산권을 가지고 있는 경우를 진정의원내각제로 이해하고 프랑스 3·4공화국같이 내각이 의회해산권이 없거나 유명무실한 경우를 부진정의원내각제라고 한다.

(2) 통제된 의원내각제

강한 정부와 약한 의회의 의원내각제로 독일이 이에 속한다. 대통령은 의례적인 권한을 가지는 바 내각구성권도 형식적으로만 가지고 있다. 연방수상은 통치방침전반을 결정하며, 연방의회는 건설적 불신임투표에 의하지 아니하고는 내각을 불신임할 수 없다. 이 건설적 불신임투표는 차기 수상을 재적의원 과반수찬성으로 선출하지 아니하고 내각을 불신임할 수 없게 되어 정부는 불안정을 예방하고 있다.

(3) 내각책임제

정부와 의회가 대등한 의원내각제를 말하며 영국이 대표적이다. 영국의 의원내각제는 내각책임제, 수상정부제라고도 불린다. 영국의 정부는 하원의 다수당으로써 구성되는 비교적 작은 위원회적 성격이 강하다. 다수당의 공천에 의해 총선의 결과에 따라 자동적으로 결정되는 수상은 정책결정의 기능을 독점하기 때문에 그 지위는 종종 "입헌적 독재자"라고 불린다. 그러나 영국에서는 집행권이 정치적 기능상 우월하나 권위주의적으로 되지 않는 것은 수상과 내각이 권력을 자제하고, 또한 야당의 권리와 여론의 추이를 존중하며 정당규율이 확립되어 있기 때문이다.

5. 의원내각제의 장·단점

(1) 장 점

의원내각제의 장점으로는 ⅰ) 정부의 존속을 국민의 대표기관인 의회의 의사에 의존케 함으로써 민주주의의 요구를 실현할 수 있다. ⅱ) 정부는 의회에 대하여 연대책임을 지기 때문에 책임정치를 구현할 수 있다. ⅲ) 의회와 정부가 대립하는 경우에 불신임결의와 의회해산으로 정치적 대립을 신속히 해결할 수 있다. 이때에 국가원수인 군주나 대통령은 정파를 초월한 입장에서 중재적 역할을 다할 수 있다. ⅳ) 의회의 신임을 획득하고 유지하기 위하여 유능한 인재가 등용될 수 있다. ⅴ) 정부와 의회는 공화·협력을 원칙으로 함으로써, 신속한 국정처리와 능률적인 국정수행을 할 수 있다.

(2) 단 점

의원내각제의 단점으로는 ⅰ) 군소정당이 난립하거나 정치인의 타협적 태도가 결여될 때에는 연립정권의 수립과 정부에 대한 빈번한 불신임결의로 정국의 불안정이 초래될 수 있다. ⅱ) 의회가 정권획득을 위한 정쟁의 장소가 될 수 있다. ⅲ) 정부는 연명을 위하여 의회의 의사에 구애받지 아니하는 강력한 정치를 추진할 수 없다. ⅳ) 최악의 경우에 정부는 원내다수당과 제휴하여 다수결의 횡포를 자행하여 정당정치에 치우칠 우려가 있고 이에 대한 견제장치가 없다.

6. 의원내각제의 전제조건

의원내각제가 성공하기 위한 전제조건으로는 무엇보다도 안정된 복수정당제, 국민간의 동질성과 화합의 정신, 언론의 자유와 정치적 자유의 보장, 문민통치의 전통, 직업공무원제의 확립, 지방자치제의 정착, 정치인의 투철한 공직의식 등을 들 수 있다.

Ⅳ. 이원정부제

1. 이원정부제의 의의

이원정부제란 대통령제와 의원내각제의 요소를 결합한 형태로서 위기시에는 대통령이 행정권을 전적으로 행사하나, 평상시에는 내각수상이 행정권을 행사하며, 하원에 대하여 책임을 지는 의원내각제 형식으로 운영되는 정부형태를 말한다.

이 제도는 오스트리아, 핀란드, 바이마르헌법 등에서 발달된 것으로 현대적 유형은 프랑스 제5공화국헌법을 들 수 있다.

2. 이원정부제

이원정부제는 국가마다 그 운영이 조금씩 다르기 때문에 일률적으로 말할 수 없으나 대체로 다음과 같은 특징이 있다.

ⅰ) 대통령은 국민으로부터 직선되며 의회로부터 독립하여 있고, ⅱ) 내각은 의회에 대하여 책임을 지며 따라서 의회는 내각을 불신임할 수 있고 이 경우에 대통령은 의회를 해산할 수 있다. ⅲ) 대통령은 수상을 지명하나 의회의 동의가 있어야 임명할 수 있다. ⅳ) 국가긴급시 대통령은 수상과 국무위원의 부서없이 행정권을 행사하며 또한 수상을 해임할 수 있고 국무회의를 주재한다. 이 점

에서 대통령의 권한이 확대되고 수상의 권한이 약화된다.

3. 이원정부제의 장·단점

(1) 장 점

ⅰ) 평상시에는 의원내각제로 운영되므로 입법부와 행정부의 대립에서 오는 마찰을 피할 수 있으며, ⅱ) 비상시에는 대통령이 직접 통치함으로써 신속하고도 안정된 국정처리를 가능하게 한다.

(2) 단 점

ⅰ) 대통령이 국가긴급권을 행사하는 경우에 내각과 의회가 이를 견제하면서 통제할 수 있는 장치가 약하므로 독재화의 가능성이 있으며, ⅱ) 대통령이 위기를 빙자하여 비상대권을 행사할 경우에 의회의 권한이 축소·제한되어 국민주권주의에 충실하지 못할 가능성이 있으므로 국민여론을 외면한 행정이 이루어지기 쉽다.

Ⅴ. 의회정부제

1. 의회정부제의 의의

의회정부제 또는 회의제에 관하여 학자마다 견해를 달리하지만, 대체로 의회가 집행부에 대하여 절대적인 우위를 갖는 제도로서, 집행부의 성립과 존속은 전적으로 의회에 의존하지만 집행부는 의회를 해산할 권한이 없으므로 결국 집행부가 의회에 종속하는 정부형태를 말한다.

2. 의회정부제의 유형

본래 의회정부제는 영국의 장기의회나 프랑스 대혁명 당시의 국민공회제를 들 수 있으며, 그 이외에 스위스헌법에 의해 대표되는 집정부제, 그리고 구소련이나 그 위성국가헌법에 의해 대표되는 인민회의제로 나누어 볼 수 있다.

3. 의회정부제의 특색

의회정부제의 특색은 한 마디로 의회가 국가권력의 정점에 위치하고 모든 국가기관에 대해서 절대적으로 우월한 지위를 가지고 있다는 것으로 요약할 수 있다.

ⅰ) 집행부 구성원은 의회에 의하여 선임되고 의회에 대하여 연대책임을 지며, 의회는 언제나 집행부를 불신임할 수 있지만 집행부는 의회를 해산시킬 수 없고, 폐회없이 항상 개회하며 선거민에 대하여만 책임을 진다. ⅱ) 집행부의 존립은 의회의 존립을 전제로 하므로 의회가 해산되면 집행부

도 퇴진한다. ⅲ) 국가원수가 없는 것이 특색이지만, 명목상 국가원수가 있을지라도 의례적이고 명목적인 기능을 가질 뿐이다. ⅳ) 의회가 모든 국가권력을 지배함으로써 권력체계가 일원화 되어 있으며 복잡한 권력장치가 없는 것이 특징이다.

Ⅵ. 우리나라의 정부형태

1948년 제헌헌법이 제정된 이래로 9차에 걸쳐 개정되어 오는 과정에서 나타난 정부형태의 특징을 개괄적으로 살펴보면 제2공화국헌법을 제외하고는 대통령제에 의원내각제적 요소를 혼합시킨 형태로 평가할 수 있다.

1. 제1공화국의 정부형태

제헌헌법의 정부형태는 헌법제정 당시의 대립된 정치세력간의 정치적 타협으로 말미암아, 대통령제에 의원내각제적 요소가 가미된 대통령중심제였다. 대통령은 국회에서 간선제로 선출하였고, 부통령제도 있었다. 국무총리는 국회의 승인을 얻어 임명되었다. 국무원(국무회의)의 의결기관, 국무위원의 국회의원 겸직이 가능했으며, 국회에 출석 및 발언권과 부서제도가 인정되었으며, 정부의 법률안 제출권이 인정되었다.

제1차 개헌(발췌개헌, 1952.7.4)에 의한 정부형태는 대통령을 직선제로 하는 대신 의원내각제적 요소를 대폭 도입하였다. 국무총리·국무위원은 국회에 대하여 연대책임을 지며, 국회는 정부불신임권을 가지고 있었다. 그리고 국무총리 임명에 있어서 국회의 승인을 얻도록 하였다.

제2차 개헌(사사오입개헌, 1954.11.29)에 의한 정부형태는 의원내각제적 요소를 불식하고 대통령제 요소의 강화를 가져왔다. 국회는 국무위원에 대하여 개별적인 책임을 물을 수 있도록 하였다. 이 점에서 의원내각제적 잔재는 약간 남아 있었으나, 현실적으로는 대통령이나 정부의 권한강화로 후진국가적·신대통령제적으로 운영되었다. 또한, 공포 당시 대통령(초대대통령)에 한하여 중임제한의 철폐와 주권제한이나 영토변경에 관한 중요사항에 대하여는 국민투표제를 도입했다.

2. 제2공화국의 정부형태

제3차 개헌(1960.6.15)을 통한 제2공화국헌법은 전형적인 의원내각제를 도입하였다. 행정부는 이원적으로 구성되었다. 즉 대통령은 국회에서 간선되며 형식적·의례적 권한만을 가지고 있었고 실질적인 행정권은 국무원에 귀속되었다. 그러나 대통령도 국무총리를 지명하고, 헌법재판소심판관을 임명하고, 정부의 계엄선포요구에 대한 거부권의 행사, 위헌정당에 대한 해산제소를 승인하는 등 예외적으로 실질적 권한이 부여되었다. 국무원은 민의원에 대하여 연대책임을 졌고 국무원은 민의원해산권을 가졌으며, 국무위원의 국회출석·발언권, 정부의 법률안제출권 등이 인정되었다. 국회는 양원제인 참의원과 민의원으로 구성되며, 민의원은 국무원구성권과 국무원불신임권 등을 보유하고, 또한 국무위원을 겸직할 수도 있었다.

제4차 개헌(1960.11.29)은 부정선거 및 반민주행위자 처벌을 위한 소급입법을 허용하는 부칙개정만 있었을 뿐, 정부형태는 전혀 변화가 없었다.

3. 5·16 군사정부의 정부형태

1961년 5·16군사쿠데타의 결과로 구성된 군사정부는 위기정부로서「국가재건최고회의」에 모든 국가권력을 집중시켰다. 국가재건최고회의는 국회의 권한을 대행하며, 국가재건최고회의에 의하여 구성되는 내각은 국가재건최고회의에 연대책임을 지고, 대법원장과 대법원판사까지도 국가재건최고회의의 제청에 의하여 대통령이 임명하도록 하였다. 따라서 5·16군사정부의 정부형태는 새로운 정부형태를 의미하는 의회정부제(회의제)의 한 유형에 해당하는 것이었다고 볼 수 있다.

4. 제3공화국의 정부형태

제5차 개헌(1962.12.26)에 의한 제3공화국은 대통령제를 채택하였다. 정부의 국회해산권과 국회의 정부불신임권이 인정되지 않는 점에서 고전적 권력분립주의에 입각한 대통령중심제를 채택하고, 대통령은 국민이 직접선출하고, 대통령은 의회로부터 독립하여 국정을 운영하게 하였으며, 국무총리 임명에 있어서 의회의 동의제를 폐지한 동시에 국회의원 입후보에 정당의 공천을 요하게 함으로써 정당정치를 강화하였다. 그러나 부통령제를 두지 않고 국무총리제도를 채택하였으며, 국회의 국무총리와 국무위원해임건의권, 대통령의 국법상 행위에 대한 부서제도, 정부의 법률안제출권, 대통령궐위시 잔여임기가 2년 미만일 때 의회에서 간선으로 선출하게 하는 등 내각책임제적 요소를 가미한 정부형태였다.

제6차 개헌(3선개헌, 1968.10.21)은 대통령의 계속 재임은 3기에 한하게 하는 규정과 국회의원의 국무총리나 국무위원의 겸직을 허용하였다.

5. 제4공화국의 정부형태

제4공화국헌법의 정부형태는 대통령에게 국가권력이 집중되어 있었던 신대통령제였다. 즉, 대통령에게 긴급조치권의 부여와 입법부 및 사법부 사법부에 대한 관여권(실질적인 법관임명권)을 인정하여 3권을 영도하는 영도적 대통령제를 채택하였다. 대통령은 통일주체국민회의에서 간선제로 선출하였으며 부통령제는 두지 않고 국무총리·국무회의를 두었다. 그러나 국회의 국무총리·국무위원은 해임의결권과 대통령의 국회해산권 등을 두어 의원내각제적 요소를 약간 가미하였다. 제4공화국헌법은 국정감사권을 폐지하였으며, 총회기제를 도입하였으며, 한편으로 대표제민주정치에 대하여 회의적이어서 직접 민주정치의 요소(국가의 중요정책에 대한 국민투표권, 대통령의 개헌안에 대한 국민투표권)를 많이 도입했다.

6. 제5공화국의 정부형태

제4공화국헌법의 정부형태의 반성에서 출발하여 대통령의 국회관여권과 법원관여권을 삭제하고, 통일주체국민회의제도를 없애 민주화·권력분립화의 길을 밟았다. 그러나 순수한 대통령제의 대통령에게는 인정하지 않는 강력한 권한인 국회해산권, 국민투표회부권, 탄핵소추의 경우를 제외하고는 국회에 대하여 정치적 책임을 지지 아니하며, 국회도 대통령에 대하여 불신임의결을 할 수 없다는 점에서 대국회관계에서 우월한 지위를 지닌 대통령중심제의 정부형태라고 할 수 있다. 그런데 제5공화국은 실질적으로는 대통령이 행정권과 정당을 장악하여 강력한 권위주의적 대통령제로 운영되었다고 하겠다.

7. 제6공화국의 정부형태

현행헌법은 대통령제를 원칙적으로 채택하고 있으나 의원내각제적 요소를 가미하고 있다. 역대헌법에 비하여 국회의 지위와 권한을 강화시켰으며, 신설된 헌법재판소의 관할을 확대하는 등 권력의 분산과 권력상호간의 견제를 재조정하였다. 또한 대통령의 비상조치권과 국회해산권을 폐지하여 대통령의 권한을 상대적으로 약화시켰다. 제6공화국헌법의 정부형태는 완전한 미국식의 대통령제는 아니며 제3공화국의 대통령제와 유사하다고 하겠다.

(1) 대통령제의 요소

대통령은 국가원수인 동시에 행정권을 행사하는 수반이다(헌법 제66조). 대통령은 5년 임기로 국민이 직접 선출하며, 탄핵소추의 경우를 제외하고는 국회에 대하여 책임을 지지 아니하고, 국회도 대통령에 대한 불신임결의를 할 수 없다(헌법 제65조, 제67조, 제70조). 대통령은 법률안거부권을 가진다(헌법 제53조). 대통령은 대법원장·대법관의 임명권을 가진다(헌법 제104조).

(2) 의원내각제적 요소

부통령 대신 국무총리를 두고 있으며, 그 임명에 대한 국회의 동의권이 있다(헌법 제86조). 국회는 국무총리나 국무위원의 개별적 해임을 건의할 수 있다(헌법 제83조). 정부도 법률안제출권을 가지며(헌법 제52조), 부서제도가 있다(헌법 제82조). 국회의원과 국무위원의 겸직이 허용되어 있다(헌법 제43조).

제2장 국회

제1절 의회제도

Ⅰ. 의회제도의 의의와 연혁

1. 의회제도의 의의

근대의 민주정치는 간접민주정치를 주류로 하는데, 이를 대의정치 또는 의회정치라고 말한다. 의회란 국민에 의하여 정기적으로 선출되는 의원들로서 구성되는 합의체의 국가기관을 의미한다. 의회주의는 의회가 다수결의 원리에 따라 입법이나 그 밖의 중요정책을 결정함으로써 의회를 중심으로 국정이 운영되는 정치방식을 말한다.

2. 의회제도의 연혁

근대국가의 의회제도의 기원에 관하여는 중세의 유럽대륙제국에 있었던 등족회의에서 찾는 견해와 중세 영국의 모범의회에서 찾는 견해가 있다. 영국의 특수한 정치적 사정 아래서 생성·발전한 의회제도는 미국의 독립전쟁과 프랑스의 시민혁명을 통하여 미국과 프랑스에서 채택되었고 19세기 이후에는 유럽 각국에 널리 전파되었다. 19세기에 와서 보통선거제의 확립과 더불어 보편적인 제도가 되었으며 제2차 대전 후에는 민주주의의 핵심으로 보고 민주주의적 요소를 더욱 강화하는 방향으로 나아갔다.

Ⅱ. 의회주의의 본질과 병리

1. 의회제의 본질적 원리

의회제는 조직에 있어서는 공선된 의원을 그 본질적 구성요소로 하며, 기능에 있어서는 본질적 기능인 입법권을 가지고 있다. 따라서 의회는 대표기능과 합의기능을 본질적 원리로 하여야 한다.

(1) 의회의 대표기능성

의회가 공선되는 의원을 그 본질적인 구성요소로 하는 것은 그 국민대표적 성격을 확보하기 위한 것이므로, 의회는 선거인뿐만 아니라 전체국민을 정당하게 대표하는 기능을 가져야 한다. 이를 위한 전제조건으로는 ⅰ) 의회의원의 선임을 국민의 다수의 의사에 근거하여야 하고, ⅱ) 공정한 선거가 자유롭게 행해져야 하며, ⅲ) 선거가 일정한 짧은 기간을 두고 반복적으로 행해져야 하며, ⅳ) 언론의 자유가 보장되어야 하고, ⅴ) 복수정당제가 보장되어야 하며, ⅵ) 의회의 의사가 공개되고 그에 대한 보도의 자유가 보장되어야 하며, ⅶ) 정권교체의 가능성이 존재해야 하는 것을 들 수 있다.

(2) 의회의 합의기능성

합의기관인 의회 안에는 다양한 의견이 존재하고, 이를 이성적 토론에 의하여 조정·통합하거나 다수결의 원리에 의하여 국가의사가 결정되어야 하므로, 의회는 토론과 타협에 의하여 의회의 의사가 결정되어야 한다. 다수결의 원리에 의하여 의사결정이 이루어지지만 소수자의 의견도 존중되어야 한다. 이를 위한 전제조건으로는 ⅰ) 결정할 사실에 복수의 의견이 대립하고, ⅱ) 복수의견이 평등한 가치가 있다고 서로 인정하며, ⅲ) 복수의견 중에서 어느 것이 옳은지 객관적 기준이 없고, ⅵ) 그 중 어느 하나의 의견을 선택해야 하고, ⅴ) 복수의견의 대립은 기초적인 동질성 또는 공통성이 존재하며, ⅵ) 상대주의 세계관에 입각 할 것 등을 들 수 있다.

2. 의회제의 위기와 그 대책

(1) 의회제의 위기

의회제의 본질적 원리인 대표기능과 합의기능의 전제조건이 충족되지 못한 경우에 의회제의 위기가 나타난다. 즉, 대표기능의 전제조건이 충분히 충족되어 있지 않거나, 의회제의 기초로 되어 있는 상대주의적 정치·가치관이 다소간 절대주의적 정치·가치관에 제약되어 합의 기능·다수결 원칙이 불가능한 경우에 의회제의위기를 초래할 우려가 있다. 특히 정권의 평화적 교체가 가능하지 않으면 의회제의 부정에까지 이를 것이다.

(2) 의회제의 위기원인

의회제도의 위기원인으로는 ⅰ) 국가적·사회적 동질성의 상실과 이로 인한 계층 간의 갈등, ⅱ) 정당국가화의 경향으로 의원의 정당소속·거수기화함으로 인해 의원의 질적 저하와 국민대표성의 약화, ⅲ) 현대국가의 국가기능의 전문성·기동성 등의 적극적 기능에 따른 의회의 해결능력 부족, ⅵ) 공개토론의 상실과 밀실정치협상의 만연, ⅴ) 선거제도가 인물선택에서 정당지도자의 신임투표로 변질, ⅵ) 의회의 운영방식과 의사절차의 비효율성, ⅶ) 소수파의 의사방해만성화와 의회다수파의 권위의 상실 다시 말해서, 다수결의 정당성에 대한 의문 등을 들 수 있다.

(3) 의회제의 위기에 대한 대책

이러한 의회제의 위기에 대한 근본대책으로서는 의원소환제와 같은 직접민주제의 활용 내지 병용, 직능대표제의 도입, 선거제도의 개선, 전문의회와 심의과정의 공개와 같은 의회제도의 내부개혁과 그 운영의 합리화, 정당의 당내민주화와 야당기능의 강화, 언론보도의 자유확대, 행정부통제기능의 활성화 등이 주로 논의되고 있다.

제 2 절 국회의 헌법상 지위

국회의 헌법상 지위는 국가형태나 정부형태, 헌법유형에 따라 약간씩 다르다. 즉, 국가가 연방국가인가 단일국가인가, 정부형태가 대통령제인가 의원내각제인가, 헌법유형이 경성헌법인가 연성헌법인가에 따라 국회의 지위가 다르다. 그러나 어느 국가를 막론하고 국회는 국민대표기관이며, 입법기관이며 국정통제기관으로서의 지위를 갖고 있다.

Ⅰ. 국민대표기관으로서의 지위

1. 국회의 법적 국민대표기관성 여부

국회가 국민의 대표기관이라고 할 때, 그 법적 성질에 관하여는 견해가 대립하고 있다.

(1) 법적 위임관계설

국회는 국민의 위임에 의하여 그 권한을 행사하는 국민의 위임대표기관이라고 본다. 즉, 국회는 주권을 가진 국민의 위임을 받아 간접적으로 입법권을 행사하므로 양자간 법적 위임관계가 성립한다고 한다. 여기서의 위임은 강제위임이 아닌 일반위임·대표위임을 말한다.

(2) 법정대표설(법적 효과설)

국민은 선거를 통하여 국회를 조직하는 1차 기관이고, 국회는 국민의 의사를 대신하여 표시하는 2차 기관으로서 2차기관의 의견은 국법상 국민의 의사로 간주되기 때문에 국회는 국민의 법정대표에 있다고 한다. 즉, 국민의 의사는 국회의 의사로써 대체되어진다.

(3) 정치적 대표설

국회와 국민간의 관계는 국민이 국회의원을 선출하는 것 이외에는 국민은 대표기관을 통하여 행위하고, 대표기관의 행위가 국민의 행위로 간주되지만, 선거인인 국민과 의원사이에는 강제위임은 없으며 다만 국회는 정치적·도의적으로만 책임을 진다고 보는 견해이다. 즉, 국회는 국민의 법적 대표가 아니라 정치적인 대표라고 본다.

(4) 헌법적 대표설

국회의 국민대표의 성립에는 주권자로서의 국민의 존재를 전제로 하고 국회의 법적 국민대표성을 인정한다. 국회와 국민간에는 어떠한 권리의 위임관계도 존재하지 않으므로 국민대표기관의 권리는 국민의 위임행위에서 나오는 것이 아니고, 국민주권주의 하에서 모든 국가권력이 국민으로부터 나온다는 헌법규정에서 직접 나온다고 보는 견해이다.

(5) 대의적 대표설

국회의 대표기관성은 대의의 이념을 전제로 한 개념형식이므로 법적 대리나 법적 대표로 설명하려는 것은 무의미하다. 따라서 국회가 국민의 대표기관이라고 하는 것은 언제나 대의적인 대표기관에 불과하다고 보는 입장이다.

(6) 소 결

의원은 선거구민의 지시나 훈령에 따르지 않으며(무기속 위임), 선출된 경우에도 선거구민의 대표가 아니라 전제국민의 대표가 된다. 그리고 국회는 국민의 의사와 모순되는 의결이나 행동을 취할 수 있으며 그러한 의결이나 행동도 법적 효력에는 아무런 영향이 없다고 볼 때 국회와 국민과의 관계는 법적 의미의 대표가 아니라 차기선거에서 정치적 책임을 물을 수밖에 없는 정치적 대표라고 보는 것이 타당하다.

2. 국민대표기관으로서의 국회지위의 변질

오늘날 정당정치의 발달에 따라 국회의 지위가 정당의 대표기관으로 전락하여 국민의 국회에 대한 불신이 높아짐에 따라 국회입법에 대한 위헌법률심사제, 국민투표제에 의한 직접민주정치의 채택 등이 행해지고 있다.

Ⅱ. 입법기관으로서의 국회

1. 국회의 본질적 권한

국회의 가장 본질적이고 역사적인 권한은 입법에 관한 권한이다. 헌법 제40조는 "입법권은 국회에 속한다."라고 하여 국회가 국가의 입법기관으로 간주되고 있다. 그러나 국회가 입법기관이라고 하지만 입법권이 국회에 전속되고, 다른 기관은 입법에 관여하지 못함을 말하는 것은 아니고, 또 국회가 입법권 외에 다른 권한을 가지지 아니함을 말하는 것도 아니다. 따라서 입법기관으로서의 국회란 실질적 의미에 관한 권한은 헌법에 다른 규정이 없는 한 원칙적으로 국회가 단독으로 또 완결적으로 행사한다는 것을 말한다.

그러나 헌법 제40조에서 국회입법의 원칙을 선언하고 있지만 동시에 국회입법의 원칙에 대한 예외로서 다른 국가기관에 실질적 입법권의 일부를 부여하고 있다. 정부의 법률안제출권, 각종 행정입법권, 대법원과 헌법재판소·중앙선거관리위원회 규칙제정권, 지방자치단체의 자치입법권, 대통령의 법률안거부권·법률안공포권, 대통령의 긴급명령권과 긴급재정·경제명령권 등이다.

2. 입법기관으로서의 국회의 지위 저하

전통적으로 국회는 입법기관이라고 간주되어 왔지만 오늘날 국가기능의 다양화, 국가행정의 고도의 기술화와 복리국가적 요청에 따른 행정기능의 확대로 행정부의 위임입법이 증가해가고, 또 국회를 통과한 법률안 중 정부가 입안한 법률안이 압도적으로 많을 뿐만 아니라 정당정치의 발달로 정당간의 타협에 따를 수밖에 없어, 국회의 지위는 점차 저하되어 통법부화되어 가고 있다. 그러나 여기에서도 국회를 입법기관이라고 여전히 말할 수 있는 것은 입법부가 가진 그 비중 여하에 불구하고, 국회의 토론과 의결이 입법과정에 절대 필요하며 그 의결이 국민의사의 반영으로 간주되며, 입법의 민주적 정당성을 확보할 수 있기 때문이다.

Ⅲ. 국정통제기관으로서의 국회

국회의 국민대표기관으로서의 지위와 입법기관으로서의 지위는 크게 약화되고 있지만, 그 대신 행정부와 사법부를 감시·비판·견제하는 국정통제기관으로서의 지위는 상대적으로 강화되어 중요한 역할을 더해가고 있다. 정부형태에 따라 통제의 정도에 차이가 있지만, 어떤 정부형태를 취하건 국정을 감시·비판하는 국정통제기능이 가장 중요한 기능으로 부각되고 있다.

헌법이 규정하고 있는 국회의 정부통제권으로서는 ① 탄핵소추권(제65조), ② 국정감사·조사권(제61조), ③ 예산안 심의·확정권(제54조), ④ 국무총리·국무위원에 대한 해임건의권(제63조)과 국회에의 출석·답변요구권(제62조), ⑤ 계엄해제요구권(제77조 제5항), ⑥ 각종 동의권·승인권 등이 있다.

국회의 법원통제권으로서는 ① 대법원장·대법관의 임명에 대한 동의권(제104조 제1·2항), ② 탄핵소추권(제65조), ③ 법원예산안 심의·확정권(제54조 제1항), ④ 국정감사·조사권(제61조), 법원설치조직에 관한 법률제정권 등이 있다.

국회는 헌법재판소 통제권으로서는 ① 헌법재판소장의 임명에 대한 동의권(제111조 제4항), ② 헌법재판소 재판관 3인의 선출권(제111조 제3항), ③ 헌법재판관의 탄핵소추권(제65조), ④ 헌법재판소의 설치 조직에 관한 밥률제정권(제113조 제3항) 등이 있다.

Ⅳ. 국회의 최고기관성 여부

국회가 국가의 최고기관인지의 여부가 문제되는 바, 의원내각제하의 국회는 정부의 구성・전복권까지도 가지고 있으므로 국회가 최고기관임에는 의문이 없다. 대통령제하에서의 국회는 국가의 유일한 최고기관일 수 없으나, 정부・법원・헌법재판소와 같은 최고기관 중의 하나라고 본다.

제 3 절   국회의 구성과 조직

Ⅰ. 국회의 구성

1. 국회의 구성원리

국회의 구성방식에는 단원제, 양원제가 있다. 전자는 한 개의 합의체로 구성되는 경우를 말하고, 후자는 두 개의 합의체로 구성되는 경우를 말한다. 즉, 국회는 하나 또는 둘의 합의체로써 구성된다. 양원제 국회에 있어서는 일원(하원・민의원)은 오로지 민선의원만으로 조직되는 것이 원칙으로 되어 있지만, 다른 일원의 조직은 나라에 따라 상이하다.

2. 양원제와 단원제의 비교

(1) 양원제

1) 의의와 연혁

양원제란 의회가 두 개의 합의체(의원)로써 구성되며, 두 합의체가 원칙적으로 각각 독립하여 결정한 의사가 일치한 경우에 이를 의회의 의사로 간주하는 의회제를 의미한다. 양원제는 몽테스키외, 브라이스 등이 주장한 것으로 영국의 귀족원과 평민원을 그 기원으로 하며, 오늘날에는 미국, 독일, 프랑스, 이탈리아, 스페인, 일본 등이 채용하고 있다.

양원제하에서 하원은 반드시 민선의원으로 구성되지만, 상원의 전부 또는 일부는 국민의 선거로 구성하기도 하며, 세습적 의원으로 구성되거나 국가원수에 의하여 임명되기도 한다.

2) 양원제의 유형

(가) 귀족원·민의원형

상원은 귀족을 대표하는 귀족원으로 세습제(임명제)이며, 하원은 민선의원으로 구성되는 경우를 말한다(영국).

(나) 지방원·민의원형

연방국가에서 주(지방)를 대표하는 상원과 국민을 대표하는 하원으로 구성되는 경우이다(미국, 독일, 스위스 등).

(다) 민의원·참의원형

단일국가에서 상·하 양원을 모두 민선(우리나라 제2공화국, 일본)으로 구성하는 경우를 말한다.

(라) 민의원·직능대표원형

상원을 직능대표로 구성(독일 Bayern주와 아일랜드상원)하고, 하원은 국민에 의해 민선으로 구성하는 경우를 말한다.

3) 양원제의 장·단점

(가) 장 점

ⅰ) 국회의 심의를 신중히 하여 단원제에서와 같은 경솔·부당한 의결과 과오를 시정할 수 있다. ⅱ) 국회구성에 권력분립의 원리를 도입함으로써 국회 또는 다수파의 전제나 횡포를 방지함으로써 국민의 자유 내지 소수파의 권리를 보장할 수 있다. ⅲ) 일원이 정부와 충돌한 경우에 타원이 조정 또는 완화할 수 있다. ⅳ) 양원의 조직을 달리함으로써 단원제에 있어서의 파쟁과 부패를 방지할 수 있다. ⅴ) 하원의 지역대표제에 대하여 상원의 직능대표제 또는 지방대표제를 도입함으로써 직능단체나 주의 특수이익을 대변할 수 있다.

(나) 단 점

ⅰ) 양원의 구성에 경비가 과다 지출되고, 국회의 의결이 지연되어 국무처리가 늦다. ⅱ) 양원이 서로 책임을 전가함으로써 국회의 책임 소재가 불분명하게 된다. ⅲ) 상원과 하원의 구성을 동일 기준 위에 둘 때는 상원은 무용의 존재가 된다. 반대로 상이한 기초 위에 두면 상원은 특권층의 비호기관이 되어 보수화·반동화할 우려가 있다. ⅳ) 국회가 양원으로 분열되어 있어 국회의 행정부에 대한 지위가 상대적으로 약화된다. 즉, 상원의 견제작용으로 하원의 대정부통제기능이 약화된다.

4) 양원제에 있어서의 상호관계

(가) 양원의 기본관계

ⅰ) 각원은 그 구성원을 달리 하여야 하고, 따라서 1인이 동시에 양원의 의원이 될 수 없으며(조직독립의 원칙), ⅱ) 양원은 서로 독립하여 회의를 개최하고, 의사진행과 의결도 독자적으로 하여야 하며(의결독립의 원칙), 그리고 ⅲ) 양원은 동시에 집회·휴회·폐회한다(동시활동의 원칙). ⅳ) 양원의 의견이 일치된 경우에만 의회의 의결로 한다(의사일치의 원칙).

(나) 양원의 권한관계

의원내각제의 경우 하원에 우월성을 인정하는 것이 일반적이지만, 연방국가이고 대통령제인 경우 권력의 균형을 위해 동등한 권한관계에 있는 완전양원제를 채택한다. 그러나 어느 정부형태든 예산안에 대해서는 일반적으로 하원이 우월하다.

(2) 단원제

1) 의의

단원제(일원제)란 국회의 구성이 민선의원으로 조직되는 하나의 합의체로서 구성되는 경우를 말한다. 단원제는 루소, 시에예스 등이 국민의 합의는 하나밖에 없어 대표기관도 하나이어야 한다는 데 그 근거를 두고 주장한 것으로 오늘날 덴마크, 뉴질랜드, 한국 등의 국가에서 채용하고 있다.

2) 단원제의 장·단점

양원제의 단점은 단원제의 장점이 되고, 양원제의 장점은 곧 단원제의 단점이 되는 등 표리관계에 있다.

(가) 장 점

ⅰ) 국민의 의사를 직접적으로 반영할 수 있다. ⅱ) 국정처리를 신속하게 할 수 있으며 국회의 경비를 절약할 수 있다. ⅲ) 국회의 책임소재가 명백하고 그 지위가 강력하다.

(나) 단 점

ⅰ) 국회의 심의가 경솔·부당하게 되고 과오를 범할 위험성이 많다. ⅱ) 국회와 정부가 대립·충돌할 경우 중재·완화시킬 기관이 없다. ⅲ) 국회에서의 다수당을 견제할 수 없어 소수파의 보호가 소홀해질 수 있다. ⅳ) 국회의 정부에 대한 횡포가 이루어지기 쉽다.

3. 우리나라 국회의 구성

(1) 단원제 국회의 역사

1948년 제헌헌법은 단원제를 규정하였다. 제1차 개헌(1952년)으로 양원제(민의원과 참의원)가 규정되기는 하였으나 4·19까지는 참의원선거를 하지 않고 단원제로 운영하였다. 제2공화국헌법은 양원제를 채택하여 민의원은 선거구에서 4년의 임기로 선출되는 의원들로 구성되고, 참의원도 도 단위의 대선거구에서 6년 임기로 선출된 의원들로 구성되었다.

제3공화국헌법에서 단원제로 부활되었고, 이 때 단원제 국회는 지역구출신의 의원과 정당추천명부에 의한 전국구출신 의원들로 구성되었다. 그리고 제4공화국·제5공화국헌법에서도 계속하여 단원제가 채택되었다.

(2) 현행헌법의 국회구성

현행헌법은 국회의 구성원리를 단원제로 하고 있다. 국회는 국민의 보통·평등·직접·비밀선거에 의하여 선출된 지역구의원과 전국구의원(비례대표제)들로 구성된다(헌법 제41조 제1항·제3항). 또한 국회의원의 정수는 법률로 정하되 200인 이상으로 한다(제41조 제2항).

4. 국회의원의 선거

(1) 선거권과 피선거권

국회의원 선거권자는 선거일 현재 만 19세 이상의 국민이다(공직선거법 제15조 제1항). 다만, 공직선거법 제18조에 국회의원 선거에 규정된 결격사유가 있는 자와 선거인명부에 등재되지 아니한 자는 선거권이 없다. 국회의원의 피선거권자는 선거일 현재 만 25세 이상의 국민으로(동법 제16조 제2항), 동법 제19조의 결격사유가 없는 자이어야 한다.

(2) 선거구와 의원정수

의원의 선거구는 지역선거구와 전국선거구의 2종이 있다(동법 제21조). 지역구 출신의원은 254개 선거구에서 1명씩 선출하는 소선거구제(다수대표제)이며, 전국구 출신의원은 46명으로 정당추천 명부에 따라 비례대표제에 의해 선출한다. 현재 국회의원 정수는 300인이며(동법 제21조 제1항), 의원의 임기는 4년이다(헌법 제42조). 지역구는 인구·행정구역·지세·교통기타의 조건을 고려하여 이를 확정한다. 그러나 구·군의 일부를 분할하여 다른 지역구에 소속하게 하지 못한다(동법 제25조 제1항).

(3) 선거의 종류와 실시시기

1) 총선거

임기만료로 인하여 의원 전부를 새로 선출하는 선거로서 임기만료일전 50일이후 첫째 수요일에 실시한다(동법 제34조).

2) 재선거

당선인이 없거나, 지역구에서 선거할 의원후보자가 없을 때, 선거전부무효판결이 있거나, 당선인이 임기 개신 전에 사퇴 또는 사망하거나 피선거권이 상실되었을 때, 선거비용의 초과지출로 인한 당선무효·당선인 또는 선거사무장 등의 선거범죄로 인한 당선무효인 때, 즉 재선거는 확정판결 또는 결정의 통지를 받은 날부터 30일 이내에 실시하되, 관할선거구선거관리위원회가 그 재선거일을 정하여 공고하여야 한다.

3) 보궐선거

선거구에서 선출된 의원이 결원이 생긴 경우에 하는 선거로 지역구국회의원의 보궐선거는 전년도 10월 1일부터 3월 31일까지의 사이에 그 선거의 실시사유가 확정된 때에는 4월중 마지막 수요일에 실시하고, 4월 1일부터 9월 30일까지의 사이에 그 선거의 실시사유가 확정된 때에는 10월중 마지막 수요일에 실시한다. 잔여 임기가 1년 미만인 경우에는 실시하지 않을 수 있다(동법 제201조). 비례대표국회의원에 궐원이 생긴 때에는 선거구선거관리위원회는 궐원통지를 받은 후 10일이내에 그 궐원된 의원이 그 선거 당시에 소속한 정당의 비례대표국회의원후보자명부에 기재된 순위에 따라 궐원된 국회의원의 의석을 승계할 자를 결정하여야 한다. 다만, 그 정당이 해산되거나 임기만료일 전 120일 이내에 궐원이 생긴 때에는 그러하지 아니하다(동법 제200조 제2항).

(4) 국회의원 후보자등록과 기탁금

지역구후보자가 되려는 자는 정당의 추천장(정당원인 경우), 선거권자 300-500인 이하의 기명·날인한 추천장(무소속인 경우)이 필요하고, 전국구후보는 정당의 후보자명부, 정당의 추천서, 본인의 승낙서를 중앙선거관리위원회에 제출한다. 비례대표의 전국구후보는 그 순위를 견경할 수 없고 후보자를 추가할 수 없다. 또한 후보자의 등록시에는 정당후부자나 무소속 후보자 똑같이 1천500만원을 기탁하여야 한다.

지역구 국회의원선거에서 ① 후보자가 당선되거나 사망한 경우와 유효투표총수의 100분의 15 이상을 득표한 경우에는 기탁금 전액을, ② 후보자가 유효투표총수의 100분의 10 이상 100분의 15 미만을 득표한 경우에는 기탁금의 100분의 50에 해당하는 금액을 선거일 후 30일 이내에 기탁자에게 반환한다. 이에 해당하지 않은 후보자의 기탁금은 일정한 비용을 공제한 후 국고에 귀속된다. 비례대표국회의원선거의 경우는 당해 후보자명부에 올라 있는 후보자중 당선인이 있는 때에는 기탁금 전액을 반환한다. 다만, 제189조 및 제190조의2에 따른 당선인의 결정 전에 사퇴하거나 등록이 무효로 된 후보자의 기탁금은 제외한다(공직선거법 제57조 제1항).

(5) 선거운동

1) 의의

선거운동이란 후보자를 당선되게 하거나 되지 못하게 하는 행위를 말한다. 다만, 선거에 관한 단순한 의견의 개진·의사를 표시·입후보와 선거운동을 위한 준비행위 또는 통상적인 정당활동은 선거운동으로 보지 않는다(동법 제58조 제1항). 선거운동은 후보자 등록이 끝난 때부터 선거일 전일까지 가능하다(동법 제39조). 따라서 사전선거운동과 선거일선거운동은 금지된다.

2) 선거운동을 할 수 없는 자

대한민국 국민이 아닌 자, 미성년자, 선거권이 없는 자, 국가공무원법 제2조와 지방공무원법 제2조에 규정된 국가공무원·지방공무원으로서 정당원이 될 수 있는 공무원이 아닌 국가공무원 및 지방공무원, 다른 법령의 규정에 의하여 공무원의 신분을 가진 자, 정부투자기관의 상근임직원, 농협협동조합·수산업협동조합·축산업협동조합 등의 상근임직원, 정당법 제6조 단서에 의하여 정당의 당원이 될 수 없는 사립학교교원, 대통령령으로 정하는 언론인, 향토예비군의 소대장급 이상의 간부 및 통·리·반의 장 등은 선거운동을 할 수 없다(공직선거법 제60조).

3) 선거운동의 방법

선거운동은 선전벽보, 선거공보의 발행, 합동연설회, 소형인쇄물, 현수막 등을 통하여 할 수 있다. 그리고 공직선거법에 의한 방법에 의하지 아니한 신문 등의 광고나 허위방송을 금지, 기부행위 등을 제한하고 있다. 단 후보자의 경력방송과 대담·토론프로, 정당연설회, 공개장소에서의 연설·대담 등을 허용하고 있다.

(6) 당선인의 결정

지역구 국회의원선거에서는 유효투표의 다수를 얻은 자를 당선인으로 결정한다. 다만, 득표수가 동일한 때에는 연장자가 당선되며, 지역구 후보자수가 1인이 된 때에는 무투표당선이 인정된다.

중앙선거관리위원회는 비례대표국회의원선거에서 유효투표총수의 100분의 3 이상을 득표하였거나 지역구국회의원총선거에서 5석 이상의 의석을 차지한 각 정당에 대하여 당해 의석할당정당이 비례대표국회의원선거에서 얻은 득표비율에 따라 비례대표국회의원의석을 배분한다. 득표비율은 각 의석할당정당의 득표수를 모든 의석할당정당의 득표수의 합계로 나누어 산출한다. 비례대표국회의원의석은 각 의석할당정당의 득표비율에 비례대표국회의원 의석정수를 곱하여 산출된 수의 정수(整數)의 의석을 당해 정당에 먼저 배분하고 잔여의석은 소수점 이하 수가 큰 순으로 각 정당에 1석씩 배분하되, 그 수가 같은 때에는 당해 정당 사이의 추첨에 의한다. 중앙선거관리위원회는 제출된 정당별 비례대표국회의원후보자명부에 기재된 당선인으로 될 순위에 따라 정당에 배분된 비례대표국회의원의 당선인을 결정한다. 정당에 배분된 비례대표국회의원의석수가 그 정당이 추천한 비례대표국회의원후보자수를 넘는 때에는 그 넘는 의석은 공석으로 한다(공직선거법 제189조).

(7) 국회의원의 임기

국회의원의 임기는 총선거에 의한 전임의원의 임기만료일의 다음 날부터 개시하고, 보궐선거에 의한 경우에는 당선일로부터 개시하여 전임자의 잔임기간으로 한다(공직선거법 제14조 제2항).

(8) 선거에 의한 소송

선거에 관한 소송에는 당선의 효력에 관한 소송(당선소송)과 선거의 효력에 관한 소송(선거소송)이 있으며, 양자 모두 선거일이나 당선결정일로부터 30일 이내에 제소하여야 하며, 대법원은 소가 제기된 날부터 180일 이내에 처리하여야 한다(동법 제222조 제1항, 제223조 제1항, 제225조). 당선소송은 정당 또는 후보자가 당선인 또는 당해선거구선거관리위원회 위원장을 상대로, 선거소송은 선거인·정당·후보자가 당해 선거구선거관리위원회 위원장을 상대로 대법원에 제소한다.

II. 국회의 조직

1. 국회의장과 부의장

국회의 기관으로서는 의장 1인과 부의장 2인을 두며(헌법 제48조), 의장의 지휘·감독 아래 국회의 사무를 처리하기 위하여 국회사무처를 두고, 사무총장 1인과 기타 필요한 공무원을 두고 있다(국회법 제21조).

국회의장은 국회를 대표하고 의사를 정리하며, 사무를 감독한다(국회법 제10조). 그리고 의장이 사고가 있을 때에는 부의장이 그 직무를 대리하며(국회법 제12조), 의장과 부의장이 모두 사고가 있을 때에는 임시의장을 선출하여 의장의 직무를 대행하게 한다(국회법 제13조). 국회의원 총선거 후 최초의 임시회집회공고는 사무총장이 의장의 직무를 대행하고(국회법 제14조), 개원국회의 의장 직무는 최다선의 연장자가 대행한다.

(1) 지위와 선거

의장과 부의장은 국회 본회의에서 무기명투표로 선거하되 재적위원 과반수의 득표로 당선되며

(국회법 제15조), 의장 또는 부의장이 궐위된 때에는 지체없이 보궐선거를 실시한다(국회법 제16조). 의장과 부의장이 모두 유고시에는 임시의장을 선출하며, 의장이 사고가 있을 때에는 의장이 지정하는 부의장이 그 직무를 대리한다.

의장과 부의장의 임기는 2년이며, 보궐선거에 의하여 당선된 자는 전임자의 잔임기간으로 한다(국회법 제9조). 다만, 국회의원총선거후 처음 선출된 의장과 부의장의 임기는 그 선출된 날부터 개시하여 의원의 임기개시후 2년이 되는 날까지로 한다.

국회의원이 의장으로 당선된 때에는 당선된 다음 날부터 그 직에 있는 동안은 당적을 가질 수 없다. 다만, 국회의원총선거에 있어서 공직선거법에 의한 정당추천후보자로 추천을 받고자 하는 경우에는 의원 임기만료일전 90일부터 당적을 가질 수 있다. 당적을 이탈한 의장이 그 임기를 만료한 때에는 당적을 이탈할 당시의 소속정당으로 복귀한다(국회법 제20조의2).

의장과 부의장은 특히 법률로 정한 경우를 제외하고는 의원외의 직을 겸할 수 없다. 다른 직을 겸한 의원이 의장 또는 부의장으로 당선된 때에는 당선된 날에 그 직에서 해직된 것으로 본다. 또한 의장과 부의장의 사임에는 국회의 동의를 얻어야 한다(국회법 제19조).

(2) 국회의장의 권한

의장은 국회를 대표하고 의사를 정리하며 질서를 유지하고 사무를 감독한다(국회법 제10조). 헌법과 국회법에서 규정하는 의장의 권한으로 중요한 것은 원내질서유지권, 의사정리권, 사무감독권, 국회대표권, 위원회 출석·발언권, 국회소집공고권, 법률의 예외적 공포권, 의원의 청가허가권, 폐회중에 있어서의 의원사직허가권, 국회내 경호권 및 방청허가권, 의사일정의 작성·변경권, 윤리심사대상의원과 징계대상의원의 윤리특별위원회 회부권 등을 들 수 있다. 국회의장은 위원회의 상임위원이 될 수 없으며, 표결에도 참가할 수 없다(국회법 제11조 및 제39조 제3항).

2. 위원회

(1) 위원회의 의의

본회의에서의 의안의 심의를 원활하게 할 목적으로 일정한 사항에 관하여 전문적 지식을 가진 일단의 의원들로 하여금 의안을 예비적으로 심사·검토하게 하는 소회의제를 위원회라고 말한다.

우리나라는 「상임위원회 중심주의」를 채택하고, 본회의에서는 가부투표를 하는 「본회의 결정주의」를 채택하고 있다.

(2) 위원회의 종류

1) 상임위원회

소관사항에 관한 입법 기타의 의안을 예비적으로 심의하기 위하여 상설적으로 설치된 위원회로 그 소관사무는 법정되어 있다(국회법 제37조). 이 상임위원회는 폐회 중에도 월 2회의 정례회의를 열도록 의무화시키고 있다(국회법 제53조 제1항).

상임위원회의 의원정수는 국회규칙으로 정한다. 단, 정보위원회의 위원정수는 국회법에서 직접 12인으로 정하고 있다(국회법 제38조 및 제39, 제40조, 제48조, 제54조의2).

국회의원은 2 이상의 상임위원회의 위원이 될 수 있으며, 각 교섭단체의 대표의원은 국회운영위원회의 위원이 된다(국회법 제39조 제1항 및 제2항). 상임위원은 소관 상임위원회의 직무와 관련한 영리행위를 하지 못한다(국회법 제40조의2).

각 상임위원회에 위원장 및 위원의 입법활동을 돕기 위하여 전문위원과 공무원을 둔다.

2) 특별위원회

각 상임위원회에 속하지 않은 특별한 안건을 처리하기 위하여 일시적으로 설치되는 위원회를 말한다. 예산결산특별위원회, 윤리특별위원회, 인사청문특별위원회 등이 그 예이다. 위원장은 위원회에서 호선한다(국회법 제47조 제1항). 특별위원회의 위원장이 선임될 때까지는 위원중 연장자가 위원장의 직무를 대행한다. 특별위원회의 위원장은 그 위원회의 동의를 얻어 그 직을 사임할 수 있다. 다만, 폐회중에는 의장의 허가를 받아 사임할 수 있다.

3) 연석회의

연석회의란 둘 이상의 위원회가 연석하여 개최하는 회의로서, 법적 의미에서 독립된 위원회는 아니다. 의견진술과 토론은 할 수 있으나 표결은 할 수 없다(국회법 제63조).

(3) 위원회의 운영

위원회는 재적의원 1/5이상의 출석으로 개회하고, 재적위원 과반수의 출석과 출석위원 과반수의 찬성으로 의결한다(국회법 제54조). 본회의 중에는 원칙적으로 개의할 수 없다. 단, 국회운영위원회는 개회할 수 있다. 타위원회도 본회의의 의결이 있거나, 의장이 필요하다고 인정하여 각 교섭단체 대표의원과 협의한 경우에는 본회의중이라도 개회할 수 있다(국회법 제56조). 폐회중에는 국회의 의결이 있거나 의장 또는 위원장이 필요하다고 인정할 때 또는 재적의원1/4이상 요구가 있을 때 한하여 개회한다(국회법 제52조). 또한 위원회는 그 소관에 속하는 사항에 관하여 법률안 기타 의안을 제출할 수 있고(국회법 제51조), 공청회와 청문회를 열 수 있다(국회법 제64조·제65조).

(4) 위원회의 장·단점

1) 장 점

의안의 심의에 있어 시간을 절약하고, 깊은 토의와 능률적인 의사운영이 가능하다. 전문적인 지식을 가지고 심의하므로 행정기능의 확대·분화에 대응할 수 있다. 따라서 위원회는 의회주의의 회복에 기여하고 있다.

2) 단 점

본회의가 형식화되고, 위원회와 관련 행정부 간에 지나친 밀착으로 대정부통제기능이 약화될 수 있다. 이익단체간의 로비로 의안처리의 공정성을 해쳐 국민전체 입장을 상실할 수 있으며, 또한 국회의원으로 하여금 폭넓은 국정신의의 기회를 박탈할 수 있으며, 당파적 대립으로 인한 입법기능의 마비를 가져올 수 있고, 정당수뇌부와 정당간부의 권한강화를 가져올 수 있다.

Ⅲ. 교섭단체

교섭단체란 원칙적으로 동일정당소속의 의원들로 구성되는 원내정당을 말한다. 교섭단체의 기능은 국회에서 그 의사를 원활하게 운영하는데 있다. 소속의원 20인 이상을 가진 정당은 하나의 교섭단체를 구성하는데, 정당단위가 아니라도 다른 교섭단체에 속하지 아니하는 20인 이상의 의원으로 따로 교섭단체를 구성할 수 있다(국회법 제33조 제1항). 교섭단체마다 의원총회와 대표의원을 두는데, 이 대표의원이 원내총무이다. 교섭단체의 대표의원은 그 단체의 소속의원이 서명·날인한 명부를 의장에게 제출하고, 소속의원에 변동이 있거나 소속정당의 변경이 있을 때에는 그 사실을 의장에게 보고한다(국회법 제33조 제2항). 또한, 소속의원의 의결을 종합하여 국회의 의사진행과 의안에 관한 입장을 결정하고 대변한다.

제 4 절 국회의 운영과 의사절차

Ⅰ. 국회의 회기

1. 입법기와 회기

(1) 입법기

선거에 의하여 구성된 뒤 임기개시일로부터 의원의 임기만료까지의 기간, 즉 동일의원에 의하여 형성되어 있는 기간을 의회기 또는 입법기라고 한다.

(2) 회 기

회기란 입법기 내에서 의회가 실제로 활동능력을 갖는 일정한 기간으로서, 국회의 회기는 소집일(집회일) 당일로부터 폐회일까지이다. 현행헌법은 국회의 회기에 대한 종전의 제한(연 150일 초과 금지)을 폐기하여 국회의 회의를 활성화하고 있다.

국회의 회기에는 정기회와 임시회·특별회 등이 있다. 국회는 회기중이라도 의결로써 일정한 기간을 정하여 활동을 중지할 수 있는데, 이를 휴회라 한다. 휴회일수도 회기에 산입되며, 휴회중이라도 대통령의 요구가 있을 때, 의장이 긴급한 필요가 있다고 인정할 때 또는 재적의원 4분의 1이상의 요구가 있을 때에는 회의를 재개한다(국회법 제8조). 폐회는 회기의 종료에 의하여 국회가 그 활동을 중지하는 것을 말한다.

2. 정기회와 임시회

(1) 정기회

매년 1회 정기적으로 소집되는 국회의 회기를 말한다(헌법 제47조 제1항). 매년 9월 1일이 집회일이며 회기는 100일을 초과할 수 없다. 그런데 국회는 의결로 기간을 정하여 휴회할 수 있다. 일반적으로 정기회의 업무는 예산안과 법률안을 심의·확정하며 국정을 감사한다.

(2) 임시회

임시회의 집회는 대통령 또는 국회재적의원 4분의 1이상의 요구에 의하여 집회하며(헌법 제47조 제1항 후단), 국회의장은 집회일 3일 전에 공고하며, 회기는 30일을 초과할 수 없다(헌법 제47조 제2항, 국회법 제5조). 임시회의 회기는 의결로 이를 정하되, 의결로 연장할 수 있다(국회법 제7조). 대통령이 임시회의 집회를 요구한 때에는 기간과 집회요구의 이유를 명시하여야 한다(헌법 제47조 제3항). 국회의원 총선거 후 최초의 임시회는 국회의원 임기개시후 7일에 집회한다(국회법 제5조 제2항). 회기는 국회의 의결로 정하고, 임시회의 업무는 법률안·추가경정예산안을 심의·확정하며 기타 국회의원이나 대통령이 제안한 안건을 처리한다.

Ⅱ. 정족수

1. 정족수의 의의

정족수란 다수인으로 구성되는 합의체에서 회의를 진행하고 의사를 결정하는 데 소요되는 출석자의 수를 말하는데, 이에는 의사정족수와 의결정족수가 있다.

의사정족수는 국회 또는 각원이 회의를 개회하는데 필요한 최소한의 출석의원의 수를 말한다.

의결정족수는 국회 또는 각원이 의결을 하는데 필요한 의원의 수를 말한다. 의결정족수에는 일반정족수와 특별정족수가 있으며, 헌법에 규정된 정족수를 결여한 국회의 의결은 위헌으로 무효이다.

2. 일반정족수

헌법 제49조는 「국회는 헌법 또는 법률에 특별한 규정이 없는 한, 그 재적의원 과반수의 출석과 출석의원 과반수의 찬성으로 의결한다. 가부 동수인 때는 부결된 것으로 본다.」고 하여 의결정족수만을 규정하고 있다.

의사정족수에 관해서 국회법은 「본회의는 재적의원 5분의 1이상의 출석으로 개의한다.」(국회법 제73조)라고 규정하고 있다. 위원회의 의사정족수도 재적위원 1/5이상 출석이다(국회법 제54조).

3. 특별정족수

특별정족수에 관한 헌법규정으로는 ① 거부된 법률안 재의결(헌법 제53조 제4항, 재적의원 과반수 출석과 출석의원 2/3이상 찬성), ② 국무총리·국무위원의 해임건의(헌법 제63조 제2항, 재적의원과반수의 찬성), ③ 국회의원의 제명(헌법 제64조 제3항, 재적의원 2/3이상 찬성), ④ 탄핵소추의결(헌법 제65조 제2항, 재적의원 과반수 찬성/ 대통령은 재적의원 2/2이상 찬성), ⑤ 헌법개정안의 의결(헌법 제130조 제1항, 재적의원 2/3이상의 찬성), ⑥ 계엄의 해제요구(헌법 제77조 제5항, 재적의원 과반수 찬성) 등이 있다.

Ⅲ. 국회의사의 기본원칙

1. 의사공개의 원칙

의사공개의 원칙이란 국회의 의안심의과정을 외부에 공개하는 것을 의미한다. 국회의 회의는 공개를 원칙으로 하나, 출석의원 과반수의 찬성이 있거나 의장이 국가의 안전보장을 위하여 필요하다고 인정할 때는 공개하지 아니할 수 있다(헌법 제50조 제1항).

의사공개의 범위가 본회의에 국한되느냐 아니면 위원회에도 적용되는가에 대하여는 견해가 대립한다. ① 긍정설은 국회가 상임위원회중심주의를 취하고 있으므로 본회의뿐만 아니라 위원회의 회의까지 적용되는 것으로 보는 견해이며, ② 부정설은 의사공개의 원칙은 국회의 본회의에만 적용되고 위원회는 공개하지 아니할 수도 있다는 견해이다.

의사공개의 원칙은 의회주의의 기본원리로서 책임정치실현의 전제조건이므로 위원회에도 적용된다고 보는 것이 타당하다.

의사공개는 ⅰ) 방청의 자유, ⅱ) 국회의사록의 공표, ⅲ) 보도의 자유 등을 그 내용으로 한다. 국회의장은 방청권을 발행하여 국회의원 이외의 일반인에게 회의를 방청할 수 있게 하며, 질서를 유지하기 위하여 필요한 경우에는 방청인의 수를 제한할 수도 있다. 방청석이 소란할 때에는 질서위반자에게 퇴장을 명령할 수도 있다(국회법 제152조~제154조). 또, 국회규칙이 정하는 바에 따라

녹음·녹화·촬영·중계방송을 허용해야 한다.

공개회의의 보도는 불법발언이 포함되어 있더라도 민·형사상 책임이 면제된다. 다만, 공개하지 아니한 회의내용의 공표에 관하여는 법률이 정하는 바에 의한다(헌법 제50조 제2항).

2. 회기계속의 원칙

회기계속의 원칙이란 국회의 일회기중에 의결되지 못한 의안도 폐기되지 아니하고 다음 회기에 계속하여 심의할 수 있다는 원칙을 말한다. 헌법 제51조는「국회에 제출된 법률안, 기타의 의안은 회기중에 의결되지 못한 이유로 폐기되지 아니한다. 다만, 국회의원이 임기가 만료된 때에는 그러하지 아니한다」고 규정하여 회기계속의 원칙을 채택하고 있으며, 예외적으로 국회의원 임기가 만료된 경우에는 회기가 계속되지 않는다. 이는 선거에 의한 대의민주주의의 본질상 입법기 자체의 변경을 의미하기 때문이다.

반면에 회기불계속의 원칙이란 의회의 일회기중에 심의가 완료되지 아니한 안건은 그 회기가 종료됨으로써 소멸하고 다음 회기에는 다시 제출된 안건으로 의사활동을 시작한다는 원칙이다. 회기불계속의 원칙은 회기가 끝날 때마다 미제의 의안이 폐기되고 새로운 회기에 다시 제출되는 절차의 번잡을 초래하는 문제점을 가지고 있다.

3. 일사부재의의 원칙

일사부재의의 원칙이란 의회에서 회기중에 부결된 안건은 동일회기중에는 다시 발의하거나 심의하지 못한다는 원칙을 말한다. 이는 국회법 제92조에서 규정하고 있다. 국회에서 일단 부결되면 그 회기중에는 국회의 의사가 확정된 것으로 보고 다시 심의하지 못하게 하는 원칙인데, 이는 의사진행을 원활하게 하고 특히 소수파에 의한 의사방해(filibuster)를 막기 위한 제도라고 하겠다.

일사부재의의 원칙의 적용을 받지 않는 경우(재발의가 가능)에 해당하는 것은 다음과 같다. ① 의제로 된 안건이라도 의결 전에 철회된 경우(국회의 의사가 확정되지 않았기 때문에), ② 동일안건이라도 전회기에서 부결된 것은 다음 회기에서 다시 발의·심의 가능하며(동일회기중이 아니기 때문에), ③ 위원회의 결정(국회 자체의 결정이 아니기 때문에)일지라도 본회의에서 다시 심의 하는 것, ④ 동일대상에 대한 해임건의안이더라도 새로이 발견된 사유로 인한 것일 때(동일사안이 아니기 때문에)에는 일사부재의라고 할 수 없다.

제 5 절 국회의 권한

Ⅰ. 서 설

국회의 권한은 국회의 헌법상 지위에서 당연히 나오는 권한을 말한다. 국회의 권한의 내용과 그 강도는 각국의 국가기관의 헌법상 지위에 따라 상이하며, 또 정부형태에 따라 많은 차이가 나타난다.

국회의 권한은 권한의 실질적인 성질이나 내용의 기준에 따라 입법에 관한 권한, 재정에 관한 권한, 일반국정통제에 관한 권한, 국회내부사항에 관한 권한, 헌법기관구성에 관한 권한 등으로 분류할 수 있다. 또 권한의 형식적 분류, 즉 행사형식에 따라 의결권, 동의권, 승인권, 통고권, 통제권 등으로 분류할 수 있다.

Ⅱ. 입법에 관한 권한

1. 입법과 입법권의 의의

헌법 제40조는 「입법권은 국회에 속한다」라고 하여 국회가 입법권을 가지고 있음을 명시하고 있다. 이 입법권은 국회가 가지는 가장 본질적이며 고유한 권한이다. 이 때 입법권이 무엇을 의미하는가에 관하여 실질설과 형식설이 대립하고 있으며, 또한 입법권이 무엇에 관한 권한이여 국회가 갖고 있는 입법권의 구체적인 범위와 그 한계는 무엇인지 문제가 되고 있다.

(1) 입법의 개념

1) 형식설(형식적 의미의 입법)

이 견해는 입법을 그 내용에 관계없이 제정형식에 따라 정의하는 것으로, 입법이란 "형식적 의미의 법률을 정립하는 작용", 즉 국회의 형식적인 법률제정권으로 본다. 따라서 법률이 법규사항을 내용으로 하든 아니면 법규 이외의 입법사항을 내용으로 하든 간에, 법률이란 명칭으로 국회에서 제정된 모든 것을 의미한다.

2) 실질설(실질적 의미의 입법)

이 설은 입법의 형식 여하에 불구하고 (법률·명령·규칙) 그 내용에 따라 정의하는 것으로, 입법이란, "일반적·추상적 성문의 법규범을 정립하는 작용"을 말한다. 여기에는 법규범을 국민의 권리·의무에 관한 사항으로 보는 법규설(권리·의무설)과 법규에 한하지 않고 넓게 이해하는 일반적 법규설(법률사항설, 입법사항설)이 있다. 이 중 사법·행정의 개념과 견주어 볼 때 후자의 입장에서 보는 것이 타당하다고 하겠다.

3) 결 론

입법의 개념은 실질적 의미로 이해하는 것이 타당하다고 본다. 왜냐하면 형식설에 따른다면 헌법이나 규칙 등은 법률이 아니기 때문에 국회가 가지고 있는 헌법개정에 관한 권한이나 국회규칙제정권 등을 설명할 수 없고, 형식설의 경우 긴급명령 등이 국회입법의 원칙에 예외라고 하나, 긴급명령이나 긴급재정·경제명령 등은 형식적 의미의 법률이 아니므로 집행부도 자유로이 제정할 수 있다고 보아야 하므로 이는 국회입법의 원칙과 모순되거나 예외가 아닌 것이 된다라고 보아야 하기 때문이다.

(2) 입법의 범위

입법을 실질적 의미로 파악하여야 한다면 헌법 제40조의 입법권도 실질적 의미로 해석하여야 한다. 헌법은 국회를 유일한 입법기관이라고 하지 않고 있지만 「입법권은 국회에 속한다」고 규정한 헌법 제40조는 "실질적 의미의 입법에 관한 권한이 원칙적으로 국회의 권한에 속한다"는 국회중심입법의 원칙을 규정한 것으로 보아야 한다. 다만, 헌법은 헌법정책적 이유로 국회중심입법의 원칙에 대한 예외를 규정하고 있다(긴급명령, 긴급재정·경제명령, 행정입법, 자치입법 등). 따라서 국회가 갖는 입법권의 실질적·구체적인 범위는 법률제정권, 헌법개정의 발의·의결권, 조약의 체결·비준에 대한 동의권, 국회규칙제정권이 있을 뿐이다.

(3) 입법의 특성

1) 입법의 일반성·추상성

입법의 일반성·추상성의 이론은 법률을 일반적(불특정다수인을 대상)이고, 추상적(불특정한 경우)으로 제정하여 사전적으로 예측할 수 있는 행위를 할 수 있게 함으로써 확실성·공평성·획일성·안정성을 확보하기 위한 것이다. 따라서 일반적·추상적인 입법(법률)이 집행권이나 사법권에 의하여 구체적 사건에 적용되어야만 국민의 권리와 의무가 발생한다.

2) 처분적 법률의 인정여부

처분적 법률이란 집행권이나 사법권을 매개하지 않고 직접 국민에게 권리나 의무를 발생시키는 법률, 즉 개별적·구체적 구속력을 가지는 법률을 의미한다.

처분적 법률의 유형에는 일정범위의 소수국민만을 그 대상으로 하는 법률인 개별인적 법률, 개별적·구체적 상황 또는 사건을 그 대상으로 하는 법률인 개별사건적 법률, 적용기간이 한정된 법률인 한시적 법률이 있다.

처분적 법률의 유효성 여부에 대해서는 견해가 대립되어 있으나 오늘날 사회적·경제적 사정이 복잡해짐에 따라 일반적·추상적인 법규정만으로는 국민의 복리향상을 위하여 불충분하므로 실질적 평등의 원칙에 위배되지 않는 범위 내에서 복지국가적 요청에 비추어 부득이한 구체적·개별적 효력을 가지는 처분적 법률도 제정할 수 있다고 보아야 한다.

2. 입법권의 범위와 한계

(1) 입법권의 범위

헌법이 인정하고 있는 국회의 입법권에 관한 권한은 헌법개정에 관한 권한, 법률제정에 관한 권한, 조약의 체결·비준에 대한 동의권, 국회규칙제정에 관한 권한이다.

1) 헌법개정에 관한 권한

국회는 헌법개정에 관하여 발의권과 의결권을 가진다. 헌법개정안의 발의는 국회재적의원 과반수 또는 대통령이 할 수 있다. 국회는 헌법개정안이 공고된 날로부터 60일 이내에 의결하여야 하며, 국회의 의결은 재적의원 3분의 2이상의 찬성을 얻어야 한다.

헌법개정안은 수정통과 시킬 수 없으며(수정의결은 공고절차에 위배), 기명투표로 하여야 한다. 국회에서 의결된 헌법개정안은 국민투표에 회부되고 30일이내에 국회의원 선거권자 과반수의 투표와 투표자 과반수의 찬성을 얻으면 헌법개정은 확정된다. 대통령은 이를 즉시 공포하여야 한다(헌법 제128조 내지 제130조).

2) 법률제정에 관한 권한

국회의 가장 본질적인 권한이다. 법률은 일반적으로 법안의 제출, 심의 의결, 정부의 이송, 공포의 절차 등을 밟아 제정된다.

(가) 법률안 제출

법률안의 제출권은 국회의원과 정부에 있다(헌법 제52조). 국회의원의 경우는 10인! 이상의 찬성이 필요하며(예산이 수반되는 법률안 등도 동일), 예산상의 조치가 수반되는 법률안은 예산추계서를 제출하여야 한다(국회법 제79조의2). 또한, 국회의 상임위원회도 그 소관에 속하는 사항에 관하여 법률안을 제출할 수 있다(국회법 제51조). 그리고 정부가 법률안을 제출함에는 국무회의의 심의를 거쳐야 한다(헌법 제89조 3호).

(나) 법률안의 심의

법률안이 발의·제출되었을 때는 의장은 이를 인쇄하여 의원에게 배부하는 동시에 본회의에 보고하고, 소관상임위원회에 회부하여 이를 심사하게 한다. 만약 법률안이 어느 상임위원회에 속하는지 명백하지 아니할 때는 의장이 국회운영위원회와 협의하여 회부할 상임위원회를 결정한다. 상임위원회의 심사가 끝난 법률안은 본회의에 부의한다(국회법 제81조).

법률안의 심의는 상임위원회가 중심이 되어 행하므로, 소관 상임위원회가 심의한 후 본회의에 부의할 필요가 없다고 판단하면 그 법안은 폐기되어 본회의에 상정하지 아니한다(보류함, Pigeonhole). 단, 위원회의 결정이 본회의에 보고된 날로부터 폐회 또는 휴회중의 기간을 제외한 7일 이내에 의원 30인 이상의 요구가 있을 때에는 본회의에 부의하여야 한다.

소관 상임위원회에서 심사하거나 입안한 법률안은 법제사법위원회에 회부하여 체계와 자구에 대한 심사를 거친 후(국회법 제86조 제1항) 본회의에 회부하여 심의·의결된다. 법률안에 대한 수정동의는 30인 이상(예산이 수반되는 수정동의는 50인 이상)의 찬성이 필요하다(국회법 제95조 제1항).

(다) 법률안의 의결

본회의에 붙여진 법률안은 재적의원 과반수의 출석과 출석의원 과반수의 찬성으로 의결하며 가부동수인 경우에는 부결된다(헌법 제49조). 국회에서 의결된 법률안은 정부에 이송한다(헌법 제53조 제1항).

(라) 정부에 이송

본회의에서 의결된 법률안은 정부에 이송된다. 정부는 이송된 법률안에 대하여 공포할 것인가 아니면 거부할 것인가를 결정한다.

(마) 대통령의 거부권 행사와 국회의 재의결

정부에 이송된 법률안에 대하여 이의가 있을 때에는 대통령은 거부권을 행사할 수 있다. 즉, 법률안이 정부로 이송된 날로부터 15일 이내에 이의서를 붙여 국회에 환부하고 재의를 요구할 수 있으며, 국회가 폐회중인 때에도 같다(헌법 제53조 제2항). 이 기간 내에 대통령이 공포나 재의를 요구하지 아니한 때에는 그 법률안은 법률로서 확정된다(헌법 제53조 제5항). 법률안거부권은 대통령제 요소로서 전부거부와 환부거부(Direct veto)가 원칙이며, 우리 헌법 제53조 제3항은 일부거부와 수정거부를 명문으로 금지함으로써 이를 확인해 주고 있다. 대통령이 거부권을 행사한 때에는 국회에서 재의하며, 재적의원 과반수의 출석과 출석의원 2/3이상의 찬성으로 재의결되면 그 법률안은 법률로써 확정된다(헌법 제53조 제4항).

(바) 법률안의 성립과 공포

국회에서 의결된 법률안이 정부에 이송된 후 이에 대한 이의가 없는 때에는 대통령은 국무회의의 심의를 거쳐 이에 서명하고, 국무총리 및 관계국무위원이 부서함으로써 법률로 성립되고, 서명은 법률의 성립요건이고, 공포는 효력발생요건이며 관보에 거재해야 한다.

정부에 이송된 법률안은 15일 이내에 대통령이 공포나 재의의 요구를 하지 않으므로써 법률로 확정된 후 5일 이내에 또는 국회에서 재의결된 확정법률이 정부에 이송된 후 5일 이내에 대통령이 공포하지 아니할 때에는 국회의장이 이를 공포한다(헌법 제53조 제6항).

(사) 법률의 효력발생

법률은 특별한 규정이 없는 한 공포된 날로부터 20일이 경과함으로써 효력이 발생한다(헌법 제53조 제7항). 그러나 국민의 권리를 제한하거나 의무를 부과하는 경우에는 특별한 사유가 있는 경우를 제외하고는 30일이 경과되어야 효력을 발생한다(법령등공포에관한법률 제13조 의2).

3) 조약의 체결·비준에 대한 동의권

조약의 체결·비준은 대통령의 권한이나, 국회는 조약비준에 앞서 헌법에 정한 중요한 조약(헌법 제60조 제1항)에 대해서 동의권을 갖는다. 이는 조약이 국내법과 동일한 효력이 있고, 그 내용이 국민의 권리와 의무는 물론 국가의 재정에 중대한 영향을 미치므로 국민의 대표기관인 국회의 통제하에 두는 것이 바람직하기 때문이다.

헌법 제60조는 조약에 대하여 제한적으로 열거하고 있는데, 비준동의를 필요로 하는 조약은 「상호원조 또는 안전보장에 관한 조약, 중요한 국제조직에 관한 조약, 우호통상항해조약, 주권의 제약에 관한 조약, 강화조약, 국가와 국민에 중대한 재정적 부담을 지우는 조약 또는 입법사항에 관한 조약」 이다.

국회의 동의권 중에 조약의 수정권이 포함되는가 여부와 관련하여, 수정동의가 불가하다는 견해와 수정동의가 가능하다는 견해가 대립하고 있다. 조약안의 수정동의는 상대국과의 협의절차 없는 새로운 조약을 만드는 것이므로 허용되지 않는다고 보는 것이 타당하다. 조약의 종료는 대통령이 단독으로 할 수 있다고 하겠다.

4) 국회규칙제정에 관한 권한

국회는 법률에 저촉되지 아니하는 범위 안에서 의사와 내부규율에 관한 규칙을 제정할 수 있다(헌법 제64조 제1항). 국회에 대하여 규칙제정권을 부여한 것은 권력분립의 결과 국회의 자주성과 독자성을 존중하기 위한 것이다. 이 국회규칙의 형식적 효력은 법률보다 하위에 위치한다.

(2) 입법권의 한계

국회는 헌법이 규정하는 법규사항은 물론 법률사항도 반드시 법률로 규정하여야 하지만, 그 외에도 국회가 법률로 규정함이 필요하다고 생각되는 국가생활의 기본문제에 관한 사항이면 모두 법률로 규정할 수 있다. 입법권자는 법률을 제정 또는 개폐할 수 있으나, 아무런 제약없이 행사할 수 있는 것은 아니며, 법률의 제정 및 개폐는 헌법에 위반되지 않아야만 하는 일정한 한계가 있다. 이를 법률의 적헌성의 원칙, 즉 법률이 헌법에 합치하여야 한다는 「법률의 합헌성」 의 원칙을 말한다. 따라서 구체적으로 법률은 ⅰ) 헌법의 기본원리와 기본질서에 위배되어서는 안되며, ⅱ) 헌법의 개별적·구체적인 명문규정에 위반해서는 안된다. ⅲ) 입법권자에게 부여된 입법상의 재량은(헌법 제23조 제3항의 공공필요, 제37조 제2항의 국가안전보장·질서유지 또는 공공복리 등과 같이 헌법이 입법에 있어서 입법권자에게 부여한 재량) 기속재량이므로 남용해서도 안되며, ⅳ) 기본권의 본질적 내용을 침해하거나, 헌법적 효력의 성격을 띤 국제법상의 일반원칙을 정면으로 부정할 수도 없다고 하겠다. 입법권의 한계를 벗어난 법률은 헌법위반으로 무효가 된다.

Ⅲ. 재정에 관한 권한

1. 서 론

국가재정작용은 그 성질과 기능으로 보아 입법작용이 아니라 집행작용이지만, 재정이 국민의 재산과 권리·의무에 미치는 영향 때문에, 헌법은 재정에 관한 중요사항은 반드시 의회의 의결을 거치도록 하는 「재정에 관한 국회의결주의」를 취하고 있다.

이러한 국회의결주의의 결과 의회는 재정권력작용과 관련하여 ⅰ) 납세의무의 내용과 한계를 명시하여야 하고(공정한 과세의 원칙), ⅱ) 조세의 부과·징수작용의 절차와 한계를 규정하여야 하며(조세법률주의), 또한 ⅲ) 집행부의 재정작용(재산의 관리·사용·처분)을 민주적으로 통제하고 감시하지 않으면 안된다(재정통제주의).

따라서 재정에 관련된 집행작용에 관하여 헌법상 인정되는 국회의 권한으로는 ⅰ) 예산심의·확정권, ⅱ) 예비비 설치 동의권 및 예비비 지출승인권, ⅲ) 기채동의권, ⅳ) 예산 외 국가의 부담이 될 계약에 대한 동의권, ⅴ) 재정적 부담을 지우는 조약의 체결·비준에 대한 동의권, ⅵ) 결산심사권 등을 들 수 있다.

2. 조세법률주의와 조세평등주의

(1) 의 의

조세법률주의란 조세 기타 공과금의 부과·징수는 반드시 법률로써 하여야 한다는 원칙을 의미한다. 이는 조세의 종류 및 근거뿐만 아니라 과세표준·세율 등을 국회의 법률로써 규정하게 함으로써 국민의 재산권을 보호하고, 법적 생활의 안정을 도모하며 더 나아가 공평한 과세의무를 부담시키려는데 그 의의가 있다. 따라서 조세법률주의는 조세평등주의와 함께 조세법의 기본원칙이다(헌재 1995.11.30, 헌바40, 95헌바13병합).

(2) 조세평등주의

국민의 납세의무는 조세평등주의에 따라 개인의 경제적 능력에 상응한 공정하고 평등한 과세를 내용으로 하여야 한다. 따라서 조세평등주의란 헌법 제11조 제1항의 평등원칙·차별금지원칙의 조세법적 표현으로서, 정의의 이념에 따라 '평등한 것은 평등하게, 불평등한 것은 불평등하게' 취급함으로써 조세법의 입법과정이나 집행과정에서 조세정의를 실현하려는 원칙을 말한다(헌재 1995.11.30, 헌바40, 95헌바13병합).

(3) 조세법률주의의 내용

1) 조세의 종류와 근거

헌법 제59조는「조세의 종목과 세율은 법률로 정한다」고 규정하고 있으나, 종목과 세율 뿐 아니라 납세의무자, 과세물건, 과세표준, 과세절차까지도 법률로 정하여야 한다. 여기서 조세라는 명칭은 붙어 있지 않으나 조세법률주의처럼 법치주의의 적용을 받는 경우가 있다. 즉, 부담금·수수료(공적 역무의 이용대가)는 조세와 성질을 달리하나 부과와 징수를 법률에 의하여야 한다.

2) 법률에 의한 조세주의

법률에 의한 조세주의의 입법례는 일년세주의와 영구세주의가 있다. 일년세주의란 국가나 지방자치단체가 조세를 부과·징수할 수 있기 위해서는 국회가 그에 관한 법률을 매년도마다 새로이 제정해야 하는 방식을 말한다. 영구세주의란 국회가 일단 법률을 제정하면 그 법률에 따라 국가나 지방자치단체는 몇 년이고 계속해서 조세를 부과·징수할 수 있는 방식을 말한다.

우리나라 헌법은 특히 일년세주의를 규정하지 않고 있고, 조세법의 개폐가 없는 한 계속하여 부과·징수할 수 있는 점에 비추어 조세의 종목과 세율은 법률로 정한다고 규정한 헌법 제59조로 보아 우리나라는 영구세주의를 취하고 있다.

(4) 조세법률주의의 예외

1) 조례에 의한 지방세의 세목규정(지방세의 특례)

지방자치단체의 과세권의 근거와 지방세의 종류 및 부과·징수는 법률(지방자치법 제26조, 지방세법 제1조와 제2조)에 의해 규정되어 있으면서도 지방세의 부과와 징수에 관하여 필요한 사항은 지방자치단체가 그 조례로써 정할 수 있도록 하고 있다(지방세법 제3조). 이는 조세법률주의의 예외라고 할 수 있다.

2) 조약에 의한 협정과세

관세법은 외국과의 조약에 의하여 관세에 관한 협정세율을 정할 수 있다고 규정하고 있다. 국회의 동의를 얻은 조약은 국내법과 같은 효력을 가지므로 조약에 의한 협정세율은 헌법상 조세법률주의의 원칙에 위반되는 것은 아니다.

3) 긴급재정·경제처분 및 그 명령

대통령은 내우·외환·천재·지변 또는 중대한 재정·경제상의 위기에 있어서 국가의 안전보장 또는 공공의 안녕질서를 유지하기 위하여 긴급한 조치가 필요하고 국회의 집회를 기다릴 여유가 없을 때에 한하여 최소한으로 필요한 재정·경제상의 처분을 하거나 이에 관하여 법률의 효력을 가지는 명령을 발할 수 있다(헌법 제76조 제1항). 이 긴급재정·경제처분 및 그 명령은 조세법률주의의 예외를 규정할 수도 있다.

3. 예산심의확정권

헌법 제54조 제2항에 따라 정부는 회계연도마다 예산안을 편성하여 회계연도개시 90일 전까지 국회에 제출하여 그 의결을 얻어야 하며, 국회는 헌법 제54조 제1항에 따라 국가의 예산안을 심의·확정하는 권한을 가지고 있다.

예산이란 일회계년도에 있어서 국가의 세입·세출에 관한 재정행위의 예정준칙을 정한 것으로 국회의 의결에 의하여 성립하는 하나의 법형식을 말한다.

(1) 예산의 성질

우리나라는 영미법계 국가와는 달리 예산을 법률형식으로 하지 않고 있으며, 일년예산주의, 총계예산주의, 단일예산주의 및 영구세주의를 채택하고 있다. 예산을 법률의 형식과 구별하는 경우 예산의 성질에 대해서는 법규범설(통설)과 승인설(비법규범설)이 대립하고 있다.

(2) 예산과 법률과의 관계

1) 양자의 차이점

예산과 법률은 국회의 심의·의결을 거쳐 제정되고 재적의원 과반수출석과 출석의원과반수 이상의 찬성이라는 의결정족수가 동일하다는 점에서 공통점을 가지고 있으나, 헌법은 제40조에서 입법권을 국회에 속하게 하고 있으며, 제54조에서는 예산심의확정권을 국회에 부여하여 양자를 각각 상이한 국가행위형식으로 규정하고 있어 여러 가지 점에서 차이가 있다.

2) 양자의 관계

예산과 법률은 각각 상이한 국법형식을 취하고 있으므로 예산으로 법률을 변경하지 못할 뿐만 아니라 법률로도 예산을 변경할 수 없다.

예산법률주의를 채택하고 있지 않는 우리나라에서는 예산과 법률이 일치하지 않는 경우가 발생할 수 있다. 불일치가 발생한 경우에는 추가경정예산제도나 예비비제도 등을 통하여 조화를 모색하거나 관련법률을 제정·시행연기·법률의 집행을 일시 유예하거나, 기타 예산운용에 일시 전용하는 등의 조치를 취해 불일치를 조정하여야 할 것이다.

(3) 예산의 성립절차

1) 예산안의 제출

정부는 회계연도마다 예산안을 편성하여 회계연도 개시 90일 전까지 국회에 제출하여야 한다(헌법 제54조 제2항). 정부는 예산안을 국무회의의 심의를 거쳐 제출한다(헌법 제89조 4호). 예산은 국가의 총수입과 총지출을 모두 계상하고 이를 통합하여 단일예산으로 편성해야 하는 총계·단일예산주의이지만, 정부는 예산에 변경을 가할 칠요가 있을 때에는 추가경정예산안의 편성이 허용된다(헌법 제56조).

2) 예산안의 심의·수정·확정

국회는 회계연도 개시 30일 전까지 정부가 제출한 예산안을 의결하여야 한다(헌법 제54조 제2항). 위원회가 예산안과 세입예산안 부수 법률안에 대하여 매년 11월 30일까지 심사를 마치지 아니한 때에는 그 다음 날에 위원회에서 심사를 마치고 바로 본회의에 부의된 것으로 본다. 다만, 의장이 각 교섭단체대표의원과 합의한 경우에는 그러하지 아니하다(국회법 제85조의3 제2항).

예산안의 확정은 재적의원 과반수출석과 출석의원 과반수 찬성으로 확정한다. 예산안에 대한 수정동의는 의원 50인 이상의 찬성이 있어야 한다(국회법 제95조 제1항 단서). 그런데 국회의 예산안 심의에는 다음과 같은 제한이 있다. 첫째, 국회는 정부의 동의 없이 정부가 제출한 예산안에 대하여 폐지나 삭감은 할 수 있어도 지출예산 각항의 금액을 증액하거나 새 비목을 설치할 수 없다(헌법 제57조). 둘째, 조약이나 법률로써 확정된 지출금액과 채무부담행위로서 전년도에 국회의 의결을 얻은 금액은 삭감할 수 없다고 본다. 셋째, 예산이 수반되는 법률이 존재하고 있는 경우에는 국회의 예산심의권은 이미 성립된 법률에 구속된다.

3) 예산의 공포

국회가 의결한 예산은 정부에 이송되어 대통령이 관보에 거재하여 공포한다.

(4) 예산의 원칙과 내용 및 종류

예산에 관한 기본원칙에는 예산은 수입과 지출의 총액을 계상하여야 한다는 포괄성의 원칙, 모든 수입·지출을 동일하게 다루어야 한다는 단일성의 원칙, 예산 외의 지출은 금지되어야 한다는 한정성의 원칙, 예산의 편성·집행·결산 등 모든 과정이 공개되어야 한다는 공개성의 원칙, 예산은 다음 회계연도가 개시되기 전에 국회의 승인을 거쳐야 한다는 사전승인의 원칙 등이 있다.

예산의 내용은 예산총칙, 세입세출예산(예비비 포함), 계속비, 명시이월비, 국고채무부담행위 등을 총칭한다(예산회계법 제19조).

예산의 종류는 본예산과 추가경정예산, 확정예산과 준예산(임시예산), 일반회계예산(총예산)과 특별회계예산, 경상회계예산과 자본회계예산 등이 있다.

(6) 예산안과 관련이 있는 제도

1) 계속비

헌법 제55조 제1항은 「한 회계연도를 넘어 계속하여 지출할 필요가 있을 때에는 정부는 연한을 정하여 계속비로서 국회의 의결을 얻어야 한다」고 하여 예산일년주의의 예외를 규정하고 있다. 따라서 계속비란 수년도(5년 이내)에 걸친 대규모 사업에 소요되는 경비에 관하여 일괄하여 미리 국회의 의결을 얻고 이것을 변경할 경우 외에는 다시 국회의 의결을 얻을 필요가 없는 것을 말한다(예산회계법 제22조).

2) 예비비

예비비란 예측할 수 없는 예산 외의 지출이나 예산초과지출에 충당하기 위하여 예산에 계상되는 경비를 말한다. 예비비는 총액에 대해서만 국회의 의결을 얻기 때문에 예비비의 구체적·개별적 지출에 대해서는 정부는 차기정기국회의 승인을 얻어야 한다(헌법 제55조 제2항, 예산회계법 제40조). 국회가 승인하지 않을 경우에 그 지출행위의 효력에는 영향이 없으나 정부는 정치적인 책임을 져야 한다.

(7) 예산의 불성립과 변경

1) 임시예산

정부가 제출한 예산안은 회계연도개시 30일 전까지 국회가 의결하여야 하지만, 부득이한 사유로 새로운 회계연도가 개시될 때까지 예산안이 의결되지 못한 때에는 정부는 국회에서 예산안이 의결될 때까지 ⅰ) 헌법이나 법률에 의하여 설치된 기관 또는 시설의 유지·운영, ⅱ) 법률상 지출의무의 이행, ⅲ) 이미 예산으로 승인된 사업의 계속 등의 목적을 위한 경비는 전년도 예산에 준하여 집행할 수 있다(헌법 제54조 제3항).

2) 추가경정예산

정부는 예산이 성립한 후에 발생한 사유에 의하여 예산에 변경을 가할 필요가 있을 때에는 추가경정예산을 편성하여 국회에 제출할 수 있다(헌법 제56조). 추가경정예산의 제출시기와 심의기간에 관한 헌법상 제한은 없는데, 일반적으로 추가예산안은 경비에 부족이 생긴 때에 제출하고, 경정예산안은 경비의 부족 외에 예산성립 후에 생긴 사유에 변경을 가할 필요가 있을 때에 제출한다고 하겠다.

(8) 예산의 효력

예산은 ⅰ) 회계연도 내에서만 효력을 가지며, ⅱ) 법률과 달리 국가기관만을 구속한다. 또한, ⅲ) 예산은 국내외를 불문하고 효력이 미쳐 외국의 공관에서 행해지는 수입·지출에 대하여도 효력이 미친다. Ⅳ) 예산은 국회의 의결을 얻으면 효력을 발생하며 정부의 재정행위를 구속한다.

4. 결산심사권

국회는 정부의 예산집행에 대한 사후심사권인 결산심사권을 가진다. 정부는 결산서를 작성하여 감사원에 제출하면, 감사원은 매년 세입·세출의 결산을 검사하고 그 결과를 대통령과 차년도의 정기국회에 보고하여야 한다(헌법 제99조). 이 결산심사권은 국회의 의결을 얻은 예산의 집행결과를 국회에서 사후적으로 심사하도록 함으로써 정부의 재정집행에 대한 통제를 실효성 있게 하려는데 그 목적이 있다.

5. 기타 정부재정행위에 대한 권한

국회의 정부재정행위에 대한 헌법상의 동의권과 승인권은 다음과 같다. ⅰ) 예비비설치동의권과 그 지출승인권(헌법 제55조 제2항), ⅱ) 기채동의권(헌법 제58조 전단), ⅲ) 예산 외에 국가의 부담이 될 계약체결에 대한 동의권(헌법 제58조 후단), Ⅳ) 재정적 부담을 지우는 조약의 체결·비준에 대한 동의권(헌법 제60조 제1항), Ⅴ) 긴급재정 ·경제처분 및 그 명령에 대한 승인권(헌법 제76조 제3항) 등을 들 수 있다.

Ⅳ. 일반국정통제에 관한 권한

국회는 입법기관으로서의 지위의 실질적인 저하에 따라 상대적으로 정부에 대한 비판·감시기관으로서의 역할이 더 중요하게 되었다. 그런데 국회의 국정통제권은 정부형태에 따라 반드시 동일하지 않다. 그렇지만 어떠한 정부형태를 막론하고 집행부와 사법부의 권력남용을 방지하고 또 권력의 합리적 행사를 보장하기 위하여 특히 집행부에 대한 감시·비판·견제가 요구된다. 이와 같은 집행부와 사법부에 대한 감시·비판을 그 내용으로 하는 국정통제권은 국민의 대표기관인 의회가 국민의 여론을 배경으로 하여 이를 행사하는 것이 가장 실효성이 있다고 하겠다.

1. 국회출석요구권 및 질문권

국무총리·국무위원 또는 정부위원은 국회나 그 위원회에 출석하여 국정처리 상황을 보고하거나 의견을 진술하고 질문에 응답할 수 있으며(헌법 제62조 제1항), 국회나 그 위원회의 요구가 있을 때에는 국무총리·국무위원 또는 정부위원은 출석·답변하여야 한다.

국무총리 또는 국무위원이 출석요구를 받은 때에는 국무위원 또는 정부위원으로 하여금 출석·답변하게 할 수 있다(헌법 제62조 제2항). 출석과 답변요구를 받은 국무총리 또는 국무위원이 이를 거부하거나 이에 응하지 아니하면 해임건의 또는 탄핵소추의 사유가 될 수 있다.

국회본회의는 그 의결로 국무총리·국무위원 또는 정부위원의 출석을 요구할 수 있는데, 이 경우 그 발의를 하기 위해서는 의원 20인이상이 이유를 명시한 서면으로 하여야 한다(국회법 제121조 제1항). 질문을 하고자 하는 의원은 질문요지서를 의장에게 제출하며, 의장은 질문시간 48시간전까지 정부에 송부하여야 한다(국회법 제122조의2 제7항). 국회의원은 정부에 대하여 서면질문을 할 수 있다. 정부는 질문서를 받은 날로부터 10일이내에 서면으로 답변하여야 한다.

본회의 또는 위원회는 대법원장·헌법재판소장·중앙선거관리위원장·감사원장 또는 그 대리인에 대해서도 출석요구 및 질문을 할 수 있다(국회법 제121조 제4항).

의원은 20인이상의 찬성으로 회기중 대정부질문에서 제기되지 않은 사안으로서 긴급히 발생한 중요특정 현안문제에 또는 사건에 대하여 정부에 질문할 것을 의장에게 요구할 수 있는 「긴급현안질문제도」(국회법 제122조의3). 질문을 요구하는 의원은 그 이유와 질문요지 및 출석대상국무위원을 기재한 질문요구서를 본회의 개의 24시간전까지 의장에게 제출하여야 한다. 그리고 긴급현안질문시간은 총 120분으로 한다. 단, 의장은 각 교섭단체대표의원과 협의하여 이를 연장할 수 있으며, 긴급현안질문을 할 때의 의원의 질문은 10분을 초과할 수 없고 보충질문은 5분을 초과할 수 없다.

2. 국무총리·국무위원의 해임건의권

(1) 의 의

헌법 제63조는 「① 국회는 국무총리 또는 국무위원의 해임을 대통령에게 건의할 수 있다. ② 제1항의 해임건의는 국회재적의원 3분의 1이상의 발의에 의하여 국회재적의원 과반수의 찬성이 있어야 한다.」고 규정하고 있다.

국회의 해임건의제도는 의원내각제하의 수상 또는 국무위원에 대한 해임의결권과는 달리 대통령에 대하여 구속력을 가지지는 못하므로 해임 여부는 대통령의 재량사항이다. 즉, 대통령은 특별한 사유가 있는 경우에는 따르지 않을 수 있다. 다만, 이 경우 대통령은 국회의 의사를 존중하는 것이 책임정치의 구현에 합치한다. 그렇지 않으면 이 제도는 사실상 무의미한 존재에 불과하다.

(2) 해임건의의 사유

해임건의권 행사의 사유에 대해서는 헌법상 아무런 제한이 없으므로 직무집행상 헌법과 법률에 위배하는 경우에만 한정하는 것이 아니고, 무능력·무정책·정치적 무과실책임도 포함된다. 이 점이 탄핵소추사유(직무집행이 헌법과 법률에 위배된 경우)와 다르다고 하겠다.

(3) 해임건의의 절차

해임건의는 개별적 또는 일괄적으로 할 수 있다. 이 해임건의는 재적의원 3분의 1이상의 발의에 의하여 국회재적의원 과반수의 찬성으로 한다. 국무총리 또는 국무위원의 해임건의안이 발의된 때에는 본회의에 보고된 때로부터 24시간 이후 72시간 이내에 무기명투표로 표결한다. 이 기간 내에 표결하지 아니한 때에는 해임건의안은 폐기된 것으로 본다(국회법 제112조 제7항).

(4) 해임건의의 효과

법적 구속력이 없기 때문에 대통령은 해임건의에 구속되지 않는다. 또한, 국무총리에 대한 해임건의를 대통령이 정치적으로 존중하여 국무총리를 해임하는 경우라도 그 밖의 국무위원을 전부 해임할 필요는 없다.

3. 긴급명령, 긴급재정경제처분·명령에 대한 승인권

국회는 긴급재정경제처분·명령과 긴급명령에 대한 승인권을 가진다. 대통령이 긴급재정경제처분·명령 및 긴급명령을 발한 때에는 지체없이 국회에 보고하여 그 승인을 얻어야 하며, 이러한 승인을 얻지 못한 때에는 그 처분 또는 명령은 그때부터 효력을 상실한다. 이 경우 그 명령에 의하여 개정 또는 폐지되었던 법률은 그 명령이 승인을 얻지 못한 때부터 당연히 효력을 회복한다(헌법 제76조 제3항·제4항).

4. 계엄해제요구권

대통령은 전시·사변 또는 이에 준하는 국가비상사태에 있어서 계엄을 선포할 수 있는데, 이 때에는 지체없이 국회에 통고하여야 하고, 국회가 재적의원 과반수의 찬성으로 계엄의 해제를 요구한 때에는 이를 해제하여야 한다(헌법(제77조 제4항·제5항).

5. 일반사면에 대한 동의권

대통령은 법원에 대한 권한으로 사면권을 가지고 있는데, 국회는 대통령의 일반사면권이 남용되지 않도록 견제하기 위하여 일반사면에 대한 동의권을 가진다(헌법 제79조 제2항).

6. 조약 및 국방정책에 대한 동의권

국회는 대통령의 조약체결·비준, 선전포고, 국군의 해외파견, 외국군대의 대한민국 영역 내 주류에 대한 동의권을 가진다(헌법 제60조). 이는 정부의 국방 및 외교정책을 견제하는 수단이 되고 있다.

7. 탄핵소추권

국회는 헌법 제65조에 따라 탄핵소추권을 가지고 있다. 이 탄핵제도는 일반적으로 사법절차나 징계절차에 따라 징계나 소추가 곤란한 고급 공무원이나 법관 또는 선거관리위원회위원 등이 중대한 비위(를 행한 경우, 이를 국회가 소추하여 파면하거나 처벌키 위해 발달된 제도를 말한다. 탄핵제도는 14세기말 영국의 에드워드 3세 치하에서 시작되었으며 근대적 의미의 탄핵제도는 1805년 Melville사건에서 발달되었다.

(1) 탄핵소추

헌법 제65조에 따라 국회는 탄핵소추기관이다. 그런데 양원제인 경우는 일반적으로 하원이 탄핵소추기관이 된다.

탄핵대상자는 대통령·국무총리·국무위원·행정각부의 장·헌법재판소 재판관·법관·중앙선거관리위원회 위원·감사원장·기타 법률이 정하는 공무원이다(헌법 제65조 제1항). 기타 법률이 정하는 공무원은 법률에 의하여 정하여지겠지만 보통 검사·처장·군참모총장·외교관·정부위원 등이 포함될 수 있다. 탄핵소추대상을 법률로 정하도록 규정하고 있으나 아직 법률에서 정한 바 없다. 다만, 개별법적 차원에서는 검찰청법 제37조만 유일하게 규정하고 있다.

탄핵대상자인 공무원이 그 직무집행에 있어서 헌법이나 법률을 위배한 경우에 탄핵사유가 된다(헌법 제65조 제1항). 탄핵사유를 세분하여 검토하면 다음과 같다. 탄핵소추의 사유를 헌법은「직무집행에 있어서 헌법이나 법률을 위배한 때」라고 포괄적으로 규정하고 있다.

① 「직무집행」에 관한 위헌·위법행위라야 한다. 탄핵소추의 사유를 직무범죄에 국한시킬 것인지, 그 이상 부도덕·무능·실정에까지 확대시킬 것인지는 견해차이가 있을 수 있으나, 헌법은 직무범죄에 국한시키고 있다고 본다. ② 「헌법이나 법률에 위배」하는 행위라야 한다. 여기서「헌법」에는 헌법전 뿐만 아니라 헌법적 관행도 포함하고,「법률」에는 형식적 의미의 법률 이외에 법률과 동등한 효력이 인정되는 조약·긴급명령·긴급재정경제명령 등이 포함되며, 위배는 고의·과실 및 법의 무지에 의한 경우를 포함하는 행위를 말한다.

탄핵소추의 발의는 국회 재적의원 3분의 1 이상의 발의가 있어야 하고 그 의결은 재적의원 과반수의 찬성이 있어야 한다. 다만, 대통령에 대한 탄핵소추는 국회재적의원 과반수의 발의와 재적의원 3분의 2 이상의 찬성이 있어야 한다(헌법 제65조 제2항).

탄핵소추의 발의가 있는 때에는 의장은 즉시 본회의에 보고하고, 본회의는 의결로 법제사법위원회에 회부하여 조사하게 할 수 있는데, 본회의가 법제사법위원회에 회부하기로 의결하지 아니한 때에는 본회의에 보고한 때로부터 24시간 이후 72시간 이내에 탄핵소추의 여부를 무기명투표로 표결한다(국회법 제130조 제1·2항).

탄핵소추의 의결을 받은 자는 탄핵심판이 있을 때까지 그 권한행사가 정지된다(헌법 제65조 제3항).

(2) 탄핵심판

탄핵심판을 담당하는 기관은 일반적으로 상원이 담당하는 경우(미국), 독립된 탄핵법원이 담당하는 경우, 헌법재판소가 담당하는 경우 등이 있는데, 우리나라는 헌법 제111조 제1항에 의해 탄핵심판기관은 헌법재판소이다.

심리는 공개주의와 구두변론주의의 원칙이 적용된다. 탄핵심판의 소추위원은 국회법제사법위원장이다. 피청구인에 대한 탄핵심판청구와 동일한 사유로 형사소송이 진행되고 있는 때에는 심판절차를 정지할 수 있으며(헌법재판소법 제51조), 탄핵결정정족수는 재판관 7인 이상 출석·심리하여 6인 이상의 찬성으로 결정된다(헌법재판소법 제113조 제1항).

탄핵결정은 공직으로부터 파면함에 그친다. 그러나 탄핵의 결정으로 민사상이나 형사상의 책임이 면제되는 것은 아니다(헌법 제65조 제4항). 따라서 탄핵결정과 민·형사재판간에는 일사부재리의 원칙이 적용되지 아니한다. 헌법재판소법은 "탄핵결정에 의해 파면된 자는 결정선고가 있는 날로부터 5년을 경과하지 아니하면 공무원이 될 수 없다"(동법 제54조 제2항)라고 규정하여, 일정기간 공직의 취임을 금지하고 있다.

탄핵결정에 대해서 대통령의 사면이 가능한가가 문제될 수 있으나, 사면이 인정되지 않는다고 보는 것이 타당하다.

8. 국정감사·조사권

본래의 국정조사권이란 의회가 입법·재정·국정통제에 관한 권한 등을 유효적절하게 행사하기 위해 「특정한」 국정사안에 관하여 조사를 할 수 있는 권한을 의미한다. 이에 대해 헌법 제61조에 규정된 국정감사권이란 국회가 매년 정기적으로 국정 「전반」 에 관하여 감사할 수 있는 권한을 의미한다. 국정감사권과 국정조사권은 그 시기와 기간·대상(범위)을 다소 달리 할 뿐 그 밖의 주체·방법과 절차 등에서는 동일하다.

(1) 국정조사권과 국정감사권의 관계

국정조사권과 국정감사권의 관계는 조사시기, 범위, 대상, 공개여부 등에서만 달리할 뿐 본질, 주체, 방법, 절차, 권한, 효과 등에서 동일하게 나타난다.

국정감사권을 독립적 권한으로 국정조사권을 보조적 권한으로 이해하는 견해도 있지만, 국정감사·조사권은 국회가 보유하고 있는 헌법상 권한을 유효하게 수행하도록 도와주는 보조적 권한으로 보는 것이 타당하다고 하겠다.

(2) 내 용

1) 감사·조사의 주체

국정감사·조사권의 주체는 국회이고, 이는 본회의와 상임위원회를 포함한다. 그리고 국정감사 및 조사에 관한 법률은 국정감사는 소관 상임위원회별로 하도록 하고, 국정조사는 특별위원회 또는 상임위원회로 하여금 시행하게 하고 있다.

2) 감사·조사의 대상과 범위

국정감사는 국정전반을 대상으로 할 수 있는 반면에 국정조사는 특정한 국정사안만을 개별적 대상으로 한다는 점에 차이가 있다.

감사의 대상기관은 국정감사 및 조사에 관한 법률 제7조에 규정되어 있는데, <지방행정기관·지방자치단체·감사원법에 의한 감사원의 감사대상기관>은 특히 본회의가 필요하다고 의결한 경우에만 가능하다.

감사·조사의 범위는 다음과 같다. 국회는 입법에 관련된 사항(법률의 제정·개정·폐지·헌법 개정 등에 필요한 사항)을 감사·조사할 수 있다. 그리고 행정입법, 자치입법, 각종 규칙 등이 그 한계를 벗어나지 않았는가도 감사·조사할 수 있다.

국회는 예산·결산, 조세, 국유재산의 변동 등 국가의 재정상황전반에 걸쳐 필요한 사항을 감사·조사할 수 있다.

국회는 일반행정작용의 적법성과 타당성 여부를 감사·조사할 수 있다. 예를들면 선거조사, 의혹사건조사, 해임건의·탄핵소추를 위한 조사 등이 행해진다.

국회는 법원과 헌법재판소의 예산운영, 재판의 신속한 처리여부, 법관의 적절한 배치 여부, 탄핵소추를 위한 조사 등 사법행정에 관한 사항을 감사·조사할 수 있다. 그러나 사법행정에 속하지 않는 재판 그 자체에 대한 간섭 등은 허용되지 않는다고 하겠다.

국회는 국회의원의 징계, 체포동의, 석방요구, 진정이나 청원 등을 처리하기 위해 필요한 사항에 관하여 감사·조사를 할 수 있다.

3) 감사·조사의 시기·기간·방법·절차

국정감사·조사는 국회법과 국정감사및조사에관한법률이 정하는 절차에 따라 행한다(국회법 제127조). 국정감사는 매년 정기회 집회기일의 다음 날로부터 20일간 행하며(본회의의 의결로 시기 변경가능), 국정조사는 국회재적의원 3분의 1 이상의 요구가 있을 때에 특별위원회 또는 상임위원회가 행한다(국정감사및조사에관한법률 제3조 제1항).

감사는 비공개로, 조사는 공개로 행한다(동법 제12조). 위원회(국회)는 국정감사·조사를 하기 위하여 증언의 청취, 서류의 제출요구 및 감정인·참고인·증인의 출석을 요구하고 검증을 행할 수 있다. 또 필요한 경우에는 청문회를 개최 할 수 있다(동법 제10조).

국정감사나 조사를 위한 위원회는 증인이 정당한 이유없이 출석하지 아니하는 때에는 의결로 해당 증인에 대하여 지정한 장소까지 동행할 것을 명령할 수 있다. 이에 응하지 않으면 강제구인할 수는 없지만 국회모욕죄로 고발할 수는 있다.

감사 · 조사를 완료한 때에는 감사 · 조사보고서를 의장에게 제출하고, 본회의에 보고하여야 한다 (동법 제15조).

(6) 한 계

국회의 국정감사 · 조사권은 사항의 성질상 감사 · 조사의 대상이 될 수 없는 절대적 한계와 이론상 감사 · 조사의 대상은 될 수 있으나 감사 조사에 의한 이익과 피감사 · 조사사항 또는 증인이 조사에 의하여 받는 불이익과 비교형량의 결과 이 권한의 행사를 자제하는 것이 바람직한 사항인 한계 등이 있다.

1) 권력분립상의 한계

국회가 직접 행정처분을 행하거나 집행부에 대해 정치적 압력을 가하는 것과 같은 감사 · 조사는 할 수 없다고 본다.

사법권의 독립과 관련하여 구체적인 사건이 법원에 계속중에 있거나, 판결 후 재판내용이나 소송절차의 당 · 부당에 관해서는 감사 · 조사할 수 없다고 본다. 또한 수사중인 사건의 소추에 관여할 목적으로 하는 감사 · 조사도 행사되어서는 아니 된다(국정감사및조사에관한법률 제8조). 그러나 재판 그 자체와는 관계없이 법원과 병행하여 동일사건을 탄핵소추나 해임건의 등을 위하여 감사 · 조사하는 것은 가능하다.

2) 인권보장을 위한 한계

국정감사 · 조사권이 국민의 기본권을 침해할 수 없다. 국회의 국정감사 · 조사권은 '국정'에 관한 것이므로 국회는 국정과 관계가 없는 개인의 사생활에 관한 사항에 관해서 감사 · 조사할 수 없다. 따라서 국정감사 · 조사를 위하여 국민의 순수한 Privacy를 침해해서는 안된다. 그러나 사생활의 본질적인 내용이 아닌 사항이 국가작용과 관련이 있을 때에는 조사가 가능하다고 본다. 또한, 국회에서의 증언 · 감정에 관해서도 자기에게 불리한 진술거부권이 인정되므로 입법목적에 관계없는 사항이나 권한을 넘은 질문에 대해서는 진술거부권이 인정되고 있다.

3) 중대한 국가이익상의 한계

군사 · 외교 · 대북관계의 국가기밀에 관한 사항으로서 그 발표로 말미암아 국가안위에 중대한 영향을 미친다는 주무부장관의 소명 또는 총리의 성명이 있는 경우 자료제출이나 증언 등이 제한된다.

V. 국회의 자율권

1. 자율권의 의의

국회의 자율권이란 국회의 활동 및 내부사항에 대하여 다른 국가기관의 간섭을 받지 아니하고 헌법·법률 등에 따라 자주적으로 이를 결정할 수 있는 권한을 말한다. 우리 헌법도 국회의 자율권을 보장하고 있다(헌법 제64조).

2. 자율권의 내용

(1) 규칙제정권

국회는 헌법과 법률에 저촉되지 아니하는 범위 안에서 의사에 관한 규칙과 내부규율에 관한 규칙을 제정할 수 있다(헌법 제64조 제1항).

국회규칙의 내용과 범위에 있어 의사절차와 내부규율은 헌법과 국회법에서 상세히 규정하고 있기 때문에 국회규칙은 그 대부분이 기술적·절차적 사항을 내용으로 하고 있다.

(2) 집회 및 의사진행에 관한 자율권

국회는 헌법과 국회법이 정하는 바에 따라 집회·휴회·폐회·회기 등을 자주적으로 결정할 수 있는 자율권을 가진다. 또한 국회는 의사일정의 작성, 의안의 발의·동의 또는 그에 대한 수정 등 의사에 관해서 헌법·국회법·국회규칙의 구속을 받는 외에는 국회 스스로 결정하고, 다른 국가기관의 구속을 받지 않는다.

(3) 내부조직권

국회는 자신의 내부조직에 관한 자율권을 가진다. 즉, 국회는 헌법과 국회법에 따라 의장·부의장·임시의장 등의 선출, 각종위원회의 조직과 위원의 선정, 사무총장과 그 밖의 직원의 임명 등에 관한 자율권을 가지고 있다.

(4) 질서유지권 및 국회가택권

국회는 국회법에 따라 국회 내에서의 질서를 유지하기 위하여 내부경찰권과 국회가택권을 가진다.

질서유지권이란 회의장은 물론 원내의 질서유지를 위하여 의원·방청인 기타 원내에 있는 자에 대하여 명령하고 이를 실력으로 강제할 수 있는 권한을 말한다.

국회가택권이란 국회의 의사에 반하여 의사당 안에 침입을 금지하고 필요하다고 인정할 때에는 그 퇴장을 요구할 수 있는 권한을 말한다. 질서유지권과 국회가택권은 국회 자체의 권한이기는 하지만 실제적으로 국회의장이 관장한다(국회법 제143조~ 제154조).

(5) 국회의원의 신분에 관한 권한

국회의 의원신분에 관한 권한으로서는 의원의 자격심사·윤리심사 및 징계, 의원의 사직허가(토론없이 표결, 단 폐회중에는 의장이 허가), 의원의 청가에 대한 허가, 의원의 체포·구속 등에 대한 동의 및 의원의 석방요구 등을 들 수 있다.

국회의 독자성을 보다 잘 보장하기 위하여 헌법은 국회의원의 자격심사나 징계, 제명처분에 대하여 법원에 제소할 수 없도록 하고 있다(헌법 제64조 제4항).

1) 의원자격심사권

의원의 피선자격, 겸직으로 인한 자격상실원인 등 법이 정한 의원지위 적격성을 심사하는 권한을 말한다. 의원 30인 이상의 자격심사청구로 윤리특별위원회의 예비심사를 거쳐 재적의원 3분의 2 이상의 찬성으로 본회의에서 의결한다(국회법 제142조 제3항). 의원자격심사 결과에 대하여는 법원에의 제소를 금지하고 있다(헌법 제64조 제4항). 권력분립 및 국회의 독립성·자율성 보장의 취지에서 피심의원은 본회의에서 스스로 변명하거나 다른 의원으로 하여금 변명하게 할 수 있다(국회법 제142조 제2항).

2) 사직허가권

국회는 그 의결로 의원의 사직을 허가할 수 있다. 다만 폐회중에는 의장이 허가한다(국회법 제135조 제1항).

3) 의원에 대한 윤리심사 및 징계권

원내질서유지를 위하여 의원에 대해 윤리심사와 특별한 제재를 할 수 있는 권한을 말한다. 윤리심사사유는 의원윤리강령 및 윤리실천규범을 위반한 때이며(국회법 제155조), 징계사유는 청렴의무 위반·이권운동 등 헌법상의 품위위반, 2회 이상의 윤리위반통고, 의사와 관련된 국회법위반, 국정 감사·조사에 관한 법규를 위반한 경우이다(국회법 제155조).

국회법이 인정하고 있는 징계로는 공개회의에서의 경고, 공개회의에서의 사과, 30일 이내의 출석정지, 제명 등이 있다(국회법 제163조 제1항). 징계는 징계대상자가 있는 것을 알게 된 날로부터 5일 이내에 하여야 한다. 다만, 폐회기간 중에 그 대상자가 있는 경우에는 차기국회의 집회일부터 3일이내에 하여야 한다(국회법 제157조 제2항). 윤리심사 및 징계에 관한 회의는 공개하지 아니한다. 다만 본회의 또는 위원회의 의결이 있을 때에는 그러하지 아니한다(국회법 제158조). 의원은 자기의 윤리심사안 또는 징계안에 관한 본회의 또는 위원회에 출석할 수 없으나 스스로 변명하거나 다른 의원으로 하여금 변명하게 할 수 있다(국회법 제160조).

3. 자율권의 한계

헌법규정상 국회의원에 대한 자격심사·징계처분·제명처분에 대하여는 헌법상 법원의 심사권을 배제하고(헌법 제64조 제4항), 헌법재판소의 심판권도 배격되며 권력분립에 비추어 국회의 독자성·자주성을 최대한 존중한다는 면에서 사법심사의 대상이 될 수 없다.

국회의 의사진행절차의 적부, 다시 말해서 국회가 의결정족수, 의사절차에 위배되거나 또는 위법하게 연결된 회기에서의 의결 등의 경우에 있어 사법심사의 문제에 대해 ⅰ) 헌법재판소는 모든 법률에 관한 형식적 심사권을 가지며, 정당한 법의 적용 보장을 위한 법치주의 구현이라고 보는 심사긍정설과 ⅱ) 국회가 의결한 것이고 적법한 절차에 따라 일단 공포된 이상 국회의 자주성을 존중해야 한다고 보는 심사부정설이 대립하고 있다. 국회의 독자성·자주성 원칙과 권력분립원칙을 고려해 볼 때 심사할 수 없다고 하겠다. 그러나 입법절차상의 하자가 중대하고 명백하여 그로 인한 국민의 기본권이 명백히 침해된 경우 헌법재판소에 의한 심판의 대상이 되어야 할 것이다.

Ⅵ. 헌법기관구성에 관한 권한

1. 대통령선출권

헌법 제67조 제1항은 대통령의 선거를 국민의 직선제로 규정하고 있다. 그러나 예외적으로 대통령을 국회에서 선출하도록 하고 있다. 즉, 대통령선거에서 최고득표자가 2인 이상인 때에는 국회에서 결선투표(決選投票)를 한다. 국회가 결선투표를 하는 경우에는 국회의 재적의원 과반수가 출석한 공개회의에서 다수표를 얻은 자를 당선자로 한다(헌법 제67조 제2항).

2. 국무총리 임명동의권

헌법 제85조 제1항은 「국무총리는 국회의 동의를 얻어 대통령이 임명한다」고 규정하고 있다.

3. 대법원장과 대법관 임명동의권

헌법 제104조는 「① 대법원장은 국회의 동의를 얻어 대통령이 임명한다. ② 대법관은 대법원장의 제청으로 국회의 동의를 얻어 대통령이 임명한다」고 규정하고 있다.

4. 감사원장 임명동의권

헌법 제98조 제2항은 「감사원장은 국회의 동의를 얻어 대통령이 임명하고 그 임기는 4년으로 하며 1차에 한하여 중임할 수 있다」고 규정하고 있다.

5. 헌법재판소 재판관선출권과 헌법재판소의 장의 임명동의권

국회는 헌법재판소장의 임명에 대한 동의권을 가지며, 9인의 헌법재판소 재판관 중 3인을 선출한다(헌법 제113조 제3항, 제4항).

6. 중앙선거관리위원회 위원의 일부선출권

국회는 9인의 중앙선거관리위원회 위원 중 3인을 선출한다. 그러나 위원장은 위원중에서 호선(互選)한다(헌법 제114조 제2항).

제6절 국회의원의 지위

민주주의 발달에 따라 선거권의 일반화·국민의 정치의식의 평준화 등 사회적 변화와 정당국가화의 경향으로 의회제도의 변모를 초래하고 국회의원의 지위와 책임에도 변화를 가져왔다.

우리나라 헌법은 국회의원의 지위와 관련하여 제7조(공무원의 지위), 제43조(겸직금지), 제44조(불체포특권), 제45조(면책특권), 제46조(국회의원의 의무) 등을 규정하여 국회의원은 국민의 대표자로서의 지위를 가진다고 할 수 있다.

Ⅰ. 국회의원의 헌법상 지위

1. 국회의 구성원으로서의 지위

국회는 국회의원으로 구성되므로, 국회의원은 당연히 국회의 구성원으로서의 지위를 가진다(헌법 제41조 제1항). 이 지위는 선거에 의하여 취득되고 임기만료 등에 의하여 상실된다. 국회의원은 이러한 지위에서 국회의 운영 및 활동에 관한 권한과 그 밖의 권리를 가지며 의무를 부담하고 국민전체에 대한 봉사자이며 국민에게 책임을 진다.

2. 국민대표자로서의 지위

국회의원을 국민의 대표자로 본다는 점에는 이론이 없지만 그 대표의 법적 성격에 관해서는 정치적 대표설과 법적 대표설이 대립하고 있다.

국회의원은 국민전체를 대표하고, 무기속위임을 원칙으로 하고 있다. 따라서 국회의원은 국민전체의 이익을 위하여 활동해야 하고, 국민은 국회의원에 대해서 투표나 여론 등의 방법으로 차기선거에서 정치적 책임을 물을 수 있으므로 정치적 대표설이 타당하다도 하겠다.

3. 정당소속원으로서의 지위

의회제 민주주의 하에서는 의원은 자유와 독립성을 특징으로 하나, 정당제민주주의 하에서는 의원의 정당에의 종속을 특징으로 한다. 현대정당국가에서 있어서는 의원은 국회구성원인 동시에 정당구성원이기도 하므로 의원들은 일면 전체국민의 대표자로서의 지위와 일면 소속정당의 이익을 위해 활동하는 정당소속원으로서의 지위라고 하는 이중적 지위를 가지고 있다. 또한, 국회 내에서는 동일정당소속의원으로 이루어진 원내교섭단체의 구성원으로서 지위도 아울러 가지고 있다고 볼 수 있다.

4. 국민대표자로서의 지위와 정당소속원 으로서의 지위와의 관계

의원은 국민전체의 대표자로서의 지위와 정당소속원으로서의 지위를 함께 가질 수 있는데, 두 가지가 충돌할 경우에 어느 지위가 우선하는가가 문제될 수 있다. 의원은 당적이탈, 무소속출마 등이 가능할 뿐만 아니라 직무를 수행하는데 있어서 국가이익우선의무(헌법 제46조 제2항)가 있으므로 국민대표자로서의 지위가 정당소속원으로서의 지위보다 우선한다고 하겠다.

Ⅱ. 의원자격의 발생과 소멸

1. 의원자격의 발생

국회의원의 자격은 선거의 결과 당선인의 결정에 의한다는 당선결정설, 당선인이 의원취임을 승낙함으로써 발생한다는 취임승낙설, 헌법과 법률이 정한 임기개시와 동시에 당선자에게 자격이 발생한다는 임기개시설이 있다. 선거에 의한 당선인이 결정되더라도 임기개시 전에 의원으로서의 권리와 의무가 없으며 또한, 공직선거법은 총선거에 의한 전임의원의 임기만료일 다음날로부터 국회의원임기가 개시된다(공직선거및부정선거방지법 제14조 제2항)고 규정하고 있기 때문에 임기개시설이 타당하다고 본다.

2. 의원자격의 소멸

(1) 임기만료

국회의원의 임기는 4년이다. 의원의 임기가 만료되면 자동적으로 자격이 상실된다. 보궐선거에 의한 당선자는 전임자의 잔여임기만 재임한다.

(2) 사직

사직이란 자기희망에 의하여 그 직을 사임하는 것을 의미한다. 국회의원은 국회의 허가를 얻어 사직할 수 있다. 사직의 허가여부는 토론 없이 투표한다. 폐회중에는 의장이 사직을 허가할 수 있다 (국회법 제135조).

(3) 퇴직

의원이 피선거권의 상실, 헌법이나 법률에 의하여 겸직할 수 없는 직위에 취임하거나, 임기개시일 이후에 해직된 직의 권한을 행사한 때에는 의원의 직에서 퇴직한다(국회법 제136조).

(4) 제명

제명이란 의원의 자격을 그 의사에 반하여 박탈하는 것을 의미한다. 국회는 재적의원 3분의 2 이상의 찬성으로 의원을 제명할 수 있다(헌법 제64조 제3항). 국회의원의 제명은 윤리특별위원회의 심사와 본회의에 보고를 거쳐 본회의 의결로 결정된다. 징계로 제명된 자는 그로 인하여 결원된 의원의 보궐선거에는 입후보할 수 없다(국회법 제164조). 또한 국회의원의 제명에 대해서는 법원에 제소할 수 없다(헌법 제64조 제4항).

(5) 자격심사

자격심사란 피선거권이 있는지 여부, 겸직으로 인한 자격상실의 사유가 있는지 여부에 대한 심사를 말한다. 자격심사의 결정은 제명의 경우와 달라서 그 자격의 유무만 판정하는 확인행위이다. 그러나 그 결정은 장래에 대해서만 효력이 발생하고, 그 때까지의 의원으로서 지위와 권리에는 아무런 영향이 없다. 의원은 재적의원 3분의 2 이상의 찬성으로 무자격 판정을 받으면 자격이 상실된다 (국회법 제138조 내지 제142조 제3항).

(6) 당선무효와 유죄판결의 확정

선거소송에 관한 판결의 결과 선거무효 또는 당선무효로 인하여 의원은 그 자격을 상실할 수 있고, 형사사건과 관련하여 유죄판결이 확정된 때에도 그 지위를 상실한다(공직선거및부정선거방지법 제224조, 제263조 내지 제265조).

(7) 당적변경과 의원직 상실여부

제3공화국 헌법은 의원의 당적이 변경되면 의원직이 상실된다고 규정하였으나, 현행헌법에서는 무소속의원을 인정하고 있고 명문의 규정이 없는 한 지역구출신의원인 경우에 당적의 변경으로 의원의 자격은 상실되지 아니한다고 본다. 그러나 전국구국회의원이 소속정당의 합당·해산 또는 제명 이외의 사유로 당적을 이탈·변경하는 경우에는 의원자격이 상실된다(공직선거및부정선거방지법 제192조 제4항).

3. 국회의원의 겸직 문제

국회의원은 법률이 정하는 직을 겸할 수 없다(헌법 제43조). 따라서 법률로 겸직이 금지된 직이 아니면 겸직이 가능하다. 그러므로 국무총리나 국무위원 등의 직을 법률로 금지하지 않는 한, 겸직할 수 있게 된다. 국회법 제29조 제1항에 규정된 국가공무원과 지방공무원(정치운동이 허용되는 공무원 제외), 대통령, 헌법재판소 재판관, 각급선거관리위원회위원, 지방의회의원, 정부투자기관의 임직원, 농업협동조합 등의 임직원, 정당원이 될 수 없는 교원 등은 겸직할 수 없다.

III. 국회의원의 특권

국회의원은 국민전체의 대표자로서, 국회구성원으로서의 국회의 의사형성에 적극적으로 참가하여야 할 의무가 있다. 의원은 국회의 기능을 완수하고 그 직책을 효과적으로 수행하기 위하여 헌법은 국회의원에게 몇 가지 특권을 부여하고 있다. 즉, 국회의원이 압력이나 편견 등을 배제하고 자유롭게 활동할 수 있는 자율성과 독립성을 확보하기 위하여 인정되고 있는 것으로는 면책특권, 불체포특권 등이 있다.

또한 이러한 특권들은 국회의원 개인의 특권이 아니며 국회 자체의 특권이므로 국회의원은 이를 포기할 수 없다는 견해도 있으나, 이 특권은 의원개인의 특권인 동시에 국회자체의 특권으로서 의원 스스로 포기할 수 없는 것으로 보는 견해가 타당하다고 하겠다.

1. 면책특권(발언과 표결의 자유)

(1) 의의 및 연혁

헌법 제45조는 「국회의원은 국회에서 직무상 행한 발언과 표결에 관하여 국회 외에서 책임을 지지 않는다」라고 규정하여 국회의원의 발언·표결의 면책특권을 인정하고 있다. 면책특권이란 국회의원이 국회에서 직무상 행한 발언과 표결에 관하여 국회 외에서 책임을 지지 아니하는 특권을 의미한다.

국회의원의 면책특권의 존재가치는 국회가 정부에 대한 정책통제기관으로서 기능을 다하고, 국민의 대표자로서 공정한 입법 및 민의를 충실하게 반영할 수 있도록 자유로운 직무수행을 보장하는 제도이다. 이 면책특권은 1689년 영국의 권리장전에서 그 기원을 찾을 수 있으며, 그 후 미국헌법에서 최초로 명문화된 후 오늘날 세계 각국이 면책특권을 인정하고 있다.

발언과 표결의 면책특권은 범죄는 성립하지만 형벌권을 조각시켜주는 경우로 엄격한 의미에서 위법성조각사유가 아니라 인적 처벌조각사유로서 책임면제의 특권을 말한다.

(2) 면책특권의 주체

면책특권이 인정되는 자는 국회의원에 한하므로, 의원이 아닌 국무총리, 국무위원, 증인, 참고인 등이 국회에서 발언하는 경우에는 면책특권이 인정되지 아니한다. 그러나 의원을 겸한 국무위원에 관하여는 국무위원으로서의 발언과 의원으로서의 발언을 구별하여 후자에 대하여서만 면책특권을 인정하는 것이 합리적이라고 생각된다. 면책특권은 의원에게 헌법 정책적 고려에서 형벌만을 면제시켜주는 인적 처벌조각사유일 뿐이므로, 이를 교사·방조한 자는 처벌을 면할 수 없다.

(4) 면책특권의 내용

1) 면책의 대상과 범위

(가) 국회에서의 행위

국회란 국회의사당 내만을 의미하는 것이 아니라, 국회의 본회의나 위원회는 물론 국회가 활동하는 장소를 포함한다. 특정장소나 특정건물이 중요한 것이 아니고 국회의 실질적 기능을 중심으로 판단해야 하기 때문이다.

(나) 직무상 행위

직무상 행위는 직무집행 자체는 물론이고 직무집행과 관련된 행위, 즉 부수적인 행위를 포함한 모든 의사표현행위이다. 다만 의사당 내에서 행한 발언일지라도 사담, 야유, 모욕, 폭력 등은 직무행위라 볼 수 없다. 따라서 이러한 행위는 면책되지 아니하고 명예훼손이나 모욕죄가 성립될 수 있다.

(다) 발언과 표결

발언은 의원이 직무상 행한 의제에 관한 모든 의사표시를 의미하므로 발의·토론·연설·질문·사실상의 진술 등이 포함된다. 표결이란 의제에 관한 찬·반의 의사표시를 말하며, 그 방법에는 기명·무기명·거수·기립 등 제한이 없다.

2) 면책의 효과

국회 외에서 책임을 지지 않으므로 국회 내에서의 징계책임은 물을 수 있다. 국회 외에서 책임을 지지 않는다는 것은 민사상·형사상의 책임을 추궁당하지 않는다는 것을 의미할 뿐, 선거구민에 대한 정치적 책임이나 소속정당으로부터의 징계책임을 지는 것은 별개의 문제라고 하겠다. 면책은 재임중에 국한되는 것이 아니고 임기종료 후에도 적용된다.

(5) 면책특권의 한계

국회에서 행한 발언과 표결일지라도 그것을 그대로 외부에서 발표하거나 출판하는 경우에는 면책특권이 인정되지 않는다. 다만, 공개회의의 회의록을 그대로 공개하거나 반포하는 경우에는 의사를 충분히 보도하는 한 보도의 자유의 일환으로써 면책된다(국회법 제118조 참조). 그러나 취소된 발언 등을 악의로 유포시키는 경우에는 책임을 저야 한다고 본다.

2. 불체포특권

(1) 의의 및 연혁

헌법 제44조는 「① 국회의원은 현행범인인 경우를 제외하고는 회기중 국회의 동의없이 체포 또는 구금되지 아니한다. ② 국회의원이 회기 전에 체포 또는 구금된 때에는 현행범인이 아닌 한 국회의 요구가 있으면 회기중 석방된다.」고 하여 의원의 불체포특권을 규정하고 있다.

불체포특권이란 국회의 정상적인 활동을 보장하기 위해 국회활동을 수행하는 의원을 국회동의 없이는 비록 범죄행위가 있다고 하더라도 체포 또는 구금할 수 없게 하고, 또 이미 체포 또는 구금된 의원이라도 국회의 요청이 있으면 석방되게 하는 제도를 의미한다. 일시적으로 의원의 신체의 자유를 보장하는 불체포특권은 영국에서 국왕의 대권에 대항하여 획득한 의원의 특권의 하나로 제임스 1세 때 법적으로 보장되었다. 그 후 불체포특권을 최초로 성문화한 것은 미연방헌법이며, 현대 민주국가의 헌법은 불체포특권을 예외없이 규정하고 있다.

국회의원의 불체포특권의 법적 성질에 관해서는 특권성 및 존재의의 등에서 학설이 대립하고 있다. ⅰ) 의원의 불체포특권은 의원의 직무수행에 대한 정부의 방해를 방지하기 위해 신체의 자유를 보장하는 것이라고 보는 의원개인의 신체의 자유보장설과 ⅱ) 의원의 불체포특권은 의원 개인의 특권이 아니라 국회의 정상적인 활동을 보장하기 위한 것이라고 보는 의회의 정상활동보장설, ⅲ) 의원의 불체포특권은 의원 개인의 특권인 동시에 국회의 특권이라고 보는 통합설이 있다.

국회의원의 불체포특권의 목적은 국회의원에 대한 행정부의 불법·부당한 체포·구금을 방지하여 국회의 자유로운 정상활동을 보장하기 위한 것이므로, 불체포특권은 국회의 특권으로 파악하는 것이 타당하다고 본다. 따라서 의원이 개인적으로 이 특권을 포기하는 것은 인정되지 않으며, 회기중에 일시적으로 체포·구금을 유예받은 특권인 점에서 임기만료 후까지 형사소추가 면책되는 면책특권과 구별된다.

(2) 내 용

불체포특권은 ⅰ) 국회의원이 현행범이 아니면 회기중 국회의 동의없이 체포 또는 구금되지 아니하며, ⅱ) 국회의원이 회기 전에 체포 또는 구금되었을 때에는 현행범인이 아닌 한 국회의 요구가 있으면 회기중에 석방된다는 원칙과 현행범이거나 국회의 동의가 있으면 체포될 수 있다는 예외가 있다.

1) 불체포특권에 관한 원칙

회기중에는 현행범인이 아닌 한 의원을 체포·구금할 수 없다. 회기에는 「휴회중」도 포함되고, 체포·구금에는 자유를 구속하는 모든 처분, 즉 형사절차상의 강제처분은 물론 행정상 강제처분으로 인한 구속도 포함된다.

회기 전에 체포 또는 구금된 때에도 현행범인이 아닌 한 국회의 요구가 있으면 회기중 석방된다. 회기 전이란 당해 회기 전을 말하고, 전회기중에 국회의 동의에 의하여 체포되었더라도 당해 회기에 석방 요구 의결(20인 이상 석방요구 발의, 재적의원 1/2 출석과 1/2 이상 찬성)을 하면 석방되어야 한다. 이것은 회기가 다르므로 일사부재의의 원칙에 위배된다고 볼 수 없다. 석방은 회기중에만 허용되므로 회기종료 후에는 다시 구금할 수 있다.

2) 불체포특권의 예외

현행범인이란 범죄실행중이거나 실행 직후인 자를 말하는데, 이 현행범인에게는 불체포특권이 인정되지 않는다. 국회의 회의장안에 있어서는 현행범인이더라도 의장의 명령없이 의원을 체포할 수 없다(국회법 제150조). 이는 국회의 자율권을 존중하고, 외부권력의 개입이 부적당하기 때문이다.

국회의 동의가 있는 경우에는 불체포특권이 인정되지 않는다. 의원을 체포 또는 구금하기 위하여 국회의 동의를 얻으려 할 때에 판사는 영장을 발부하기 전에 체포동의요구서를 정부에 제출하여야 하며, 정부는 이를 수리한 후 지체없이 그 사본을 첨부하여 체포동의를 요청하여야 하며, 국회의 동의는 재적의원과반수의 출석과 출석의원과반수의 찬성으로 한다. 의원에 대한 체포동의 요청이 있을 경우 국회의 동의여부는 국회의 재량이라고 본다. 또한 국회가 동의를 한 이상 어떠한 조건이나 기한도 붙일 수 없다고 하겠다.

Ⅳ. 국회의원의 권리와 의무

1. 국회운영에 관한 권리

(1) 국회소집요구권

의원은 국회재적의원 4분의 1 이상의 찬성으로 국회의 임시회의 소집을 요구할 수 있다(헌법 제47조 제1항).

(2) 발의권

발의권이란 의제로 될 수 있는 의안을 제출할 수 있는 권리를 의미한다. 의원은 20인 이상의 찬성으로 의안을 발의할 수 있다(국회법 제79조 제1항). 예산상의 조치가 수반되는 의안도 20인 이상의 찬성으로 발의가 가능하다.

(3) 질문권

의원은「현재의 의제와 관계없이」 정부에 대하여 질문을 할 수 있다. 질문이란 국무총리·국무위원 또는 정부위원에 대한 질문을 말한다(헌법 제62조 제2항). 의원이 정부에 대하여 일반질문을 하려면 먼저 의원 20인 이상이 발의하고 의결로써 국무총리·국무위원 등에 대한 출석요구가 있어야 한다(국회법 제121조 제1항). 질문에는 서면으로 하는 일반질문과 구두로 하는 긴급질문이 있다.

(4) 질의권

의원은 「현재 의제가 되어 있는 의안」에 대하여 위원장·발의자·국무총리·국무위원 등에게 질의할 수 있다. 질의는 구두로써만 한다.

(5) 토론권과 표결권

의원은 의제가 되어 있는 의안에 대하여 찬·반 토론을 할 수 있는 토론권과 본회의나 위원회 등에서 표결에 참가할 수 있는 표결권 등을 가진다.

헌법개정안은 기명투표로 하고, 인사에 관한 안건·국회에서 실시하는 각종 선거·국무총리나 국무위원 해임건의안에 대한 의결·환부된 법률안의 의결은 무기명투표로 한다.

2. 세비와 기타 편익을 받을 권리

국회의원은 국회법상 상당한 수당과 여비를 받는다(국회법 제30조). 세비의 법적 성질에 관하여 수당으로 보는 견해와 보수로 보는 견해가 있는데, 국회법상 규정으로 보면 수당설이 타당한 것 같다. 또한 국회의원은 무료로 국유의 철도·선박·항공기를 이용할 수 있다. 다만 폐회중에는 공무인 경우에 한한다(국회법 제31조).

3. 국회의원의 의무

(1) 헌법상의 의무

국회의원은 ⅰ) 청렴의 의무가 있으며(헌법 제46조 제1항), ⅱ) 국가이익을 우선하여 양심에 따라 직무를 행할 의무가 있고(헌법 제46조 제2항), ⅲ) 그 지위를 남용하여 국가·공공단체 또는 기업체와 계약이나 그 처분에 의하여 재산상의 권리·이익 또는 직위를 취득하거나 타인을 위하여 그 취득을 알선해서는 아니 될 의무가 있으며(헌법 제46조 제3항), 또한 ⅳ) 법률이 정하는 직을 겸할 수 없는 의무가 있다(헌법 제43조). 그리고 ⅴ) 모든 공무원에게 적용가능한 국민전체에 대한 봉사자 의무가 있다.

(2) 국회법상의 의무

국회의원은 ⅰ) 본회의나 소속 위원회의 회의에 출석할 의무가 있고, ⅱ) 회의에 있어서는 의사에 관한 법령 및 규칙을 준수하여, ⅲ) 질서를 문란케 하지 않고 국회나 위원회의 결의에 복종하며, ⅳ) 의사정리에 관한 의장 또는 위원장의 명령에 복종할 의무가 있다(국회법 제145조, 제155조 제2항).

이러한 의무를 위반하면 국회의원은 징계를 받을 수 있다. 즉 경고·사과·30일 이내의 출석정지·제명 등의 징계를 받을 수 있다(국회법 제163조 제1항).

제3장 정부

제1절 서설

Ⅰ. 집행권의 의의와 범위

1. 집행권의 의의

집행권이란 협의의 행정권과 통치행위를 포괄하는 개념이다. 입법이나 사법에 대응된 집행속에서 법률의 구속하에 법률을 집행하는 행정과 고도의 정치적 성격을 지닌 국가행위 내지 국가적 이해에 직접 관계되는 사항을 대상으로 하는 국가행위인 통치행위가 포함되어 있다. 이 통치행위는 사법심사의 대상에서 제외된다고 보고 있다.

일반적으로 행정권이란 입법권, 사법권, 통치행위를 제외한 국가기관의 작용을 말한다고 볼 수 있다. 즉, 광의의 집행권에서 통치행위를 제외한 것이다.

2. 행정권의 의의와 특성

(1) 행정권의 개념

1) 실질설(실질적 의미의 행정)

행정의 개념을 적극적·실질적으로 규정하려는 실질설도 여러 가지 견해로 나누어지나(적극설과 소극설), 이 중 적극설은 행정을 「법 아래서 법의 규제를 받으면서 현실적으로 국가목적의 적극적인 실현을 향하여 행하여지는, 전체로서 통일성을 갖는 적극적인 형성적 국가작용」으로 보고 있다.

2) 형식설(형식적 의미의 행정)

형식적 행정개념은 행정을 담당하고 있는 국가기관을 기준으로 하여 정립된 형식적 개념이다. 형식설에 따르면 행정은 행정부(집행부)에 의하여 행하여지는 모든 작용을 행정이라 한다. 형식설은 행정의 내용이 복잡하고 통일성이 없기 때문에 행정을 형식적으로 정의하고 있다.

3) 결어

행정의 개념은 다른 국가작용(입법과 사법)과 마찬가지로 실질적으로 파악하여야 한다고 본다. 왜냐하면 형식설에 따르면 권력분립의 원칙에 반하게 될 뿐만 아니라 성질상 입법에 속하는 행정입법이든 사법에 속하는 사면·재결이든 그 모두가 행정이기 때문이다. 그러므로「행정권은 대통령을 수반으로 하는 정부에 속한다」고 규정한 헌법 제66조 제4항에 행정권의 개념은 실질적 의미의 행정으로 보아야 한다.

(2) 행정권의 특성

1) 법기속성

행정은 법의 규제를 받으면서 현실적으로 국가목적을 실현시키는 것이므로, 법에 엄격히 기소된다. 특히 국민의 자유와 권리를 제한하거나 의무를 부과하는 것일 때에는 법률에 근거가 있어야 하고 법률에 따라 행하여져야 한다.

2) 독자성

행정은 법률의 집행을 의미하므로 외부적 세력으로부터 간섭과 방해를 받지 안는 행정의 독자성이나 독립성이 유지되어야 한다.

3) 적극성·통일성

행정은 국가기능의 확대와 더불어 적극적 성격이 요청되고, 궁극적으로 국가목적을 실현하기 위한 국가작용이므로 전체적으로 통일성이 유지되어야 한다.

4) 책임성

공정하고 성실한 법률의 집행을 위해서는 집행부로 하여금 법률집행의 결과에 대하여 책임을 지도록 하여야 한다.

3. 집행권(행정권)의 범위

헌법 제66조 제4항의 행정권은 실질적 의미의 행정(집행)에 관한 것으로 보아야 한다. 이 헌법조항은 실질적 의미의 집행에 관한 권한은 「헌법에 다른규정이 없는 한 원칙적으로 정부의 권한으로 한다」는 집행부의 집행원칙을 규정한 것이다. 헌법은 정책적 이유로 실질적 의미의 집행(행정)을 국회나 법원에 부여하는 경우가 많고(인사·예산편성·예산집행), 실질적 의미의 입법이나 사법에 속하는 것을 집행의 범위에 포함하는 경우가 있다. 그러므로 헌법상 집행부가 행사할 수 있는 집행권의 구체적인 범위는 실질적 의미의 집행(행정) 중에서 헌법이 다른 국가기관에 권한을 부여하고 있는 것을 제외한 집행에 관한 권한만을 내용으로 하고 있다.

Ⅱ. 정부의 의의

1. 정부의 개념

정부는 넓은 의미로는 입법부 · 집행부(행정부) · 사법부를 포함하는 모든 국가기관을 의미하지만, 협의로 정부라고 할 때는 집행부만을 의미한다. 그리고 최협의의 정부라고 할 때는 의원내각제에서 대통령을 제외한 내각만을 의미하기도 한다.

2. 정부 · 대통령과 행정부

대통령제 국가에 있어서 대통령은 행정부의 수반인 지위가 원칙적인 지위이기 때문에 행정부의 개념 속에 대통령이 포함된다. 이에 반하여 의원내각제에 있어서는 이원적 구조를 취하고 있어 대통령은 국가의 원수일 뿐 행정권의 수반은 아니다. 그러므로 의원내각제 국가에 있어서는 정부의 개념 속에 대통령은 포함되지 아니한다.

현행헌법은 제4장「정부」에서 대통령과 행정부를 통합하여 규정하고 있으므로「행정권은 대통령을 수반으로 하는 정부에 속한다」고 규정한 헌법 제66조 제4항의 정부는 입법부와 사법부에 대립하는 집행부(협의의 정부)를 말한다. 우리 헌법상 규정되어 있는 제4장 제2절「행정부」는 대통령을 제외한 정부의 개념, 즉 의원내각제에서의 내각을 지칭하는 최협의의 정부와 비슷하다. 그러므로 현행헌법상 정부는 대통령과 행정부를 포함한 집행부를 뜻한다.

제 2 절 대통령

Ⅰ. 대통령의 지위와 권한

1. 대통령의 헌법상 지위

(1) 정부형태에 따른 대통령의 지위

대통령의 지위는 국가의 정부형태에 따라 상이하다. 대통령제 국가에 있어서의 대통령은 국가의 원수인 동시에 행정부의 수반이며, 국정의 제1인자로서 입법부 · 사법부와 동위에 위치하는 것이 원칙이나, 남미 등지의 대통령은 입법부와 사법부에 대하여 월등하게 우위를 점하고 있다.

의원내각제 국가에서의 대통령은 의례적 · 형식적인 국가원수의 지위에 있는 것이 원칙이다. 그러나 프랑스 제5공화국헌법하의 대통령의 지위(이원정부제)는 특이하며, 대통령은 실질적인 권한 내지 헌법상의 특권까지도 보유하여 명실상부한 국가원수인 경우도 없지 아니한다. 그런데 대통령과 수상·내각이 각기 다른 정당에 속하는 경우 소위 동거정부에서의 대통령 권한은 실제적으로 축소되고 있다.

의회정부제란 정부에 대한 의회의 절대적 우위로 특정 지워진 정부형태여서 일반적으로 의회정부제에 있어서의 국가원수나 대통령은 존재하지 않으며, 존재하는 경우에도 그 권한은 의례적·대표적 사항에 한정된다.

(2) 현행헌법에서의 대통령의 헌법상 지위

1) 국가원수로서의 지위

국가원수란 대외적으로 국가를 대표하고, 대내적으로 국민의 통일성·전체성을 대표할 자격을 가진 국가기관을 말한다. 따라서 국가원수로서의 대통령의 지위는 전체적인 국가이익과 국가적 통일의 대표를 의미하는 것으로 이와 같은 지위는 입법부·사법부에 대하 상대적으로 우월한 지위이다.

(가) 대외적으로 국가를 대표할 지위

헌법 제66조 제1항에 의하여 대통령은 국가의 원수이며, 국가를 대표하는 지위에 있다. 따라서 대통령은 대한민국의 대표로서 조약을 체결·비준하고, 외교사절을 신임·접수 또는 파견하며, 선전포고와 강화를 한다(헌법 제73조).

(나) 국가 및 헌법 수호자로서의 지위

헌법 제66조 제2항은 「대통령은 국가의 독립·영토의 보전·국가의 계속성과 헌법을 수호할 책무를 진다」라고 규정하고, 제69조는 「나는 헌법을 준수하고 국가를 보위하며…」라고 선서하는 것은 곧 대통령이 국가와 헌법의 수호자라는 것을 규정한 것이다. 또한 긴급명령권과 긴급재정·경제처분 및 그 명령권, 계엄선포권, 위헌정당해산제소권 등은 헌법이 대통령에게 국가와 헌법의 수호자로서의 권한과 책임을 부여한 것이다.

(다) 국정의 통합조정자로서의 지위

헌법은 권력분립의 원리를 초월하여 입법·사법·행정의 3권을 통합·조정하고 중재하는 권한을 대통령에게 부여하고 있다. 헌법개정안제안권, 국가안위에 관한 중요정책의 국민투표부의권, 국회임시회의 집회요구권, 법률안제출권, 사면·감형 및 복권에 관한 권한 등이 이에 해당하는 권한이다.

(라) 헌법기관구성자로서의 지위

헌법은 국회의 동의를 얻어 대법원장과 헌법재판소의 장 및 감사원장을 임명하고, 대법원장의 제청으로 국회의 동의를 얻어 대법관을 임명할 권한, 헌법재판소 재판관의 임명권, 중앙선거관리위원회의 임명권, 감사원장의 제청에 의한 감사위원의 임명권 등의 권한을 대통령에게 부여하고 있다.

2) 집행부수반으로서의 지위

헌법 제66조 제4항은 집행부수반으로서의 대통령의 지위를 규정하고 있다. 이는 대통령이 집행부를 조직·편성하고, 집행하는 데 있어 최고책임자임을 뜻한다. 집행부의 수반으로서의 대통령의 지위는 입법부나 사법부와 동등한 병렬적 지위에 불과하다.

(가) 정부의 최고지휘권자·최고책임자로서의 지위

대통령은 집행에 관한 실질적인 최종 결정권과 집행권을 행하고, 집행부의 모든 구성원에 대하여 지휘·감독권을 행사한다.

(나) 정부조직권자로서의 지위

대통령은 국무총리·국무위원 등을 임명하고, 헌법과 법률이 정하는 바에 의하여 공무원을 임면한다.

(다) 국무회의 의장으로서의 지위

대통령은 국무회의의 의장으로서의 국무회의를 소집하고 주재하며 그 운영을 통할한다(헌법 제88조).

2. 대통령의 신분상 지위

(1) 대통령선거

1) 선출방법

헌법 제67조 제1항은「대통령은 국민의 보통·평등·직접·비밀선거에 의하여 선출한다」고 규정하여 국민이 직접 대통령을 선출한다. 따라서 현행헌법에 있어서 대통령은 원칙적으로 직선제에 의해 선출되고 예외적으로 국회에서 간선한다(헌법 제67조 제2항).

2) 대통령의 선거권과 피선거권

19세 이상의 국민은 대통령선거권이 있다. 대통령으로 선거될 수 있는 자는 국회의원의 피선거권이 있고, 대통령선거일 현재 5년 이상 국내에 거주하고 있는 자로서 40세에 달해야 한다(헌법 제67조 제4항, 공직선거법 제16조). 다만 공직선거법 제18조(선거권)와 제19조(피선거권)의 결격사유에 해당하지 않아야 한다.

3) 대통령후보자

정당이 추천하는 후보자는 정당의 추천서와 본인의 승낙서를 첨부하고 3억원을 기탁하여야 하며, 무소속후보자가 되고자 하는 자는 관할선거구선거관리위원회가 후보자등록신청개시일전 5일(대통령의 임기만료에 의한 선거에 있어서는 후보자등록신청개시일전 30일, 대통령의 궐위로 인한 선거 등에 있어서는 그 사유가 확정된 후 3일)부터 검인하여 교부하는 추천장을 사용하여 5 이상의 시·도에 나누어 하나의 시·도에 주민등록이 되어 있는 선거권자의 수를 700인 이상으로 한 3천500인 이상 6천인 이하 선거권자의 추천을 받아야 한다.

대통령선거에서 ① 후보자가 당선되거나 사망한 경우와 유효투표총수의 100분의 15 이상을 득표한 경우에는 기탁금 전액, ② 후보자가 유효투표총수의 100분의 10 이상 100분의 15 미만을 득표한 경우에는 기탁금의 100분의 50에 해당하는 금액을 선거일 후 30일 이내에 기탁자에게 반환한다. 이 경우 반환하지 아니하는 기탁금은 국가에 귀속된다(공직선거법 제57조).

4) 선거실시 시기

대통령선거는 그 임기만료일전 70일 이후 첫번째 수요일에 실시하며, 대통령의 궐위로 인한 선거 또는 재선거는 그 선거의 실시사유가 확정된 때부터 60일 이내에 실시하되, 선거일은 늦어도 선거일 전 50일까지 대통령 또는 대통령권한대행자가 공고하여야 한다(헌법 제68조, 공직선거법 제34조 및 제35조).

5) 선거운동

선거운동은 후보자의 등록이 끝난 후부터 선거일 전일까지 하며, 법이 금지 또는 제한하는 방법 이외에 누구든지 자유롭게 선거운동을 할 수 있다(공직선거법 제58조, 제59조).

6) 당선인의 결정

중앙선거관리위원회는 유효투표의 다수를 얻은 자를 당선인으로 결정한다. 다만 대통령후보자가 1인일 때에는 그 득표수가 선거권자총수의 3분의 1이상에 달하여야 당선인으로 결정한다(헌법 제67조 제3항, 공직선거법 제187조 제1항). 최고득표자가 2인 이상인 때에는 국회에서 선출하며, 재적의원 2분의 1이상 출석한 공개회의에서 다수표를 얻은 자를 당선인으로 한다(헌법 제67조 제2항).

7) 선거에 관한 소송

대통령 선거에 관한 소송에는 선거소송과 당선소송이 있다.

선거소송은 선거의 효력에 관하여 이의가 있는 선거인, 정당 또는 후보자는 선거일로부터 30일 이내에 중앙선거관리위원회 위원장을 피고로 하여 대법원에 소를 제기할 수 있다(공직선거법 제222조 제1항).

당선소송은 당선의 효력에 관하여 이의가 있는 정당 또는 후보자는 당선인 결정일로부터 30일 이내에 당선인을 피고로 하여 대법원에 소를 제기할 수 있다(공직선거법 제222조 제1항). 그러나 예외적으로 당선소송에서 피고가 중앙선거관리위원회 위원장과 국회의장, 법무부장관(피고로 될 당선인이 사퇴·사망하거나 임기개시전 피선거권이 성실된 경우)이 되는 경우가 있다(공직선거법 제

223조).

(2) 신분상의 지위

1) 임 기

대통령의 임기는 5년이며 중임할 수 없다(헌법 제70조). 대통령의 임기연장 또는 중임변경을 위한 헌법개정은 그 헌법개정제안 당시의 대통령에 대하여는 효력이 없도록 규정하였다(헌법 제128조 제2항).

2) 선 서

대통령은 취임에 즈음하여 "나는 헌법을 준수하고 국가를 보위하며, 조국의 평화적 통일과 국민의 자유와 복리의 증진 및 민족문화의 창달에 노력하여 대통령으로서의 직책을 성실히 수행할 것을 국민 앞에 엄숙히 선서합니다"라고 선서를 한다(헌법 제69조).

3) 형사상 특권

헌법 제84조는 "대통령은 내란 또는 외환의 죄를 범한 경우를 제외하고는 재직중 형사상의 소추를 받지 아니한다"라고 하여 대통령의 형사상 특권을 규정하고 있다. 대통령의 형사상 특권은 국가원수로서의 권위를 유지하기 위하여 인정되는 제도이다.

형사소추란 본래 공소의 제기를 의미하나 헌법 제84조의 소추란 체포·구속·수색·검증까지도 포함하는 것으로 본다. 그러나 퇴직 후에는 형사상 소추가 가능하며 재직중이라도 민사소송·행정소송과 탄핵소추는 면제되지 아니한다.

4) 권한대행자와 권한대행의 직무범위

대통령이 궐위되거나 사고로 인하여 직무를 수행할 수 없을 때에는 국무총리, 법률이 정한 국무위원 순으로 그 권한을 대행한다(헌법 제71조). 여기서 궐위란 대통령이 사망·탄핵결정에 의한 파면·피선거권의 상실·사임 등으로 대통령이 재위하지 않게 된 경우를 의미한다. 사고란 대통령이 재위하지만 신병·해외순방 또는 탄핵소추의 결정으로 권한행사가 정지된 경우 등을 의미한다. 그런데 궐위된 경우에는 60일 이내에 후임자를 선출하여야 한다(헌법 제68조 제2항). 선출된 후임자는 차기대통령을 의미하고 그 임기도 처음부터 개시된다.

대통령이 궐위된 때에는 그 사유가 발생하면 헌법의 규정에 따라 대행자가 선정되므로 큰 문제가 없으나, 사고인 경우에는 대통령이 직무수행을 할 수 있는가의 여부는 누가 결정할 것인가에 관하여 견해의 대립이 있다.

대통령의 구체적인 의사표시가 있어야 한다는 견해와 1차적으로 대통령이 결정하고, 정신장애 등으로 결정할 수 없는 경우에는 누가 이것을 결정할 것인가를 미리 법률에 규정하여 둘 필요가 있다는 견해이다. 해외여행이나 단순한 신병은 대통령의 의사표시로 권한대행자를 지명할 수 있지만, 정신장애 같은 경우에 대비하여 국정의 혼란을 막기 위해서도 미리 법률에 규정하여 둘 필요가 있다는 후설이 타당하다고 본다.

권한대행의 경우 그 직무범위가 문제된다. 궐위의 경우에 있어서 그 직무범위는 ⅰ) 대통령 권한 전반에 걸쳐 행사할 수 있으며, 그 대행이 합리적인 경우 반드시 현상유지적일 필요가 없다는 견해와 ⅱ) 권한대행자의 직무는 후임자의 선출이 중요하고 권한대행자는 대통령직이 필요로 하는 민주적 정당성을 얻지 못하기 때문에 현상유지에 한정해야 한다는 견해가 대립하고 있다.

사고의 경우에 있어서 그 직무범위는 ⅰ) 현상유지에 국한한다는 견해, ⅱ) 사고가 장기적으로 잠정적 현상유지가 불가능한 상태인 경우 국무회의 심의를 거쳐 직무범위를 현상유지에 국한할 필요가 없으며 대행기간을 정해야 한다고 보는 견해, ⅲ) 잠정적인 현상유지에 국한해야 하고 기본 정책전환·인사이동 등 현상유지를 벗어난 직무대행을 할 수 없다는 견해가 대립하고 있다.

권한대행은 임시대리의 성격을 지니고 잠정적인 관리자에 불과하므로 어느 경우이든 권한대행의 성질상 현상유지에 국한되는 것이 타당하다고 하겠다.

5) 대통령의 의무

헌법에 규정된 대통령의 의무는 직무상 의무와 겸직금지의무가 있다. 직무상 의무는 취임선서에서 밝힌 의무(헌법 제69조)이며, 겸직금지의무는 헌법 제83조에 규정된 것으로 대통령은 국무총리·국무위원·행정각부의 장, 기타 법률이 정하는 공·사의 직을 겸할 수 없다는 것이다.

6) 전직대통령의 예우

헌법 제85조는 "전직 대통령의 신분과 예우에 관하여는 법률로 정한다"고 하여, 전직대통령에게도 그에 상응하는 신분보장·예우를 하고 있다. 특히 직전대통령은 국가원로자문회의 의장이 된다(헌법 제90조 제2항).

전직대통령예우에 관한 법률에 따라 본인과 일정한 범위의 유족에 대해서 연금의 지급, 경호, 경비, 교통, 체신의 편의와 사무실제공, 의료 등의 혜택을 받는다.

그러나 다음의 경우에는 전직대통령으로서의 예우를 하지 않는다. ⅰ) 재직 중 탄핵결정을 받아 퇴임한 경우, ⅱ) 금고 이상의 형이 확정된 경우, ⅲ) 형사처분을 회피할 목적으로 외국정부에 대하여 도피처 또는 보호를 요청한 경우, ⅳ) 대한민국의 국적을 상실한 경우이다(전직대통령예우에관한법률 제7조 제2항).

3. 대통령의 권한

(1) 서 설

대통령의 권한은 정부형태에 따라 서로 다르다. 우리나라의 정부형태는 대통령제를 채택하고 있으므로 대통령은 원칙적으로 실질적인 권한을 행사하고 있다.

대통령의 권한은 그 헌법상의 지위에 대응하여 분류할 수도 있으나, 권한의 실질적인 성질에 따라 ⅰ) 헌법개정과 국민투표에 관한 권한, ⅱ) 헌법기관구성에 관한 권한, ⅲ) 국회 및 입법에 관한 권한, ⅳ) 사법에 관한 권한, ⅴ) 행정에 관한 권한, ⅵ) 비상적 권한 등으로 분류하여 설명하기로 한다.

(2) 헌법개정과 국민투표에 관한 권한

1) 헌법개정에 관한 권한

대통령은 헌법개정에 대한 제안권을 가지며(헌법 제128조 제1항), 제안된 헌법개정안을 20일 이상의 기간 공고하여야 한다(헌법 제129조). 그리고 대통령은 헌법개정이 확정되면 즉시 이를 공포하여야 한다(헌법 제130조 제3항).

2) 국민투표부의권

대통령은 필요하다고 인정할 때에는 외교·국방·통일 기타 국가안위에 관한 중요정책을 국민투표에 붙일 수 있다(헌법 제72조). 이 규정에 따라 대통령은 국가안위에 관한 중요정책을 국회의 의결에 의하여 결정하지 아니하고 직접 국민의 의사를 물어 결정함으로써 국민적 정당성을 확보할 수 있다.

대통령의 국민투표부의권은 헌법 제130조 제2항의 헌법개정안에 대한 국민투표제와 더불어 현행헌법상 대의제의 원칙에 대한 예외가 되는 직접민주제의 실천방안이다. 이것은 대통령이 국회와 같은 국민대표기관의 의결에 구속되지 아니하고, 직접 주권행사기관인 국민의 신임에 호소하기 위한 방법이다. 대상과 실시여부의 결정은 대통령의 재량에 속하고 그 내용이 영토의 변경이나 정권 또는 개인의 신임 여부에 관한 것일 때에는 Plebiscite 의 성격을 띠며, 법률의 제정이나 정책의 결정에 관한 것일 때에는 Referendum의 성격을 띠게 된다고 한다.

현행헌법상 국민투표에 의한 입법은 불가능하며, 헌법 제72조의 국민투표는 외교·국방·통일 기타 국가안위에 관한 중요정책에 대한 단순한 찬반투표로 보는 것이 타당하다고 하겠다.

(3) 헌법기관구성에 관한 권한

1) 대법원장과 대법관 임명권

대법원장은 국회의 동의를 얻어 대통령이 임명하며, 대법관은 대법원장의 제청으로 국회의 동의를 얻어 대통령이 임명한다(헌법 제104조 제1항, 제2항). 그러나 기타 법관은 대법관회의의 동의를 얻어 대법원장이 임명한다(헌법 제104조 제3항).

2) 헌법재판소장 및 재판관 임명권

대통령은 헌법재판소 재판관 9인 중 3인을 실질적으로 임명하는 권한이 있으며, 나머지 6인의 재판관에 대한 형식적 임명권한도 있다(헌법 제111조 제2항, 제3항). 또한 헌법재판소의 장은 국회의 동의를 얻어 재판관 중에서 임명한다(헌법 제111조 제4항).

3) 감사원장과 감사위원 임명권

대통령은 국회의 동의를 얻어 감사원장을 임명하며, 감사원장의 제청으로 감사위원을 임명한다(헌법 제98조 제2항, 제3항).

4) 중앙선거관리위원회 위원임명권

대통령은 9인의 중앙선거관리위원회 위원 중 3인을 임명한다(헌법 제114조 제2항).

5) 국무총리와 국무위원 임명권

대통령은 국회의 동의를 얻어 국무총리를 임명하며, 국무총리의 제청으로 국무위원을 임명한다(헌법 제86조 제1항, 제87조 제1항).

(4) 국회 및 입법에 관한 권한

1) 국회에 관한 권한

(가) 임시회집회요구권

대통령의 임시회집회요구는 국무회의의 심의를 거쳐야 하며, 임시회의 집회를 요구할 때에는 기간과 집회요구의 이유를 명시하여야 한다(헌법 제47조 제3항). 특히 대통령이 긴급명령, 긴급재정·경제처분 및 명령을 하거나 계엄을 선포한 경우에, 국회가 휴회·폐회중이면 국회의 보고(승인) 또는 통고를 위하여 임시회의 집회를 요구하여야 한다.

(나) 국회 출석·발언권

대통령은 국회에 출석하여 발언하거나 서한으로 의견을 표시할 수 있다(헌법 제81조). 이는 국회의 이해와 협조를 구할 수 있는 대통령의 권한이지만 의무는 아니다. 따라서 국회는 대통령의 출석이나 서한에 의한 의사표시를 요구할 수 없다. 이 점에서 국무총리, 국무위원과 구별된다고 하겠다.

2) 입법에 관한 권한

(가) 법률안제출권

국회의원 뿐만 아니라 대통령도 정부 수반으로서 법률안을 제출할 권한을 가진다(헌법 제52조). 대통령이 법률안을 제출할 경우 국무회의의 심의를 거쳐야 한다.

대통령제하에서는 대통령에게 법률안제출권을 인정하지 않는 것이 원칙이나, 우리 헌법은 국회와 집행부와의 긴밀한 유대관계를 도모하기 위하여 법률안제출권을 인정하고 있다. 이는 의원내각제 요소가 가미된 것으로 국회에 대한 집행부의 우월성을 나타내는 요소라고 하겠다.

(나) 법률안거부권

대통령은 국회에서 의결되어 정부에 이송되어 온 법률안에 대하여 이의가 있을 때에는 이의서를 붙여 15일 이내에 국회에 환부하고, 그 재의를 요구할 수 있다(헌법 제53조 제1항, 제2항). 이를 대통령의 법률안거부권이라고 한다. 이는 법률을 집행하여야 하는 정부의 입장을 고려하기 위한 것이지만, 오늘날 권력상호간의 "견제와 균형"을 실현하는 역할을 담당함으로써 정부의 국회에 대한 실효성 있는 투쟁 수단이 되고 있다.

대통령이 법률안거부권을 행사하기 위해서는 정당한 이유가 존재하고 객관적이며 합리적인 경우라야 한다. 법률안거부권의 정당한 경우로는 법률안이 헌법에 위반되는 경우, 법률안이 집행불가능한 경우, 국가의 이익에 반하는 내용인 경우, 법률안이 정치적 압력을 목적으로 하는 경우를 들 수 있다.

법률안거부권의 법적 성질에 관해 정지조건설(국회가 재의결 할 때까지 법률로써 확정을 정지시키는 조건으로 보는 견해), 해제조건설, 취소권설, 공법에 특유한 제도설 등이 대립하나, 이러한 거부권은 법률안의 완성에 대한 소극적인 권한이므로 조건부의 정지적 거부권으로 보는 것이 타당하다고 하겠다. 따라서 국회의 재의결 전에는 언제나 이를 철회할 수 있다. 대통령이 법률안거부권을 행사하는 방법으로는 환부거부(direct veto)와 보류거부(pocket veto)가 있다. 환부거부(direct veto)는 정부에 이송된 법률안은 15일 이내에 이의서를 붙여 국회로 돌려보내는 경우를 말한다. 이 경우 국회가 폐회중이라도 환부할 수 있다(헌법 제53조 제2항). 이 때에 대통령은 법률안 전부에 대하여 환부거부하여야 하고 일부거부나 수정거부는 할 수 없다. 새의의 요구(환부거부)가 있을 때에는 국회는 그 법률안을 재의에 붙이고, 재적의원 과반수의 출석과 출석의원 3분의 2 이상의 찬성으로 전과 같은 의결을 하면 그 법률안은 법률로써 확정되고, 확정법률이 정부에 이송된 후 5일 이내에 대통령이 공포하지 않으면 국회의장이 공포한다(헌법 제53조 제4항, 제6항). 보류거부(pocket veto)는 대통령이 국회의 폐회나 해산으로 인하여 지정된 기한 내에 국회로의 환부가 불가능한 때에 당해 법률안이 자동적으로 폐기되는 것을 말한다.

헌법상 회기계속의 원칙이 채택되어 있으므로 보류거부는 인정되지 않는다고 보는 전면부정설이 타당하다. 왜냐하면 임기만료는 국회가 폐회된 경우와 같이 환부할 대상이 없어서 법률안이 폐기되는 현상은 임기만료에 따른 법률안 폐기이지 보류거부는 아니기 때문이다.

(다) 법률안공포권

대통령은 국회에서 의결된 법률안이 정부에 이송된 날로부터 15일 이내에 공포하여야 한다 (헌법 제53조 제1항). 그러나 그 법률안에 대하여 이의가 있으면 국회에 환부할 수 있다. 대통령이 15일 이내에 공포나 재의의 요구를 하지 아니하면 그 법률안은 법률로서 확정되며 (헌법 제53조 제5항), 대통령은 확정된 법률을 지체없이 공포하여야 한다(헌법 제53조 제6항 제1문). 만일 헌법 제53조 제5항에 의하여 법률이 확정된 후 또는 제4항에 의한(환부거부로 인해 재의결된) 확정법률이 정부에 이송된 후 대통령이 이 확정된 법률을 5일 이내에 공포하지 아니하면 국회의장이 이를 공포한다(헌법 제63조 제6항 제2문). 이런 점으로 보아 대통령의 법률안공포권은 권한인 동시에 의무이기도 하다.

(라) 대통령령 제정권

헌법 제75조는 "대통령은 법률에서 구체적으로 범위를 정하여 위임받은 사항과 법률을 집행하기 위하여 필요한 사항에 관하여 대통령령을 발할 수 있다"라고 하여 대통령의 행정입법권을 규정하고 있다. 즉 대통령은 헌법 제75조에 의하여 위임명령과 집행명령의 제정·발포권을 가진다.

법치주의의 원칙에 의하면 국민의 권리와 의무를 규정하는 입법사항은 국회가 제정하는 법률에 의함이 원칙이다. 그러나 사회적 법치국가의 출현, 위기정부, 비상사태의 항상화 경향, 지방별·분야별 특수사정 등으로 말미암아 국가기능 확대, 행정의 다양성·복잡성·신속성 등으로 인하여 국회가 그들 사항을 전부 법률로 제정함은 불가능하므로 헌법과 법률로 정부 (집행부)에게 세부적인 사항을 위임함으로써 집행부의 명령제정권을 인정하는 것이다.

행정입법은 제정주체가 국가인가 지방자치단체인가에 따라 본래의 행정입법과 자치입법으로, 대국민적 효력에 따라 법규명령과 행정명령으로 분류된다. 법류명령은 다시 입법사항을 새로이 규율할 수 있는가에 따라 위임명령과 집행명령으로 분류한다. 여기서는 헌법 제75조에 따라 위임명령과 집행명령만을 설명한다.

① 위임명령

위임명령이란 헌법에 근거하고 또 법률의 위임에 따라 발하는 명령을 말한다. 대통령은 법률에서 구체적으로 범위를 정하여 위임을 받은 사항에 관하여 대통령령을 발할 수 있는데, 이것이 대통령의 위임명령제정권이다(헌법 제75조 전단).

위임명령은 법률에서 위임받은 사항에 대해서는 실질상 법률의 내용을 보충하는 것이기 때문에 이를 보충명령이라고도 한다. 그러므로 위임명령은 모법(법률)에 위배되는 규정은 할 수 없으나, 위임의 범위 안에서 입법사항에 관하여 새로운 규정을 할 수 있다는 점에서 집행명령과 구별된다.

국회의 입법권의 백지위임과 같은 결과를 초래하는 일반적·포괄적 위임은 금지되고 개별적·구체적 위임만이 가능하다. 헌법 제75조에 "구체적 범위를 정하여"라고 규정한 것은 개별적·구체적 위임의 형식만을 인정하고 있는 것이다.

법률에서 위임받은 사항을 대통령이 하부기관에 다시 일반적 세칙을 위임하는 것(무조건 재위임하는 것)은 실질적으로 수권법의 내용을 변경하는 결과를 초래하므로 허용되지 않으며, 대강을 정하고 세부적인 특정사항에 관하여 구체적으로 범위를 정하여 다시 하위명령에 위임하는 것은 가능하다.

② 집행명령

집행명령이란 헌법에 근거하여 법률을 집행하는데 필요한 세칙을 정하는 명령을 의미한다. 대통령은 법률을 집행하기 위하여 필요한 사항에 관하여 대통령령(大統領令)을 발할 수 있는데, 이것이 대통령의 집행명령제정권이다(헌법 제75조 후단).

집행명령은 특정의 법률(모법)에 종속하여 법률이 정하는 범위안에서 이를 현실적으로 적용하는데 필요한 세칙을 규정할 수 있을 뿐이다. 따라서 법률을 보충하거나 변경할 수 없고 새로운 입법사항을 독자적으로 규정할 수도 없다. 또한 법률에 종속하여 효력을 가지는 것이므로 그 기본이 되는 법률의 소멸에 의하여 당연히 소멸한다. 그러나 집행명령은 행정기관에 대한 단순한 부령은 아니다. 그것은 법률이 규정하는 범위내에서 법률의 세칙을 정하는 점에서 법률과 같이 행정기관 및 국민을 구속하는 힘을 가지므로, 행정기관내부에서 뿐만 아니라 국민에 대해서도 효력을 가질 수 있다.

③ 행정입법에 대한 통제

행정입법의 양적증대와 질적 중요성의 증가로 국민의 자유와 권리에 미치는 영향이 큼으로 행정입법의 남용을 방지하기 위한 통제방법이 제도화되고 있다.

행정부 내에서의 자율적 통제방법으로는 행정입법권 행사에 대한 감독청의 감독권행사나 행정절차적 통제·입법예고, 공청회를 개최하며, 국무회의 심의, 부서제도를 통한 방법을 들 수 있다.

국회에 의한 통제방법으로는 직접적 통제로서 행정입법의 성립과 발효에 동의·승인, 법률을 제정하여 행정입법의 효력을 소멸시키는 방법, 간접적 통제로는 국정조사와 탄핵소추·해임건의 등의 방법으로 행정입법을 통제할 수 있다.

법원에 의한 통제방법에는 헌법 제107조 제2항에 의한 위헌·위법명령·규칙심사권에 의하여 행정입법을 통제할 수 있다.

(5) 사법에 관한 권한

1) 사면권

대통령은 법률이 정하는 바에 의하여 사면·감형 또는 복권을 명할 수 있다(헌법 제79조 제1항). 사면권이란 형사소송법이나 그 밖의 형사법규에 의하지 아니하고 형의 선고 또는 효과 또는 공소권을 소멸시키거나 형집행을 면제시키는 국가원수의 특권을 말한다. 대통령이 사면권을 행사함에는 국무회의의 심의를 거쳐야 한다(헌법 제89조 9호). 사면은 집행권에 의하여 사법권의 효과를 변경하게 되어 사법권에 중대한 간섭이 되는 것이지만 전통적으로 국가원수의 특권으로서 인정되고 있다. 역사적으로 볼 때 사면권은 군주의 은사권 내지 은전권의 유물로서 입헌주의 아래에서도 그대로 계승되어 오고 있다.

일반사면은 범죄의 종류를 지정하여 이에 해당하는 모든 범죄인에 대하여 일반적으로 형의 선고의 효과를 전부 소멸시키거나, 형의 선고를 받지 아니한 자에 대해서는 공소권을 소멸시키는 것을 말한다. 일반사면은 대통령령으로써 하되 국무회의의 심의를 거치고 국회의 동의를 얻어야 한다(헌법 제79조 제2항, 헌법 제89조 9호).

특별사면은 이미 형의 선고를 받은 특정의 죄수에 대하여 형의 집행을 면제하여 주는 것을 말하는데, 일반사면과는 달리 국회의 동의를 요하지 않는다.

감형에는 일반감형과 특별감형이 있는데, 전자는 범죄 또는 범죄의 종류를 지정하여 이에 해당하는 범죄인을 일률적으로 감형하는 것이고, 후자는 특정한 범죄인에 대한 감형을 말한다. 복권은 형의 선고의 효력으로 인하여 상실 또는 정지된 자격을 회복시켜 주는 것을 말하는데, 이에도 일반복권과 특별복권이 있다.

일반사면은 형의 언도의 효력이 상실되며 형의 언도를 받지 않은 자에 대하여는 공소권이 상실된다. 단 특별한 규정이 있을 때에는 예외로 한다.

특별사면은 형의 집행이 면제된다. 그러나 특별한 사정이 있을 때에는 이후 형의 언도의 효력을 상실케 할 수 있다.

일반에 대한 감형은 특별한 규정이 없는 경우에는 형을 변경하여, 특정한 자에 대한 감형은 형의 집행을 경감한다. 그러나 특별한 사정이 있을 때에는 형을 변경할 수 있다.

복권은 형의 언도의 효력으로 인하여 상실 또는 정지된 자격을 회복하며 형의 언도에 의한 효력은 장래에 향하여 상실될 뿐 소급효가 인정되지 아니한다. 따라서 형의 언도에 의한 기성의 효과는 사면, 감형, 복권으로 인하여 변경되지 않는다(사면법 제5조).

현행헌법은 사면권의 한계에 관하여 규정하고 있지 않다. 그러나 대통령이 사면권을 행사함에는 헌법내재적 한계를 따라야 한다. 대통령의 사면권은 국가이익과 국민화합의 차원에서 행사되어야 하고 정치적 남용이나 집권당에 유리한 조치로 행사할 수 없고, 사법권의 본질적 내용을 침해하지 않는 범위에서 합리적인 기준과 원칙에 따라 행사되어야 하며, 또한 탄핵 등 정치적 책임을 진 자에 대하여는 공소권의 소멸이나 탄핵소추권 소멸은 있을 수 없으며, 절차상 대법원 또는 사법부의 의견을 수렴하여 행사해야 한다.

국회는 일반사면에 대한 동의 여부를 심리함에 있어 대통령이 제안하지 아니한 또 다른 죄의 종류를 추가할 수 없다.

2) 위헌정당해산제소권

대통령은 정부를 대표하여 정당의 목적이나 활동이 민주적 기본질서에 위배될 때에는, 헌법재판소에 정당의 해산을 제소할 수 있다(헌법 제8조 제4항). 대통령은 제소에 앞서 국무회의의 심의를 거쳐야 한다(헌법 제89조 14호).

(6) 행정에 관한 권한

행정에 관한 권한은 대통령을 수반으로 하는 행정부에 속한다.

1) 행정의 최고결정권 및 법률집행권

대통령은 행정권의 주체인 정부의 수반으로서 행정에 관한 최고결정권을 가진다. 정부의 권한에 속하는 중요정책의 수립은 국무회의의 심의를 거쳐 결정한다(헌법 제88조 제1항). 따라서 행정은 대통령의 책임하에 수행된다.

또한, 대통령은 국회에서 의결한 법률을 공포·집행하며, 그 집행을 위하여 필요한 경우에는 위임명령과 집행명령을 발할 수 있다(헌법 제75조). 그러므로 집행권은 대통령의 권한과 책임하에서 이루어지며, 대통령은 하부행정기관의 구성원을 지휘·감독할 권한을 가진다.

2) 외교에 관한 권한

대통령은 국가원수로서 외국에 대하여 국가를 대표하여 외국을 승인할 수 있다(헌법 제66조 제1항). 대통령은 조약을 체결·비준하고 외교사절을 신임·접수·파견하며, 선전포고와 강화를 할 권한을 가진다(헌법 제73조).

그러나 외교에 관한 권한 중에서도 조약의 체결·비준, 선전포고, 국군의 해외파견, 외국군대의 대한민국 영역 안에서의 주유(駐留)에 대해서는 국회의 동의를 얻어야 한다(헌법 제60조). 신임이란 우리나라 외교사절에게 신임장을 수여하는 것이며, 접수란 외국의 외교사절을 우리나라에서 수락하는 것이며, 파견이란 외교사절을 외국에 보내는 것이다. 선전포고란 전쟁개시의 선언을 의미하며, 강화란 전쟁종결을 위한 적국과의 합의를 의미한다.

3) 국군통수권

대통령은 헌법과 법률이 정하는 바에 의하여 국군을 통수한다(헌법 제74조 제1항). 국군통수란 국군의 최고지휘자로서 군정·군령권을 가지고 있음을 말한다.

군정이란 국군을 조직·편성·취득·유지·관리하는 양병작용이며(병역의무의 부과, 군사관리 등), 군령이란 작전계통에 따라 군을 사용·지휘·명령·통솔하는 용병작용을 의미한다(작전지휘·통제, 군사교육).

우리 헌법은 군정과 군령을 분리하지 않고, 이것을 통일하여 정부의 관할하에 두고 있는 군정·군령일원주의를 취하고 있다. 군사에 관한 중요사항은 국가안전보장회의의 자문(국무회의의 심의 전)과 국무회의의 심의를 요하며(헌법 제89조 6호, 헌법 제91조), 국군통수권의 행사는 문서로써 하여야 하고, 국무총리와 관계국무위원의 부서가 있어야 한다(헌법 제82조). 선전포고와 국군의 해외파견 등 일정한 군사권 행사에는 국회의 동의를 얻도록 하고 있다.

국군의 조직과 편성에 관한 것은 법률로 정하도록 하고 있는데, 이것이 국군조직법이다. 따라서 국군의 조직·편성에 대하여 명령으로 정하거나, 군령권에 대하여 포괄적 위임을 해서는 안된다. 끝으로 군통수권을 군령·군정으로 이원화시켜서도 아니 되며, 문민통제를 배제해서도 안되며 더욱이 침략적 전쟁을 목적으로 행사되어서도 안된다.

4) 공무원임면권

대통령은 헌법과 법률이 정하는 바에 의하여 공무원을 임면한다(헌법 제78조). 공무원의 임명과 면직에는 헌법과 법률상의 여러 가지 제약이 있지만, 대통령은 선거에 의하여 지위를 얻게 되는 공무원을 제외하고는 모든 정부공무원의 실질적 임명권을 가진다. 공무원임면권이란 단순한 '임명'에 그치는 것이 아니라, '파면'할 수 있는 권한도 포함된다. 그리고 여기의 임명은 보직·전직·휴직·징계처분 등을 포함한 넓은 개념이다. 공무원임면권은 대통령에게 있으나 대통령은 특별한 규정이 없는 이상 이 권한을 하부기관에 위임할 수 있다.

5) 재정에 관한 권한

대통령은 정부의 수반으로서 예산안을 편성·제출할 권리·의무가 있으며(헌법 제54조 제2항), 또 추가경정예산안을 편성하여 국회에 제출할 수 있다(헌법 제56조). 그 밖에 계속비·기채·예산 외 국가부담계약·예비비에 관해서도 대통령은 국회의 의결 또는 승인을 얻어 집행한다. 또한 대통령은 긴급재정·경제처분 및 그 명령권도 가진다(헌법 제76조). 예산안이 법정기간 내에 의결되지 못한 때에는 정부는 일정한 경비(헌법 제54조 제3항 1.2.3호)를 전년도예산에 준하여 집행할 수 있다.

6) 영전수여권

대통령은 법률이 정하는 바에 의하여 훈장 기타의 영전을 수여한다(헌법 제80조). 영전수여에 관한 법률로는 상훈법이 있다. 이 권한은 정부수반으로서의 권한인 동시에 국가원수로서의 권한이지만 대통령은 국무회의의 심의를 거쳐 영전을 수여한다(헌법 제89조 8호). 평등의 원칙에 의하여 이 훈장 등의 영전은 이를 받은 자에게만 효력이 있고, 어떠한 특권도 이에 따르지 아니한다(헌법 제11조 제3항).

7) 각종회의주재권

대통령은 헌법에 따라 각종 회의를 주재하는 권한을 가진다. 대통령은 국무회의 의장이고(헌법 제88조 제3항), 국가안전보장회의를 주재한다(헌법 제91조 제2항).

(7) 국가긴급권

국가긴급권이란 전쟁·내란 또는 경제공황과 같은 국가비상사태를 극복하기 위하여 비상수단을 발동할 수 있는 권한을 말한다. 현행헌법은 국가긴급권을 대통령에게 인정하고 있는 바 긴급명령권, 긴급재정경제처분·명령권, 계엄선포권 등으로 나누어 규정하고 있다.

1) 긴급명령권, 긴급재정경제처분·명령권

(가) 헌법규정 및 연혁

헌법 제76조는 "① 대통령은 내우·외환·천재·지변 또는 중대한 재정·경제상의 위기에 있어서 국가의 안전보장 또는 공공의 안녕질서를 유지하기 위하여 긴급한 조치가 필요하고 국회의 집회를 기다릴 여유가 없을 때에 한하여 최소한으로 필요한 재정·경제상의 처분을 하거나 이에 관하여 법률의 효력을 가지는 명령을 발할 수 있다. ② 대통령은 국가의 안위에 관계되는 중대한 교전상태에 있어서 국가를 보위하기 위하여 긴급한 조치가 필요하고 국회의 집회가 불가능한 때에 한하여 법률의 효력을 가지는 명령을 발할 수 있다"고 하여 긴급재정경제처분권과 긴급재정경제명령권, 긴급명령권을 각각 규정하고 있다.

이 긴급명령권, 긴급재정경제명령권·처분권제도는 제1공화국(긴급명령권, 긴급재정처분권)과 제3공화국헌법에 규정되어 있던 것을 제5공화국헌법의 비상조치권을 폐지하고 현행헌법에서 부활시킨 것이다.

긴급명령은 국회의 승인을 얻은 경우에는 법률의 효력을 가지기 때문에 국회입법권에 대한 침해가 될 수 있고, 국민의 기본권을 제한할 수 있다는 점에서 국가긴급권의 하나이다. 긴급재정경제명령권이나 처분권도 국회의 집회를 기다릴 여유가 없는 경우에 한하여 인정되는 국가긴급권이다. 그러나 긴급명령권과 긴급재정경제명령은 제4공화국의 긴급조치권이나 제5공화국의 비상조치권이 헌법을 정지하는 권한까지 있었던데 비하여 법률대체적인 효력을 가지는데 불과하므로 상대적으로 훨씬 약화되었다.

(나) 의 의

① 긴급명령권

긴급명령권이란 통상적인 입법절차만으로는 공공질서를 유지하기가 곤란할 정도의 사태가 발생한 경우에 이를 극복하기 위하여 예외적으로 법률과 동일한 효력을 가지는 명령인 긴급입법조치를 말한다.

② 긴급재정경제처분권

긴급재정경제처분권이란 중대한 재정·경제상의 위기에 있어서 국가안전보장 또는 공공의 안녕질서를 유지하기 위하여 대통령이 행하는 재정·경제상의 처분을 말한다.

③ 긴급재정경제명령권

긴급재정경제명령권이란 중대한 재정·경제상의 위기에 있어서 긴급재정경제처분을 할 때와 동일한 요건하에서, 필요한 경우 대통령이 발하는 법률의 효력을 지닌 명령을 말한다. 긴급명령은 국회입법의 중대한 예외가 되며, 긴급재정경제처분은 재정의결주의의 중대한 예외이고 긴급재정경제명령은 국회입법과 재정의결주의의 중대한 예외가 되고 있다.

(다) 발동요건과 절차

① 긴급명령권

긴급명령권은 권력분립주의와 법치주의에 대한 예외를 인정한 것으로, 발동요건은 엄격히 해석되어야 한다. 즉, ㉠ 국가의 안위에 관계되는 중대한 교전상태에 있어서(상황), ㉡ 국가보위를 위해 긴급한 조치가 필요하고(소극적 목적을 위해서), ㉢ 국회의 집회가 「불가능한 때」에 한하여 발할 수 있다(시기). 또한 국가안전보장회의의 자문과 국무회의의 심의를 거쳐야 하며 부서를 한 문서의 형식으로 하여야 한다. 그리고 긴급명령을 한 때에는 지체없이 국회에 보고하여 승인을 얻어야 한다. 국회가 폐회중이거나 휴회중일 때에는 대통령은 임시국회의 집회를 하고 국회의 승인을 얻어야 한다.

긴급명령·승인의 의결정족수에 관하여 명문의 규정이 없어 학설이 대립한다. 계엄의 해제요구는 부정적 통제형식이란 점에서 긍정적 통제형식인 긴급명령과 구별되어야 하며, 헌법과 법률에 특별한 규정이 없는 경우에는 재적의원 과반수와 출석의원 과반수의 찬성을 얻으면 된다는 점에 비추어 볼 때 출석의원과반수설이 타당하다고 본다.

② 긴급재정명령권(처분권)

긴급재정경제명령권(처분권)은 ㉠ 내우·외환·천재·지변 또는 중대한 재정·경제상의 위기에 처하거나(상황), ㉡ 국가의 안전보장 또는 공공의 안녕질서를 유지할 필요가 있는 때로서(소극적 목적을 위해서), ㉢ 국회의 집회를 「기다릴 여유가 없는 때」한하여 발할 수 있다(시기). 이 긴급요건은 국회가 폐회중이어서 임시회의 집회에 필요한 3일간을 기다릴 여유조차 없는 경우를 말한다(국회법 제25조). 그리고 국회가 휴회중이라도 사실상 집회불가능한 경우에도 해당된다고 볼 수 있다. 또한 국가안전보장회의의 자문과 국무회의의 심의를 거쳐야 하며 부서를 한 문서의 형식으로 하여야 한다. 그리고 긴급재정경제처분·명령을 한 때에는 지체없이 국회에 보고하여 승인을 얻어야 한다. 발동요건의 판단은 대통령의 독자적인 판단에 맡기고 있지만 그 판단은 객관성을 지녀야 한다.

(라) 내 용

① 긴급명령권

긴급명령권은 교전상태 등 극도의 위기에 처하여 국회소집이 불가능한 경우에 국가보위를 위해 발하는 법률적 효력을 가지는 명령으로 국회입법권 전반에 영향을 미친다.

② 긴급재정경제처분권

긴급재정경제처분권은 재정·경제상의 위기에 있어서 최소한으로 필요한 처분을 한다. 재정사항과 경제사항만을 내용으로 하는데 그 특색이 있다.

③ 긴급재정경제명령권

긴급재정경제명령권은 긴급재정·경제처분의 효력을 담보하기 위해서 제한된 범위 내에서 법률적 효력을 가지는 명령으로 재정사항과 경제사항만을 내용으로 한다.

(마) 효 력

긴급명령권, 긴급재정경제처분·명령권은 발동 즉시 효력을 발생하며, 국회에 보고하여 승인을 얻으면 그 효력은 계속하여 유지된다. 그러나 국회의 승인을 얻지 못한 때에는 그 명령 또는 처분은 그때부터 효력을 상실한다. 이 경우 그 명령에 의하여 개정 또는 폐지되었던 법률은 그 명령이 승인을 얻지 못한 때부터 당연히 효력을 회복한다(헌법 제76조 제3항, 4항). 또한 대통령이 스스로 긴급명령, 긴급재정경제처분·명령을 해제하면 그 효력은 즉시 상실된다. 특히 긴급명령과 긴급재정경제명령은 법률의 효력을 가짐으로 기존의 법률을 폐지·개정 또는 적용 정지할 수 있고, 국민의 권리를 제한하고 의무를 부과할 수 있다. 그러나 법률의 효력밖에 없으므로 비상계엄과 달리 헌법에 규정된 기본권을 정지하거나 특별한 조치를 할 수 없으며 헌법조항을 변경할 수도 없다.

(바) 대통령의 공포

대통령은 긴급명령, 긴급재정경제처분·명령을 발한 후에 국회에 보고하여 승인을 요청했다는 사실과 그 승인 여부와 그 사유를 지체없이 공포해야 한다(헌법 제76조 제5항). 이 공포는 단순히 사실을 공표하는 뜻만이 있을 뿐이므로 일반법령의 공포와 달라서 공포에 의하여 비로소 효력이 발생하는 것은 아니다. 즉, 이 공포는 효력발생요건이 아니다.

(사) 통 제

① 국회의 통제

국회의 승인권에 의해 사후통제를 한다. 이 국회의 승인권에는 수정승인권이 포함된다고 하겠다. 의결정족수에 관하여 헌법에 명문규정이 없으므로 국회의 승인을 받으려면 재적의원 과반수의 출석과 출석의원 과반수의 찬성을 얻어야 한다(일반의결정족수, 헌법 제49조). 또한 국회는 탄핵소추, 법률개정 등으로도 통제할 수 있다.

② 법원과 헌법재판소에 의한 통제

㉠ 긴급명령, 긴급재정경제명령

국회의 승인을 얻은 경우에는 법률적 효력을 지닌 명령의 위헌여부가 재판의 전제가 된 경우에는 법원은 헌법재판소에 그 위헌여부의 심판을 제청할 수 있다고 하겠다(헌법 제107조 제1항). 그리고 헌법소원의 대상도 될 수 있다.

㉡ 긴급재정경제처분

이 처분은 행정처분의 성격을 가지므로 위헌·위법여부를 법원이 심사할 수 있고(헌법 제107조 제2항), 헌법재판소는 헌법소원이 제기된 경우 심판할 수 있다고 하겠다(헌법 제

111조).

2) 계엄선포권

(가) 의 의

계엄이란 전시·사변 또는 이에 준하는 국가비상사태에 있어서 병력으로써 군사상의 필요에 응하거나, 공공의 안녕질서를 유지할 필요가 있을 때에는 대통령이 전국 또는 일정한 지역을 병력으로써 경비하고 당해 지역의 행정권 또는 사법권을 군의 관할하에 두며, 헌법에 보장된 국민의 기본권의 일부에 대하여 예외조치를 할 수 있는 긴급권제도를 말한다.

계엄은 법치주의의 중대한 예외를 이루고, 헌법규정의 일부조항을 배제할 수 있다는 점에서 가장 강력한 국가긴급권이라고 말할 수 있다.

(나) 계엄의 종류

① 경비계엄

전시·사변 또는 이에 준하는 국가비상사태에 있어서 사회질서가 교란되어 일반 행정기관만으로는 치안을 확보할 수 없을 경우에 공공의 안녕질서를 유지하기 위해 선포한다(계엄법 제2조 제3항).

② 비상계엄

전시·사변 또는 이에 준하는 국가비상사태에 있어서 적과 교전상태에 있거나 사회질서가 극도로 교란되어 행정 및 사법기능 수행이 현저히 곤란한 경우에 군사상 필요에 응하거나 공공의 안녕질서를 유지하기 위해 선포한다(계엄법 제2조 제2항).

(다) 요 건

전시·사변 또는 이에 준하는 국가비상사태에 있어서(상황) 병력으로써 군사상의 필요에 응하거나 공공의 안녕질서를 유지할 필요가 있을 때(목적)에는 법률이 정하는 바에 의하여 계엄을 선포할 수 있다(헌법 제77조 제1항).

(라) 선포권자와 절차

계엄선포권자는 대통령이다. 대통령이 계엄의 선포를 한 경우에는 사전에 국무회의의 심의를 거쳐야 하며(헌법 제89조 5호), 그 선포의 이유·종류·시행지역 또는 계엄사령관을 공고해야 한다(계엄법 제3조). 국방부장관 또는 행정자치부장관은 계엄선포의 사유가 발생한 경우 국무총리를 거쳐 대통령에게 계엄의 선포를 건의할 수 있다(계엄법 제2조 제6항).

계엄을 선포한 후에는 지체없이 국회에 통고하여야 한다(헌법 제77조 제4항). 국회가 폐회중이면 지체없이 국회의 소집을 요구하여야 한다(계엄법 제4조 제2항). 계엄은 국회에 단순히 통고만 하면 된다는 점에서 승인을 얻어야 하는 긴급명령, 긴급재정경제처분·명령 등과 구별된다.

(마) 효 력

계엄의 효력은 종류에 따라 다르지만, 어느 경우이든 계엄선포중 국회의원은 현행범인 경우를 제외하고는 체포 또는 구금되지 아니한다(계엄법 제13조).

① 비상계엄의 효력

첫째, 비상계엄이 선포된 때에는 정부·법원의 관한에 관한 특별조치를 할 수 있다. 헌법 제77조 제3항은 "비상계엄이 선포된 때에는 법률이 정하는 바에 의하여 … 정부나 법원의 권한에 관하여 특별한 조치를 할 수 있다"라고 규정하고 있으며, 계엄법은 "비상계엄의 선포와 동시에 계엄사령관은 계엄지역 내의 모든 행정사무와 사법사무를 관장한다"라고 규정하고 있다(계엄법 제7조 제1항). 여기에서의 사법사무는 엄격한 의미에서의 재판작용을 제외한 일반사법행정서무, 즉 사법경찰, 검찰, 공소의 제기, 형의 집행, 민사비송사건 등을 말한다. 또한 비상계엄하의 군사재판은 군인·군무원의 범죄나 군사에 관한 간첩죄의 경우와 초병·초소·유독음식물공급·포로에 관한 죄 중 법률이 정한 경우에 한하여 단심으로 할 수 있으나, 사형선고의 경우는 그러하지 아니한다(헌법 제110조 제4항).

둘째, 기본권에 관한 특별조치를 할 수 있다. 헌법 제77조 제3항은 "비상계엄이 선포된 때에는 법률이 정하는 바에 의하여 영장제도, 언론·출판·집회·결사의 자유, 정부나 법원의 권한에 관하여 특별한 조치를 할 수 있다"고 규정하고 있으며, 계엄법 제9조 제1항은 "비상계엄지역 안에서 계엄사령관은 군사상 필요한 때에는 체포·구금·압수·수색·거주·이전·언론·출판·집회·결사 또는 단체행동에 대하여 특별한 조치를 할 수 있다. 이 경우에 계엄사령관은 그 조치내용을 미리 공고하여야 한다"고 규정하고 있다.

여기서 문제는 헌법 제77조 제3항에 규정되어 있지 않은 거주·이전의 자유, 단체행동권에 대해서도 계엄법은 특별한 조치를 할 수 있도록 하고 있다는 점이다. 헌법 제77조 제3항에 규정되어 있지 않은 거주·이전의 자유와 단체행동권의 제한이 계엄법 제9조에 규정되어 있는 것이 위헌인가 여부에 대해서 ⅰ) 헌법 제77조 제3항은 예시적 규정이므로 비상계엄하에서는 계엄의 목적을 달성하기 위해 주민의 거주·이전의 자유를 제한할 수 있다는 합헌설(예시적 규정설)과 ⅱ) 헌법 제77조 제3항은 제한적 규정이고 계엄제도가 비록 긴급권적 조치이기는 하나 국민의 기본권 보장에 중대한 예외가 되는 것이기 때문에 엄격하게 해석해야 한다는 위헌설(한정적 규범설)이 대립하고 있다.

국민의 기본권 제한에 관한 규정은 확대해석이 허용될 수 없으며, 헌법에 규정이 없는 기본권 제한을 계엄법으로 규정한다는 것은 위헌의 여지가 있다. 따라서 국민의 기본권을 최대한 보장한다는 면에서 한정적 규정으로 보는 위헌설이 타당하다고 본다.

② 경비계엄의 효력

경비계엄이 선포되면 계엄사령관은 계엄지역 내의 군사에 관한 행정사무와 사법사무를 관장하며, 이를 담당하는 기관을 지휘·감독한다. 그러나 경비계엄하에서는 국민의 자유와 권리의 침해는 허용되지 않는다(헌법 제77조 제3항).

(바) 계엄의 해제

비상사태가 평상상태로 회복되거나 국회가 재적의원 과반수의 찬성으로 계엄의 해제를 요구한 때에는 대통령은 국무회의의 심의를 거쳐 지체없이 계엄을 해제하여야 한다(헌법 제77조 제5항, 제89조 5호).

계엄이 해제되면 해제된 날로부터 모든 행정사무와 사법사무가 평상상태로 복귀하고, 군사법원의 관할사항은 일반법원에 이관된다. 다만, 대통령이 필요하다고 인정할 때에는 군사법원의 재판권을 1개월 이내에 한하여 연기할 수 있다(계엄법 제12조 제2항 단서). 그러나 재판권의 1개월 연기조항의 위헌여부가 제기되고 있다. 계엄법 제12조 제2항 대통령의 재판권 1개월 연기조항 위헌성문제에 대해서 대법원 전원합의부 판결은 합헌설의 입장인 반면, 학설은 국민의 정당한 재판받을 권리와 민간인에 대한 군사재판의 예외규정에 위반된다는 위헌설이 주장되고 있다. 1개월 연기조항은 정당한 재판을 받을 권리와 민간인의 군사재판의 예외규정에 위반된다고 보아 위헌설이 타당하다고 본다.

(사) 계엄에 대한 통제

계엄에 대한 통제방법으로는 국회에 의한 통제방법, 법원에 의한 통제방법, 헌법재판소에 의한 권리구제방법이 있다.

국회는 재적의원 과반수의 찬성으로 계엄해제를 요구할 수 있을 뿐만 아니라 계엄기간중에도 입법활동을 계속할 수 있기 때문에, 국회는 입법에 의해 계엄당국을 통제할 수 있고, 국정감사조사권·탄핵소추권·국무총리와 국무위원에 대한 출석요구·질문권 등에 의하여 간접적으로 계엄을 통제할 수 있다.

대통령의 「계엄선포행위 그 자체」는 통치행위라는 이유로 사법심사의 대상에서 제외하고 있다(학설과 판례). 그러나 대통령의 계엄선포는 선포행위 그 자체뿐 아니라 계엄에 근거한 구체적·개별적인 비상조치의 내용도 법적·사법적 통제의 대상이 된 다고 할 것이다.

계엄에 관한 특별조치로 기본권이 침해된 경우에는 헌법소원을 제기할 수도 있다.

Ⅱ. 대통령의 권한행사방법과 그에 대한 통제

대통령은 헌법과 법률이 부여한 여러 권한을 그의 책임 하에서 독자적으로 처리하는 것을 원칙으로 한다. 그러나 그 권한행사는 헌법과 법률에 규정된 절차와 방법에 따라야 할 뿐만 아니라, 그 밖의 국가기관에 의하여 통제를 받게 된다. 이는 국민적 정당성을 확보하고, 대통령의 자의적인 권한행사나 권한의 남용을 방지하고 권한행사에 신중을 기하기 위함이다. 이러한 권한행사에 대한 가장 강력한 민주적 통제는 국민의 비판적 여론이라고 할 수 있다.

1. 권한행사방법

(1) 국법상 행위의 형식

1) 문서주의

대통령

의 국법상 행위는 반드시 문서로써 하여야 한다(헌법 제82조). 대통령의 국법상 행위를 문서로써 하도록 한 것은 대통령의 권한행사의 내용을 명확히 함으로써 국민에게 예측가능성과 법적 안정성을 보장하여 주고, 증거를 남기며, 권한행사에 즉흥성을 피하고 신중을 기하려는 데에 목적이 있다. 따라서 문서에 의하지 아니한 대통령의 국법상의 행위는 효력을 발생하지 아니한다고 하겠다.

2) 부 서

헌법 제82조는 "대통령의 국법상의 행위는 문서로써 하며, 이 문서에는 국무총리와 관계 국무위원이 부서한다. 군사에 관한 것도 같다"라고 규정하고 있다.

부서란 대통령의 서명에 이어 국무총리와 관계 국무위원이 서명하는 것을 말한다. 따라서 헌법 제82조의 부서는 대통령이 그의 권한에 속하는 사항에 관하여 서명을 하고 국무총리와 관계 국무위원이 이에 종속하여 서명하는 것을 말한다. 부서제도는 대통령의 전제를 방지하고, 국무총리와 관계 국무위원의 보필책임과 부서권자의 책임소재를 명백히 하려는데 그 취지가 있다.

부서제도의 법적 성격에 관해서는 ⅰ) 대통령의 전제를 방지하고, 부서권자의 보필책임과 책임의 소재를 명백하게 하는 성질이라고 보는 견해로 부서결과에 대해서는 국회가 해임건의, 탄핵소추 등으로 책임을 추궁할 수 있다는 보필책임설과 ⅱ) 대통령제의 특성상 국무행위에 참여했다는 물적 근거의 성질을 가질 뿐이라는 물적증거설이 있다. 부서제도는 대통령의 전제를 방지하기 위한 권력 통제기능인 동시에 부서권자의 책임소재를 명백히 하려는 취지에서 보필책임설이 타당하다고 본다.

부서가 없는 대통령의 국법상 행위의 효력에 대해서도 ⅰ) 부서는 대통령의 국법상 행위의 유효요건으로 보는 무효설과 ⅱ) 부서를 적법요건으로 보아 부서없는 행위는 단순히 위법행위가 되어 탄핵사유가 될 뿐이라는 유효설이 대립하고 있다.

앞에서 문서에 의하지 아니한 대통령의 국법상의 행위는 효력을 발생하지 아니한다고 하였다. 그리고 이 문서는 완전할 것이 요구되며, 이 문서가 완전하기 위해서는 부서가 있어야만 한다. 뿐만 아니라 부서는 대통령의 국무행위에 참여하였다는 단순한 확인적 성격만을 가지는 것은 아니다. 따라서 부서 없는 대통령의 국법행위는 무효라고 생각한다.

(2) 국무회의의 심의

국무회의는 정부의 권한에 속하는 중요한 정책을 심의하는 기관으로서 대통령·국무총리와 15인 이상 30인 이하의 국무위원으로써 구성한다(헌법 제88조 제항, 제2항). 대통령의 권한행사에 있어서는 사전에 대부분 국무회의의 심의를 거치도록 하고 있다(헌법 제89조). 심의결과에 대통령이 법적으로 구속되지 않으나 반드시 거쳐야 하며, 이를 위반하였을 때는 탄핵소추의 사유가 된다고 하겠다.

헌법 제89조에 열거된 사항에 관한 권한을 행사함에 있어 국무회의의 심의가 없는 경우의 효력에 대하여 ⅰ) 대통령제를 기본으로 하고 있고 국무회의의 심의는 단지 대통령의 정책결정을 보좌하는 의미이며, 정책의 준비, 입안의 사전심의에 불과함에 따라서 국무회의의 심의 없이 한 권한행사는 탄핵소추의 대상이 될 뿐 그 행위의 효력에는 영향이 없다고 보는 유효설과 ⅱ) 국무회의는 필수적 최고정책심의기관이기 때문에 헌법이 요구하는 필수적 절차인 국무회의의 심의절차를 거치지 아니한 대통령의 권한행사는 무효라고 보는 무효설이 대립하고 있다. 국무회의의 심의 자체가 하나의 기관내통제수단일 뿐 아니라 통치권행사의 절차적 정당성을 확보하기 위한 통치구조사의 매카니즘에 해당하기 때문에 국무회의의 심의절차를 거치지 아니한 대통령의 권한행사는 무효라고 봄이 타당하다고 하겠다.

(3) 국회의 동의 또는 승인

조약의 체결·비준·선전포고 및 국군파견·외국군 국내주류에 대한 국회의 동의, 일반사면에 대한 국회의 동의, 국무총리·대법원장·대법관·헌법재판소장·감사원장의 임명동의, 계속비와 예비비의 설치·국채모집과 예산 외에 국가의 부담이 될 계약의 체결 등에 대한 국회의 동의 등은 대통령이 권한을 행사하기 전에 이루어져야 한다.

예비비지출, 긴급명령, 긴급재정경제처분 및 그 명령권(헌법 제76조 제3항) 등은 대통령이 권한을 행사한 후 사후승인을 국회에서 받아야 한다.

(4) 자 문

대통령은 중요국정사항에 관하여는 국가원로자문회의, 국가안전보장에 관한 사항에는 국가안전보장회의, 평화통일정책의 수립에 관하여는 민주평화통일자문회의, 국민경제의 발전정책에 관해서는 국민경제자문회의, 그리고 과학기술자문회의 등의 자문을 거쳐야 한다. 그러나 국가안전보장회의는 헌법상 필수기관이므로 국무회의의 심의에 앞서 반드시 자문을 거쳐야 한다(헌법 제91조 제1항). 그러나 자문결과에 구속되지는 않는다. 국가안전보장과 관련이 없는 임의적 자문인 경우 대통령의 재량에 속한다고 본다.

2. 대통령의 권한행사에 대한 통제

(1) 기관내 통제

부서, 국무회의 심의, 자문기관의 자문, 국무총리의 국무위원에 대한 임명제청과 해임건의 등을 기관내통제로 들 수 있으나, 이는 사실상 견제기능의 효과가 별로 없다.

(2) 기관외 통제

국민에 의한 통제방법으로는 국민은 대통령을 직접 선거할 수 있고, 국민투표를 통하여, 여론과 저항권행사를 의여 통제할 수 있다. 국회는 긴급명령과 긴급재정경제처분·명령에 대한 승인권, 계엄해제요구권, 각종 인사권에 대한 임명동의권, 탄핵소추권, 국정감사·조사권 등으로 대통령을 견제·통제할 수 있다. 법원은 대통령이 행한 명령과 처분에 대한 사법심사를 할 수 있으며(헌법 제107조), 명령·규칙의 효력을 가진 조약에 대한 위헌심사를 통하여 가능하다고 볼 수 있다. 헌법재판소는 탄핵심판, 권한쟁의심판, 위헌법률심판권을 통하여 대통령의 권한행사를 견제·통제할 수 있다.

제 3 절   행정부

Ⅰ. 국무총리

1. 국무총리의 헌법상 지위

(1) 국무총리제도의 변천과 제도적 의의

대통령제에서는 대통령의 궐위시에 대비하여 부통령을 두는 것이 원칙이다. 그러나 제헌헌법에서는 대통령제를 채택하면서도 의원내각제적 요소로서 국무총리제를 두었으나, 제2차개헌에 의하여 이를 폐지하였다. 제2공화국에서는 고전적인 의원내각제를 채택하여 국무총리를 두었으며, 제3공화국에서는 미국식 대통령제를 채택하면서도 부통령을 두지 아니하고 국무총리를 두었다. 제4공화국과 제5공화국헌법에서도 대통령제를 채택하면서 국무총리를 두었으나 국회가 해임의결을 하는 경우 국무위원과 연대책임을 지게 하였다.

이와 같이 대통령제와는 이질적인 국무총리를 채택한 제도적 의의는 대통령의 유고시 권한대행자가 필요하고, 입법부와 집행부 사이의 공화를 유지할 대행자가 필요하며, 대통령을 보위하여 집행부를 통할하는 보좌기관이 필요하다는 것 등이다.

(2) 국무총리의 헌법상 지위

1) 대통령의 보좌기관으로서의 지위

국무총리는 독자적인 정치적 결정권을 갖지 못하고, 다만 행정에 관하여 대통령을 보좌하는 대통령에 종속된 기관이다. 따라서 행정에 관하여 대통령의 명을 받아 행정각부를 통할하며(헌법 제86조

제2항), 대통령의 국법상 행위에 보좌의 책임을 명백히 하기 위해 부서할 의무가 있다(헌법 제82조).

2) 정부의 제2인자로서의 지위

국무총리는 대통령 다음가는 2인자로서 대통령 유고시 권한을 대행하며, 국무위원과 각부장관의 임명을 제청하거나 국무위원의 해임을 건의 할 수 있다. 따라서 정부 내에서는 대통령 다음가는 중앙행정관청이다. 정부의 제2인자로서의 지위는 행정각부의 장보다 상위에 있는 지위로서, 행정각부의 장을 지휘·감독하고 그 장의 명령이나 처분이 위법 또는 부당하다고 인정될 때에는 대통령의 승인을 얻어 이를 중지하거나 취소할 수 있다.

3) 국무회의의 부의장으로서의 지위

국무총리는 국무회의의 부의장이 되며, 대통령 유고시에는 의장의 직무를 제1순위로 대행한다. 국무총리는 국무회의의「심의와 의결」에 있어서는 대통령 및 국무위원들과 법상 대등한 지위를 갖지만, 국무회의의「운영」에 있어서는 다른 국무위원보다 우위에 있다고 본다. 즉 , 동열 중의 제1인자라고 할 수 있다.

4) 중앙행정관청으로서의 지위

국무총리는 대통령의 명을 받아 행정각부를 통할하나, 소관사무의 업무를 스스로 결정하고 집행할 수 있는 중앙행정관청이다. 소관업무를 수행하는 중앙행정관청으로서의 지위는 행정각부와 동등한 지위를 갖는다. 국무총리는 이 지위에서 그의 소관사무에 관하여 법률이나 대통령의 위임 또는 직권으로 총리령을 발할 수 있다(헌법 제95조). 국무총리의 소관업무로는 행정각부의 업무를 기획·조정하는 업무와 성질상 어느 한 부서에 관장시키는 것이 불합리한 업무이다.

2. 국무총리의 신분상 지위

(1) 국무총리의 임명

국무총리는 국회의 동의를 얻어 대통령이 임명한다(헌법 제86조 제1항). 이 점에서 내각책임제의 국무총리의 임명과 비슷한 점이 있다.

국무총리의 임명에 있어 국회의 동의를 얻게 한 이유로는 국민의 대표기관인 국회의 관여를 보장, 행정부 독선 견제, 권력 균형 유지, 행정부와 입법부의 융화 도모, 국회의 신임을 배경으로 강력한 집행을 추진할 수 있게 하기 위한 것이다. 다만, 국무총리의 문민원칙에 따라 군인은 현역을 면한 후가 아니면 국무총리로 임명될 수 없다(헌법 제86조 제3항).

(2) 국회의원의 겸직여부

국무총리가 국회의원직을 겸할 수 있는가에 관하여는 헌법 제43조, 국회법 제29조 제1항 및 제39

조 제4항에 비추어 볼 때 행정부와 국회의 관계를 원활히 하기 위해 겸직을 긍정하는 것이 타당하다고 본다.

(3) 국무총리의 해임

대통령은 자유로이 국무총리를 해임할 수 있다. 그러나 국회는 국회재적의원 3분의 1 이상의 발의와 국회재적의원 과반수의 찬성에 의하여 해임을 건의할 수 있다(헌법 제63조). 이에 대하여 대통령은 법적으로 구속을 받지 않는다.

(4) 국무총리의 직무대행

국무총리가 궐위되거나 사고로 인하여 직무를 수행할 수 없을 때에는 대통령이 지명하는 국무위원이, 대통령의 지명이 없는 경우에는 정부조직법 제26조 제1항에 규정된 순위에 따라 국무위원이 그 직무를 대행한다(정부조직법 제23조).

3. 국무총리의 권한

(1) 대통령 권한대행권

국무총리는 대통령이 궐위되었을 경우에 그 후임자가 선출될 때까지, 그리고 사고로 인하여 직무를 수행할 수 없을 경우에 1차적으로 대통령의 권한을 대행한다(헌법 제71조). 이 경우 권한대행자의 직무대리의 범위를 잠정적인 현상유지에 국한되어야 한다고 하겠다. 다만 국민에 의하지 아니한 권한대행으로 민주적 정당성에 의문이 있다.

(2) 국무위원 및 행정각부장의 임면에 관한 권한

국무총리는 국무위원과 행정각부의 장의 임명에 대한 제청권을 가지며(헌법 제87조 제1항, 제94조), 국무위원의 해임에 대한 건의권을 가진다(헌법 제87조 제3항). 그런데 국무총리의 제청이나 건의가 법적으로 어떠한 의미와 효력을 갖는가에 관하여 견해가 대립된다.

① 국무총리의 제청이 없이 대통령이 단독으로 한 임명행위의 효력에 관하여, ⅰ) 국무총리의 국무위원임명제청은 대통령의 명시적 또는 묵시적 승인을 전제로 하는 보좌적 기능이라는 의미에서 명목적인 권한에 불과하므로 그것이 유효요건이 아니라 적법요건에 지나지 아니한다는 견해로, 다시 말해서 임명행위의 위반으로 탄핵소추사유가 될 수 있으나 당연무효가 되는 것은 아니다 라고 보는 유효설과 ⅱ) 실제로는 형식적 절차에 불과한 것이나 법이론상으로는 헌법위반으로 그 임명행위는 무효라는 무효설이 대립하고 있다. 국무총리의 국무위원제청은 보좌적 기능이므로, 대통령 단독으로 한 임명행위는 단지 탄핵소추의 사유로 유효설이 타당하다고 본다.

② 국무총리의 임명제청이나 해임건의가 대통령을 법적으로 구속하는가 여부에 대해서도 ⅰ)

현행헌법상 국무총리는 대통령의 제1차적 보좌기간에 지나지 아니하므로 국무위원이나 행정
각부의 장을 임명·해임하는데 있어서 이를 정치적으로 존중한다는 것은 별개의 문제이고 법
적 구속력을 갖지는 않는다는 부정설과 ⅱ) 대통령이 국무총리를 자유로이 임명할 수 있는
점과 상호 협의가 전제되어야 하는 헌법현실상으로 볼 때 국무총리의 제청권을 무시하는 것
은 위헌행위로서 탄핵사유가 된다는 구속설이 대립하고 있다.

③ 국무총리가 사임하거나 대통령에 의해 해임된 경우 그가 제청한 다른 국무위원들도 해임하여
야 하는가의 여부가 문제된다. 국무총리가 사임하거나 해임된 경우에 그가 제청한 다른 국무
위원들은 사임할 필요가 없다는 사임불요설이 타당하다. 왜냐하면 현행헌법은 내각의 연대책
임을 명시하고 있지 않기 때문이다.

(3) 부서권

대통령의 국법상의 행위는 모두 문서로써 하여야 하는데, 이 문서에 국무총리는 관계 국무위원과
더불어 부서하는 권한을 가진다(헌법 제82조). 이는 국무총리와 국무위원의 보필책임과 책임소재를
명백히 하기 위한 것이다.

부서의 거부 및 부서없는 행위의 효력에 대해서 국무총리와 국무위원은 부서를 거부할 수 있으
며, 부서없는 행위는 무효라는 견해가 있다. 국무총리와 국무위원의 부서권은 재량이 인정되는 권
한이므로, 대통령이 국무회의에서 심의하지 않은 사항이나 국무회의의 결의내용과 다른 내용을 집
행할 때에는 부서를 거부할 수 있다.

(4) 국무회의에서 심의·의결권

국무총리는 국무회의 부의장으로서 정부의 권한에 속하는 중요한 정책에 관하여 심의·의결할
수 있는 권한을 가진다(헌법 제89조).

(5) 행정각부의 통할권

국무총리는 행정에 관하여 대통령의 명을 받아 행정각부를 통할하는 권한을 가진다(헌법 제86조
제2항). 이는 대통령의 보좌기관으로서의 권한이라고 볼 수 있다.

(6) 국회출석·발언권

국무총리는 국회나 그 위원회에 출석하여 국정처리상황을 보고하거나, 의견을 진술하고 질문에
응답할 수 있다(헌법 제62조 제1항). 반면에 국회나 위원회의 출석·답변의 요구가 있을 때에는 국
무총리는 국회에 출석하고 답변하여야 한다(헌법 제62조 제2항). 국무총리의 권리와 의무를 동시에
나타내고 있는 점에서 대통령과 다른 점이다(헌법 제81조).

(7) 총리령을 발하는 권한

1) 의 의

국무총리 또는 행정각부의 장은 소관사무에 관하여 법률이나 대통령령의 위임을 받거나 또는 직권으로 총리령 또는 부령을 발할 수 있다(헌법 제95조).

2) 총리령의 종류

법률이나 대통령령의 위임에 따라 발하는 위임명령과 직권으로 발하는 직권명령, 비법규명령인 행정명령이 있다.

3) 총리령과 부령의 우열관계

총리령과 부령의 우열관계에 관하여는 ⅰ) 총리령이나 부령이 모두 법률 또는 대통령령의 위임에 따른 것이거나 그 집행을 위한 것이고 국무총리도 그 고유사무에 관해서 행정각부와 동등한 독임제 행정관청에 지나지 아니할 뿐 아니라 헌법에 그 우열에 대한 규정이 없으므로 그 형식적 효력에 있어서는 차이가 없다는 동위설과 ⅱ) 총리령과 부령간의 우열에 관한 명문규정이 없으므로 동위로 보는 것이 합리적일 것 같으나 총리가 행정부의 일체성을 유지 또는 행정각부에 대하여 통할권을 가지고 있으므로 총리령이 실질적으로 상위라는 총리령상위설이 대립하고 있다. 총리령이나 부령 모두 법률 또는 대통령령의 위임에 따른 것이거나 그 집행을 위한 것이고, 또한 헌법에 그에 관한 규정이 없으므로 형식적 효력에는 우열이 없다고 하는 동위설이 합리적인 것 같으나 실질적으로 총리령이 상위에 있다고 봄이 타당하다고 하겠다.

4. 국무총리의 책임

국무총리의 대통령에 대한 책임은 보좌할 책임, 행정각부를 통할할 책임과 부서할 책임을 진다. 또한 국회에 대한 책임으로는 국회나 위원회의 출석·답변의 요구가 있으면, 국무총리는 국회에 출석하고 답변하여야 할 책임이 있다.

Ⅱ. 국무위원

1. 국무위원의 헌법상 지위

국무위원은 국무회의의 구성원으로서 대통령제하의 각부장관과 의원내각제하의 각료의 중간에 위치한다. 이는 대통령의 보좌기관으로서 대통령의 독주를 견제·방지할 수 있다는 점에서 그 제도적 의의가 있다.

국무위원은 국무회의의 구성원으로서 정부의 중요정책을 심의할 책임과 권한을 가지고 있으며, 국무회의 소집요구, 의안제출 및 그 심의·의결에 참가할 권한이 있으며 그 직무에는 한계가 없다.

국무회의의 구성원으로서 국무위원 지위와 대통령이나 국무총리의 지위가 동등한가의 여부에 대해서는 ⅰ) 국무위원은 대통령이나 국무총리보다 하위에 있으며 국무회의는 의결기관이 아닌 심의기관이므로 국무위원은 대통령·국무총리보다 하위에 있다고 이해하는 법적 지위차등설과 ⅱ) 국무회의에서 국무위원은 대통령·국무총리와 법상 동등한 지위를 가진다는 점에서 행정각부의 장으로서 대통령 또는 국무총리의 지휘·감독을 받는 경우와 구별된다는 법적 지위동위설이 대립하고 있다. 그러나 우리 헌법상 국무회의는 심의기관에 지나지 않기 때문에 국무위원이 대통령과 동등한 지위를 가진다고 보기는 어렵다.

2. 국무위원의 임면

국무위원은 국무총리의 제청으로 대통령이 임명하고, 군인은 현역을 면한 후가 아니면 임명될 수 없다(헌법 제87조 제1항, 제4항). 국무위원의 수는 15인 이상 30인 이하로 국무위원으로 구성된다. (헌법 제88조 제2항). 국무위원은 대통령이 자유로이 해임할 수 있다. 국무총리는 대통령에게 국무위원의 해임을 건의할 수 있고, 국회도 개별적으로 국무위원의 해임건의를 할 수 있다. 또한 국민위원은 국무총리와 마찬가지로 국회의원을 겸직할 수 있다.

3. 국무위원의 권한과 책임

국무위원은 국무총리에 이어 제2차적으로 대통령 권한대행권, 국무회의의 소집요구권, 국무회의에서의 의안제출권·심의의결권, 대통령의 국법상 행위의 부서권, 국회에서의 출석·발언권 등을 갖는다. 국무위원은 대통령과 국회 및 국무총리에 대해서 정치적·법적 책임을 진다.

Ⅲ. 국무회의

1. 국무회의의 헌법상 지위

(1) 국무회의의 헌법상 지위

1) 필수적 최고정책심의기관

국무회의는 정부의 권한에 속하는 중요한 정책을 심의하며(헌법 제88조 제1항), 헌법상 규정한 사항은 반드시 국무회의의 심의를 거쳐야 하므로 헌법상 필수적 최고정책심의기관이다.

국무회의의 성격에 관하여는 ⅰ) 대통령의 독자적 권한행사를 견제하기 위한 제도라는 의결기관설과 ⅱ) 국무회의는 단순한 자문적 기관으로서 성격을 가진다는 자문기관설, ⅲ) 헌법이 의결기관이라는 표현을 사용하지 않고 '심의'라는 용어를 사용하고 있는 점과 대통령이 국무회의 심의 결과에 구속되지 않는 점에서 심의기관이 타당하다는 심의기관설이 대립하고 있다.

2) 독립된 합의제기관

국무회의는 대통령, 국무총리, 국무위원으로 구성되는 독립된 합의제기관이고 대통령에 소속하는 대통령의 하급소속기관이 아니다. 국무회의는 자신의 명의로 의사를 결정하고 이를 외부에 표시할 수 없으므로, 합의제관청은 아니고 합의제기관일 뿐이다. 따라서 국무회의의 심의에 있어서는 대통령도 국무총리도 국무회의의 일원으로 국무위원과도 법적으로 동등한 지위를 가진다. 그러나 대통령은 국무총리 · 국무위원을 임면할 수 있으므로 국무회의는 사실상 대통령에 종속되어 있다고 볼 수 있다.

(2) 국무회의의 구성

국무회의는 대통령 · 국무총리와 15인 이상 30인 이하의 국무위원으로 구성한다(헌법 제88조). 대통령은 국무회의의 의장이 되고, 국무총리는 부의장이 된다(헌법 제88조 제3항). 의장과 부의장이 모두 사고가 있을 때는 기획재정부장관, 교육부장관 등 정부조직법 제26조 제1항에 규정된 국무위원의 순으로 그 직무를 대행한다(정부조직법 제12조 제2항).

(3) 국무회의 심의절차와 심의사항

국무회의는 의장인 대통령이 소집 · 주재한다. 국무회의의 심의절차에 관하여 헌법규정이 없으나, 합의제기관이므로 의결의 절차를 취해야 할 것이다. 현행 국무회의 규정은 의결정족수에 대해 "구성원 과반수의 출석으로 개의하고 출석구성원 3분의 2 이상의 찬성으로 의결한다"라고 규정하고 있다(국무회의규정 제6조).

국무회의는 정부의 권한에 속하는 중요한 정책을 심의한다(헌법 제88조 제1항). 특히 헌법 제89조에서 17개 항목에 걸쳐 열거하고 있는데, 이 열거사항은 법상 그 권한이 어느 기관에 속함을 불문하고 반드시 국무회의에서 심의를 거쳐야 한다.

(4) 국무회의 심의의 효과

1) 불심의행위의 효과

국무회의는 심의를 거치지 아니한 대통령의 행위의 효력에 관하여는 ⅰ) 국무회의에서의 심의절차는 효력발생의 요건이 아니라 적법요건이므로 헌법위반으로 탄핵소추의 대상이 될 뿐이고 그 행위의 효력에는 영향이 없다는 견해인 유효설과 ⅱ) 국무회의는 현행헌법상 필수적 최고정책심의기관이기 때문에 국무회의의 심의를 거치지 아니한 대통령의 국법상 행위는 무효라는 무효설의 견해가 대립한다. 무효설의 견해가 타당하나 국무회의는 의결기관이 아니므로 실질적으로 대통령의 행위효력을 부인하기 어렵다.

2) 심의 결과의 구속력

국무회의의 심의결과 대통령을 구속할 수 있는가의 여부에 관해서는 ⅰ) 국무회의에서의 심의·의결된 사항을 대통령은 반드시 채택하여 집행할 의무는 없으나 만약 채택하여 집행할 경우 국무회의에서 심의·의결한 내용과 다르게 행사할 수 없다는 견해인 긍정설(구속설)과, ⅱ) 국무회의는 정책을 결정하는 것이 아니라 단지 심의하는 것일 뿐이므로 심의가 비록 의결의 형식을 취한 경우에도 그 의결은 대통령을 구속하는 효력이 없다. 그러므로 대통령은 심의 내용과 다르게 정치적 결단도 내릴 수 있다는 부정설(비구속설)이 대립하고 있다. 대통령은 국무회의의 심의결과에 구속되지 않으며 국무회의의 의결내용과 다른 정치적 결단을 내릴 수 있다. 왜냐하면 국무회의는 의결기관이 아니라 헌법규정상「심의」라는 용어를 사용한 심의기관이므로 대통령은 정치적으로는 몰라도 법적으로는 이에 구속되지 않는다고 볼 수밖에 없다고 하겠다. 그러나 정치적으로는 대통령의 행위에 대한 부서의 거부 등으로 어느 정도는 국무회의의 의결에 다르도록 강제할 수 잇을 것이며, 대통령이 이를 강행하는 경우에는 탄핵사유가 될 것이기에 어느 정도의 견제는 가능하다고 하겠다.

Ⅳ. 행정각부

1. 행정각부의 의의

정부의 구성단위인 행정각부는 국무회의의 심의를 거쳐 대통령이 결정한 정책 및 그 밖의 정부의 권한에 속하는 사항을 대통령 및 국무총리의 통할하에 이를 집행하는 중앙행정관청이다. 행정각부는 대통령이나 국무총리의 단순한 보조기관이 아니므로 행정각부는 행정부의 정책을 구체적으로 실천·집행한다.

2. 행정각부의 설치·조직·직무범위

행정각부의 설치·조직과 직무범위는 법률로 정하며(헌법 제96조), 이에 관한 법률이 정부조직법이다. 정부조직법에 따르면 행정각부로는 기획재정 미래창조과학부·통일·외교·법무·국방·안전행정·문화체육관광·농림축산식품·산업통상자원·보건복지·환경·고용노동·여성가족부·국토해양의 15부가 있다(정부조직법 제26조 제1항).

행정각부에 장관 1인과 차관 1인을 두되, 장관은 국무위원으로 보하고, 차관은 정무직으로 한다(정부조직법 제26조 제2항).

3. 행정각부장관의 지위

(1) 임 면

행정각부의 장은 국무위원 중에서 국무총리의 제청으로 대통령이 임명한다(헌법 제94조). 그러므로 국무위원이 아닌 자는 행정각부의 장이 될 수 없다. 행정각부의 장을 국무위원 중에서 선출하도록 한 것은 기획과 집행의 유기적 통일을 보장하기 위함이다.

(2) 행정각부장관과 국무위원과의 비교

국무회의의 구성원인 국무위원과 행정관청인 행정각부의 장이 비록 동일인이라 할지라도 그 법적 지위는 상이하다.

첫째, 국무위원은 합의제 정책심의기관인 국무회의의 구성원인데 대하여, 행정각부의 장은 국무회의에서 심의하고 대통령이 결정한 정책을 대외적으로 집행하는 행정관청이다. 둘째, 국무위원은 국무회의의 심의에 참가하는 경우에는 법적으로 대통령·국무총리와도 동등한 지위를 갖는데 대하여, 행정각부의 장은 상급행정관청인 국무총리와 대통령의 지휘·감독을 받는다. 셋째, 국무위원은 사무의 한계가 없지만, 행정각부의 장은 그 부의 관할에 속하는 사항만을 담당하므로 사무의 한계가 있다.

(3) 행정각부장관의 권한

1) 소관사무집행권

행정각부의 장은 법률이 정하는 바에 따라 소관사무에 관하여 국가의사를 결정·집행하는 권한을 가지며 소관사무의 일부를 하급행정기관에 위임할 수 있다. 다만, 그 권한행사에 있어서는 대통령 또는 대통령의 명을 받은 국무총리의 지휘·감독에 따라 결정·집행한다.

2) 부령발포권

행정각부의 장은 헌법 제95조에 의하여 소관사무에 관하여 법률이나 대통령령의 위임 또는 직권으로 부령을 발할 수 있다(헌법 제95조).

3) 기타의 권한

행정각부의 장은 소관사무에 관한 정책을 입안하거나 필요한 법률 또는 대통령령을 제정·개정·폐지하는 안과 예산안을 작성하여 국무회의에 제출한다. 또한 소속공무원을 지휘·감독하며 소관사무에 관하여 지방행정의 장을 지휘·감독한다(정부조직법 제7조 제1항, 제26조 제3항). 또한, 소속공무원에 대한 임명제청권과 임용권을 가진다(국가공무원법 제32조).

V. 감사원

1. 헌법규정 및 감사기관의 유형

헌법 제97조는 "국가의 세입세출의 결산, 국가 및 법률에 정한 단체의 회계검사와 행정기관 및 공무원의 직무에 관한 감찰을 하기 위하여 대통령 소속하에 감사원을 둔다"고 하여 감사원의 직무와 소속을 규정하고, 헌법 제98조는 "① 감사원은 원장을 포함한 5인 이상 11인 이하의 감사위원으로 구성한다. ② 원장은 국회의 동의를 얻어 대통령이 임명하고, 그 임기는 4년으로 하며, 1차에 한하여 중임할 수 있다. ③ 감사위원은 원장의 제청으로 대통령이 임명하고, 그 임기는 4년으로 하며, 1차에 한하여 중임할 수 있다"고 하여 그 구성을 규정하고 있다. 헌법 제99조는 "감사원은 세입·세출의 결산을 매년 감사하여 대통령과 차년도국회에 그 결과를 보고하여야 한다"고 하여 감사원의 검사와 그 보고에 대하여 규정하고 있으며, 헌법 제100조는 "감사원의 조직·직무범위·감사위원의 자격·감사대상공무원의 범위 기타 필요한 사항은 법률로 정한다"라고 규정하고 있다. 이에 따라 감사원법이 제정되었다.

감사기관의 유형에는 ⅰ) 입법부형(미국, 영국), ⅱ) 행정부형(제2차 대전 이전의 독일, 프랑스, 일본), ⅲ) 독립형(독일, 프랑스, 일본) 등이 있으며, 우리나라의 경우는 행정부형의 감사원이다.

2. 감사원의 헌법상 지위

감사원이란 결산·회계검사 및 직무감찰을 하기 위하여 설치된 대통령 직속의 헌법상 독립된 합의제기관이다.

(1) 대통소속하의 헌법상 필수기관

감사원은 대통령소속하의 헌법상 기관이다. 정부의 수반으로서의 대통령이 아니라 국가원수로서의 대통령에 소속하는 헌법상 기관이다. 「대통령소속하」라고 하지만 이는 단지 조직상의 직속을 의미할 뿐이고, 권능상·직무상으로는 대통령으로부터 독립된 기관이다. 따라서 감사원은 정부로부터 독립한 정치적 중립기관으로 직무감찰과 회계검사를 해야 한다.

(2) 독립된 합의제기관

감사원은 독립된 기관이다. 따라서 감사원법은 감사원의 독립성을 유지하기 위하여 감사위원은 신분을 보장하고, 법이 정한 직의 겸직을 금지하고 있으며, 정당에 가입하거나 정치운동에 관여할 수 없게 하고 있다(감사원법 제8조 내지 제10조). 그리고 감사원은 감사원장과 감사위원으로 구성된 합의제 행정관청이다.

3. 감사원의 조직과 구성

(1) 감사원의 조직

헌법 제98조에 의하면 감사원은 원장을 포함한 5인 이상 11인 이하의 감사위원으로 구성된다고 규정하고 있는데, 감사원법은 "감사원은 감사원장을 포함한 감사위원 7인으로 구성된 감사위원회와 사무처로 조직한다."라고 규정하고 있다(감사원법 제3조). 따라서 감사원은 합의제기관으로서 감사업무의 합의에 관한 한 그 구성원은 동등한 지위에 있다. 감사위원회의의 의장은 원장이며 그 의결은 재적감사위원 과반수의 찬성으로 한다(감사원법 제11조).

(2) 감사원장과 감사위원의 임명

감사원장은 대통령이 국회의 동의를 얻어 임명하며 감사위원은 감사원장의 제청으로 대통령이 임명한다. 그리고 감사원장과 감사위원으로 임명되기 위하여는 감사원법에서 정한 임용자격을 구비하여야 한다(감사원법 제7조).

(3) 감사원장과 감사위원의 임기 및 정년

감사원장과 감사위원의 임기는 4년이며, 1차에 한하여 중임할 수 있다. 감사위원은 전임자의 잔임기간과는 상관없이 임명된 때로부터 4년이다. 감사원장이 사고로 인하여 직무를 수행할 수 없을 때에는 감사위원 중 최장기간 재직한 감사위원이 그 직무를 대행한다(감사원법 제4조 제3항). 다만, 재직기간이 동일한 감사위원이 2인 이상인 때에는 연장자가 그 직무를 대행한다. 또한 감사원장과 감사위원은 65세에 달한 때에는 퇴직한다(감사원법 제6조 제2항). 감사위원은 탄핵결정이나 금고 이상의 형의 선고를 받았을 때, 장기의 심신쇠약으로 직무를 수행할 수 없게 된 때에 해당하는 경우가 아니면 그 의사에 반하여 면직되지 아니한다(감사원법 제8조).

감사위원은 재직중 국회 또는 지방의회의 의원의 직, 행정부서의 공무원의 직, 이 법에 의하여 감사의 대상이 되는 단체의 임·직원의 직, 기타 보수를 받는 직을 겸하거나 영리를 목적으로 하는 사업을 영위할 수 없다(감사원법 제9조). 또한, 감사위원은 정당에 가입하거나 정치활동에 관여 할 수 없다(감사원법 제10조).

4. 감사원의 권한

(1) 결산·회계검사 및 보고권

감사원은 국가의 세입·세출의 결산, 국가 및 법률이 정한 단체의 회계를 검사할 권한을 가진다. 현행헌법은 국가의 세입·세출의 결산을 감사원이 매년 검사하여 대통령과 차년도 국회에 그 결과를 보고하도록 하고 있다. 이 보고에 따라 대통령은 정부에 대한 감독을 철저히 할 수 있고, 국회도 정부의 재정에 대한 실효성 있는 감사를 할 수 있다. 법률이 정한 단체란 국가가 직접 또는 간접으로 보조·보증 또는 투자한 단체 및 그 밖에 개별법으로써 지정된 단체를 말한다. 회계검사의 범위에는 필요적 회계검사와 선택적 회계검사로 구별되고, 필요적 검사(감사원법 제22조)에는 국가, 지방자치단체, 한국은행 및 국가 또는 지방자치단체가 자본금 1/2 이상을 출자한 법인, 기타 다른 법률에 의해 특히 규정한 경우이며, 선택적 검사(감사원법 제23조)에는 감사원이 필요하다고 인정한 때 또는 국무총리의 요구가 있는 사항에 관하여 검사할 수 있다.

(2) 직무감찰권

감사원은 행정기관의 사무 및 그 소속 공무원의 직무에 관한 직무감찰을 할 권한이 있다(감사원법 제24조). 감사원법 제24조 제1항이 규정하고 있는 직무감찰의 대상은 ⅰ) 정부조직법 기타 법률에 의하여 설치된 행정기관의 사무와 그에 소속한 공무원의 직무, ⅱ) 지방자치단체의 사무와 그에 소속한 지방공무원의 직무, ⅲ) 제22조 제1항 제3호 및 제23조 제7호에 규정된 자의 사무와 그에 소속한 임원 및 감사원의 검사대상이 되는 회계사무와 직접 또는 간접으로 관련이 있는 직원의 직무, ⅳ) 국가 또는 지방자치단체가 위탁하거나 대행하게 한 사무와 기타 법령에 의하여 공무원의 신분을 가지거나 공무원에 준하는 자의 직무 등이다. 그러나 법원과 국회, 헌법재판소의 공무원은 감사원의 감찰대상에서 제외된다. 직무감찰에는 공무원의 비위감찰권 뿐만 아니라 적극적으로 행정관리의 개선을 도모하기 위한 행정감찰권까지 포함된다.

(3) 감사결과의 처리와 관련된 권한

감사원은 이상의 권한 외에도 감사결과와 관련하여 ⅰ) 변상책임유무의 판단권(감사원법 제31조), ⅱ) 징계처분 및 문책의 요구권(감사원법 제32조), ⅲ) 시정 등의 요구권(감사원법 제33조), ⅳ) 법령·제도·행정이 개선요구권(감사원법 제34조), ⅴ) 수사기관에 고발권(감사원법 제35조), ⅵ) 재심의권(감사원법 제36조 내지 제40조) 등을 행한다.

(4) 감사원 규칙제정권

감사원은 감사에 관한 절차, 감사원의 내부규율과 감사사무처리에 관하여 필요한 규칙을 제정할 수 있다(감사원법 제52조). 이 감사원규칙은 헌법에 근거규정이 없으므로 비법규명령으로서 행정명령의 성질을 띠고 있다고 보아야 할 것이다.

Ⅵ. 대통령의 자문기관

1. 국가원로자문회의

헌법 제90조는 "① 국정의 중요한 사항에 관한 대통령의 자문에 응하기 위하여 국가원로로 구성되는 국가원로자문회의를 둘 수 있다. ② 국가원로자문회의의 의장은 직전대통령이 된다. 다만, 직전대통령이 없을 때에는 대통령이 지정한다. ③ 국가원로자문회의의 조직·직무범위 기타 필요한 사항은 법률로 정한다"라고 규정하고 있다.

2. 국가안전보장회의

헌법 제91조는 "① 국가안전보장에 관련되는 대외정책·군사정책과 국내정책의 수립에 관하여 국무회의의 심의에 앞서 대통령의 자문에 응하기 위하여 국가안전보장회의를 둔다. ② 국가안전보장회의는 대통령이 주재한다. ③ 국가안전보장회의의 조직·직무범위 기타 필요한 사항은 법률로 정한다"라고 규정하고 있다. 이에 따라 국가안전보장회의법이 제정되었다.

국가안전보장회의는 대통령이 의장이 되며 의장이 회의를 소집·주재하나 국무총리로 하여금 의장직무를 대행하게 할 수 있다.

3. 민주평화통일자문회의

헌법 제92조는 "① 평화통일정책의 수립에 관한 대통령의 자문에 응하기 위하여 민주평화통일자문회의를 둘 수 있다. ② 민주평화통일자문회의의 조직·직무범위 기타 필요한 사항은 법률로 정한다"라고 규정하고 있다. 이에 따라 민주평화통일자문회의법이 제정되었다.

민주평화통일자문회의법에 의하면 동회의는 대통령이 위촉하는 7천명 이상의 자문위원으로 구성하고 대통령이 그 의장이 된다.

4. 국민경제자문회의

헌법 제93조는 "① 국민경제의 발전을 위한 중요정책의 수립에 관하여 대통령의 자문에 응하기 위하여 국민경제자문회의를 둘 수 있다. ② 국민경제자문회의의 조직·직무범위 기타 필요한 사항은 법률로 정한다"라고 규정하고 있다. 국민경제자문회의는 현행헌법에서 신설하였다.

5. 국가과학기술자문회의

헌법 제127조 제1항은 "국가는 과학기술의 개혁과 정보 및 인력의 개발을 통하여 국민경제의 발전에 노력하여야 한다"고 하고 동조 제3항은 "대통령은 제1항의 목적을 달성하기 위하여 필요한 자문기구를 둘 수 있다"라고 규정하고 있다. 이에 따라 국가과학기술자문회의법이 제정되었다. 국가과학기술자문회의는 헌법기관이 아닌 법률상의 자문기구이다.

제 4 절   선거관리위원회

I. 서 설

1. 헌법규정

헌법 제114조 제1항은 "선거와 국민투표의 공정한 관리 및 정당에 관한 사무를 처리하기 위하여 선거관리위원회를 둔다"고 하고, 또 제116조 제1항은 "선거운동은 각급 선거관리위원회의 관리하에 법률이 정한 범위 안에서 하되, 균등한 기회가 보장되어야 한다"고 규정하였으며, 선거경비에 관하여도 제116조 제2항은 " 선거에 관한 경비는 법률로 정하는 경우를 제외하고는 정당 또는 후보자에게 부담시킬 수 없다"고 규정하고 있다.

2. 제도적 의의

선거나 국민투표의 공정한 관리는 민주정치의 가장 중요한 요소이다. 사실 선거나 국민투표의 관리를 전적으로 집행부의 관할하에 두게 되면 선거나 국민투표의 자유롭고 공정한 실시가 기대될 수 없다. 따라서 헌법은 선거관리위원회를 헌법상의 필수적 기관으로 격상시킴으로써 집행부, 특히 집권당이 정략적으로 선거관리위원회를 악용하지 못하도록 하고 있다.

3. 선거관리위원회의 헌법상 지위

선거관리위원회는 선거·국민투표의 공정한 관리와 정당에 관한 사무를 처리하는 헌법상의 필수적 합의제독립기관이다. 즉, 헌법상의 필수기관이므로 헌법개정에 의하지 않고는 폐지할 수 없으며, 신분이 보장되고 독립된 기관이므로 대통령도 직무에 관여할 수 없다. 합의제기관이므로 직무에 관한 합의에 있어서는 위원장과 위원은 법적으로 동등한 지위에 있다.

II. 선거관리위원회의 조직과 구성

1. 선거관리위원회의 종류

우리나라의 중앙선거관리위원회는 제헌헌법 하에서 행정부 내의 법률기관이었으나, 제2공화국(3차개헌)헌법에서 헌법기관으로 처음 규정하였으며, 각급선거관리위원회는 제3공화국(5차개헌)헌법에서부터 규정되었다. 선거관리위원회는 중앙선거관리위원회 밑에 특별시·광역시 ·도 선거관리위원회, 구·시·군선거관리위원회, 투표구선거관리위원회가 있다(선거관리위원회법 제2조 제1항).

2. 선거관리위원회의 조직

중앙선거관리위원은 대통령이 임명하는 3인, 국회에서 선출하는 3인, 대법원장이 지명하는 3인 등 9인의 위원으로 구성하되, 위원장은 대통령의 정치적 영향력을 배제하기 위하여 위원 중에서 호선한다(헌법 제114조 제2항). 중앙선거관리위원회의 위원을 비롯한 각급 위원의 임기는 6년이다(헌법 제114조 제3항, 선거관리위원회법 제8조). 연임에 대한 제한은 없다. 위원은 정당에 가입하거나 정치에 관여할 수 없으며 정치적 중립성을 지켜야 한다(헌법 제114조 제4항). 위원은 탄핵 또는 금고 이상의 형의 선고에 의하지 아니하고는 파면되지 않는다(헌법 제114조 제5항). 그리고 중앙선거관리위원회 밑에 각급 선거관리위원회의 조직·직무범위 기타 필요한 사항은 법률로 정한다(헌법 제114조 제7항).

3. 운 영

각급선거관리위원회는 위원 과반수의 출석으로 개의하고, 출석위원 과반수의 찬성으로 의결한다. 위원장은 표결권을 가지며, 가부동수인 때에는 결정권을 가진다(선거관리위원회법 제10조 제2항).

Ⅲ. 선거관리위원회의 권한과 의무

1. 선거와 국민투표의 관리권

중앙선거관리위원회는 선거운동을 관리하고, 투표 및 개표, 당선자의 확정 등의 선거관리사무와 국민투표사무를 담당한다. 각급선거관리위원회는 선거인명부의 작성 등 선거사무와 국민투표사무에 관하여 관계행정기관에게 필요한 지시를 할 수 있다. 이 지시를 받은 당해 행정기관은 이에 응하여야 한다(헌법 제115조). 또한 각급선거관리위원회의 위원·직원은 직무수행중에 선거법위반행위를 발견한 때에는 중지·경고 또는 시정명령을 하여야 하며, 그 위반행위가 선거의 공정을 현저하게 해치는 것으로 인정되거나 중지·경고 또는 시정명령을 불이행하는 때에는 관할수사기관에 수사의뢰 또는 고발할 수 있다.

2. 정당사무관리권

정당법은 정당의 창당준비위원회 결성의 신고, 등록증의 교부, 등록의 공고, 정당에 대하여 보고 또는 자료 등의 제출의 요구, 정당의 정기보고의 접수, 등록취소 등 광범위한 사무를 정치적 중립성이 보장되어 있는 선거관리위원회에 맡기고, 또한 정치자금에관한법률은 정치자금의 기탁과 국고보조금 등의 배분을 선거관리위원회에 담당시키고 있다.

3. 규칙제정권

헌법 제114조 제6항은 "중앙선거관리위원회는 법령의 범위 안에서 선거관리, 국민투표관리 또는 정당사무에 관한 규칙을 제정할 수 있으며, 법률에 저촉되지 아니하는 범위안에서 내부규율에 관한 규칙을 제정할 수 있다"고 규정하고 있다.

4. 선거계몽의 의무

각급선거관리위원회(투표구선거관리위원회는 제외)는 선거권자의 주권의식을 앙양을 위하여 상시계도를 실시하여야 하며, 선거 또는 국민투표가 있을 때에는 그 주관하에 문서·도화·시설물·신문·방송 등의 방법으로 투표방법·기권방지 기타 선거 또는 국민투표에 관하여 필요한 계도를 실시하여야 한다(선거관리위원회법 제14조 제1항, 제2항).

제4장 사법부

제1절 사법권의 의의

Ⅰ. 사법권의 개념

1. 사법권의 개념

사법권은 이를 실질적 의미로 파악하는 견해와 형식적 의미로 파악하는 견해가 대립하고 있다.

사법을 실질적 의미로 이해할 때, 「구체적인 법률상의 분쟁이 있는 경우 당사자로부터 쟁송의 제기를 기다려 무엇이 법인가를 판단·선언함으로써 법질서를 유지하기 위한 작용」이라고 하는 성질설은 국가작용의 성질여하를 기준으로 하여 입법·집행·사법을 구별하려는 견해이다.

사법을 형식적 의미로 이해할 경우, 사법은 법원의 관할권을 기준으로 하여 「법원의 관할에 속한 사항이면 그 실질적인 성질·내용여하를 불문하고 모두 사법」으로 보는 견해이다.

헌법 제101조 제1항의 사법권에 있어서 그 사법은 실질적 의미로 이해하는 것이 지배적인 견해이다.

2. 사법의 본질과 기능

사법은 ① 구체적인 법적 분쟁의 발생을 그 전제로 하며(사건성), ② 구체적인 법적 분쟁 발생시에 당사자로부터의 소의 제기를 전제로 하여(수동성), ③ 무엇이 법인가를 판단하고 선언하는 작용이다(법선언성). ④ 독립적 지위를 가진 기관이 제3자의 입장에서 행하는 작용이다(판단의 독립성). ⑤ 현존의 법질서를 유지하기 위한 소극적인 현상유지적 작용이다(보수성).

사법이 수행하는 기능은 ① 국민의 권익을 보호하는 개인적 권리보호기능, ② 법질서를 유지하는 법적 통제기능, ③ 법관에 의한 법해석기능 및 법창조기능, ④ 사회적 긴장관계를 해소하는 사회평화보장기능 등이라고 볼 수 있다.

Ⅱ. 사법권의 범위

헌법 제101조 제1항이 「사법권은 법관으로 구성된 법원에 속한다」 라고 규정한 것은 헌법에 특별한 규정이 없는 한 실질적 의미의 사법권은 원칙적으로 법원의 권한에 속한다고 보는 것이다. 법원이 가지고 있는 민사재판권, 형사재판권, 행정재판권이다. 헌법이 다른 기관의 권한으로 규정하고 있거나 사법심사의 대상에서 제외하고 있는 사항에 대해서는 사법권이 미치지 아니한다.

Ⅲ. 사법권의 한계

법원은 실질적 의미의 사법권에 해당하는 사항의 모든 쟁송을 관할하는 것이 원칙이나, 사법권은 헌법의 명문규정, 국제법상의 이유, 사법의 본질적인 이유, 권력분립의 이유로 제한되고 있다.

1. 실정법상의 한계

(1) 헌법재판소의 권한에 속하는 사항

헌법은 위헌법률심판 · 탄핵심판 · 정당해산심판 · 국가기관간 권한쟁의심판 · 헌법소원심판은 헌법재판소의 권한으로 규정하고 있으므로 법원은 이를 심판할 수 없다(헌법 제111조 제1항).

(2) 국회의원의 자격심사 · 징계 · 제명

국회의원의 자격심사와 징계처분 및 제명처분(헌법 제64조 제2항 · 제3항)에 대하여는 법원에 제소할 수 없다(헌법 제64조 제4항).

(3) 비상계엄하의 군사재판

헌법 제110조 제4항은 "비상계엄하의 군사재판은 … 법률이 정한 경우에 한하여 단심으로 할 수 있다"고 규정하고 있는 바, 비상계엄 하에서는 특별한 죄에 한하여 단심으로 하여 대법원에의 상고심도 인정되지 않는 경우가 있다.

2. 권력분립상의 한계

(1) 국회의 자율권

국회의 내부적 규율과 의원의 자격심사 및 징계, 의결정족수와 투표의 계산 등 국회의 자율에 속하는 사항은 사법심사의 대상에서 제외된다고 본다.

(2) 통치행위

통치행위란 고도의 정치성을 띤 국가행위로서 사법심사의 대상으로 하기에 부적합한 성질의 국가작용을 말한다.

통치행위의 인정여부에 대한 견해는 법이론적 관점에서는 부정설이 타당하나 헌법정책적 관점에서는 내재적 제약설이나 사법부자제설이 합목적적이라고 본다. 통치행위라고 해서 당연히 사법심사의 대상에서 제외된다고 할 수 없으며, 다만 통치행위 중 국민의 기본권침해와 직접적 관련이 없고 그 행위에 대한 정치적 통제수단이 마련되어 있는 경우에는 법원이 사법적 심사를 자제하는 것이 타당하고 그러한 통치행위는 극히 제한적으로 인정되어야 한다고 본다.

(3) 특수신분관계에 있어서의 처분

특수신분관계에서의 명령·강제·징계 등과 같은 처분을 사법적 심사대상으로 할 수 있는가의 문제에 대해서는 사법적 통제가 거부된다는 견해와 사법적 구제의 대상이 된다는 견해가 대립하고 있다.

특수신분관계에 있어서의 처분이라도 그것이 그 목적 범위를 넘어서 일반권력관계적 처분으로서의 성질을 가지는 것, 예컨대 국민의 기본권을 본질적으로 침해하는 처분일 때는 최종적인 구제절차가 인정되어야 한다. 특수신분관계에 있어서도 법치주의가 전면적으로 적용되어야 한다.

3. 사법본질상의 한계

(1) 사건성

재판의 대상이 되는 것은 구체적이고 현실적인 권리·의무에 관한 쟁송사건이다. 따라서 추상적 규범은 일반 재판의 대상이 아니다.

(2) 당사자적격과 소의 이익

사법권의 대상으로서의 소를 제기할 수 있는 자 즉 당사자적격이 있는 자는 구체적인 소를 수행할 정당한 이익이 존재하는 경우여야 한다.

(3) 사건의 성숙성

법원은 현재 또는 급박한 문제만을 심사할 수 있고, 추상적·가정적 또는 장래의 문제에 대해서 심사해서는 안된다.

4. 국제법상의 한계

외국의 원수·외교사절과 그 가족 그리고 외국의 군인 등은 치외법권을 누려 한국의 재판권이 면제되므로 우리나라 사법권이 미치지 않는다. 다만 주한미군에 대해서는 한·미행정협정에 따라 한국의 형사재판권은 미치나 민사재판권은 미치지 아니한다.

제 2 절   법원의 조직과 권한

Ⅰ. 대법원의 조직과 권한

1. 대법원의 헌법상 지위

대법원은 최고사법기관으로서의 지위, 최종심법원으로서의 지위, 기본권보장기관으로서의 지위, 위헌법률심판제청기관으로서의 지위 등을 가진다.

2. 대법원의 조직

(1) 대법원의 구성

대법원은 대법원장과 대법관으로 구성되며, 법률이 정하는 바에 따라 대법관이 아닌 법관을 둘 수 있다(헌법 제102조 제2항). 대법관의 수는 대법원장을 포함하여 14인이다. 대법원에는 부(部)를 둘 수 있으며, 4명씩 부가 구성되어 있으며, 민사·형사부와 특별부로 재판한다.

(2) 대법원장

대법원장은 최고법원인 대법원의 장으로서 법원을 대표하며, 대법관회의의 의장이 되며, 대법원 전원합의체의 재판장으로서의 지위를 가진다.

대법원장의 자격은 15년 이상의 법조경력을 가진 자로서 만40세 이상이어야 한다. 대법원장은 국회의 동의를 얻어 대통령이 임명하며, 임기는 6년으로 중임할 수 없다. 대법원장의 정년은 법률로 정하는데 법원조직법은 70세로 규정하고 있다.

대법원장은 대법관 임명 제청, 헌법재판소 재판관·중앙선거관리위원회위원 각 3명씩 지명, 판사의 임명·보직, 법원공무원의 임면 등의 권한을 가진다.

(3) 대법관

대법관은 최고법원인 대법원의 구성원이며 대법관회의의 구성원으로서 소관 사항에 관한 의결권을 가진다. 대법관의 자격요건은 대법원장과 동일하며, 대법관은 대법원장의 제청으로 국회의 동의를 얻어 대통령이 임명한다. 임기는 6년으로 하며 법률이 정하는 바에 의하여 연임할 수 있다. 대법관은 대법원의 재판부의 주심재판으로서나 배석으로서 심판권을 가진다. 선임대법관은 대법원장의 유고시에 그 권한을 대행한다.

(4) 대법관회의

대법관회의는 대법관 전원으로 구성되며 대법원장이 의장이 된다. 대법관회의는 대법관 2/3 이상의 출석과 출석인원 과반수의 찬성으로 의결한다. 의장은 의결에 있어서 표결권을 가지며 가부동수인 때에는 결정권을 갖는다.

대법관회의의 의결사항으로는 판사의 임명에 대한 동의, 대법원규칙의 제정과 개정 등에 관한 사항, 예산의 요구, 예비금지출과 결산에 관한 사항 등이다.

3. 대법원의 권한

대법원은 상고사건, 항고법원·고등법원 또는 항소법원의 결정·명령에 대한 재항고사건, 공직선거법에 의하여 선거에 관한 소송의 종심으로 심판한다.

대법원은 법률에 저촉되지 않는 범위 안에서 소송에 관한 절차, 법원의 내부규율과 사무처리에 관한 규칙을 제정할 수 있다(헌법 제108조). 대법원규칙은 대법관회의의 의결에 따라 제정된다.

II. 고등법원의 조직과 관할

1. 고등법원의 조직

고등법원에는 고등법원장을 두며 판사로서 보한다. 고등법원장은 그 법원의 사법행정사무를 관장하며 소속공무원을 지휘·감독한다. 고등법원에는 부를 두며 부에 부장판사를 둔다. 부장판사는 그 부의 판사에 있어서 재판장이 되며, 고등법원장의 지휘에 의하여 그 부의 사무를 감독한다.

2. 고등법원의 관할

고등법원의 심판은 판사 3인으로 구성된 합의부에서 행한다. 고등법원은 지방법원 합의부·가정법원 합의부 또는 행정법원의 1심판결에 대한 항소사건, 지방법원 합의부·가정법원 합의부 또는 행정법원 제1심 결정·명령에 대한 항고사건, 다른 법률에 의하여 고등법원의 권한에 속하는 사건(행정소송과 기초단체장·지방의원선거에 대한 선거소송·당선소송)을 심판한다.

III. 지방법원의 조직과 관할

1. 지방법원의 조직

지방법원에 판사를 두며, 지방법원장을 두되 판사로 보한다. 지방법원장은 당해 법원 및 소속지원, 시·군법원 및 등기소의 사법행정사무를 관장하며, 소속공무원을 지휘·감독한다.

2. 지방법원의 관할

지방법원의 심판은 단독판사가 행하며, 합의심판을 요할 때에는 판사 3인으로 구성된 합의부에서 행한다.

시·군법원은 소액사건심판법의 적용을 받는 민사사건, 화해·독촉 및 조정에 관한 사건, 20만원 이하의 벌금 또는 구류나 과료에 처할 범죄사건, 협의상 이혼의 확인사건을 관할한다.

IV. 가정법원의 조직과 관할

1. 가정법원의 조직

가정법원에는 가정법원장을 두며 판사로 보한다. 가정법원에는 부를 둔다. 가정법원장은 그 법원 및 소속지원의 사법행정사무를 관장하며, 소속공무원을 지휘·감독한다. 가정법원은 가사사건의 조정과 심판 및 소년보호사건을 심판한다. 가정법원도 지원을 둘 수 있다.

2. 가정법원의 관할

가정법원과 가정법원 지원의 합의부는 가사소송법에서 정한 가사소송과 마류 가사비송사건 중 대법원규칙으로 정하는 사건, 가정법원 판사에 대한 제척·기피사건, 다른 법률에 의하여 가정법원 합의부의 권한에 속하는 사건을 제1심으로 한다.

V. 특허법원의 조직과 관할

특허법원에는 판사와 부를 두고 부에는 부장판사를 둔다. 특허법원장은 판사로써 보하고, 특허법원장은 그 법원의 사법행정사무를 관장하며, 소속공무원을 지휘·감독한다. 특허법원의 심판은 판사 3인으로 구성된 합의부에서 행한다.

특허법원은 특허법 제186조 제1항, 실용신안법 제35조, 의장법 제75조 및 상표법 제86조 제2항이 정하는 제1심사건, 다른 법률에 의하여 특허법원의 권한에 속하는 사건을 심판한다.

제 3 절 사법권의 독립

Ⅰ. 사법권 독립의 의의

사법권 독립이란 사법권을 행사하는 법관이 구체적 사건을 재판함에 있어서 절대적으로 독립하여 누구의 지시나 명령에도 구속되지 않는 것을 말한다. 이와 같은 재판상의 독립 내지 판결의 자유는 입법부나 집행부로부터의 법원의 독립과 그 자율성, 그리고 재판에 있어서 어떠한 내외적 간섭도 받지 아니하는 법관의 직무상 독립과 신분상 독립에 의하여 실현된다.

Ⅱ. 사법권 독립의 내용

1. 법원의 독립

(1) 입법부로부터의 독립

법원의 독립은 먼저 의회로부터의 독립을 의미한다. 즉, 법원은 그 조직과 구성에 있어 입법부로부터 독립한다. 의회는 법원의 재판과정에 개입하거나 재판에 간섭할 수 없다. 다만, 법률에 의하여 법원이 조직되거나, 법관의 재판이 국회가 제정한 법률에 구속되는 것은 법치국가적 요청에서 오는 필연적인 것이다.

국회는 법관탄핵소추권, 국정감사권 및 국정조사권, 대법원장·대법관 임명동의권, 법원예산심의확정권 등을 가지고 있고, 이에 대하여 법원은 위헌법률심판제청권 등을 가짐으로써 상호견제와 균형을 유지하고 있다.

(2) 집행부로부터의 독립

법원의 독립은 집행부로부터의 독립을 의미한다. 사법권이 행정권으로부터 독립하여야 한다는 것은 사법권 독립의 본질적인 요소라고 할 수 있다. 행정부로부터 사법부의 독립을 보장함으로써 공정한 재판을 기대할 수 있으며, 따라서 국민의 자유와 권리가 보장되는 것이다. 그러므로 사법부는 일반행정에 간섭하지 못하며, 행정부도 일반재판에 관여하지 못한다. 집행부와 법원은 조직과 구성이 상호 독립적이어야 하고 겸직이 금지된다.

헌법 제101조 제2항에서 "법원은 최고법원인 대법원과 각급법원으로 조직된다." 라고 함은 사법부의 행정부로부터의 독립을 의미하는 것이다.

(3) 대법원의 규칙제정권

사법권의 독립이 유지되려면 법원의 내부규율·사무처리를 다른 국가기관의 간섭을 받지 아니하고 법원이 자율적으로 행할 수 있는 사법자치제가 확립되어야 한다. 헌법 제108조에 따라 대법원은 법률에 저촉되지 아니하는 범위 안에서 소송에 관한 절차, 법원의 내부규율과 사무처리에 관한 규칙을 제정할 수 있는 권한, 즉 규칙제정권을 부여받고 있다.

2. 법관의 독립

(1) 법관의 인적 독립(신분상 독립)

1) 의의

법관의 인적 독립은 법관의 인사를 독립시키고, 법관의 자격·임기를 법률로 규정함으로써 법관의 신분보장을 기하기 위한 것으로 결국에는 법관의 직무상 독립(물적 독립)을 보장하기 위한 것이다.

2) 법관인사의 독립

법관의 독립을 위해서는 법관의 인사가 객관적이고 공정하여야 한다. 이를 위하여 일반법관은 대법관회의의 동의를 얻어 대법원장이 임명하며(헌법 제104조 제3항), 법관에 대한 보직권도 법원의 자율로 맡기고 있다(법원조직법 제44조). 다만, 대법원장은 국회의 동의를 얻어 임명하며, 대법관은 대법원장의 제청으로 국회의 동의를 얻어 대통령이 임명한다.

3) 법관의 자격

법관의 자격은 법률로 정한다(헌법 제101조 제3항). 이는 행정권에 의한 사법권의 침해를 방지하기 위한 것으로 법원조직법에 규정되어 있다.

4) 법관의 임기와 정년제

대법원장의 임기는 6년으로 하며, 중임할 수 없다(헌법 제105조 제1항). 대법관의 임기는 6년으로 하며, 법률이 정하는 바에 의하여 연임할 수 있다(헌법 제105조 제2항). 대법원장과 대법관이 아닌 법관의 임기는 10년으로 하며, 법률이 정하는 바에 의하여 연임할 수 있다(헌법 제105조 제3항).

법관의 정년은 법률로 정하는 바, 법원조직법은 대법원장의 정년을 70세, 대법관은 65세, 기타 법관이 정년은 63세로 정하고 있다(법원 조직법 제45조 제4항). 법관의 정년제를 채택하고 있는 것은 법관의 노쇠화를 막기 위한 것이다.

5) 법관의 신분보장

법관은 탄핵 또는 금고 이상의 형의 선고에 의하지 아니하고는 파면되지 아니하며, 징계처분에 의하지 아니하고는 정직·감봉 기타 불리한 처분을 받지 아니 한다(헌법 제106조 제1항).

법관이 중대한 심신상의 장해로 직무를 수행할 수 없을 때에는 법률이 정하는 바에 의하여 퇴직하게 할 수 있다(헌법 제 106조 제2항).

6) 법관의 겸직금지와 정치적 중립

법관도 그 직무상 독립을 유지하고 신분보장을 받으려면 정치문제에 개입하지 않아야 한다. 따라서 법관은 타공직의 겸임, 정치운동에 관여, 영리목적의 활동을 할 수 없다(법원조직법 제49조).

(2) 법관의 물적 독립(직무상 독립)

1) 의 의

헌법 제103조는 "법관은 헌법과 법률에 의하여 그 양심에 따라 독립하여 심판한다." 라고 하여 법관의 물적 독립, 즉 직무상 독립을 규정하고 있다.

직무상 독립(재판의 독립)이야말로 사법권 독립의 가장 본질적인 요소로서, 법관은 재판을 함에 있어서 내·외부의 영향을 받지 아니하고(정부, 국회, 상급법원, 소속 법원장 또는 소송담당자) 오로지 헌법과 법률 그리고 법관의 양심에 따라서만 재판을 하여야 한다.

2) 헌법과 법률에 의한 심판

(가) 헌법과 법률에 의한 심판

법관은 재판에 있어서 오로지 헌법과 법률에 구속된다. 이렇게 함으로써 공정한 재판을 기할 수 있는 것이다. 헌법이란 성문헌법은 물론 관습헌법도 포함되며, 법률이란 형식적 법률은 물론 실질적 법률도 포함된다. 단, 형사재판의 경우 죄형법정주의 원칙상 그 실체법은 형식적 법률이어야 한다.

(나) 양심에 따른 심판

법관은 양심에 따라 재판하여야 한다. 헌법 제103조 후단에 "법관은 그 양심에 따라 독립하여 심판한다."고 규정한 양심의 의미가 무엇이냐에 관해서는 견해가 대립하고 있다.

여기서 양심이란 양심의 자유에서 말하는 주관적 양심이 아니라 개관적 양심, 즉 직업적 양심을 의미한다.

3) 독립하여 하는 심판

(가) 타국가기관으로부터의 독립

법관의 직무상 독립이란 법관이 재판권을 행사함에 있어서 다른 국가기관으로부터 지시나 감독, 기타의 간섭을 받지 않는 것을 말한다. 또한 법관은 재판권행사에 있어서 상급법원이나 소속 법원장으로부터 구체적 사건에 대하여 지시·명령·간섭을 받지 않으며, 재판이 합의제인 경우에도 법관은 독립하여 직권을 행사하며 사실판단이나 법률판단에 관하여 재판장이나 다른 법관의 지시·명령에 따르도록 강제 받지 아니한다.

(나) 소송당사자나 정치적·사회적 세력으로부터의 독립

법관이 재판권을 행사함에 있어서 소송당사자로부터 독립하여야 하며 정치적·사회적 세력(정당, 언론기관, 사회단체)으로부터도 독립하여야 한다.

제 4 절   사법의 절차와 운영

Ⅰ. 재판의 공개제

1. 재판공개제도의 의의

재판의 심리와 판결은 공개한다. 다만, 심리는 국가의 안전보장 또는 안녕질서를 방해하거나 선량한 풍속을 해할 염려가 있을 때에는 법원의 결정으로 공개하지 아니할 수 있다(헌법 제109조).

재판의 공개는 재판이 행정부에서 이루어지던 때에 비공개로 진행됨으로써 불공정한 재판이 이루어지던 것을 막고 공정한 재판을 확보하여 국민의 신뢰를 확보하기 위하여 인정되는 제도이다.

재판의 공개란 사건과 관계없는 일반인도 일정한 요건 하에 자유로이 재판정에 출입하여 재판을 방청할 수 있다는 의미이다.

2. 재판공개의 내용

재판공개의 원칙은 민사·형사 기타 모든 재판의 심리와 판결에 적용되는 것이다. 재판의 공개대상은 심리와 판결뿐이므로 공판준비절차 등은 공개할 필요가 없다. 또한 공개대상이 되는 것은 '재판'이므로 비송사건절차 등은 공개의 대상이 되지 않는다. 재판의 합의는 공개하지 아니하며(법원조직법 제6조), 재판공개의 원칙을 어긴 비공개재판은 당연 무효는 아니고 절대적 상고이유가 된다.

재판은 공개함이 원칙적이지만 예외적으로 심리는 국가의 안전보장 또는 안녕질서를 방해하거나 선량한 풍속을 해할 염려가 있을 때에는 법원의 결정으로 공개하지 아니할 수 있다(헌법 제109조 단서). 이 경우에도 판결의 선고는 공개하여야 한다.

Ⅱ. 재판의 심급제

1. 삼심제의 원칙

헌법은 제101조 제2항에서 법원을 최고법원인 대법원과 각급법원으로 조직하게 하여 간접적으로 상·하의 심급제를 규정하고 있을 뿐 헌법상 3심제를 요구하고 있지는 않다. 심급제 내지 3심제는 한 번의 재판으로는 실체적 진실발견이나 권리구제가 미흡할 수 있으므로 이를 보완하기 위한 제도이다.

2. 삼심제에 대한 예외

(1) 이심제

특허소송에 관해서는 제1심을 특허법원의 관할로 하고, 제2심을 대법원의 관할로 하여 이심제를 채택하고 있다. 또한, 시·군·자치구의 장선거와 지방의회의원의 선거소송 및 당선소송도 고등법원이 제1심이다(공직선거법 제222조 및 제223조).

(2) 단심제

대통령, 국회의원, 시·도지사 선거소송 및 당선소송은 대법원의 전속관할이므로 단심제이다. 이는 다른 소송보다 우선하여 확정시킬 필요가 있기 때문에 선거 및 당선소송은 소가 제기된 날로부터 180일 이내에 처리하여야 한다.

군사법원은 평상시에는 삼심제이지만, 비상계엄하의 군사법원은 일정한 범죄에 관하여 단심제를 규정하고 있다. 그러나 사형을 선고한 경우에는 단심제로 할 수 없다(헌법 제110조 제4항).

Ⅲ. 법정질서의 유지

재판장은 법정질서를 해할 우려가 있는 자의 법정 출입을 금지하거나 퇴정을 명하며, 기타 질서유지에 필요한 명령을 발할 수 있다(법원조직법 제58조). 재판장은 법정내외에서 질서유지에 관한 명령에 위배되는 행위를 하거나 폭언·소란 등의 행위로 법원의 심리를 방해 또는 재판의 위신을 현저히 훼손한 자에 대하여 직권에 의한 결정으로 20일 이내의 감치 또는 100만원 이하의 과태료에 처하거나 이를 병과할 수 있다.

Ⅳ. 재판의 배심제와 참심제

1. 배심제도

배심제의 인정 근거는 다양하게 설명되고 있으나, 재판에 대한 시민의 통제를 통한 재판의 독립 강화에 있다.

배심제란 법률전문가가 아닌 국민 중에서 선출된 일정수의 배심원이 심판을 하거나 기소하는 제도를 말한다. 배심에는 심리배심(소배심)과 기소배심(대배심)의 두 가지가 있다. 심리배심은 심판 또는 심리를 행하며, 기소배심은 기소여부를 결정한다.

2. 참심제도

참심제라 함은 선거나 추첨에 의하여 국민 중에서 선출된 자, 즉 참심원이 직업적인 법관과 함께 합의체를 구성하여 재판하는 제도를 말한다.

제5장 헌법재판소

제1절 헌법재판제도

Ⅰ. 헌법재판의 의의

1. 헌법재판의 개념

헌법재판은 좁은 의미로는 일반법원이나 헌법재판소가 국회가 제정한 법률의 위헌 여부를 심사하고 그것이 헌법에 위반되는 경우에 그 법률의 효력을 상실케 하든가 그 적용을 거부하는 제도를 말한다. 이에 대해 넓은 의미의 헌법재판은 헌법에 관한 쟁의, 즉 헌법규범의 내용이나 기타 헌법문제에 대한 다툼을 사법적 절차로 해결하는 작용으로서 위헌법률심판제도를 비롯하여 권한쟁의심판, 탄핵심판, 헌법소원심판, 선거소송, 위헌정당해산심판권 등을 총칭한다.

2. 헌법재판의 기능

헌법재판은 ① 헌법질서를 수호하고, ② 권력의 통제와 균형에 의하여 개인의 자유와 권리를 보호하며, ③ 헌법에 내재하는 최고가치인 민주주의적 정치이념을 실천하고, ④ 다수의 횡포로부터 소수자를 보호하며, ⑤ 대립적인 정치세력간에 타협을 가능하게 함으로써 정치적 안정을 유지하는 기능을 하고 있다.

Ⅱ. 법적 성격

헌법재판은 헌법문제의 분쟁으로 인한 헌법규범의 해석이 문제되고, 따라서 법형성적 기능을 가짐으로 구체적인 분쟁의 해결을 위한 법규작용을 원칙으로 하는 일반재판과는 다른 특성을 가지고 있다. 여기에서 헌법재판의 법적 성격을 어떻게 인식할 것이냐 하는 문제가 제기된다.

헌법재판은 헌법문제에 대한 다툼으로 전제로 하는 것인데, 이 다툼을 법적 분쟁이 아닌 정치적 분쟁이므로 이러한 정치적 분쟁에 대한 해결은 사법적용일 수 없고 정치적 작용이라고 보는 정치작용설, 헌법재판이란 헌법해석을 통한 헌법을 보충하고 그 내용을 형성하는 기능을 가지므로 헌법재판은 일종의 입법작용이라고 보는 입법작용설, 헌법재판은 헌법규범에 대한 해석작용을 그 본질로 하는 사법적 법인식 작용인 만큼 다른 법해석작용과 마찬가지로 전형적 사법작용에 지나지 않는다고 보는 사법작용설, 헌법재판은 입법·행정·사법 등의 모든 국가작용을 통제하는 기능을 가지므로 사법작용도 아니고 입법작용도 아닌 제4국가작용이라고 보는 제4국가작용설이 대립하고 있다.

헌법재판은 그 재결행위가 사법적 절차에 따라 행해지고 있는 점으로 보아 일종의 사법작용이라고 할 수 있다. 그러나 헌법재판은 전통적 의미의 순수한 사법작용이 아니라 정치적 성격을 아울러 띠고 있는 정치적 사법작용이라고 보아야 할 것이다. 왜냐하면 헌법이 본래 정치성이 강한 법규범이므로 이에 대한 헌법재판도 정치형성적인 재판성을 띠고 있기 때문이다.

Ⅲ. 헌법재판제도의 유형

1. 헌법재판소형

헌법재판소형은 일반법원과 구별된 독립의 헌법재판소로 하여금 헌법재판권을 담당하게 하는 주의이다.

2. 일반법원형

일반법원형은 일반법원으로 하여금 위헌법률심사와 같은 헌법재판을 담당하게 하는 주의이다.

3. 정치기관형

정치기관형은 정치적 기관으로 하여금 헌법재판을 담당하게 하는 주의이다.

4. 결 어

우리나라는 일반적으로 헌법재판제도의 유형을 위와 같이 세 가지로 분류하고 있다. 그러나 전통적인 권력분립의 원칙과 헌법재판의 법적 성격의 관점에서 볼 때, 헌법재판의 유형은 헌법재판기관으로서의 사법형과 독립한 헌법재판기관으로 분류하는 것이 타당하다고 본다.

Ⅳ. 헌법재판의 한계

헌법재판의 한계문제는 헌법재판의 본질을 어떻게 이해하느냐에 따라 견해가 나누어진다.

헌법재판의 본질을 정치작용 또는 사법작용으로 보거나, 헌법재판의 권위와 실효성을 높이기 위한 정책적 고려를 그 근거로 하므로 헌법재판의 기능상 당연히 내재적 한계를 내포하고 있다는 한계긍정설과 헌법재판은 유동적인 정치생활을 헌법규범의 테두리 속으로 끌어들여서 헌법으로 하여금 국가생활을 주도할 수 있는 규범적인 힘을 가지게 하는 헌법의 실현수단이기 때문에 당연히 모든 국가작용이 그 규제와 통제의 대상이 되어야 마땅하며, 헌법재판의 한계긍정의 논리는 헌법재판의 기능을 높이기 위한 제도 방어적 수단에 불과한 것으로 헌법재판의 제도 본질적 내용일 수 없다는 견해인 한계부정설이 있다.

제 2 절 우리나라 헌법재판소

Ⅰ. 헌법재판소의 헌법상 지위

현행헌법상의 헌법재판소는 위헌법률심판, 탄핵심판, 위헌정당해산심판, 권한쟁의심판 및 헌법소원심판을 담당하는 국가기관이므로 그 헌법상의 지위가 문제된다.

헌법재판소는 과거의 헌법위원회와는 달리 헌법재판기관인 동시에 사법적 헌법보장기관이다. 헌법재판소는 입법·사법·행정의 어느 하나에도 속하지 않는 독립기관으로 3권을 조정하는 기능을 수행하는 중립적 심판기관이라고 볼 수 있다.

1. 헌법보장기관으로서의 지위

헌법재판소는 헌법을 보장하는 기관이다. 즉, 헌법재판소는 위헌법률심판권을 가지고 위헌정당해산결정권을 가지며 위헌·위법 공무원의 면직을 결정하는 탄핵심판권을 가지며 국가기관간의 권한쟁의심판권을 가지므로 헌법보장기관이다.

2. 정치적 사법기관으로서의 지위

현행헌법상의 헌법재판소는 위헌법률심판·탄핵심판·위헌정당해산심판·국가기관간의 권한쟁의심판과 같은 정치적 사건을 사법적 절차에 따라 해결하는 정치적 성격의 사법기관이다.

3. 기본권보장기관으로서의 지위

헌법재판소는 직접 또는 간접으로 기본권을 보장하는 헌법기관이다. 헌법재판소에 의한 직접적인 기본권보장방식은 헌법소원심판과 위헌법률심판제이다. 그리고 국가권력의 남용과 자의적인 공권력 행사의 통제를 통하여 간접적으로 기본권이 보장된다.

4. 주권행사기관으로서의 지위

헌법재판소의 권한인 위헌법률심판권이나 위헌정당해산심판권, 탄핵심판권, 권한쟁의심판권 등은 고도의 정치적 심판권으로서 주권의 한 내용을 이루고 있다. 이것은 국가에 있어서 최고결정권·최종심판권의 하나이다. 이러한 최고결정권 및 최종심판권을 가진 헌법재판소는 주권의 한 행사기관이라고 말 할 수 있다.

5. 권력의 통제·순화기관으로서의 지위

헌법재판소는 헌법재판을 통하여 권력을 통제하고 순화하는 기능을 수행하고 있다. 위헌법률심판·탄핵심판·위헌정당해산심판 등은 어느 것이나 헌법재판소가 공권력과 정치권력들을 통제하는 경우라고 할 수 있다. 또한 헌법재판소는 소수자의 보호·권력의 합헌성 보장, 권한쟁의의 사법적 해결 등으로 권력을 순화시키는 기능을 가진다.

Ⅱ. 헌법재판소의 구성과 조직

1. 헌법재판소의 구성

(1) 재판관 임명

헌법재판소는 법관의 자격을 가진 9인의 재판관으로 구성하며, 재판관은 대통령이 임명한다. 재판관 주에서 3인은 대통령이 임명하고, 3인은 국회에서 선출하는 자를, 3인은 대법원장이 지명하는 자를 대통령이 임명한다.

헌법재판소의 장은 국회의 동의를 얻어 재판관 중에서 대통령이 임명한다(헌법 제111조). 재판관의 자격은 40세 이상인 자로 15년 이상 법률이 정한 일정한 직에 있어야 한다(헌법재판소법 제5조).

(2) 재판관의 임기 및 신분보장

재판관의 임기는 6년이며, 법률이 정하는 바에 의하여 연임할 수 있다(헌법 제112조 제2항). 재판관의 정년은 65세로 한다. 다만, 헌법재판소장인 재판관의 정년은 70세로 한다(헌법재판소법 제7조 제2항).

재판관은 정당에 가입하거나 정치에 관여할 수 없고, 각급 의회의 의원직·그 밖의 공무원직·법인과 단체의 고문·임원 등의 직을 겸하거나 영리를 목적으로 하는 사업을 영위할 수 없다(헌법재판소법 제14조). 탄핵 또는 금고 이상의 형의 선고에 의하지 아니하고는 파면되지 아니한다(헌법 제112조 제2항·제3항). 헌법재판관에게 이처럼 고도의 신분보장을 하고 있는 것은 이들이 헌법보장자로서 중요한 권한을 가지고 있으므로 헌법과 양심에 따라 자유로이 결정할 수 있도록 하기 위함이다.

2. 헌법재판소의 조직

(1) 헌법재판소장

헌법재판소에는 소장 1인을 두며 소장은 국회의 동의를 얻어 재판관 중에서 대통령이 임명한다. 헌법재판소장은 헌법재판소를 대표하고, 헌법재판소의 사무를 통할하며 소속 공무원을 지휘·감독한다. 헌법재판소장이 궐위되거나 사고로 인하여 직무를 수행 할 수 없을 때에는 다른 재판관이 헌법재판소규칙이 정하는 순서에 의하여 그 권한을 대행한다(헌법재판소법 제12조 제4항).

(2) 헌법재판소 재판관

헌법재판소에는 재판관 9인 모두를 상임재판관으로 구성한다. 재판관은 심판관과 심리권, 표결권을 가지며 재판관회의의 구성원이 된다.

(3) 재판관회의

재판관회의는 재판관 전원으로 구성되며 헌법재판소장이 의장이 된다. 재판관회의는 재판관 7인 이상의 출석과 출석인원 과반수의 찬성으로 의결하며, 의장은 표결권을 갖는다. 의결사항으로는 헌법재판소규칙 제정 및 개정, 예산요구, 예비금지출과 결산에 관한 사항, 사무처장 임면의 제청·헌법연구관 및 3급 이상 공무원의 임면에 관한 사항 등 기타 중대한 사항으로 인정되어 헌법재판소장이 부의하는 사항 등이다(헌법재판소법 제16조).

(4) 보조기관

헌법재판소에는 행정사무를 처리하기 위해 사무처를 두며, 사무처에는 사무처장과 사무차장을 둔다. 또한 사건의 심리 및 심판에 관한 조사·연구에 종사하는 헌법연구관 등을 둔다.

Ⅲ. 헌법재판소의 심리절차

1. 심판주체

특별한 규정이 있는 경우를 제외하고는 헌법재판소의 심판은 재판관 전원으로 구성되는 재판부에서 관장한다. 재판부의 재판장은 헌법재판소장이 된다(헌법재판소법 제22조). 그러나 헌법소원의 경우 예외적으로 신속한 사건처리를 위해 재판관 3인으로 고성되는 지정재판부를 두어 헌법소원심판의 사전심사를 담당하게 할 수 있다(헌법재판소법 제72조 제1항).

2. 대리인

각종 심판절차에서 당사자는 변호사를 대리인으로 선임하지 아니하면 심판청구나 심판수행을 하지 못하도록 하여 변호사강제주의를 채택하고 있다(헌법재판소법 제25조 제3항). 다만, 그가 변호사 자격이 있는 때에는 그러하지 아니한다. 헌법소원을 청구하고자 하는 자가 변호사를 대리인으로 선임할 자력이 없는 경우에는 헌법재판소에 국선대리인의 선임을 신청할 수 있다(헌법재판소법 제70조 제1항).

정부가 당사자인 때에는 법무부장관이 정부를 대표하고 당사자인 국가기관·지방자치단체는 변호사를 대리인으로 선임하여 심판을 수행할 수 있다(헌법재판소법 제25조 제1항·제2항).

3. 심판청구의 답변서제출

심판을 청구하기 위해서는 심판사항별로 정하여진 청구서를 헌법재판소에 제출하여야 한다. 헌법재판소가 청구서를 접수한 때에는 지체없이 그 등본을 피청구기관 또는 피청구인에게 송달하여야 하며, 청구서의 송달을 받은 피청구인은 심판청구의 취지와 이유에 대응하는 답변을 기재한 답변서를 헌법재판소에 제출할 수 있다(헌법재판소법 제26조~제29조).

4. 심리와 결정

재판부는 재판관 7인 이상의 출석으로 사건을 심리하며, 재판관이 헌법재판소법 제24조에 규정된 제척·기피·회피사유에 해당하는 경우에는 그 직무집행에서 배척된다.

종국심리에 관여한 재판관의 과반수의 찬성으로 사건에 관한 결정을 한다. 다만, 법률의 위헌결정, 탄핵결정, 정당해산결정, 헌법소원의 인용결정, 판례변경을 하고자 하는 경우에는 재판관 6인 이상의 찬성이 있어야 한다(헌법 제113조 제1항, 헌법재판소법 제23조).

탄핵심판과 정당해산심판, 권한쟁의심판은 구두변론에 의하며, 위헌법률심판과 헌법소원심판은 서면심리를 원칙으로 한다(헌법재판소법 제30조 제1·2항). 또한, 헌법재판은 직권심리가 원칙이므로 심판대상, 피청구인, 침해된 기본권, 침해유무 등을 직권으로 심사할 수 있다.

심판의 원칙에는 첫째, 심리공개의 원칙으로 심판의 변론과 결정의 선고는 공개한다. 그러나 서면심리와 평의는 공개하지 아니한다(헌법재판소법 제34조 제1항). 심리는 국가의 안전보장이나 안녕질서 또는 선량한 풍속을 해할 염려가 있을 때에는 헌법재판소의 결정으로 공개하지 아니한다(헌법재판소법 제34조 제2항). 둘째, 일사부재리의 원칙으로 헌법재판소는 이미 심판을 거친 동일한 사건에 대하여는 다시 심판할 수 없다(헌법재판소법 제39조).

5. 심판기간과 심판비용

헌법재판소는 심판사건을 접수한 날로부터 180일 이내에 종국결정의 선고를 하여야 한다. 다만,

재판관의 궐위로 7인의 출석이 불가능한 때에는 그 궐위된 기간은 심판기간에 이를 산입하지 아니한다(헌법재판소법 제38조).

헌법재판소의 심판비용은 국가부담을 원칙으로 한다. 다만, 당사자의 신청에 의한 증거조사의 비용은 헌법재판소규칙이 정하는 바에 따라 그 신청인에게 부담시킬 수 있다(헌법재판소법 제37조).

6. 증거조사와 조회

재판부는 사건의 심리를 위하여 필요하다고 인정하는 때에는 당사자의 신청에 따라 또는 직권에 의하여 헌법재판소법 제31조 제1항 소정의 사항에 관하여 증거조사를 할 수 있다(동법 제31조). 또한 결정으로 다른 국가기관 등에 대하여 심판에 필요한 사실을 조회하거나 기록의 송부나 자료의 제출을 요구할 수 있다(헌법재판소법 제32조).

7. 결정의 형식과 송달 및 공시

결정서에는 사건번호와 사건명, 당사자와 심판수행자 또는 대리인의 표시, 주문, 이유, 결정일자를 기재한 후 심판에 참여한 재판관전원이 서명·날인하여야 한다. 법률의 위헌심판·권한쟁의심판·헌법소원심판에 관여한 재판관은 결정서에 의견을 표시하여야 한다(헌법재판소법 제36조 제2·3항).

종국결정이 선고되면 지체 없이 결정서정본을 작성하여 이를 당사자에게 송달(送達)하여야 한다(헌법재판소법 제36조 제4항). 종국결정은 관보에 게재함으로써 이를 공시한다(헌법재판소법 제36조 제5항).

제 3 절   헌법재판소의 권한

Ⅰ. 위헌법률심판권

1. 의의와 연혁

위헌법률심판이란 의회가 의결한 법률이 헌법에 합치되는가 여부를 법원이나 헌법재판소 등이 심사하고, 헌법에 위반되는 것이라고 인정할 때에는 그 법률의 효력을 상실시키거나 그 적용을 거부하는 제도를 말한다. 이 위헌법률심판제는 미국연방대법원의 1803년 Marbury v. Madison사건에서 그 기원을 찾을 수 있다.

2. 위헌법률심판제의 유형

심판기관의 성격에 따라 일반적으로 일반법원형, 헌법재판소형, 정치기관형으로 구분하며, 심판작용을 기준으로 사전예방형과 사후교정형으로 구별된다.

(1) 심판기관의 성격에 의한 분류

1) 일반법원형

헌법법원을 설치하지 않고 기존의 일반법원에 위헌법률심판권을 부여한 유형으로 구체적 규범통제와 개별적 효력을 인정하며 미국, 일본, 캐나다 등이 채택하고 있다.

2) 헌법법원형

일반법원으로부터 독립된 헌법법원에 위헌법률심판권을 부여하는 유형으로 추상적·구체적 규범통제와 일반적 효력을 인정하며 오스트리아, 이탈리아 등이 채택하고 있다.

3) 정치기관형

헌법법원이 아닌 특수한 성격을 가진 정치기관에 위헌법률심판권을 부여하는 유형으로 법률의 성립 전에 위헌성을 심사하여 그 공포와 시행을 결정하며 프랑스 제5공화국 헌법평의회 등이 이 유형에 속한다고 본다.

(2) 심판작용에 의한 분류

1) 사전예방형

사전예방형이란 법률의 공포이전에 법률의 위헌성을 심사하는 제도이다.

2) 사후교정형

사후교정형에는 구체적 규범통제와 추상적 규범통제가 있다. 구체적 규범통제란 민사·형사·행정사건 등 구체적 소송사건을 심리·판단함에 있어 법률이 위헌여부가 문제되는 경우에 부수적으로 또는 선결문제로서 적용법률의 헌법적합성 여부를 심사하고, 만일에 위헌이라고 판단되면 그 법률을 적용하지 아니하거나 법률의 효력을 상실시키는 제도를 말한다. 추상적 규범통제란 구체적 소송사건과는 관계없이 법률 그 자체의 위헌여부를 추상적으로 심사하고, 위헌으로 판단된 법률의 효력을 상실시키는 제도를 말한다. 추상적 규범통제는 일반적으로 특별히 설치된 헌법재판소에서 행한다.

3. 현행헌법상 위헌법률심판제도

(1) 위헌법률심판의 의의

1) 위헌법률심판의 개념

현행헌법상의 위헌법률심판이라 함은 법률의 위헌여부가 재판의 전제가 되었을 때, 당해사건을 담당하는 법원의 위헌법률심판제청에 의해 헌법재판소가 법률의 위헌성을 심판하여 위헌법률인 경우에 효력을 부인하는 것을 말한다.

2) 위헌법률심판의 특색

현행헌법상의 위헌법률심판제도의 특색은 독일형 헌법재판소제도를 채택하면서도 추상적 규범통제는 인정하지 않고 구체적 규범통제만을 인정하고 있으며, 구체적 규범통제를 채택하고 있으면서도 위헌결정이 내려지면 당해사건에 위헌법률(조항)을 적용하지 않는데 그치지 않고, 위헌법률(조항)의 효력을 일반적으로 상실시키는 일반적 효력을 인정하고 있다.

또한, 당사자의 위헌법률심판제청신청을 법원이 기각하는 경우, 그 당사자로 하여금 헌법재판소법 제68조 제2항의 헌법소원(위헌심사형 헌법소원 또는 위헌소원)을 제기하여 헌법재판소에 직접 위헌법률심판을 청구할 수 있도록 하고 있다. 법원에 위헌법률심판제청권을 헌법재판소에 위헌결정권을 각각 부여하는 이원적 관할분리제를 채택하고 있다.

(2) 위헌법률심판의 내용

1) 위헌법률심판의 제청

제청권자는 법원이다. 즉 법률이 헌법에 위반되는 여부가 재판의 전제가 된 경우에는 법원이 헌법재판소에 제청하여 그 심판에 의하여 재판한다(헌법 제107조 제1항). 영장담당법원과 군사법원을 포함하는 모든 법원에 위헌법률심판청구권이 있으며, 위헌심판의 제청은 직권이나 당사자의 신청에 의하여 당해사건을 담당하는 법원이 한다(헌법재판소법 제41조 제1항). 하급법원의 제청은 대법원을 경유하여야 한다. 당해 소송사건의 재판은 헌법재판소의 위헌여부의 결정이 있을 때까지 정지된다. 다만, 법원이 긴급하다고 인정한 경우에는 종국재판 외의 소송절차를 진행할 수 있다(헌법재판소법 제42조 제1항).

위헌법률심판을 청구하기 위해서는 법률의 위헌 여부가 재판의 전제가 되어야 하므로 구체적 사건성, 당사자 적격, 소의 이익 등의 요건을 갖추어야 한다.

2) 위헌법률심판의 대상

위헌심판의 대상이 되는 법률은 국회의 의결을 거친 형식적 의미에서의 법률을 말한다. 또 형식적 의미의 법률은 물론 그와 동등한 효력을 가지는 명령, 즉 대통령의 긴급명령과 긴급재정경제명령도 대상에 포함된다. 그리고 법률적 효력을 갖는 조약과 일반적으로 승인된 국제법규도 위헌심판의 대상이 된다고 하겠다.

3) 위헌법률판단의 기준

위헌법률심판의 기준은 원칙적으로 형식적 의미의 헌법이다. 이에는 헌법전문, 헌법본문, 헌법부칙이 포함된다. 이외에도 헌법적 관습을 기준으로 삼을 수 있는가에 관하여 견해가 대립되나, 헌법적 관습이 헌법핵을 이루거나 자연법규범이 되는 경우에는 심판의 기준이 될 수 있다고 본다.

4) 위헌법률심판의 요건

헌법은 위헌법률심판에 관하여 구체적 규범통제를 채택하고 있으므로(헌법 제107조 제1항, 헌법재판소법 제41조 제1항), 재판의 전제성, 구체적 사건성, 당사자적격과 소의 이익을 갖추어야 헌법재판소는 법원이 제청한 법률 또는 법률조항에 대하여 실질적으로 심사할 수 있다.

(가) 재판의 전제성

구체적인 사건이 법원에 계속중인 사건에서 법률(조항)의 위헌여부가 재판의 전제가 되어야 한다. 재판의 전제성이라 함은 구체적 사건이 법원에 계속되어 있었거나 계속중이어야 하고, 위헌여부가 문제되는 법률이 당해소송사건의 재판에 적용되는 것이어야 하며, 그 법률이 헌법에 위반되는지의 여부에 따라 당해사건을 담당한 법원이 다른 내용의 재판을 하게 되는 것을 말한다.

재판의 전제성 여부에 관한 판단은 법원의 견해가 존중되는 것이 원칙이고, 다만 그 전제성에 관한 법원의 견해가 명백히 잘못된 경우에 한하여 헌법재판소가 직권으로 조사할 수 있다.

(나) 구체적 사건성

법원의 위헌법률심판제청을 신청하기 위해서는 당해법률(조항)의 적용이 문제로 되는 구체적 사건을 만들어 그 사건 해결의 전제문제로서 법률(조항)의 위헌무효를 주장해야 한다.

(다) 당사자적격과 소의 이익

소송과정에서 위헌의 사실을 주장할 수 있는 적격 내지 이익이 있어야 한다. 따라서 일반적으로 당해법률(조항)의 적용으로 인해 자기의 헌법상 보장된 기본권이 직접적이고 특별한 침해를 당하거나 현실적·실질적·직접적으로 그들의 기본권이 침해되어야 할 것이다.

5) 위헌법률심판의 심사범위

위헌법률심판범위는 원칙적으로 제청법원으로부터 제청된 법률 또는 법률조항에 대해서만 결정한다. 그러나 예외적으로 제청된 법률조항의 위헌결정으로 인하여 당해법률 전부를 시행할 수 없다고 인정될 때에는 그 법률 전부에 대하여 결정할 수 있다(헌법재판소법 제45조).

6) 위헌법률심판의 결정

헌법재판소는 9인의 재판관 중 재판관 7인 이상의 출석·심리하여 6인 이상의 찬성으로 위헌결정을 하며(헌법 제113조 제1항), 제청된 법률 또는 법률조항의 위헌여부만을 결정한다. 단, 법률의 일부조항의 위헌결정으로 인하여 당해 법률 전부를 시행할 수 없을 경우에는 그 전부에 대한 위헌결정을 할 수 있다(헌법재판소법 제45조). 그러나 헌법재판소는 단순합헌이나 단순위헌의 결정뿐만 아니라 변형된 형식의 변형결정, 즉 입법촉구결정·헌법불합치결정·위헌불선언결정·한정합헌결정·한정위헌결정·일부위헌결정·부분위헌결정 등도 하고 있다.

7) 위헌법률심판의 결정서와 그 송달

헌법재판소의 위헌결정은 관보에 게재함으로써 이를 공시하며, 결정일로부터 14일 이내에 결정서 정본을 제청한 법원에 송달한다. 이 경우 제청한 법원이 대법원이 아닌 경우에는 대법원을 거쳐야 한다.

8) 위헌결정의 효력

위헌으로 결정된 법률 또는 법률의 조항은 결정이 있는 날로부터 효력을 상실한다. 다만, 형벌에 관한 법률 또는 법률의 조항은 소급하여 그 효력을 상실한다(헌법재판소법 제47조 제2항). 이와 같이 구체적 규범통제의 형태를 취하면서 법률의 효력을 상실시키는 일반적 효력을 갖는 경우를 객관적 규범통제라 한다.

법률의 위헌결정은 법원 기타 국가기관 및 지방자치단체를 기속한다(헌법재판소법 제47조 제1항). 형벌에 관한 법률 또는 법률의 조항이 위헌결정을 받은 경우에는 이에 근거한 유죄의 확정판결에 대하여는 재심을 청구할 수 있다(헌법재판소법 제47조 제3항).

Ⅱ. 탄핵심판권

탄핵제도란 일반적으로 사법절차나 징계절차에 따라 교정하기 곤란한 고위직 및 신분이 보장된 공무원이 직무상 중대한 비위를 범한 경우에 이를 국회가 소추하여 처벌하거나 또는 파면하는 제도를 의미한다.

현행헌법상의 탄핵제도는 이원화하여 국회에는 탄핵소추의결권을 헌법재판소에는 탄핵심판권을 부여하고 있다.

1. 탄핵심판기관

우리 헌법상 탄핵심판기관은 헌법재판소이다(헌법 제111조 제1항 2호).

2. 탄핵심판의 절차

(1) 개시

탄핵심판은 소추위원(국회법제사법위원회의 위원장)이 증거 기타 심판에 필요한 서류를 첨부한 소추의결서의 정본을 헌법재판소에 제출함으로써 개시된다(헌법재판소법 제49조).

(2) 증거조사

헌법재판소는 소추의결서를 받은 때에는 지체 없이 그 등본을 피소추자 또는 피소추자의 변호인에게 송달하고, 직권 또는 신청에 의하여 증거조사를 하며, 결정으로 다른 국가기관 또는 공공단체의 기관에 대하여 심판에 필요한 사실을 조회하거나 기록의 송부나 자료의 제출을 요구할 수 있다. 그 절차에 있어서는 형사소송에 관한 법령을 준용한다.

(3) 변론주의

탄핵심판은 구두변론에 의한다(헌법재판소법 제30조 제1항). 당사자가 변론기일에 출석하지 아니한 때에는 다시 기일을 정해야 하고, 다시 정한 기일에도 출석하지 아니한 경우에는 그 출석 없이 심리할 수 있다(헌법재판소법 제52조).

3. 탄핵결정

헌법재판소는 재판관 6인 이상의 찬성으로 탄핵을 결정할 수 있다(헌법 제113조 제1항).

4. 탄핵결정의 효력

탄핵결정은 피청구인을 당해 공직에서 파면함에 그치며, 민·형사상의 책임이 면제되는 것은 아니다(헌법 제65조 제4항). 탄핵결정에 의하여 파면된 자는 5년이 경과하지 아니하면 공무원이 될 수 없다(헌법재판소법 제54조 제2항).

Ⅲ. 위헌정당해산심판권

1. 위헌정당해산심판권의 의의

정당의 목적이나 활동이 민주적 기본질서에 위배될 때에는 정부는 국무회의의 심의를 거쳐 헌법재판소에 그 해산을 제소할 수 있고, 정당은 헌법재판소의 심판에 의하여 해산된다(헌법 제8조 제4항). 정당해산의 심판절차에 대해서는 헌법재판소법이 규정하고 있다.

위헌정당해산심판제도는 Nazis당과 같은 전체주의적 정당의 자의적·폭력적 지배에 위한 경험을 통하여 독일 본기본법에서 채택하였으며, 우리나라에서는 헌법상 제5차개헌 헌법에서 처음으로 채택하였다.

2. 정당해산의 제소

정부는 정당의 목적이나 활동이 민주적 기본질서에 위배될 때에는 정부는 국무회의의 심의를 거쳐 헌법재판소에 그 해산을 제소할 수 있다(헌법 제8조 제4항, 헌법재판소법 제55조). 정당해산의 제소여부, 제소제기 등은 전적으로 정부의 재량사항에 속한다.

3. 정당해산제소의 심리

정당해산심판은 헌법재판소장을 재판장으로 7인 이상의 재판관이 출석한 재판부에서 심판한다. 심판절차는 구두변론주의와 공개주의를 원칙으로 한다. 정당해산심판에는 민사소송에 관한 법령의 규정을 준용한다.

헌법재판소는 정당해산심판의 청구를 받은 때에는 신청인의 신청 또는 직권으로 종국결정의 선고시까지 피청구인의 활동을 정지하는 가처분 결정을 할 수 있다(헌법재판소법 제57조). 정당해산심판의 청구가 있을 때, 가처분결정을 한 때, 그 심판이 종료한 때에는 헌법재판소의 장은 그 사실을 국회와 중앙선거관리위원회에 통지하여야 한다(헌법재판소법 제58조).

4. 정당해산의 결정과 집행

정당해산의 결정을 할 때에는 재판관 6인 이상의 찬성이 있어야 한다(헌법 제113조 제1항). 헌법재판소가 정당의 해산을 명하는 결정을 한 때에는 그 결정서를 피청구인과 국회·정부 및 중앙선거관리위원회에 송달하여야 한다.

정당의 해산을 명하는 결정이 선고된 그 순간부터 그 정당은 해산된다(헌법재판소법 제59조). 정당해산결정은 중앙선거관리위원회가 정당법의 규정에 의하여 이를 집행한다.

5. 정당해산결정의 효과

위헌정당으로 해산결정되면 정당은 해산되고 대체정당의 설립은 금지되며, 정당의 당원은 상실한다. 해산된 정당의 잔여재산은 국고에 귀속된다. 해산된 정당과 같은 명칭은 정당의 명칭으로 사용할 수 없다. 해산된 정당의 소속의원은 당연히 의원직을 상실한다.

Ⅳ. 권한쟁의심판권

1. 의 의

권한쟁의란 국가기관 상호간이나, 국가기관과 지방자치단체간 및 지방자치단체 상호간에 헌법이 부여한 권한에 대한 분쟁을 해결하는 제도를 말한다. 이 권한쟁의는 개인의 권익보호를 목적으로 하는 것이 아니고 기관간의 권한분쟁을 해결하고 권력상호간의 견제와 균형을 유지시켜 헌법이 규정한 권한을 명확히 하려는 데에 그 목적이 있다.

2. 권한쟁의심판의 종류와 당사자

(1) 권한쟁의심판의 종류

권한쟁의심판의 종류는 국가기관 상호간의 권한쟁의심판·국가기관과 지방자치단체간의 권한쟁의심판 및 지방자치단체 상호간의 권한쟁의심판의 3종류가 있다(헌법재판소법 제62조 제1항).

(2) 권한쟁의심판의 당사자

권한쟁의심판의 당사자가 될 수 있는 기관은 일차적으로 국회, 정부, 법원, 중앙선거관리위원회와 같은 국가기관과 각급지방자치단체(특별시·광역시·시·군·자치구) 및 교육위원회이다. 국가인권위원회는 '국가인권위원회법'에 근거를 두고 있어 권한쟁의심판의 당사자가 아니라는 것이 헌법재판소의 입장이다.

3. 심 판

(1) 심판청구의 요건

국가기관·지방자치단체는 피청구인의 처분 또는 부작위가 헌법 또는 법률에 의하여 부여받은 청구인의 권한을 침해하였거나 침해할 현저한 위험이 있는 때에 한하여 이를 할 수 있다(헌법재판소법 제61조 제2항).

(2) 청구기간과 청구서의 기재사항

권한쟁의의 심판은 그 사유가 있음을 안 날로부터 60일 이내에, 그 사유가 있는 날로부터 180일 이내에 청구하여야 한다. 이 기간은 불변기간으로 한다(헌법재판소법 제63조).

청구서의 기재사항은 동법 제64조에 열거한 사항, 즉 청구인 및 심판수행자 또는 대리인의 표시, 피청구기관의 표시, 심판대상이 되는 피청구기관의 처분 또는 부작위, 청구의 이유, 기타 필요한 사항을 청구서에 기재하여야 한다.

(3) 심리

재판관 7인 이상의 출석으로 심리하고 심리방식은 구부변론이며, 필요한 경우 증거조사·자료제출요구도 가능하다고 하겠다.

(4) 가처분

헌법재판소가 권한쟁의심판의 청구를 받은 때에는 직권 또는 청구인의 신청에 의하여 종국결정의 선고시까지 심판대상이 된 피청구기관의 처분의 효력을 정지하는 가처분결정을 할 수 있다(헌법재판소법 제65조).

4. 권한쟁의심판의 결정과 효력

권한쟁의심판은 재판관 7인 이상의 출석으로 심리하며 종국심리에 관여한 재판관 과반수의 찬성으로 결정한다(헌법재판소법 제23조 제2항). 즉, 참석재판관 중 과반수 찬성으로 결정한다.

헌법재판소의 권한쟁의심판의 결정은 모든 국가기관과 지방자치단체를 기속한다. 국가기관 또는 지방자치단체의 처분을 취소하는 결정은 그 처분의 상대방에 대하여 이미 생긴 효력에 영향을 미치지 아니한다(헌법재판소법 제67조).

V. 헌법소원심판권

1. 헌법소원의 의의와 법적 성격

(1) 헌법소원의 개념

헌법소원이란 공권력의 행사 또는 불행사로 인하여 헌법상 보장된 기본권을 침해받은 자가 법원의 재판을 제외하고 헌법재판소에 당해 공권력의 행사 또는 불행사의 위헌여부를 심사하여 그 권리를 구제하여 주도록 심판을 청구할 수 있는 제도를 말한다. 이를 헌법소청이라고도 한다.

헌법소원은 기본권 보장제도로서의 성격과 객관적 헌법질서를 보장하는 성격을 아울러 가지고 있다. 헌법소원제도는 헌법에 위반되는 모든 법령·처분·판결을 소원의 대상으로 하고 있는 경우(독일, 스위스 등)가 있는가 하면, 법원의 판결을 소원의 대상에서 제외하고 있는 경우(오스트리아)가 있다. 우리나라는 재판을 제외한 모든 공권력을 대상으로 한다(헌법재판소법 제68조).

(2) 법적 성격

헌법소원의 법적 성격에 관하여는 논란이 많으나, 이 제도는 개인의 기본권침해구제인 점에서 주관적인 권리보장의 수단인 동시에 위헌적인 공권력행사를 무효화시킴으로서 객관적인 헌법질서의 유지라는 기능 내지 성격도 아울러 가지고 있다.

2. 헌법소원심판의 유형

헌법재판소법 제68조는 헌법소원심판의 형태로 권리구제형 헌법소원과 위헌심사형 헌법소원 두 종류를 인정하고 있다.

(1) 권리구제형 헌법소원

공권력의 행사 또는 불행사로 인하여 헌법상 보장된 기본권을 침해받은 자가 다른 법률에 의한 구제절차를 모두 거친 다음 헌법재판소에 그 구제를 청구하는 헌법소원을 말한다(헌법재판소법 제68조 제1항).

(2) 위헌심사형 헌법소원

일반법원의 재판절차가 진행되는 과정에서 재판의 전제가 되는 법률에 대하여 당사자의 위헌여부심판제청신청이 법원에 의하여 이유없다고 기각된 영우에 제청신청을 한 당사자가 직접 헌법재판소에 당해 법률의 위헌 여부에 대한 심판을 청구하는 헌법소원을 말한다(헌법재판소법 제68조 제2항). 이는 우리나라의 독특한 헌법소원 유형이다.

이 위헌심사형헌법소원의 법적 성격에 대하여, 헌법소원설은 위헌심판제청에 대한 법원의 기각결정에 대한 헌법소원, 즉 원칙적으로 법원의 재판은 헌법소원의 대상이 될 수 없지만 예외적으로 법원의 기각결정에 헌법소원을 인정한 것이라 보는 견해이다. 반면 위헌법률심판설은 법률의 위헌심판제청이 기각된 경우에는 헌법소원의 전제요건인 침해된 기본권이 없으므로 위헌심사형 헌법소원은 헌법소원이란 명칭에도 불구하고 헌법소원이 아니라 위헌법률심판에 해당한다고 보는 견해이다.

위헌심사형 헌법소원은 사실상 위헌법률심판으로서 우리나라의 독특한 헌법소원 유형이라고 하겠다.

3. 헌법소원심판의 청구권자

헌법소원심판을 청구할 수 있는 자는 공권력의 행사 또는 불행사로 인하여 헌법상 보장된 기본권이 침해되었다고 주장하는 모든 국민이다. 이 때의 국민 중에는 자연인만이 아니라 법인도 포함된다.

4. 헌법소원심판청구의 대상

헌법소원심판의 대상은 공권력의 행사 또는 불행사이다. 여기의 공권력에는 입법권·행정권·법원의 재판이 아닌 사법부의 행정적 작용이 포함된다.

입법행위에 헌법소원심판대상으로는 어떤 법률 또는 법률조항이 직접 자신의 기본권을 현재 침해하고 있는 경우에 국민은 법률 또는 법률조항에 대하여 헌법소원심판을 청구할 수 있다.

(1) 헌법개정권력은 여기서 말하는 공권력에 포함되지 않으므로, 헌법의 개별규정자체에 대해서

는 헌법소원 심판을 청구할 수 없다.

(2) 진정입법부작위에 대하여는 원칙적으로 헌법소원이 인정되지 않는다. 그러나 예외적으로 헌법이 명시적으로 입법을 위임하고 있거나, 국가의 작위의무 내지 보호의무 발생이 명백함에도 불구하고 입법자가 입법조치를 취하지 않고 있는 경우에 이로 인해 자신의 기본권이 현재·직접 침해 받고 있는 국민은 입법의 부작위에 대한 헌법소원심판을 청구할 수 있다.

(3) 행정행위(처분)에 대한 헌법소원심판대상으로는 행정의 부작위·검사의 불기소처분이 이에 해당한다. 원칙적으로 행정의 부작위는 헌법소원심판의 대상이 될 수 없으나, 행정기관의 작위의무가 명백히 존재하고 그 의무위반으로 국민의 기본권을 직접·현재 침해하는 경우에는 행정의 부작위도 헌법소원심판의 대상이 된다.

(4) 소송당사자의 위헌법률제청의 신청이 기각된 경우나 폐지된 법률일지라도 그 법률로 인한 법익침해가 남아있을 때에는 헌법소원심판을 인정한다.

(5) 행정규칙에 대한 헌법소원심판 인정여부에 대해서는 ① 우리나라 대법원이 행정규칙의 대외적 구속력·법규성을 부정하는 경우가 많기 때문에 이에 대한 구제책으로 헌법소원심판이 더욱 필요하다는 긍정설과 ② 행정규칙은 행정조직 내부에서만 효력이 있고 대외적으로 구속력 및 규범력이 결여되므로 헌법소원을 인정할 수 없다는 부정설이 대립하고 있다.

5. 헌법소원심판청구의 실질적 요건

(1) 공권력의 행사 또는 불행사

모든 공권력의 행사 또는 불행사란 입법권·집행권·사법권을 행사하는 모든 국가기관의 적극적인 작위행위와 소극적인 부작위행위를 의미한다.

(2) 기본권의 침해

공권력의 행사 또는 불행사로 인한 기본권의 침해는 헌법소원심판 청구자인 자신의 기본권이 직접 그리고 현재 침해된 경우이어야 한다. 즉, 헌법소원을 제기하려면 자기관련성·침해의 직접성·현재성의 요건을 갖추어야 한다. 따라서 제3자의 기본권 침해를 이유로 제기할 수 없으며, 고발인은 범죄피해자가 아니므로 자기라고 볼 수 없다.

1) 자기관련성

자기관련성이란 침해된 기본권이 청구인 자신의 것이어야 함을 말한다. 그러므로 제3자의 기본권 침해에 대해서는 원칙적으로 헌법소원심판을 청구할 수 없다.

2) 침해의 직접성

침해의 직접성이란, 공권력의 행사·불행사로 인하여 청구인의 기본권이 직접적으로 침해되어야 한다는 것을 말한다. 따라서 공권력의 행사 또는 불행사로 인하여 간접적 또는 반사적으로 불이익을 받은 자는 기본권의 침해를 받은 자가 아니다.

3) 침해의 현재성

침해의 현재성이란 공권력의 행사·불행사로 기본권이 현재 침해되어야 한다는 것을 말한다. 청구인인 언젠가는 기본권의 침해를 받을 우려가 있다 하더라도 그러한 권리 침해의 우려가 장래 잠재적으로 나타날 수도 있는 것에 불과한 경우에는 권리침해의 현재성을 구비하였다고 할 수 없으므로, 그 심판청구는 부적합하다.

(3) 보충성의 원칙

보충성의 원칙이란, 다른 법률에 구제절차가 있는 경우에는 그 구제절차를 모두 거친 후가 아니면 헌법소원을 청구할 수 없는 것을 말한다(헌법재판소법 제68조 제1항 단서). 여기서 말하는 다른 법률에 의한 권리구제절차란 공권력의 행사 또는 불행사를 직접 대상으로 하여 그 효력을 다툴 수 있는 권리구제절차를 의미하는 것이지, 사후적·보충적 구제수단인 손해배상청구나 손실보상청구 또는 사후보충적 또는 우회적인 소송절차를 의미하는 것이 아니다.

(4) 권리보호의 이익

헌법소원은 국민의 침해된 기본권을 구제하는 제도이므로 제도의 목적상 당연히 권리보호의 이익이 있어야 제기할 수 있다. 심판청구 당시 권리보호의 이익이 인정되더라도, 재판계속 중에 생긴 사정변경 - 사실관계 또는 법령제도의 변동으로 말미암아 권리보호의 이익이 소멸 또는 제거된 경우 - 된 경우는 원칙적으로 심판청구는 부적법하게 된다. 그와 같은 경우에도 그러한 기본권 침해행위가 반복될 위험이 있거나 그러한 분쟁의 해결이 헌법질서의 수호유지를 위하여 긴요한 사항이어서 헌법문제의 해명이 중대한 의미를 지니는 경우는 예외적으로 심판청구의 이익이 있다고 볼 수 있다.

6. 헌법소원심판청구의 절차적 요건

헌법소원심판청구의 절차적 요건으로는 청구형식의 구비, 청구기간의 준수, 변호사의 자격을 가진 대리인의 선임 등을 들 수 있다.

(1) 심판청구서

헌법소원심판청구서에는 헌법재판소법 제71조의 기재사항을 기재하여야 한다. 즉, 청구인 및 대리인의 표시, 침해된 권리, 침해의 원인이 되는 공권력의 행사 또는 불행사, 청구이유, 기타 필요한 사항 등을 기재하여야 한다.

(2) 변호사강제주의와 국선변호인

당사자인 사인은 변호사를 대리인으로 선임하여야만 헌법소원을 청구할 수 있다. 다만 본인이 변호사자격을 가진 때에는 그러하지 아니한다. 헌법소원심판청구에서 변호사를 대리인으로 선임할 자력이 없는 경우에는 국선대리인을 선임하여 줄 것을 신청할 수 있다(헌법재판소법 제25조 제3항, 제70조).

(3) 청구기간

헌법소원의 심판은 그 사유가 있음을 안 날로부터 60일 이내에, 그 사유가 있는 날로부터 180일 이내에 청구하여야 한다. 다만, 법률에 의한 구제절차를 거친 헌법소원의 심판은 그 최종결정을 통지받은 날로부터 30일 이내에 청구하여야 한다.

위헌법률심판의 제청신청이 기각된 경우의 헌법소원심판은 위헌법률심판의 제청신청이 기각된 날로부터 14일 이내에 청구하여야 한다(헌법재판소법 제69조). 여기서 제청신청이 기각된 날이란 기각결정을 송달 받은 날을 의미한다. 그러나 정당한 사유가 있는 경우에는 청구기간이 지난 후에도 헌법소원을 청구할 수 있다.

(4) 공탁금

헌법재판소는 헌법소원의 남소를 방지하기 위하여 공탁금의 납부를 명할 수 있다(헌법재판소법 제37조 제2항). 헌법재판소는 헌법소언의 심판청구를 각하할 경우와 헌법소원의 심판청구를 기각하는 경우에 그 심판청구가 권리의 남용이라고 인정될 때에는 헌법재판소규칙이 정하는 절차에 따라 공탁금의 전부 또는 일부의 국고귀속을 명할 수 있다(헌법재판소법 제37조 제3항).

7. 헌법소원심판의 심리

(1) 지정재판부의 사전심사

헌법재판소장은 헌법재판소에 재판관 3인으로 구성되는 지정재판부를 두어 헌법소원심판의 사전심사를 담당하게 할 수 있다.

① 지정재판부는 다른 법률에 의한 구제절차가 있는 경우 그 절차를 모두 거치지 않거나 또는 법원의 재판에 대하여 헌법소원의 심판이 청구된 경우, ② 헌법소원심판의 청구기간이 경과된 후 헌법소원심판이 청구된 경우, ③ 대리인을 선임하지 아니하고 청구된 경우, ④ 기타 헌법소원심판청구가 부적법하고 그 흠결을 보정할 수 없는 경우에는 지정재판부 재판관 전원의 일치된 의견에 의

한 결정으로 헌법소원의 심판청구를 각하하여야 한다(헌법재판소법 제72조 제1항, 제3항).

그러나 각하결정을 하지 아니하는 경우에는 결정으로 헌법소원을 재판부의 심판에 회부하여야 한다. 헌법소원심판의 청구 후 30일이 경과할 때까지 각하결정이 없는 때에는 심판에 회부하는 결정(심판회부결정)이 있는 것으로 본다(헌법재판소법 제72조 제4항).

(2) 각하 및 심판회부결정의 통지

지정재판부는 헌법소원을 각하하거나 심판회부결정을 한 때에는 결정일로부터 14일 이내에 청구인 또는 대리인 및 피청구인에게 그 사실을 통지하여야 한다(헌법재판소법 제73조 제1항).

헌법재판소장은 헌법소원이 재판부의 심판에 회부된 때에는 법무부장관, 법률의 위헌여부심판의 제청신청이 기각된 경우의 헌법소원심판에 있어서는 청구인이 아닌 당해 사건의 당사자에 대하여 지체없이 그 사실을 통지하여야 한다(헌법재판소법 제73조 제2항). 그리고 헌법소원의 심판에 이해관계가 있는 국가기관 또는 공공단체와 법무부장관은 헌법재판소에 그 심판에 관한 의견서를 제출할 수 있으며 또한 당해 소송사건의 당사자도 법률의 위헌여부에 대한 의견서를 제출할 수 있다(헌법재판소법 제74조).

8. 헌법소원심판의 결정

(1) 인용결정의 의의와 절차

인용결정이란 본안심리 결과 공권력의 행사 또는 불행사로 인하여 기본권이 침해되었음을 밝히는 결정형식이다. 즉, 헌법소원에 대한 본안심리의 결과 헌법소원이 이유 있다고 판단하여 받아들이는 결정을 의미한다.

재판부는 본안심리결과 청구가 이유없을 때 청구기각결정을 내릴 수 있다. 그러나 본안심리경과 청구가 이유있을 때에는 9인의 재판관 중 6인 이상의 찬성으로 인용결정을 내릴 수 있다. 이 때 재판부의 심리는 7인 이상의 참석으로 하며, 서면심리를 원칙으로 한다. 인용결정의 주문은 관보에 게재함으로써 공시한다.

인용결정의 주문에는 침해된 기본권과 침해의 원인이 된 공권력의 행사 또는 불행사를 특정하고 그 공권력의 행사를 취소하거나 불행사가 위헌임을 확인하는 결정을 선고한다(헌법재판소법 제75조).

(2) 인용결정의 효력

헌법소원의 인용결정은 모든 국가기관과 지방자치단체를 기속한다(헌법재판소법 제75조 제1항). 법률의 위헌여부심판의 제청신청이 기각된 경우의 헌법소원을 인용할 때에는 인용결정서의 주문에서 침해된 기본권과 침해의 원인이 된 공권력의 행사 또는 불행사를 특정하여야 한다. 이 경우에 헌법재판소는 기본권침해의 원인이 된 공권력의 행사를 취소하거나 그 불행사가 위헌임을 확인할 수 있다.

헌법재판소가 공권력의 불행사에 대한 헌법소원을 인용결정 한 때에는 피청구인은 결정취지에 따라 새로운 처분을 하여야 한다(헌법재판소법 제75조 제4항).

헌법재판소법 제68조 제2항에 의한 헌법소원을 인용하는 결정을 한 경우 헌법소원과 관련된 소송사건이 이미 확정된 때에는 당사자는 재심을 청구할 수 있다(헌법재판소법 제75조 제7·8항).

9. 헌법소원심판의 비용

헌법소원심판비용은 국가가 부담함을 원칙으로 한다. 예외적으로 당사자의 신청에 의한 증거조사비용은 당해 신청인에게 부담시킬 수 있다.

헌법소원심판절차에 관하여 헌법재판소법에 특별한 규정이 잇는 경우를 제외하고는 민사소송에 관한 법령의 규정과 행정소송법을 준용하는데, 행정소송법이 민사소송에 관한 법령과 저촉될 때에는 민사소송에 관한 법령은 준용하지 아니한다(헌법재판소법 제40조).

大韓民國憲法

[시행 1988.2.25.]

[헌법 제10호, 1987.10.29., 전부개정]

前文

悠久한 歷史와 傳統에 빛나는 우리 大韓國民은 3·1運動으로 建立된 大韓民國臨時政府의 法統과 不義에 抗拒한 4·19民主理念을 계승하고, 祖國의 民主改革과 平和的 統一의 使命에 입각하여 正義·人道와 同胞愛로써 民族의 團結을 공고히 하고, 모든 社會的 弊習과 不義를 타파하며, 自律과 調和를 바탕으로 自由民主的 基本秩序를 더욱 확고히 하여 政治·經濟·社會·文化의 모든 領域에 있어서 各人의 機會를 균등히 하고, 能力을 最高度로 발휘하게 하며, 自由와 權利에 따르는 責任과 義務를 완수하게 하여, 안으로는 國民生活의 균등한 향상을 기하고 밖으로는 항구적인 世界平和와 人類共榮에 이바지함으로써 우리들과 우리들의 子孫의 安全과 自由와 幸福을 영원히 확보할 것을 다짐하면서 1948年 7月 12日에 制定되고 8次에 걸쳐 改正된 憲法을 이제 國會의 議決을 거쳐 國民投票에 의하여 改正한다.

第1章 總綱

第1條 ① 大韓民國은 民主共和國이다.

② 大韓民國의 主權은 國民에게 있고, 모든 權力은 國民으로부터 나온다.

第2條 ① 大韓民國의 國民이 되는 요건은 法律로 정한다.

② 國家는 法律이 정하는 바에 의하여 在外國民을 보호할 義務를 진다.

第3條 大韓民國의 領土는 韓半島와 그 附屬島嶼로 한다.

第4條 大韓民國은 統一을 指向하며, 自由民主的 基本秩序에 입각한 平和的 統一 政策을 수립하고 이를 추진한다.

第5條 ① 大韓民國은 國際平和의 유지에 노력하고 侵略的 戰爭을 否認한다.

② 國軍은 國家의 安全保障과 國土防衛의 神聖한 義務를 수행함을 使命으로 하며, 그 政治

的 中立性은 준수된다.

第6條 ① 憲法에 의하여 체결·公布된 條約과 一般的으로 승인된 國際法規는 國內法과 같은 效力을 가진다.

② 外國人은 國際法과 條約이 정하는 바에 의하여 그 地位가 보장된다.

第7條 ① 公務員은 國民全體에 대한 奉仕者이며, 國民에 대하여 責任을 진다.

② 公務員의 身分과 政治的 中立性은 法律이 정하는 바에 의하여 보장된다.

第8條 ① 政黨의 設立은 自由이며, 複數政黨制는 보장된다.

② 政黨은 그 目的·組織과 活動이 民主的이어야 하며, 國民의 政治的 意思形成에 참여하는 데 필요한 組織을 가져야 한다.

③ 政黨은 法律이 정하는 바에 의하여 國家의 보호를 받으며, 國家는 法律이 정하는 바에 의하여 政黨運營에 필요한 資金을 補助할 수 있다.

④ 政黨의 目的이나 活動이 民主的 基本秩序에 違背될 때에는 政府는 憲法裁判所에 그 解散을 提訴할 수 있고, 政黨은 憲法裁判所의 審判에 의하여 解散된다.

第9條 國家는 傳統文化의 계승·발전과 民族文化의 暢達에 노력하여야 한다.

　　　第2章 國民의 權利와 義務

第10條 모든 國民은 人間으로서의 尊嚴과 價値를 가지며, 幸福을 追求할 權利를 가진다. 國家는 개인이 가지는 不可侵의 基本的 人權을 확인하고 이를 보장할 義務를 진다.

第11條 ① 모든 國民은 法 앞에 平等하다. 누구든지 性別·宗教 또는 社會的 身分에 의하여 政治的·經濟的·社會的·文化的 生活의 모든 領域에 있어서 차별을 받지 아니한다.

② 社會的 特殊階級의 制度는 인정되지 아니하며, 어떠한 形態로도 이를 創設할 수 없다.

③ 勳章등의 榮典은 이를 받은 者에게만 效力이 있고, 어떠한 特權도 이에 따르지 아니한다.

第12條 ① 모든 國民은 身體의 自由를 가진다. 누구든지 法律에 의하지 아니하고는 逮捕·拘束·押收·搜索 또는 審問을 받지 아니하며, 法律과 適法한 節次에 의하지 아니하고는 處罰·保安處分 또는 強制勞役을 받지 아니한다.

② 모든 國民은 拷問을 받지 아니하며, 刑事上 자기에게 不利한 陳述을 強要당하지 아니한다.

③ 逮捕·拘束·押收 또는 搜索을 할 때에는 適法한 節次에 따라 檢事의 申請에 의하여 法官이 발부한 令狀을 제시하여야 한다. 다만, 現行犯人인 경우와 長期 3年 이상의 刑에 해당하는 罪를 범하고 逃避 또는 證據湮滅의 염려가 있을 때에는 事後에 令狀을 請求할 수 있다.

④ 누구든지 逮捕 또는 拘束을 당한 때에는 즉시 辯護人의 助力을 받을 權利를 가진다. 다만, 刑事被告人이 스스로 辯護人을 구할 수 없을 때에는 法律이 정하는 바에 의하여 國家가 辯護人을 붙인다.

⑤ 누구든지 逮捕 또는 拘束의 이유와 辯護人의 助力을 받을 權利가 있음을 告知받지 아니하고는 逮捕 또는 拘束을 당하지 아니한다. 逮捕 또는 拘束을 당한 者의 家族등 法律이 정하는 者에게는 그 이유와 日時·場所가 지체없이 통지되어야 한다.

⑥ 누구든지 逮捕 또는 拘束을 당한 때에는 適否의 審査를 法院에 請求할 權利를 가진다.

⑦ 被告人의 自白이 拷問·暴行·脅迫·拘束의 부당한 長期化 또는 欺罔 기타의 방법에 의하여 自意로 陳述된 것이 아니라고 인정될 때 또는 正式裁判에 있어서 被告人의 自白이 그에게 不利한 유일한 증거일 때에는 이를 有罪의 증거로 삼거나 이를 이유로 處罰할 수 없다.

第13條 ① 모든 國民은 行爲時의 法律에 의하여 犯罪를 구성하지 아니하는 행위로 訴追되지 아니하며, 동일한 犯罪에 대하여 거듭 處罰받지 아니한다.

② 모든 國民은 遡及立法에 의하여 參政權의 제한을 받거나 財産權을 剝奪당하지 아니한다.

③ 모든 國民은 자기의 행위가 아닌 親族의 행위로 인하여 불이익한 處遇를 받지 아니한다.

第14條 모든 國民은 居住·移轉의 自由를 가진다.

第15條 모든 國民은 職業選擇의 自由를 가진다.

第16條 모든 國民은 住居의 自由를 침해받지 아니한다. 住居에 대한 押收나 搜索을 할 때에는 檢事의 申請에 의하여 法官이 발부한 令狀을 제시하여야 한다.

第17條 모든 國民은 私生活의 秘密과 自由를 침해받지 아니한다.

第18條 모든 國民은 通信의 秘密을 침해받지 아니한다.

第19條 모든 國民은 良心의 自由를 가진다.

第20條 ① 모든 國民은 宗敎의 自由를 가진다.

② 國敎는 인정되지 아니하며, 宗敎와 政治는 分離된다.

第21條 ① 모든 國民은 言論·出版의 自由와 集會·結社의 自由를 가진다.

② 言論·出版에 대한 許可나 檢閱과 集會·結社에 대한 許可는 인정되지 아니한다.

③ 通信·放送의 施設基準과 新聞의 機能을 보장하기 위하여 필요한 사항은 法律로 정한다.

④ 言論·出版은 他人의 名譽나 權利 또는 公衆道德이나 社會倫理를 침해하여서는 아니된다. 言論·出版이 他人의 名譽나 權利를 침해한 때에는 被害者는 이에 대한 被害의 賠償을 請求할 수 있다.

第22條 ① 모든 國民은 學問과 藝術의 自由를 가진다.

② 著作者·發明家·科學技術者와 藝術家의 權利는 法律로써 보호한다.

第23條 ① 모든 國民의 財産權은 보장된다. 그 내용과 限界는 法律로 정한다.

② 財産權의 행사는 公共福利에 적합하도록 하여야 한다.

③ 公共必要에 의한 財産權의 收用·사용 또는 제한 및 그에 대한 補償은 法律로써 하되, 정당한 補償을 支給하여야 한다.

第24條 모든 國民은 法律이 정하는 바에 의하여 選擧權을 가진다.

第25條 모든 國民은 法律이 정하는 바에 의하여 公務擔任權을 가진다.

第26條 ① 모든 國民은 法律이 정하는 바에 의하여 國家機關에 文書로 請願할 權利를 가진다.

② 國家는 請願에 대하여 審査할 義務를 진다.

第27條 ① 모든 國民은 憲法과 法律이 정한 法官에 의하여 法律에 의한 裁判을 받을 權利를 가진다.

② 軍人 또는 軍務員이 아닌 國民은 大韓民國의 領域안에서는 중대한 軍事上 機密·哨兵·哨所·有毒飮食物供給·捕虜·軍用物에 관한 罪中 法律이 정한 경우와 非常戒嚴이 宣布된 경우를 제외하고는 軍事法院의 裁判을 받지 아니한다.

③ 모든 國民은 신속한 裁判을 받을 權利를 가진다. 刑事被告人은 상당한 이유가 없는 한 지체없이 公開裁判을 받을 權利를 가진다.

④ 刑事被告人은 有罪의 判決이 확정될 때까지는 無罪로 推定된다.

⑤ 刑事被害者는 法律이 정하는 바에 의하여 당해 事件의 裁判節次에서 陳述할 수 있다.

第28條 刑事被疑者 또는 刑事被告人으로서 拘禁되었던 者가 法律이 정하는 不起訴處分을 받거나 無罪判決을 받은 때에는 法律이 정하는 바에 의하여 國家에 정당한 補償을 請求할 수 있다.

第29條 ① 公務員의 職務上 不法行爲로 損害를 받은 國民은 法律이 정하는 바에 의하여 國家 또는 公共團體에 정당한 賠償을 請求할 수 있다. 이 경우 公務員 자신의 責任은 免除되지 아니한다.

② 軍人·軍務員·警察公務員 기타 法律이 정하는 者가 戰鬪·訓練등 職務執行과 관련하여

받은 損害에 대하여는 法律이 정하는 報償외에 國家 또는 公共團體에 公務員의 職務上 不法行爲로 인한 賠償은 請求할 수 없다.

第30條 他人의 犯罪行爲로 인하여 生命·身體에 대한 被害를 받은 國民은 法律이 정하는 바에 의하여 國家로부터 救助를 받을 수 있다.

第31條 ① 모든 國民은 能力에 따라 균등하게 敎育을 받을 權利를 가진다.

② 모든 國民은 그 보호하는 子女에게 적어도 初等敎育과 法律이 정하는 敎育을 받게 할 義務를 진다.

③ 義務敎育은 無償으로 한다.

④ 敎育의 自主性·專門性·政治的 中立性 및 大學의 自律性은 法律이 정하는 바에 의하여 보장된다.

⑤ 國家는 平生敎育을 振興하여야 한다.

⑥ 學校敎育 및 平生敎育을 포함한 敎育制度와 그 운영, 敎育財政 및 敎員의 地位에 관한 基本的인 사항은 法律로 정한다.

第32條 ① 모든 國民은 勤勞의 權利를 가진다. 國家는 社會的·經濟的 방법으로 勤勞者의 雇傭의 增進과 適正賃金의 보장에 노력하여야 하며, 法律이 정하는 바에 의하여 最低賃金制를 施行하여야 한다.

② 모든 國民은 勤勞의 義務를 진다. 國家는 勤勞의 義務의 내용과 조건을 民主主義原則에 따라 法律로 정한다.

③ 勤勞條件의 基準은 人間의 尊嚴性을 보장하도록 法律로 정한다.

④ 女子의 勤勞는 특별한 보호를 받으며, 雇傭·賃金 및 勤勞條件에 있어서 부당한 차별을 받지 아니한다.

⑤ 年少者의 勤勞는 특별한 보호를 받는다.

⑥ 國家有功者·傷痍軍警 및 戰歿軍警의 遺家族은 法律이 정하는 바에 의하여 優先的으로 勤勞의 機會를 부여받는다.

第33條 ① 勤勞者는 勤勞條件의 향상을 위하여 自主的인 團結權·團體交涉權 및 團體行動權을 가진다.

② 公務員인 勤勞者는 法律이 정하는 者에 한하여 團結權·團體交涉權 및 團體行動權을 가진다.

③ 法律이 정하는 主要防衛産業體에 종사하는 勤勞者의 團體行動權은 法律이 정하는 바에 의하여 이를 제한하거나 인정하지 아니할 수 있다.

第34條 ① 모든 國民은 人間다운 生活을 할 權利를 가진다.

② 國家는 社會保障·社會福祉의 增進에 노력할 義務를 진다.

③ 國家는 女子의 福祉와 權益의 향상을 위하여 노력하여야 한다.

④ 國家는 老人과 靑少年의 福祉向上을 위한 政策을 실시할 義務를 진다.

⑤ 身體障碍者 및 疾病·老齡 기타의 사유로 生活能力이 없는 國民은 法律이 정하는 바에 의하여 國家의 보호를 받는다.

⑥ 國家는 災害를 豫防하고 그 위험으로부터 國民을 보호하기 위하여 노력하여야 한다.

第35條 ① 모든 國民은 건강하고 快適한 環境에서 生活할 權利를 가지며, 國家와 國民은 環境保全을 위하여 노력하여야 한다.

② 環境權의 내용과 행사에 관하여는 法律로 정한다.

③ 國家는 住宅開發政策등을 통하여 모든 國民이 快適한 住居生活을 할 수 있도록 노력하여야 한다.

第36條 ① 婚姻과 家族生活은 개인의 尊嚴과 兩性의 平等을 기초로 成立되고 유지되어야 하며, 國家는 이를 보장한다.

② 國家는 母性의 보호를 위하여 노력하여야 한다.

③ 모든 國民은 保健에 관하여 國家의 보호를 받는다.

第37條 ① 國民의 自由와 權利는 憲法에 열거되지 아니한 이유로 輕視되지 아니한다.

② 國民의 모든 自由와 權利는 國家安全保障·秩序維持 또는 公共福利를 위하여 필요한 경우에 한하여 法律로써 제한할 수 있으며, 제한하는 경우에도 自由와 權利의 本質的인 내용을 침해할 수 없다.

第38條 모든 國民은 法律이 정하는 바에 의하여 納稅의 義務를 진다.

第39條 ① 모든 國民은 法律이 정하는 바에 의하여 國防의 義務를 진다.

② 누구든지 兵役義務의 이행으로 인하여 불이익한 處遇를 받지 아니한다.

第3章 國會

第40條 立法權은 國會에 속한다.

第41條 ① 國會는 國民의 普通·平等·直接·秘密選擧에 의하여 選出된 國會議員으로 구성한다.

② 國會議員의 數는 法律로 정하되, 200人 이상으로 한다.

③ 國會議員의 選擧區와 比例代表制 기타 選擧에 관한 사항은 法律로 정한다.

第42條 國會議員의 任期는 4年으로 한다.

第43條 國會議員은 法律이 정하는 職을 겸할 수 없다.

第44條 ① 國會議員은 現行犯人인 경우를 제외하고는 會期중 國會의 同意없이 逮捕 또는 拘禁되지 아니한다.

② 國會議員이 會期전에 逮捕 또는 拘禁된 때에는 現行犯人이 아닌 한 國會의 요구가 있으면 會期중 釋放된다.

第45條 國會議員은 國會에서 職務上 행한 發言과 表決에 관하여 國會외에서 責任을 지지 아니한다.

第46條 ① 國會議員은 淸廉의 義務가 있다.

② 國會議員은 國家利益을 우선하여 良心에 따라 職務를 행한다.

③ 國會議員은 그 地位를 濫用하여 國家·公共團體 또는 企業體와의 契約이나 그 處分에 의하여 財産上의 權利·이익 또는 職位를 취득하거나 他人을 위하여 그 취득을 알선할 수 없다.

第47條 ① 國會의 定期會는 法律이 정하는 바에 의하여 매년 1回 集會되며, 國會의 臨時會는 大統領 또는 國會在籍議員 4分의 1 이상의 요구에 의하여 集會된다.

② 定期會의 會期는 100日을, 臨時會의 會期는 30日을 초과할 수 없다.

③ 大統領이 臨時會의 集會를 요구할 때에는 期間과 集會要求의 이유를 명시하여야 한다.

第48條 國會는 議長 1人과 副議長 2人을 選出한다.

第49條 國會는 憲法 또는 法律에 특별한 規定이 없는 한 在籍議員 過半數의 출석과 出席議員 過半數의 贊成으로 議決한다. 可否同數인 때에는 否決된 것으로 본다.

第50條 ① 國會의 會議는 公開한다. 다만, 出席議員 過半數의 贊成이 있거나 議長이 國家의 安全保障을 위하여 필요하다고 인정할 때에는 公開하지 아니할 수 있다.

② 公開하지 아니한 會議內容의 公表에 관하여는 法律이 정하는 바에 의한다.

第51條 國會에 제출된 法律案 기타의 議案은 會期중에 議決되지 못한 이유로 폐기되지 아니한다. 다만, 國會議員의 任期가 만료된 때에는 그러하지 아니하다.

第52條 國會議員과 政府는 法律案을 제출할 수 있다.

第53條 ① 國會에서 議決된 法律案은 政府에 移送되어 15日 이내에 大統領이 公布한다.

② 法律案에 異議가 있을 때에는 大統領은 第1項의 期間내에 異議書를 붙여 國會로 還付하고, 그 再議를 요구할 수 있다. 國會의 閉會중에도 또한 같다.

③ 大統領은 法律案의 일부에 대하여 또는 法律案을 修正하여 再議를 요구할 수 없다.

④ 再議의 요구가 있을 때에는 國會는 再議에 붙이고, 在籍議員過半數의 출석과 出席議員 3分의 2 이상의 贊成으로 前과 같은 議決을 하면 그 法律案은 法律로서 확정된다.

⑤ 大統領이 第1項의 期間내에 公布나 再議의 요구를 하지 아니한 때에도 그 法律案은 法律로서 확정된다.

⑥ 大統領은 第4項과 第5項의 規定에 의하여 확정된 法律을 지체없이 公布하여야 한다. 第5項에 의하여 法律이 확정된 후 또는 第4項에 의한 確定法律이 政府에 移送된 후 5日 이내에 大統領이 公布하지 아니할 때에는 國會議長이 이를 公布한다.

⑦ 法律은 특별한 規定이 없는 한 公布한 날로부터 20日을 경과함으로써 效力을 발생한다.

第54條 ① 國會는 國家의 豫算案을 審議·확정한다.

② 政府는 會計年度마다 豫算案을 編成하여 會計年度 開始 90日 전까지 國會에 제출하고, 國會는 會計年度 開始 30日 전까지 이를 議決하여야 한다.

③ 새로운 會計年度가 開始될 때까지 豫算案이 議決되지 못한 때에는 政府는 國會에서 豫算案이 議決될 때까지 다음의 目的을 위한 經費는 前年度 豫算에 準하여 執行할 수 있다.

  1. 憲法이나 法律에 의하여 設置된 機關 또는 施設의 유지·운영

  2. 法律上 支出義務의 이행

  3. 이미 豫算으로 승인된 事業의 계속

第55條 ① 한 會計年度를 넘어 계속하여 支出할 필요가 있을 때에는 政府는 年限을 정하여 繼續費로서 國會의 議決을 얻어야 한다.

② 豫備費는 總額으로 國會의 議決을 얻어야 한다. 豫備費의 支出은 次期國會의 승인을 얻어야 한다.

第56條 政府는 豫算에 變更을 加할 필요가 있을 때에는 追加更正豫算案을 編成하여 國會에 제출할 수 있다.

第57條 國會는 政府의 同意없이 政府가 제출한 支出豫算 各項의 金額을 增加하거나 새 費目을 設置할 수 없다.

第58條 國債를 모집하거나 豫算외에 國家의 부담이 될 契約을 체결하려 할 때에는 政府는 미리 國會의 議決을 얻어야 한다.

第59條 租稅의 種目과 稅率은 法律로 정한다.

第60條 ① 國會는 相互援助 또는 安全保障에 관한 條約, 중요한 國際組織에 관한 條約, 友好通商航海條約, 主權의 制約에 관한 條約, 講和條約, 國家나 國民에게 중대한 財政的 부담을 지우는 條約 또는 立法事項에 관한 條約의 체결·批准에 대한 同意權을 가진다.

② 國會는 宣戰布告, 國軍의 外國에의 派遣 또는 外國軍隊의 大韓民國 領域안에서의 駐留에 대한 同意權을 가진다.

第61條 ① 國會는 國政을 監査하거나 특정한 國政事案에 대하여 調査할 수 있으며, 이에 필요한 書類의 提出 또는 證人의 출석과 證言이나 의견의 陳述을 요구할 수 있다.

② 國政監査 및 調査에 관한 節次 기타 필요한 사항은 法律로 정한다.

第62條 ① 國務總理·國務委員 또는 政府委員은 國會나 그 委員會에 출석하여 國政處理狀況을 보고하거나 의견을 陳述하고 質問에 응답할 수 있다.

② 國會나 그 委員會의 요구가 있을 때에는 國務總理·國務委員 또는 政府委員은 출석·답변하여야 하며, 國務總理 또는 國務委員이 出席要求를 받은 때에는 國務委員 또는 政府委員으로 하여금 출석·답변하게 할 수 있다.

第63條 ① 國會는 國務總理 또는 國務委員의 解任을 大統領에게 建議할 수 있다.

② 第1項의 解任建議는 國會在籍議員 3分의 1 이상의 發議에 의하여 國會在籍議員 過半數의 贊成이 있어야 한다.

第64條 ① 國會는 法律에 저촉되지 아니하는 범위안에서 議事와 內部規律에 관한 規則을 制定할 수 있다.

② 國會는 議員의 資格을 審査하며, 議員을 懲戒할 수 있다.

③ 議員을 除名하려면 國會在籍議員 3分의 2 이상의 贊成이 있어야 한다.

④ 第2項과 第3項의 處分에 대하여는 法院에 提訴할 수 없다.

第65條 ① 大統領·國務總理·國務委員·行政各部의 長·憲法裁判所 裁判官·法官·中央選擧管理委員會 委員·監査院長·監査委員 기타 法律이 정한 公務員이 그 職務執行에 있어서 憲法이나 法律을 違背한 때에는 國會는 彈劾의 訴追를 議決할 수 있다.

② 第1項의 彈劾訴追는 國會在籍議員 3分의 1 이상의 發議가 있어야 하며, 그 議決은 國會在籍議員 過半數의 贊成이 있어야 한다. 다만, 大統領에 대한 彈劾訴追는 國會在籍議員 過半數의 發議와 國會在籍議員 3分의 2 이상의 贊成이 있어야 한다.

③ 彈劾訴追의 議決을 받은 者는 彈劾審判이 있을 때까지 그 權限行使가 정지된다.

④ 彈劾決定은 公職으로부터 罷免함에 그친다. 그러나, 이에 의하여 民事上이나 刑事上의 責任이 免除되지는 아니한다.

第4章 政府

第1節 大統領

第66條 ① 大統領은 國家의 元首이며, 外國에 대하여 國家를 代表한다.

② 大統領은 國家의 獨立·領土의 保全·國家의 繼續性과 憲法을 守護할 責務를 진다.

③ 大統領은 祖國의 平和的 統一을 위한 성실한 義務를 진다.

④ 行政權은 大統領을 首班으로 하는 政府에 속한다.

第67條 ① 大統領은 國民의 普通·平等·直接·秘密選擧에 의하여 選出한다.

② 第1項의 選擧에 있어서 最高得票者가 2人 이상인 때에는 國會의 在籍議員 過半數가 출석한 公開會議에서 多數票를 얻은 者를 當選者로 한다.

③ 大統領候補者가 1人일 때에는 그 得票數가 選擧權者 總數의 3分의 1 이상이 아니면 大統領으로 當選될 수 없다.

④ 大統領으로 選擧될 수 있는 者는 國會議員의 被選擧權이 있고 選擧日 현재 40歲에 達하여야 한다.

⑤ 大統領의 選擧에 관한 사항은 法律로 정한다.

第68條 ① 大統領의 任期가 만료되는 때에는 任期滿了 70日 내지 40日전에 後任者를 選擧한다.

② 大統領이 闕位된 때 또는 大統領 當選者가 死亡하거나 判決 기타의 사유로 그 資格을 喪失한 때에는 60日 이내에 後任者를 選擧한다.

第69條 大統領은 就任에 즈음하여 다음의 宣誓를 한다.

"나는 憲法을 준수하고 國家를 保衛하며 祖國의 平和的 統一과 國民의 自由와 福利의 增進 및 民族文化의 暢達에 노력하여 大統領으로서의 職責을 성실히 수행할 것을 國民 앞에 엄숙히 宣誓합니다."

第70條 大統領의 任期는 5年으로 하며, 重任할 수 없다.

第71條 大統領이 闕位되거나 事故로 인하여 職務를 수행할 수 없을 때에는 國務總理, 法律이 정한 國務委員의 順序로 그 權限을 代行한다.

第72條 大統領은 필요하다고 인정할 때에는 外交·國防·統一 기타 國家安危에 관한 重要政策을 國民投票에 붙일 수 있다.

第73條 大統領은 條約을 체결·批准하고, 外交使節을 信任·접수 또는 派遣하며, 宣戰布告와 講和를 한다.

第74條 ① 大統領은 憲法과 法律이 정하는 바에 의하여 國軍을 統帥한다.

② 國軍의 組織과 編成은 法律로 정한다.

第75條 大統領은 法律에서 구체적으로 범위를 정하여 委任받은 사항과 法律을 執行하기 위하여 필요한 사항에 관하여 大統領令을 발할 수 있다.

第76條 ① 大統領은 內憂·外患·天災·地變 또는 중대한 財政·經濟上의 危機에 있어서 國家의 安全保障 또는 公共의 安寧秩序를 유지하기 위하여 긴급한 措置가 필요하고 國會의 集會를 기다릴 여유가 없을 때에 한하여 최소한으로 필요한 財政·經濟上의 處分을 하거나 이에 관하여 法律의 效力을 가지는 命令을 발할 수 있다.

② 大統領은 國家의 安危에 관계되는 중대한 交戰狀態에 있어서 國家를 保衛하기 위하여 긴급한 措置가 필요하고 國會의 集會가 불가능한 때에 한하여 法律의 效力을 가지는 命令을 발할 수 있다.

③ 大統領은 第1項과 第2項의 處分 또는 命令을 한 때에는 지체없이 國會에 보고하여 그 승인을 얻어야 한다.

④ 第3項의 승인을 얻지 못한 때에는 그 處分 또는 命令은 그때부터 效力을 喪失한다. 이 경우 그 命令에 의하여 改正 또는 廢止되었던 法律은 그 命令이 승인을 얻지 못한 때부터 당연히 效力을 회복한다.

⑤ 大統領은 第3項과 第4項의 사유를 지체없이 公布하여야 한다.

第77條 ① 大統領은 戰時·事變 또는 이에 準하는 國家非常事態에 있어서 兵力으로써 軍事上의 필요에 응하거나 公共의 安寧秩序를 유지할 필요가 있을 때에는 法律이 정하는 바에 의하여 戒嚴을 宣布할 수 있다.

② 戒嚴은 非常戒嚴과 警備戒嚴으로 한다.

③ 非常戒嚴이 宣布된 때에는 法律이 정하는 바에 의하여 令狀制度, 言論·出版·集會·結社의 自由, 政府나 法院의 權限에 관하여 특별한 措置를 할 수 있다.

④ 戒嚴을 宣布한 때에는 大統領은 지체없이 國會에 통고하여야 한다.

⑤ 國會가 在籍議員 過半數의 贊成으로 戒嚴의 해제를 요구한 때에는 大統領은 이를 解除하여야 한다.

第78條 大統領은 憲法과 法律이 정하는 바에 의하여 公務員을 任免한다.

第79條 ① 大統領은 法律이 정하는 바에 의하여 赦免·減刑 또는 復權을 命할 수 있다.

② 一般赦免을 命하려면 國會의 同意를 얻어야 한다.

③ 赦免·減刑 및 復權에 관한 사항은 法律로 정한다.

第80條 大統領은 法律이 정하는 바에 의하여 勳章 기타의 榮典을 수여한다.

第81條　大統領은 國會에 출석하여 發言하거나 書翰으로 의견을 표시할 수 있다.

第82條　大統領의 國法上 행위는 文書로써 하며, 이 文書에는 國務總理와 관계 國務委員이 副署한다. 軍事에 관한 것도 또한 같다.

第83條　大統領은 國務總理·國務委員·行政各部의 長 기타 法律이 정하는 公私의 職을 겸할 수 없다.

第84條　大統領은 內亂 또는 外患의 罪를 범한 경우를 제외하고는 在職중 刑事上의 訴追를 받지 아니한다.

第85條　前職大統領의 身分과 禮遇에 관하여는 法律로 정한다.

第2節　行政府

第1款　國務總理와 國務委員

第86條　① 國務總理는 國會의 同意를 얻어 大統領이 任命한다.

② 國務總理는 大統領을 補佐하며, 行政에 관하여 大統領의 命을 받아 行政各部를 統轄한다.

③ 軍人은 現役을 免한 후가 아니면 國務總理로 任命될 수 없다.

第87條　① 國務委員은 國務總理의 提請으로 大統領이 任命한다.

② 國務委員은 國政에 관하여 大統領을 補佐하며, 國務會議의 構成員으로서 國政을 審議한다.

③ 國務總理는 國務委員의 解任을 大統領에게 建議할 수 있다.

④ 軍人은 現役을 免한 후가 아니면 國務委員으로 任命될 수 없다.

第2款　國務會議

第88條　① 國務會議는 政府의 權限에 속하는 중요한 政策을 審議한다.

② 國務會議는 大統領·國務總理와 15人 이상 30人 이하의 國務委員으로 구성한다.

③ 大統領은 國務會議의 議長이 되고, 國務總理는 副議長이 된다.

第89條　다음 사항은 國務會議의 審議를 거쳐야 한다.

　1. 國政의 基本計劃과 政府의 一般政策

　2. 宣戰·講和 기타 중요한 對外政策

　3. 憲法改正案·國民投票案·條約案·法律案 및 大統領令案

4. 豫算案·決算·國有財産處分의 基本計劃·國家의 부담이 될 契約 기타 財政에 관한 중요사항

5. 大統領의 緊急命令·緊急財政經濟處分 및 命令 또는 戒嚴과 그 解除

6. 軍事에 관한 중요사항

7. 國會의 臨時會 集會의 요구

8. 榮典授與

9. 赦免·減刑과 復權

10. 行政各部間의 權限의 劃定

11. 政府안의 權限의 委任 또는 配定에 관한 基本計劃

12. 國政處理狀況의 評價·分析

13. 行政各部의 중요한 政策의 수립과 調整

14. 政黨解散의 提訴

15. 政府에 제출 또는 회부된 政府의 政策에 관계되는 請願의 審査

16. 檢察總長·合同參謀議長·各軍參謀總長·國立大學校總長·大使 기타 法律이 정한 公務員과 國營企業體管理者의 任命

17. 기타 大統領·國務總理 또는 國務委員이 제출한 사항

第90條 ① 國政의 중요한 사항에 관한 大統領의 諮問에 응하기 위하여 國家元老로 구성되는 國家元老諮問會議를 둘 수 있다.

② 國家元老諮問會議의 議長은 直前大統領이 된다. 다만, 直前大統領이 없을 때에는 大統領이 指名한다.

③ 國家元老諮問會議의 組織·職務範圍 기타 필요한 사항은 法律로 정한다.

第91條 ① 國家安全保障에 관련되는 對外政策·軍事政策과 國內政策의 수립에 관하여 國務會議의 審議에 앞서 大統領의 諮問에 응하기 위하여 國家安全保障會議를 둔다.

② 國家安全保障會議는 大統領이 主宰한다.

③ 國家安全保障會議의 組織·職務範圍 기타 필요한 사항은 法律로 정한다.

第92條 ① 平和統一政策의 수립에 관한 大統領의 諮問에 응하기 위하여 民主平和統一諮問會議를 둘 수 있다.

② 民主平和統一諮問會議의 組織·職務範圍 기타 필요한 사항은 法律로 정한다.

第93條 ① 國民經濟의 발전을 위한 重要政策의 수립에 관하여 大統領의 諮問에 응하기 위하여 國民經濟諮問會議를 둘 수 있다.

② 國民經濟諮問會議의 組織·職務範圍 기타 필요한 사항은 法律로 정한다.

第3款 行政各部

第94條　行政各部의 長은 國務委員 중에서 國務總理의 提請으로 大統領이 任命한다.

第95條　國務總理 또는 行政各部의 長은 所管事務에 관하여 法律이나 大統領令의 委任 또는 職權으로 總理令 또는 部令을 발할 수 있다.

第96條　行政各部의 設置·組織과 職務範圍는 法律로 정한다.

第4款 監査院

第97條　國家의 歲入·歲出의 決算, 國家 및 法律이 정한 團體의 會計檢査와 行政機關 및 公務員의 職務에 관한 監察을 하기 위하여 大統領 所屬下에 監査院을 둔다.

第98條　① 監査院은 院長을 포함한 5人 이상 11人 이하의 監査委員으로 구성한다.

② 院長은 國會의 同意를 얻어 大統領이 任命하고, 그 任期는 4年으로 하며, 1次에 한하여 重任할 수 있다.

③ 監査委員은 院長의 提請으로 大統領이 任命하고, 그 任期는 4年으로 하며, 1次에 한하여 重任할 수 있다.

第99條　監査院은 歲入·歲出의 決算을 매년 檢査하여 大統領과 次年度國會에 그 결과를 보고하여야 한다.

第100條　監査院의 組織·職務範圍·監査委員의 資格·監査對象公務員의 범위 기타 필요한 사항은 法律로 정한다.

第5章 法院

第101條　① 司法權은 法官으로 구성된 法院에 속한다.

② 法院은 最高法院인 大法院과 各級法院으로 組織된다.

③ 法官의 資格은 法律로 정한다.

第102條　① 大法院에 部를 둘 수 있다.

② 大法院에 大法官을 둔다. 다만, 法律이 정하는 바에 의하여 大法官이 아닌 法官을 둘 수 있다.

③ 大法院과 各級法院의 組織은 法律로 정한다.

第103條 法官은 憲法과 法律에 의하여 그 良心에 따라 獨立하여 審判한다.

第104條 ① 大法院長은 國會의 同意를 얻어 大統領이 任命한다.

② 大法官은 大法院長의 提請으로 國會의 同意를 얻어 大統領이 任命한다.

③ 大法院長과 大法官이 아닌 法官은 大法官會議의 同意를 얻어 大法院長이 任命한다.

第105條 ① 大法院長의 任期는 6年으로 하며, 重任할 수 없다.

② 大法官의 任期는 6年으로 하며, 法律이 정하는 바에 의하여 連任할 수 있다.

③ 大法院長과 大法官이 아닌 法官의 任期는 10年으로 하며, 法律이 정하는 바에 의하여 連任할 수 있다.

④ 法官의 停年은 法律로 정한다.

第106條 ① 法官은 彈劾 또는 禁錮 이상의 刑의 宣告에 의하지 아니하고는 罷免되지 아니하며, 懲戒處分에 의하지 아니하고는 停職·減俸 기타 不利한 處分을 받지 아니한다.

② 法官이 중대한 心身上의 障害로 職務를 수행할 수 없을 때에는 法律이 정하는 바에 의하여 退職하게 할 수 있다.

第107條 ① 法律이 憲法에 위반되는 여부가 裁判의 前提가 된 경우에는 法院은 憲法裁判所에 提請하여 그 審判에 의하여 裁判한다.

② 命令·規則 또는 處分이 憲法이나 法律에 위반되는 여부가 裁判의 前提가 된 경우에는 大法院은 이를 最終的으로 審査할 權限을 가진다.

③ 裁判의 前審節次로서 行政審判을 할 수 있다. 行政審判의 節次는 法律로 정하되, 司法節次가 準用되어야 한다.

第108條 大法院은 法律에 저촉되지 아니하는 범위안에서 訴訟에 관한 節次, 法院의 內部規律과 事務處理에 관한 規則을 制定할 수 있다.

第109條 裁判의 審理와 判決은 公開한다. 다만, 審理는 國家의 安全保障 또는 安寧秩序를 방해하거나 善良한 風俗을 해할 염려가 있을 때에는 法院의 決定으로 公開하지 아니할 수 있다.

第110條 ① 軍事裁判을 관할하기 위하여 特別法院으로서 軍事法院을 둘 수 있다.

② 軍事法院의 上告審은 大法院에서 관할한다.

③ 軍事法院의 組織·權限 및 裁判官의 資格은 法律로 정한다.

④ 非常戒嚴下의 軍事裁判은 軍人·軍務員의 犯罪나 軍事에 관한 間諜罪의 경우와 哨兵·哨所·有毒飮食物供給·捕虜에 관한 罪중 法律이 정한 경우에 한하여 單審으로 할 수 있다. 다만, 死刑을 宣告한 경우에는 그러하지 아니하다.

第6章 憲法裁判所

第111條 ① 憲法裁判所는 다음 사항을 管掌한다.

1. 法院의 提請에 의한 法律의 違憲與否 審判

2. 彈劾의 審判

3. 政黨의 解散 審判

4. 國家機關 相互間, 國家機關과 地方自治團體間 및 地方自治團體 相互間의 權限爭議에 관한 審判

5. 法律이 정하는 憲法訴願에 관한 審判

② 憲法裁判所는 法官의 資格을 가진 9人의 裁判官으로 구성하며, 裁判官은 大統領이 任命한다.

③ 第2項의 裁判官중 3人은 國會에서 選出하는 者를, 3人은 大法院長이 指名하는 者를 任命한다.

④ 憲法裁判所의 長은 國會의 同意를 얻어 裁判官중에서 大統領이 任命한다.

第112條 ① 憲法裁判所 裁判官의 任期는 6年으로 하며, 法律이 정하는 바에 의하여 連任할 수 있다.

② 憲法裁判所 裁判官은 政黨에 加入하거나 政治에 관여할 수 없다.

③ 憲法裁判所 裁判官은 彈劾 또는 禁錮 이상의 刑의 宣告에 의하지 아니하고는 罷免되지 아니한다.

第113條 ① 憲法裁判所에서 法律의 違憲決定, 彈劾의 決定, 政黨解散의 決定 또는 憲法訴願에 관한 認容決定을 할 때에는 裁判官 6人 이상의 贊成이 있어야 한다.

② 憲法裁判所는 法律에 저촉되지 아니하는 범위안에서 審判에 관한 節次, 內部規律과 事務處理에 관한 規則을 制定할 수 있다.

③ 憲法裁判所의 組織과 운영 기타 필요한 사항은 法律로 정한다.

第7章 選擧管理

第114條 ① 選擧와 國民投票의 공정한 管理 및 政黨에 관한 事務를 처리하기 위하여 選擧管理委員會를 둔다.

② 中央選擧管理委員會는 大統領이 任命하는 3人, 國會에서 選出하는 3人과 大法院長이 指名하는 3人의 委員으로 구성한다. 委員長은 委員중에서 互選한다.

③ 委員의 任期는 6年으로 한다.

④ 委員은 政黨에 加入하거나 政治에 관여할 수 없다.

⑤ 委員은 彈劾 또는 禁錮 이상의 刑의 宣告에 의하지 아니하고는 罷免되지 아니한다.

⑥ 中央選擧管理委員會는 法令의 범위안에서 選擧管理·國民投票管理 또는 政黨事務에 관한 規則을 制定할 수 있으며, 法律에 저촉되지 아니하는 범위안에서 內部規律에 관한 規則을 制定할 수 있다.

⑦ 各級 選擧管理委員會의 組織·職務範圍 기타 필요한 사항은 法律로 정한다.

第115條 ① 各級 選擧管理委員會는 選擧人名簿의 작성등 選擧事務와 國民投票事務에 관하여 관계 行政機關에 필요한 指示를 할 수 있다.

② 第1項의 指示를 받은 당해 行政機關은 이에 응하여야 한다.

第116條 ① 選擧運動은 各級 選擧管理委員會의 管理下에 法律이 정하는 범위안에서 하되, 균등한 機會가 보장되어야 한다.

② 選擧에 관한 經費는 法律이 정하는 경우를 제외하고는 政黨 또는 候補者에게 부담시킬 수 없다.

第8章 地方自治

第117條 ① 地方自治團體는 住民의 福利에 관한 事務를 처리하고 財産을 관리하며, 法令의 범위안에서 自治에 관한 規定을 制定할 수 있다.

② 地方自治團體의 종류는 法律로 정한다.

第118條 ① 地方自治團體에 議會를 둔다.

② 地方議會의 組織·權限·議員選擧와 地方自治團體의 長의 選任方法 기타 地方自治團體의 組織과 운영에 관한 사항은 法律로 정한다.

第9章 經濟

第119條 ① 大韓民國의 經濟秩序는 개인과 企業의 經濟上의 自由와 創意를 존중함을 基本으로 한다.

② 國家는 균형있는 國民經濟의 成長 및 安定과 적정한 所得의 分配를 유지하고, 市場의

支配와 經濟力의 濫用을 방지하며, 經濟主體間의 調和를 통한 經濟의 民主化를 위하여 經濟에 관한 規制와 調整을 할 수 있다.

第120條 ① 鑛物 기타 중요한 地下資源·水産資源·水力과 經濟上 이용할 수 있는 自然力은 法律이 정하는 바에 의하여 일정한 期間 그 採取·開發 또는 이용을 特許할 수 있다.

② 國土와 資源은 國家의 보호를 받으며, 國家는 그 균형있는 開發과 이용을 위하여 필요한 計劃을 수립한다.

第121條 ① 國家는 農地에 관하여 耕者有田의 원칙이 達成될 수 있도록 노력하여야 하며, 農地의 小作制度는 금지된다.

② 農業生産性의 提高와 農地의 合理的인 이용을 위하거나 불가피한 事情으로 발생하는 農地의 賃貸借와 委託經營은 法律이 정하는 바에 의하여 인정된다.

第122條 國家는 國民 모두의 生産 및 生活의 基盤이 되는 國土의 효율적이고 균형있는 이용·開發과 보전을 위하여 法律이 정하는 바에 의하여 그에 관한 필요한 제한과 義務를 課할 수 있다.

第123條 ① 國家는 農業 및 漁業을 보호·육성하기 위하여 農·漁村綜合開發과 그 지원등 필요한 計劃을 수립·施行하여야 한다.

② 國家는 地域間의 균형있는 발전을 위하여 地域經濟를 육성할 義務를 진다.

③ 國家는 中小企業을 보호·육성하여야 한다.

④ 國家는 農水産物의 需給均衡과 流通構造의 개선에 노력하여 價格安定을 도모함으로써 農·漁民의 이익을 보호한다.

⑤ 國家는 農·漁民과 中小企業의 自助組織을 육성하여야 하며, 그 自律的 活動과 발전을 보장한다.

第124條 國家는 건전한 消費行爲를 啓導하고 生産品의 品質向上을 촉구하기 위한 消費者保護運動을 法律이 정하는 바에 의하여 보장한다.

第125條 國家는 對外貿易을 육성하며, 이를 規制·調整할 수 있다.

第126條 國防上 또는 國民經濟上 緊切한 필요로 인하여 法律이 정하는 경우를 제외하고는, 私營企業을 國有 또는 公有로 移轉하거나 그 경영을 統制 또는 관리할 수 없다.

第127條 ① 國家는 科學技術의 革新과 情報 및 人力의 開發을 통하여 國民經濟의 발전에 노력하여야 한다.

② 國家는 國家標準制度를 확립한다.

③ 大統領은 第1項의 目的을 達成하기 위하여 필요한 諮問機構를 둘 수 있다.

第10章 憲法改正

第128條 ① 憲法改正은 國會在籍議員 過半數 또는 大統領의 發議로 提案된다.

② 大統領의 任期延長 또는 重任變更을 위한 憲法改正은 그 憲法改正 提案 당시의 大統領에 대하여는 效力이 없다.

第129條 提案된 憲法改正案은 大統領이 20日 이상의 期間 이를 公告하여야 한다.

第130條 ① 國會는 憲法改正案이 公告된 날로부터 60日 이내에 議決하여야 하며, 國會의 議決은 在籍議員 3分의 2 이상의 贊成을 얻어야 한다.

② 憲法改正案은 國會가 議決한 후 30日 이내에 國民投票에 붙여 國會議員選擧權者 過半數의 投票와 投票者 過半數의 贊成을 얻어야 한다.

③ 憲法改正案이 第2項의 贊成을 얻은 때에는 憲法改正은 확정되며, 大統領은 즉시 이를 公布하여야 한다.

附則 <헌법 제10호, 1987.10.29>

第1條 이 憲法은 1988年 2月 25日부터 施行한다. 다만, 이 憲法을 施行하기 위하여 필요한 法律의 制定·改正과 이 憲法에 의한 大統領 및 國會議員의 選擧 기타 이 憲法施行에 관한 準備는 이 憲法施行 전에 할 수 있다.

第2條 ① 이 憲法에 의한 최초의 大統領選擧는 이 憲法施行日 40日 전까지 실시한다.

② 이 憲法에 의한 최초의 大統領의 任期는 이 憲法施行日로부터 開始한다.

第3條 ① 이 憲法에 의한 최초의 國會議員選擧는 이 憲法公布日로부터 6月 이내에 실시하며, 이 憲法에 의하여 選出된 최초의 國會議員의 任期는 國會議員選擧後 이 憲法에 의한 國會의 최초의 集會日로부터 開始한다.

② 이 憲法公布 당시의 國會議員의 任期는 第1項에 의한 國會의 최초의 集會日 前日까지로 한다.

第4條 ① 이 憲法施行 당시의 公務員과 政府가 任命한 企業體의 任員은 이 憲法에 의하여 任命된 것으로 본다. 다만, 이 憲法에 의하여 選任方法이나 任命權者가 변경된 公務員과 大法院長 및 監査院長은 이 憲法에 의하여 後任者가 選任될 때까지 그 職務를 행하며, 이 경우 前任者인 公務員의 任期는 後任者가 選任되는 前日까지로 한다.

② 이 憲法施行 당시의 大法院長과 大法院判事가 아닌 法官은 第1項 但書의 規定에 불구하고 이 憲法에 의하여 任命된 것으로 본다.

③ 이 憲法중 公務員의 任期 또는 重任制限에 관한 規定은 이 憲法에 의하여 그 公務員이 최초로 選出 또는 任命된 때로부터 適用한다.

第5條 이 憲法施行 당시의 法令과 條約은 이 憲法에 違背되지 아니하는 한 그 效力을 지속한다.

第6條 이 憲法施行 당시에 이 憲法에 의하여 새로 設置될 機關의 權限에 속하는 職務를 행하고 있는 機關은 이 憲法에 의하여 새로운 機關이 設置될 때까지 存續하며 그 職務를 행한다.

색 인 (Index)

● （ㄴ）

● （ㄷ）

(ㅅ)

(ㅈ)

🌐 (ㅊ)

🌐 (ㅋ)

🌐 (ㅌ)

남궁승태 (법학박사)

<저자약력>
- 동국대학교 법학과 졸업, 동대학원 법학과 졸업
- 프랑스 AIX-MARSEILLE Ⅲ 법과대학 행정연구소(CRA)에서 연구(1989. 3~1992. 2) 및 동 법과대학(DOCTORAT) 과정이수(1989. 10~1992. 9)
- 법학박사(동국대학교)
- 한성대학교 대우교수 역임
- 사법시험, 일반공무원시험, 소방공무원시험, 소방간부후보생 선발시험 등 출제위원 역임
- 대불대학교 입학홍보처장 및 교육원장 역임
- 한국소방산업기술원 이사 역임
- 現) 세한대학교 소방행정학과 교수

<주요 저서 및 논문>
- 프랑스 제5공화국의 국민투표에 관한 고찰
- 프랑스 제5공화국의 헌법평의회의 인권보장에 관한 연구(박사학위논문)
- 프랑스 헌법평의회의「결사의 자유」에 대한 판결
- 유럽통합에 관한 Maastricht 조약과 국민투표
- 프랑스 제5공화국 헌법규범의 제문제
- 남북통일을 대비한 문화재보호법제에 관한 연구 등 다수
- 헌법요론(법정고시사, 1997)
- 헌법(육서당, 2001)
- 행정법개론(푸른세상, 2003)
- 생활법률(엑스퍼트, 2005)
- 소방행정법(동아기술, 2006)
- 법학개론(2007)
- 소방관계법규(21세기사, 2011)

이철호(법학박사)

<저자약력>
- 동국대학교 법과대학 졸업
- 동국대학교 대학원 졸업
- 덕성여자대학교 · 동국대학교 · 대불대학교 · 서남대학교 · 평택대학교 · 원광대학교 행정대학원 출강
- 한영대학교 경찰행정학과 교수 역임(2001~2005)
- 現) 전남지방경찰청 경찰발전위원
- 現) 중앙선거관리위원회 자문교수
- 現) 경찰공무원 시험위원
- 現) 광주지방경찰청 징계위원
- 現) 경찰청 치안정책 평가위원
- 現) 남부대학교 경찰행정학과 교수 및 학과장(2005~현재)

<주요 저서 및 논문>
- 법은 어떻게 독재의 도구가 되었나, 삼인(2012)
- 경찰행정법, 대영문화사(2013)
- 생활법률, 21세기사(2006)
- 경찰과 인권, 패스앤패스(2005)
- 전두환체제의 나팔수들, 패스앤패스(공저, 2004)
- 행정법개론, 푸른세상(2000)
- 인권수첩, 현암사(1999)
- 헌법, 육서당(1998)
- 12·12, 5·18재판과 저항권, 법률행정연구원(1997)
- 한국에서의 위헌적 입법기구에 관한 연구
- 헌법상 인간의 존엄과 성전환의 문제
- 헌법상 종교의 자유와 종교 문제의 검토
- 형사사법과 인권보장
- 경찰공무원의 법적 지위에 관한 고찰
- 경찰관직무집행법과 경찰관의 총기사용
- 헌법상 특권제도
- 헌법상 직업선택의 자유와 공직자 취업제한제도 등 다수 논문

헌법입문

초판 인쇄 2014년 3월 05일
초판 발행 2014년 3월 10일
공 저 자 남궁승태 · 이철호
발 행 인 이범만
발 행 처 **21세기사** (제406-00015호)
          경기도 파주시 산남로 72-16 (413-130)
          E-mail : 21cbook@naver.com
          Home-page : www.21cbook.co.kr
          ISBN 978-89-8468-524-6

정가 30,000원